구약성경 문제집

구약성경 문제집

1판 1쇄 인쇄 2007년 11월 10일
1판 1쇄 발행 2007년 11월 15일
지은이 황태준
발행인 한동인
펴낸곳 (주)기독교문사
등 록 제1- c0062호
주 소 서울 종로구 충신동 5-13
출판부 T. 741-5184~5 F. 744-1634
특판부 T. 744-1633 F. 744-1635
도매부 T. 741-5181~3 F. 762-2234
직영서점 기독교문사
서울 종로구 종로 5가 412-2
T. 2266-2117~9 F. 2266-6397

책값은 뒤표지에 있습니다.
ISBN 978-89-466-0943-5 93230

Web www.kclp.co.kr
e-mail kclp@kclp.co.kr

기독교문사는 독자와 함께 기독교 출판문화를 이끌어 가겠습니다.
공급처 기독교문사 도매부 T. 741-5181~3 F. 762-2234

구약성경 문제집

황 태 준

기독교문사

머리말

나의 졸저 《주, 객관식 신구약 성경 문제집》과 각권 해설을 첨부한 《해설 신약성경 문제집》이 이처럼 교우들의 호응을 얻으면서 중쇄가 계속될 줄은 몰랐다. 이것은 교우들이 하나님의 말씀인 성경을 열심히 읽는다는 의미도 되거니와, 목회자들이 목회의 우선순위로 성도들에게 성경을 읽게 하고 있다는 증거도 되어 기쁨을 금할 수 없다. 그러나 쇄를 거듭할수록 부끄러움과 함께 수정 보완의 필요성을 절감하게 되어 새로 집필하다시피 하여 이 문제집을 내게 되었다.

여기에는 성경 각권의 개론도 새로 붙이고 많은 것을 보충하고 추가하였다. 필자가 10여 년간 목회해 오고 있는 미국 플로리다 주 잭슨빌 한인장로교회 교우들에게 문제를 풀게 해 본 결과 좋은 열매를 맺게 됨을 확신하게 되었다.

이 성경 문제집을 내면서 필자는 귀중한 체험을 했다.

첫째로, 목회자는 성경 문제를 통하여 교우들과 무언의 대화를 계속할 수 있었다. 둘째로, 교우들이 성경을 읽되 기쁨과 흥미로 읽게 되었다. 셋째로, 교인들이 설교를 듣는 태도가 달라졌다. 넷째로, 목회자가 매주 교인 한 사람 한 사람을 심방하는 기회가 되었다. 다섯째로, 새 신자들의 교육과 훈련을 위해서도 적절하게 활용되었다.

이 책을 위해 바쁘신 중에도 감수해 주신 장로회신학대학의 오성춘 교수님께 감사를 드리고, 출판할 수 있게 배려해 주신 기독교문사에도 감사를 드린다.

2007년 4월

황 태 준

출제의 방향

1. 성경에 익숙한 사람이라 할지라도 직접 성경을 읽지 않고는 답을 쓸 수 없게 하였고, 반면에 한글을 깨우치기만 하면 누구든지 성경을 읽고 답을 쓸 수 있게 하였다.

2. 과거에 "어떻게 했는가?" "무엇인가?" 하는 문답식에서 탈피하고 여러 유형의 문제를 출제하여 흥미를 가지고 문제를 풀 수 있게 하였다.

3. 문제가 너무 쉬우면 성경을 읽어 보지도 않고 답을 쓰려 하고, 다소 어려우면 낙심하여 포기해 버리므로 문제의 난이도를 적절하게 하여 출제하고자 노력했다.

4. 현대인들은 오래 생각하는 것이나 길게 쓰는 것을 싫어한다. 단순하며 다양한 것을 좋아한다. 이러한 심리에 따라 문제를 객관식, 주관식, 은행식, 선다형, (　　) 안에 넣기, ○, × 넣기 등으로 출제하여 다양성을 추구했다.

추 언

이 책을 참고하는 목회자나 교사들은 자기 교회의 수준을 잘 살펴서 출제하기 바란다. 특히 부탁하는 것은 너무 무리한 욕심이나 강요는 금물이라는 것이다.

그러면 성도들로 하여금 일주일에 성경을 몇 장 정도 읽게 할까?

어느 목사는 너무 욕심을 부려 성도들에게 매일 한 장 꼴로 성경을 읽게 하여 일곱 장에서 다섯 장 정도의 문제를 출제한다는 여담을 들을 수 있었다. 그러나 경험에 의하면 너무 문제가 많거나 읽을 분량이 많아지면 성도들은 곧 싫증을 느끼게 된다.

일주일에 세 장 이상 읽는 것은 부담이 된다. 문제는 세 장 범위에서 출제되지만 답을 쓰는 사람은 정확한 답을 쓰기 위해 되풀이하여 읽게 된다. 그것은 자기 교회 목사나 선생에게 혹 실점이라도 보이게 될까 하는 심리적 우려에서다. 그러므로 성경 한 장에서 출제된 답을 쓰려면 성경을 적어도 세 번은 읽어야 정확한 답을 쓰게 되는 것이다. 정답을 쓰고서도 혹시 하고 다시 읽어 확인하게 되기 때문이다. 그렇다면 3×3=9, 일주일에 성경을 아홉 장을 읽는 셈이 된다.

CONTENTS

머리말/5
출제의 방향/6
추언/7

창세기

제1과 창세기 1 - 3장/17
제2과 창세기 4 - 6장/20
제3과 창세기 7 - 9장/23
제4과 창세기 10 - 12장/25
제5과 창세기 13 - 15장/27
제6과 창세기 16 - 18장/30
제7과 창세기 19 - 21장/32
제8과 창세기 22 - 24장/34
제9과 창세기 25 - 27장/36
제10과 창세기 28 - 30장/38
제11과 창세기 31 - 33장/40
제12과 창세기 34 - 36장/42
제13과 창세기 37 - 39장/44
제14과 창세기 40 - 42장/46
제15과 창세기 43 - 45장/48
제16과 창세기 46 - 48장/51
제17과 창세기 49 - 50장/53

출애굽기

제1과 출애굽기 1 - 3장/57
제2과 출애굽기 4 - 6장/59
제3과 출애굽기 7 - 11장/61
제4과 출애굽기 12 - 13장/63
제5과 출애굽기 14 - 16장/65
제6과 출애굽기 17 - 19장/68
제7과 출애굽기 20 - 22장/71
제8과 출애굽기 23 - 25장/74
제9과 출애굽기 26 - 28장/76
제10과 출애굽기 29 - 31장/78
제11과 출애굽기 32 - 34장/81
제12과 출애굽기 35 - 37장/83
제13과 출애굽기 38 - 40장/85

레위기

제1과 레위기 1 - 3장/89
제2과 레위기 4 - 6장/91
제3과 레위기 7 - 9장/93
제4과 레위기 10 - 12장/96
제5과 레위기 13 - 15장/98
제6과 레위기 16 - 18장/100
제7과 레위기 19 - 21장/103
제8과 레위기 22 - 24장/105
제9과 레위기 25 - 27장/107

민수기

제1과 민수기 1 - 3장/111
제2과 민수기 4 - 6장/113
제3과 민수기 7 - 9장/115
제4과 민수기 10 - 12장/117

제5과 민수기 13 – 15장/119
제6과 민수기 16 – 18장/122
제7과 민수기 19 – 21장/124
제8과 민수기 22 – 24장/126
제9과 민수기 25 – 27장/128
제10과 민수기 28 – 30장/130
제11과 민수기 31 – 33장/132
제12과 민수기 34 – 36장/135

신명기

제1과 신명기 1 – 3장/139
제2과 신명기 4 – 6장/141
제3과 신명기 7 – 9장/143
제4과 신명기 10 – 12장/146
제5과 신명기 13 – 15장/148
제6과 신명기 16 – 18장/150
제7과 신명기 19 – 21장/152
제8과 신명기 22 – 24장/154
제9과 신명기 25 – 27장/156
제10과 신명기 28 – 30장/158
제11과 신명기 31 – 34장/160

여호수아

제1과 여호수아 1 – 3장/164
제2과 여호수아 4 – 6장/166
제3과 여호수아 7 – 9장/168
제4과 여호수아 10 – 12장/170
제5과 여호수아 13 – 15장/172
제6과 여호수아 16 – 18장/174
제7과 여호수아 19 – 21장/176
제8과 여호수아 22 – 24장/179

사사기

제1과 사사기 1 – 3장/183
제2과 사사기 4 – 6장/187
제3과 사사기 7 – 9장/189
제4과 사사기 10 – 12장/191
제5과 사사기 13 – 15장/193
제6과 사사기 16 – 18장/195
제7과 사사기 19 – 21장/197

룻기

제1과 룻기 1 – 4장/201

사무엘상

제1과 사무엘상 1 – 3장/205
제2과 사무엘상 4 – 6장/207
제3과 사무엘상 7 – 9장/209
제4과 사무엘상 10 – 12장/212
제5과 사무엘상 13 – 15장/214
제6과 사무엘상 16 – 18장/216
제7과 사무엘상 19 – 21장/218
제8과 사무엘상 22 – 24장/220
제9과 사무엘상 25 – 27장/222
제10과 사무엘상 28 – 31장/224

사무엘하

제1과 사무엘하 1 – 3장/228
제2과 사무엘하 4 – 6장/231
제3과 사무엘하 7 – 9장/233
제4과 사무엘하 10 – 12장/235

제5과 사무엘하 13 – 15장/237
제6과 사무엘하 16 – 18장/239
제7과 사무엘하 19 – 21장/241
제8과 사무엘하 22 – 24장/243

열왕기상

제1과 열왕기상 1 – 3장/247
제2과 열왕기상 4 – 6장/249
제3과 열왕기상 7 – 9장/251
제4과 열왕기상 10 – 12장/253
제5과 열왕기상 13 – 15장/255
제6과 열왕기상 16 – 18장/257
제7과 열왕기상 19 – 21장/259
제8과 열왕기상 22장/261

열왕기하

제1과 열왕기하 1 – 2장/263
제2과 열왕기하 3 – 5장/265
제3과 열왕기하 6 – 8장/267
제4과 열왕기하 9 – 11장/269
제5과 열왕기하 12 – 14장/271
제6과 열왕기하 15 – 17장/273
제7과 열왕기하 18 – 20장/276
제8과 열왕기하 21 – 23장/278
제9과 열왕기하 24 – 25장/280

역대상

제1과 역대상 1 – 3장/284
제2과 역대상 4 – 6장/286
제3과 역대상 7 – 9장/288
제4과 역대상 10 – 12장/290
제5과 역대상 13 – 15장/293
제6과 역대상 16 – 18장/295
제7과 역대상 19 – 21장/297
제8과 역대상 22 – 24장/299
제9과 역대상 25 – 27장/301
제10과 역대상 28 – 29장/304

역대하

제1과 역대하 1 – 3장/306
제2과 역대하 4 – 6장/308
제3과 역대하 7 – 9장/310
제4과 역대하 10 – 12장/312
제5과 역대하 13 – 15장/314
제6과 역대하 16 – 18장/316
제7과 역대하 19 – 21장/318
제8과 역대하 22 – 24장/321
제9과 역대하 25 – 27장/323
제10과 역대하 28 – 30장/325
제11과 억대하 31 – 33징/327

에스라

제1과 에스라 1 – 3장/331
제2과 에스라 4 – 6장/333
제3과 에스라 7 – 9장/335
제4과 에스라 10장/337

느헤미야

제1과 느헤미야 1 – 3장/341
제2과 느헤미야 4 – 5장/343
제3과 느헤미야 6 – 8장/345
제4과 느헤미야 9 – 11장/347

제5과 느헤미야 12 – 13장/349

에스더

제1과 에스더 1 – 2장/353
제2과 에스더 3 – 5장/355
제3과 에스더 6 – 7장/357
제4과 에스더 8 – 10장/359

욥기

제1과 욥기 1 – 3장/363
제2과 욥기 4 – 6장/365
제3과 욥기 7 – 9장/367
제4과 욥기 10 – 12장/369
제5과 욥기 13 – 15장/371
제6과 욥기 16 – 18장/373
제7과 욥기 19 – 21장/375
제8과 욥기 22 – 24장/377
제9과 욥기 25 – 27장/379
제10과 욥기 28 – 30장/381
제11과 욥기 31 – 33장/384
제12과 욥기 34 – 36장/387
제13과 욥기 37 – 39장/389
제14과 욥기 40 – 42장/391

시편

제1과 시편 1 – 5편/396
제2과 시편 6 – 10편/398
제3과 시편 11 – 15편/400
제4과 시편 16 – 20편/403
제5과 시편 21 – 25편/406
제6과 시편 26 – 30편/408
제7과 시편 31 – 35편/410
제8과 시편 36 – 40편/412
제9과 시편 41 – 45편/414
제10과 시편 46 – 50편/416
제11과 시편 51 – 55편/418
제12과 시편 56 – 60편/420
제13과 시편 61 – 65편/422
제14과 시편 66 – 70편/424
제15과 시편 71 – 75편/426
제16과 시편 76 – 80편/428
제17과 시편 81 – 85편/430
제18과 시편 86 – 90편/432
제19과 시편 91 – 95편/434
제20과 시편 96 – 100편/436
제21과 시편 101 – 105편/438
제22과 시편 106 – 107편/440
제23과 시편 108 – 113편/442
제24과 시편 114 – 118편/444
제25과 시편 119 – 120편/446
제26과 시편 121 – 130편/450
제27과 시편 131 – 140편/452
제28과 시편 141 – 150편/455

잠언

제1과 잠언 1 – 3장/461
제2과 잠언 4 – 6장/464
제3과 잠언 7 – 9장/466
제4과 잠언 10 – 12장/468
제5과 잠언 13 – 15장/470
제6과 잠언 16 – 18장/472
제7과 잠언 19 – 21장/474
제8과 잠언 22 – 24장/476
제9과 잠언 25 – 27장/478
제10과 잠언 28 – 31장/480

전도서

제1과 전도서 1 – 3장/485
제2과 전도서 4 – 6장/487
제3과 전도서 7 – 9장/489
제4과 전도서 10 – 12장/491

아가

제1과 아가 1 – 4장/496
제2과 아가 5 – 8장/498

이사야

제1과 이사야 1 – 3장/503
제2과 이사야 4 – 6장/506
제3과 이사야 7 – 9장/509
제4과 이사야 10 – 12장/512
제5과 이사야 13 – 15장/514
제6과 이사야 16 – 18장/517
제7과 이사야 19 – 21장/519
제8과 이사야 22 – 24장/521
제9과 이사야 25 – 27장/524
제10과 이사야 28 – 30장/526
제11과 이사야 31 – 33장/528
제12과 이사야 34 – 36장/531
제13과 이사야 37 – 39장/533
제14과 이사야 40 – 42장/536
제15과 이사야 43 – 45장/539
제16과 이사야 46 – 48장/542
제17과 이사야 49 – 51장/545
제18과 이사야 52 – 54장/547
제19과 이사야 55 – 57장/550
제20과 이사야 58 – 60장/552
제21과 이사야 61 – 63장/555
제22과 이사야 64 – 66장/558

예레미야

제1과 예레미야 1 – 3장/563
제2과 예레미야 4 – 6장/566
제3과 예레미야 7 – 9장/568
제4과 예레미야 10 – 12장/570
제5과 예레미야 13 – 15장/572
제6과 예레미야 16 – 18장/575
제7과 예레미야 19 – 21장/578
제8과 예레미야 22 – 24장/581
제9과 예레미야 25 – 27장/584
제10과 예레미야 28 – 30장/586
제11과 예레미야 31 – 33장/589
제12과 예레미야 34 – 36장/591
제13과 예레미야 37 – 39장/594
제14과 예레미야 40 – 42장/596
제15과 예레미야 43 – 45장/598
제16과 예레미야 46 – 48장/600
제17과 예레미야 49 – 51장/602
제18과 예레미아 52장/605

예레미야애가

제1과 예레미야애가 1 – 2장/609
제2과 예레미야애가 3 – 5장/611

에스겔

제1과 에스겔 1 – 3장/616
제2과 에스겔 4 – 6장/618
제3과 에스겔 7 – 9장/621
제4과 에스겔 10 – 12장/624
제5과 에스겔 13 – 15장/626
제6과 에스겔 16 – 18장/629

제7과 에스겔 19 - 21장/631
제8과 에스겔 22 - 24장/634
제9과 에스겔 25 - 27장/637
제10과 에스겔 28 - 30장/640
제11과 에스겔 31 - 33장/643
제12과 에스겔 34 - 36장/645
제13과 에스겔 37 - 39장/647
제14과 에스겔 40 - 42장/650
제15과 에스겔 43 - 45장/652
제16과 에스겔 46 - 48장/655

다니엘

제1과 다니엘 1 - 3장/660
제2과 다니엘 4 - 6장/663
제3과 다니엘 7 - 9장/666
제4과 다니엘 10 - 12장/669

호세아

제1과 호세아 1 - 3장/673
제2과 호세아 4 - 6장/676
제3과 호세아 7 - 9장/679
제4과 호세아 10 - 12장/682
제5과 호세아 13 - 14장/684

요엘

제1과 요엘 1 - 3장/688

아모스

제1과 아모스 1 - 3장/693
제2과 아모스 4 - 6장/696
제3과 아모스 7 - 9장/699

오바댜

제1과 오바댜 1장/704

요나

제1과 요나 1 - 4장/708

미가

제1과 미가 1 - 4장/713
제2과 미가 5 - 7장/715

나훔

제1과 나훔 1 - 3장/719

하박국

제1과 하박국 1 - 3장/723

스바냐

제1과 스바냐 1 – 3장/728

학개

제1과 학개 1 – 2장/733

스가랴

제1과 스가랴 1 – 3장/737
제2과 스가랴 4 – 8장/739
제3과 스가랴 9 – 11장/741
제4과 스가랴 12 – 14장/743

말라기

제1과 말라기 1 – 2장/747
제2과 말라기 3 – 4장/750

답안지/753

창세기 개요

1. 명칭: 창세기를 뜻하는 영어 단어 'Genesis'는 히브리어 원전의 첫 단어 '베레쉬트'('태초에'라는 뜻)라는 단어의 헬라어 번역을 라틴어 성경에서 사용하였고, 이것이 영어 'Genesis'가 된 것이다. 창세기는 그 명칭대로 '시작'에 관한 책이다. 창세기의 기록들을 통하여 우리는 모든 물질 세계에 속한 것들과 도덕적인 사실들과 인간의 운명, 그리고 하나님의 섭리와 계획과 구원의 기초들을 찾아볼 수 있다. 창세기를 '모든 성경의 씨앗'이라고 비유한다면 다른 성경들은 '창세기의 씨앗에서 나고 자란 열매'라고 말할 수 있을 것이다.

2. 저자 및 연대: 유대 전통은 구약성경의 처음 다섯 권(창세기, 출애굽기, 레위기, 민수기, 신명기)을 모세가 기록했다고 전한다. 예수님도 처음 다섯 권을 모세의 글이라고 가르치셨다(눅 24:44). 예수님은 여러 번 모세의 글, 또는 율법에 대해서 말씀하셨다(마 8:3-4; 막 12:26; 마 19:7-8 등). 모세는 아마 B.C. 15세기 후반에 창세기를 기록했을 것이다. 이 추측은 모세가 창세기를 출애굽 이후에 기록했으며, 출애굽 사건은 B.C. 1445년경에 일어났다는 가정에 근거한 것이다.

3. 구조: 창세기는 50장으로 구성되어 있으며, 크게 두 부분으로 나눌 수 있다. 1-11장은 적어도 수천 년, 또는 그 이상의 기간에 일어난 인류의 역사 이야기며 모든 것의 시작을 이야기하는 원역사다. 그리고 12-50장은 300여 년의 역사를 기록한 것으로, 족장 아브라함, 이삭, 야곱, 요셉

과 12족장에 관한 이야기다.

4. 창세기에 나타난 하나님의 모습:

1) 권능과 지혜의 하나님(창조: 1-2장)

2) 타락과 배반에도 불구하고 인간을 찾으시는 사랑과 자비의 하나님(타락: 3-4장)

3) 죄를 싫어하시고 벌하시는 거룩함과 정의의 하나님(노아의 홍수: 6-9장)

4) 세상과 인류를 지배하는 만왕의 왕이신 하나님(바벨탑 사건: 10-11장)

5) 한 민족을 선택하여 세상을 구속하시는 구원자 하나님(아브라함을 선택하심: 12-25장)

6) 변치 않는 약속을 주시는 하나님(이삭의 하나님: 25-26장)

7) 자격이 없는 자도 무조건적으로 사랑하시는 하나님(야곱의 하나님: 27-36장)

8) 고난을 바꾸어 구원의 기회를 삼으시는 하나님(요셉의 하나님: 37-50장)

제1과

창세기 : 1장 – 3장

1. 하나님이 천지를 창조하신 순서에 맞게 줄을 그어 연결하시오.

(참고. "저녁이 되며 아침이 되니......○째 날이라." 히브리인들은 해 지는 시각부터 다음날 해 지는 시각까지를 하루로 계산했다.)

(1)	낮, 밤, 별	첫째 날
(2)	새, 물고기	둘째 날
(3)	가축, 짐승, 사람	셋째 날
(4)	빛	넷째 날
(5)	궁창(천공, 하늘)	다섯째 날
(6)	안식	여섯째 날
(7)	땅, 바다, 풀, 채소, 과목	일곱째 날

2. 다음 (　　) 안에 적당한 말을 찾아 써 넣으시오.

(1) (　　　)에 (　　　　)이 (　　　)를 (　　　)하시니라

(2) 하나님이......(　　　　)의 형상을 따라 우리의 모양대로 우리가 (　　　　)을 만들고......바다의 (　　　)와 (　　　)의 새와...... 모든 것을 다스리게 하자

(3) 하나님이 그들에게 (　　)을 주시며...... 생육하고 (　　　)하여 땅에 (　　　)하라......땅에 움직이는 모든 생물을 (　　　　) 하시니라

(4) 하나님이 사람에게 먹을 거리로 준 것은 씨 맺는 (　　　　　)와 씨 가진 열매 맺는 모든 (　　　)다.

(5) 하나님이 모든 새와 땅에 기는 모든 것에게는 (　　　　　)을 먹을

거리로 주셨다.

(6) (　　　　　)이 지으신 그 모든 것을 보시니 보시기에 (　　)히 좋았더라

(7) 하나님이 그 (　　　　　) 날을 복되게 하사 거룩하게 하셨으니 이는......그날에 (　　　)하셨음이니라

(8) (　)으로 사람을 지으시고 (　　　)를 그 코에 불어......사람이 (　　　)이 되니라

(9) 동산 가운데에는 (　　　) 나무와 (　　　)을 알게 하는 나무도 있더라

(10) 에덴에서 발원(시작)한 네 강의 이름은 (　　　　) (　　　　) (　　　　) (유브라데)다.

3. 다음 말은 누가 한 말입니까?

(1) 선악을 알게 하는 나무의 열매는 먹지 말라 네가 먹는 날에는 반드시 죽으리라 (　　　　　　)이 (　　　)에게

(2) 참으로 너희에게 동산 모든 나무의 열매를 먹지 말라 하시더냐 (　　)이 (　　　)에게

(3) 하나님의 말씀에 너희는 먹지도 말고 만지지도 말라 너희가 죽을까 하노라 (　　　)가 (　　)에게

(4) 너희가 결코 죽지 아니하리라 너희가 그것을 먹는 날에는 너희 눈이 밝아져 하나님과 같이 되어 선악을 알 줄 하나님이 아심이니라 (　　)이 (　　　)에게

4. 다음의 처음 것들에 대해 알맞은 답을 써 넣으시오.

(1) 무엇으로 사람을 지으셨습니까? (　　)

(2) 무엇으로 각종 들짐승과 공중의 각종 새를 지으셨습니까? (　　)

(3) 모든 생물의 이름을 붙여 준 이는 누구입니까? (   )

(4) 무엇으로 여자를 만드셨습니까? (   )의 (   )

(5) 첫 여성이 입은 치마의 재료는 무엇입니까? (   )잎

(6) 처음 하나님이 아담 하와를 위해 지어 입히신 옷은 무엇입니까?

(   )옷

(7) 하나님이 사람을 쫓아내시고 에덴 동산 생명나무의 길을 지키게 두신 것은 무엇입니까? (   )과 (   )

5. 다음 말씀들이 성경에 기록된 순서대로 (   ) 안에 번호를 써 넣으시오.

(1) 여자의 후손은 (   ) 여자의 후손과 (   ) 내가 너로 (   )
너는 그의 발꿈치를 (   ) 네 머리를 (   ) 네 후손도 (   )
여자와 원수가 되게 하고 (   ) 상하게 할 것이니라 (   )
원수가 되게 하리니 (   ) 상하게 할 것이요 (   )

(2) 자식을 낳을 것이며 (   ) 임신하는 고통을 (   )
남편은 너를 (   ) 크게 더하리니 (   ) 네가 수고하고 (   )
너는 남편을 원하고 (   ) 다스릴 것이니라 (   ) 내가 네게 (   )

(3) 땅은 너로 말미암아 저주를 받고 (   ) 내가 네게 먹지 말라 한 (   )
너는 네 평생에 수고하여야 (   ) 나무의 열매를 먹었은즉 (   )
네가 네 아내의 말을 듣고 (   ) 그 소산을 먹으리라 (   )

(4) 선악을 아는 일에 (   ) 생명 나무 열매도 따 먹고 (   )
영생할까 하노라 (   ) 우리 중 하나같이 되었으니 (   )
그가 그의 손을 들어 (   )

제2과

창세기 : 4장 – 6장

1. 다음 중 서로 관계 있는 것을 찾아 (   ) 안에 번호를 써 넣으시오.

(1) 아벨과 그 제물　　　　　(　) 여호와로 말미암아 득남

(2) 가인　　　　　　　　　(　) 양 치는 자

(3) 아벨　　　　　　　　　(　) 농사하는 자

(4) 가인을 낳고　　　　　　(　) 여호와께서 제물을 받으심

2. 다음은 누가 누구에게 한 말입니까?

(1) 네가 선을 행하면 어찌 낯을 들지 못하겠느냐

(　　　)께서 (　　)에게

(2) 네 아우 아벨이 어디 있느냐 (　　　)께서 (　　　)에게

(3) 내가 내 아우를 지키는 자니이까 (　　　)이 (　　　)에게

(4) 네 아우의 핏소리가 땅에서부터 내게 호소하느니라

(　　　)께서 (　　　)에게

(5) 너는 땅에서 피하며 유리하는 자가 되리라

(　　　)께서 (　　　)에게

(6) 내 죄벌이 지기가 너무 무거우니이다 (　　　)이 (　　　)에게

(7) 가인을 죽이는 자는 벌을 칠 배나 받으리라

(　　　)께서 (　　　)에게

3. 다음 문장 중 틀린 것을 찾아 고쳐 쓰시오.

(1) 최초에 아우를 죽인 자는 아벨이다.

(2) 여호와께서 가인에게 준 표는 만나는 사람 누구에게나 죽임을 당하게 한 것이다.

(3) 가인이 여호와를 떠나 에덴 서쪽 놋 땅에 거하였다.

(4) 처음으로 두 아내를 가진 사람의 이름은 에녹이다.

(5) 야발은 장막에 거주하여 농사하는 자의 조상이 되었다.

(6) 유발은 거문고와 퉁소 부는 자의 조상이 되었고, 두발가인은 놋으로 날카로운 기계를 만들었다.

(7) 가인이 죽인 아벨을 대신하여 아담에게 주신 아들의 이름은 유발이다.

(8) 비로소 여호와의 이름을 부른 때는 셋이 노아를 낳은 때다.

4. 다음 (　　) 안에 적당한 말을 찾아 써 넣으시오.

(1) 가장 오래 산 사람의 이름은 (　　　　　)이고 (　　　)세에 죽었다.

(2) 하나님과 동행하다 간 성자의 이름은 (　　　　)이다.

(3) 노아의 세 아들은 (　　) (　　) (　　　)이다.

(4) 여호와의 영이 떠난 사람들이 육신이 되어 사는 날이 (　　　년)이 되었다.

(5) 땅에 (　　　　　)이라 하는 거인족이 살았는데 그들은 용사요 고대에 명성이 있는 사람들이었다.

(6) 하나님이 사람을 지으신 것을 한탄하신다는 말씀이 (　　)장 (　　)절에 기록되어 있다.

(7) 노아는 여호와께 (　　　　)를 입은 사람이다.

(8) 노아는 (　　　)이요 당대에 (　　　)한 자라 하나님과 (　　　)했다.

(9) 방주의 재목은 (　　　　　)나무이고 안팎에 칠한 것은 (　　　)이다.

(10) 방주의 크기는 (　　)층으로, 길이가 (　　　)미터, 너비는 (　　　)미터, 높이는 (　　　)미터였다. (참고. 1규빗은 약 45센티미터, 약 한 자 반)

(11) 언약을 세움 받아 방주에 들어갈 자는 노아의 가족과 모든 생물 (   ) 쌍씩이었다.

(12) 노아는 하나님이 자기에게 명하신 대로 다 (   )했다.

제3과

창세기 : 7장 – 9장

1. 다음 중 서로 관계 있는 것을 찾아 줄로 연결하시오.

(1)	네 온 집은 방주로	암수 둘씩
(2)	정결한 짐승, 공중의 새	홍수가 땅에
(3)	부정한 것	의로움을 내가 보았음이니라
(4)	사십 주야	암수 일곱씩
(5)	노아가 육백 세에	백오십 일
(6)	노아의 세 아들	땅에 비
(7)	생물이 다 죽었으니	셈, 함, 야벳
(8)	물이 땅에 넘친 기간	가축, 들짐승, 새, 사람이라

2. 노아가 방주의 창을 열고 새들을 내보낸 순서대로 ( ) 안에 번호를 써 넣으시오.

(1) 비둘기가 발을 디딜 곳을 찾지 못하고 방주로 돌아옴 ( )

(2) 까마귀를 내어 놓음 ( )

(3) 다시 칠 일을 기다려 비둘기를 내어 놓으매 돌아오지 아니함 ( )

(4) 사십 일이 지나서 ( )

(5) 저녁 때에 비둘기가 그 입에 감람나무 새 잎사귀를 물고 돌아옴 ( )

3. 다음 문장의 ( ) 안에서 맞는 것을 찾아 O표 하시오.

(1) 노아의 가족과 모든 생물이 다 방주에서 (살았다, 나왔다)

(2) 노아가 단을 쌓고 번제를 드린 것은 (여호와를, 자신을) 위한 것이었다.

(3) 여호와께서 그 향기를 받으시고 다시는 사람으로 말미암아 땅을 저주 (하리라, 하지 아니하리라) 하셨다.

(4) 하나님이 노아와 그 아들들에게 복을 주시고 (산, 죽은) 동물을 먹을 것으로 주셨다.

(5) 다른 사람의 피를 흘리면 그 사람의 피도 흘릴 것이니 이는 하나님이 (사람, 자기) 형상대로 사람을 지으셨음이다.

4. 다음은 하나님이 노아와 그 후손들에게 주신 무지개 언약에 관한 말입니다. 맞는 것에는 O표, 틀린 것에는 ×표 하시오.

(1) 이 언약은 사람들에게만 주셨다. (　　)

(2) 이 언약은 모든 사람이나 생물을 멸하는 홍수가 다시는 있지 아니하리라는 약속이다. (　　)

(3) 이 언약은 사람들이 무슨 죄를 지어도 관계없다는 약속이다. (　　)

(4) 9장 17절의 "내가 나와 땅에 있는 모든 생물 사이에 세운 언약의 증거가 이것이라" 라는 말씀은 무지개를 증거로 하신 말씀이다. (　　)

5. 다음과 관계 있는 것을 보기에서 찾아 (　　) 안에 써 넣으시오.

보기 : 가나안　셈　포도주　노아　야벳　셈과 야벳　노아의 아들들　함

(1) 셈 , 함, 야벳 (　　　　　　)

(2) 노아가 취하여 벌거벗은지라 (　　　　)

(3) 아버지의 하체를 보고 두 형제에게 알림 (　　)

(4) 옷을 취하여 아비의 하체에 덮었으며 (　　　　　)

(5) 종들의 종이 되기를 원하노라 (　　　　)

(6) 하나님 여호와를 찬송하리로다 (　　)

(7) 창대하게 하사 셈의 장막에 거하게 하시고 (　　　)

(8) 향년 구백오십 세 (　　　)

제4과
창세기 : 10장 – 12장

1. 다음은 노아의 세 아들의 후예입니다. 셈의 후예에는 (셈), 함의 후예에는 (함), 야벳의 후예에는 (얍)이라 쓰시오.

구스 (　　)　고멜 (　　)　엘람 (　　)　마대 (　　)
가나안 (　　)　아람 (　　)　훌 (　　)　스바 (　　)
두발 (　　)　아스그나스 (　　)　니므롯 (　　)　미스라임 (　　)
에벨 (　　)　욕단 (　　)　시돈 (　　)

2. 다음 (　　) 안에 적당한 말을 찾아 써 넣으시오.

(1) 온 땅의 (　　　)가 하나요 (　　　)이 하나였더라
(2) 이에 (　　　)로 돌을 대신하며 (　　　)으로 진흙을 대신하고
(3) 탑 꼭대기를 (　　　)에 닿게 하여 우리 (　　　)을 내고 온 (　　　)에 흩어짐을 면하자
(4) 이후로는 그 (　　　) 하는 일을 (　　　) 수 없으리로다
(5) 그 이름을 (　　　)이라 하니 이는 (　　　)께서 거기서 온 땅의 (　　　)를 혼잡하게 하셨음이니라

3. 다음은 아브라함에 관한 설명입니다. (　　) 안에 알맞은 답을 써 넣으시오.

(1) 노아의 세 아들 중 (　　)의 후예다.
(2) 아버지는 (　　　)이며 (　　)세에 낳았다.
(3) 그의 형제는 (　　)형제였고 아브람은 그중 (　　　)였다.

(4) 그의 형제 중 아비보다 먼저 죽은 자는 (　　　　)이다.

(5) 그의 아내의 이름은 (　　　　)다.

(6) 그와 롯과의 관계는(촌수) 아브람의 (　　　　)다.

(7) 여호와께서 그에게 "너의 고향과 친척과 (　　　　)의 집을 떠나 내가 네게 (　　　　) 땅으로 가라" 고 이르셨다.

(8) 그를 창대하게 하여 (　　)의 근원이 되게 하셨다.

(9) 여호와께서 "땅의 모든 족속이 너로 말미암아 복을 얻을 것이라" 말씀하셨는데 여기서 "너" 라 함은 (　　　　)을 가리킨다.

(10) 그가 말씀을 좇아 하란을 떠날 때에 그의 나이는 (　　)세나 되었다.

(11) 그는 아내와 조카, 그리고 하란에서 모은 모든 소유와 얻은 (　　　　) 들을 이끌고 가나안 땅에 들어갔다.

(12) 모레 상수리나무에 이르렀을 때에 단을 쌓고, 벧엘 동쪽 산으로 옮겼을 때에도 단을 쌓았는데 이는 (　　　　)를 위해 쌓은 것이다.

(13) 그가 그 땅에 기근이 심하여 (　　　　)으로 내려갔다.

(14) 그가 그곳에서 아내를 자기 (　　　　)라 말하게 했다.

(15) "바로가 그로 말미암아 아브람을 후대하므로" 큰 재물을 얻었다고 했다. 여기서 "그" 는 (　　　　)를 말한다.

(16) 여호와께서 바로와 그 집에 큰 재앙을 내리신 것은 (　　　　)로 인해서다.

제5과
창세기 : 13장 – 15장

1. 다음 중 맞는 것에는 O표, 틀린 것에는 ×표 하시오.

(1) 아브람이 애굽에서 나올 때에 아내와 조카 롯만 데리고 빈손으로 도망하여 나왔다. (　)

(2) 아브람이 벧엘과 아이 사이에 도착하였는데, 그곳은 전에도 장막을 쳤던 곳이고, 처음으로 단을 쌓은 곳으로서 그가 거기서 여호와의 이름을 불렀다. (　)

(3) 13장 6절 "그 땅이 그들이 동거하기에 넉넉하지 못하였으니 이는 그들의 소유가 많아서 동거할 수 없었음이니라"라는 말씀 중 "그들"이란 아브람과 롯을 말한다. (　)

(4) 아브람의 가축의 목자와 롯의 가축의 목자는 사이가 좋았다. (　)

(5) "네가 좌하면 나는 우하고 네가 우하면 나는 좌하리라" 하고 아브람이 말했을 때 롯은 삼촌을 위해 물이 많고 여호와의 동산 같은 땅을 양보했다. (　)

(6) 롯은 장막을 옮겨 소돔까지 이르렀는데, 소돔 사람들은 여호와 앞에 악한 죄인들이었다. (　)

(7) 롯이 아브람을 떠난 후에 여호와께서는 아브람에게 보이는 땅을 그와 그 자손에게 주고, 그 자손을 땅의 티끌 같게 해 주신다고 약속하셨다. (　)

(8) 아브람이 마므레 상수리 수풀에 거하며 거기서 자기와 가족을 위하여 단을 쌓았다. (　)

2. 왼쪽 왕과 오른쪽 나라의 이름을 바르게 연결하시오.

(1) 시날 왕	베라
(2) 엘라살 왕	비르사
(3) 엘람 왕	아므라벨
(4) 고임 왕	아리옥
(5) 소돔 왕	세메벨
(6) 고모라 왕	그돌라오멜
(7) 아드마 왕	디달
(8) 스보임 왕	시납

3. 다음 (　　) 안에 적당한 말을 찾아 써 넣으시오.

(1) 싯딤 골짜기는 지금의 (　　)해인데 역청 구덩이가 많아 소돔, 고모라 왕이 달아날 때에 (　　　)가 거기에 빠졌다.

(2) 네 왕이 소돔, 고모라를 치고 소돔에 거하는 (　　　　)의 조카 (　　) 도 사로잡고 그 재물까지 노략해 갔다.

(3) 아브람이 집에서 훈련한 가신 (　　)인을 거느리고 다메섹까지 가서 조카 (　　)과 재물을 다 찾아왔다.

(4) 아브람이 왕들을 격파하고 돌아올 때에 떡과 포도주로 맞은 하나님의 제사장은 (　　　　　　　)이었다.

(5) 아브람이 그 얻은 것에서 십분의 일을 제사장 (　　　　　)에게 주었다.

(6) 아브람이 여호와를 믿으니 여호와께서 이를 그의 (　　)로 여기셨다.

(7) 여호와께서 아브람에게 이르신 "네 자손이 이방에서 객이 되어 그들을 섬기겠고 그들은 사백 년 동안 네 자손을 괴롭히리니……"라는 말씀은 이스라엘 백성이 (　　　) 땅에서 종살이할 것을 말해 준다. (참조. 출 12:40; 갈 3:17)

4. 다음 중 누가 아브람의 참상속자가 될 것이라 했습니까?

(1) 엘리에셀 (　　)

(2) 아브람 집에서 길린 자 (　　)

(3) 아브람에게서 날 자 (　　)

제6과
창세기 : 16장 – 18장

1. 다음 중 서로 관계 있는 것을 찾아 (　　) 안에 번호를 써 넣으시오.

(1) 사래는	(　　) 여주인을 멸시한지라
(2) 여종 애굽 사람	(　　) 내가 받는 모욕은 당신이
(3) 하갈을 데려다가	(　　) 출산하지 못하였고
(4) 하갈이 임신하매	(　　) 하갈
(5) 사래가 아브람에게 이르되	(　　) 남편 아브람에게 첩으로
(6) 여종 하갈아	(　　) 그 수하에 복종하라
(7) 사자가 그에게 이르되	(　　) 어디서 왔으며 어디로
(8) 이름을 이스마엘이라	(　　) 그의 손이 모든 사람을 치겠고

2. 다음 이름의 뜻을 찾아 바르게 연결하시오.

(1) 이스마엘	여러 민족의 아버지
(2) 브엘라해로이	웃음
(3) 아브라함	하나님이 들으심
(4) 사라	살피시는 하나님
(5) 이삭	여러 민족의 어머니

3. 여호와께서 아브람에게 언약한 것에는 O표, 아닌 것에는 ×표 하시오.

(1) 너를 크게 번성하게 하리라 (　　)

(2) 너는 네 씨족의 아비가 되리라 (　　)

(3) 민족과 왕들이 네게로부터 나오리라 (　　)

(4) 너는 내 언약을 지키고 네 후손은 지키지 않아도 된다. ( )

(5) 돈으로 산 자만 제외하고 난 지 팔 일 만에 할례를 받아야 한다. ( )

(6) 사래는 이름을 사라라 하라 ( )

(7) 그를 여러 민족의 어머니가 되게 하리라 ( )

(8) 사라가 네게 아들을 낳으리니 너는 그 이름을 이스마엘이라 하라 ( )

4. 아브라함이 세 사람(하나님)에게 대접한 것에는 O표, 아닌 것에는 ×표 하시오.

(1) 발을 씻김 ( ) (2) 떡 ( ) (3) 송아지 ( ) (4) 치즈 ( )

(5) 버터와 우유 ( )

5. 다음은 소돔 성을 위하여 아브라함이 드린 기도 중 의인의 숫자입니다. 맞는 것에 O표 하시오.

(1) 50인—40인—30인—20인—5인 ( )

(2) 50인—40인—30인—20인—10인 ( )

(3) 50인—45인—30인—20인—10인—5인 ( )

(4) 50인—45인—40인—30인—20인—10인 ( )

제7과
창세기 : 19장 – 21장

1. 다음을 읽고 롯이 한 말이면 (롯), 두 천사가 한 말이면 (천), 소돔 백성들이 한 말이면 (백성)이라 쓰시오.

(1) 발을 씻고 주무시고 일찍이 일어나 갈 길을 가소서 (　　)
(2) 아니라 우리가 거리에서 밤을 새우리라 (　　)
(3) 오늘밤에 네게 온 사람들이 어디 있느냐 이끌어 내라 우리가 그들을 상관하리라 (　　　)
(4) 내 형제들아 이런 악을 행하지 말라 내게 남자를 가까이하지 아니한 두 딸이 있노라 (　　)
(5) 이 사람들은 내 집에 들어왔은즉 이 사람들에게는 아무 일도 저지르지 말라 (　　)
(6) 이자가 들어와서......우리의 법관이 되려 하는도다 (　　　)
(7) 네게 속한 자가 또 있느냐......여호와께서 이곳을 멸하시려고 우리를 보내셨나니 우리가 멸하리라 (　　)
(8) 여호와께서 이 성을 멸하실 터이니 너희는 일어나 이곳에서 떠나라 (　　)
(9) 일어나 여기 있는 네 아내와 두 딸을 이끌어 내라 이 성의 죄악 중에 함께 멸망할까 하노라 (　　)
(10) 도망하여 생명을 보존하라 돌아보거나 들에 머물지 말고 산으로 도망하여 멸망함을 면하라 (　　)
(11) 나를 그곳으로 도망하게 하소서 이는 작은 성읍이 아니니이까 (　　)
(12) 그리로 속히 도망하라 네가 거기 이르기까지는 내가 아무 일도 행할

수 없노라 (　　)

2. 다음 중 서로 관계 있는 것을 찾아 줄로 연결하시오.

(1) 소알	소금 기둥
(2) 유황과 불	모압 족속
(3) 롯의 아내는	롯이 피한 작은 성
(4) 큰딸	소돔과 고모라
(5) 작은딸	사라를 자기 누이라
(6) 그랄에 거류	암몬 족속

3. 다음 물음에 알맞은 답을 써 넣으시오.

(1) 아브라함은 애굽에 가서도 아내를 누이라고 했습니다. 이 일은 창세기 몇 장 몇 절에 기록되어 있습니까? (　　장　　절)

(2) 여호와께서 누구의 일로 아비멜렉의 집 모든 태를 닫게 하셨습니까?
(　　　)

(3) 하갈의 아들의 이름은 무엇이며, 이삭과는 어떠한 사이가 됩니까?
(이름:　　　　　관계:　　　　　)

(4) 브엘세바에서 (　　　　)을 세우고 아비멜렉과 그 군대장관 비골을 떠나보냈다.

제8과
창세기 : 22장 – 24장

1. 다음 말씀은 몇 장 몇 절에 기록되어 있습니까?

(1) 아이와 함께 저기 가서 예배하고 우리가 너희에게로 돌아오리라
( )장 ( )절

(2) 불과 나무는 있거니와 번제할 어린 양은 어디 있나이까
( )장 ( )절

(3) 이제야 네가 하나님을 경외하는 줄을 아노라 ( )장 ( )절

(4) 네 씨가 그 대적의 성문을 차지하리라 ( )장 ( )절

(5) 나는 당신들 중에 나그네요 거류하는 자이니 ( )장 ( )절

(6) 우리 중에서 자기 묘실에 당신의 죽은 자 장사함을 금할 자가 없으리이다 ( )장 ( )절

(7) 내 아들을 그리로 데리고 돌아가지 아니하도록 하라 ( )장 ( )절

(8) 다시 길으려고 우물로 달려가서 모든 낙타를 위하여 긷는지라
( )장 ( )절

(9) 내가 내 일을 진술하기 전에는 먹지 아니하겠나이다 ( )장 ( )절

(10) 리브가가 너울을 가지고 자기의 얼굴을 가리더라 ( )장 ( )절

2. 다음 물음에 알맞은 답을 써 넣으시오.

(1) 이삭을 제물로 드리려던 산은 어느 땅의 산입니까? ( )

(2) 이때 동행한 사람은 누구며 몇 명이었습니까?
(, , , 명)

(3) 다음 중 이삭을 대신해서 준비된 제물에 ○표 하시오.

수송아지 암양 숫양 숫염소 비둘기

(4) '여호와 이레' 라는 말의 뜻은 무엇입니까? (   )

(5) 사라는 몇 세에 죽었습니까? (세)

(6) 사라를 장사한 곳은 막벨라 굴인데 이 땅은 아브라함이 에브론에게 (은을 주고 샀다, 거저 얻었다)

(7) 24장에 충성된 아브라함의 노종이 하나님께 드린 기도(경배, 절)가 세 번 있습니다. 몇 절에 나옵니까? (절,   절,   절)

(8) 아브라함의 자부가 될 리브가는 아브라함의 어떠한 친족이 됩니까? (   )

3. 다음은 22-24장에 기록된 일들입니다. 순서에 맞게 (   ) 안에 번호를 써 넣으시오.

사라의 죽음(   ) 이삭을 모리아 산에서 바치려 함(   )

막벨라 굴에 사라를 장사 지냄(   ) 이삭과 리브가의 만남(   )

늙은 종이 아브라함의 허벅지 밑에 손을 넣고 맹세함(   )

늙은 종이 우물가에서 리브가를 만남(   )

제9과
창세기 : 25장 – 27장

1. 다음은 25장에 나오는 사람들의 연령입니다. 누구의 연령(①)이며 무슨 일(②)이 있던 해입니까?

(1) 백칠십오 세 (① ②)

(2) 백삼십칠 세 (① ②)

(3) 사십 세 (① ②)

(4) 육십 세 (① ②)

2. 다음 말씀은 누구를 묘사한 것입니까?

(1) 먼저 나온 자는 붉고 전신이 털옷 같아서 ( )

(2) 발꿈치를 잡고 나옴 ( )

(3) 익숙한 사냥꾼 ( )

(4) 조용한 사람 ( )

(5) 아버지 이삭의 사랑을 받음 ( )

(6) 어머니 리브가의 사랑을 받음 ( )

(7) 장자의 명분을 팥죽 한 그릇으로 사다 ( )

3. 다음 땅들은 누가 거하던 곳입니까?

(1) 브엘라해로이 ( )

(2) 애굽 앞 술까지 ( )

4. 26장에 이삭이 우물을 여러 번 판 이야기가 있습니다. 모두 몇 번 팠으며 몇 절에 기록되었습니까?

답 (　　　번,　　　　　　　　　　　　　　　　　)

5. 다음 중 야곱에게 축복한 말씀에는 (야곱), 에서에게 한 말씀에는 (에서)라 써 넣으시오.

(1) 네 주소는 땅의 기름짐에서 멀고 (　　　)

(2) 내 아들의 향취는 여호와께서 복 주신 밭의 향취로다 (　　　)

(3) 만민이 너를 섬기고 (　　　)

(4) 네 아우를 섬길 것이며 (　　　)

(5) 곡식과 포도주를 네게 주시기를 원하노라 (　　　)

(6) 네가 매임을 벗을 때에는 (　　　)

(7) 네가 형제들의 주가 되고 (　　　)

(8) 너를 저주하는 자는 저주를 받고 (　　　)

제10과
창세기 : 28장 – 30장

1. 다음 (   ) 안에 적당한 말을 찾아 써 넣으시오.

(1) 거기서 네 (   ) 라반의 (   ) 중에서 (   )를 맞이하라

(2) (   ) 사람의 (   )들이 그의 아버지 (   )을 기쁘게 하지 못하는지라

(3) 네가 (   ) 가든지 너를 (   )며 너를 이끌어 이 (   )으로 돌아오게 할지라

(4) 그를 (   )하는 까닭에 (   ) 년을 며칠같이 여겼더라

(5) (   )이 나를 (   )심은 어찌됨이니이까

(6) 내가 그에게 (   ) 아들을 낳았으니 내 (   )이 지금부터 나와 (   )하리로다

(7) (   )하지 못하게 하시는 이는 (   )이시니 내가 (   )을 대신하겠느냐

(8) 내가 남편에게 (   ) 아들을 낳았으니 이제는 (   )가 (   )와 함께 살리라

(9) 염소 중에 (   ) 있는 것과 (   )진 것을 가려 내리니 이 같은 것이 내 (   )이 되리이다

(10) 약한 것은 (   )의 것이 되고 튼튼한 것은 (   )의 것이 된지라

2. 다음은 28장 10-22절에 기록된 일의 순서입니다. 가장 바르게 된 것에 O표 하시오.

(1) 하란을 향해 떠남—여호와의 음성—돌베개 베고 잠—돌기둥을 세움—

십일조를 약속 ( )

(2) 하란을 향해 떠남—돌베개 베고 잠—여호와의 음성—돌기둥을 세움—십일조를 약속 ( )

(3) 하란을 향해 떠남—돌기둥을 세움—여호와의 음성—돌베개 베고 잠—십일조를 약속 ( )

(4) 하란을 향해 떠남—돌기둥을 세움—돌베개 베고 잠—여호와의 음성—십일조를 약속 ( )

3. 다음은 야곱의 네 아내와 열두 아들입니다. 낳은 아들을 줄로 연결하고 아들 이름 옆에는 야곱의 몇째 아들인지 번호를 써 넣으시오.

(1) 레아	1) 시므온 ( )
	2) 단 ( )
	3) 갓 ( )
(2) 빌하	4) 잇사갈 ( )
	5) 요셉 ( )
	6) 르우벤 ( )
(3) 라헬	7) 납달리 ( )
	8) 아셀 ( )
	9) 스불론 ( )
(4) 실바	10) 레위 ( )
	11) 유다 ( )
	12) 베냐민(12)

제11과
창세기 : 31장 – 33장

1. 야곱이 외삼촌을 떠나야 할 이유 중 맞는 것에는 O표, 틀린 것에는 X표 하시오.

(1) 라반의 아들들의 말대로 야곱이 아버지의 소유를 다 빼앗아 거부가 되었기 때문이다. (   )

(2) 라반의 안색이 전과 같지 아니했기 때문이다. (   )

(3) 여호와께서 돌아가라 하셨기 때문이다. (   )

(4) 라헬과 레아가 야곱을 배척했기 때문이다. (   )

2. 다음 땅에서 일어난 일들을 찾아 줄로 연결하시오.

(1)	여갈사하두다와 갈르엣	야곱이 집과 우릿간을 세운 곳
(2)	마하나임	야곱이 세겜 성 앞에 장막을 치고 단을 쌓은 곳
(3)	얍복 나루	야곱이 하나님의 사자를 만난 곳
(4)	숙곳	야곱이 언약의 증거를 삼은 곳
(5)	엘엘로헤이스라엘	야곱이 천사와 씨름하여 이스라엘 이름을 얻은 곳

3. 다음은 야곱이 형 에서를 만날 때 가족을 배치한 순서입니다. 맞는 것에 O표 하시오.

(1) 여종과 그 자식들—레아와 그 자식들—라헬과 요셉—야곱 (   )

(2) 야곱—여종과 그 자식들—레아와 그 자식들—라헬과 요셉 (   )

(3) 레아와 라헬과 두 여종—요셉—야곱 (   )

(4) 야곱—라헬과 요셉—레아와 그 자식들—여종과 그 자식들 (   )

4. 다음 글을 읽고 관계 있는 말을 보기에서 골라 (   ) 안에 써 넣으시오.

보기 : 드라빔 암염소, 암양 200마리씩 숫염소, 숫양, 암나귀 20마리 낙타 30마리 암소 40마리 야곱 남은 한 떼는 피하려고

(1) 염소 중에 아롱지고 점 있는 것은 누구의 것입니까?

(2) 라헬이 아비의 (   )을 도둑질했다.

(3) 야곱이 동행자와 양, 소, 낙타를 두 떼로 나누었는데 왜 그랬습니까?

(4) 야곱이 형 에서를 맞이할 때 무엇을 얼마나 드렸습니까?

제12과
창세기 : 34장 - 36장

1. 다음을 읽고 하몰과 그 아들 세겜이 한 일이나 말에는 ○표, 야곱의 아들들이 한 일이나 말에는 △표 하시오.

(1) 외부 여인을 끌어들여 강간함 (　　)

(2) 그의 마음을 말로 위로함 (　　)

(3) 그들 모두가 근심하고 심히 노함 (　　)

(4) 우리와 통혼하자 (　　)

(5) 할례받지 아니한 사람에게 우리 누이를 줄 수 없다. (　　)

(6) 그러면 그들의 가축과 재산과 그들의 모든 짐승이 우리의 소유가 되지 않겠느냐 (　　)

(7) 몰래 그 성읍을 기습하여 그 모든 남자를 죽임 (　　)

(8) 자녀와 아내들을 사로잡고 집 속의 물건을 다 노략함 (　　)

2. 다음 (　　) 안에 적당한 말을 찾아 써 넣으시오.

(1) "하나님께 거기서 제단을 쌓으라" 라는 말씀은 (　　　　)이 (　　　) 에게 명하신 말씀이다.

(2) "자신을 정결하게 하고 너희들의 의복을 바꾸어 입으라" 라는 말은 (　　　)이 (　　　) 집 사람에게 명한 말이다.

(3) 이방 신상들과 귀고리들을 (　　　) 근처 (　　　　)나무 아래 묻었다.

(4) (　　　　　)의 유모 (　　　　　)가 죽으매 그를 벧엘 아래에 있는 (　　　　)나무 밑에 장사했다.

(5) 다시는 (　　　)이라 부르지 않겠고 (　　　　　)이 네 이름이 되리라

(6) 아기를 낳다 죽은 어머니의 이름은 (   )이고 아기의 이름은 (   )이다.

(7) 아버지의 첩과 통간한 아들의 이름은 (   )이다.

(8) 이삭이 (   )세에 죽었다.

(9) 에서의 아내는 (   ) (   ) (   ) 세 사람이다.

(10) 광야에서 온천을 발견한 사람의 이름은 (   )이다.

제13과
창세기 : 37장 - 39장

1. 다음을 읽고 요셉이 행한 일이나 말에는 O표, 그의 형들이 행한 일이나 말에는 □표, 그의 아버지가 행한 일이나 말에는 △표 하시오.

(1) 과실을 아버지에게 고함 ( )

(2) 그를 더 사랑하여 채색 옷을 지어 입힘 ( )

(3) 그를 미워하여 그에게 편안하게 말할 수 없었더라 ( )

(4) 당신들의 단은 내 단을 둘러서서 절하더이다 ( )

(5) 네가 참으로 우리의 왕이 되겠느냐 ( )

(6) 해와 달과 열한 별이 내게 절하더이다 ( )

(7) 그 말을 간직해 두었더라 ( )

(8) 너를 그들에게로 보내리라 ( )

(9) 꿈꾸는 자가 오는도다 ( )

(10) 그의 생명은 해치지 말자 ( )

(11) 은 이십에 그를 이스마엘 사람들에게 팔아 버림 ( )

(12) 아이가 없도다 나는 어디로 갈까 ( )

(13) 내가 슬퍼하며 스올로 내려가 아들에게로 가리라 ( )

2. 38장을 읽고 당시 혼인법에 가장 알맞은 것에 O표 하시오. (참고. 마 22:23-33)

(1) 형이 결혼하고 아들 없이 죽을 때는 그 형수를 동생들 중 아무나 아내로 취한다. ( )

(2) 형이 결혼하고 아들 없이 죽을 때는 바로 그 다음 동생이 형수를 취하

여 아들을 낳아 주고 또 그도 아들 없이 죽을 때에는 다음 차례대로 한다. ( )

(3) 큰 아들이 결혼하고 아들 없이 죽으면 그 시아비라도 자부를 취하여 아들을 낳아 준다. ( )

(4) 형이 결혼하고 아들 없이 죽으면 그 형수는 과부로 수절해야 한다. ( )

3. 다음 중 서로 관계 있는 것을 찾아 줄로 연결하시오.

(1)	유다의 아내	땅에 설정
(2)	엘	여기는 창녀가 없느니라
(3)	다말	장자로 악함
(4)	오난	가나안 사람 수아
(5)	셀라	유다의 며느리
(6)	도장, 끈, 지팡이	손에 홍색 실을 매어
(7)	친구 아둘람 사람의 보고	담보물
(8)	세라	죽을까

4. 다음 ( ) 안에 적당한 말을 찾아 써 넣으시오.

(1) 39장에 "여호와께서 그(요셉)와 함께하시므로" 가 ( )번 나오고 "형통" 이라는 말이 ( )번 나온다.

(2) 요셉이 애굽에 내려가 ( )에게 팔렸다.

(3) 요셉은 그 가정에 ( )가 되어 소유를 다 맡았다.

(4) 애굽 사람의 집에 복을 내리심은 ( )를 위함이었다.

(5) 요셉이 그 집의 모든 일을 맡았으나 금한 것 한 가지는 그 ( )였다.

(6) 여자의 말이 "당신이 우리에게 데려온 ( ) 종이 나를 희롱하려고"

(7) 요셉이 들어간 옥은 ( )를 가두는 곳이었다.

제14과

창세기 : 40장 – 42장

1. 다음은 두 관원장과 바로의 꿈을 요셉이 해몽한 것입니다. 술 맡은 자의 꿈이나 해몽에는 (술), 떡 맡은 자의 꿈이나 해몽에는 (떡), 바로의 꿈이나 해몽에는 (바로)라 쓰시오.

(1) 포도나무가 있는데 ( ) (2) 흰 떡 세 광주리가 내 머리에 있고 ( )
(3) 나일 강가에 서 있는데 ( ) (4) 세 가지가 ( )
(5) 그 즙을 ( ) (6) 충실한 일곱 이삭 ( )
(7) 각종 구운 음식이 ( ) (8) 살진 일곱 암소 ( )
(9) 싹이 나서 꽃이 피고 ( ) (10) 새들이 내 머리의 광주리에서 ( )
(11) 동풍에 마른 ( ) (12) 전직을 회복시키리니 ( )
(13) 당신의 머리를 들고 ( ) (14) 애굽의 점술가와 현인들을 ( )
(15) 나를 생각하고 내게 ( ) (16) 당신의 고기를 ( )
(17) 일곱 해 풍년 ( ) (18) 요셉을 기억하지 못하고 그를 잊었더라 ( )

2. 다음 중 요셉이 바로 앞에서 처음 한 말에 O표 하시오.

(1) 내가 바로 해몽하리이다 ( )
(2) 하나님이 나를 사랑하사 해몽하는 지혜를 주셨음이라 ( )
(3) 내가 아니라 하나님께서 바로에게 편안한 대답을 하시리이다 ( )
(4) 하나님이 바로에게 해몽할 수 있는 은혜를 주시리라 ( )

3. 다음 물음에 알맞은 답을 써 넣으시오.

(1) 요셉의 흉년 대책안은 바로와 또 누가 좋게 여겼습니까?

(2) "이와 같이 하나님의 영에 감동한 사람을 우리가 어찌 찾을 수 있으리요" 라는 말은 ( )가 그의 ( )들에게 한 말이다.

(3) 요셉이 바로에게 받은 직임(벼슬)이 무엇입니까?

(4) 요셉이 바로 앞에 설 때에 몇 세라 했습니까?

(5) 요셉의 장인과 아내의 이름은 무엇입니까?

(장인: 아내:)

(6) 흉년이 들기 전 요셉에게 낳은 두 아들의 이름과 그 이름의 뜻은 무엇입니까?

(7) 야곱은 그의 열두 아들 중 애굽에 곡식을 구하러 몇 형제를 보냈습니까? 또 남아 있던 아들의 이름은 무엇입니까?

(8) 요셉이 그 형들을 보고 ( )꾼이라고 했다.

(9) 42장 21절 "우리가 아우의 일로 말미암아 범죄하였도다" 라는 말씀 중 "아우의 일" 은 무엇을 뜻합니까?

(10) 여러 형제를 대신하여 갇힌 사람의 이름은 무엇입니까?

제15과

창세기 : 43장 – 45장

1. 43장 5절에는 "그"가 두 번 나옵니다. 첫 번째의 "그를 보내지 아니하시면"에서 "그"는 (   )을 말하고, 그 다음으로 나오는 "그 사람이"에서 "그"는 (   )을 말합니다.

2. 이스라엘이 아들들에게 명하여 총리에게 예물로 삼은 품목에는 O표, 아닌 것에는 ×표 하시오.

   (1) 유향 (   ) (2) 황금 (   ) (3) 몰약 (   ) (4) 홍마노 (   )
   (5) 꿀 (   ) (6) 감람유 (   ) (7) 향품 (   ) (8) 벽옥 (   )
   (9) 유향나무 열매 (   ) (10) 감복숭아 (   )

3. 다음은 이스라엘이 베냐민을 다른 아들들과 함께 보내면서 드린 기도의 내용입니다. 맞는 것에 O표 하시오. (괄호 안의 사람을 유의하시오.)

   (1) 하나님께서 그 사람(요셉) 앞에서 너희에게 은혜를 베푸사 그 사람(요셉)으로 너희 다른 형제와 베냐민을 돌려보내게 하시기를 원하노라 (   )
   (2) 하나님께서 그 사람(바로) 앞에서 너희에게 은혜를 베푸사 그 사람으로(바로) 너희 다른 형제와 베냐민을 돌려보내게 하시기를 원하노라 (   )
   (3) 하나님께서 그 사람(요셉) 앞에서 너희에게 은혜를 베푸사 그 사람으로(요셉) 베냐민만 돌려보내게 하시기를 원하노라 (   )

(4) 하나님께서 그 사람(바로) 앞에서 너희에게 은혜를 베푸사 그 사람으로(요셉) 너희 다른 형제와 베냐민을 돌려보내게 하시기를 원하노라 (　)

4. 요셉이 17세 때 꾼 꿈(형들의 곡식 단들이 요셉의 단을 향해 절하던 꿈. 37:7)이 몇 장 몇 절에서 이루어졌습니까?

답 (　　장　　절)

5. 요셉이 베냐민을 더 사랑한 이유는 무엇입니까?

(1) 막내동생이어서 (　)

(2) 하나밖에 없는 동생이어서 (　)

(3) 자기 어머니가 낳은 친동생이어서 (　)

(4) 형들에게 당한 고통이 커서 (　)

6. 요셉의 은잔이 베냐민의 자루에서 나온 것과 관계 있는 것은 다음 중 어느 것입니까?

(1) 베냐민이 은잔을 욕심내서 훔친 것이다. (　)

(2) 요셉이 청지기에게 명하여 베냐민의 자루에 넣은 것이다. (　)

(3) 형들이 베냐민을 해하려고 꾀한 것이다. (　)

7. 11형제를 대변하고 아버지 이스라엘을 위하여 요셉에게 말한 아들의 이름은 (　　　　)인데 그는 이스라엘의 (　　)째 아들입니다.

8. 다음은 요셉이 형들 앞에서 신분을 밝히고 형들을 위로한 말입니다. 순서에 맞게 (　) 안에 번호를 써 넣으시오.

(　) 하나님이 생명을 구원하시려고

(　　) 한탄하지 마소서

(　　) 근심하지 마소서

(　　) 당신들이 나를 이곳에 팔았다고 해서

(　　) 당신들이 아니요 하나님이시라

(　　) 나를 당신들보다 먼저 보내셨나이다

(　　) 그런즉 나를 이리로 보낸 이는

9. 다음 중 서로 관계 있는 것을 찾아 줄로 연결하시오.

(1)	정을 억제	베냐민도 요셉도
(2)	큰 소리로 우니	길에서 다투지 말라
(3)	나로 바로에게 아버지로 삼으시고	가서 그를 보리라
(4)	목을 안고	소리질러
(5)	형들에게	궁중에 들리더라
(6)	족하도다	애굽 온 땅의 통치자로

제16과

창세기 : 46장 – 48장

1. 다음은 하나님이 이상 중에 이스라엘(야곱)에게 나타나셔서 하신 말씀입니다. 맞는 것에 O표 하시오.

(1) 애굽에 내려가서 큰 민족을 이루고 다시 올라오겠고 요셉의 손에 네 눈이 감기리라 ( )

(2) 애굽에 내려가서 큰 민족을 이루고 영원히 그 나라를 다스리고 요셉의 손에 네 눈이 감기리라 ( )

(3) 애굽에 갔다 돌아와서야 네가 눈을 감겠고 네 후손이 큰 민족을 이루어 애굽을 지배하리라 ( )

2. 다음 ( ) 안에 적당한 말을 찾아 써 넣으시오.

(1) 애굽에 간 야곱의 집 사람들의 총 수는 ( )명이다.

(2) 애굽인이 가증히 여기는 업은 ( )이다.

(3) 야곱의 가족이 거하게 된 땅은 ( ) 땅이다.

(4) 야곱이 바로 앞에 설 때 ( )세였다.

3. 돈이 떨어진 애굽 백성이 흉년 중 식물을 달라 할 때에,

(1) 거저 주었다. ( ) (2) 땅을 저당잡고 주었다. ( )

(3) 처음엔 짐승을 잡히고 다음엔 토지까지 곡식으로 사들였다. ( )

4. 요셉이 애굽에 세운 토지법으로 맞는 것은 다음 중 어느 것입니까?

(1) 5분의 1은 바로에게 상납하고, 5분의 1은 제사장에게 상납하고,

나머지 3분만 먹었다. (　　)

(2) 5분의 1은 바로에게 상납하고, 4분은 애굽 사람이 먹었고, 제사장의 토지는 바로의 소유가 안 되었다. (　　)

(3) 5분의 1은 바로에게 상납하고, 나머지 4분은 애굽 사람이 먹었고, 제사장도 이와 같이 5분의 1을 바로에게 상납하지 않았다. (　　)

5. 47장 30절에 야곱이 죽거든 조상의 묘지에 장사 지내 달라고 했습니다. 여기서 조상의 묘지는 어디를 말하는 것입니까? (참고. 창 23:19; 25:9)

답

※ 다음 문제의 (　　) 안에 알맞은 말을 써 넣으시오. (6-7항)

6. 라헬은 (　　　　)과 (　　　　)의 어머니로서 라헬은 (　　　　)을 낳은 후 곧 죽었습니다. (참고. 35:16)

7. 요셉의 두 아들이 축복기도를 받을 때 야곱의 오른손은 (　　　　)의 머리에 얹었습니다.

8. 47장 7-9절에서 "네 나이가 얼마냐"라고 묻는 바로에게 야곱이 "......험악한 세월을 보내었나이다"라고 했듯이 야곱에게는 험악한 세월이 많았습니다. 그 중에 특별히 기억되는 것 한 가지를 적어 보시오.

답

제17과

창세기 : 49장 - 50장

1. 다음은 야곱의 아들들이 당할 일을 말한 것입니다. 관계 있는 것을 찾아 줄로 연결하시오.

(1) 시므온과 레위	규가 떠나지 아니하며
(2) 르우벤	샘 곁의 무성한 가지라
(3) 유다	길섶의 뱀이요 샛길의 독사
(4) 스불론	탁월하지 못하리니
(5) 잇사갈	그들의 칼은 폭력의 도구로다
(6) 단	배 매는 해변이라
(7) 갓	압제 아래에서 섬기리로다
(8) 아셀	물어뜯는 이리라
(9) 납달리	도리어 그 뒤를 추격하리로다
(10) 요셉	놓인 암사슴
(11) 베냐민	왕의 수라상을

2. 다음 중 야곱(이스라엘)이 유언한 말과 관계 있는 것에는 O표, 관계 없는 것에는 ×표 하시오.

(1) 열두 지파 각 사람의 분량대로 축복하였다. (   )

(2) 우리 선조와 함께 장사하라 (   )

(3) 가나안 땅 막벨라 밭에 있는 굴에 장사하라 (   )

(4) 이 굴은 헷 사람에게서 거저 얻은 것이다. (   )

(5) 이 굴에는 이미 아브라함과 사라, 이삭과 리브가 그리고 레아도 장사

되었다. (　)

3. 다음 중 야곱이 죽어 가나안 땅에 장사하러 올라간 자들에 O표 하시오.

(1) 바로 (　) (2) 요셉 (　) (3) 바로의 모든 신하 (　)

(4) 병거와 기병 (　) (5) 요셉의 온 집과 형제들 (　)

(6) 가나안 땅의 모든 장로 (　) (7) 바로 궁의 원로들 (　)

4. 50장에서 다음 숫자와 관련된 사실에 대해 간단히 설명해 보시오.

(1) 사십 일:

(2) 칠십 일:

(3) 칠 일:

(4) 백십 세:

출애굽기 개요

1. 명칭: 출애굽기를 뜻하는 영어 단어 'Exodus'는 헬라어로는 '밖으로 나온다'라는 의미이며 원래 출애굽기의 첫 글자 중에서 접속사를 빼고 책 이름을 삼았다. 이 책은 창세기에서 가르치는 인간들의 모습을 좀 더 자세히 연속되는 사건들을 통하여 보여 주며, 나약하고 타락한 인간들을 위한 하나님의 대책을 우리에게 계시해 준다. 출애굽기의 중심 주제는 "전능하신 하나님의 구속의 사역"이다.

2. 저자 및 연대: 유대의 전통에 따르면, 출애굽기는 창세기와 거의 동시(B.C. 15세기)에 모세가 기록하였다고 한다. 어떤 학자는 모세 5경이 원래 연결된 한 권의 책이었는데 양피지로 되어 있는 두루마리에 기록해야 하므로 편리하게 하느라고 창세기, 출애굽기, 레위기, 민수기, 신명기로 나누었다고 한다. 그러므로 창세기를 모르면 출애굽기를 이해하기 힘들고, 다음에 나오는 책들을 읽지 않으면 출애굽기의 뜻을 알 수가 없다.

3. 구조: 출애굽기는 40장으로 구성되어 있으며, 크게 애굽으로부터의 구원(1-18장)과 하나님의 계시(19-40장)로 구분된다. 1-2장은 노예생활을 하는 이스라엘, 3-11장은 출애굽 사건, 12-19장은 유월절, 20-24장은 율법을 주시는 하나님, 그리고 25-40장은 성막의 구조에 대한 이야기다.

4. 출애굽기에 나타난 하나님의 모습:

1) 모세를 들어 사용하시는 하나님: 무디는 모세의 생애를 3등분하여, 모세는 처음 40년 동안 자기가 무엇이 된 줄로 알고 살았으며, 미디안 광야의 40년 동안에는 자기가 아무것도 아니라고 생각하며 살았고, 나머지 40년은 아무것도 아닌 모세를 불러서 하나님께서 그를 위대한 지도자로 삼아 이스라엘 민족을 구원하셨다고 하였다.

2) 출애굽하게 하시는 하나님: 하나님은 자기를 보잘것없는 존재로 여기는 모세를 부르셔서 애굽에 보내어 노예생활을 하는 이스라엘을 구원하게 하셨다. 이것은 하나님의 일이다. 하나님은 자기의 일을 모세를 통하여 하게 하셨다. 그러므로 모세는 전적으로 하나님이 세우신 계획대로, 그리고 하나님의 능력으로 이스라엘을 출애굽시켰다.

3) 율법을 주시는 하나님: 하나님께 구속받은 사람들은 하나님의 뜻을 따라 살아야 한다. 하나님은 구속받은 사람들이 어떻게 살아야 하는지를 도덕법을 통하여 가르치시고 그 법을 어긴 사람들을 구속하기 위하여 의식법을 주셨다.

4) 성막을 주시는 하나님: 하나님은 오실 구속자의 형상으로서 성막을 짓게 하셨다. 이 성막은 하나님께서 영광 중에 이 지상에 거하시는 임재의 상징이다. 성막의 상징을 잘 연구하면 예수님의 구속의 사건을 더욱 깊이 이해할 수 있다.

제1과

출애굽기 : 1장 – 3장

1. 다음 중 맞는 것에 O표 하시오.

(1) 애굽에 있는 야곱의 혈속은 모두 칠십인이었다. (   )

(2) 요셉이 죽은 후부터는 이스라엘 자손이 점점 줄고 쇠약해졌다. (   )

(3) 요셉을 모르는 새 왕이 이스라엘 자손을 괴롭혔다. (   )

(4) 이스라엘 백성은 학대받을수록 번식하고 창성했다. (   )

(5) 십브라와 부아는 히브리 산파였다. (   )

(6) 애굽 왕은 산파에게 히브리(이스라엘) 여인이 낳는 아기는 남녀 할 것 없이 모두 죽이라고 명령했다. (   )

(7) 산파는 왕의 명령보다 하나님을 두려워했다. (   )

2. 다음 구절을 순서에 맞게 (   ) 안에 번호를 써 넣으시오.

(   ) 아이가 우는지라

(   ) 레위 여자에게 장가들어

(   ) 갈대 상자를 가져다가

(   ) 그의 이름을 모세라 하여

(   ) 나일 강가 갈대 사이에 두고

(   ) 아이의 어미를 불러오니

(   ) 바로의 딸이 목욕하러 나일 강으로

(   ) 석 달 동안 그를 숨겼으나

(   ) 시녀를 보내어 가져다가

3. 다음 말은 누가 한 말입니까?

(1) 누가 너를 우리를 다스리는 자와 재판관으로 삼았느냐 (　　　　　　)

(2) 우리를 목자들의 손에서 건져 내고 우리를 위하여 물을 길어 양떼에게 먹였나이다 (　　　　　　)

(3) 네가 선 곳은 거룩한 땅이니 네 발에서 신을 벗으라 (　　　　　)

(4) 내가 무엇이라고 그들에게 말하리이까 (　　　　)

(5) 나는 스스로 있는 자이니라 (　　　　)

(6) 애굽 중에 여러 가지 이적으로 그 나라를 친 후에야 그가 너희를 보내리라 (　　　　　)

제2과

출애굽기 : 4장 – 6장

1. 다음 말씀들의 제목을 보기에서 골라 ( ) 안에 번호를 써 넣으시오.

보기 : 문둥병 뱀 모세 지팡이 애굽 아론 피 경배 말 할례

(1) "네 손에 있는 것이 무엇이냐", "그것을 땅에 던지라", "그 꼬리를 잡으라" ( )

(2) "네 손을 품에 넣으라", "네 손을 다시 품에 넣으라" ( )

(3) "나일 강물을 조금 떠다가 땅에 부으라" ( )

(4) "주께서 주의 종에게 명령하신 후에도 역시 그러하니", "누가 사람의 입을 지었느냐", "이제 가라", "주여 보낼 만한 자를 보내소서" ( )

(5) "레위 사람 네 형 아론이 있지 아니하냐", "그가 너를 볼 때에 그의 마음에 기쁨이 있을 것이라", "그 입에 할 말을 주라", "너는 그에게 하나님같이 되리라" ( )

(6) "돌아가라……다 죽었느니라" 모세가 그 아내와 아들들을 태우고 돌아감. "이적을 바로 앞에서 다 행하라", "네 장자를 죽이리라" ( )

(7) 모세를 죽이려 함. "당신은 참으로 내게 피 남편이로다" ( )

(8) 모세가 아론을 만나고 모든 장로를 모으고 모든 말씀을 전하고 "고난을 살피셨다" ( )

2. 다음은 누가 누구에게 한 말입니까?

(1) 여호와가 누구이기에 내가 그의 목소리를 듣고 이스라엘을 보내겠느냐

(가 에게)

(2) 우리가 광야로 사흘길쯤 가서 우리 하나님 여호와께 제사를 드리려 하오니 가도록 허락하소서 (　　　　이　　　　에게)

(3) 그들이 게으르므로 소리질러 이르기를 우리가 가서 우리 하나님께 제사를 드리자 하나니 그 사람들의 노동을 무겁게 함으로 수고롭게 하여 (　　　가　　　　　　　　에게)

(4) 그들의 손에 칼을 주어 우리를 죽이게 하는도다
(　　　　이　　　　　　　　　　에게)

(5) 너희를 속량하여 너희를 내 백성으로 삼고 나는 너희의 하나님이 되리니 (　　　이　　　에게)

(6) 이스라엘 자손도 내 말을 듣지 아니하였거든 바로가 어찌 들으리이까 나는 입이 둔한 자니이다 (　　　가　　　께)

(7) 이스라엘 자손을 그 땅에서 인도하여 낼 때에야 애굽 사람이 나를 여호와인 줄 알리라 (　　　가　　　　에게)

3. 다음 중 서로 관계 있는 것을 찾아 줄로 연결하시오.

(1)	르우벤	아론, 모세
(2)	레위	133세
(3)	고핫	게르손, 고핫, 므라리
(4)	아므람	하녹, 발루, 헤스론, 갈미
(5)	아론	비느하스
(6)	고라	여호와의 명령을 받은 자
(7)	엘르아살	나답, 아비후, 엘르아살, 이다말
(8)	아론과 모세	앗실, 엘가나, 아비아삽

제3과
출애굽기 : 7장 – 11장

1. 다음 중 서로 관계 있는 것을 찾아 (　　) 안에 번호를 써 넣으시오.

(1)	모세, 아론	(　) 모세, 아론의 나이
(2)	내 손을 애굽 위에 펴서	(　) 바로는 강퍅
	이스라엘을 인도해 낼 때	(　) 바로에게 신, 대언자
(3)	80, 83	(　) 여호와인 줄
(4) 아론의 지팡이가 박수의 뱀을 삼켜도		

2. 다음의 성구와 열 가지 재앙을 바르게 연결하고 (　　) 안에 열 가지 재앙이 임한 순서대로 번호를 써 넣으시오.

(1) 7장 20-25절	나일 강물이 피로 (　)
(2) 8장 20-24절	가축에 악질 (　)
(3) 8장 16-19절	파리 (　)
(4) 8장 1-15절	악성 종기 (　)
(5) 9장 8-12절	메뚜기 (　)
(6) 9장 1-7절	우박 (　)
(7) 9장 13-35절	이 (　)
(8) 10장 21-29절	개구리 (　)
(9) 10장 1-20절	흑암 (　)
(10) 11장 1-10절	처음 난 것의 죽음 (　)

3. 다음 예문들은 열 가지 재앙 중에 나오는 말들입니다. 어떤 재앙인지

( ) 안에 써 넣고 장절도 쓰시오.

예: 나일 강의 고기가 죽고 악취가 나며 물을 마시지 못함. (피) 재앙 (7장 18, 21절)

(1) 애굽 사람들은 나일 강물을 마실 수 없으므로 나일 강가를 두루 파서 마실 물을 구하였더라 ( ) 재앙 ( )장 ( )절

(2) 그날에……내 백성이 거주하는 고센 땅을 구별하여...... 이로 말미암아 이 땅에서 내가 여호와인 줄을 네가 알게 될 것이라 ( ) 재앙 ( )장 ( )절

(3) 사람과 가축에게 생긴지라 "이는 하나님의 권능이니이다" ( ) 재앙 ( )장 ( )절

(4) 궁과 침실, 침상과 신하와 백성의 집, 화덕과 떡 반죽 그릇에 들어감 ( ) 재앙 ( )장 ( )절

(5) 말과 나귀와 낙타와 소와 양에게 ( ) 재앙 ( )장 ( )절

(6) 화덕의 재를 가지고……하늘을 향하여 날리니 ( ) 재앙 ( )장 ( )절

(7) 삼 일 동안 애굽 온 땅에 있어서 ( ) 재앙 ( )장 ( )절

(8) 애굽 온 땅에 전무후무한 큰 부르짖음이 있으리라 ( ) 재앙 ( )장 ( )절

(9) 나라가 생긴 그때로부터 애굽 온 땅에는 그와 같은 일이 없었더라 ( ) 재앙 ( )장 ( )절

(10) 여호와께서 동풍을 일으켜 온 낮과 온 밤에 불게 하시니...... 전에도 없었고 후에도 없을 것이라 ( ) 재앙 ( )장 ( )절

제4과

출애굽기 : 12장 – 13장

1. 다음 중 맞는 것에는 O표, 틀린 것에는 ×표 하시오.

(1) "이 달" 을(12:2, 6, 18) 해의 첫달이 되게 한 것은 하나님이 이스라엘 백성들로 하여금 유월절(무교절)을 영원한 규례를 삼아 대대로 지키게 하려 함에 있다. (　)

(2) 유월절에 쓸 어린 양은 흠 없고 3년 된 암컷으로 해야 한다. (　)

(3) 양을 잡아 그 피를 양을 먹을 집 좌우 문설주와 인방에 바르게 했다. (　)

(4) 고기를 무교병과 쓴 나물과 아울러 먹되 허리에 띠를 띠고 발에 신을 신고 손에 지팡이를 잡고 급히 먹으라 했다. (　)

(5) 하나님이 애굽 땅을 치실 때 "그 피가" 표적이 되어 이스라엘 사람들의 집을 넘어가리라 했다. 여기서 "그 피"는 애굽 사람이 흘린 피를 말한다. (　)

(6) "무교병" 은 누룩을 넣지 않은 떡, 유교병은 누룩을 넣어 만든 떡이다. (　)

(7) 이 유월절은 주시는 땅에 이를 때에 지킬 것이며, 예식의 뜻을 자녀가 묻거든 "이는 여호와의 유월절 제사라 여호와께서 애굽 사람에게 재앙을 내리실 때에......이스라엘 자손의 집을 넘으사 우리의 집을 구원하셨느니라" 라고 이르라 했다. (　)

2. 다음과 관계 있는 것을 보기에서 찾아 (　　) 안에 번호를 써 넣으시오.

보기 : (1) 은금 패물과 의복 (2) 발효되지 못한 반죽 담은 그릇
(3) 처음 난 것을 다 쳐 죽이매 (4) 라암셋 (5) 애굽 사람들의 말
(6) 육십만 (7) 유월절 음식 (8) 430년 (9) 할례받은 후에
(10) 유월절 "유월"의 뜻

(1) 애굽 사람을 치실 때 이스라엘 자손의 집을 넘으사 구원하셨다. ( )
(2) 애굽에 큰 부르짖음이 ( )
(3) 우리가 다 죽은 자가 되도다 ( )
(4) 옷에 싸서 어깨에 멘 것 ( )
(5) 여호와께서 애굽 사람들에게 이스라엘 백성에게 은혜를 입히게 하사 얻은 것들 ( )
(6) 이스라엘 자손이 출발한 곳 ( )
(7) 이스라엘 자손이 출발한 수 ( )
(8) 이스라엘 자손이 애굽에 거주한 햇수 ( )
(9) 거류인과 타국 품꾼이 먹지 못하는 것 ( )
(10) 타국인이 유월절을 지키고자 하거든 ( )

3. 다음 중 서로 관계 있는 것을 찾아 줄로 연결하시오.

(1)	태에서 처음 난 모든 것	젖과 꿀이 흐르는
(2)	종 되었던 집에서 나온 날을 기념	애굽에서 인도하여 내셨음
(3)	가나안 땅	내(하나님의) 것
(4)	그날에	창세기 50장 25절
(5)	손의 기호와 미간의 표	유교병을 먹지 말라
(6)	가까운 길을 피해 홍해로 간 뜻	구름 기둥, 불 기둥
(7)	요셉의 유골을 가져감은	무교병(유월절)을 먹는 날
(8)	낮에는 밤에는	애굽으로 돌아갈까 하여

제5과
출애굽기 : 14장 – 16장

1. 다음은 누가 누구에게 한 말입니까?

(1) 내가 그와 그의 온 군대로 말미암아 영광을 얻어

(께서 에게)

(2) 애굽에 매장지가 없어서 당신이 우리를 이끌어 내어 이 광야에서 죽게 하느냐 (이 에게)

(3) 너희는 두려워하지 말고 가만히 서서 여호와께서 오늘 너희를 위하여 행하시는 구원을 보라 (가 에게)

(4) 지팡이를 들고 손을 바다 위로 내밀어 그것이 갈라지게 하라

(께서 에게)

(5) 여호와가 그들을 위하여 싸워 애굽 사람들을 치는도다 (사람들이)

2. 다음은 이스라엘 백성이 홍해를 육지같이 건넌 일에 관한 사항입니다. 순서에 맞게 ( ) 안에 번호를 써 넣으시오.

(1) 모세가 바다 위로 손을 내어 밀어 바다가 갈라짐 ( )

(2) 모세가 바다 위로 손을 내어 밀어 물이 다시 흐르게 함 ( )

(3) 백성이 여호와를 경외하며 여호와와 모세를 믿음 ( )

(4) 바로의 말들, 병거, 마병들이 뒤를 좇아 바다 가운데로 들어옴 ( )

(5) 이스라엘이 바닷가에서 애굽 사람의 시체를 봄 ( )

(6) 물이 바로의 군대를 다 덮어 하나도 남지 않음 ( )

(7) 불 기둥, 구름 기둥 가운데서 애굽 군대를 보시고 병거 바퀴를 벗기심 ( )

3. 다음 말씀은 몇 장 몇 절에 기록되어 있습니까?

(1) 여호와는 나의 힘이요 노래시며 나의 구원이시로다 (   )장 (   )절

(2) 여호와여 신 중에 주와 같은 자가 누구니이까 (   )장 (   )절

(3) 주께서 구속하신 백성을 인도하시되 주의 힘으로 그들을 주의 거룩한 처소에 들어가게 하시나이다 (   )장 (   )절

(4) 주의 팔이 크므로 그들이 돌같이 침묵하였사오니 (   )장 (   )절

(5) 여호와께서 영원무궁하도록 다스리시도다 (   )장 (   )절

(6) 이스라엘 자손은 바다 가운데서 마른 땅으로 지나간지라 (   )장 (   )절

(7) 내 모든 규례를 지키면 내가 애굽 사람에게 내린 모든 질병 중 하나도 너희에게 내리지 아니하리니 나는 너희를 치료하는 여호와임이라 (   )장 (   )절

(8) 많이 거둔 자도 남음이 없고 적게 거둔 자도 부족함이 없이 각기 식량대로 거두었더라 (   )장 (   )절

4. 다음 말과 관계 있는 것을 오른쪽에서 찾아 (   ) 안에 번호를 써 넣으시오.

(1) 미리암	( ) 아침에 먹이심
	( ) 이것이 무엇이냐
	( ) 많이 거둔 자도 적게 거둔 자도
	( ) 사십 년 동안 먹음
(2) 마라	( ) 여섯째 날에는 갑절의 식물을 거둠
	( ) 아론의 누이 선지자
	( ) 작고 둥글며 서리같이 가는 것
	( ) 소고를 잡고 춤을 춤
(3) 만나	( ) 여호와께서 먹게 하신 양식

(   ) 물이 써서 마시지 못함

(   ) 아침까지 두었더니 벌레가

(   ) 한 나무를 물에 던지매 달아짐

(4) 메추라기   (   ) 저녁(해 질 때)에 먹이심

(   ) 항아리 속에 두어 대대로 간수하라

(   ) 우리가 무엇을 마실까

(   ) 깟씨같이 희고 맛은 꿀 섞은 과자

제6과

출애굽기 : 17장 – 19장

1. 다음 중 서로 관계 있는 것을 찾아 줄로 연결하시오.

(1)	르비딤 장막에	목말라 죽게 하느냐
(2)	모세와 다투어	반석을 치라
(3)	모세를 원망하여	마실 물이 없어
(4)	모세가 부르짖어	이김
(5)	모세에게 이르시되	물을 달라
(6)	맛사 또는 므리바	귀에 외워 들리라
(7)	모세가 손을 들면	내게 돌을 던지겠나이다
(8)	아론과 훌	대대로 싸우리라
(9)	책에 기록	다툼
(10)	여호와 닛시	이편 저편

2. 다음 세 항목을 바르게 연결하시오.

(1) 모세의 장인	게르솜	이드로의 딸
(2) 모세의 아내	엘리에셀	제사장
(3) 모세의 장자	이드로	하나님이 나를 구원하셨다
(4) 모세의 차자	십보라	이방에서 나그네가 되었다

3. 다음은 누가 한 말입니까?

(1) 여호와를 찬송하리로다 (　　　　)

(2) 이제 내가 알았도다 여호와는 모든 신보다 크시므로 (　　　　)

(3) 어찌하여 네가 홀로 앉아 있고 (　　　　)

(4) 백성이 하나님께 물으려고 내게로 옴이라 (　　　　)

(5) 네가 하는 것이 옳지 못하도다 (　　　　)

(6) 율례와 법도를 가르쳐......갈 길과 할 일을......보이고 (　　　　)

(7) 능력 있는 사람들 진실하며 불의한 이익을 미워하는 자를 살펴서 (　　)

(8) 천부장과 백부장과 오십부장과 십부장을 삼아 (　　　)

(9) 큰 일은 모두 네게......작은 일은......스스로......담당할 것인즉......쉬우리라 (　　　)

(10) 하나님께서도......허락하시면......모든 백성도......평안히 가리라 (　　　)

4. 다음 문장의 (　　) 안에서 맞는 것을 찾아 O표 하시오.

(1) 이스라엘 자손이 시내 광야에 이르러 장막을 산 (위에, 앞에) 쳤다.

(2) "내가 어떻게 독수리 날개로 너희를 업어 내게로 인도하였음을 너희가 보았느니라" 라는 말씀에서 "너희" 는 (이스라엘 백성, 애굽 사람)을 말한다.

(3) "세계가 다 내게 속하였나니 너희가 내 말을 잘 듣고" 에서 "내" 는 (하나님, 모세) 자신을 말한다.

(4) "제사장 나라가 되며 거룩한 백성이 되리라" 라는 말씀은 (다 제사장이 된다, 택함을 받아 구별된다)는 뜻이다.

(5) "명령하신 대로 우리가 다 행하리이다" 라는 말은 (모세, 백성)이(가) 응답한 말이다.

(6) 백성들에게 산에 오르지 못하게 함은 (죽임을 당할까, 도망할까) 함이었다.

(7) 백성이 자기 "옷을 빨더라" 했는데 이 말은 (하나님 앞에 성결, 위생상

정결)을 말한다.

(8) 하나님께서 시내 산 (안개, 불) 가운데서 강림하셨다.

(9) 하나님께서 모세로 백성들에게 경고하신 이유는 (죽을까, 원망할까) 함이었다.

(10) 모세와 아론 외에는 제사장들까지도 올라가지 못하게 한 이유는 여호와께서 그들을 (칠까=돌격, 도주할까) 함이었다.

제7과

출애굽기 : 20장 - 22장

1. 20장은 하나님이 이스라엘 백성에게 십계명을 주시는 내용입니다. 각 계명을 찾아 (　　) 안에 번호를 써 넣으시오.

(1) 첫째 계명　　(　) 살인하지 말라

(2) 둘째 계명　　(　) 이웃의 집을 탐내지 말라

(3) 셋째 계명　　(　) 나 외에는 다른 신들을 네게 두지 말라

(4) 넷째 계명　　(　) 거짓 증거하지 말라

(5) 다섯째 계명　　(　) 하나님을 망녕되게 부르지 말라

(6) 여섯째 계명　　(　) 네 부모를 공경하라

(7) 일곱째 계명　　(　) 우상을 만들지 말라

(8) 여덟째 계명　　(　) 도둑질하지 말라

(9) 아홉째 계명　　(　) 간음하지 말라

(10) 열째 계명　　(　) 안식일을 거룩하게 지키라

2. 우레, 번개, 나팔 소리와 연기를 보고 떠는 이스라엘 백성에게 모세는 "하나님이 강림하시는 목적"을 이야기해 주었습니다. 다음 중 그 목적은 어느 것입니까?

(1) 시험하고 그들로 경외하여 범죄치 않게 하려고 (　)

(2) 두려워하게 하고 벌 주려고 (　)

(3) 원망하고 대적하는 이들을 죽이려고 (　)

(4) 가까이 오지 못하게 하려고 (　)

3. 다음은 종에 관한 율례입니다. 맞는 것에는 O표, 틀린 것에는 ×표 하시오.

(1) 히브리 종을 사면 6년 후 7년에는 값없이 자유롭게 해 주어야 한다. (　)

(2) 장가들어 왔으면 그 아내도 함께 나가지만, 상전이 그 종에게 아내를 주어 자식을 낳았으면 그 아내와 자식은 상전의 소유가 되고 단신으로 나가야 한다. (　)

(3) 종이 자기 처자를 사랑하여 "나는 자유인이 되지 않겠노라" 해도 주인은 조건 없이 내보내야 한다. (　)

(4) 여종으로 팔린 딸도 남자같이 7년이 되면 자유를 얻을 수 있다. (　)

(5) 만일 상전이 그 여종을 기뻐하지 아니하면 타국인에게 팔 수 있다. (　)

(6) 만일 상전이 달리 장가들지라도 그 여종에게 의복, 음식, 동침은 계속해야 한다. (　)

4. 21장과 22장을 읽으면서 죽여야 할 자에 O표 하시오.

(1) 사람을 쳐 죽인 자 (　)

(2) 서로 싸우다가 상대방을 쳐서 다치게 한 자 (　)

(3) 부모를 치는 자 (　)

(4) 사람을 납치한 자 (　)

(5) 부모를 저주하는 자 (　)

(6) 임신한 여인을 낙태케 한 자 (　)

(7) 종의 눈이나 이를 상하게 하거나 빠뜨린 자 (　)

(8) 소가 사람을 받아 죽인 경우 그 소와 주인 (　)

(9) 소가 받는 버릇이 있는 줄 알고도 그 소를 단속하지 않은 주인 (　)

(10) 밤에 도둑이 몰래 들어온 것을 알고서 그 도둑을 죽인 자 (　)

(11) 처녀를 꾀어 동침한 자 (   )

(12) 무당 (   )

(13) 짐승과 행음하는 자 (   )

5. 21장 24절의 "눈은 눈으로, 이는 이로" 갚으라는 말씀을 예수께서 산상보훈에(마 5-7장) 인용하셨습니다. 몇 장 몇 절에 기록되어 있습니까?

답 (마태복음　　장　　절)

제8과
출애굽기 : 23장 - 25장

1. 23장을 읽으면서 처음 부분에 하지 말라고 한 것 다섯 가지와 하라고 한 것 두 가지를 쓰시오.

(1) 하지 말 것 1)

2)

3)

4)

5)

(2) 해야 할 것 1)

2)

2. 다음 중 서로 관계 있는 것을 찾아 줄로 연결하시오.

(1)	뇌물	압제하지 말라
(2)	나그네	쉴 것이며
(3)	칠 년 된 땅	공평하게
(4)	제칠 일은	눈을 어둡게
(5)	다른 신들의 이름	묵혀 두어서
(6)	가난한 자의 송사라도	들리게도 하지 말라

3. 23장에서 세 가지 절기를 지켜야 할 이유를 찾아 쓰시오.

(1) 무교절(또는 유월절):

(2) 맥추절(또는 칠칠절):

(3) 수장절(또는 장막절, 초막절):

4. 다음 중 필요 없는 문구를 줄을 그어 지우시오.

(1) 여호와께서 모세를 불러 올리실 때 아론과 나답과 아비후와 미디안 제사장 이드로와 이스라엘 장로 칠십 인을 멀리서 경배하라 했다.

(2) 모세가 산에 올라 (삼십 일 삼십 야, 사십 일 사십 야)를 있었다.

5. 24장에는 "여호와의 모든 말씀을 우리가 준행하리이다"라는 말씀이 몇 절에 몇 번 나옵니까?

답 (　　절과　　절에　　번)

6. 25장에는 여호와께서 모세에게 만들라고 지시하신 것 세 가지가 있습니다. 무엇 무엇입니까?

답 (1)　　　　(2)　　　　(3)

제9과

출애굽기 : 26장 – 28장

1. 26장 1-37절에서 성막을 만드는 데 사용된 재료에 O표 하시오.

(1) 청색 자색 홍색 실 (　) (2) 명주실 (　) (3) 베 실 (　)

(4) 염소 털 (　) (5) 숫양의 가죽 (　) (6) 해달 (　)

(7) 해구의 가죽 (　) (8) 조각목 (　) (9) 백향목 (　)

2. 다음은 여호와께서 무엇을 만들라 명하신 말씀입니까?

(1) 가늘게 꼰 베실과 청색 자색 홍색 실로 그룹을 정교하게 수놓은 열 폭의 휘장을 만들지니 (　　　)

(2) 조각목으로 길이가 다섯 규빗, 너비가 다섯 규빗……네모 반듯하게 하며 (　　)

3. 다음 중 맞는 것에는 O표, 틀린 것에는 ×표 하시오.

(1) 성막은 모세가 설계해서 만들었다. (　)

(2) 성막은 하나님이 산에서 보인 모양대로 세웠다. (　)

(3) 증거궤는 회막 안에 두라 했다. (　)

(4) 제단의 기름은 감람유로 하고 저녁부터 아침까지 끊이지 않게 켰다. (　)

4. 28장 앞에 나오는 다섯 제사장의 이름은 무엇입니까?

답 (아론) (　　　) (　　　) (　　　) (　　　)

5. 다음 글을 읽고 관계 있는 말을 보기에서 골라 (   ) 안에 써 넣으시오.

보기 : 열두 지파의 한 이름씩   죽지 않게   지혜로운 영으로 채운 자들에게
여호와께 성결   판결 흉패를 가슴에 붙여

(1) 아론의 옷을 지어 그를 거룩하게 하여 그들이 제사장 직분을 내게 행하게 하라 (   )

(2) 흉패에 붙인 열두 보석에는 이스라엘 (   ) 인을 새겼다.

(3) (   ) 여호와 앞에 영원한 기념을 삼으라

(4) 제사장(아론)이 옷 가장자리에 금방울을 단 이유는 성소에 들어가고 나갈 때에 (   ) 하려 함이었다.

(5) 관(모자) 위에는 순금 패를 붙였는데 그 패에는 (   )이라 쓰여 있었다.

제10과

출애굽기 : 29장 - 31장

1. 다음 중 서로 관계 있는 것을 찾아 줄로 이으시오.

(1)	고운 밀가루로	전부를 제단 밑에 쏟고
(2)	아론과 그 아들들	진 밖에서 불사름
(3)	피	무교병, 무교 과자, 무교 전병
(4)	기름	숫양의 머리 위에
(5)	수소의 고기, 가죽, 똥	제사장 직분을 영원한 규례로 위임
(6)	안수	단 위에 불사르고
(7)	요제	위임식
(8)	7일 동안	흔들어 드리는 제사

2. 29장에는 제사 이름이 많이 나옵니다. ( ) 안에 그 이름들을 써 넣으시오.

답 (속죄)제 ( )제 ( )제 ( )제 ( )제
( )제 ( )제 ( )제

3. 다음은 생명을 속하는 속전에 관한 사항입니다. 맞는 것에는 O표, 틀린 것에는 ×표 하시오.

(1) 이스라엘 자손 중 조사받은 각 사람은 다 속전을 내야 한다. ( )

(2) 속전에 드리는 이유는 질병이 없게 하려 함이다. ( )

(3) 속전은 어린이부터 노인까지 다 드렸다. ( )

(4) 부자는 반 세겔 이상을, 가난한 사람은 반 세겔 이하를 내도록 했다.

(　　)

(5) 회막의 봉사 비용은 속전을 썼다. (　　)

※ 다음 문제의 (　　) 안에 알맞은 말을 써 넣으시오. (4-6항)

4. 분향단을 만들게 하신 목적은 아론이 일 년 (　　)차씩 이 (　　　) 뿔을 위하여 속죄하되 속죄제의 (　　)로 일 년 (　　)차씩 대대로 속죄하게 하려 함이었다.

5. 물두멍을 만들게 하신 목적은 제사장(아론과 그 아들)들이 회막에 들어갈 때에 (　　　　)을 물로 씻어 죽기를 면하게 하려 함이었다.

6. 계피와 감람 기름으로 관유(성별하여 바르는 기름)를 만들게 하신 이유는 회막과 증거궤 등에 발라 지성물로 구별하고 또 제사장(아론과 그 아들)들에게 발라 (　　　　　) 직분을 행하게 함에 있으므로 다른 사람은 만들지도 붓지도 말아야 한다.

7. 다음은 안식일에 관한 말씀입니다. (　　) 안에서 틀린 것을 / 표로 지우시오.

(1) 너희는 (나, 너)의 안식일을 지키라

(2) 안식일을 지키라는 이유는 대대의 (상징, 표징)이다.

(3) 안식일은 우리에게 (성일, 평일)이 된다.

(4) 안식일에 일하는 자를 반드시 (죽일, 벌할)지라

8. 다음 (　　) 안에 적당한 말을 찾아 써 넣으시오.

(1) 여호와께서 회막과 모든 기구를 만들기 위하여 (　　　　　)과 (　　　　　)을 불러 세우셨다.

(2) 여호와께서 시내 산에서 모세에게 준 증거판 둘은 돌판이요 하나님이 친히 (   ) 것이다.

제11과
출애굽기 : 32장 - 34장

1. 다음 (　　) 안에 적당한 말을 찾아 써 넣으시오.

(1) 모세가 산에서 내려옴이 더딤을 보고 백성이 (　　　　)를 만들어 섬겼다.

(2) 모세가 산에서 내려와 송아지와 그 춤추는 것을 보고 크게 노하여 손에서 (　　　　)을 던져 깨뜨렸다.

(3) 백성이 우상을 만들고 방자히 행한 것의 책임은 아론에게도 (있다, 없다)

(4) 32장 32절의 "기록하신 책"이란 (　　　　　)을 말한다. (참고. 시 69:28; 계 20:12-15)

(5) 하나님이 백성과 만나시는 회막은 진 (　　)에 쳐서 진과 멀리 떠나게 했다.

(6) 회막을 떠나지 않고 지킨 사람은 (　　　　)였다.

(7) 33장 19절 하반절의 말씀이 로마서 9장 (　　)절에 인용되었다.

(8) 하나님의 얼굴을 보고 살 자가 (있다, 없다)

2. 다음 중 맞는 것에는 O표, 틀린 것에는 ×표 하시오.

(1) 모세가 돌판 돌을 깎아 만들고 여호와의 명대로 시내산에 올랐다. (　)

(2) 여호와는 "자비롭고 은혜롭고 노하기를 더디 하고 인자와 진실이 많은 하나님이라"라고 반포하셨다. (　)

(3) 하나님은 "죄를 용서하리라 그러나 벌을 면제하지는 아니하고 아버지의 악행을 자손 삼사 대까지 보응하리라" 하셨다. (　)

(4) 이스라엘 백성이 가나안 땅의 거민과 언약을 세우지 말라 한 까닭은 그들이(가나안) 이스라엘 중에 올무가 될까 함이었다. (　)

(5) 여호와는 질투의 하나님이다. (　)

(6) 빈손으로 하나님의 얼굴을 보지 말라 했다. (　)

(7) 세 절기를 지키라 했는데 이 세 절기는 무교절(유월절), 칠칠절(초실절), 그리고 수장절이다. (　)

(8) 모든 여자는 매년 다섯 번씩 하나님 앞에 보이라 했다. (　)

(9) 토지 소산의 처음 익은 것을 왕궁에 드려야 한다. (　)

(10) 염소 새끼를 그 어미의 젖으로 삶지 말아야 한다. (　)

(11) 모세가 십계명을 받을 때 40일을 먹지도 마시지도 아니했다. (　)

(12) 모세가 시내 산에서 내려올 때에 자기 얼굴에 광채가 나는 것을 잘 알았다. (　)

(13) 모세가 얼굴을 수건으로 가린 것은 광채를 가리기 위함이었다. (　)

제12과

출애굽기 : 35장 – 37장

1. 다음 중 서로 관계 있는 것을 찾아 줄로 연결하시오.

(1) 제칠 일	보석을
(2) 마음이 지혜로운 자	하나님의 영을 충만하게 하여
(3) 감동받아 슬기로운 여인	염소 털로 실을 뽑아
(4) 모든 족장	여호와께 특별한 안식일
(5) 브살렐	속죄소를 덮음
(6) 오홀리압	예물을 다시 만들지 말라
(7) 진중에 공포	감동시켜 가르치게
(8) 그룹들이 날개를	명령하신 것을 다 만들라

2. 다음 말씀은 몇 장 몇 절에 기록되어 있습니까?

(1) 마음이 감동된 모든 자와 자원하는 모든 자가 와서 회막을 짓기 위하여 (　　)장 (　　)절

(2) 마음이 슬기로운 모든 여인은 손수 실을 빼고 (　　)장 (　　)절

(3) 지혜로운 마음을 그들에게 충만하게 하사 (　　)장 (　　)절

(4) 백성이 너무 많이 가져오므로 여호와께서 명령하신 일에 쓰기에 남음이 있나이다 (　　)장 (　　)절

(5) 일하는 사람 중에 마음이 지혜로운 모든 사람이 (　　)장 (　　)절

(6) 그가 또 조각목으로 성막에 세울 널판들을 만들었으니 (　　)장 (　　)절

(7) 그 널판은 여덟 개요 그 받침은 은 받침 열여섯 개라 (　　)장 (　　)절

3. 다음 것들이 금으로 쌌거나 만들어졌으면 (금), 은으로 만들어졌으면 (은), 놋으로 만들어졌으면 (놋)이라 쓰시오.

(1) 네 기둥 (　　)　　(2) 기둥의 네 받침 (　　)

(3) 기둥 머리와 가름대 (　　)　　(4) 다섯 기둥의 받침 (　　)

(5) 궤 (　　)　　(6) 속죄소 (　　)

(7) 상 (　　)　　(8) 등대 (　　)

(9) 등잔 (　　)

제13과

출애굽기 : 38장 – 40장

1. 다음과 관계 있는 것을 보기에서 찾아 (　　) 안에 써 넣으시오.

보기 : 백 규빗　번제단을　채　놋으로　뿔　오십 규빗

네모 반듯하게　여인들이 드린 놋거울로

(1) 조각목(아카시아)으로 (　　　　) (　　　　　　　) (　　)

(2) 단 네 모퉁이 위에 (　　)

(3) 단 모든 기구는 (　　　　)

(4) 받침 놋 (　　　　　　　)

(5) 남북편에 (　　　　)

(6) 서동편에 (　　　　)

2. 다음 사람들이 성막을 위해 무슨 일을 했는지 관계 있는 것을 찾아 줄로 연결하시오.

(1)	아론의 아들 이다말	조각하고 수를 놓음
(2)	우리의 아들 브살렐	금 29달란트 730세겔
(3)	아히사막의 아들 오홀리압	603,550명
(4)	성소 건축 비용	만듦
(5)	은 반 세겔 낸 20세 이상	계산

3. 제사장복(아론을 위한 거룩한 옷) 흉패(가슴받이)에 달아 열두 지파를 상징하는 12 보석의 이름을 (　　) 안에 써 넣으시오.

(1) 첫째 줄: 홍보석 ( ) 녹주옥

(2) 둘째 줄: ( ) 남보석 ( )

(3) 셋째 줄: ( ) ( ) ( )

(4) 넷째 줄: ( ) ( ) ( )

4. 다음 ( ) 안에 적당한 말을 찾아 써 넣으시오.

(1) 39장에 "여호와께서 모세에게 명령하신 대로 하였(만들었)더라"라는 말씀이 모두 ( ) 번 나온다.

(2) 금방울을 만들어 옷 가장자리에 달게 한 이유는 성소에 나아갈 때와 들어올 때 ( ) 않게 하려 함이다. (참조. 출 28:34-35).

(3) ( )이라고 순금으로 새긴 패를 청색 끈으로 관 전면에 달았다.

(4) 모세가 그 마친 모든 것을 본즉 ( ) 그들에게 축복하였다.

(5) 아론에게 거룩한 옷을 입히고 기름을 부어 거룩하게 하여 ( )의 직분을 행하게 했다.

(6) 아론의 아들들에게도 겉옷을 입히고 기름을 부어 대대로 ( )이 되게 하셨다.

(7) 성막 역사를 마친 후에 모세가 회막에 들어갈 수 없었던 것은 구름이 회막 위에 덮이고 ( )이 성막 위에 충만했기 때문이다.

(8) 구름이 성막 위에서 떠오를 때에는 ( ) 자손이 앞으로 갔다.

(9) 구름이 떠오르지 않을 때는 ( )까지 가지 않았다.

(10) 낮에는 여호와의 ( )이 성막 위에 있고 밤에는 ( )이 그 구름 가운데 있음을 온 족속이 그 길에서 친히 보았다.

레위기 개요

1. 명칭: 히브리 전통은 모세 5경을 처음 시작하는 단어로 그 명칭을 삼고 있다. 그러므로 이 책의 히브리어 제목은 'Wayyigra' 로서 '그리고 그가 부르셨다' (and He called)라는 뜻이다. 영어 제목인 'Leviticus' 는 히브리 성경의 헬라어 번역인 70인역(LXX)에서 그 명칭을 'Leuitikon' , 즉 '레위 지파에 관한 것들' 이라고 했는데, 이것을 라틴어로 번역하면서 'Leviticus' 라고 했고 이것을 70인역에서 차용한 것이다. 우리 성경도 이 명칭을 따라 사용하고 있다.

2. 저자 및 연대: 히브리 전통은 모세 5경(창세기, 출애굽기, 레위기, 민수기, 신명기)을 모세가 기록했다고 하며 예수님도 모세 5경 중에 있는 말씀을 하시면서 "모세의 글" 이라고 불렀다(눅 24:44; 마 8:2-4 등). 레위기는 출애굽 이후 둘째 해의 첫 달에 관한 이야기의 일부로서 이스라엘 자손이 시내 산에 머무는 동안 모세를 통해 여호와께서 주신 율법에 관한 내용이다. 출애굽기와 거의 동시대인 15세기 후반에 쓰였을 것으로 추측한다.

3. 구조: 레위기는 27장으로 구성되어 있으며 크게 두 부분으로 나눌 수 있다. 사람을 하나님으로부터 분리시키는 불결을 제거하는 부분(1-16장)과 사람과 하나님 사이에 상실된 교제를 회복시키는 내용(17-27장)이다. 좀 더 세부적으로 나누면 1-7장은 희생제물, 8-10장은 제사장의 헌신, 11-15장은 정결예법, 16-17장은 속죄 방법, 18-20장은 거룩한

민족, 21-22장은 거룩한 제사장, 23-25장은 거룩한 시간, 그리고 26-27장은 회복과 서원에 관한 기록이다.

4. 레위기에 나타난 하나님의 진리들:

1) 구속하신 하나님께 어떻게 예배를 드려야 하는지에 대한 안내와 하나님께서 받으실 만한 삶을 계시하고 있다.
2) 예수님의 구속의 의미를 예언하는 십자가의 구속의 그림자다.
3) 인간들은 죄를 지어 하나님으로부터 멀리 떠나 있으며 그 대가는 피 흘리는 죽음이다. 하나님은 죽음의 대가를 지불하기 위한 여러 가지 제사법을 계시하신다. 하나님은 타락한 죄인을 구속하기 위하여 방법을 제시하시는 구속의 하나님이다.
4) 거룩한 하나님과 새로운 관계를 가진 사람들은 하나님을 따라서 거룩한 삶을 살아야 한다. 하나님은 거룩한 삶의 법도와 규례들을 주셔서 거룩한 삶을 살게 하시는 하나님이다.
5) 하나님은 사람들을 자기에게로 인도하기 위하여 제사장을 사역자로 부르시고 사용하신다. 하나님은 제사장들의 중보를 통해서 사람들을 구속하고 받으신다.
6) 하나님은 절기의 행사들을 통하여 잔치하는 신앙을 계시하신다.
7) 히브리서는 레위기를 풀어 주는 하나님 자신이 만드신 레위기 주석이다.

제1과

레위기 : 1장 – 3장

1. 다음 (   ) 안에 적당한 말을 찾아 써 넣으시오.

(1) 여호와께서 (   )에서 모세를 불러 명하셨다.

(2) 번제를 드리는 예물이 소일 경우는 흠 없는 (   )컷으로 드려야 한다.

(3) 번제로 드리는 예물이 새일 경우는 산비둘기나 집비둘기 (   )로 드려야 한다.

(4) 소제의 예물을 여호와께 드리려거든 (   ) 가루로 드려야 한다.

(5) 여호와께 드리는 소제물에는 모두 (   )을 넣지 말아야 한다.

(6) 화목제의 제물 중 소나 양으로 드릴 때는 수컷이나 암컷이나 (   ) 없는 것으로 드려야 한다.

(7) 화목제의 제물로 소나 양을 잡을 때에는 꼭 회막 앞에서 (   )하고 잡는다.

2. 다음 중 제물(번제나 화제, 즉 살라 바치는 제사의)로 사용할 수 있는 것에 O표 하시오.

(1) 소 (   ) (2) 말 (   ) (3) 양 (   )

(4) 사슴 (   ) (5) 사자 (   ) (6) 염소 (   )

(7) 산비둘기 (   ) (8) 토끼 (   ) (9) 집비둘기 (   )

3. 2장의 내용 중 소제에 사용되는 것에는 O표, 사용되지 않는 것에는 ×표 하시오.

(1) 고운 가루 (   ) (2) 기름 (   ) (3) 유향 (   )

(4) 무교병 ( ) (5) 누룩 ( ) (6) 꿀 ( )

(7) 소금 ( ) (8) 첫 이삭 ( )

4. 다음 중 맞는 것에는 O표, 틀린 것에는 ×표 하시오.

(1) 하나님께 드리는 제물(예물)은 흠이 없는 것이어야 한다. ( )

(2) 번제물의 머리에 안수해야 하는 이유는 그를 위하여 속죄(죄를 사해 줌)되기 때문이다. ( )

(3) 제사는 아무나 제사장 옷만 입으면 드릴 수 있다. ( )

(4) 소나 양을 잡아 제사드릴 때에는 그 피를 단 사면에 뿌려야 한다. ( )

(5) 새 새끼로 예물을 삼을 때에는 그 피를 흘리지 않아도 된다. ( )

(6) 소제물의 남은 것은 제사장(아론과 그 자손)에게 돌려야 한다. ( )

(7) 소제물 중에서도 기념할 것을 취하여("정성의 표시로 조금 떼어서." 표준새번역) 단 위에 불살라야 한다. ( )

(8) 소제물에는 소금을 쳐야 하는데 이는 하나님의 언약이기 때문이다. ( )

(9) 화목제로 미골(엉덩이뼈), 꼬리, 내장, 콩팥 등에서 모든 기름을 화제로(태워) 드린다. ( )

(10) 기름과 피를 먹지 말라 했다. ( )

제2과

레위기 : 4장 – 6장

1. 다음 사람들이 죄를 범했을 때 어떠한 속죄 제물을 드려야 하는지 바르게 연결하시오.

(1)	기름 부음 받은 제사장	흠 없는 암염소
(2)	이스라엘 온 회중	흠 없는 숫염소
(3)	족장	흠 없는 수송아지
(4)	평민	수송아지

2. 5장에 나오는 속건제는 어떤 때 드리는 제사입니까?

(1) 사람이나 하나님 앞에 범한 죄를 사함 받기 위해 드리는 제사다. (　)

(2) 부지중에 부정한 것을 만지거나 범과하고 그것을 깨달았을 때 드리는 제사다. (　)

(3) 맹세한 자나 사체를 만졌을 때 드리는 제사다. (　)

(4) 서로 싸웠거나 원수가 된 사람들이 화해하기 위해 드리는 제사다. (　)

3. 다음 중 속건제를 드려야 할 때에는 O표, 아닌 것에는 ×표 하시오.

(1) 증인이 되어 그가 본 것이나 알고 있는 것을 알리지 아니할 때 (　)

(2) 부지중에 부정한 것을 만졌을 때 (　)

(3) 누구든지 맹세했다가 잊은 후 생각날 때 (　)

(4) 어린 양을 잡아 드릴 힘이 없을 때 (　)

(5) 여호와의 계명 중 하나를 부지중에 범했을 때 (　)

4. 다음 중 남의 물건을 빼앗은 자, 잃은 물건을 얻은 자, 거짓 맹세한 자들이 해야 할 것에 ∨표 하시오.

(1) 땅에 묻어 둔다. (　　)

(2) 주인에게 돌려보내되 그 물건에 5분의 1을 더해야 한다. (　　)

(3) 속건 제물로 흠 없는 숫양을 제사장에게 끌어와야 한다. (　　)

5. 다음을 읽고 번제의 규례면 (번제), 소제의 규례면 (소제), 속죄제의 규례면 (속죄제)라 쓰시오.

(1) 그 재를 진영 바깥 정결한 곳으로 가져갈 것이요 제단 위에 불은 항상 피워 꺼지지 않게 할지니 (　　　　)

(2) 고운 가루 한 움큼과 기름과......누룩을 넣지 말고......회막 뜰에서 먹을지니라 (　　　　)

(3) 죄를 위하여 제사드리는 제사장이 그것을 먹되 곧 회막 뜰 거룩한 곳에서 먹을 것이며 (　　　　)

제3과
레위기 : 7장 - 9장

1. 다음 (   ) 안에 적당한 말을 찾아 써 넣으시오.

(1) 속건제의 규례로는 그 번제물을 잡아 그 (   )를 단 사방에 뿌릴 것이며 그 (   )을 모두 드리되 제사장은 그것을 다 제단 위에서 (   )살라 여호와께 (   )제로 드릴 것이다.

(2) 소제물은 아론의 모든 자손이 균등하게 (   )할 것이다.

(3) 감사함으로 드리는 (   ) 제물의 고기는 드리는 그 날에 먹을 것이다.

(4) 감사함으로 드리는 화목 제물의 고기를 먹어서는 안 될 경우는 제(   )일에, 그 고기가 부정한 물건에 (   )되었을 때, 부정한 것 곧 사람, 짐승, 가증한 물건을 (   ) 사람이다.

(5) 소, 양, 염소의 (   )을 먹지 말라

(6) 여호와께 화제로 드리는 (   )의 기름을 먹지 말라

(7) 무슨 (   )든지 먹지 말라

(8) 이는 번제와 소제와 속죄제와 (   )제와 위임식과 (   )제의 규례라

2. 8장은 아론과 그 아들들이 받는 제사장 위임식에 관한 내용입니다. 다음 중 맞는 것에는 O표, 틀린 것에는 ×표 하시오.

(1) 온 회중을 회막 문에 모이게 했다. (   )

(2) 아론과 그 아들들을 데려다가 물로 씻겼다. (   )

(3) 옷을 입히고 흉패를 붙이고 관을 씌웠다. (   )

(4) 관유(기름)를 성막과 그 안에 있는 모든 것에 발랐다. (　　)

(5) 단에는 관유를 열두 번 뿌렸다. (　　)

(6) 관유를 머리에 부은 것은 거룩하게 함이었다. (　　)

(7) 모세가 속죄제 수송아지를 잡기 전에 아론과 그 아들들이 수송아지 머리에 안수한 후 잡았다. (　　)

(8) 모세가 위임식 숫양을 잡고 그 피를 아론의 오른쪽 귓부리(말씀 듣고)와 엄지손가락(직임을 행하며), 그리고 엄지발가락(거룩한 길을 가는)에 발랐다. (　　)

(9) 모세가 관유와 피를 아론과 그 아들들에게 뿌리는 것은 그들의 옷을 거룩하게 함이었다. (　　)

(10) 위임식은 3일간 행하였고 그 기간 안에도 자유롭게 나다녔다. (　　)

3. 다음 중 서로 관계 있는 것을 찾아 줄로 연결하시오.

(1) 7장 1-6절	위임식의 숫양을 드림
(2) 7장 11-14절	번제의 숫양을 드림
(3) 8장 14-17절	속죄제의 수송아지를 드림
(4) 8장 18-21절	아론의 번제물을 잡음
(5) 8장 22-29절	백성을 위한 속죄제의 염소
(6) 9장 12-14절	속건제
(7) 9장 15-21절	회목제

4. 다음 말씀과 관계 있는 것을 보기에서 찾아 (　　) 안에 써 넣으시오.

보기 : 고기와 가죽　　온 백성이 소리 지르며 엎드림　　아론이 축복함으로
　　팔 일에　　일 년 된 것

(1) 모세가 아론과 그 아들들을 불러 (　　　　)

(2) 번제를 위하여 송아지와 어린 양을 (   )

(3) 진영 밖에서 불사름 (   )

(4) 속죄제와 번제, 화목제를 끝내고 내려옴 (   )

(5) 여호와의 영광이 나타나며 불이 번제물과 기름을 살라
    (   )

제4과
레위기 : 10장 – 12장

1. 다음은 나답과 아비후가 여호와 앞에 분향하다 죽은 이유입니다. 맞는 것에 O표 하시오.

(1) 모세가 명령한 대로 하지 않았다. ( )

(2) 여호와께서 명령하시지 않은 다른 불로 분향했다. ( )

(3) 아버지(아론)가 명령한 대로 하지 않았다. ( )

(4) 웃시엘(아론의 아자비)이 아들들을 시켜 죽게 했다. ( )

2. 다음 중 아론과 그 자손들이 회막 안과 밖에서 죽게 되는 경우에 O표 하시오.

(1) 여호와께서 치신 불로 슬퍼했다. ( )

(2) 관유가 있을 때 회막 문에서 나갔다. ( )

(3) 포도주나 독주를 마시고 회막에 들어갔다. ( )

3. 다음은 성소에서 먹을 제물(음식)입니다. 먹을 수 있는 음식에 O표 하시오.

(1) 소제의 남은 것은 누룩을 넣지 말고 제단 곁에서 먹는다. ( )

(2) 흔든 가슴과 들어올린 뒷다리 ( )

(3) 안수하고 잡은 숫양의 피 ( )

4. 다음 중 먹는 것에는 O표, 먹지 못하는 것에는 ×표 하시오.

(1) 굽이 갈라지고 새김질하는 것 ( )

(2) 낙타, 사반(바위틈에서 사는 재빠르고 작은 동물로 우리나라의 너구리 같은 짐승) (　　)

(3) 지느러미와 비늘 있는 물고기 (　　)

(4) 쪽발이 아닌 것 (　　)

(5) 날개가 있고 네 발로 기어다니는 곤충 (　　)

(6) 메뚜기, 베짱이, 귀뚜라미 (　　)

(7) 족제비, 쥐, 도마뱀 (　　)

(8) 독수리, 솔개, 매, 까마귀, 타조, 새매, 올빼미, 부엉이, 흰 올빼미, 사다새, 너새, 백로, 황새, 오디새, 박쥐 (　　)

5. 다음은 산모를 깨끗게 하는 예식입니다. (　　) 안에 적당한 말을 써 넣으시오.

(1) 여인이 남자를 낳으면 (　　　) 동안 부정하다.

(2) (　　　)를 낳으면 두 이레 동안 부정하다.

(3) (　　　) 날에는 그 아이(아들) 포피를 벨(할례할) 것이다.

(4) 산혈이 정결하게 되는 기간은 남자를 낳은 경우는 (　　　)일, 여아일 때는 (　　　)일을 지나야 하고 이 기한이 차기 전에는 성물을 만지지도 (　　　)에 들어가지도 말아야 한다.

(5) 번제를 위하여 (　　　　　　　　)을 바쳐야 하지만 여인의 힘이 미치지 못하면(가난해서) 비둘기를 제물로 삼을 것이다.

제5과
레위기 : 13장 – 15장

1. 다음 중 문둥병에는 O표, 아닌 것에는 ×표 하시오.

(1) 털이 희어졌고 환부가 피부보다 우묵해짐 (　)

(2) 그 환부가 엷어졌고 병색이 피부에 퍼지지 아니함 (　)

(3) 피부에 흰 점이 돋고 털이 희어지고 거기 생살이 생김 (　)

(4) 피부에 종기가 생겼다가 나았고 그 종처에 흰 점이 돋거나 희고 불그스름한 색점이 생김 (　)

(5) 피부가 불에 데었는데 그 덴 곳에 불그스름하고 희거나 순전히 흰 색점이 생김 (　)

(6) 제사장이 보기에 옴이 여전하고 그 자리에 검은 털이 남 (　)

(7) 남자나 여자의 피부에 색점 곧 흰 색점이 있고 피부의 색점이 부유스름함 (　)

(8) 대머리에 희고 불그스름한 색점이 있음 (　)

2. 다음은 문둥병 환자를 정하게 하는 규례입니다. 맞는 것에는 O표, 틀린 것에는 ×표 하시오.

(1) 먼저 제사장(당시는 의사 역할을 제사장이 했음)에게 데려가 진찰을 받아야 했다. (　)

(2) 제사장은 그를 시켜 새 두 마리, 백향목, 홍색 실, 우슬초를 가져오게 한다. (　)

(3) 새 하나는 잡고 다른 새 하나는 들에 놓아야 한다. (　)

(4) 그는 옷을 빨고 모든 털을 밀고 물로 몸을 씻은 후 자기 장막 밖에서

칠 일을 거한 후 집 안에 들어갈 수 있다. (   )

(5) 그는 어린 숫양 한 마리를 속건제로 드려야 한다. (   )

(6) 제사장은 그 속건 제물의 피와 남은 기름을 그의 왼쪽 귓부리와 왼쪽 엄지손가락과 왼쪽 엄지발가락에 발라야 한다. (   )

3. 다음은 가나안 땅에 들어가서 살 때 어느 집에 문둥병 색점이 생겼을 경우 해야 하는 행동입니다. 맞는 것에는 O표, 틀린 것에는 ×표 하시고 틀린 부분을 고쳐 쓰시오.

(1) 집 주인은 제사장에게 말해야 한다. (   )

(2) 제사장은 그 집을 보러 가기 전에 집을 비게 한 후에 들어가 보아야 한다. (   )

(3) 그 집 벽에 색점이 있어 벽보다 우묵하면 제사장은 그 집을 삼 일 동안 폐쇄하였다가 삼 일 만에 또 와서 살펴보아야 한다. (   )

(4) 색점 있는 그 집 돌을 빼며 집을 긁고 흙으로 고쳐 바른 후에도 재발하면 이는 악성 문둥병인즉 부정하다. (   )

(5) 그 집을 고쳐 바른 후에 색점이 집에 퍼지지 아니하였으면 나은 것이니 제사장은 그 집을 정하다 할 것이다. (   )

(6) 각종 나병 규례(각종 피부병을 포함한)는 어느 때는 부정하고 어느 때는 정함을 가르치는 규례다. (   )

4. 다음 유출병자로 인하여 옷을 빨고 물로 몸을 씻어야 할 경우에 O표 하시오.

(1) 그 침상에 접촉하는 자 (   ) (2) 그가 앉았던 자리에 앉는 자 (   )

(3) 그의 몸에 접촉하는 자 (   ) (4) 그가 정한 자에게 침을 뱉으면 (   )

제6과

레위기 : 16장 – 18장

1. 다음은 16장 1–5절 말씀에 제목을 붙인 것입니다. 가장 적합한 것에 O표 하시오.

(1) 아론의 두 아들이 죽음 ( )

(2) 모세가 성소에 들어가는 규례 ( )

(3) 아론이 성소에 들어가는 규례 ( )

(4) 속죄 제물을 드리는 규례 ( )

(5) 세마포를 입는 규례 ( )

2. 다음은 숫염소 둘에 관한 말입니다. 여호와에 관한 것은 (여호와), 아사셀(속죄염소, 귀신 이름)에 관한 것은 (아사셀), 둘 다에 관한 것은 (둘 다)라고 써 넣으시오.

(1) 속죄 제물 ( )

(2) 산 채로 두었다가 광야로 보낸다. ( )

(3) 그 피를 가지고 휘장 안에 들어가서 그 수송아지 피로 행함같이 속죄소에 뿌린다. ( )

(4) 수송아지 피와 함께 제단 귀퉁이 뿔들에 바른다. ( )

(5) 아론이 모든 죄를 머리에 두어 광야로 보낸다. ( )

(6) 그들의 모든 불의를 지고 접근하기 어려운 땅에 이르거든 광야에 놓으라 ( )

(7) 옷을 빨고 몸을 씻은 후에야 진에 들어온다. ( )

3. 16장 29절에 "너희는 영원히 이 규례를 지킬지니라" 했습니다. 여기서 "이 규례"는 다음 중 어떤 것을 말합니까?

(1) 대속죄일(일 년 일 차 속죄하는) ( )

(2) 7월 10일에는 아무 일도 하지 말아야 하는 ( )

(3) 안식일로 지키는 일 ( )

(4) 스스로 괴롭게 하는 일 ( )

(5) 아버지를 대신하여 제사장 직분을 행하는 일 ( )

4. 왜 피를 먹지 말라고 했는지 가장 알맞은 것에 O표 하시오.

(1) 몸에 해로워서 ( )

(2) 끔찍스러워서 ( )

(3) 생명이 피에 있기 때문에 ( )

(4) 제사드릴 때 뿌려지기 때문에 ( )

5. 다음 ( ) 안에 적당한 말을 찾아 써 넣으시오.

(1) 애굽 땅의 ( )을 좇지 말며……가나안 땅의 ( )과 규례도 행하지 말고

(2) 너희는 내 ( )와 ( )를 지키라 사람이 이를 행하면 그로 말미암아 살리라

(3) 네 ( )나 네 외손녀의 하체를 범하지 말라

(4) 너는 ( )의 하체를 범하지 말라 그는 네 아버지의 살붙이니라

(5) 여인이 ( )으로 불결한 동안에……그의 하체를 범하지 말지니라

(6) 네 이웃의 ( )와 동침하여……그 여자와 함께 자기를 더럽히지 말지니라

(7) 너는 결단코 자녀를 ( )에게 주어 불로 통과하게 함으로 네 하나님의 ( )을 욕되게 하지 말라

(8) 여자와 동침함같이 (   )와 동침하지 말라

(9) (   )과 교합하여 자기를 더럽히지 말며 여자는 짐승 앞에 서서 그것과 (   )하지 말라 이는 문란한 일이니라

(10) 너희가 들어가기 전에 행하던 가증한 (   )을 하나라도 따름으로 스스로 더럽히지 말라

제7과
레위기 : 19장 – 21장

1. 곡물을 벨 때에 밭 모퉁이는 남겨 두고, 이삭도 줍지 않으며, 포도원의 열매도 남기는 이유는 무엇입니까?

답

2. 다음 중 서로 관계 있는 것을 찾아 줄로 연결하시오.

(1) 이웃을	밤새도록 네게 두지 말며
(2) 품꾼의 삯을	저주하지 말며
(3) 귀먹은 자를	억압하지 말며
(4) 맹인 앞에	공의로
(5) 재판할 때	장애물을 놓지 말고
(6) 돌아다니며	미워하지 말라
(7) 형제를	사람을 비방하지 말며

3. 다음 중 하지 말라고 한 것에는 ×표, 하라고 한 것에는 O표 하시오.

(1) 점 치는 것과 술범 ( )
(2) 몸에 무늬(문신) ( )
(3) 안식일 성수 ( )
(4) 성소를 귀히 여김 ( )
(5) 신접하는 것과 박수 ( )
(6) 노인의 얼굴 공경 ( )
(7) 거류민 학대 ( )
(8) 불의 ( )

4. 다음 중 마땅히 죽일 자에 ×표 하시오.

(1) 자식을 몰렉(혹은 몰록: 잡신의 일종으로 아기를 불에 태워 바침)에

게 주는 자 (　)

(2) 부모를 저주하는 자 (　)

(3) 간음한 남녀 (　)

(4) 신접한 사람이나 박수(어떤 징조나 기사에 의하여 장래의 비밀을 알아낸다는 일종의 무당) (　)

5. 다음은 21장에 나오는 제사장에 관한 말입니다. 맞는 것에는 ○표, 틀린 것에는 ×표 하시오.

(1) 제사장은 결혼할 수 없다. (　)

(2) 제사장은 머리털을 깎아 대머리 같게 하지 않는다. (　)

(3) 제사장은 창녀 짓을 하는 더러운 여인이나 과부 혹은 이혼당한 여인이라도 아내로 취할 수 있다. (　)

(4) 제사장은 신체불구자라도 될 수 있다. (　)

(5) 제사장은 자기 백성 중 처녀와 결혼한다. (　)

제8과

레위기 : 22장 – 24장

1. 다음 말씀은 몇 장 몇 절에 기록되어 있습니까?

(1) 내 성호를 욕되게 함이 없게 하라 (　　)장 (　　)절

(2) 나는 그들을 거룩하게 하는 여호와이니라 (　　)장 (　　)절 (　　)절

(3) 흠 있는 것은 무엇이나 너희가 드리지 말 것은 그것이 기쁘게 받으심이 되지 못할 것임이니라 (　　)장 (　　)절

(4) 어미와 새끼를 같은 날에 잡지 말지니라 (　　)장 (　　)절

(5) 너희는 내 계명을 지키며 행하라 (　　)장 (　　)절

(6) 너희의 하나님이 되려고 너희를 애굽 땅에서 인도하여 낸 자니 나는 여호와이니라 (　　)장 (　　)절

(7) 그것을 가난한 자와 거류민을 위하여 남겨 두라 (　　)장 (　　)절

(8) 누구든지 그의 하나님을 저주하면 죄를 담당할 것이요 (　　)장 (　　)절

2. 다음 중 서로 관계 있는 것을 찾아 줄로 연결하시오.

(1)	일곱째 날	속죄일
(2)	첫째 달 열나흗날 저녁	초막절
(3)	첫째 달 열닷샛날	안식일
(4)	일곱째 달 열흘날	무교절
(5)	일곱째 달 열닷샛날	유월절

3. 다음 말씀과 관계 있는 것을 보기에서 찾아 (　　) 안에 써 넣으시오.

보기 : 유향　감람 기름　떡　고운 가루

(1) 계속해서 등잔불을 켜둘지며……증거궤 휘장 밖에서 저녁부터 아침까지 여호와 앞에 항상 등잔불을 정리할지니 ( )

(2) 떡 열두 개를 굽되……두 줄로 한 줄에 여섯씩 진설하고 ( )

(3) 그 각 줄 위에 두어 기념물로 여호와께 화제를 삼을 것이며 ( )

(4) 안식일마다……여호와 앞에 항상 진설할지니……아론과 그의 자손에게 돌리고 ( )

4. 다음은 슬로밋(이스라엘 여인) 아들을 돌로 쳐 죽인 이유입니다. 가장 적합한 것에 O표 하시오.

(1) 이방인(애굽 사람인 남편)의 몸에서 난 아들이기 때문이다. ( )

(2) 진영 중에서 싸웠기 때문이다. ( )

(3) 여호와의 이름을 모독하며 저주했기 때문이다. ( )

(4) 여러 사람이 그 머리 위에 안수했기 때문이다. ( )

제9과

레위기 : 25장 – 27장

1. 25장의 내용은 안식년과 희년(7년 × 7년 = 49년으로 그 다음 해인 50년에 팔린 땅이 본 소유자에게 무상으로 돌아오고 또 모든 노예는 해방되는 해)과 가난(빈한)한 자에 대하는 자세를 말씀하신 것입니다. 다음 중 안식년에 관한 것에는 (안식년), 희년에 관한 것에는 (희년), 가난한 자에 관한 것에는 (가난한 자)라 써 넣으시오.

(1) 그 땅으로 여호와 앞에 안식하게 하라 (　　　)

(2) 일곱째 해에는 그 밭에 파종하거나 포도원을 가꾸지 말며 거두지 말라 (　　　)

(3) 네 남종과 네 여종과 네 품꾼과 너와 함께 거류하는 자들과 네 가축과 네 땅에 있는 들짐승들이 다 그 소출로 먹을 것을 삼을지니라 (　　　)

(4) 안식년 일곱 번 동안 곧 사십구 년이라 속죄일이니 뿔나팔을 크게 불라 (　　　)

(5) 오십 년째 해를 거룩하게 하여 그 땅에 있는 모든 주민을 위하여 자유를 공포하라 (　　　)

(6) 너희가 각기 자기의 소유지로 돌아갈지라 (　　　)

(7) 자기가 무를 힘이 없으면 그 판 것이 희년에 이르기까지 산 자의 손에 있다가 희년에 곧 그의 기업으로 돌아간다. (　　　)

(8) 성벽이 둘리지 아니한 촌락의 가옥은 나라의 전토와 같이 물러 주기도 돌려보내기도 할 것이다. (　　　)

(9) 네 형제가 빈손으로 네 곁에 있거든 그를 도와 너와 함께 생활하게 하라 (　　　)

(10) 이자를 위하여 돈을 꾸어 주지 말고 이익을 위하여 네 양식을 꾸어 주지말라 (　　　　　)

(11) 너는 그를 엄하게 부리지 말고 네 하나님을 경외하라 (　　　　　)

(12) 가난하게 되어 몸이 팔렸으면 형제나 그의 살붙이 또는 스스로가 속량할 수 있다. (　　　　　)

(13) 주인은 그를(가난하여 종으로 팔려 온) 매년의 삯꾼과 같이 여기고 목전에서 엄하게 부리지 말라 (　　　　　)

(14) 그들은 나의 종이요 나는 너희의 하나님 여호와이니라 (　　　　　)

2. 다음 중 하나님을 거역하는 자에게 내려질 재앙에 O표 하시오.

(1) 패전 (　) (2) 흉년 (　) (3) 들짐승의 해 (　)

(4) 적의 포위 (　) (5) 질병 (　) (6) 기근 (　) (7) 이민 (　)

(8) 국가의 멸망 (　) (9) 어업 종사 (　) (10) 포로 (　)

3. 다음 (　　) 안에 적당한 말을 찾아 써 넣으시오.

(1) 토지는 다 (　) 것임이니라 너희는 (　　　)이요 동거하는 자로서 (　)와 함께 있느니라

(2) 네 형제가 (　　　)하게 되어 빈손으로 (　　) 곁에 있거든 너는 그를 도와 (　　　)이나 (　　　　)처럼 너와 함께 (　　　)하게 하되

(3) 열 여인이 한 (　　　)에서 너희 떡을 구워 (　　　)에 달아 주리니 너희가 먹어도 배부르지 아니하리라

(4) 그들의 죄악의 형벌을 (　　　)게 받으면 내가 (　　　)과 맺은 내 언약과 이삭과 맺은 내 (　　　)을 기억하며

(5) 오직 (　　　) 중의 처음 난 것은 (　　　)께 드릴 첫 것이라

(6) 오직 여호와께 온전히 바친 (　　　　)은 사람이든지 (　　　)이든지 기업의 밭이든지 (　　　)도 못하고 (　　　)지도 못하나니

민수기 개요

1. 명칭: 민수기의 히브리어 명칭은 'bemidbar' 로서 '광야에서' (In the wilderness)라는 뜻이다. 한글 명칭인 '민수기' (Numbers)는 70인역의 제목을 의역한 것인데, 그것은 시내 산에서 모압 평지에 이르기까지 40년의 유랑생활 동안 두 번에 걸쳐 인구조사가 실시되었기 때문이다. 첫 번째 인구조사는 이스라엘이 시내 산을 떠날 때 시행되었고(1장), 두 번째 인구조사는 처음 세대가 모두 죽은 후에 두 번째 세대가 가나안 땅에 들어가려고 준비할 때 시행되었다.

2. 저자 및 연대: 민수기를 포함한 모세 5경은 유대 전통에 따라 모세가 기록한 것으로 본다. 민수기의 사건들은 레위기와 연결된다. 그러나 레위기는 한 달 동안에 일어난 사건만을 기록하고 있지만 민수기는 39년 동안의 사건의 기록이다. 모세는 민수기를 B.C. 15세기 말에 기록했을 것으로 추측된다.

3. 구조: 민수기는 36장으로 구성되어 있다. 1-9장은 시내 산 앞에서 하나님의 율법과 규례를 받고 여행 준비를 하는 몇 주간의 일에 대한 기록이며, 10-21장은 시내 산을 떠나서 모압에 이르기까지 39년간의 광야 생활을 기록한 것이고, 22-36장은 모압 지방에서 약속의 땅을 바라보며 몇 달 동안의 일을 기록한 것이다.

4. 민수기에 나타난 하나님의 진리:

1) 불순종의 백성들을 하나님의 백성으로 훈련하시는 하나님: 이스라엘 백성은 하나님의 약속의 땅 가나안에 들어가는 축복을 받기로 예정된 백성이다. 그러나 그들은 광야에서 하나님 신앙을 잃어버리고 불순종의 죄를 범하였다. 하나님은 불신앙과 불순종의 백성들을 광야에서 40년간 훈련하여 자기의 백성으로 만들었다.

2) 준비가 된 백성들에게 약속의 땅에 들어가게 하시는 하나님: 이스라엘은 위기와 시련의 시기를 통하여 하나님만 의지하는 법을 배웠고 그들이 하나님만 의지하는 백성이 되었을 때에 약속의 땅, 축복의 땅에 들어가게 하셨다.

3) 광야에서도 식탁을 준비하시고 돌보시는 하나님: 하나님은 빈들에서 양식을 주셨고(11:6-9), 고기를 먹이셨고(11:31-33), 생수를 주셨고(20:8), 지도자를 주셨고(1:1, 3), 약속의 땅, 축복의 땅을 주셨다(14:7-8).

제1과

민수기 : 1장 – 3장

1. 다음은 이스라엘 백성의 인구조사에 대한 사항입니다. (　　　) 안에 알맞은 답을 써 넣으시오.

(1) 언제? (　　　　　　　　　　　　　　　　　)

(2) 어디서? (　　　　　　　)

(3) 조사 대상자는? (　　　　　　　　　　　　　　　　　)

(4) 계수된 총계? (　　　　　　　　　　　)

(5) 가장 많은 지파의 이름과 그 수는? (　　　　지파,　　　　　명)

(6) 가장 적은 지파의 이름과 그 수는? (　　　　지파,　　　　　명)

2. 1장에 나오는 12지파와 창세기 35장 22절 이하에 나오는 야곱의 12지파(아들)를 비교하며 답하시오.

(1) 1장에 계수되지 않은 지파는 어느 지파입니까? (　　　　) 지파

(2) 요셉 지파 대신 들어간 지파는 어느 지파입니까?

(　　　　　지파,　　　　　지파)

3. 다음은 회막을 중심으로 하여 12지파가 진을 친 것입니다. 서로 관계 있는 것을 찾아 줄로 연결하시오.

(1) 동쪽　　　　르우벤, 시므온, 갓 등 세 지파

(2) 서쪽　　　　유다, 잇사갈, 스불론 등 세 지파

(3) 남쪽　　　　단, 아셀, 납달리 등 세 지파

(4) 북쪽　　　　에브라임, 므낫세, 베냐민 등 세 지파

4. 다음은 아론이 낳은 아들들의 이름입니다. "여호와 앞에 다른 불을 드리다가" 죽은 아들에 밑줄을 그으시오.

나답 아비후 엘르아살 이다말

5. 성막의 4면을 지킨 자는 각각 누구입니까?

(1) 서쪽: ( )의 가족들

(2) 남쪽: ( )의 가족들

(3) 북쪽: ( )의 가족들

(4) 동쪽: ( )와 ( )의 가족들

6. "레위인은 내 것이라" 한 말씀은 3장 ( )절과 ( )절에 두 번 나옵니다.

7. 처음 난 자는 사람이나 짐승이나 다 거룩히 구별되는 이유가 무엇입니까?

답

제2과
민수기 : 4장 – 6장

1. 다음 중 서로 관계 있는 것을 찾아 줄로 연결하시오.

(1) 아론과 그 아들들 — 멜 것

(2) 고핫 자손 — 등유, 향품, 성소 기구

(3) 엘르아살 — 감독

(4) 게르손 가족 — 덮고 꿰고

(5) 이다말 — 메고 처리할 것

---

(1) 고핫 — 3,200

(2) 게르손 — 8,580

(3) 므라리 — 2,750

(4) 레위인 — 2,630

2. 사람이 범죄함으로 여호와께 거역하여 죄를 지었을 때 해야 할 것에 O표 하시오.

(1) 자복—죄값을 온전히 본 주인에게 갚고—죄값을 받을 만한 친족이 없으면 여호와께 드려 제사장에게로 돌림 ( )

(2) 자복—5분의 1을 본 주인에게 갚고—여호와께도 제사장을 통하여 드림 ( )

(3) 자복—죄값을 온전히 갚되 5분의 1을 더하여 본 주인에게 갚고—죄값을 받을 만한 친족이 없으면 여호와께 드려 제사장에게로 돌림 ( )

3. 다음 중 나실인(자기 몸을 구별하여 하나님께 드린다는 뜻)으로 서원하는 것에 밑줄을 그어 표하시오.

(1) 포도주와 독주를 멀리한다.

(2) 고기를 먹지 않는다.

(3) 삭도를 머리에 대지 않는다.

(4) 포도나무 소산은 씨나 껍질이라도 먹지 않는다.

(5) 병자를 돌보지 않는다.

(6) 시체를 가까이하지 않는다.

4. 다음 사람들 중 나실인에 O표 하시오. (문제 3의 네 가지 중 한 가지만 해당돼도 됨)

(1) 삼손 ( ) (참고. 삿 13:2-5)

(2) 사울 ( ) (참고. 삼상 10:9-13)

(3) 사무엘 ( ) (참고. 삼상 1:11)

(4) 세례 요한 ( ) (참고. 눅 1:15)

제3과
민수기 : 7장 – 9장

1. 다음 물음에 알맞은 답을 골라 O표 하시오.

(1) 이스라엘 지휘관들이 여호와께 드린 예물은 무엇입니까?

1) 양과 염소 (　)

2) 송아지 (　)

3) 수레 여섯 대와 소 열두 마리 (　)

(2) 모세에게서 수레와 소를 받은 자손은 어떤 자손입니까?

1) 고핫 자손 (　)

2) 게르손 자손 (　)

3) 므라리 자손 (　)

(3) 수레와 소를 받지 못한 자손의 직임은 무엇입니까?

1) 말을 대신 쓴다. (　)

2) 어깨로 메는 일을 하기 때문이다. (　)

3) 아무 일도 하지 않는다. (　)

(4) 다섯째 날에 단의 헌물을 드린 사람은 누구입니까?

1) 시므온의 자손 수리삿대의 아들 슬루미엘 (　)

2) 에브라임 자손 암미훗의 아들 엘리사마 (　)

3) 유다 지파 암미나답의 아들 나손 (　)

2. 8장 본문에 나오는 낱말에는 O표, 나오지 않는 낱말에는 ×표 하시오.

(1) 등 (　) (2) 등잔 (　) (3) 등대 (　) (4) 금 (　) (5) 은 (　)

(6) 속죄의 물 (　) (7) 삭도 (　) (8) 모자 (　) (9) 의복 (　)

(10) 회막 (　　) (11) 초태생 (　　) (12) 5세 이상 (　　) (13) 60세부터 (　　)

3. 다음은 9장 몇 절의 말씀입니까?

(1) 그 모든 율례와 그 모든 규례대로 지킬지니라 (　　　절)

(2) 기다리라 여호와께서 너희에게 대하여 어떻게 명령하시는지 내가 들으리라 (　　　절)

(3) 여호와께 헌물을 드리지 아니하였은즉 그의 죄를 담당할지며 (　　　절)

(4) 여호와의 명령을 따라……여호와의 직임을 지켰더라 (　　　절)

제4과
민수기 : 10장 – 12장

1. 다음은 나팔에 관한 말입니다. 서로 관계 있는 것을 찾아 줄로 연결하시오.

(1)	나팔 두 개를 불 때	동쪽 진영들아 진행하라
(2)	나팔을 하나만 불 때	남쪽 진영들아 진행하라
(3)	나팔을 크게 불 때	온 회중은 회막 문 앞에 모이라
(4)	두 번째로 크게 불 때	지휘관들 모이라
(5)	나팔을 불 수 있는 자손	희락의 날과 정한 절기
(6)	번제물, 화목 제물을 드리며	레위 자손

2. 다음 (　　) 안에 적당한 말을 찾아 써 넣으시오.

(1) 이스라엘 자손이 시내 광야에서 (　　　) 해 (　　　) 달 (　　　)날에 출발하여 바란 광야에 머물렀다.

(2) 선두로는 (　　　) 자손이 진행했다.

(3) 모세가 "우리를 떠나지 마소서......우리의 눈이 되리이다"라고 한 것은 (　　　)의 아들 (　　　)에게 한 말이다.

3. 다음 중 맞는 것에는 O표, 틀린 것에는 ×표 하시오.

(1) 진중에서 이스라엘 백성들은 여호와께 감사한 생활을 했다. (　)

(2) "누가 우리에게 고기를 주어 먹게 하랴" 한 말은 이스라엘 무리가 탐욕을 품고 한 말이다. (　)

(3) "내게 은혜를 베푸사 즉시 나를 죽여 내가 고난당함을 보지 않게 하

옵소서" 한 기도는 백성이 너무 감사하여 우는 것을 보고 드린 모세의 말이다. (   )

(4) 엘닷과 메닷은 진영에서 예언하던 자들이다. (   )

4. 다음 글을 읽고 관계 있는 말을 보기에서 찾아 (   ) 안에 써 넣으시오.

보기 : 60만   기브롯 핫다아와   1개월   미리암   다베라   70인

(1) 백성들이 악한 말로 여호와를 원망하매 여호와의 불이 그들 중에 붙어서 진 끝을 사르게 함 (   )

(2) 고기를 주어 냄새도 싫어하기까지 먹게 한 기간 (   )

(3) 백성 중 보행자 수 (   )

(4) 모세에게 임한 신(성령)을 장로들에게도 임하게 함 (   )

(5) 욕심을 낸 백성을 큰 재앙으로 쳐 거기 장사함 (   )

(6) 모세를 비방하다 여호와의 진노를 받아 문둥병에 걸린 사람 (   )

5. 12장에서 모세의 사람됨을 잘 나타낸 성구 한 절을 찾아 외워 쓰시오.

답

제5과

민수기 : 13장 - 15장

1. 가나안 정탐에 있어 관계 있는 것을 찾아 줄로 연결하시오.

(1) 바란 광야에서	40일간
(2) 정탐꾼 선정	포도가 처음 익을 즈음
(3) 찬성, 반대	출발시킴
(4) 정탐한 때	각 지파 족장 1명씩
(5) 에스골 골짜기	포도를 벤 곳
(6) 정탐 기간	2 대 10

2. 다음 말의 짝이 되는 문구를 보기에서 찾아 써 넣으시오.

보기 : (1) 여호수아와 갈렙 (2) 여호와께서 모세에게 이르신 말씀
(3) 애굽이나 광야에서 죽었으면 좋았을 것을 (4) 모세의 기도
(5) 모세와 아론이 온 회중 앞에서 엎드림
(6) 명령을 듣지 않고 산꼭대기로 올라간 사람들 (7) 갈렙
(8) 40년간 광야생활 (9) 원망하는 악한 회중을 향한 여호와의 진노
(10) 땅을 악평하여 회중이 모세를 원망하게 한 자들은 재앙으로 죽음

(1) 모세와 아론을 원망하며—

(2) 한 지휘관을 세우고 애굽으로 돌아가자—

(3) 젖과 꿀이 흐르는 땅을 우리에게 주시리라—

(4) 이 백성이 어느 때까지 나를 믿지 않겠느냐—

(5) 주의 인자의 광대하심을 따라 이 백성의 죄악을 사하시되—

(6) 그는 나를 온전히 따랐은즉 그의 자손이 그 땅을 차지하리라—

(7) "너희 말이 내 귀에 들린 대로 내가 너희에게 행하리니—

(8) 40일의 1일을 1년으로 환산하여—

(9) 여호수아, 갈렙만 살았고—

(10) 아말렉인과 가나안인이 무찌른 사람—

3. 이스라엘 자손과 함께하는 타국인이나 대대로 거하는 자가 제사를 드릴 때에 다음 중 어떻게 해야 합니까?

(1) 그들은 밖에서 제사하게 한다. (　)

(2) 아무 제사도 드리지 못하게 한다. (　)

(3) 제사 후 음식만 나누어 먹는다. (　)

(4) 너희(이스라엘) 하는 대로 해야 한다. (　)

4. 안식일에 나무한 자를 어떻게 했습니까?

(1) 돌로 쳐 죽였다. (　)

(2) 모세가 훈계해 보냈다. (　)

(3) 진 밖으로 내쫓았다. (　)

5. 이스라엘 자손이 대대로 그 옷단 귀에 술을 만들고 청색 끈을 더한 것은 어떤 이유에서입니까?

(1) 이스라엘 자손으로 하여금 품위 있는 옷을 입게 하기 위함이다. (　)

(2) 이스라엘 자손으로 보고 계명을 기억하여 준행하고 방종하게 하는 자

신의 욕심을 따라 음행하지 않게 하기 위함이다. (　)

(3) 이스라엘 자손으로 하여금 아름답게 옷을 입도록 하게 하려 함이다. (　)

(4) 이스라엘 자손으로 하여금 하나님이 애굽 땅에서 인도하여 낸 백성임을 늘 기억하게 하려 함이다. (　)

제6과

민수기 : 16장 – 18장

1. 다음 중 16장에 나오는 반역자 네 사람에 O표 하시오.

(1) 고라 ( ) (2) 아론 ( ) (3) 아비람 ( )

(4) 온 ( ) (5) 엘르아살 ( ) (6) 다단 ( )

2. 위의 네 사람의 죄목에 가장 합당한 것을 찾아 O표 하시오.

(1) 모세를 저주함 ( )

(2) 모세를 고소함 ( )

(3) 모세를 거스림 ( )

3. 모세와 아론은 어려운 일을 당할 때마다 엎드려 기도했습니다. 16장에는 엎드렸다는 말이 몇 번 나옵니까?

답 (번)

4. 다음은 누가 누구에게 한 말입니까?

(1) 너희가 분수에 지나도다 ( )이 ( )에게

(2) 너희가 너무 분수에 지나치느니라 ( )가 ( )에게

(3) 스스로 우리 위에 왕이 되려 하느냐 ( )이 ( )에게

(4) 그들 중의 한 사람도 해하지 아니하였나이다 ( )가 ( )에게

(5) 한 사람이 범죄하였거늘 온 회중에게 진노하시나이까 ( )이 ( )에게

5. "움이 돋고 순이 나고 꽃이 피어서 살구 열매가 열렸더라"라는 말씀은,

(1) ( )의 지팡이에서

(2) 여호와께서 반역한 자에 대한 ( )으로

(3) ( )궤 앞에서 한 말씀이다.

6. 제사장과 레위인은 아무 분깃이 없어도 생활하는 데 지장이 없었습니다. 그것이 어떻게 가능했는지 맞는 것에 O표 하시오.

(1) 레위인

1) 이스라엘 백성이 드리는 십일조로 ( )

2) 이스라엘 백성들에게 배당시켜서 ( )

3) 만나와 메추라기로 ( )

4) 제물로 드린 것들을 모아서 ( )

(2) 제사장

1) 이스라엘 각 지파에 배당시켜서 ( )

2) 이스라엘 백성 아무에게서나 땅을 빌려서 ( )

3) 레위인들이 받은 십일조의 십일조로 ( )

4) 이스라엘 백성들로 성전(회막)세를 내게 해서 ( )

제7과
민수기 : 19장 – 21장

1. 다음을 읽고 저녁까지 부정하면 (저녁)이라 쓰고 7일 동안 부정하면 (7일)이라 쓰시오.

(1) 송아지를 불사른 자나 제사장 ( )

(2) 암송아지의 재를 거둔 자 ( )

(3) 사람의 시체를 만진 자 ( )

(4) 사람의 뼈나 무덤을 만진 자 ( )

(5) 부정한 자가 만진 것을 만지면 ( )

2. 다음은 미리암에 관한 설명입니다. 맞는 것에는 O표, 틀린 것에는 ×표 하시오. (참고. 출 2:1–8; 15:20; 민 12:1–6; 20:1; 26:59; 신 24:9)

(1) 아론과 모세의 누이다. ( )

(2) 모세를 석 달간 숨겨 키우다가 나일 강에 띄웠을 때에 지켜보다가 그를 위하여 바로의 공주에게 어머니를 유모로 데려다 주었다. ( )

(3) 그는 선지자는 아니었다. ( )

(4) 모세를 비방하다가 문둥병에 걸렸다. ( )

(5) 신 광야 가데스에서 죽어 장사되었다. ( )

3. 아론이 죽을 때에 그 옷을 벗겨 아들 엘르아살에게 입히라 명한 것은 무엇 때문입니까? (참고. 출 29:29–30)

(1) 엘르아살이 입을 옷이 없어서 ( )

(2) 지도자가 입던 것은 귀히 여겨야 하기 때문에 ( )

(3) 그 옷은 제사장만 입는 옷이므로 아들에게 제사장직을 계승시키려고 ( )

4. 하나님과 모세를 원망하던 사람들이 불뱀에게 물려 죽게 되었을 때에 놋뱀을 만들어 장대에 달았습니다. 다음 중 맞는 것에는 O표, 틀린 것에는 ×표 하시오.

(1) 뱀에게 물린 자마다 이 놋뱀을 쳐다본즉 살았다. ( )

(2) 이후 그 놋뱀을 잘 모셔 두고 섬겨야 했다. ( ) (참고. 왕하 18:4)

(3) 이 장대에 단 놋뱀은 "십자가에 달린 예수 그리스도"를 나타내는 예표다. ( ) (참고. 요 3:14-15)

(4) 하나님은 때로 뱀(악마적 존재)을 심판 도구로 쓰신다. ( )

5. 다음 중 서로 관계 있는 것을 찾아 줄로 연결하시오.

(1) 므리바	주께서 이스라엘의 목소리를 들으시고 적을 멸하신 곳
(2) 호르 산	여호와께서 주리라 하신 우물
(3) 호르마	여호와와 다투고 모세가 두 번 지팡이로 친 곳
(4) 브엘	아론이 죽어 30일을 곡한 곳
(5) 시혼	아모리 왕 시혼의 도성
(6) 헤스본	이스라엘이 지나감을 용납지 않은 아모리 왕

제8과

민수기 : 22장 - 24장

1. 다음은 22-23장에 나오는 말씀입니다. 말한 이와 장절을 쓰시오.

(1) 너는 그들과 함께 가지도 말고 그 백성을 저주하지도 말라

(: 장 절)

(2) 그대를 높여 크게 존귀하게 하고 그대가 내게 말하는 것은 무엇이든지 시행하리니 청하건대 와서 나를 위하여 이 백성을 저주하라

(: 장 절)

(3) 그 집에 가득한 은금을 내게 줄지라도 내가 능히 여호와 내 하나님의 말씀을 어겨 덜하거나 더하지 못하겠노라

(: 장 절)

(4) 내가 당신에게 무엇을 하였기에 나를 이같이 세 번을 때리느냐

(: 장 절)

(5) 그들을 저주하지도 말고 축복하지도 말라

(: 장 절)

(6) 내 앞에서 네 길이 사악하므로 내가 너를 막으려고 나왔더니

(: 장 절)

2. 다음 ( ) 안에 적당한 말을 찾아 써 넣으시오.

(1) 하나님은 ( )이 아니시니 ( )을 하지 않으시고 ( ) 이 아니시니 ( )가 없으시도다 어찌 그 ( )하신 바를 ( ) 하지 않으시며 하신 ( )을 ( )하지 않으시랴

(2) 하나님이 ( )하지 않으신 자를 ( )가 어찌 ( )하며

(　　　　)께서 꾸짖지 않으신 자를 (　　)가 어찌 꾸짖으랴

3. 24장 17절에서 그리스도에 관한 예언 성구 두 개를 찾아 쓰시오.

답

제9과
민수기 : 25장 – 27장

1. 다음 중 서로 관계 있는 것을 찾아 줄로 연결하시오.

(1) 싯딤 　　 죽이라

(2) 바알브올에 가담한 자 　　 죽임당한 남자

(3) 비느하스 　　 음행하기 시작한 곳

(4) 염병으로 죽은 자 　　 남녀의 배를 꿰뚫음

(5) 시므리 　　 죽임당한 여자

(6) 고스비 　　 이만 사천 명

2. 두 번째 실시한 인구조사에 관하여 답하시오.

(1) 실시한 곳:

(2) 총수:

(3) 조사 대상자: (　　　)세 이상 된 자

(4) 첫 번째 조사(민 1장)와 비교하여 몇 명이 늘었습니까? 또는 줄었습니까?

※ 시내 광야에서의 인구조사 결과와 본문의 결과를 비교하면 다음과 같이 정리할 수 있습니다.

지파	시내 광야	모압 평지
르우벤	46,500	43,730
시므온	59,300	22,200
갓	45,650	40,500

유다	74,600	76,500
잇사갈	54,400	64,300
스불론	57,400	60,500
에브라임	40,500	32,500
므낫세	32,200	52,700
베냐민	35,400	45,600
단	62,700	64,400
아셀	41,500	53,400
납달리	53,400	45,400
총 인원수	603,550	601,730

3. 다음 물음에 간단히 답하시오.

(1) 고라의 무리에 들지 아니한 다섯 딸의 아버지 이름은 무엇입니까?

(2) 모세가 하나님의 약속한 땅에 (들어갈 것이다, 바라만 볼 것이다)

(3) 모세의 후계자로 ( )를 데려다가 안수하였다.

4. 다음은 모세가 명한 기업 상속 순위입니다. 맞는 것에 O표 하시오.

(1) 아들—딸—형제—아비의 형제—가장 가까운 친족 ( )

(2) 딸—아들—형제—아비의 형제—가장 가까운 친족 ( )

(3) 아들—형제—손자—아비의 형제—가장 가까운 친족 ( )

(4) 딸—아들—아비의 자매—손자—가장 가까운 친족 ( )

제10과
민수기 : 28장 - 30장

1. 다음 말씀은 몇 장 몇 절에 기록되어 있습니까?

(1) 내 향기로운 것은 너희가 그 정한 시기에 삼가 내게 바칠지니라 (　　)장 (　　)절

(2) 일 년 되고 흠 없는 숫양 (　　)장 (　　)절, (　　)장 (　　)절, (　　)장 (　　)절

(3) 첫째 달 열넷째 날은 여호와를 위하여 지킬 유월절이며 (　　)장 (　　)절

(4) 너희를 속죄하기 위하여 숫염소 한 마리를 드리되 (　　)장 (　　)절

(5) 칠칠절 처음 익은 열매를 드리는 날에 (　　)장 (　　)절

(6) 그 규례를 따라 향기로운 냄새로 화제를 여호와께 드릴 것이니라 (　　)장 (　　)절

(7) 모세가 여호와께서 모세에게 명령하신 모든 일을 이스라엘 자손에게 말하니라 (　　)장 (　　)절

2. 다음을 읽고 행해야 할 것, 지켜야 할 것에는 O표, 행하지 않아도(사함 받을) 될 것에는 ×표 하시오.

(1) 여호와께 서원했거나 결심하고 서약했을 경우 (　　)

(2) 어린 딸이 여호와께 서원이나 서약하는 말을 듣고 허락하지 않았을 경우 (　　)

(3) 여인이 남편을 맞을 경우 남편에게 경솔히 서원이나 서약하였을 때

1) 남편이 듣고 아무 말이 없음 (　　)

2) 남편이 듣고 허락지 않음 (　　)

(4) 과부나 이혼당한 여자의 서원이나 서약 (　　)

(5) 부녀가 남편의 집에서 서원이나 서약하였을 경우

1) 남편이 듣고 아무 말도 없고 금하지도 않을 경우 (　　)

2) 남편이 듣고 무효케 하면 (　　)

(6) 아내의 서원과 서약을 남편이 듣고 말이 없으면 (　　)

(7) 여인이 서원이나 서약을 할 때는 남편이 듣고도 아무 말이 없다가 얼마 후에 그 서원이나 서약을 무효케 할 경우 그 여인은 (　　)

제11과

민수기 : 31장 – 33장

1. 다음은 미디안과의 싸움에 대한 것입니다. 서로 관계 있는 것을 찾아 줄로 연결하시오.

(1) 싸움에 나간 장정의 총수	발람
(2) 신호 나팔을 든 총 지휘관	모압 평지
(3) 죽은 다섯 왕	여자들을 살려 두어
(4) 죽은 선지자	1만 2천
(5) 사로잡은 자와 탈취물을 가지고 영접받은 곳	비느하스
(6) 모세가 군대장관들에게 노한 이유	에위, 레겜, 수르, 후르, 레바

2. 31장 16절의 "발람의 꾀를 따라……범죄하게 하여"라는 구절에서 "발람의 꾀"는 다음 중 어떤 것을 말합니까? (참고. 벧후 2:15; 계 2:14; 민 22:29–32)

(1) 미디안 싸움에서 사로잡고 탈취한 물건을 나누게 하는 일 (　　)

(2) 모압 왕을 꾀로 물리치게 하는 일 (　　)

(3) 불의의 삯을 사랑하고 행음하게 하는 일 (　　)

(4) 염병으로 하나님의 백성을 멸하려 하는 일 (　　)

3. 다음은 요단 동쪽을 받은 일에 대한 것입니다. 관계 있는 말을 보기에서 찾아 (　　) 안에 써 넣으시오.

보기 : 베냐민 자손　우리　곳간　집　성읍　요셉 자손

제비 뽑아 얻으면　갓, 르우벤 자손　요단을 건너가서 싸우고 돌아오면

(1) (　　　　　　　　)이 받았다.

(2) 가축을 위하여 (　　　　)를 짓고 어린아이들을 위하여 (　　　　) 을 건축하기 위하여 달라고 했다.

(3) 모세가 요단 동쪽을 요구한 지파에게 낸 조건 (　　　　　　　　)

4. 다음 숫자와 관계 있는 것을 오른쪽에서 찾아 줄로 연결하시오.

(1)	67만 5천	나귀
(2)	7만 2천	여호와께 새로 드린 소
(3)	6만 1천	양
(4)	72두	소
(5)	1만 6천	천부장, 백부장이 드린 거제의 금
(6)	1만 6천7백5십	사람

5. 33장 50-56절을 읽고 다음 물음에 알맞은 답을 골라 O표 하시오.

(1) 가나안 정복 후 3가지 해야 할 일은 무엇입니까?

1) 그 땅 거민을 다 몰아내는 일 (　　)

2) 포도원을 만드는 일 (　　)

3) 자녀를 결혼시키는 일 (　　)

4) 새긴 석상과 부어 만든 우상 산당을 모두 부수는 일 (　　)

5) 모압 땅을 쳐 정복하는 일 (　　)

6) 종족을 따라 그 땅을 제비 뽑아 기업으로 주는 일 (　　)

(2) 만일 이 약속을 지키지 않을 경우 남겨 둔 자로 인하여 무슨 일이 있을 것이라 했습니까?

1) 그들이 눈엣가시와 옆구리에 찌르는 것이 되어 괴롭게 한다. (　　)

2) 그들과 연합하여 좋은 나라를 이룩할 수 있게 한다. (　　)

3) 그들과 힘을 합하여 다른 나라를 쳐 넓힐 수 있게 한다. (　　)

4) 그들의 자녀와 혼인할 수 있게 한다. (　　)

제12과
민수기 : 34장 – 36장

1. 다음은 기업으로 받을 땅의 경계입니다. 서로 관계 있는 것을 찾아 줄로 연결하시오.

(1) 남쪽	호르 산까지
(2) 서쪽	긴네렛, 갈릴리, 염해
(3) 북쪽	신 광야
(4) 동쪽	대해, 지중해

2. 다음은 도피성을 둔 이유입니다. 가장 알맞은 것에 O표 하시오.

(1) 부지중에 살인한 자가 복수할 자에게서 도피하는 성을 삼아 판결을 받기까지 죽지 않게 하려 함이다. (　　)

(2) 살인자로 하여금 그곳에 들어가 죄를 벗게 하려 함이다. (　　)

(3) 이스라엘 자손이 이방인을 죽였을 경우 도피할 수 있게 하기 위해서다. (　　)

(4) 고의로 살인한 자라도 개심하여 살 수 있도록 하기 위해서다. (　　)

3. 도피성은 요단 이쪽(동쪽)에 (　　)성읍, 요단 건너 가나안(서쪽)에 (　　)성읍, 도합 (　　)개 성읍을 두게 했습니다.

4. 다음 사람들 중 죽일 자에 O표 하시오.

(1) 철 연장으로 사람을 쳐 죽인 자 (　　)

(2) 돌로 사람을 쳐 죽인 자 (　　)

(3) 나무 연장으로 사람을 쳐 죽인 자 (　　)

(4) 미운 마음으로 밀치거나 무엇을 던져 죽인 사람을 죽인 자 (　　)

(5) 원한으로 인하여 사람을 손으로 쳐 죽인 자 (　　)

(6) 우연히 밀치거나 무엇을 던져 사람을 죽게 한 자 (　　)

(7) 도피성에서 나온 살인자를 (당시의 대제사장이 죽기 전에) 죽여 복수하려 한 자 (　　)

5. 요셉의 아들 므낫세의 종손 슬로브핫은 아들이 없이 딸만 다섯을 두었습니다. 이 딸들이 모세에게 청하여 얻은 기업을 어떻게 다른 지파로 옮기지 않고 지킬 수 있었습니까? (당시는 남자에게만 상속하였음. 참고. 민 27:1-11)

답

신명기 개요

1. 명칭: 신명기의 영어 명칭 'Deuteronomy'는 '두 번째로 주신 율법' 또는 '반복해서 들려주신 율법'이란 뜻의 70인역의 신명기 명칭인 'Deuteronomion'에서 유래하였다. 우리 성경의 신명기도 같은 뜻의 한자어에서 왔다. 이 책은 이스라엘 백성이 약속의 땅 가나안에 들어가기에 앞서 모압 지방 산에서 하나님의 백성으로 선택된 이스라엘 사람이 지켜야 할 율법에 대해 모세가 재차 행한 고별설교 형식으로 기록된 것이다.

2. 저자 및 연대: 히브리 전통은 모세가 모세 5경(창세기, 출애굽기, 레위기, 민수기, 신명기)의 저자이며, 신명기에 나오는 모세의 사망 기사는 모세가 사망한 후에 덧붙인 것으로 보고 있다. 기록한 연대는 다른 모세 5경과 같이 15세기 말로 본다.

3. 구조: 신명기는 율법에 대한 가장 분명한 강해서다. 여기에는 이스라엘을 선택하시고 그의 백성에게 율법을 주신 하나님의 사랑이 강조되어 있다. 신명기는 하나님이 보시기에 올바른 것을 행하면 복을 누릴 것이라는 하나님의 명령이 반복되어 있다. 이것은 레위기와 비슷한데, 레위기는 시내 산 앞에서 광야로 떠날 때에 주로 제사장들과 레위인들에게 주신 명령이요, 신명기는 모압 평지에서 약속의 땅 가나안으로 들어가기 직전에 모든 이스라엘 백성에게 주신 명령이다. 총 34장 중 1-4장은 과거를 회상하면서 기억하고 주의하라는 명령이요, 5-26장은 날마

다의 삶에 대한 하나님의 율법과 세칙으로서, 11장까지는 십계명을, 그리고 12-26장은 다른 법령들을 명한 것이다. 27-30장은 율법 준수에 따른 축복과 저주를 말씀한 것이며, 31-34장은 모세의 고별연설과 죽음을 기록한 것이다.

4. 신명기에 나타난 하나님의 진리:

1) 과거를 거울로 삼아서 신앙과 순종의 삶을 권고하시는 하나님: 이스라엘이 출애굽한 것은 그들의 힘을 의지한 것이 아니요, 오직 하나님의 권능과 은혜로 된 것과 같이, 견고한 성읍과 거인들의 가나안에 들어가는 것도 하나님의 크신 권능과 자비만을 의지하여 신앙과 순종의 삶을 살라고 권고하고 있다.

2) 순종하여 실행하는 자에게 놀라운 복을 주시는 하나님: 하나님은 백성들이 말씀을 듣는 자일 뿐 아니라 순종하여 행하는 자가 되기를 바라신다. 그러므로 순종할 때는 큰 복을 받을 것이지만 불순종할 때는 저주를 받을 수밖에 없다.

3) 약속한 땅에서도 순종하는 자에게만 행복을 선물하시는 하나님: 그들이 비록 하나님이 약속하시는 축복의 땅으로 들어간다고 해도 그들이 하나님을 순종하여 살 것인가 그렇지 않을 것인가에 따라서 복과 저주가 온다. 그러므로 진정한 하나님의 복은 순종의 열매다.

4) 사랑으로 순종하는 사람들에게 진정한 기쁨과 안식과 평안을 주시는 하나님: 젖과 꿀이 흐르는 땅은 장소가 아니라 관계다. 즉 어떤 장소가 축복의 땅이 되는 것이 아니라, 하나님의 말씀을 순종하여 실행하는 곳이 축복의 땅이 된다고 가르치고 있다.

제1과
신명기 : 1장 – 3장

1. 다음 구절과 관계 있는 말을 보기에서 찾아 쓰시오.

보기 : 백성이 원해서　　여호와께서 모세를 시켜 이스라엘 자손에게 고하여 설명
하나님께 속한 것인즉 누구에게나 공정히　　정탐꾼 수
세일 산을 지나 가데스 바네아까지　　여호와께서 맹세하여 주리라 한 땅
통곡하나 여호와께서 듣지 않아 여러 날 동안 머물렀던 곳
여호수아와 갈렙

(1) 열하룻길:

(2) 마흔째 해 열한째 달 그 달 첫째 날에 모압 땅에서:

(3) 아모리 족속의 산지로부터 유브라데까지:

(4) 이렇게 재판하라:

(5) 가데스 바네아에서 정탐꾼을 보낸 것은?:

(6) 가나안 복지에 들어간 사람:

(7) 열둘:

(8) 가데스:

2. 다음 (　　) 안에 적당한 말을 찾아 써 넣으시오.

(1) 세일은 (　　　　)의 자손이 사는 지역으로 그들과 다투지 말라 했다.

(2) 헤스본 왕 (　　　　)이 평화의 말을 듣지 않아 여호와께서 이스라엘에게 붙여 진멸당하게 했다.

(3) 바산 왕 ( )이 이스라엘을 대적하다가 한 사람도 남지 않고 멸망 당했다.

(4) 길이가 9규빗인 철 침대의 주인은 ( )이었다.

(5) 아로엘에서부터 길르앗 산지 절반과 그 성읍들을 ( )과 ( ) 자손에게 주었다.

(6) 길르앗의 남은 땅과 온 바산 땅은 ( ) 반 지파에게 주었다.

(7) 여호와께서 우리게 안식을 주신 것같이 ( )에게도 안식을 주신다.

(8) 3장 21절에 "여호와께서 '이 두 왕' 에게 행하신 모든 일을 네가 눈으로 보았거니와 네가 가는 모든 나라에도 여호와께서 이와 같이 행하시리니" 에서 두 왕은? ( ) ( )

(9) "너는 비스가 산 꼭대기에 올라가서 눈을 들어 동서남북을 바라고 네 눈으로 그 땅을 바라보라 너는 이 요단을 건너지 못할 것임이니라" 라는 말씀은 ( )께서 ( )에게 주신 말씀이다.

(10) 벳브올 맞은편 골짜기에서 백성을 거느리고 요단을 건너 기업을 얻어 나누어 주도록 임명받은 지도자는? ( )

제2과

신명기 : 4장 - 6장

1. 다음은 요단 동쪽의 3지파와 5도피성입니다. 서로 관계 있는 것을 찾아 줄로 연결하시오.

(1) 르우벤 바산 골란

(2) 갓 베셀

(3) 므낫세 반 지파 길르앗 라못

2. 이스라엘 백성이 하나님의 말씀을 직접 들은 곳은 어디이며 그 사실은 몇 장 몇 절에 기록되어 있습니까?

답 (, 장 절, 장 절)

3. 다음 말씀은 몇 장 몇 절에 기록되어 있습니까?

(1) 네가 눈으로 본 그 일을 잊어버리지 말라 ( )장 ( )절

(2) 소멸하는 불, 질투하시는 하나님 ( )장 ( )절

(3) 좌로나 우로나 치우치지 말고 ( )장 ( )절

(4) 젖과 꿀이 흐르는 땅에서 ( )장 ( )절

(5) 네 자녀에게 부지런히 가르치며 ( )장 ( )절

4. 십계명은 어디에 기록되었습니까?

답 (장 - 절)

5. 다음 계명들은 몇째 계명입니까?

(1) 우상을 만들지 말고 절하지 말라 (　　째)

(2) 안식일을 지켜 거룩하게 하라 (　　째)

(3) 네 부모를 공경하라 (　　째)

(4) 살인하지 말라 (　　째)

(5) 이웃을 탐내지 말라 (　　째)

(6) 다른 신을 섬기지(두지) 말라 (　　째)

(7) 하나님의 이름을 망령되이 말라 (　　째)

(8) 도둑질하지 말라 (　　째)

(9) 간음하지 말라 (　　째)

(10) 이웃에 대하여 거짓 증거하지 말라 (　　째)

6. 4장 32-40절을 읽고 "이런 큰 일"이란 구체적으로 무슨 일인지 말해 보시오.

답

제3과

신명기 : 7장 – 9장

1. 다음 중 이스라엘 백성이 진멸한 가나안 일곱 족속에 O표 하시오.

(1) 헷 ( )　(2) 모압 ( )　(3) 기르가스 ( )

(4) 애굽 ( )　(5) 아모리 ( )　(6) 가나안 ( )

(7) 브리스 ( )　(8) 미디안 ( )　(9) 히위 ( )

(10) 여부스 ( )

2. 가나안 일곱 족속을 멸할 때 하지 말 것 세 가지와 해야 할 것 네 가지는 각각 무엇입니까?

(1) 하지 말 것 1)　2)

3)

(2) 해야 할 것 1)　2)

3)　4)

3. 다음은 하나님이 성민으로 택하신 이유입니다. 가장 알맞은 곳에 O표 하시오.

(1) 하나님께서 사랑하심과 조상들에게 하신 맹세를 지키시기 위하여 ( )

(2) 다른 민족보다 수효가 많아서 ( )

(3) 애굽 종 되었던 바로의 손에서 속량하기 위해서 ( )

(4) 하나님을 미워하는 자를 당장에 보응하여 멸하시기 위하여 ( )

4. 다음 ( ) 안에 적당한 말을 찾아 써 넣으시오.

(1) 너희가 모든 법도와 언약을 지켜 행하면 하나님께서 맹세하신 언약을 지켜 (   )를 베푸실 것이다.

(2) 너를 사랑하시고 복을 주사 너를 (   )케 하시되 네 소생에게 은혜를, 곡식과 포도주와 기름을 (   )하게, 소와 양을 (   ) 하게 하신다.

(3) 또 모든 (   )을 네게서 멀리하사 너를 미워하는 모든 자에게 걸리게 하실 것이다.

(4) 네 하나님 여호와께서 네게 넘겨주신 모든 민족을 진멸하고 그들의 신을 섬기지 말라 그것이 네게 (   )가 되리라

(5) 그들을 두려워하지 말고 하나님께서 (   )와 온 애굽에 행하신 것을 잘 기억하라

(6) 그들을 급히 멸하지 말라 (   )이 번성하여 너를 해할까 하노라

(7) 너는 그들이 조각한 신상들을 불사르고 그것에 입힌 은이나 금을 탐내지 말라 그것으로 말미암아 (   )에 걸릴까 하노니 하나님이 (   )히 여기시는 것이라

5. 하나님이 이스라엘 백성들에게 40년간 광야 길을 걷게 하신 뜻은 무엇입니까?

(1) 출애굽한 사실을 기억하게 하시려고 (   )

(2) 교만한 백성을 주리게 하시려고 (   )

(3) 낮추시고 시험하사 명령을 지키는지 알기 위해 (   )

(4) 젖과 꿀이 흐르는 아름다운 땅을 함부로 주지 않기 위해 (   )

6. 만나를 먹이신 뜻은 무엇입니까?

답

※ 다음 문제의 (　　) 안에 알맞은 말을 써 넣으시오. (7-8항)

7. "네가 먹어서 배부르고 아름다운 집을 짓고 거주하게 되며 또 네 소와 양이 번성하며 네 은금이 증식되며 네 소유가 다 풍부하게 될 때에 네 마음이 (　　)하여 네 하나님 여호와를 잊어버릴까 염려하노라."

8. "여호와께서 너희 앞에서 멸망시키신 민족들같이 너희도 멸망하리니 이는 너희가 너희의 하나님 여호와의 소리를 (　　)하지 아니함이니라."

9. 9장을 읽으면서 다음 말씀이 기록된 절을 찾아 써 넣으시오.

(1) 누가 아낙 자손을 능히 당하리요 (　　절)

(2) 목이 곧은 백성이니라 (　　절과　　절)

(3) 네 하나님 여호와를 격노하게 하던 일을 잊지 말고 기억하라 (　　절)

(4) 일어나 여기서 속히 내려가라 (　　절)

(5) 너희가 항상 여호와를 거역하여 왔느니라 (　　절)

(6) 그들은……주의 백성 곧 주의 기업이로소이다 (　　절)

10. 다음 중 맞는 것에는 O표, 틀린 것에는 ×표 하시오.

(1) 이스라엘이 점령할 요단 건너편 나라들은 약한 나라들이었다. (　)

(2) 이스라엘에게 그 나라들이 악함을 인하여 여호와께서 그들을 좇아 내셨다. (　)

(3) 여호와께서 주신 두 돌판은 하나님이 친히 기록한 것이었다. (　)

(4) 범죄한 백성들이 자기를 위하여 송아지를 부어 만들어 여호와를 떠났다. (　)

(5) 모세는 다시 산에 올라가 40주야를 금식했다. (　)

(6) 여호와는 백성을 멸하겠다 하셨으나 모세의 기도로 돌이키셨다. (　)

제4과

신명기 : 10장 – 12장

1. 다음은 10장과 11장에 기록된 말씀입니다. 여호와께서 요구하시는 것에는 O표, 여호와의 명령을 지키고 청종하며 성품을 다해 섬기면 우리에게 주실 복에는 △표 하시오.

(1) 하나님을 경외하라 ( )

(2) 너희가 강성할 것이요 ( )

(3) 그의 모든 도를 행하라 ( )

(4) 그 땅들을 얻을 것이라 ( )

(5) 그를(하나님) 사랑하라 ( )

(6) 너희의 날이 장구하리라 ( )

(7) 이른 비, 늦은 비를 적당한 때에 내리심 ( )

(8) 하나님을 섬기고 ( )

(9) 가축을 위하여 들에 풀이 나게 하심 ( )

(10) 명령과 규례를 지킬 것이 아니냐 ( )

2. 10장에서 아론이 죽습니다. 그동안 아론에 관해 알게 된 것을 점검해 보겠습니다. 아론에 관한 다음 말씀들이 맞으면 O표, 틀리면 ×표 하시오. (참고. 출 6:20; 7:7; 32:1–; 민 20:25–29; 26:59; 신 10:6)

(1) 아론은 모세의 형이다. ( )

(2) 아론이 모세와 함께 처음으로 바로에게 나갈 때에 그의 나이는 80세가 넘었다. ( )

(3) 모세가 산에 올라 계명을 받아 올 동안에 아론은 자녀들의 금고리를

가져오게 하여 금송아지를 만들었다. (　　)

(4) 아론과 그 자손은 대대로 제사장직을 위임받았다. (　　)

(5) 미리암은 아론의 어머니다. (　　)

(6) 아론은 모세라에서 죽었다. (　　)

3. 12장 내용 중 삼가야 할 것 네 가지입니다. 몇 절에 기록된 내용인지 절 수를 적으시오.

(1) 아무 곳에서나 번제를 드리지 말라 (　　절)

(2) 레위인을 저버리지 말지니라 (　　절)

(3) 피를 먹지 말라 (　　절)

(4) 멸망한 그들의 자취를 밟아 올무에 걸리지 말라 (　　절)

4. 여호와 앞에서 즐거워할 것이 12장에 세 번 기록되었습니다. 그 절 수를 적고 무엇을 드리고 먹으며 누구와 함께 즐거워하라 했는지 적으시오.

(1) (　　절부터　　절까지):

(2) (　　절부터　　절까지):

(3) (　　절부터　　절까지):

제5과
신명기 : 13장 – 15장

1. 13장 1-5절을 읽고 다음 중 맞는 것에는 O표, 틀린 것에는 ×표 하시오.

(1) 선지자나 꿈꾸는 자가 이적과 기사를 보이면서 하는 말은 다 믿어도 된다. (　　)

(2) "너희가 알지 못하던 다른 신들" 이란 하나님 외에 다른 신들을 말한다. (　　)

(3) 선지자나 꿈꾸는 자를 죽이라 한 까닭은 그들이 여호와를 배반하게 하려 하기 때문이다. (　　)

2. 다음 사람들 중 쳐 죽여야 할 자에 O표 하시오.

(1) 동복 형제가 다른 신을 섬기자 할 때 (　　)

(2) 내 자녀가 다른 신을 섬기자 할 때 (　　)

(3) 내 아내가 다른 신을 섬기자 할 때 (　　)

(4) 생명을 함께하는 친구가 다른 신을 섬기자 할 때 (　　)

(5) 내가 거하는 성읍에 어느 불량배가 일어나서 다른 신을 섬기자 할 때 (　　)

3. 다음 중 먹어도 되는 것에는 O표, 먹어서는 안 되는 것에는 ×표 하시오.

(1) 소 (　　) (2) 염소 (　　) (3) 노루 (　　) (4) 산양 (　　) (5) 낙타 (　　)
(6) 토끼 (　　) (7) 사반(바위틈에서 자라는 토끼같이 생긴 동물) (　　)

(8) 지느러미와 비늘이 있는 물고기 (　　) (9) 독수리 (　　) (10) 매의 종류 (　　) (11) 부엉이 (　　) (12) 황새 (　　)

4. 다음은 십일조를 드리는 규례입니다. 맞는 것에는 O표, 틀린 것에는 ×표 하시오.

(1) 마땅히 매년 토지 소산의 십일조를 드려야 한다. (　　)

(2) 여호와 앞 곧 여호와께서 택하신 곳(성막이나 성전)에서 드려야 하며 함께 먹으며 여호와 경외하기를 항상 배워야 한다. (　　)

(3) 여호와께서 그 이름을 두려고 택하신 곳이 너무 멀고 험하면 드리지 않아도 된다. (　　)

(4) 각각 마음에 원하는 것을 구하여 하나님 앞에서 자기 권속은 물론 레위인도 함께 먹고 즐거워해야 한다. (　　)

5. 매 3년 끝에 드리는 십분의 일은 누구를 먹이라 했습니까?

(1) 제사장, 레위인, 귀족들 (　　)

(2) 레위인, 객, 고아와 과부들 (　　)

(3) 레위인, 외국인, 걸인들 (　　)

(4) 제사장, 레위인, 품꾼들과 상인들 (　　)

6. 다음 사람들에게 어떻게 하라고 했는지 바르게 줄로 연결하시오.

(1) 꾸어준 지 7년이 되었을 때	놓아 자유케 하고 후히 주라
(2) 가난한 자들에게	여호와께 드릴 것
(3) 종으로 6년 섬기게 한 후에	면제하고 독촉하지 말라
(4) 소와 양의 처음 나 수컷	완악, 움켜쥐지 말며 넉넉히 꾸어 주라

제6과
신명기 : 16장 – 18장

1. 다음은 3대 절기에 관한 것입니다. 서로 관계 있는 것을 찾아 줄로 연결하시오.

(1) 유월절(또는 무교절)	추수한 후에	고난의 떡을
(2) 칠칠절(또는 맥추절)	애굽에서 인도된 날	노비, 레위인, 객, 고아, 과부와 함께
(3) 초막절(또는 수장절)	일곱 주를 세어	주신 대로 자원하는 예물

2. 다음은 모든 남자가 1년 3차 절기를 지킬 때 해야 할 일입니다. 맞는 것에는 O표, 틀린 것에는 ×표 하시오.

(1) 하나님 여호와께서 택하신 곳에서 지켜야 한다. (　　)

(2) 빈손으로 여호와께 나와도 된다. (　　)

(3) 남의 물건을 강탈해서라도 여호와께 드려야 한다. (　　)

(4) 하나님이 주신 복을 따라 그 힘대로 드려야 한다. (　　)

3. 재판장과 유사가 재판할 때 하지 말라고 한 것 세 가지를 쓰시오.

답 (1)

(2)

(3)

4. 다음 사람 중 마땅히 죽일 자에 O표 하시오.

(1) 다른 신을 섬기고 거기에 절하는 자 (　　)

(2) 서로 피 흘리고 다투어 고소했을 때 제사장이나 재판장이 판결한 것을 듣지 않는 자 (　　)

5. 다음은 왕을 세울 때에 대한 설명입니다. 맞는 것에는 O표, 틀린 것에는 ×표 하시오.

(1) 반드시 하나님이 택한 자라야 왕으로 세울 수 있다. (　　)

(2) 타국인이라도 백성이 원하면 왕이 될 수 있다. (　　)

(3) 왕 된 자는 병마를 많이 두어도 좋다. (　　)

(4) 아내를 많이 두지 말아야 한다. (　　)

(5) 자기를 위해 은금을 많이 쌓을 수 있다. (　　)

(6) 왕위에 오르면 율법서를 등사하여 평생 옆에 두고 그 규례를 지켜 행할 것이다. (　　)

6. 다음은 레위인에게 분깃과 기업이 없는 이유를 설명한 말입니다. 맞는 것에는 O표, 틀린 것에는 ×표 하시오.

(1) 여호와의 화제물과 그 기업을 먹을 것이다. (　　)

(2) 국고에서 지불하는 것을 먹을 것이다. (　　)

(3) 여호와께서 그들(레위인)의 기업이 되심이다. (　　)

(4) 그(레위인)의 자손에게 항상 여호와의 이름으로 서서 섬기게 하려 하시기 때문이다. (　　)

제7과

신명기 : 19장 – 21장

1. 도피성을 왜 두게 했는지 맞는 것에 O표 하시오.

(1) 원한이 없이 부지중에 이웃을 죽인 자를 위하여 두었다. (　　)

(2) 살인하고 후회하고 들어가면 살 수 있도록 두었다. (　　)

(3) 아무나 살인하고도 들어가면 살 수 있도록 두었다. (　　)

2. 살인자로서 도피성으로 피하여 살 만한 자에 O표 하시오.

(1) 이웃과 벌목하러 나갔다가 도끼가 자루에서 빠져 이웃을 죽게 한 자 (　　)

(2) 사람이 그의 이웃을 미워하여 엎드려 기다리다가 그를 쳐 죽인 자 (　　)

(3) 고의로 사람을 죽였는데 일단 도피성에 들어간 자 (　　)

3. 대적과 싸우려 할 때 적의 병거와 백성이 더 많을 경우 어떻게 이길 수 있습니까?

(1) 작전상 후퇴한다. (　　) (2) 항복한다. (　　) (3) 화해한다. (　　)

(4) 하나님이 함께하시니 겁내거나 놀라지 말고 힘써 싸운다. (　　)

4. 병역을 면제받을 사람 셋을 찾아 쓰시오.

답 (1)

(2)

(3)

5. 가나안 7족을 진멸하되 호흡 있는 자를 하나도 살리지 말라고 한 이유를 쓰시오.

6. 21장을 읽으며 다음 물음에 대해 간단히 답하시오.

(1) 포로 중 예쁜 여자가 있어 아내를 삼았는데 후에 그 여자를 기뻐하지 않게 되어 보낼 때 어떻게 해야 합니까?

(2) 두 아내 중 미움 받는 아내의 자식이 장자일 경우 기업과 장자권을 어떻게 주라고 했습니까?

(3) 어떠한 아들을 돌로 쳐 죽이라 했습니까?

제8과
신명기 : 22장 – 24장

1. 길 잃은 소와 양을 보고 어떻게 해야 하는지 알맞은 것에 O표 하시오.

(1) 끌어다가 잡아먹어도 된다. (   )

(2) 끌어다가 형제에게 돌려주어야 한다. (   )

(3) 못본 척하면 된다. (   )

2. 22장 5-12절을 읽으며 하지 말라 한 것 세 가지와 하라 한 것 두 가지를 쓰시오.

(1) 하지 말라 한 것　1)

2)

3)

(2) 하라 한 것　1)

2)

3. 어떠한 음행자를 쳐 죽이라 했습니까?

(1) 처녀인 체하고 출가한 여자 (   )

(2) 결혼한 자와 동침한 남녀 (   )

(3) 약혼 중인 처녀를 성중에서 동침한 남녀 (   )

(4) 약혼한 처녀를 들에서 만나 강간한 남자 (   )

(5) 약혼하지 아니한 처녀를 붙들고 동침한 남자를 발견할 때 (   )

4. 다음의 말씀은 신약에도 인용된 말씀입니다 구약과 신약 어디에 기

록되었는지 절 수를 기록하시오.

(1) “이혼증서를 주어서 내어버리라”

구약: 신명기 24장 ( )절 신약: 마태복음 19장 ( )절

(2) “곡식 떠는 소에게 망을 씌우지 말라”

구약: 신명기 25장 ( )절 신약: 고린도전서 9장 ( )절

5. 다음의 법은 몇 장 몇 절에 기록되어 있습니까?

(1) 여호와의 총회에 못 들어가는 규례: 신명기 23장 ( )절부터 ( ) 절까지

(2) 이혼 증서에 대한 법: 신명기 24장 ( )절부터 ( )절까지

6. 다음은 24장에 대한 내용입니다. 맞는 것에는 O표, 틀린 것에는 ×표 하시오.

(1) 새로 장가든 사람이 군에 입대할 수 있다. ( )

(2) 맷돌을 저당 잡혀도 된다. ( )

(3) 곤궁하고 가난한 자의 품삯은 당일에 주어야 한다. ( )

(4) 죽일 죄가 있어 그 아비를 죽일 때 자식도 같이 죽일 수 있다. ( )

(5) 과부의 옷이라도 저당 잡힐 수 있다. ( )

제9과
신명기 : 25장 – 27장

1. 다음 글을 읽고 관계 있는 말을 보기에서 찾아 (　　) 안에 써 넣으시오.

보기 : 태형　재판장　후사　저울추와 되　아말렉

(1) 큰 것과 작은 것을 두지 말라 (　　　　　　)

(2) 하나님을 두려워하지 아니하고 너를 길에서 만나 네가 피곤할 때에 네 뒤에 떨어진 약한 자들을 쳤느니라 (　　　　　　)

(3) 의인은 의롭다 하고 악인은 정죄할 것 (　　　　　　)

(4) 사십까지는 때리려니와 (　　　　　　)

(5) 아들이 없이 형제가 죽으면 혼자 된 여인을 형제 중 하나가 그를 맞이하여 아내로 삼아 아들을 낳아 죽은 형제의 뒤를 이어가도록 함 (　　　　　　)

2. 다음 (　　) 안에 적당한 말을 찾아 써 넣으시오.

(1) 주께서 내게 주신 (　　　　) 소산의 (　　　　)을 가져왔나이다

(2) 여호와께서 이 규례와 (　　　　)를 행하라고 네게 명령하시나니 그런즉 너는 (　　　　)을 다하고 (　　　　)을 다하여 지켜 행하라

(3) 네가 네 (　　　　) 여호와의 백성이 되었으니 그런즉 네 하나님 (　　　　)의 (　　　　)을 청종하여

3. 26장에는 "네 하나님 여호와"라는 말씀이 모두 몇 번 나옵니까?

("당신의", "우리 조상의", "내"도 포함해서)

답 (　　　번)

4. 다음 말씀 중 백성들이 마땅히 아멘으로 화답해야 할 말씀에 O표 하시오.

(1) 우상은 여호와께 가증하니 그것을 만들어 은밀히 세우는 자는 저주를 받을 것이라 (　　)

(2) 부모를 경홀히 여기는 자는 저주를 받을 것이라 (　　)

(3) 경계표를 옮기는 자는 저주를 받을 것이라 (　　)

(4) 맹인에게 길을 잃게 하는 자는 저주를 받을 것이라 (　　)

(5) 고아나 과부의 송사를 억울하게 하는 자는 저주를 받을 것이라 (　　)

(6) 아버지의 아내, 짐승, 자매, 장모와 동침하는 자는 저주를 받을 것이라 (　　)

(7) 이웃을 암살하는 자는 저주를 받을 것이라 (　　)

(8) 무죄한 자를 죽이려고 뇌물을 받는 자는 저주를 받을 것이라 (　　)

(9) 이 율법의 말씀을 실행하지 아니하는 자는 저주를 받을 것이라(　　)

제10과

신명기 : 28장 – 30장

1. 28장에는 하나님을 공경하고 순종하는 자에게 주실 복과 하나님을 배반하고 거역하는 자에게 임할 저주의 말씀들이 기록되어 있습니다. 다음의 말씀들은 각각 몇 절에 기록되었는지 (   ) 안에 절 수를 써 넣으시오.

(1) 너를 세계 모든 민족 위에 뛰어나게 하실 것이라 (절)

(2) 들어와도 복을 받고 나가도 복을 받을 것이니라 (절)

(3) 한 길로 너를 치러 들어왔으나 네 앞에서 일곱 길로 도망하리라 (절)

(4) 너를 위하여 하늘의 아름다운 보고를 여시사 네 땅에 때를 따라 비를 내리시고 (절)

(5) 너를 머리가 되고 꼬리가 되지 않게 하시며 (절)

(6) 네 머리 위의 하늘은 놋이 되고 네 아래의 땅은 철이 될 것이며 (절)

(7) 집을 건축하였으나 거기에 거주하지 못할 것이요 (절)

(8) 네 눈에 보이는 일로 말미암아 네가 미치리라 (절)

(9) 네 모든 나무와 토지 소산은 메뚜기가 먹을 것이며 (절)

(10) 자기가 낳은 어린 자식을 남몰래 먹으리니 (절)

(11) 네 마음의 두려움과 눈이 보는 것으로 말미암아 아침에는 이르기를 아하 저녁이 되었으면 좋겠다 할 것이요 저녁에는 이르기를 아하 아침이 되었으면 좋겠다 하리라 (절)

2. 다음의 말씀들을 읽고 가장 알맞은 제목에 O표 하시오.

(1) 29장 2-9절

1) 언약의 말씀을 지켜 행하면 형통하리라 (　　)

2) 바로에게 돌아가면 살리라 (　　)

3) 포도주나 독주를 마시지 말라 (　　)

4) 왕들과 싸워 이김 (　　)

(2) 30장 11-14절

1) 하늘에서 명령을 받아오는 길 (　　)

2) 바다를 건너가서 명령을 받아 오는 길 (　　)

3) 하나님의 명령은 어려운 것도 먼 것도 아니요 마음에 있다. (　　)

4) 하나님의 명령은 특별한 사람에게 받아야 한다. (　　)

(3) 30장 15-20절

1) 하나님을 섬기면 나라가 번성한다. (　　)

2) 너와 네 자손이 살기 위하여 생명을 택하라 (　　)

3) 하나님을 섬기면 장수한다. (　　)

4) 조상의 땅에서 살려면 하나님을 섬겨야 한다. (　　)

제11과

신명기 : 31장 – 34장

1. 다음의 말은 누가 누구에게 한 말입니까?

(1) 너는 이 백성을 거느리고 여호와께서 그들의 조상에게 주리라고 맹세하신 땅에 들어가서 그들에게 그 땅을 차지하게 하라

( )가 ( )에게

(2) 네가 죽을 기한이 가까웠으니 여호수아를 불러서 함께 회막으로 나아오라 ( )께서 ( )에게

(3) 너는 이스라엘 자손들을 인도하여 내가 그들에게 맹세한 땅으로 들어가게 하리니 ( )께서 ( )에게

2. 여호와께서 이스라엘을 광야에서 만나셔서 어떻게 보호하신다 했습니까?

답 (1) 자기 ( )같이

(2) 독수리가 ( )같이

3. 다음 중 모세가 느보 산에 올라 가나안 복지를 바라만 보고 들어가지 못하게 된 이유에 O표 하시오.

(1) 모세가 가나안 땅을 바라볼 수 있었기 때문이다. ( )

(2) 신 광야 므리바 물가에서 하나님의 거룩함을 나타내지 아니한 까닭이다. ( )

(3) 모세의 형 아론이 죽었기에 모세도 함께 죽어야 했다. ( )

(4) 모세의 건강이 가나안 땅에 갈 수 없을 정도로 악화되었기 때문이다.

(　　)

4. 다음은 모세가 죽기 전에 각 지파에게 축복한 말씀입니다. (　　) 안에 해당되는 지파를 써 넣으시오.

(1) 죽지 아니하고 살기를 원하며 그 사람 수가 적지 아니하기를 원하도다 (　　　　지파)

(2) 암사자같이 엎드리고 팔과 정수리를 찢는도다 (　　　　지파)

(3) 첫 수송아지같이 위엄이 있으니 (　　　　지파)

(4) 그의 손으로 자기를 위하여 싸우게 하시고 (　　　　지파)

(5) 뛰어나오는 사자의 새끼로다 (　　　　지파)

(6) 모래에 감추어진 보배를 흡수하리로다 (　　　　지파)

(7) 아들들 중에 더 복을 받으며 (　　　　지파)

(8) 그의 손의 일을 받으소서 (　　　　지파)

(9) 날이 마치도록 보호하시고 (　　　　지파)

(10) 서쪽과 남쪽을 차지할지로다 (　　　　지파)

5. 모세가 죽을 때에 대한 설명입니다. (　　) 안에 알맞은 말을 써 넣으시오.

(1) 향년 (　　　)세

(2) (　　　　) 산에서

(3) 멀리 (　　　　　　　　)을 바라보며

(4) 그의 눈이 (　　　)지 아니하였고 (　　　)이 쇠하지 아니하였더라

(5) 장사된 곳은 (　　　　) 땅에 있는 골짜기이고 오늘까지 그 묘를 아자가 (　　)느니라

(6) 후계자로 (　　　　)에게 인수했다.

(7) 그 후에는 (　　　　)에 모세와 같은 (　　　　)가 일어나지 못했다.

여호수아 개요

1. 명칭: 여호수아의 본래의 이름은 '호세아' 로, 문자적인 의미는 '구원' 이다(민 13:8; 신 32:44). 광야에서 방랑생활을 하는 중에 모세는 여호수아로 이름을 바꾸었는데 여호수아는 '여호와는 나의 구원' 이라는 뜻이다. 모세가 여호수아를 지명하여 시종을 삼은 때는 그가 아직 어릴 때였다. 모세의 사역이 끝나갈 때에 하나님은 여호수아를 택하여 모세의 후계로 삼으시므로 그는 자기의 충실한 친구요, 동행자인 여호수아에게 안수하였다. 그때에 지혜의 신이 여호수아에게 충만하여 이스라엘이 모세에게 순종하듯 여호수아에게 순종하였다. 그는 하나님을 두려워하며 하나님께 절대 순종하며 하나님께 영광을 돌리는 진실한 신앙의 사람이었다.

2. 저자 및 연대: 여호수아서의 저자는 분명하게 기록되어 있지 않다. 그러나 여호수아를 자세히 읽어 보면 여호수아를 기록한 사람이 이 책에 기록된 사건들을 직접 목격한 사람이며, 그래서 아주 생생하게 아주 세밀한 부분까지 상세히 기록했으며 가끔 일인칭(우리는, 우리에게. 5:6)을 사용하고 있었음을 알 수 있다. 전체 내용의 통일성으로 보면 이 책의 대부분은 한 사람의 저자에 의해서 기록된 것 같다. 이 모든 것을 고려해 볼 때 몇 부분(예컨대 여호수아의 죽음)을 제외하고는 대부분 여호수아 자신이 기록했다고 할 수 있으며, 유대교 전통은 여호수아서를 여호수아가 기록했다고 전한다. 이 책은 여기에 기록된 사건이 다 이루어지고 나서 곧 썼을 것으로 보며 B.C. 1400년에 가나안 정복이 끝났

다고 볼 때, 그 직후에 여호수아가 기록했을 것이라고 추측하고 있다.

3. 구조: 여호수아서는 24장으로 구성되었는데, 1-12장은 하나님께서 약속하신 가나안 땅을 정복하는 과정을 기록한 것이다. 그중 1-4장은 승리와 정복에 대한 기대를 가지고 준비하는 과정을, 그리고 5-12장은 여리고를 기점으로 하여 가나안 땅을 정복하는 과정을 기록한 것이다. 13-21장은 약속의 땅을 각 지파에 분배하여 하나님께서 약속하신 기업을 유업으로 받는 과정에 대한 기록이며, 22-24장은 여호수아서의 마지막을 기록하면서 복지의 생활에 대한 기대와 헌신을 기록한 것이다.

4. 여호수아서에 나타난 하나님의 진리:

1) 하나님이 약속하신 복지를 정복하는 비밀은 하나님께 절대 순종하는 것이다. 신자들의 영적 전쟁에서 승리하기 위해서, 그리고 예수 그리스도 안에서 약속하신 모든 복을 누리기 위해서는 하나님만 전적으로 의지하고 신실한 믿음으로 선한 싸움을 싸워야 한다.

2) 여호수아는 예수 그리스도를 믿는 믿음의 모형을 우리에게 보여준다. 첫째로, 여호수아는 구원의 주님이신 그리스도의 모형이다. 둘째로, 요단 강을 건너는 사건은 예수님과 함께 죽고 사는 중생의 삶의 모형이다. 셋째로, 여호수아의 가나안 정복은 그리스도인들이 영적 전쟁에서 승리하는 삶의 비밀을 계시하고 있다.

3) 하나님께 구원을 받아서 완전히 순종하는 성도들은 하나님이 약속하신 복지에서 평화, 기쁨, 부유함, 권능, 그리고 승리를 누리게 될 것이다.

제1과

여호수아 : 1장 – 3장

1. 다음 글을 읽고 관계 있는 말을 보기에서 찾아 (   ) 안에 써 넣으시오.

보기 : (1) 여호수아가 관리들에게 (2) 하나님이 여호수아에게 하신 말씀
(3) 여호수아 (4) 세 지파의 용사들이 여호수아에게
(5) 르우벤, 갓, 므낫세 반 지파 (6) 유브라데 강에 대해

(1) 모세의 후계자 (   )
(2) 이스라엘의 자손이 얻을 땅의 경계 (   )
(3) "우로나 좌로나 치우치지 말라 그리하면 어디로 가든지 형통하리니"
(   )
(4) "진중에 두루 다니며 그 백성에게 명령하여 이르기를 양식을 준비하라" (   )
(5) 요단 이쪽(동쪽) 땅을 얻은 세 지파 (   )
(6) "당신이 우리를 보내시는 곳에는 우리가 가리이다"
(   )

2. 다음 중 알맞은 답을 찾아 O표 하시오.

(1) 여호수아가 백성에게
1) 스스로 용감하라 (   )
2) 스스로 성결하라 (   )
3) 스스로 다투라 (   )고 말했다.

(2) 요단 강을 건널 때

1) 사람들이 헤엄쳐 건넜다. ( )

2) 다리를 놓아 건넜다. ( )

3) 흘러내리던 물이 그쳐서 마른 땅으로 건너갔다. ( )

(3) 법궤(언약궤)는 누가 메고 갔습니까?

1) 여호수아 ( )

2) 백성의 유사 ( )

3) 12지파에서 각 한 사람씩 12제사장 ( )

3. 다음 중 서로 관계 있는 것을 찾아 줄로 연결하시오.

(1) 정탐꾼으로	기생
(2) 여리고를	엿보라 함
(3) 라합	숨김
(4) 삼대에	싯딤에서 두 사람을
(5) 나루터까지	구원받을 증표
(6) 산 속에	사흘
(7) 붉은 줄	따라간 곳

제2과
여호수아 : 4장 – 6장

1. 다음 중 맞는 것에는 O표, 틀린 것에는 ×표 하시오.

(1) 열두 지파에서 한 사람씩 열두 개의 돌을 요단 가운데에서 가져다가 기념으로 세웠다. (   )

(2) 이 기념돌은 이스라엘 자손들에게 표징이 되게 하려 함이었다. (   )

(3) 이 기념돌은 모세와 여호수아를 기념하기 위해 세운 것이었다. (   )

(4) 무장하고 다른 지파보다 먼저 요단을 건너간 지파는 르우벤, 갓, 므낫세 반 지파였다. (   )

(5) 여호와께서 여호수아를 크게 하시어 백성이 그를 두려워하기를 모세를 두려워하던 것 같이 하였다. (   )

(6) 열두 돌을 요단 강 가운데에 세웠다. (   )

(7) 이 돌들을 세운 것은 백성으로 하여금 여호와가 능하심을 알게 하며 또 영원토록 여호와를 경외하게 하려 하심이었다. (   )

2. 다음 중 (   ) 안에서 틀린 답을 찾아 줄을 그어 지우시오.

(1) 요단 (동, 서)쪽의 모든 왕이 듣고 마음이 (기쁘, 녹)고 정신을 (차렸, 잃었)다.

(2) 부싯돌로 칼을 만들어 (할례, 결례)를 행하였다.

(3) 여호수아가 할례를 (다시) 행한 까닭은 (조상 때부터 행하였으므로, 길에서 할례를 받지 못하였으므로 기다려) 시행하였다.

(4) 길갈이라는 이름이 생긴 것은 여호와께서 (수치를 떠나가게, 승리하게) 하셨기 때문이다.

(5) 만나가 그친 날은 (무교병과 볶은 곡식을 먹은, 그 땅의 소산물을 먹은 다음) 날이었다.

(6) 여호수아가 여리고 가까이에서 마주친 칼든 사람은 (적군의 장수, 여호와의 군대 대장)이었다.

3. 다음 글을 읽고 관계 있는 말을 보기에서 찾아 (　　) 안에 써 넣으시오.

보기 : (1) 이스라엘 자손들로 말미암아 (2) 군사 (3) 제사장 일곱
(4) 백성 (5) 무장한 자 (6) 여호수아 명령 (7) 후군
(8) 사자를 숨겼기 때문 (9) 은금 동철 기구 (10) 칼날로
(11) 불사름 (12) 여리고 성을 재건하는 자

(1) 여리고는 굳게 닫혔고 출입하는 자가 없더라
(　　　　　　　　)

(2) 성 주위를 매일 한 번씩 돌라 (　　　　)

(3) 일곱 양각 나팔을 잡고 언약궤 앞에서 (　　　　　　　)

(4) 다 큰 소리로 외쳐 부르라 (　　　　)

(5) 나팔 부는 제사장들 앞에서 행진 (　　　　　　)

(6) 외치라 하는 날에 외칠지니라 (　　　　　　　　)

(7) 여호와의 궤 뒤를 따르고 (　　　　)

(8) 기생 라합과 그 집은 살리라 (　　　　　　　　)

(9) 여호와의 곳간에 들일지니라 (　　　　　　　　)

(10) 남녀노소와 소와 양과 나귀 (　　　　)

(11) 성읍과 모든 것 (　　　　　)

(12) 기초를 쌓을 때에 그의 맏아들을, 문 세울 때에 그의 막내아들을 잃는다. (　　　　　　　　　　)

제3과

여호수아 : 7장 – 9장

1. 다음 중 아간이 범죄하여 아이 성을 치다가 죽은 이스라엘 사람의 수에 O표 하시오.

(1) 삼십육 명 ( ) (2) 이십삼 명 ( )
(3) 삼천 명 ( ) (4) 삼십 명 ( )

2. 다음 중 아간이 훔친 물건에 O표 하시오.

(1) 시날 산의 외투 한 벌 ( ) (2) 홍보석 ( )
(3) 구두 ( ) (4) 은 이백 세겔 ( )
(5) 비취반지 ( ) (6) 금 오십 세겔 ( )

3. 다음 중 아간과 함께 처형된 것에 O표 하시오.

(1) 아들들 ( ) (2) 딸들 ( ) (3) 소, 나귀, 양들 ( )
(4) 그의 장막과 그에게 속한 모든 것 ( )

4. 다음 중 아이 성을 정복한 가장 알맞은 전략에 O표 하시오.

(1) 요단 강을 뒤로 두고 배수진을 쳐서 이겼다. ( )
(2) 아이 성을 겹겹이 둘러싸고 공격했다. ( )
(3) 성을 불로 공격하는 화공법을 썼다. ( )
(4) 아이 성 뒤에 군사를 매복해 두고 거짓 후퇴하면서 적을 유인하여 매복한 군사로 성을 공격하고 불을 놓았다. ( )

5. 여호수아와 그들의 무리가 기브온 사람들에게 속은 이유는 여호와께 (　　)지 않고 그들과 (　　　)한 데 있다.

6. 다음 사항과 관계 있는 말을 보기에서 찾아 (　　) 안에 써 넣으시오.

보기 : ⑴ 죽임당한 아이 사람　⑵ 새 돌로 만든 단

⑶ 아간과 외투, 금덩이, 그 자녀들　⑷ 먼 곳에서 왔다고 속임

⑸ 큰 돌 무더기　⑹ 여호와를 위하여 단을 쌓은 곳

⑺ 물 긷고 나무 패는 일

(1) 아골 골짜기 (　　　　　　　　　　)

(　　　　　　　)

(2) 남녀 만 이천 명 (　　　　　　　　)

(3) 에발 산 (　　　　　　)

(　　　　　　　　　　　　　)

(4) 기브온 사람들이 한 일 (　　　　　　　　)

(　　　　　　　　　)

제4과
여호수아 : 10장 – 12장

1. 다음 중 아모리의 다섯 왕이 기브온을 공격한 이유에 O표 하시오.

(1) 기브온은 아이 성보다 더 크기 때문이다. (　　)

(2) 여호수아가 아이를 쳐 진멸했기 때문이다. (　　)

(3) 기브온이 여호수아와 이스라엘 자손으로 화친했기 때문이다. (　　)

(4) 기브온은 왕도와 같이 큰 성이기 때문이다. (　　)

2. 이스라엘을 대항하려고 동맹한 아모리 다섯 왕의 이름을 쓰시오.

(1) 예루살렘 (　　　　　　　　) (2) 헤브론 (　　　　　　　　)

(3) 야르뭇 (　　　　　　　　) (4) 라기스 (　　　　　　　　)

(5) 에글론 (　　　　　　　　)

3. 이스라엘이 아모리 다섯 나라와 싸울 때 두 가지 기적이 일어났습니다. 무슨 기적입니까?

답 1)

2)

4. 다음 (　　) 안에 적당한 말을 찾아 써 넣으시오.

(1) 백성이 많아 (　　　　　)의 수많은 모래 같고

(2) 그들의 말 뒷발의 (　　　　　)을 끊고 그들의 (　　　　　)를 불사르라

(3) 모든 사람을 (　　　　)날로 쳐서 진멸하여 (　　　　　)이 있는 자는 하나도 남기지 아니하였고

(4) 그들을 진멸하여 바치게 하여 (　　　　　)를 입지 못하게 하시고

(5) 그 땅에 (　　　　　)이 그쳤더라

5. 여호수아가 요단 강을 건너가서 멸한 왕은 모두 몇 왕입니까? (12:7-27)

답 (　　　) 왕

제5과
여호수아 : 13장 - 15장

1. 다음 물음에 알맞은 답을 골라 O표 하시오.

(1) 여호수아가 나이가 많아 늙었을 때

1) 얻을 땅의 남은 것은 일부분 뿐이었다. (　　)

2) 얻을 땅은 거의 다 얻었다. (　　)

3) 얻을 땅이 매우 많이 남아 있었다. (　　)

4) 땅을 일부도 얻지 못했다. (　　)

(2) 요단 동쪽에서 모세에게 기업을 받은 세 지파는

1) 므낫세 반 지파와 르우벤 족속과 단 족속이다. (　　)

2) 므낫세 반 지파와 베냐민 족속과 갓 족속이다. (　　)

3) 므낫세 반 지파와 르우벤 족속과 유다 족속이다. (　　)

4) 므낫세 반 지파와 르우벤 족속과 갓 족속이다. (　　)

(3) 므낫세 지파가 얻은 땅은

1) 요단 동쪽에 반 지파와 요단을 건너 서쪽에 반 지파다. (　　)

2) 요단 동쪽에 반 지파뿐이다. (　　)

3) 요단 건너 서쪽에 반 지파뿐이다. (　　)

4) 기업을 얻지 못했다. (　　)

(4) 레위 지파 사람에게 기업이 없는 것은

1) 여호와께 드리는 성물(십일조나 화제물)이 기업이 됨이다. (　　)

2) 분배받을 땅이 없어서 (　　)

3) 악한 행실의 지파로 인정받아 기업을 주지 아니함 (　　)

4) 다른 열한 지파 사람들의 것을 자유롭게 얻어 먹을 수 있도록 했기

때문이다. (　　)

2. 다음 중 맞는 것에는 O표, 틀린 것에는 ×표 하시오.

(1) 이스라엘 각 지파들이 기업을 제비 뽑아 분배받았다. (　　)

(2) 14장 3절의 두 지파와 반 지파는 므낫세 반 지파와 르우벤 족속과 갓 족속을 말한다. (　　)

(3) 요셉 자손에게서만은 므낫세와 에브라임의 두 지파가 되었다. (　　)

(4) 갈렙이 여호수아에게 청한 헤브론 땅을 기업으로 받지 못했다. (　　)

(5) 첫 번째로 유다 지파가 제비를 뽑았는데 남쪽으로는 에돔 경계에 이르고 남쪽 끝은 신 광야까지다. (　　)

(6) 갈렙이 아낙의 세 소생과 싸워서 졌기 때문에 그의 딸 악사를 빼앗겼다. (　　)

(7) 유다 자손이 예루살렘 주민 여부스 사람을 다 쫓아내서 예루살렘에는 유다 자손만 살고 있다. (　　)

제6과

여호수아 : 16장 - 18장

1. 다음 중 서로 관계 있는 것을 찾아 줄로 연결하시오.

(1)	므낫세	아들이 없고 딸뿐
(2)	마길	철 병거를 가짐
(3)	슬로브핫	유다와 요셉 자손 중간
(4)	가나안 사람	요단 동쪽에 기업
(5)	각 지파 세 사람씩	지도를 그려 오라
(6)	레위 사람	길르앗의 아버지
(7)	갓, 르우벤, 므낫세 반 지파	요셉의 장자
(8)	베냐민 지파	제사장 직분이 기업

2. 다음 (　　) 안에 적당한 말을 찾아 써 넣으시오.

(1) 요셉 자손이 제비 뽑은 것은 (　　　　) 샘 동쪽 곧 (　　　　) 곁 (　　　　) 으로부터 광야로 들어가 (　　　　)로부터 (　　　　) 산지로 올라가고

(2) 그들이 (　　　　)에 거주하는 (　　　　) 족속을 쫓아내지 아니하였으므로 (　　　　) 족속이 오늘까지 (　　　　) 가운데에 거주하며 노역하는 종이 되니라

(3) 그러나 (　　　　) 자손이 그 성읍들의 주민을 쫓아내지 못하매 (　　　　) 족속이 결심하고 그 땅에 거주하였더니 (　　　　) 자손이 강성한 후에야 (　　　　) 족속에게 노역을 시켰고 다 쫓아내지 아니하였더라

(4) (　　　　)가 그들에게 이르되 네가 큰 (　　　)이 되므로 (　　　　)
산지가 네게 너무 좁을진대 (　　　　　　) 족속과 (　　　　　　) 족
속의 땅 (　　　　)에 올라가서 스스로 개척하라

(5) (　　　　　) 자손의 온 회중이 (　　　)에 모여서 거기에 (　　　)
을 세웠으며 그 땅은 그들 앞에서 돌아와 정복되었더라 그러나 (　　　)
자손 중에 그 기업의 분배를 받지 못한 자가 아직도 (　　　) 지파라

제7과
여호수아 : 19장 – 21장

1. 다음 물음에 알맞은 답을 써 넣으시오.

(1) 분깃이 너무 많아 자기 분깃의 일부를 시므온 자손에게 준 자손은 어느 자손입니까? (　　　　) 자손

(2) 상수리나무에서부터 경계가 되는 지파는 어느 지파입니까?
(　　　　) 지파

(3) 레셈을 그 조상의 이름을 따라서 무엇이라 이름을 고쳤습니까? (　　)

(4) 서쪽으로 마랄라, 동쪽으로 해뜨는 쪽을 향하고 북쪽으로 한나돈에 이르는 12성읍을 받은 지파는? (　　　　　　) 지파

(5) 모두 16성읍을 받은 지파는? (　　　　　　) 지파

(6) 서쪽은 갈멜에 이르며 큰 성 시돈과 두로를 받은 지파는 어느 지파입니까? (　　　　) 지파

(7) 산지를 구해 얻은 사람의 이름은 무엇입니까? (　　　　)

(8) 이스라엘의 족장들이 실로에 모여 제비 뽑을 때 어디에서 뽑았습니까? (　　　　　　　　)

2. 다음은 도피성에 관한 사항입니다. 맞는 것에는 O표, 틀린 것에는 ×표 하시오. (참고. 민 35:1-15)

(1) 여호와께서 여호수아에게 도피성을 정하라고 분부한 말씀은 이미 모세에게도 명했던 바다. (　　)

(2) 도피성을 두는 이유는 부지중에 실수로 사람을 죽인 자를 피할 수 있게 한 것이다. (　　)

(3) 부지중에 살인하여 도피한 자는 도피성 문 어귀에서 장로들에게 자기의 사건을 말해야 한다. (　　)

(4) 살인자는 재판받기 전이나 당시 제사장이 죽기까지라도 장로에게 말했으면 나오면 된다. (　　)

(5) 도피성은 여리고(요단) 동쪽에 3, 서쪽에 3, 모두 6성읍이다. (　　)

3. 다음 (　　) 안에 적당한 말을 찾아 써 넣으시오.

(1) "우리가 거주할 성읍들과 우리 가축을 위해 그 목초지들을 우리에게 주라" 하고 요청한 지파는 (　　　　) 사람의 족장들이었다.

(2) 이스라엘 자손이 (　　　　　)의 명령을 따라 자기의 기업에서 성읍들과 목초지들을 주었다.

(3) 제사장 아론 자손에게 준 것은 살인자의 도피성 (　　　　　　)과 그 주위의 목초지였다.

(4) 그핫 자손에게는 살인자의 도피성 에브라임 산지 (　　　　)과 그 주위의 목초지였다.

(5) (　　　　　　) 자손에게는 므낫세 반 지파 중에서 살인자의 도피성 바산 골란과 그 목초지를 주었다.

(6) 납달리 지파 중에서는 살인자의 도피성 (　　　　　　　　　　)와 그 목초지를 주었다.

(7) 갓 지파 중에서 준 것은 (　　　　　　　　　　　　) 길르앗 라못과 그 목초지였다.

4. 다음 중 맞는 것에는 O표, 틀린 것에는 ×표 하시오.

(1) 여호와께서 이스라엘 열조에게 주겠다고 하신 땅을 다 주었다. (　　)

(2) 여호와께서는 열조에게 맹세하신 대로 하셨다. (　　)

(3) 여호와께서 그들의 주위에 불안과 공포를 주셨다. (　　)

(4) 모든 대적이 그들(이스라엘)과 맞선 자가 하나도 없었다. (　　)

(5) 여호와께서 이스라엘 족속에게 말씀하신 선한 말씀이 하나도 남음이 없이 다 응하였다. (　　)

제8과

여호수아 : 22장 – 24장

1. 다음 물음에 알맞은 답을 골라 O표 하시오.

(1) 자기의 기업이 요단 동쪽인 두 지파 반은

1) 요단 동쪽으로 되돌아갔다. (　　)

2) 요단 서쪽에 눌러 살았다. (　　)

3) 땅을 넓히려 다른 나라로 갔다. (　　)

4) 애굽으로 돌아왔다. (　　)

(2) 두 지파 반이 돌아가며 요단 가에 제단을 쌓음을 아홉 지파 반이 알고 싸우려 한 이유는?

1) 자기 지파의 기업을 빼앗길 것 같아서 (　　)

2) 두 지파 반이 돌아가지 않고 살 것 같아서 (　　)

3) 하나님께 범죄하여 거역할 것 같아서 (　　)

4) 여호수아를 원망하고 대적할 것 같아서 (　　)

(3) 두 지파 반이 돌아가며 단을 쌓은 이유는?

1) 자기네는 받은 기업이 없으므로 기업을 받기 위해서 (　　)

2) 아홉 지파 반과 땅의 경계를 분명히 하기 위해서 (　　)

3) 다른 신을 섬기기 위해서 (　　)

4) 번제나 소제, 화목제를 드리기 위해서 (　　)

5) 양쪽 자손 후대에 하나님께 받은 분깃이 있음을 증거되게 하기 위하여 (　　)

2. 22장부터 24장 말씀 중에서 하지 말라고 한 것 다섯 가지를 찾아

쓰시오.

(1)

(2)

(3)

(4)

(5)

3. 다음 ( ) 안에 적당한 말을 찾아 써 넣으시오.

(1) "오직 나와 내 집은 여호와를 섬기겠노라"라는 말씀은 ( )장 ( ) 절 말씀이다.

(2) 상수리나무 아래 세운 돌의 뜻은? ( )

(3) 여호수아는 ( )세에 죽었고 ( )에 장사되었다.

(4) 애굽에서 메고 나온 요셉의 뼈는 ( )에 장사했다.

사사기 개요

1. 명칭: 이 책의 명칭, 사사기(Judges)는 '지도자', '재판관'을 뜻하는 히브리어 '쇼페팀'(2:16. 사사)에서 왔다. 사사기에 나오는 사사들은 출애굽기 18장 21-26절에 나오는 백성들을 재판하는 직책은 아니다. 사사들의 주요 업무는 하나님의 백성들이 적들에게 압박을 당하고 있을 때에 나와서 싸움을 통해서 적들을 물리치고 하나님의 백성들을 구원하며 그 후에는 죽을 때까지 그 백성을 통치하는 것이다.

2. 저자 및 연대: 사사기는 알려지지 않은 선지자에 의하여 B.C. 1000년경에 기록되었다고 추측한다. 이 책에 나오는 사사들 중에 삼손은 마지막 중요 인물인데 그의 죽음을 B.C. 1051년이라고 본다면 삼손이 죽은 후에 사사기를 기록하였다고 할 수 있다. 그런데 사사기에는 네 번(17:6; 18:1; 19:1; 21:25)이나 "그때에는 이스라엘에 왕이 없었으므로......."라고 기록한 것을 보면 이 책을 기록할 때에는 왕이 있었던 것 같다. 유대 전통과 초대 기독교 전통은 이 책을 사무엘이 기록했다고 본다. 만일 사무엘이 아니라면 사무엘과 동시대 사람이 기록했을 것이다.

3. 구조: 사사기는 21장으로 구성되어 있다. 325년 동안 하나님께 반역하는 이스라엘의 실상에 대한 기록이다. 1장과 2장은 사사기의 개요, 즉 반역, 적들에 의한 압제, 부르짖음, 구원에 대한 이야기며, 3-16장은 이스라엘이 어떻게 반역하였는지, 하나님께서 어떤 사사들을 보내셔서 그들을 구원하였는지에 대한 기록이고, 17-21장은 자기의 소견대로 사

는 것이 결국 어떤 부패와 저주를 가져왔는지에 대한 기록이다. 사사기는 처음 적들과의 싸움에서 시작하여 형제들과의 투쟁으로 끝나고 있다.

4. 사사기에 나타난 하나님의 진리:

1) 신명기에서 약속한 하나님께 순종하는 자에게 축복이 임하고, 불순종하는 자에게는 저주가 임한다는 말씀이 사사기에는 극명하게 역사적인 사실로 나타난다. 이것이 예언자들의 예언의 근거다. 그러나 동시에 사사기는 하나님은 끝까지 언약을 지키시는 성실한 하나님이요, 불순종하는 자에게까지 긍휼을 베푸시는 자비의 하나님임을 보여 주고 있으며, 이것도 후에 예언자들의 예언의 근거가 되고 있다.

2) 하나님의 백성들은 하나님께서 약속하시는 특권을 다 누리지 못하고 있다. 그들은 우상 숭배와 죄악에 빠짐으로 젖과 꿀이 흐르는 약속의 땅을 저주와 고통의 땅으로 만들고 있다.

3) 하나님만이 저주에 빠진 백성들을 구원할 수 있으며 대적자들을 물리치고 승리하신다. 이스라엘은 자기의 소견대로 열심히 살려고 하였지만 죄악과 우상 숭배와 외부에서 침입해 들어오는 대적들을 이길 수 없었다. 하나님께서 개입하실 때에만 이스라엘은 승리할 수 있었다.

4) 하나님은 종들을 사용하여 백성들을 구원하셨다. 하나님은 사사들을 택하여 저주에 빠진 자기 백성들을 구원하게 하셨다. 사람들은 하나님의 승리와 은혜의 통로가 된다.

제1과

사사기 : 1장 – 3장

1. 여호수아가 죽은 후에 가나안에 먼저 올라가 그곳 사람들과 싸운 두 지파는 어떤 지파입니까?

답 ( ) 지파, ( ) 지파

2. 베섹에서 유다에게 1만 명이나 죽임당한 족속은 어떤 족속입니까?

답 ( ) 족속, ( ) 족속

3. 잡힌 후 엄지손가락과 엄지발가락을 잘린 사람은 누구입니까?

답 ( )

4. 옛적에 70명의 왕을 잡아 그 왕들의 엄지손가락과 엄지발가락을 찍고 자기 상 아래서 먹을 것을 줍게 했을 때 "하나님이 내가 행한 대로 내게 갚으심이로다" 하였고, 예루살렘까지 끌려가 죽은 사람은 누구입니까?

답 ( )

5. 세새와 아히만과 달매는 누구에게 죽임을 당했습니까?

답 ( )

6. 1장 11-15절 말씀은 여호수아서에도 기록되어 있습니다. 몇 장 몇 절에 기록되어 있습니까?

답 (　　)장 (　　)절

7. 다음 문장의 (　　) 안에서 옳은 것을 찾아 O표 하시오.

유다가 쳐서 멸하거나 쫓아낸 땅은 (가나안, 가사, 아스글론, 산지 주민, 골짜기의 주민)이다.

8. 아낙의 세 아들을 쫓아낸 이는 누구입니까?

답 (　　　)

9. 오늘날까지 베냐민 자손과 함께 예루살렘에 거주하는 사람은 어디 사람입니까?

답 (　　　) 사람

10. 벧엘을 치러 올라간 족속은 어느 족속입니까?

답 (　　　) 족속

11. 벧스안, 다아낙, 돌…… 므깃도를 쫓아내지 못하여 가나안 사람을 거주하게 한 지파는 어떤 지파입니까?

답 (　　　) 지파

12. 게셀에 거주하는 가나안 사람을 쫓아내지 못한 지파는 어떤 지파입니까?

답 (　　　) 지파

13. 기드론, 나할롤 주민을 쫓아내지 못한 지파는 어떤 지파입니까?

답 (　　　) 지파

14. 악고, 시돈 주민을 쫓아내지 못한 지파는 어떤 지파입니까?

답 (　　　) 지파

15. 벧세메스, 벧아낫 주민을 쫓아내지 못한 지파는 어떤 지파입니까?

답 (　　　) 지파

16. 단 자손을 산지로 몰아넣었다가 요셉의 가문이 힘이 강성하매 노역을 한 사람은 어떤 족속입니까?

답 (　　　) 족속

17. 여호와의 사자가 이른 곳은 어디서부터 어디까지입니까?

답 (　　　)부터 (　　　)까지

18. 백성이 소리 높여 울어 이름 붙여진 곳은 어디입니까?

답 (　　　)

19. 여호수아는 몇 세에 죽었습니까?

답 (　　　) 세

20. 이스라엘 자손이 여호와의 목전에 악을 행하여 무슨 신을 섬겼습니까?

답 (　　　)

21. 여호수아 후에 백성을 노략하는 자와 대적의 손에서 구원한 지도자를 무엇이라 불렀습니까?

답 (　　　)

※ 다음 성경 구절의 (　　) 안에 알맞은 말을 써 넣으시오. (32–33항)

22. "여호수아가 죽을 때에 남겨 둔 이방 민족들을 다시는 그들 앞에서 하나도 쫓아내지 아니하리니 이는 이스라엘이 그들의 조상들이 지킨 것같이 나 여호와의 도를 지켜 행하나 아니하나 그들을 (　　　　)하려 함이라."

23. "남겨 두신 이 이방 민족들로 이스라엘을 시험하사 여호와께서 모세를 통하여 그들의……명령들을 (　　　　)하는지 알고자 하셨더라."

24. 이스라엘 자손이 자기들의 하나님 여호와를 잊어버리고 섬긴 신은 무엇과 무엇입니까?

답 (　　　　)과 (　　　　)

25. 이스라엘의 첫 사사로 40년을 태평하게 지낸 사사이며 갈렙의 아우인 사람은 누구입니까?

답 (　　　　)

26. 왼손잡이 사사의 이름은 무엇입니까?

답 (　　　　)

27. 암살당한 모압 왕의 이름은 무엇입니까?

답 (　　　　)

28. 소 모는 막대기로 블레셋 사람 6백 명을 죽여 이스라엘을 구원한 사사는 누구입니까?

답 (　　　　)

제2과
사사기 : 4장 – 6장

1. 다음 중 서로 관계 있는 것을 찾아 줄로 연결하시오.

(1)	에훗의 죽은 후	드보라의 부하
(2)	야빈	드보라
(3)	시스라	이스라엘에 학대
(4)	20년간	가나안 왕
(5)	여선지자 겸 사사	여호와의 목전에 악을
(6)	바락	군대장관
(7)	만 명	시스라를 죽임
(8)	야엘이	바락의 군대

2. 다음 중 서로 관계 있는 것을 찾아 줄로 연결하시오.

(1)	드보라	다스리는 자들이
(2)	마길에서는	복 받을 자
(3)	스불론	이스라엘의 어머니가 됨
(4)	야엘은	생명을 아끼지 아니함

3. 다음 중 이스라엘이 미디안의 손에 해를 입을 일에 관계되는 것에 O표 하시오.

(1) 7년간 ( )

(2) 산에서 웅덩이와 굴과 산성을 만듦 ( )

(3) 토지 소산을 멸함 ( )

(4) 메뚜기 떼를 잡아감 (　　)

(5) 양, 소, 나귀를 잡아감 (　　)

4. 다음은 기드온에 관한 말입니다. 맞으면 O표, 틀리면 ×표 하시오.

(1) 기드온은 요아스의 아들이다. (　　)

(2) '여호와 살롬' 이란 말은 '여호와는 평강' 이란 말이다. (　　)

(3) 기드온이 바알의 제단과 아세라상을 부수어 버린 후 바알 신과 아세라 신이 기드온을 해하였다. (　　)

(4) 기드온이 양털 한 뭉치로 하나님께 시험하여 이스라엘을 구원할 것을 확신했다. (　　)

제3과

사사기 : 7장 – 9장

1. 다음은 기드온이 군사 3백 명을 선택한 방법입니다. 가장 알맞은 것에 O표 하시오.

(1) 처음 2만 2천 명 중에 다 돌아가고 1만 명이 남았는데 그 중에서 개가 핥는 것같이 혀로 물을 핥는 자 3백 명을 따로 세웠다. (　)

(2) 처음 3만 2천 명 중 2만 2천 명이 돌아갔고 1만 명이 남았는데 그 중에서 무릎을 꿇고 물을 마시는 자 3백 명을 따로 세웠다. (　)

(3) 처음 3만 2천 명 중 2만 2천 명이 돌아갔고 1만 명이 남았는데 그 중에서 무릎을 꿇고 물을 마시는 자 3백 명을 따로 세웠다. (　)

(4) 처음 3만 2천 명 중 2만 2천 명은 돌아가고 1만 명이 남았는데 그 중에서 손으로 움켜 입에 대고 핥는 자 3백 명을 따로 세웠다. (　)

2. 기드온의 군사 3백 명이 무장할 때 사용한 것을 찾아 O표 하시오.

(1) 나팔 (　)　(2) 대포 (　)　(3) 병거 (　)
(4) 활 (　)　(5) 빈 항아리 (　)　(6) 방패 (　)
(7) 감추인 횃불 (　)　(8) 말 (　)

3. 전쟁에서 승리한 후 이스라엘 자손들이 기드온에게 요청한 것은 무엇(1)이며 기드온은 무엇이라고 답(2)했습니까?

답 (1)

(2)

4. 기드온이 무엇(1)을 만들었으며 그것 때문에 이스라엘이 무슨 죄(2)를 범했습니까?

답 (1)

(2)

5. 다음 중 서로 관계 있는 것을 찾아 줄로 연결하시오.

(1) 감람나무 아름다운 열매

(2) 무화과나무 포도주

(3) 포도나무 불

(4) 가시나무 기름

6. 다음 사람들에 관하여 간단히 쓰시오.

(1) 부라:

(2) 오렙과 스엡:

(3) 세바와 살문나:

(4) 요담:

(5) 가알:

(6) 아비멜렉:

제4과

사사기 : 10장 – 12장

1. 다음은 사사에 관한 설명입니다. 누구에 대한 설명인지 (   ) 안에 그 이름을 쓰시오.

(1) 사사가 된 지 이십삼 년 만에 죽으매 사밀에 장사되었더라 (   )

(2) 아들 삼십 명이 어린 나귀 삼십을 탔고 성읍 삼십을 가졌는데 그 성읍들은 길르앗 땅에 (   )

(3) 용사이며 기생의 아들 (   )

(4) 너희가 전에 나를 미워하여 내 아버지 집에서 쫓아내지 아니하였느냐 이제 너희가 환난을 당하였다고 어찌하여 내게 왔느냐 (   )

(5) 미스바에서 자기의 말을 다 여호와 앞에 아뢰니라 (   )

(6) 어찌할꼬 내 딸이여 너는 나를 참담하게 하는 자요 너는 나를 괴롭게 하는 자 중의 하나로다 (   )

(7) 아들 삼십 명과 딸 삼십 명을 두었더니 그가 딸들을 밖으로 시집 보냈고 아들들을 위하여는 밖에서 여자 삼십 명을 데려왔더라 (   )

(8) 스불론 사람이 십 년 동안 다스렸더라 (   )

(9) 아들 사십 명과 손자 삼십 명이 있어서 어린 나귀 칠십 마리를 탔더라 (   )

(10) 에브라임 땅 아말렉 사람의 산지 비라돈에 장사되었더라 (   )

2. 다음 중 맞는 것에는 O표, 틀린 것에는 ×표 하시오.

(1) 여호와께서 이스라엘에게 진노하사 블레셋 사람들의 손과 암몬 자손의 손에 파신 이유는 그들이 여호와의 목전에 악을 행하여 다른 신들

을 섬기고 여호와를 버려 그를 섬기지 아니했기 때문이다. (　　)

(2) 여호와께서는 이스라엘 백성이 부르짖을 때에 그들을 애굽, 아모리, 암몬, 블레셋 사람 또 시돈, 아말렉, 마온 사람에게서 구원하셨다. (　　)

(3) 길르앗 사람 큰 용사 입다는 다른 형제들에게서 "너는 다른 여인의 자식이니 우리 아버지의 집에서 기업을 잇지 못하리라" 라는 따돌림을 받고 피한 후에 길르앗 장로들과 형제들의 간청을 듣지 않고 암몬 자손이 이스라엘을 치려 할 때에 도와주지 않았다. (　　)

(4) "내가 암몬 자손에게서 평안히 돌아올 때에 누구든지 내 집 문에서 나와서 나를 영접하는 그는 여호와께 돌릴 것이니 내가 그를 번제물로 드리겠나이다" 라고 서약한 입다는 싸움에서 이기고 돌아올 때에 소고 잡고 춤추며 영접하는 그 딸을 차마 번제물로 드리지 못했다. (　　)

(5) 에브라임 사람들이 입다에게 싸움을 건 이유는 "네가(입다) 암몬 자손과 싸우러 건너갈 때에 어찌하여 우리를(동족인 에브라임 사람) 불러 너와 함께 가게 하지 아니하였느냐" 는 것이었고, 입다가 한 답은 "내가 너희를 부르되 나를 그들의 손에서 구원하지 아니한" 연고라 했다. (　　)

제5과

사사기 : 13장 – 15장

1. 다음 중 나실인이 금해야 할 것에는 O표, 그 외에는 ×표 하시오.

(1) 독주 (　) (2) 꿀 (　) (3) 포도주 (　) (4) 무화과 (　)

(5) 부정한 것 (　) (6) 감람유 (　) (7) 삭도 (　) (8) 떡 (　)

2. 다음 중 서로 관계 있는 것을 찾아 줄로 연결하시오.

(1)	딤나	옷을 벗겨 약속 이행
(2)	어린 사자를	포도원
(3)	강한 자에게서 단 것이	염소 새끼를 찢는 것 같이
(4)	삼십 명을 죽여	수수께끼

3. 다음의 유래를 간단히 쓰시오.

(1) 에담 바위틈:

(2) 나귀의 턱뼈:

(3) 엔학고레 샘:

4. 다음 중 맞는 것에는 O표, 틀린 것에는 ×표 하시오.

(1) 마노아의 이 나실인 아기는 블레셋 사람의 손에서 이스라엘을 구원하기 시작할 것이다. (　)

(2) 여호와의 사자가 마노아에게 이르기를 번제를 드리려거든 마땅히 내 앞에 드리라 하였다. (   )

(3) 여호와의 사자가 말하기를 내 이름은 기묘자라 하였다. (   )

(4) 삼손이 아내를 삼고자 하는 블레셋 여인은 이방 사람이었다. (   )

(5) 삼손의 청혼에 그 부모는 기쁨으로 허락하였다. (   )

5. 14장 18절의 "내 암송아지로 밭 갈지 아니하였더라면"이라는 말은 무슨 말입니까?

답

제6과

사사기 : 16장 – 18장

1. 다음은 들릴라가 삼손을 꾀어 그의 힘의 근원을 알아낸 말입니다. 성경에 기록된 순서대로 (　　) 안에 번호를 써 넣으시오.

(1) 나의 머리털 일곱 가닥을 베틀의 날실에 섞어 짜면 되리라 (　)

(2) 새 활줄 일곱으로 나를 결박하면 내가 약해져서 다른 사람과 같으리라 (　)

(3) 내 머리가 밀리면 내 힘이 내게서 떠나고 나는 약해져서 다른 사람과 같으리라 (　)

(4) 쓰지 아니한 새 밧줄들로 나를 결박하면 내가 약해져서 다른 사람과 같으리라 (　)

2. 삼손의 마음이 번뇌하여 죽을 지경이라 했습니다. 왜 번뇌했는지 가장 알맞은 것에 O표 하시오.

(1) 이방 여자 들릴라가 이방 신을 섬기자고 간청하여 하나님을 배반할 수 없어서 번뇌했다. (　)

(2) 이방 여자 들릴라와의 혼인을 불허하는 부모님의 반대에 번뇌했다. (　)

(3) 모태에서부터 나실인이 되었으나 하나님 앞에 나실인(거룩히 구분된)의 책임을 다하지 못해 번뇌했다. (　)

(4) 들릴라가 "당신의 마음이 내게 있지 않으므로 세 번이나 희롱하지 않았느뇨?" 하며 날마다 재촉하므로 번뇌했다. (　)

3. 다음은 삼손이 잡힌 후에 일어난 일입니다. 가장 알맞은 것에 O표 하시오.

(1) 눈이 뽑히고 놋줄에 매여 옥에서 맷돌을 돌리다가 다곤 신전에 제사드릴 때 불려 나와 재주를 부리다가 집을 버틴 두 기둥을 꺾어 많은 사람과 함께 죽었다. ( )

(2) 눈이 뽑히고 놋줄에 매여 맷돌을 돌리다가 다곤 신전에 제물로 바쳐졌다. ( )

(3) 들릴라의 탄원과 구명운동이 성공하여 계속하여 이스라엘의 사사가 되었다. ( )

4. 다음에 물음에 간단히 답하시오.

(1) 미가의 집에 있던 우상의 이름을 쓰시오.

( ) ( ) ( ) ( )

(2) 기업이 없던 한 지파가 라이스에 이르러 그곳 백성을 죽이고 성읍을 중건하여 자기 지파의 이름을 붙여 살았습니다. 그 지파의 이름은 무엇입니까? (지파)

제7과
사사기 : 19장 – 21장

1. 다음 중 베냐민 자손들이 범한 죄에 O표 하시오.

(1) 우상을 만들고 섬겼다. (　)

(2) 한 레위인의 첩을 밤새도록 능욕하다가 죽게 했다. (　)

(3) 첩을 많이 얻었다. (　)

(4) 행인들의 짐과 돈을 빼앗았다. (　)

2. 다음 중 첩의 시체를 처리한 방법에 O표 하시오.

(1) 열두 덩이로 나누어 이스라엘 사방에 보냈다. (　)

(2) 곧 산에 장사 지냈다. (　)

(3) 애굽에 보냈다. (　)

(4) 그대로 두었다. (　)

3. 20장 본문에 언급된 다음 숫자에 대하여 설명하시오.

(1) 40만:

(2) 백에 열—만에 천:

(3) 2만 6천:

(4) 7백 명:

(5) 2만 2천:

(6) 2만 5천1백:

(7) 6백 명:

4. 이스라엘 온 지파가 베냐민 지파가 멸절되지 않게 하기 위하여 한 일에 O표 하시오.

(1) 한 시파의 멸절됨을 뉘우침 (   )

(2) 하나님 앞에서 불평함 (   )

(3) 야베스 길르앗에서 잡은 처녀 4백인을 베냐민 지파를 위해 줌 (   )

(4) 림몬 바위틈에 숨은 베냐민 자손에게 평화를 공포하게 함 (   )

(5) 남은 2백 명은 이스라엘 자손 중에서 처녀들을 택하여 줌 (   )

(6) 실로의 딸들이 포도원에 나와 춤추는 중 자기들의 수효대로 아내로 맞게 함 (   )

룻기 개요

1. 명칭: 이 책의 명칭은 여주인공 룻의 이름을 따라서 붙여졌다. 룻은 '우정', '친밀한 교제' 라는 뜻을 가지고 있다. 룻기는 사사기 바로 다음에 위치하여 시대적인 연속성에 중점을 두어서, 역사서의 하나로 되어 있으나 히브리 성경에서는 아가서, 애가, 전도서, 에스더와 함께 성 문학으로 분류되고 있다. 룻기는 추수를 감사하는 절기에 해마다 정규적으로 백성들 앞에서 큰 소리로 읽었던 책이다.

2. 저자 및 연대: 저자는 누구인지 알 수 없다. 룻기는 한 여인의 개인적인 이야기로, 성경 중에서 룻기만이 여인의 이야기를 기록하고 있다. 이 책은 다윗 왕이 통치하던 B.C. 1011년에서 970년 사이에 기록되었을 것으로 추측된다. 다윗 왕 통치 이전의 기록이라고 볼 수 없는 이유는 4장 17, 22절에 다윗의 이름이 나와 있기 때문이요, 솔로몬 왕의 이름이 없는 것으로 보면 솔로몬 왕 이전에 기록되었을 것으로 추측할 수 있다.

3. 구조: 룻기는 4장으로 구성되어 있다. 1장은 룻이 모압 땅에서 시어머니를 따라 베들레헴으로 가기로 결단을 내리는 이야기에 대한 기록며, 2장과 3장은 보아스의 밭에서 이삭을 줍는 것으로 시작하여 보아스와 만나는 것에 대한 기록이다. 그리고 4장은 기업을 무를 자로서 보아스와 룻이 결혼하는 이야기다.

4. 룻기에 나타난 하나님의 진리

1) 룻기는 암흑 시대, 모든 사람이 세상을 따라가며 범죄하여 하나님을 떠나 버린 시대에도 하나님께서는 하나님을 기억하며 순종하는 사람들에게 아름다운 결실을 맺게 하신다는 것을 보여 준다.

2) 하나님은 믿음을 끝까지 지키는 소수의 남은 자들에게 신비한 은혜를 베풀어 하나님 자신의 뜻을 이 땅에 이루시는 분이다.

3) 시어머니와 남편에게 들은 가나안 땅과 하나님의 약속과 은혜와 축복을 믿고 "어머니의 백성이 나의 백성이 되고 어머니의 하나님이 나의 하나님이 되시리니"라고 믿음으로 결단을 내리는 사람들에게 내리시는 하나님의 놀라운 은혜를 보여 주고 있다.

제1과
룻기 : 1장 – 4장

1. 다음은 나오미 가족이 타국에 이주하였다가 돌아오기까지의 과정입니다. 순서에 맞게 (　　) 안에 번호를 써 넣으시오.

(1) 모압 지방에 거류 (　)

(2) 내 딸들아 돌아가라 너희가 어찌 나와 함께 가려느냐 (　)

(3) 사사들이 치리하던 때에 그 땅에 흉년이 듦 (　)

(4) 말론과 기룐이 죽음 (　)

(5) 엘리멜렉의 죽음 (　)

(6) 베들레헴에 귀국 (　)

(7) 오르바는 입 맞추나(이별하나) 룻은 그를 따름 (　)

(8) 그들이 소리를 높여 다시 울음 (　)

(9) 그들이 소리를 높여 울며 (　)

(10) 너희는 각기 너희 어머니의 집으로 돌아가라 (　)

(11) 모압 여자를 아내로 맞이함 (　)

2. 다음은 룻이 시어머니에게 한 말입니다. 순서에 맞게 (　　) 안에 번호를 써 넣으시오.

(1) 내게 어머니를 떠나라 강권하지 마옵소서 (　)

(2) 내가 죽는 일 외에 어머니를 떠나면 여호와께서 내게 (　)

(3) 어머니께서 죽으시는 곳에서 나도 죽어 (　)

(4) 어머니의 백성이 나의 백성이 되고 (　)

(5) 어머니께서 가시는 곳에 나도 가고 어머니께서 머무시는 곳에서 나도

(　　)

(6) 어머니의 하나님이 나의 하나님이 되시리니 (　　)

3. 다음 말씀은 몇 장 몇 절에 기록되어 있습니까?

(1) 룻의 부지런함을 잘 보여 준 구절 (　　)장 (　　)절

(2) 룻이 이방 여인(모압인 말고)이라는 구절 (　　)장 (　　)절

(3) 곡식 단 더미 (　　)장 (　　)절

(4) 일곱 아들보다 귀한 며느리 (　　)장 (　　)절

4. 다음 문장의 (　　) 안에서 맞는 것을 찾아 ○표 하시오.

룻은 다윗 왕의 (어머니, 할머니, 증조할머니, 고조할머니)가 된다.

5. 1장 11절에 "내 태중에 너희의 남편 될 아들들이 아직 있느냐"라는 말은 무슨 말인지 상속법으로 설명하시오. (참고. 신 25:5; 마 22:23-; 막 12:13-; 눅 20:28-)

답

6. 4장 8절에 "그의 신을 벗는지라"라는 말씀은 어떤 풍속을 말하는 것입니까?

답

사무엘상 개요

1. 명칭: 사무엘서의 명칭은 후기에 붙여진 것으로 이 책의 중요한 인물인 사무엘을 이 책의 명칭으로 사용하였다. 사무엘은 '하나님의 이름', '그의 이름은 하나님이시다' 또는 '그의 이름이 위대하다' 등의 뜻을 가지고 있다. 사무엘은 최후의 사사요, 예언자의 시작이요, 또한 제사장으로서 3직을 동시에 행한 하나님의 종이며, 히브리 전통에서는 모세 다음가는 민족의 두 번째 지도자로 여기고 있다. 그는 하나님을 완전히 떠나 버린 시대에 나타나서 이스라엘을 하나님께로 돌이키며 왕정을 세워 이스라엘을 구원한 대지도자로 기림을 받고 있다.

2. 저자 및 연대: 사무엘은 사무엘 상하의 주요 인물들 중의 한 사람으로서 사무엘이 사무엘상의 일부를 기록했을 것으로 추측하고 있다. 그러나 누가 실제 저자인지에 대해서는 여러 가지 추측만 있을 뿐이고 대략 B.C. 1025년에서 B.C. 900년에 살았던 사람에 의하여 기록되었을 것으로 본다.

3. 구조: 사무엘상은 31장으로 구성되었으며 세 사람의 이야기가 그 중심에 있다. 1-8장은 사무엘을 지도한 엘리와 선지자요, 제사장이요, 사사로서 사무엘의 탄생 및 성장과 사사의 직무 수행에 대한 기록이며, 9-15장은 이스라엘 최초의 왕 사울의 선택과 통치와 거절당하는 이야기며, 16-31장은 하나님께 기름 부음을 받은 다윗의 유랑 생활에 대한 기록이다.

4. 사무엘상에 나타난 하나님의 진리:

1) 하나님은 왕을 하나님을 계시하고 하나님께 예배드리며 하나님 자신의 복과 정의를 실현하는 통로로 사용하신다. 왕은 하나님의 계획과 뜻을 이 땅에 실현하는 하나님의 종이요 일꾼이다.

2) 절대적인 통치자요, 절대적인 권위와 무한한 사랑과 지혜와 권세를 가지신 하나님의 통치를 받지 않는다면 이 세상은 최종적인 파멸에 이를 것이다. 하나님은 왕을 세워 통치하게 하시지만 결국은 하나님의 통치가 왕을 통하여 이 땅에 이루어져야 한다.

3) 하나님은 기도의 사람을 통하여 크게 역사하신다. 사무엘은 기도하여 얻은 아들이다. 그는 어려서 기도하며 하나님의 음성을 들으며 자라났다. 그는 기도로 자기 백성을 승리하게 하였다. 그의 중보의 기도는 그의 생애의 받침돌이었다.

4) 세상을 향한 사람들인 엘리와 그의 아들들, 그리고 사울 왕은 결국 파멸의 길을 가야 했으나 하나님을 바라며 순종한 사무엘과 다윗은 영원한 하나님의 종이 되었다.

제1과

사무엘상 : 1장 – 3장

1. 다음은 누가 누구에게 한 말입니까?

(1) 내가 그대에게 열 아들보다 낫지 아니하냐 (　　　　가　　　　에게)

(2) 여종의 고통을 돌보시고 나를 기억하사 (　　　　가　　　　에게)

(3) 네가 언제까지 취하여 있겠느냐 포도주를 끊으라 (　　　　가　　　　에게)

(4) 내가 지금까지 말한 것은 나의 원통함과 격분됨이 많기 때문이니이다 (　　　　가　　　　에게)

(5) 아이를 젖 떼거든 내가 그를 데리고 가서 여호와 앞에 뵙게 하고 거기에 영원히 있게 하리이다 (　　　　가　　　　에게)

(6) 내 주여 당신의 사심으로 맹세하나이다 나는 여기서 내 주 당신 곁에 서서 여호와께 기도하던 여자라 (　　　　가　　　　에게)

2. 다음 중 서로 관계 있는 것을 찾아 줄로 연결하시오.

(1)	에브라임 산지	제사장
(2)	홉니와 비느하스	여호와께 구함
(3)	브닌나	엘가나
(4)	사무엘	한나를 격분시킴
(5)	의자에 앉음	한나의 기도
(6)	입술만 움직임	엘리

3. 다음 (　　) 안에 적당한 말을 찾아 써 넣으시오.

(1) 내 마음이 (　　　　)로 말미암아 즐거워하며

(2) (   )는 지식의 (   )이시라 (   )을 달아 보시느니라

(3) 여호와는 (   )하게도 하시고 (   )하게도 하시며 (   )기도 하시고 (   )기도 하시는도다

(4) (   )를 대적하는 자는 (   )이 깨어질 것이라

(5) (   )은 어렸을 때에 (   ) 에봇을 입고 여호와 앞에서 섬겼더라

(6) 사람이 (   )에게 범죄하면 하나님이 심판하시려니와 만일 사람이 (   )께 범죄하면 누가 그를 위하여 (   )하겠느냐

4. 다음은 엘리의 아들들에 관한 말입니다. 맞으면 O표, 틀리면 ×표 하시오.

(1) 매우 선량했다. (   )

(2) 제사드릴 고기를 사환을 시켜 억지로 빼앗았다. (   )

(3) 여호와의 제사를 멸시했다. (   )

(4) 회막 문에서 수종 드는 여인과 동침했다. (   )

(5) 아들들로 인하여 엘리가 하나님의 사람으로부터 불길한 예언을 받았다. (   )

5. 다음은 사무엘에 관한 사항입니다. 알맞은 답을 써 넣으시오.

(1) 부모의 이름: 부: , 모:

(2) 젖 뗄 때까지 자란 곳:

(3) 젖 뗀 후에 거한 곳:

(4) 단에서 브엘세바(전국이란 뜻)까지 누구로 세우심을 입은 줄 알았습니까?

(5) 밤에 받은 이상의 내용은 무엇입니까?

제2과

사무엘상 : 4장 – 6장

1. 다음의 블레셋과 이스라엘의 전쟁 결과에 대하여 답하시오.

(1) 1차 전쟁에서 패한 나라와 전사자 수:

(2) 2차 전쟁에서 패한 나라와 전사자 수:

2. 다음 중 하나님의 언약궤를 이스라엘 진중에 가져온 목적으로 가장 알맞은 것에 O표 하시오.

(1) 하나님이 구원하여 주시리라 믿으므로 (　　)

(2) 블레셋 사람들이 기가 죽어 도망칠 것 같아서 (　　)

(3) 하나님의 언약궤로 원수들의 손에서 구원하게 하기 위하여 (　　)

(4) 사무엘이 시켜서 (　　)

3. 블레셋과의 2차 전쟁에서 패하여 죽은 네 사람의 이름을 쓰시오.

답 (　　　　) (　　　　　　) (　　　　) (　　　　　　의 아내)

4. 다음은 엘리에 관한 사항입니다. (　　　) 안에 알맞은 말을 찾아 써넣거나 알맞은 말을 골라 O표 하시오.

(1) (　　)세에 죽었고

(2) 이스라엘의 사사로 (　　)년간 지냈다.

(3) 그의 몸은 (　　　　)했다.

(4) 그는 (아들이 그를 때려, 패전하여, 하나님의 궤를 빼앗겨) 의자에서 뒤로 넘어져 목이 부러져 죽었다.

5. 비느하스의 아내가 아이의 이름을 이가봇이라 한 이유를 쓰시오.

답

6. 블레셋 사람들이 하나님의 궤로 인하여 당한 피해에는 O표, 아닌 것에는 ×표 하시오.

(1) 다곤이 땅에 엎어짐 ( )

(2) 전국에 흉년이 듦 ( )

(3) 다곤이 엎어지고 그 머리와 두 손목이 끊어짐 ( )

(4) 1년간 비가 오지 않음 ( )

(5) 독종 재앙 ( )

7. 블레셋 사람들이 언약궤를 돌려보내면서 행한 것에는 O표, 아닌 것에는 ×표 하시오.

(1) 속건제를 드림 ( )

(2) 금 독종 다섯과 금 쥐 다섯 마리를 제물로 드림 ( )

(3) 황소 두 마리가 끌게 함 ( )

(4) 송아지 두 마리가 끌게 함 ( )

(5) 젖 나는 소 두 마리가 끌게 함 ( )

8. 벧세메스 사람들이(이스라엘 백성임) 여호와의 궤를 들여다보고 많이 죽었습니다. 하나님이 그들을 왜 죽이셨습니까? (참고. 출 19:21- ; 민 4:15-20)

답

제3과
사무엘상 : 7장 – 9장

1. 벧세메스에서 언약궤는 어느 곳에 있는 누구의 집에 몇 년간 있게 되었습니까?

답 (　　　　　　　　에　　　　　　　의 집에　　　년간)

2. 이스라엘 백성이 회개한 모습 두 가지를 쓰시오.

(1) 사무엘의 말을 듣고 (　　　　　)과 (　　　　　)을 제거하고 여호와만 섬겼다.

(2) 미스바에 모여 (　　　　)하고 (　　　　)했다.

3. 다음에 관하여 간단히 설명하시오.

(1) 에벤에셀:

(2) 에그론부터 가드까지:

4. 사무엘을 이은 두 사사의 이름과 그 행위는?

(1) (　　　　)과 (　　　　)

(2) 그 행위:

5. 이스라엘에 왕을 원하던 사람이 누구인지 (　　) 안에 O표 하시오.

(1) 하나님 (　)　(2) 사무엘 (　)　(3) 이스라엘 모든 장로 (　)

6. 8장 10-18절에 "그"가 여러 번 나오는데 여기서 "그"는 누구를 말합니까? 가장 알맞은 것에 O표 하시오.

(1) 하나님 ( ) (2) 사무엘 ( )

(3) 장로들 ( ) (4) 왕 ( )

7. 다음은 사울에 관한 사항입니다. 맞는 것에는 O표, 틀린 것에는 ×표 하시오.

(1) 사울은 베냐민 지파 사람이다. ( )

(2) 그는 준수한 사람이다. ( )

(3) 모든 백성보다 키가 작다. ( )

(4) 암소를 잃고 사환 둘을 데리고 나가 찾았다. ( )

(5) 사울은 사환의 말을 듣지 않았다. ( )

(6) 사울은 예물 없이 선지자에게 갔다. ( )

(7) 그가 백성을 블레셋으로부터 구할 것이라 했다. ( )

(8) 사울이 사무엘에게서 하나님의 말씀을 들을 때 사환도 같이 들었다. ( )

8. 다음 말씀은 몇 장 몇 절에 기록되어 있습니까?

(1) 너희 마음을 여호와께로 향하여 그만을 섬기라 ( )장 ( )절

(2) 여호와를 위하여 제단을 쌓았더라 ( )장 ( )절

(3) 그의 아들들이 자기 아버지의 행위를 따르지 아니하고 ( )장 ( )절

(4) 가장 아름다운 소년과 나귀들을 끌어다가 자기 일을 시킬 것이며 ( )장 ( )절

(5) 그들의 말을 들어 왕을 세우라 ( )장 ( )절

(6) 그보다 더 준수한 자가 없고 ( )장 ( )절

(7) 내 아버지께서 암나귀 생각은 고사하고 우리를 위하여 걱정하실까 두려워하노라 (　　)장 (　　)절

(8) 내 백성의 부르짖음이 내게 상달되었으므로 내가 그들을 돌보았노라 (　　)장 (　　)절

(9) 온 이스라엘이 사모하는 자가 누구냐 (　　)장 (　　)절

(10) 나의 가족은 베냐민 지파 모든 가족 중에 가장 미약하지 아니하니이까 (　　)장 (　　)절

제4과

사무엘상 : 10장 – 12장

1. 사무엘이 사울의 머리에 기름을 붓고 예언한 내용 중 사울이 길갈까지 가는 도중에 만나는 사람에 O표 하시오.

(1) 라헬의 묘실 곁에 두 사람 ( )

(2) 네(사울) 아버지 ( )

(3) 하나님을 뵈러 가는 세 사람 ( )

(4) 떡장수 세 사람 ( )

(5) 블레셋 사람 ( )

(6) 선지자의 무리 ( )

2. "사울도 선지자들 중에 있느냐?"라는 속담이 어떻게 생겼습니까?

답

3. 다음은 사울이 숙부를 만나서 고한 말입니다. 가장 알맞은 것에 O표 하시오.

(1) 암나귀 찾은 것은 고하고 사무엘이 말하던 나라 일은 말하지 않음 ( )

(2) 암나귀 찾은 것과 사무엘이 말하던 나라 일을 다 고함 ( )

(3) 아무것도 고하지 않음 ( )

※ 다음 문제의 ( ) 안에 알맞은 말을 써 넣으시오. (4–5항)

4. 사울은 왕으로 제비 뽑혔을 때 ( ) 사이에 숨었고 키는 다른 사람보다 ( ) 위만큼 컸으며, 사울이 자기 집으로 갈 때

하나님께 감동된 유력한 자들은 동행했으나 어떤 (　　　)는 멸시했다.

5. 사무엘은 백성을 위해 기도하기를 쉬는 (　　　)를 범하지 않겠다 했습니다.

6. 다음 말은 누가 한 말입니까?

(1) 우리와 언약하자 그리하면 우리가 너를 섬기리라 (　　　　　　　　)

(2) 내가 너희 오른 눈을 다 빼야 너희와 언약하리라 (　　　　　)

(3) 우리에게 이레 동안 말미를 달라 (　　　　　　　　)

(4) 백성이 무슨 일로 우느냐 (　　　　)

(5) 누구든지 사울과 사무엘을 따르지 아니하면 그의 소들도 이와 같이 하리라 (　　　　)

(6) 내일 해가 더울 때에 너희가 구원을 받으리라 (　　　　)

(7) 그들을 끌어내소서 우리가 죽이겠나이다 (　　　　)

(8) 이날에는 사람을 죽이지 못하리니 여호와께서 구원을 베푸셨음이니라 (　　　　)

(9) 오라 우리가 길갈로 가서 나라를 새롭게 하자 (　　　　)

7. 다음 중 사무엘이 행한 일에 O표 하시오.

(1) 다른 사람의 소나 나귀를 빼앗음 (　)

(2) 다른 사람을 속이고 압제함 (　)

(3) 뇌물을 받음 (　)

(4) 원수들에게서 백성을 구원함 (　)

8. 여호와께서 우레와 비를 보내신 뜻은 무엇입니까?

답

제5과
사무엘상 : 13장 – 15장

1. 사울이 잘못한 것은 무엇이며 그 대가는 무엇이라고 사무엘이 경고했습니까?

(1) 잘못한 것:

(2) 대가:

2. 이스라엘 온 땅에 철공이 없어진 이유를 설명하시오.

답

3. 다음 (　　) 안에 적당한 말을 찾아 써 넣으시오.

(1) 사울은 (　　)세에 왕이 되었다.

(2) 블레셋 사람의 병거가 (　　　　)이요 마병이 (　　　　) 명이라

(3) 이스라엘 사람이 위급하여 (　　)과 (　　　　)과 (　　　　)틈과 (　　　　) 한 곳과 (　　　　　)에 숨었더라

(4) 아히야는 (　　　　)을 입고 거기 있었으니

(5) "여호와의 구원은 사람이 많고 적음에 달리지 아니하였느니라" 라는 말씀은 (　　)장 (　　)절 말씀이다.

(6) 요나단이 지팡이 끝으로 찍어 먹고 눈이 밝아진 것은 (　　)이다.

4. 사울의 아들과 딸, 아내와 군사령관은 누구입니까?

(1) 아들: (　　　　　) (　　　　　) (　　　　　)　(2) 딸: (　　　　) (　　　　)

(3) 아내: (　　　　　　)　(4) 군사령관: (　　　　　)

5. 사울이 아말렉과의 전쟁에서 잘못한 것이 무엇입니까?

답

6. 다음에 관하여 간단히 설명하시오.

(1) 아각:

(2) 여호와께서 사울을 왕으로 삼은 것을 후회하는 이유:

(3) 기념비:

(4) 사무엘의 겉옷자락이 찢긴 이유:

7. 15장 22-23절을 가능한 한 외워 쓰시오.

제6과

사무엘상 : 16장 – 18장

1. 다음을 읽고 가장 알맞은 것에 O표 하시오.

(1) 16장 1-13절의 제목

1) 여호와께서 사무엘을 위로하심 (　　)

2) 이새를 축복함 (　　)

3) 사무엘이 다윗에게 기름 부음 (　　)

4) 여호와께서 사울을 버리심 (　　)

(2) 다윗은 이새의 (장남, 5째, 7째, 8째, 10째, 11째) 아들이다.

2. 다음은 누가 누구에게 한 말입니까?

(1) 네가 그를 위하여 언제까지 슬퍼하겠느냐 (　　　　께서　　　　에게)

(2) 사울이 들으면 나를 죽이리이다 (　　　　이　　　　께)

(3) 평강을 위하여 오시나이까 (　　　　들이　　　　에게)

(4) 사람은 외모를 보거니와 나 여호와는 중심을 보느니라

(　　　　께서　　　　에게)

(5) 용기와 무용과 구변이 있는 준수한 자라

(　　　　이　　　　에게)

3. 다음은 골리앗과 다윗이 무장한 모습입니다. 골리앗과 관계 있는 것에는 (골리앗), 다윗과 관계 있는 것에는 (다윗)이라 쓰시오.

(1) 놋 투구 (　　　　) (2) 막대기 (　　　　) (3) 놋 각반 (　　　　)

(4) 물매 (　　　　) (5) 비늘 갑옷 (　　　　) (6) 놋 단창 (　　　　)

(7) 매끄러운 돌 다섯 (　　　　　)

4. 골리앗의 키와 갑옷과 단창의 무게를 우리나라 척관법으로 쓰시오.

(참고. 한 세겔은 16그램, 1규빗은 45센티미터, 한 뼘은 20센티미터)

(1) 키: (　　　)센티미터

(2) 갑옷: (　　　)킬로그램

(3) 단창: (　　　)킬로그램

5. 사울이 골리앗을 죽이는 자에게 어떤 상을 준다고 했습니까?

답

6. 요나단이 다윗을 어떻게 사랑했습니까? 가장 알맞은 것에 O표 하시오.

(1) 친형제같이 (　) (2) 부모와 같이 (　) (3) 생명같이 (　)

7. "여호와께서 다윗과 함께 하심으로"라는 말씀이 18장에 몇 번 나옵니까?

답 (　　번)

8. 18장 말씀 중 사울이 다윗을 두려워한 까닭 3가지를 찾아 쓰시오.

(1)

(2)

(3)

9. 사울이 자기 딸 메랍과 미갈을 다윗에게 주고자 하는 속 마음은 무엇이었습니까?

답

제7과
사무엘상 : 19장 – 21장

1. 다음 중 사울이 한 말에는 (사울), 요나단이 한 말에는 (요나단), 다윗이 한 말에는 (다윗)이라 쓰시오.

(1) 다윗을 죽이라 (   )

(2) 아침에 조심하여 은밀한 곳에 숨어 있으라 (   )

(3) 그가 자기 생명을 아끼지 아니하고 블레셋 사람을 죽였고 여호와께서는 온 이스라엘을 위하여 큰 구원을 이루셨으므로 (   )

(4) 여호와께서 살아 계심을 두고 맹세하거니와 그가 죽임을 당하지 아니하리라 (   )

(5) 너는 어찌하여 이처럼 나를 속여 내 대적을 놓아 피하게 하였느냐 (   )

2. "그가 내게 이르기를 나를 놓아 가게 하라 어찌하여 나로 너를 죽이게 하겠느냐" 한 말은 딸 미갈이 아버지인 사울에게 한 거짓말입니다. 그 뜻으로 가장 알맞은 것에 O표 하시오.

(1) 요나단이 와서 말하기를 "다윗을 놓아 보내지 않으면 너 미갈을 죽이지 않겠느냐" (   )

(2) "네(미갈)가 나(다윗)를 붙잡아 두면 나는 너를 죽이고 도망가지 않겠느냐" (   )

(3) 당신 미갈의 아비 사울이 나를 죽이도록 하겠느냐 (   )

3. 다음은 라마, 나욧에서 일어난 일들입니다. 맞는 것에는 O표, 틀린

것에는 ×표 하시오.

(1) 그곳은 선지자의 무리가 거하는 곳이었고 그들의 수령은 사무엘이었다. (   )

(2) 사울이 전령들과 그곳에 간 것은 하나님의 말씀을 듣기 위해서다. (   )

(3) 다윗이 그곳에 간 것은 사울을 피하여 간 것이었다. (   )

(4) 사울도 그곳에서 예언하였다. (   )

4. 다음 (   ) 안에 적당한 말을 찾아 써 넣으시오.

(1) 나와 (   )의 사이는 (   ) 뿐이니라

(2) 내게 (   )이 있으면 (   )가 친히 (   )를 죽이라

(3) 여호와께서 너 (   )의 대적들을 지면에서 다 끊어 버리신 때에도 너는 (   ) 인자함을 (   ) 집에서 영원히 끊어 버리지 말라

(4) 이는 자기 (   )을 사랑함같이 (   )를 사랑함이었더라

(5) 땅에 엎드려 (   ) 번 절한 후에 서로 (   ) 맞추고 같이 울되 (   )이 더욱 심하더니

5. 다음 암호는 어떻게 하라는 뜻입니까?

(1) 보라 화살이 네 이쪽에 있으니 가져오라:

(2) 보라 화살이 네 앞쪽에 있다:

6. 다음 사람들과 관계되는 다윗의 일을 요약해 쓰시오.

(1) 아히멜렉:

(2) 아기스 왕:

제8과
사무엘상 : 22장 – 24장

1. 다윗이 아둘람 굴로 도망할 때에 그곳에 모여 든 사람에 O표 하시오.

(1) 다윗의 형제 (　) (2) 요나단 (　) (3) 아버지의 온 집 (　)

(4) 사울의 충신 (　) (5) 환난당한 모든 자 (　)

(6) 빚진 자 (　) (7) 불량배와 잡류들 (　) (8) 원통한 자 (　)

2. 다음 (　) 안에 적당한 말을 찾아 써 넣으시오.

(1) 다윗이 모압 왕과 함께 있을 때에 모압에 있지 말고 유다 땅으로 들어가라고 권한 선지자는 (　)이다.

(2) 22장 8절의 "내 아들이 이새의 아들과 맹약하였으되"에서 "내 아들"은 (　)이고, 이새의 아들은 (　)을 말한다.

(3) 도엑에게 죽은 사람들은 제사장(에봇 입은 자) (　) 명과 놉의 (　)와 아이들과 (　) 자들과 (　)와 나귀와 (　)이다.

(4) 도엑의 학살에 아히멜렉의 유일한 생존자는 (　)인데 그는 다윗에게 도망와서 아버지를 이어 (　)이 되었다. (23:9도 참고하시오)

(5) 블레셋 사람들이 (　)를 쳐서 탈취할 때 다윗이 이를 구원하여 주었으나 사울이 다윗을 치러 올 때는 (　) 사람이 다윗을 사울에게 내어줄 것이므로 다윗은 (　)를 떠나갔다.

(6) "너는 이스라엘 왕이 되고 나는 네 다음이 될 것을 내 아버지 사울도 안다" 한 말은 (　)이 (　)에게 한 말이다.

3. 다윗이 하길라 산 수풀 요새에 숨은 것을 사울에게 고한 사람은 누구며, 사울이 다윗을 포위하여 잡으려다가 쫓기를 그치고 돌아간 이유는 무엇입니까?

(1) 고한 사람:

(2) 돌아간 이유:

4. 다음 물음에 알맞은 답을 써 넣으시오.

(1) 사울이 3천 명을 왜 택했습니까?

(2) 사울이 뒤를 보러 굴에 들어갔을 때 어떤 일이 있었습니까?

(3) 다윗의 마음이 찔린 이유와 자기 사람들에게 이른 내용을 쓰시오.

1) 찔린 이유:

2) 이른 내용:

5. 다윗과 사울이 맹세한 내용이 무엇입니까?

답

제9과
사무엘상 : 25장 - 27장

1. 다음을 읽고 나발과 관계 있는 것에는 (납), 아비가일과 관계 있는 것에는 (압)이라 쓰시오.

(1) 총명하고 아름다움 (　　)

(2) 완고하고 악함 (　　)

(3) 갈멜 족속 (　　)

(4) 다윗은 누구며 이새의 아들은 누구냐 (　　)

(5) 급히 떡, 포도주, 양, 볶은 곡식, 건포도, 무화과 뭉치를 나귀들에 싣고 가라 (　　)

(6) 나귀를 타고 산 호젓한 곳으로 감 (　　)

(7) 여종은 내 주께서 보내신 소년들을 보지 못하였나이다 (　　)

(8) 왕의 잔치와 같은 잔치를 배설 (　　)

(9) 낙담하여 몸이 돌과 같이 됨 (　　)

(10) 다윗의 아내가 됨 (　　)

2. 다윗이 사울을 죽일 수 있는 두 번째 기회는 어디서 무엇을 하고 있었을 때며 다윗은 어떻게 행하였습니까?

(1) 어디서:

(2) 사울이 무엇을 하고 있을 때:

(3) 다윗이 행한 일:

3. 다윗이 사울을 해치지 않은 이유는 무엇입니까?

답

4. 다음 중 서로 관계 있는 것을 찾아 줄로 연결하시오.

(1) 사무엘이 죽음	그의 아내는 다윗에게로
(2) 아비가일의 지혜	발디에게 감
(3) 나발이 죽음	피 흘림을 막음
(4) 다윗의 아내 미갈	온 무리가 슬피 울며

5. 25장 8절에 "좋은 날"이란 어떤 날을 말합니까? 알맞은 것에 O표 하시오.

(1) 날씨가 좋다는 말 ( )

(2) 양털을 깎는 날 ( )

(3) 생일 축하일 ( )

6. 다음에 관하여 간단히 설명하시오.

(1) 아비새:

(2) 아브넬:

(3) 시글락:

(4) 아기스가 다윗을 믿게 된 이유:

제10과
사무엘상 : 28장 - 31장

1. 다음 물음에 알맞은 답을 골라 O표 하시오.

(1) 28장 2절의 "머리 지키는 자" 란,

1) 호위나 경호 책임자를 말한다. (　)

2) 죽이려 노리는 자라는 말이다. (　)

3) 죽은 후에 무덤 지키는 자라는 말이다. (　)

(2) 28장 19절의 "너와 네 아들들이 나와 함께 있으리라" 라는 말씀은,

1) 사울과 그 아들들이 사무엘을 찾아간다는 말이다. (　)

2) 사울과 그 아들들이 사무엘과 사귀겠다는 말이다. (　)

3) 사울과 그 아들들이 죽는다는 말이다. (　)

(3) 29장 4절의 "그 주와 다시 화합하리이까" 에서 "주" 란,

1) 여호와 하나님을 칭한다. (　)

2) 사울을 칭한다. (　)

3) 아기스를 칭한다. (　)

2. 여호와께서 사울을 떠나 대적이 된 이유 두 가지를 쓰시오.

(1)

(2)

3. 백성들이 다윗을 왜 돌로 치려 했습니까?

답

4. 블레셋과의 전쟁에서 죽은 사람들 중에 자살한 사람에는 (자살), 그 외에는 (전사)라 쓰시오.

(1) 요나단 ( ) (2) 사울 ( ) (3) 아비나답과 말기수아 ( )

(4) 무기 든 자 ( ) (5) 이스라엘 모든 사람 ( )

5. 다음에 관하여 간단히 설명하시오.

(1) 브솔 시내의 200인:

(2) 길보아 산:

(3) 벧산 성벽:

사무엘하 개요

1. 기록 목적: 사무엘하는 원래 사무엘상과 연결되어 있던 책이다. 그러므로 사무엘하의 명칭, 저자, 기록 연대들은 사무엘상을 참조하면 될 것이다. 사무엘하는 사울과 요나단의 죽음을 슬퍼하는 다윗에서 시작하여 다윗의 왕권의 수립, 그의 성공과 실패, 승리와 범죄, 그리고 회개와 고통 등을 차례로 기록하였다. 이 책을 기록한 목적은 첫째로, 다윗이 왕으로 세워지는 이야기, 다윗 성, 시온 성, 예루살렘 성, 하나님과 언약을 맺는 다윗 이야기, 그리고 메시아 왕국의 모델인 영원한 하나님의 왕국 이야기 등, 다윗 왕권의 중요한 부분을 우리에게 보여 주려고 기록되었으며, 둘째로, 하나님께서는 믿는 자들과 어떤 관계를 가지시는지를 보여 주기 위해 기록되었다.

2. 구조: 사무엘하는 24장으로 구성되었다. 1-10장은 유다의 왕이 된 다윗, 그리고 이스라엘의 왕이 된 다윗 등, 다윗의 승리의 길에 대한 기록이다. 그리고 11-12장은 다윗의 범죄에 대한 기록이며, 13-20장은 가족간의 갈등, 압살롬의 반란 등, 죄 중에 고통을 당하는 다윗에 대한 기록이다. 21-24장은 기브온 언약, 블레셋과 다윗, 다윗의 찬양 시, 다윗의 용사들, 그리고 인구조사 등의 부록 형태로 되어 있다.

3. 사무엘하에 나타난 하나님의 진리:

1) 다윗은 하나님의 마음에 맞는 사람으로, 하나님만 의지하고 하나님을 순종하는 믿음의 사람의 모델로 놀라운 승리와 영광

의 사람이 되었다. 그러나 그는 또한 죄의 유혹에 넘어지고 가정을 다스리지 못하고 아들에게 반역을 당하는 아픔을 경험하였다. 하나님을 의지하는 동안에는 승리의 사람이었으나 하나님을 떠나 자기의 정욕의 사람이 되었을 때에는 실패와 저주의 사람이 되었다.

2) 그는 성령님의 인도를 받았을 때와 자신의 욕망의 인도를 받을 때에 전혀 다른 인격으로 나타나고 있다. 성령님의 인도를 받았을 때에 그는 모든 사람의 신임을 얻고 사람들의 충성을 받았으며, 약한 자들을 보호하고, 죄를 통회하며 적대자들도 높이고, 부끄러움을 모르고, 하나님을 찬양하는 믿음의 사람이었다. 그러나 그가 자신의 욕망에 따라 행했을 때에는 부하장수 요압도 통제하지 못했고, 가정 싸움을 일으켜 반란의 씨를 키웠으며, 포로들에게 잔인하게 대했고, 실수를 용납하지 않았다. 또한 자신이 용서한 것도 번복하고, 제사장에게도 거짓말을 하는 등 증오받을 죄악을 범했다. 오직 믿음의 사람은 성령님의 인도로만 진실한 삶을 살 수 있는 것이다.

제1과
사무엘하 : 1장 - 3장

1. 다음은 누구에게 해당되는 말인지 보기에서 찾아 (   ) 안에 써 넣으시오.

보기 : 사울   요나단의 사랑   아말렉 소년   다윗이 소년에게
사울과 요나단   다윗 및 함께 있는 모든 사람

(1) 그의 옷은 찢어졌고 머리에는 흙이 있더라 (   )
(2) 내 목숨이 아직 내게 완전히 있으므로 내가 고통 중에 있나니 청하건대 너는 내 곁에 서서 나를 죽이라 (   )
(3) 자기 옷을 잡아 찢음 (   )
(4) 네가 어찌하여 손을 들어 여호와의 기름 부음 받은 자 죽이기를 두려워하지 아니하였느냐 (   )
(5) 생전에 사랑스럽고 아름다운 자이러니 죽을 때에도 서로 떠나지 아니하였도다 (   )
(6) 그대가 나를 사랑함이 기이하여 여인의 사랑보다 더하였도다
(   )

2. 활 노래에 관한 다음 물음에 답하시오.
(1) 지은 사람은 누구입니까? (   )
(2) 누구를 조상한 조가입니까? (   )과 (   )
(3) 이 노래를 누구에게 가르치라고 했습니까? (   )
(4) 활 노래에 자주 나오는 엎드러진 두 용사는 누구입니까?

(　　　)과 (　　　　)

3. 다음은 누가 누구에게 한 말입니까?

(1) 내가 유다 한 성읍으로 올라가리이까 (　　　)이 (　　　　)께

(2) 헤브론으로 갈지니라 (　　　　)께서 (　　　)에게

(3) 여호와께서 은혜와 진리로 너희에게 베푸시기를 원하고 나도 이 선한 일을 너희에게 갚으리니 (　　　)이 (　　　) 사람들에게

(4) 너는 나 쫓기를 그치라 내가 너를 쳐서 땅에 엎드러지게 할 까닭이 무엇이냐 (　　　　)이 (　　　　)에게

(5) 칼이 영원히 사람을 상하겠느냐 마침내 참혹한 일이 생길 줄을 알지 못하느냐 (　　　　)이 (　　　)에게

4. 다음은 다윗 왕의 아들들입니다. 그 소생을 찾아 줄로 연결하시오.

(1) 암논	학깃
(2) 길르압	아히노암
(3) 압살롬	아비달
(4) 아도니야	아비가일
(5) 스바댜	밧세바(삼하 12:24)
(6) 이드르암	마아가
(7) 솔로몬	에글라

5. 다음에 관하여 간단히 설명하시오.

(1) 이스보셋:

(2) 아사헬:

(3) 발디엘:

(4) 아브넬이 죽은 이유:

제2과
사무엘하 : 4장 – 6장

1. 다음 물음에 간단히 답하시오.

(1) 손의 맥이 풀리고 온 이스라엘이 놀란 이유:

(2) 다리를 절게 된 이유:

(3) 낮잠 자다가 당한 일:

(4) 레갑과 바아나가 죽임당한 이유:

2. 다음 (　　) 안에 적당한 말을 찾아 써 넣으시오.

(1) 다윗이 (　　) 세에 왕위에 올라 (　　) 년 동안 다스렸으되 (　　) 에서 (　　)월 동안 (　　)를 다스렸고 (　　)에서 (　　) 년 동안 온 (　　)과 (　　)를 다스렸더라

(2) 예루살렘에 살고 있던 여부스 사람들을 칠 때 (　　)로 올라가서 (　　)과 (　　)을 치라 하였으므로 속담이 된 것은 여부스 사람들이 성벽의 견고함만 믿고 다윗을 업신여겨서 조롱한 까닭이다.

(3) 다윗이 블레셋을 치고 그곳의 이름을 바알브라심이라 칭한 것은 여호와께서 (　　)을 흩음같이 (　　) 앞에서 내 (　　)을 흩으셨다는 뜻이다.

3. 다음 말씀은 몇 장 몇 절에 기록되어 있습니까?

(1) 왕의 생명을 해하려 하던 원수 사울의 아들 이스보셋의 머리가 여기 있나이다 (　　)장 (　　)절

(2) 하물며 악인이 의인을 그의 집 침상 위에서 죽인 것이겠느냐
(　　)장 (　　)절

(3) 네가 내 백성 이스라엘의 목자가 되며 네가 이스라엘의 주권자가 되리라 (　　)장 (　　)절

(4) 다윗이 여호와께서 자기를 세우사 이스라엘 왕으로 삼으신 것과 그의 백성 이스라엘을 위하여 그 나라를 높이신 것을 알았더라
(　　)장 (　　)절

(5) 그때에 여호와가 너보다 앞서 나아가서 블레셋 군대를 치리라
(　　)장 (　　)절

4. 다윗이 하나님의 궤를 자기의 성으로 메어 가기를 즐겨 하지 않고 오벧에돔의 집에 둔 이유(1)와 다시 다윗 성으로 옮긴 이유(2)를 쓰시오.

(1)

(2)

5. 사울의 딸 미갈이 죽는 날까지 자식이 없었던 이유는 무엇입니까?

답

제3과

사무엘하 : 7장 – 9장

1. 다음 (　　) 안에 적당한 말을 찾아 써 넣으시오.

(1) 나는 (　　　　　)에 살거늘 하나님의 (　　)는 (　　　) 가운데에 있도다

(2) 내가 (　　　　　) 자손을 애굽에서 (　　　)하여 내던 날부터 오늘까지 (　　)에 살지 아니하고

(3) (　　　)에서 위대한 자들의 이름같이 네 이름을 (　　　)하게 만들어 주리라

(4) 내가 (　　) 몸에서 날 네 (　　)를 네 뒤에 세워 그의 (　　　)를 견고하게 하리라

(5) 내가 사람의 (　　　)와 인생의 (　　　)으로 징계하려니와

(6) 주 (　　　　)여 나는 (　　　)이오며 내 집은 (　　　　　　) 나를 여기까지 이르게 하셨나이까

(7) 우리 (　　)로 들은 대로는 (　　)와 같은 이가 없고 (　　) 외에는 참 (　　)이 없음이니이다

(8) 사람이 (　　　)히 주의 이름을 크게 높여 이르기를 (　　　)의 여호와는 (　　　　　)의 하나님이라

(9) (　　)의 (　　)에 (　　)을 주사 (　　) 앞에 영원히 있게 하옵소서

(10) (　　)의 (　　)의 집이 영원히 (　　)을 받게 하옵소서

2. 다음 대명사는 누구를 가리키는지 (　　) 안에서 찾아 O표 하시오.

(1) 7장 7절의 "내" : (나단, 하나님, 다윗)

(2) 7장 9절의 "내" : (나단, 하나님, 다윗)

(3) 7장 13절의 "저" : (하나님, 다윗, 나단, 다윗의 자식)

3. 다음은 다윗이 이웃 나라를 정복한 것에 대한 설명입니다. (   ) 안에 정복된 나라의 이름을 써 넣으시오.

(1) 메덱암마를 빼앗음 (   )

(2) 두 줄 길이의 사람은 죽이고 한 줄 길이의 사람은 살림 (   )

(3) 병거의 말은 발의 힘줄을 끊음 (   )

(4) 2만 2천 명을 죽이고 수비대를 둠 (   )

(5) 금 방패와 많은 놋을 빼앗아 옴 (   )

(6) 왕자를 보내어 금, 은, 놋 그릇을 바침 (   )

(7) 1만 8천 명을 치고 수비대를 둠 (   )

4. 다음 중 서로 관계 있는 것을 찾아 줄로 연결하시오.

(1)	요압	제사장
(2)	여호사밧	대신
(3)	사독과 아히멜렉	사관
(4)	스라야	군사령관
(5)	브나야	서기관
(6)	다윗의 아들	그렛, 블렛 관할

5. 다윗이 므비보셋에게 베푼 은총 중 2가지를 말하시오.

(1)

(2)

제4과
사무엘하 : 10장 – 12장

1. 다음 물음에 알맞은 답을 골라 O표 하시오.

(1) 다윗이 심복들을 하눈에 보낸 이유는 무엇입니까?

1) 그 아비를 조상하기 위해 보냈다. (　)

2) 그 나라를 정탐하려고 보냈다. (　)

3) 하눈을 꾸짖기 위해 보냈다. (　)

4) 항복을 권유하기 위해 보냈다. (　)

(2) 하눈이 다윗이 보낸 신복들을 어떻게 했습니까?

1) 잘 대접하여 돌려보냈다. (　)

2) 다 잡아 죽였다. (　)

3) 수염 절반을 깎고 의복을 잘라 보냈다. (　)

4) 잡아서 다윗이 항복할 때까지 가두었다. (　)

2. 다음 중 암몬 자손을 도운 나라나 사람에 O표 하시오.

(1) 벧르홉 아람 사람 (　)　(2) 블레셋 (　)

(3) 소바와 르홉 아람 사람 (　)　(4) 애굽 왕 (　)

(5) 마아가 왕 (　)　(6) 돕 사람 (　)

(7) 로마 사람 (　)　(8) 요압 (　)

(9) 아비새 (　)　(10) 소바 (　)

3. 다음 글을 읽고 (　　) 안에 적당한 말을 찾아 써 넣거나 (　　) 안에서 옳은 것을 찾아 O표 하시오.

(1) 저녁 때 목욕을 하다가 다윗 왕에게 발견된 여인은 (   ) 사람 (   )의 아내 (   )였다.

(2) 다윗이 우리아를 싸움터에서 불러 그 집으로 보내려고 했던 것은 (휴가를 주려, 자기 범죄를 감추려) 함이었다.

(3) 다윗이 우리아의 손에 편지를 써서 요압에게 준 것은 우리아를 (잘 대접하라고, 죽게 하라고) 보낸 것이다.

(4) 다윗이 지은 죄를 크게 두 가지로 말하면 (   )죄와 (   )죄다. (십계명을 참고하시오.)

(5) 다윗은 나단 선지자의 책망을 듣고 (노하여 나단을 죽였다, 자복했다)

(6) 솔로몬은 우리아의 아내였던 (   )의 소생이다.

4. 밧세바에게서 낳은 아들이 앓을 때에 다윗이 취한 태도와 그 아들이 죽은 후에 취한 태도를 쓰시오.

(1) 앓을 때 취한 태도:

(2) 죽었을 때 취한 태도:

제5과

사무엘하 : 13장 – 15장

1. 다음 글을 읽고 관계 있는 말을 보기에서 골라 (　　) 안에 써 넣으시오.

보기 : 요나답의 꾀　　채색 옷　　다말　　다윗의 명령　　요나답
　　　동침 후　　압살롬의 집에서　　암논

(1) 압살롬의 아름다운 누이의 이름 (　　　)

(2) 누이 때문에 울화로 말미암아 병이 됨 (　　　)

(3) 암논의 심히 간교한 친구 (　　　)

(4) 암논이 누워 병든 체함 (　　　)

(5) 암논의 집에 가서 음식을 차리라 (　　　)

(6) 이제 미워하는 마음이 전에 사랑하던 사랑보다 더함 (　　　)

(7) 출가하지 아니한 공주가 입는 옷 (　　　)

(8) 다말이 처량하게 지냄 (　　　)

2. 다음 중 맞는 것에는 O표, 틀린 것에는 ×표 하시오.

(1) 압살롬이 양털을 깎을 때 부왕도 청했으나 왕은 가지 못했다. (　)

(2) 압살롬은 왕자들을 다 죽였다. (　)

(3) 압살롬은 도망가 그술에 3년간 거했다. (　)

(4) 요압이 지혜로운 여인을 보낸 꾀는 성공했다. (　)

(5) 압살롬은 발바닥부터 정수리까지 흠이 없는 미남이었다. (　)

(6) 압살롬이 돌아와 2년간 왕과 함께 있었다. (　)

(7) 요압이 왕께 청하여 압살롬을 불러들이니 왕이 압살롬과 입을 맞추

었다. (　)

3. 다음은 누구에 대한 설명인지 (　　) 안에 이름을 써 넣으시오.

(1) 이스라엘 사람의 마음을 훔친 사람 (　　　　)

(2) 이스라엘 모든 지파 가운데 정탐을 보낸 사람 (　　　　)

(3) 다윗 왕의 모사로 압살롬 편에 가담한 자 (　　　　)

(4) 아들의 반역에 쫓겨 후궁들을 남겨 두고 도망갔던 왕 (　　　)

(5) 돌아가라는 왕의 권유를 뿌리치고 생사를 함께하기로 한 사람 (　　)

(6) 언약궤를 맡은 두 제사장 (　　　과　　　　)

(7) 아히도벨의 모략을 패하게 하기 위해 거짓 항복하고 압살롬에게 간 다윗의 친구 (　　　)

제6과

사무엘하 : 16장 - 18장

1. 다음 중 다윗의 편에서 도운 사람에는 O표, 반대편 사람에는 ×표 하시오.

(1) 시바 ( ) (2) 므비보셋 ( ) (참고. 삼하 19:24-) (3) 시므이 ( )
(4) 압살롬 ( ) (5) 아비새 ( ) (6) 아히도벨 ( ) (7) 후새 ( )
(참고. 삼하 15:32-)

2. 다음은 압살롬 편에서 압살롬을 도와 다윗 왕을 대파하려는 전술입니다. 아히도벨의 모략에는 (아히도벨), 후새의 모략에는 (후새)라 쓰시오.

(1) 아버지가 남겨 두어 왕궁을 지키게 한 후궁들과 더불어 동침하소서 그리하면 모든 사람의 힘이 더욱 강하여지리이다 ( )
(2) 온 이스라엘을 모으고 친히 전장에 나가시고 ( )
(3) 만 이천 명을 택하여 다윗의 뒤를 추적하여 다윗 왕만 쳐 죽이면 모든 백성이 평안하리이다 ( )
(4) 그가 어느 성에 들었으면 밧줄을 가져다가 그 성을 강으로 끌어들여서 작은 돌 하나도 보이지 않게 할 것입니다 ( )

3. 다음 중 맞는 것에는 O표, 틀린 것에는 ×표 하시오.

(1) 다윗의 군대를 요압에게는 3분의 2를 아비새와 잇대에게는 각각 3분의 1을 주었다. ( )
(2) 다윗이 친히 출전하여 싸우려 했으나 백성이 말렸다. ( )

(3) 다윗은 압살롬을 죽이라 명하였다. (   )

(4) 상수리 나뭇가지에 달린 압살롬의 심장을 요압이 찔렀다. (   )

(5) 요압이 승리의 보고를 구스 사람을 통해 먼저 보냈으나 나중에 간 아히마아스가 먼저 다윗에게 도착하였다. (   )

4. 다음 물음에 간단히 답하시오.

(1) 우물 속에 숨었던 두 사람의 이름은 무엇입니까?

(2) 아히도벨이 목을 매어 죽은 이유는 무엇입니까?

(3) 압살롬의 군지휘관 아마사와 다윗의 군지휘관 요압과는 어떠한 인척 관계가 됩니까?

(4) 다윗이 마하나임에 이르렀을 때에 생활용품을 공궤한 사람의 이름은 무엇입니까?

(5) 압살롬이 살았을 때에 자기의 비석을 세워 둔 이유는 무엇입니까?

(6) 다윗이 성 문 위층으로 올라가며 울부짖은 말을 쓰시오.

제7과

사무엘하 : 19장 - 21장

1. 백성들이 승전하고도 싸움에 쫓겨 도망하는 자같이 가만히 성읍으로 들어간 이유는 무엇입니까?

답

2. 19장 16절 이후에 시므이가 다윗 왕 앞에 엎드려 자기에게 죄를 돌리지 말기를 간청했다 했습니다. 시므이가 왕에게 어떤 패역한 일을 행했습니까? (참고. 삼하 16:5-)

답

3. 19장 24절 이후에 종(시바)이 므비보셋을 모함했다 했는데 어떻게 모함했습니까? (참고. 삼하 16:1)

답

4. 19장 31절 이후에 바실래가 왕을 공궤했다 했는데 언제 무엇으로 공궤했습니까? (참고. 삼하 17:27-)

답

5. 다윗이 세운 군장 아마사를 요압이 죽인 까닭은 무엇입니까? (참고. 삼하 17:24-; 19:13-)

답

6. 비그리의 아들 세바는 누구의 지혜로 죽었습니까?

답

7. 3년간 기근이 든 이유는 무엇입니까?

답

8. 리스바의 선행을 쓰시오.

답

9. 아비새의 업적은 무엇입니까?

답

10. 다윗의 부하의 손에 죽은 거인족 네 사람의 이름은 무엇입니까?

답

제8과
사무엘하 : 22장 – 24장

1. 다음 말씀은 몇 장 몇 절에 기록되어 있습니까?

(1) 여호와는 나의 반석이시요 나의 요새시요 나를 위하여 나를 건지시는 자시요……나의 반석의 하나님이시요 ( )장 ( )절

(2) 그가 그의 성전에서 내 소리를 들으심이여 나의 부르짖음이 그의 귀에 들렸도다 ( )장 ( )절

(3) 그 앞에 있는 광채로 말미암아 숯불이 피었도다 ( )장 ( )절

(4) 화살을 날려 그들을 흩으시며 번개로 무찌르셨도다 ( )장 ( )절

(5) 나를 또 넓은 곳으로 인도하시고 나를 기뻐하시므로 구원하셨도다 ( )장 ( )절

(6) 자비한 자에게는 주의 자비하심을 나타내시며 완전한 자에게는 주의 완전하심을 보이시며 깨끗한 자에게는 주의 깨끗하심을 보이시며 사악한 자에게는 주의 거스르심을 보이시리이다 ( )장 (-)절

(7) 주께서 또 주의 구원의 방패를 내게 주시며 주의 온유함이 나를 크게 하셨나이다 ( )장 ( )절

(8) 나를 보전하사 모든 민족의 으뜸으로 삼으셨으니 내가 알지 못하는 백성이 나를 섬기리이다 ( )장 ( )절

(9) 사람을 공의로 다스리는 자, 하나님을 경외함으로 다스리는 자여 그는 돋는 해의 아침 빛 같고 구름 없는 아침 같고 비 내린 후의 광선으로 땅에서 움이 돋는 새 풀 같으니라 하시도다 ( )장 (-)절

(10) 사악한 자는 다 내버려질 가시나무 같으니 이는 손으로 잡을 수 없음이로다 그것들을 만지는 자는 철과 창자루를 가져야 하리니 그것들

이 당장에 불살리리로다 (　　)장 (　　-　　)절

2. 다음 (　　) 안에 적당한 말을 찾아 써 넣으시오.

(1) 아디노—(　　　　　)의 두목—(　　　) 명을 쳐 죽임

(2) (　　　　　)—세 용사 중 한 사람—손이 피곤하여

(3) (　　　)—녹두나무 밭에서—큰 구원을 이룸

(4) 삼십 두목 중 세 사람—베들레헴 우물물—(　　　)을 걸고

(5) 요압의 아우—(　　　　)—세 사람의 우두머리

(6) 브나야—사자를 죽임—(　　　　) 대장

3. 다음 문장의 (　　) 안에서 옳은 것을 찾아 O표 하시오.

(1) 다윗이 인구조사를 할 때 요압과 군대 사령관들도 (원했다, 원하지 아니했다)

(2) 인구조사는 (열 달, 아홉 달) (열흘, 스무날) 걸렸다.

(3) 백성의 수는 이스라엘에서 (80만, 50만) 유다 사람이 (80만, 50만)이었다.

(4) 하나님이 갓을 보내 세 가지 재앙 중 하나를 택하라 할 때 다윗이 택한 재앙은 (7년 기근, 석달 쫓김, 3일 온역)이었다.

(5) 아라우나는 왕께 타작마당과 소를 (팔려, 거저 드리려) 했다.

(6) 왕은 타작마당을 (얻었다, 샀다)

열왕기상하 개요

1. 왕정 시대의 역사: 열왕기는 왕정 시대의 역사 가운데서 사울을 제외한 이스라엘과 유다의 모든 왕의 통치의 기록이다. 즉 솔로몬 왕부터 여호야긴 왕이 포로가 되었다가 석방되는 이야기까지의 기록이다(B.C. 970-586). 이 시기는 통일 왕국 시대 (솔로몬 왕의 통치 시대, B.C. 970-931), 분열 왕국 시대(여로보암 시대에서 호세아 왕까지, B.C. 931-722), 그리고 유다 왕국 시대 (B.C. 722-586)까지다. 그러나 역대기는 사울 왕부터 다윗 왕까지의 전체 통일 왕국 시대를 포함하고 있으며 바벨론 포로에서 귀환하는 것까지를 기록하고 있다.

2. 명칭: 열왕기는 매우 적합한 명칭이라 할 수 있다. 그 이유는 열왕기가 솔로몬 왕부터 유다의 마지막 왕인 시드기야까지 이스라엘과 유대의 열 명의 왕의 업적과 사건들을 기록했기 때문이다.

히브리어 원어 성경에는 전기 예언서 네 번째 책으로 열왕기를 배치했다. 그러나 헬라어 번역 성경인 70인역(LXX)에서는 하나의 두루마리에 담을 수 없기 때문에 열왕기서를 둘로 나누어 제3왕국서와 제4왕국서(사무엘서도 두루마리 사정으로 제1왕국서, 제2왕국서로 나누었다)로 배치했다. 우리말 성경에서는 역사서 중 제5권과 제6권으로 열왕기상과 열왕기하로 나누어 배치하였다.

3. 저자 및 연대: 열왕기는 솔로몬 왕부터 여호야긴 왕의 석방까지만 기록하고(B.C. 562) 있다. 그래서 어떤 학자는 예레미야의 저술로 보기

도 하지만 대부분의 학자들은 누구의 기록인지 알지 못한다고 결론을 내리고 있으며. 대략 B.C. 562년에서 536년(포로 귀환 이전) 사이에 기록되었을 것이라고 추정하고 있다.

4. 구조: 열왕기상은 22장으로 구성되어 있다. 1-11장은 솔로몬 왕국을 기록한 것이며, 12장에서 열왕기하 17장까지는 분열된 두 왕국 이스라엘과 유다의 왕들과 사건에 대한 기록이다. 그리고 열왕기하 18-25장은 북왕국의 수도 사마리아가 앗수르에 함락당한 이후에 살아남은 왕국인 유다 왕국의 왕들과 사건들을 기록하고 있다. 열왕기는 솔로몬 왕국의 평화시대와 열왕기상 12장의 왕국 분열의 전환점을 기점으로 혼란에 처한 왕국 이야기를 열왕기하까지 기록하고 있는 것이다.

5. 선지자적인 관점: 열왕기서는 왕들과 국가의 운명이 신명기 법전이 강조하는 하나님의 말씀에 순종했느냐 불순종했느냐에 의해 결정된다는 것을 보여 주려고 했다. 그래서 전쟁이 매우 중요하게 다루어지고 있으며 여러 왕조의 성공과 실패가 극명하게 대조되고 있다. 열왕기서는 이스라엘 왕국과 유대 왕국의 역사를 동시에 다룸으로써 선지자적인 역사의 관점을 더 드러나게 하고 있으며 정의와 도덕을 중요하게 다루고 있다.

제1과
열왕기상 : 1장 – 3장

1. 다음 물음에 알맞은 답을 골라 O표 하시오.

(1) 다윗이 늙어 그의 시종들이 아비삭을 얻어 드린 것은 무엇 때문입니까?

1) 아내로 맞기 위하여 ( )

2) 수종 들도록 하기 위하여 ( )

3) 다윗이 향락하도록 ( )

(2) 다윗의 왕위를 차지하려고 모의한 아들은 누구입니까?

1) 솔로몬 ( ) 2) 암논 ( ) 3) 길르압 ( ) 4) 아도니야 ( )

(3) 다윗의 시종 중에 아도니야를 따른 자는 누구입니까?

1) 요압과 아비아달 ( ) 2) 사독과 브나야 ( )

3) 나단과 시므이 ( ) 4) 레이와 용사들 ( )

(4) 다윗은 왕위를 누구에게 주었습니까?

1) 솔로몬 ( ) 2) 아도니야 ( ) 3) 압살롬 ( ) 4) 스바댜 ( )

(5) 다윗이 왕위를 물려줄 때 누구에게 말했습니까?

1) 수넴 여인 아비삭 ( )

2) 제사장 사독과 선지자 나단과 브나야 ( )

3) 요압과 아비삭 ( )

4) 다윗의 왕자들 ( )

(6) 아도니야가 제단 뿔을 잡고 구한 것은 무엇입니까?

1) 죽이지 말 것 ( ) 2) 대신 자리 ( )

3) 부귀 영화 ( ) 4) 제물 ( )

2. 2장 2-9절 말씀 중 다윗이 솔로몬에게 유언한 것 네 가지를 쓰시오.

(1)

(2)

(3)

(4)

3. 다음 사람들에게 조처한 것과 그 후임자를 쓰시오.

(1) 아비아달:

(2) 요압:

(3) 시므이:

(4) 아도니야:

4. 솔로몬이 기드온에서 일천 번제를 드리고 하나님께 구한 것은 무엇이며 응답은 무엇이었습니까?

(1) 구한 것:

(2) 응답:

5. 솔로몬의 지혜로운 판단의 예를 쓰시오.

답

제2과

열왕기상 : 4장 – 6장

1. 다음 중 서로 관계 있는 것을 찾아 줄로 연결하시오.

(1) 사독의 아들 아사리아	제사장이니 왕의 벗
(2) 엘리호렙과 아히야	사관
(3) 여호사밧	군사령관
(4) 브나야	노동 감독관
(5) 나단의 아들 아사리아	제사장
(6) 사붓	궁내대신
(7) 아히살	서기관
(8) 아도니람	지방 장관의 두령

2. 다음 중 서로 관계 있는 것을 찾아 (　　) 안에 번호를 써 넣으시오.

(1) 열두 지방 장관	(　) 밀가루 구십 고르
(2) 벤아비나답과 아히마아스	(　) 하나님이 주심
(3) 아셀과 아롯 관장	(　) 왕실에 양식을 공급
(4) 솔로몬의 하루의 음식물	(　) 솔로몬의 사위
(5) 외양간 수	(　) 지혜를 들으러 모임
(6) 솔로몬의 지혜와 총명	(　) 후새의 아들 바아나
(7) 천하 모든 왕들	(　) 4만

3. 솔로몬의 놀라운 지혜는 구체적으로 무엇을 말하고 논할 수 있었습니까?

답

4. 다음 물음에 간단히 답하시오.

(1) 솔로몬과 히람 왕이 화친하여 물물교환을 했을 때, 히람이 보낸 것과 솔로몬이 보낸 것을 쓰시오.

1) 히람이 보낸 것:

2) 솔로몬이 보낸 것:

(2) 솔로몬이 세운 역군의 수는 (   ) 명이요 또 짐꾼은 (   ) 명이요 돌 뜨는 자는 (   ) 명이며 사역을 감독하는 관리가 (   ) 명이었다.

(3) 사백팔십년:

(4) 성전의 크기를 우리나라 미터법으로 계산하시오.

1) 길이 60규빗: (   )센티미터

2) 너비 20규빗: (   )센티미터

3) 높이 30규빗: (   )센티미터

(5) 성전을 건축하면서 철 연장 소리가 나지 않은 이유는 무엇입니까?

(6) 다음 것들로 무엇을 아로 새겼습니까?

1) 백향목 널판:

2) 정금:

3) 감람나무:

4) 잣나무:

(7) (   ) 년 동안 성전을 건축하였다.

제3과

열왕기상 : 7장 – 9장

1. 다음 중 맞는 것에는 O표, 틀린 것에는 ×표 하시오.

(1) 솔로몬이 지은 왕궁의 크기는 성전보다 작다. ( )

(2) 솔로몬은 바로의 딸과 거처할 집을 지었다. ( )

(3) 이 집들은 안팎을 귀하고 다듬은 돌로 짓되 톱으로 켠 것이다. ( )

(4) 두로에서 데려온 히람이라는 사람은 과부의 아들로 아버지 때부터 놋쇠 대장장이였으며 놋 일에는 지혜와 총명과 재능을 구비한 자였다. ( )

(5) 두 기둥을 세우고 하나는 야긴(저가 세우리라) 또 하나는 보아스(그에게 능력이 있다)라 이름하였다. ( )

(6) 기둥 꼭대기에 새긴 꽃들은 장미와 모란이었다. ( )

(7) 솔로몬이 여호와의 성전을 위하여 모든 일을 마친 후 다윗이 드린 물건과 기구들을 성전 곳간에 두었다. ( )

2. 여호와께서 솔로몬의 기도에 어떻게 응답하셨습니까? (두 가지 I상 9:1–9)

(1)

(2)

3. 솔로몬이 성전과 왕궁 건축을 마치고 히람 왕에게 무엇으로 보답했으며 그때 히람의 태도는 어떠했습니까?

(1) 보답한 것:

(2) 히람의 태도:

4. 8장을 읽으며 솔로몬이 새로 지은 성전으로 언약궤를 옮긴 후에 드린 기도의 내용을 10가지로 말하시오.

(1)

(2)

(3)

(4)

(5)

(6)

(7)

(8)

(9)

(10)

제4과
열왕기상 : 10장 – 12장

1. 다음 물음에 알맞은 답을 써 넣으시오.

(1) 솔로몬의 지혜를 시험코자 찾아온 여왕은 누구입니까?

(2) 여왕이 무엇을 보고 크게 감동했습니까?

(3) 솔로몬의 신하들을 왜 복되다 말했습니까?

(4) "여호와를 송축할지로다" 한 말씀은 (   )이 (   )에게 한 말이다.

(5) 여호와의 성전과 왕궁의 난간은 무슨 나무로 만들었습니까?

(6) 다음 것들로 무엇을 만들었습니까?

1) 금:

2) 상아:

(7) 3년에 1차씩 다시스 배로 실어온 것은 무엇입니까?

(,   ,   )

(8) 다음은 무엇을 말합니까?

1) 돌같이 흔하게 한 것:

2) 평지의 뽕나무같이 많게 한 것:

2. 다음 (   ) 안에 적당한 말을 찾아 써 넣으시오.

(1) 솔로몬은 바로의 딸 외에도 모압과 (   )과 (   )과 시돈과 (   ) 여인을 사랑하였다.

(2) 왕은 후궁이 ( ) 명이요 첩이 ( ) 명이라 그의 ( )들이 ( )의 마음을 돌아서게 하였더라

(3) 왕이 왕비들을 통하여 수입한 이방 신들은 시돈의 여신 ( )과 암몬의 가증한 ( )과 모압의 ( )와 암몬의 몰록이었다.

(4) 여호와께서 일찍이 ( ) 번이나 다른 신을 따르지 말라 하셨다.

(5) 솔로몬을 대적한 사람 세 사람 중 한 사람은 에돔 사람 ( )으로 애굽에 가 바로의 처제로 장가들어 그누밧을 낳고 다른 한 사람은 수리아 왕이 된 ( )이며 또 다른 사람은 용사로서 선지자 아히야가 옷을 열두 조각으로 찢어 조각을 취하게 한 ( )인데 그는 솔로몬이 죽기까지 애굽 왕 ( )에게 있었다.

3. 온 회중이 새 왕 앞에 고할 때에 대한 다음 물음에 답하시오.

(1) 노인들의 의견은 무엇이었습니까?

(2) 소년들의 의견은 무엇이었습니까?

(3) 새 왕이 택한 것은 무엇입니까?

제5과
열왕기상 : 13장 – 15장

1. 다음 (   ) 안에서 틀린 답을 찾아 지우시오.

(1) 북 왕국인 이스라엘의 왕 여로보암이 벧엘에서 단을 쌓고 분향하는 것은 (하나님께, 우상에게) 하는 것이다. (참고, 12:25 이하)

(2) 하나님의 사람이 예언한 것이 (그대로 이루어졌다, 이루어지지 않았다) (참고, 왕하 23:15–)

(3) 하나님의 사람이 왕이 주는 예물을 (받았다, 거절했다)

(4) 하나님의 사람이 왕과 (함께 들어가 떡도 먹고 왔던 길로 도로 갔다, 함께 들어가지도 않고 먹지도 않고 다른 길로 갔다)

(5) 하나님의 사람이 사자에게 살해된 것은 (여호와의 말씀을 어겼기, 배고픈 사자가 먹으려고 물었기) 때문이다.

(6) 악한 일로 여로보암의 집에 죄가 되어 멸망케 된 큰 원인의 하나는 (아무나 원하면 제사장을 삼음, 정치를 잘못함)에 있다.

2. 여로보암의 아들 아비야만 묘실(무덤)에 들어가게 되는 이유를 쓰시오.

답

3. 다음 (   ) 안에 적당한 말을 찾아 써 넣으시오.

(1) 북왕국 이스라엘의 첫 왕은 (   )이고 두 번째 왕은 (   ) 이다.

(2) 남왕국 유다의 첫 왕은 (   )이고 두 번째 왕은 (   )이다.

4. 다음 사람들에 관하여 간단히 쓰시오.

(1) 나아마:

(2) 애굽 왕 시삭:

5. 아사 왕이 치리한 41년간의 공적 다섯 가지를 쓰시오.

(1)

(2)

(3)

(4)

(5)

6. 바아사의 모반에 대해 간략하게 쓰시오.

답

제6과
열왕기상 : 16장 – 18장

1. 다음은 16장에 나오는 이스라엘의 다섯 왕입니다. 그들이 치리한 기간을 찾아 줄로 연결하시오. (15:33 이하도 참고)

(1) 바아사 22년
(2) 엘라 24년
(3) 시므리 7일
(4) 오므리 2년
(5) 아합 12년

2. 다음은 누구에 대한 설명인지 그 이름을 쓰시오.

(1) 바아사를 꾸짖은 사람:
(2) 사마리아 성읍을 건축한 왕:
(3) 본래 사마리아 산 주인의 이름을 따서 그 성읍 이름을 사마리아라 했다 했는데 여기서 산 주인의 이름:

3. 아합 왕의 왕후에 대한 물음입니다. 그녀는 본래 어느 나라 사람이며 무슨 죄를 범했습니까?

(1) 이름 ( )
(2) 어느 나라 왕의 딸 (왕 의 딸)
(3) 섬겨 숭배했던 것들 (,)

4. 여리고 성을 건축하고 두 아들을 잃은 사람이 있는데 이 일은 이미

"여호수아를 통하여 하신 말씀과 같이 되었더라"라고 했습니다. 이 말씀은 여호수아 6장 몇 절에 기록된 말씀입니까?

답 (　　절)

5. 다음 중 서로 관계 있는 것을 찾아 줄로 연결하시오.

(1) 수년 동안 이슬도 있지 아니하리라　　　계속 생김
(2) 까마귀들이 떡과 고기를　　　부르짖어 고침
(3) 과부에게 음식을 받음　　　아합에게 고함
(4) 통의 가루, 병의 기름　　　사르밧에서
(5) 집 주인의 아들이 죽음　　　그릿 시냇가에서

6. 다음 (　　) 안에 적당한 말을 찾아 써 넣으시오.

(1) 아합의 왕궁 맡은 자 (　　　　)가 선지자 (　　)명을 (　　)명씩 굴에 숨기고 떡과 물을 먹임
(2) 갈멜 산에 모인 바알의 선지자는 (　　)명, 아세라의 선지자는 (　　)명이었고 하나님의 선지자는 (　　) 사람 뿐이었다.
(3) 이 백성에게 (　　　　)는 하나님이신 것과 주는 그들의 (　　)을 되돌이키심을 알게 하옵소서

제7과
열왕기상 : 19장 – 21장

1. 다음 ( ) 안에 적당한 말을 찾아 써 넣으시오.

(1) 엘리야는 ( ) 아래에서 ( )를 원하였다.

(2) 엘리야가 ( )를 걸어 이른 곳은 하나님의 산 ( ) 이었다.

2. 다음 중 서로 관계 있는 것을 찾아 줄로 연결하시오.

(1)	하사엘	선지자가 되게
(2)	예후	아람의 왕이 되게
(3)	엘리사	바알에게 꿇지 아니함
(4)	이스라엘 7천 명	이스라엘의 왕이 되게

※ 다음 문제의 ( ) 안에 알맞은 말을 써 넣으시오. (3-5항)

3. 엘리야가 엘리사를 만날 때 엘리사는 열두 겨릿 ( )를 앞세우고 ( )을 가는데 자기는 ( )째 겨릿소와 함께 있었다.

4. 엘리사가 엘리야를 따를 때 한 겨릿소를 잡고 소의 ( )를 불살라 그 ( )를 삶아 ( )에게 주어 먹게 했다.

5. 아합이 벤하닷을 ( )번 크게 이겼으며 벤하닷을 살려 보냄으로 "네 목숨은 그의 ( )을 대신하고 네 ( )은 그의 백성을 대신하리라" 했다.

6. 다음은 누가 누구에게 한 말입니까?

(1) 네 은금은 내 것이요 네 아내들과 네 자녀들의 아름다운 자도 내 것이니라

( )이 ( )에게

(2) 듣지도 말고 허락하지도 마소서

( )이 ( )에게

(3) 갑옷 입는 자가 갑옷 벗는 자 같이 자랑하지 못할 것이라

( )이 ( )에게

(4) 여호와의 말씀이 네가 이 큰 무리를 보느냐

( )가 ( )에게

(5) 너는 나를 치라 ( )이 ( )에게

7. 다음은 나봇을 죽이기까지의 과정입니다. 순서에 맞게 ( ) 안에 번호를 써 넣으시오.

(1) 하나님과 왕을 저주하였다 함 ( )

(2) 금식을 선포함 ( )

(3) 돌로 쳐 죽임 ( )

(4) 불량자 두 사람을 마주 앉힘 ( )

(5) 성 밖으로 끌고 감 ( )

8. 아합이 중한 죄를 지었음에도 불구하고 당장에 재앙을 받지 않은 이유는 무엇입니까?

답

제8과

열왕기상 : 22장

1. 다음은 누가 누구에게 한 말입니까?

(1) 당신은 나와 함께 길르앗 라못으로 가서 싸우시겠느냐

( )이 ( )에게

(2) 먼저 여호와의 말씀이 어떠하신지 물어보소서

( )이 ( )에게

(3) 올라가소서 주께서 그 성읍을 왕의 손에 넘기시리이다

( )이 ( )에게

(4) 미가야 한 사람이 있으니......그를 미워하나이다

( )이 ( )에게

(5) 미가야를 속히 오게 하라

( )이 ( )에게

(6) 내가 보니 온 이스라엘이 목자 없는 양같이 산에 흩어졌는데......

( )가 ( )에게

(7) 내가 그를 꾀겠나이다 ( )이 ( )께

(8) 여호와의 영이 나를 떠나 어디로 가서 네게 말씀하시더냐

( )가 ( )에게

(9) 네가 골방에 들어가서 숨는 그날에 보리라

( )가 ( )에게

(10) 왕이 참으로 평안히 돌아오시게 될진대 여호와께서 나를 통하여 말씀하지 아니하셨으리이다 ( )가 ( )에게

(11) 나는 변장하고 전쟁터로 들어가려 하노니 ( )이 ( )에게

(12) 너희는 작은 자나 큰 자와 더불어 싸우지 말고 오직 이스라엘 왕과 싸우라 (　　　　)이 (　　　　　　　　　　　　　)에게

(13) 내가 부상하였으니 네 손을 돌려 내가 전쟁터에서 나가게 하라 (　　　)이 (　　　　　　)에게

2. 다음 중 맞는 것에는 O표, 틀린 것에는 ×표 하시오.

(1) 아람과 이스라엘 간에 잠시 전쟁이 없다가 길르앗 라못을 두고 이스라엘과 유다가 동맹하여 아람과의 전쟁을 일으켰다. (　　)

(2) 이때 이스라엘의 왕은 아합이고 유다의 왕은 여호사밧이었다. (　　)

(3) 이때 이스라엘의 선지자 4백 명과 시드기야는 이기겠다고 예언하나 미가야 한 사람만은 불길한 징조로 예언했다. (　　)

(4) 거짓말하는 영이 많은 선지자들을 꾀어 거짓 예언하게 된 것이다. (　　)

(5) 같은 선지자인 시드기야가 미가야의 뺨을 칠 때 미가야도 같이 때리고 싸웠다. (　　)

(6) 이스라엘의 왕은 변장하고 싸웠으나 유다의 왕은 입은 대로 싸웠다. (　　)

(7) 이스라엘의 왕은 우연히 쏜 화살에 맞아 죽었다. (　　)

(8) 38절에 "여호와께서 하신 말씀과 같이 되었더라"라는 말씀은 21장 19절의 말씀이 응했다는 말이다. (　　)

(9) 유다 왕 여호사밧은 비록 산당은 폐하지 않았지만 여호와께서 보시기에 정직히 행하였다. (　　)

(10) 유다는 여호사밧을 이어 여호람이 왕이 되고 이스라엘은 아합을 이어 아하시야가 왕이 되었다. (　　)

제1과

열왕기하 : 1장 - 2장

1. 다음 물음에 알맞은 답을 써 넣으시오.

(1) 난간에서 떨어진 왕의 이름은 무엇입니까?

(2) 에그론의 신 바알세불은 마태복음 12장 (　　)절에도 나오는데 거기에는 (　　　)의 (　　) 바알세불이라고 기록되었다.

(3) 털이 많고 가죽 띠를 띤 사람의 이름은 무엇입니까?

2. 다음 50부장과 50인이 한 말입니다. 관계 있는 것을 찾아 줄로 연결하시오.

(1)	첫 오십부장이 한 말	나의 생명과 이 오십 명의 생명을 귀히 보소서
(2)	두 번째 오십부장이 한 말	내려오라 하셨나이다
(3)	세 번째 오십부장의 태도와 한 말	속히 내려오라 하셨나이다

3. 다음은 누가 누구에게 한 말입니까?

(1) 청하건대 너는 여기 머물라 (　　　)가 (　　　)에게

(2) 내가 당신을 떠나지 아니하겠나이다 (　　　)가 (　　　)에게

(3) 당신의 선생을 당신의 머리 위로 데려가실 줄을 아시나이까 (　　　　　　)이 (　　　)에게

(4) 나도 또한 아노니 너희는 잠잠하라 (　　　)가 (　　　)에게

(5) 나를 여리고로 보내시느니라 (　　　)가 (　　　)에게

(6) 내가 당신을 떠나지 아니하겠나이다 (　　　)가 (　　　)에게

(7) 너는 여기 머물라 여호와께서 나를 요단으로 보내시느니라

( )가 ( )에게

4. 다음은 엘리야가 승천하기까지 제자 엘리사가 따른 순서입니다. 맞는 것에 O표 하시오.

(1) 길갈—여리고—벧엘—요단 강—승천 ( )

(2) 길갈—요단 강—여리고—벧엘—승천 ( )

(3) 길갈—벧엘—여리고—요단 강—승천 ( )

(4) 길갈—벧엘—요단 강—여리고—승천 ( )

5. 다음은 엘리사가 여리고 성읍의 물을 고친 일에 대한 것입니다. 맞는 것에 O표 하시오.

(1) 새 그릇에 소금을 물 근원에 던지며 여호와의 말씀으로 고쳤다. ( )

(2) 소금을 물에 타 물 근원에 붓고 저었다. ( )

(3) 새 그릇에 소금을 담아 던지며 엘리사의 말로 고쳤다. ( )

(4) 물 근원에서 물을 새 그릇에 떠다 소금을 타 던졌다. ( )

6. 엘리사는 대머리였다는 것을 증거하는 말은 무엇입니까?

(1) 엘리사가 여호와의 이름으로 저주했다. ( )

(2) 젊은 아이들이 성에서 조롱했다. ( )

(3) 젊은 아이들이 엘리사를 보고 "대머리여, 대머리여" 하고 조롱했다. ( )

(4) 암곰 둘이 나와 아이들 중 42명을 찢었다. ( )

제2과

열왕기하 : 3장 – 5장

1. 다음 중 서로 관계 있는 것을 찾아 줄로 연결하시오.

(1) 여호람	유다와 이스라엘과 연합
(2) 메사	이스라엘 왕을 도움
(3) 여호사밧	여호사밧의 얼굴을 보아 승전하게 함
(4) 에돔 왕	바알의 주상을 없앰
(5) 엘리사	번제로 드림
(6) 모압 왕자	이스라엘 왕을 배반

2. 다음은 4장에 나오는 엘리사에 관한 일들입니다. 관계 있는 말을 보기에서 골라 (   ) 안에 번호를 써 넣으시오.

보기 : (1) 수넴 여인의 아들 (2) 사망의 독 (3) 기름병 (4) 보리떡 20개

(1) 빚 준 사람이 선지자 아내에게서 두 아들을 데려가 종으로 삼고자 함 (   )

(2) 계집종의 집에 기름 한 그릇 외에는 아무것도 없나이다 (   )

(3) 하나님의 사람이여 당신의 계집종을 속이지 마옵소서 (   )

(4) 사환 한 명과 나귀 한 마리를 내게로 보내소서 내가 하나님의 사람에게 달려갔다가 돌아오리이다 (   )

(5) 일곱 번 재채기하고 눈을 뜨는지라 (   )

(6) 길갈에 흉년이 들었을 때 (   )

(7) 무리가 국을 먹다가 외쳐 가로되 (   )

(8) 이것을 백 명에게 주겠나이까 (　)

(9) 여호와의 말씀과 같이 다 먹고 남았더라 (　)

(10) 하나님의 사람에게 나아가서 그 발을 안은지라 (　)

3. 다음은 나아만의 병 고침을 위하여 도운 사람들입니다. 각각 어떻게 도왔습니까?

(1) 이스라엘에서 잡아온 계집아이:

(2) 아람 왕:

(3) 이스라엘 왕:

(4) 나아만의 종들:

(5) 엘리사:

(6) 노새 두 마리:

(7) 게하시:

제3과

열왕기하 : 6장 – 8장

1. 다음 보기의 말은 누가 어떠한 형편에서 누구에게 한 말인지 ( ) 안에 맞는 번호를 써 넣으시오.

보기 : (1) 아아, 내 주여 이는 빌려온 것이니이다

(2) 엘리사가 왕이 침실에서 하신 말씀을 이스라엘의 왕에게 고하나이다

(3) 아아, 내 주여 우리가 어찌하리이까

(4) 칼과 활로 사로잡은 자인들 어찌 치리이까 떡과 물을 그들 앞에 두어 먹고 마시게 하고 그들의 주인에게로 돌려보내소서

(5) 네 아들을 내놓아라 우리가 오늘 먹고 내일은 내 아들을 먹자

(1) 아람 왕의 말과 많은 병거가 군사가 성을 에워쌌을 때 엘리사의 수종드는 자가 그것을 보고 엘리사에게 한 말 ( )

(2) 아람 사람이 엘리사에게 내려오매 엘리사가 여호와께 기도하여 그들의 눈을 어둡게 한 후 저희를 인도하여 사마리아에 이르렀고 기도하여 눈을 열어 보게 되니 저희들이 사마리아에 있는지라 때에 이스라엘 왕이 저희를 보고 엘리사에게 이르되 내 아버지여 내가 치리이까 할 때 엘리사가 왕에게 한 말 ( )

(3) 아람 왕 벤하닷이 군대를 모아 올라와서 사마리아를 에워싸므로 성중이 크게 주려서 나귀 머리 하나에 은 팔십 세겔이요 비둘기 똥 사분의 일 갑에 은 다섯 세겔이라 이스라엘 왕이 성 위로 지나갈 때 한 여인이 왕에게 한 말 ( )

(4) 선지자의 제자 중 한 사람이 나무를 벨 때에 쇠도끼가 자루에 빠져 물

에 떨어졌을 때 엘리사에게 한 말 (　　)

(5) 아람 왕이 이스라엘과 싸우기 위하여 신복들과 의논한 말이, 엘리사 선지자가 왕에게 기별하여 그곳에 사람을 보내어 방비하기가 한두 번이 아닌지라 아람 왕이 마음이 번뇌하여 그 신복들을 불러 이르되 우리 중에 누가 이스라엘과 내통하는 것을 내가 말하지 아니하느냐 할 때 신복 중 한 사람이 아람 왕에게 한 말 (　　)

2. 다음 물음에 간단히 답하시오.

(1) 엘리사가 장관에게 밀과 보리를 보고도 먹지 못하리라 한 말이 무슨 말입니까?

(2) 사마리아 성을 포위한 아람 군대가 갑자기 도망간 이유는 무엇입니까?

(3) 아람 군대가 의복과 병기를 가득히 두고 도망친 이유는 무엇입니까?

3. 다음 중 서로 관계 있는 것을 찾아 줄로 연결하시오.

(1) 게하시	아합의 사위
(2) 하사엘	22세에 왕이 되어 1년간 치리
(3) 여호람	사환
(4) 아하시야	아람 왕의 심복, 후에 왕이 됨

제4과

열왕기하 : 9장 – 11장

1. 다음 글을 읽고 관계 있는 말을 보기에서 골라 (   ) 안에 번호를 써 넣으시오.

보기 : (1) 기름병 (2) 옷 (3) 돌아오지 않는 사자 (4) 나봇의 밭
(5) 므깃도 (6) 창

(1) 이세벨이 듣고 눈을 그리고 머리를 꾸미고 봄 (   )
(2) 그 시체를 가져다가 던지라 (   )
(3) 엘리사가 선지자의 제자 중 하나를 불러 이를 가지고 길르앗으로 가라 (   )
(4) 예후가 얼굴을 들어 향하고……내 편이 될 자가 누구냐 (   )
(5) 예후가 이르되 평안이 네게 상관이 있느냐 내 뒤로 물러나라 (   )
(6) 내가 네게 기름을 부어 이스라엘 왕으로 삼노라 (   )
(7) 유다 왕 아하시야가 죽은 곳 (   )

2. 다음 중 서로 관계 있는 것을 찾아 줄로 연결하시오.

(1) 70명　　예후가 사마리아로 가던 중에 죽인 아하시야의 형제들
(2) 42명　　예후가 바알 섬기는 자를 계책으로 죽인 사람들
(3) 80명　　예후에게 죽은 아합의 아들들, 즉 왕자들

3. 다음 사람들에 관하여 간단히 쓰시오.

(1) 아달랴:

(2) 여호야다:

(3) 여호세바:

제5과
열왕기하 : 12장 – 14장

1. 다음 중 맞는 것에는 O표, 틀린 것에는 ×표 하시오.

(1) 요아스는 유다의 왕으로 40년간 통치했다. ( )

(2) 시비아는 요아스의 할머니다. ( )

(3) 요아스는 제사장 여호야다의 교훈을 받았다. ( )

(4) 요아스는 산당을 제거했다. ( )

(5) 요아스 왕 제이십삼 년까지 성전을 수리하였다. ( )

(6) 제사장 여호야다가 궤를 가져다가 뚜껑에 구멍을 뚫어 전문 어귀에 두었다. ( )

(7) 은을 받아 회계하지 않은 것은 일을 성실하게 했기 때문이다. ( )

(8) 속건제와 속죄제의 은은 여호와께 드렸다. ( )

(9) 하사엘이 침범했을 때 요아스는 무찔렀다. ( )

(10) 요아스는 요사갈과 여호사바드에게 죽었다. ( )

(11) 여호아하스는 선한 왕이었다. ( )

(12) 이스라엘을 벤하닷의 손에 넘김은 악을 행하였기 때문이다. ( )

(13) 악한 왕이라도 여호와께 간구하니 응답하셨다. ( )

(14) 북왕국 이스라엘의 수도는 사마리아이고 남왕국 유다의 수도는 예루살렘이었다. ( )

(15) 13장 10절에 유다에도 이스라엘에도 요아스 왕이 나오는데 이들은 동명이인(이름은 같으나 다른 사람)이다. ( )

(16) “이스라엘의 병거와 마병이여”라고 한 것은 엘리사를 두고 한 말이다. ( )

2. 다음 (   ) 안에 적당한 말을 찾아 써 넣으시오.

(1) 시체가 (   )의 뼈에 닿자 회생하였다.

(2) 여호와께서는 언약 때문에 돌보사 멸하기를 즐겨 하지 아니하시고 이 때까지 (   ) 쫓아내지 아니하셨더라

(3) 아마샤의 어머니는 (   )이다.

(4) 요아스가 (   )에서 아마샤를 사로잡았다.

(5) 아마샤는 반역당하여 (   ) 땅에서 죽임을 당하였다.

(6) 아사랴는 나이 (   )세에 왕이 되었다.

(7) 여로보암은 (   )년간 다스렸다.

(8) 14장에 나오는 선지자의 이름은 (   )이다.

(9) 여로보암이 회복한 땅은 (   ) 어귀부터 아라바 바다까지였다.

(10) 여로보암의 다음은 (   ) 왕이다.

제6과
열왕기하 : 15장 – 17장

1. 다음 이스라엘의 왕들이 치리한 기간을 찾아 줄로 연결하시오.

(1) 스가랴 2년간

(2) 살룸 10년간

(3) 므나헴 1개월간

(4) 브가히야 20년간

(5) 베가 9년간

(6) 호세아(17장도 참고) 6개월간

2. 다음은 아사랴 왕에 대한 설명입니다. 맞는 것에는 O표, 틀린 것에는 ×표 하시오.

(1) 16세에 왕이 되어 52년을 치리하였다. ( )

(2) 그의 어머니의 이름은 여골리야다. ( )

(3) 그의 아버지 아마샤의 모든 악한 행위대로 여호와 보시기에 악을 행하였다. ( )

(4) 모든 산당을 제거했다. ( )

(5) 죽는 날까지 나병 환자가 되어 별궁에 거했다. ( )

(6) 왕자 요담이 대신 궁중 일을 다스리며 치리하였다. ( )

3. 다음은 네 나라가 두 패로 나누어 싸운 내용입니다. ( ) 안에 적당한 말을 써 넣으시오.

(1) 아람 왕 ( )과 이스라엘 왕 ( )가 예루살렘에 올라와서 유다

왕 (　　　　　)를 에워쌌으나 이기지 못했다.

(2) 유다 왕 (　　　　　)가 앗수르 왕 (　　　　　　　　　)에게 사자를 보내어 구원을 요청했다.

(3) "나는 왕의 (　　　　)이요 (　　　　)이라 아람과 (　　　　　　　　)이 나를 치니 청하건대 그 손에서 나를 구원하소서" 했다.

(4) 여호와의 전과 왕궁 곳간에 있는 (　　　　)을 내어다가 (　　　　　) 왕에게 예물로 보냈다.

(5) (　　　　　) 왕이 그 청을 듣고 다메섹을 쳐서 점령하고 그 백성을 사로잡아 (　　　　)로 옮기고 또 (　　　　) 왕을 죽였다.

4. 다음은 이스라엘이 멸망한 것에 관한 내용입니다. (　　) 안에 적당한 말을 찾아 써 넣으시오.

(1) (　　　　　　) 왕 때에 앗수르 왕 (　　　　　　)이 올라오니 (　　　　　)가 그에게 종이 되어 조공을 드렸다.

(2) 이스라엘 왕 (　　　　　　)가 애굽 왕 (　　　)와 화친한 후 앗수르 왕을 (　　　　　)을 보고 이스라엘 왕 (　　　　　　)를 옥에 감금하여 두고 (　　　　　　)를 점령하고 백성을 사로잡아 갔다.

(3) 이스라엘 자손이 자기를 (　　　　)에서 인도하여 내신 하나님 (　　　　)께 죄를 범하였다.

(4) 또 다른 신들을 경외하며 이방 사람의 (　　　　　)와 여러 왕이 세운 (　　　　)를 행하였다.

(5) 목상과 (　　　　　)상을 세우고 모든 (　　　　)에서 분향하며 또 (　　)을 행하여 (　　　　　)를 격노하게 했다.

(6) (이스라엘 사람을) 앗수르로 끌어다가 (　　　　)와 (　　　　　　) 하숫가와 (　　　　) 사람의 여러 고을에 두었다.

(7) 그러나 각 민족이(이스라엘 외에) 자기의 신상들을 만들어 (　　　　　)

사람이 지은 여러 산당들에 두되......바벨론 사람들은 (　　　　　)을, 굿 사람들은 (　　　　)을 만들었고.......스발와임 사람들은 그 (　　　)를 불살라 그 신에게 드렸다.

(8) 저희가 또 자기 중에서 사람을 산당의 제사장으로 택하여 산당에서 (　　　　)를 위하여 (　　　　)를 드리게 했다.

(9) 저희는 여호와도 경외하고 또한 어디서부터 옮겨 왔든지 그 민족의 (　　　　)대로 자기의 신들도 섬겼다.

(10) "오직 너희 하나님 여호와만을 경외하라 그가 너희를 모든 (　　　　) 의 손에서 건져 내리라"

제7과

열왕기하 : 18장 – 20장

1. 히스기야 왕이 잘한 일에 O표 하시오.

(1) 많은 산당을 제거함 ( )

(2) 주상을 깨뜨리고 아세라 목상을 찍음 ( )

(3) 모세가 만들었던 놋뱀을 부수어 버림 ( )

(4) 여호와를 의지함 ( )

(5) 앗수르 왕을 배척하고 섬기지 아니함 ( )

2. 다음 말씀은 몇 장 몇 절에 기록되어 있습니까?

(1) 사마리아 성의 함락 ( )장 ( )절

(2) 성전 기둥의 금을 벗겨 앗수르 왕에게 바침 ( )장 ( )절

(3) 앗수르 대군의 침략 ( )장 ( )절

(4) 히스기야 왕이 옷을 찢음 ( )장 ( )절

(5) 이사야가 앗수르군이 귀국할 것을 예언함 ( )장 ( )절

(6) 히스기야가 편지를 여호와 앞에 펴놓고 기도함 ( )장 ( )절

(7) 이사야가 다시 예언하기를 적군의 코를 꿰어 끌고 가리라 함
( )장 ( )절

(8) 여호와의 사자가 18만 5천 명을 침 ( )장 ( )절

(9) 하나님이 히스기야의 생명을 연장함 ( )장 ( )절

(10) 히스기야가 보물과 군기고를 바벨론 왕에게 모두 보임
( )장 ( )절

3. 다음에 관하여 간단히 설명하시오.

(1) 모세의 놋뱀:

(2) 랍사게:

(3) 일영표 10도:

제8과

열왕기하 : 21장 – 23장

1. 다음은 므낫세에 대한 설명입니다. 맞는 것에는 O표, 틀린 것에는 ×표 하시오.

(1) 12세에 왕이 됨 (　)
(2) 55년간 다스림 (　)
(3) 여호와 앞에 선을 행함 (　)
(4) 아버지 히스기야를 본받음 (　)
(5) 산당을 세움 (　)
(6) 아합을 본받음 (　)
(7) 아세라 목상을 전에 세움 (　)
(8) 일월성신을 경배 (　)
(9) 아들을 불 가운데로 지나게 함 (　)
(10) 점치고 사술을 행함 (　)
(11) 신접한 자와 박수를 신임 (　)

2. 다음은 요시야에 대한 설명입니다. 맞는 것에는 O표, 틀린 것에는 ×표 하시오.

(1) 8세에 왕이 됨 (　)
(2) 31년간 다스림 (　)
(3) 여호와 보시기에 악을 행함 (　)
(4) 성전을 수리하게 함 (　)
(5) 율법책의 말을 듣고 옷을 찢음 (　)
(6) 말씀을 무리의 귀에 들려 줌 (　)
(7) 단 위에 서서 언약을 세움 (　)
(8) 모든 그릇을 불사름 (　)
(9) 우상을 섬기게 한 모든 제사장을 폐함 (　)
(10) 남창의 집을 헐고 (　)

(11) 자녀를 불로 지나게 함 (　　)

(12) 태양 수레를 불사름 (　　)

(13) 석상들을 깨뜨림 (　　)

(14) 목상들을 찍고 사람의 해골로 그곳에 채움 (　　)

(15) 유월절을 지키라 함 (　　)

(16) 모든 율법을 따름 (　　)

(17) 므깃도에서 죽임을 당함 (　　)

3. 다음 중 서로 관계 있는 것을 찾아 줄로 연결하시오.

(1)	아몬	여선지
(2)	사반	왕의 시종
(3)	힐기야	예복 주관자
(4)	아사야	2년간 다스림
(5)	훌다	여호야김으로
(6)	살룸	석 달간 치리
(7)	나단멜렉	서기관
(8)	바로느고	대제사장
(9)	여호아하스	시종
(10)	엘리아김	애굽 왕

4. 23장 16절의 "하나님의 사람이 전하였더니……여호와의 말씀대로 되었더라"라는 말씀은 무슨 말씀인지 설명하시오. (참고, 왕상 13장)

답

제9과

열왕기하 : 24장 – 25장

1. 다음 ( ) 안에 적당한 말을 찾아 써 넣으시오.

(1) 예루살렘에 가득한즉 여호와께서 사하시기를 즐겨 하지 않은 것은 ( )의 ( )를 흘린 것이다.

(2) 석달 동안 왕 노릇 한 이는 ( )이다.

(3) 맛다니야의 고친 이름은 ( )다.

(4) 아들들이 그의 눈앞에서 죽임을 당하고 자기의 두 눈도 뽑힌 임금은 ( )이다.

(5) 바벨론의 시위대장은 ( )이다.

(6) 남왕국 유다는 (왕 년)부터 ( )년, 곧 B.C. 587년에 ( )왕 느부갓네살에게 멸망당해 사로잡혀 갔다.

2. 일차 바벨론 왕 느부갓네살에게 잡혀간 사람들에 O표 하시오.

(1) 모든 지도자 ( ) (2) 대장장이 ( ) (3) 비천한 자 ( )

(4) 여호야긴 ( ) (5) 왕의 어머니와 아내들 ( ) (6) 내시 ( )

(7) 용사 ( ) (8) 맛다니야 ( )

3. 갈대아인들이 바벨론으로 가져간 성전의 물건들에 O표 하시오.

(1) 놋바다의 놋 ( ) (2) 놋 기둥 ( ) (3) 가마들 ( )

(4) 불집게 ( ) (5) 주발 ( ) (6) 숟가락 ( ) (7) 항아리 ( )

(8) 금과 은 ( )

4. 다음 중 시위대장인 느부사라단에게 잡혀가서 죽은 사람에 O표 하시오.

(1) 대제사장 스라야 (　) (2) 부제사장 스바냐 (　)

(3) 성전 문지기 (　) (4) 내시 (　) (5) 왕의 시종 (　)

(6) 서기관 (　) (7) 장로 (　) (8) 백성 60명 (　)

5. 다음 숫자에 관하여 간단히 설명하시오.

(1) 3년:

(2) 8년:

(3) 9년-11년 4월 9일:

(4) 19년:

역대상하 개요

1. 명칭: 역대기라는 명칭은 4세기의 성서학자 제롬이 붙인 명칭이다. 히브리어의 명칭인 '디브레 하야밈', 즉 '하나님의 날들의 이야기' 보다 '거룩한 역사 전체의 연대기' 라는 뜻의 '역대기' 가 적합하다고 생각하여 붙인 것이다. 사실 역대기는 단순히 역사적인 사실을 연대순으로 정리해 놓은 것만은 아니다. 역대기는 그보다 더 깊고 놀라운 하나님의 계시가 들어 있는 책으로 명칭 자체만으로는 그 뜻을 다 전달하지 못한다.

히브리어 원어 성경에는 전기 예언서 네 번째 책으로 열왕기를 배치하고 역대기는 역사 기록의 하나로 배치하였다. 그러나 헬라어 번역 성경(LXX)에서는 하나의 두루마리에 담을 수 없기 때문에 열왕기서를 둘로 나누어서 제3왕국서와 제4왕국서(사무엘서도 두루마리 사정으로 제1왕국서, 제2왕국서로 나누었다)로 배치하고 역대기를 둘로 나누어 역대상과 역대하로 배치하였다. 우리말 성경에서는 역사서 중 제5권과 제6권으로 열왕기상과 열왕기하로 나누어 배치하고 역사서 중 제7권과 제8권으로 역대상과 역대하를 배치하였다.

2. 저자와 연대: 여러 가지 증거로 보건대 역대기와 에스라는 한 저자의 책이었을 것으로 추측되며 대략 B.C. 450년에 에스라에 의해 기록되었을 것으로 추정된다.

3. 구조: 역대상 1-9장은 족보를 기록한 것인데, 다윗 계통의 족보와 레위 족속의 족보, 그리고 유다와 베냐민 지파의 족보가 특별한 관심의

대상이 되어 있다. 그리고 역대상 10-29장은 통일 왕국인 다윗 통치의 승리와 영광을 길게 다루었다. 역대하 1-9장은 솔로몬 왕의 통치와 영광에 대한 기록이며 10-36장은 왕국이 남북으로 분열된 후, 남왕국 유다의 왕들과 사건들만을 기록하고 있다. 특히 열왕기서와 달리 역대기는 포로에서 귀환하는 이야기까지 기록하고 있다.

4. 제사장적인 관점에서 본 역사: 역대기는 제사장적인 관점에서 왕들과 국가의 운명을 이야기하고 있다. 이것은 선지자적인 관점에서 한 걸음 더 나아간 것이다. 선지자적인 관점은 단순히 하나님께 순종하느냐 불순종하느냐에 의해 운명이 결정되지만 제사장적인 관점은 비록 범죄한 백성에게도 제사를 통하여 회복될 수 있고 하나님의 백성으로 살아갈 기회가 있다는 것을 강조한다.

열왕기서는 정치적인 성공과 실패, 왕들의 성공과 실패를 기록하면서 하나님께 순종하는 것이 얼마나 중요한지를 중점적으로 기록하고 있다. 그러나 역대기는 거룩하라는 하나님의 명령과 성전 예배의 관점에서 이스라엘 민족의 역사를 재해석하고 있다.

그래서 역대기는 성전이 매우 중요하게 다루어지고 있으며 예루살렘 중심의 예배를 고집하는 다윗 왕조인 남왕국 유대의 역사 전통만을 다루고 있다. 그리고 성전 예배를 통한 하나님의 구원과 회복을 중요하게 다루고 있다. 역대기에는 제사장들의 이야기가 왕들의 이야기와 함께 중요한 부분을 차지하고 있다.

제1과
역대상 : 1장 – 3장

1. 다음은 노아의 세 아들입니다. 그 후손의 이름을 다섯 명씩만 쓰시오.

(1) 야벳: (　　　　) (　　　　) (　　　　) (　　　　) (　　　　)

(2) 함: (　　　　) (　　　　) (　　　　) (　　　　) (　　　　)

(3) 셈: (　　　　) (　　　　) (　　　　) (　　　　) (　　　　)

2. 다음 사람들의 아버지의 이름을 쓰시오.

(1) 아브라함 (　　　　)　(2) 이스마엘 (　　　　)

(3) 느바욧 (　　　　)　(4) 이삭 (　　　　)

(5) 시므란 (　　　　)　(6) 에바 (　　　　)

(7) 여우스 (　　　　)　(8) 데만 (　　　　)

3. 2장은 다음 중 어떤 지파의 족보입니까?

(1) 르우벤 지파 (　)　(2) 유다 지파 (　)

(3) 요셉 지파 (　)　(4) 레위 지파 (　)

4. 다음은 누구에 대한 설명인지 (　　) 안에 그 사람의 이름을 쓰시오.

(1) 여호와 보시기에 악하므로 죽임을 당한 사람 (　　　)

(2) 시아버지가 며느리와 더불어 낳은 아들 (　　　　)

(3) 유다 자손의 방백 (　　　)

(4) 일곱째로 낳은 아들 (　　　)

(5) 삼 형제 용사의 어머니 (　　　　)

(6) 아들 없이 죽은 사람 (   )

(7) 딸을 종에게 준 사람 (   )

5. 다음은 다윗의 아내와 그 소생들입니다. 관계 있는 것을 찾아 줄로 연결하시오.

(1) 첫째	에글라	아도니야
(2) 둘째	아비달	솔로몬
(3) 셋째	밧수아	암논
(4) 넷째	아히노암	다니엘
(5) 다섯째	아비가일	압살롬
(6) 여섯째	마아가	스바댜
(7) 네 사람	학깃	이드르암

6. 다윗은 (   )년간 왕위에 있었는데 헤브론에서 (   )년 (   )개월을 다스렸고 또 (   )에서 (   )년을 다스렸다.

제2과

역대상 : 4장 – 6장

1. 다음은 누구를 두고 한 말씀입니까?

(1) 형제보다 귀중한 자 (   )

(2) 세마포 짜는 자의 집 (   )

(3) 옛 기록대로 토기장이가 되어 수풀과 산울 가운데 거주하며 왕의 일을 한 사람들 (   )

(4) 아들 열여섯과 딸 여섯을 가진 사람 (   )

2. 다음의 기도는 누구의 기도입니까? (   )

"주께서 내게 복을 주시려거든 나의 지역을 넓히시고 주의 손으로 나를 도우사 나로 환난을 벗어나 내게 근심이 없게 하옵소서"

3. 르우벤이 이스라엘의 장자이면서 그 아버지의 침상을 더럽혀 장자의 명분이 요셉에게로 돌아갔다 했습니다. 아버지의 침상을 더럽힌 일은 어떤 일을 말합니까? (참고. 창 35장)

답

4. 다음 중 맞는 것에는 O표, 틀린 것에는 ×표 하시오.

(1) 르우벤 자손의 지도자 앗수르 왕 디글랏 빌레셀에게 사로잡힌 자의 이름은 브에라다. (   )

(2) 벨라는 사울 왕의 아들로 유브라데 강에서부터 광야 지경까지 미쳤다. (   )

(3) 갓 자손은 바산 땅에 거주하여 르우벤 사람과 마주 대하여 살았다. ( )

(4) 사만 사천칠백육십 명은 르우벤 자손과 갓 사람과 므낫세 반 지파의 용사 수다. ( )

(5) 세 지파 사람이 하갈 사람과의 싸움에서 아무 도움이 없으므로 패하였다. ( )

(6) "그들이 하나님께 범죄하여......백성의 신들을 간음하듯 섬긴지라" 한 말씀에서 "저희"는 이스라엘 세 지파를 말한다. ( )

(7) 사무엘은 유다 자손에 속한다. ( )

(8) 솔로몬이 성전을 세우기 전에는 회막 앞에서 찬송하는 일을 했다. ( )

(9) 아론과 그 자손들은 제사를 드리며 지성소의 모든 일을 했다. ( )

(10) 아론 자손에게 도피성을 주었다. ( )

제3과
역대상 : 7장 – 9장

1. 다음 왼쪽에 기록된 용사의 수는 어느 종족에 속한 것인지 관계 있는 것을 찾아 줄로 연결하시오.

(1)	이만 이천육백 명	웃시
(2)	삼만 육천 명	벨라
(3)	팔만 칠천 명	돌라
(4)	이만 이천삼십사 명	잇사갈
(5)	이만 이백 명	베겔
(6)	만 칠천이백 명	아셀
(7)	이만 육천 명	여디아엘

2. 다음 (   ) 안에 적당한 말을 찾아 써 넣으시오.

(1) 므낫세의 소실 아람 여인의 소생은 (   )인데 그는 (   )라 하는 이에게 장가들었다.

(2) 딸들만 낳은 사람은 (   )이다.

(3) 가드 사람의 짐승을 빼앗으려다가 가드 토인에게 죽임을 당한 사람은 (   )의 자손들이었다.

(4) 에브라임은 아들을 낳고 재앙을 받아 그 이름을 (   )라고 했다.

(5) 눈은 모세의 후계자 (   )의 아버지다.

3. 다음 물음에 알맞은 답을 써 넣으시오.

(1) 두 아내를 내 보낸 사람의 이름은 무엇입니까?

(2) 브리아와 세마는 아얄론 주민의 우두머리가 되어 (   ) 주민을 쫓아냈다.

(3) 여로함의 아들들이 예루살렘에 거하여 대대로 무엇이 되었습니까?

(4) 사울의 아버지는 (   )이며 사울의 아들은 (   )과 (   )와 (   )과 (   )이다.

(5) 아들과 손자를 일백오십 명을 둔 사람은 베냐민의 자손 중 (   )이다.

4. 다음과 관계 있는 말을 보기에서 찾아 (   ) 안에 번호를 써 넣으시오.

보기 : (1) 우대 (2) 아사랴 (3) 바벨론 포로 (4) 살룸 (5) 열왕기
(6) 수종 드는 일 (7) 직분을 맡김 (8) 비느하스 (9) 레위 족장
(10) 맛디댜

(1) 온 이스라엘이 계수되고 ( )
(2) 유다의 범죄 ( )
(3) 예루살렘에 거주한 자 ( )
(4) 하나님의 성전을 맡은 자 ( )
(5) 문지기의 우두머리 ( )
(6) 고라의 자손 ( )
(7) 여호와께서 함께하신 이 ( )
(8) 다윗과 사무엘 ( )
(9) 전병 굽는 일을 맡은 자 ( )
(10) 찬송하는 일을 맡은 자 ( )

제4과

역대상 : 10장 – 12장

1. 다음은 블레셋과의 전쟁에서 죽은 사람들입니다. 전사자에는 ×표, 자살한 사람에는 O표 하시오.

(1) 사울 ( ) (2) 요나단 ( ) (3) 아비나답 ( )

(4) 병기 가진 자 ( ) (5) 말기수아 ( )

2. "너는 칼을 빼어 그것으로 나를 찌르라"라는 말은 사울이 누구에게 한 말입니까?

(1) 아들에게 한 말 ( ) (2) 블레셋 사람에게 한 말 ( )

(3) 병기 가진 자에게 한 말 ( ) (4) 활 쏘는 자에게 한 말 ( )

3. 다음은 죽은 사울에게 행한 블레셋 사람들의 행동입니다. 맞으면 O표, 틀리면 ×표 하시오.

(1) 후히 장사 지냈다. ( )

(2) 머리와 갑옷을 가져갔다. ( )

(3) 이방 신전과 백성에게 소식을 전했다. ( )

(4) 사울의 갑옷은 그들의 신전에 두었다. ( )

(5) 사울의 머리는 다곤의 신전에 달았다. ( )

4. 사울과 그 아들들의 시체를 장사 지낸 용사들은 다음 중 누구입니까?

(1) 예루살렘 사람들 ( ) (2) 블레셋 사람들 ( )

(3) 베들레헴 사람들 ( ) (4) 길르앗야베스 사람들 ( )

5. "사울이 죽은 것은 여호와께 범죄하였기 때문이라" 했는데 구체적으로 어떤 범죄를 말합니까?

(1) 여호와의 말씀을 지키지 않음 ( )

(2) 제사를 지내지 않음 ( )

(3) 신접한 자에게 청함 ( )

(4) 여호와께 묻지 않음 ( )

6. 다윗은 어떻게 해서 이스라엘의 왕이 되었습니까?

(1) 온 이스라엘과 장로들이 추대했다. ( )

(2) 군대를 동원해서 나라를 둘러엎었다. ( )

(3) 블레셋이 사울을 죽이고 대신 왕으로 세웠다. ( )

(4) 측근자 몇몇이 추대해 세웠다. ( )

7. 다음 사람에 관하여 뜻이 연결되도록 ( ) 안을 채우시오.

(1) 야소브암—( )명의 두목—( )명을 죽임

(2) 엘르아살—( )밭에서—( )의 구원으로

(3) ( ) 우두머리 중 세 사람—( ) 우물 물을 길어 오니—다윗이 ( )께 부음

(4) 아비새—( )의 아우—( )명을 죽임

(5) ( )—사자를 죽임—키가 큰 애굽인을 죽임

8. 다음은 어느 지파 사람들에 대한 설명입니까?

(1) 좌우 손을 놀려 물매도 던지며 화살도 쏘는 용사들: ( ) 지파

(2) 얼굴은 사자 같고 빠르기는 사슴 같은 사람들: ( ) 사람

(3) "당신도 평안하고 당신을 돕는 자에게도 평안이 있을지니"라고 말한 자들: ( )과 ( ) 자손

(4) 다윗을 도와 도둑 떼를 친 큰 군대: (　　　　　) 지파

(5) 육천팔백 명이 예비: (　　　　　) 지파

(6) 이만 팔백 명의 유명한 큰 용사들: (　　　　　) 자손

(7) 만 팔천 명의 이름이 기록된 자들: (　　　　　) 자손

(8) 이백 명의 우두머리들: (　　　　　) 자손

(9) 두 마음을 품지 않은 오만 명: (　　　　　) 지파 중에서

(10) 싸움을 잘하는 사만 명: (　　　　　) 중에서

제5과
역대상 : 13장 – 15장

1. 13장 4절에 "뭇 백성이 이 일을 좋게 여겼다" 했는데, 여기서 "이 일"은 무엇을 말합니까?

(1) 천부장과 백부장 곧 모든 지휘관과 더불어 의논하는 일 ( )

(2) 이스라엘에 남아 있는 형제와 제사장과 레위 사람을 모이게 하고 궤를 옮겨 오는 일 ( )

(3) 사울 때에는 궤 앞에서 묻지 않던 것을 다윗 때부터 묻는 일 ( )

(4) 사울과 그 아들들은 이미 죽어 없으니 다윗으로 왕을 삼자고 하는 일 ( )

2. 다음은 하나님의 궤를 옮기다가 일어난 일들입니다. 서로 관계되는 것을 찾아 ( ) 안에 번호를 써 넣으시오.

(1)	아비나답의 집	( )	힘을 다해 뛰고 노래함
(2)	웃사와 아히오	( )	소들이 뜀
(3)	다윗과 온 무리	( )	지금까지 궤를 두었던 곳
(4)	기돈의 타작마당	( )	수레를 몰고
(5)	웃사	( )	궤로 인해 복 받음
(6)	다윗	( )	죽임을 당함
(7)	오벧에돔의 집	( )	두려워 궤를 자기에게 오지 못하게 함

3. 다음 중 맞는 것에는 O표, 틀린 것에는 ×표 하시오.

(1) 다윗이 궁궐을 지을 때 두로 왕 히람의 도움을 받았다. ( )

(2) 다윗은 자기가 왕이 된 것을 사람들이 세워서 된 줄로 알았다. (　　)

(3) 솔로몬도 다윗이 예루살렘에서 낳은 아들 중 하나다. (　　)

(4) 블레셋이 침범했을 때 다윗은 하나님께 기도하고(묻고) 응답받은 후에 치러 갔다. (　　)

(5) 바알브라심이라는 곳은 "하나님이 물같이 흩으셨다" 해서 다윗이 지은 이름이고 또 이곳에서 블레셋 사람의 우상을 불에 살랐다. (　　)

(6) 블레셋이 또 침범했을 때 다윗은 하나님의 응답 없이 싸웠다. (　　)

(7) 다윗이 자기를 위하여는 왕궁을, 하나님의 궤를 위하여는 둘 곳을 마련하고 장막을 쳤다. (　　)

(8) 레위 사람들이 하나님의 궤를 메고 올라가려 할 때 먼저 몸을 성결케 했다. (　　)

4. 다음 중 서로 관계 있는 것을 찾아 줄로 연결하시오.

(1) 오벧에돔	노래하는 자
(2) 헤만	음악 선생
(3) 운니	나팔 부는 자
(4) 그나냐	알라못에 맞추는 자
(5) 스바냐	남편(다윗)을 업신여김
(6) 미갈	문지기

제6과

역대상 : 16장 – 18장

1. 다음 (　　) 안에 적당한 말을 찾아 써 넣으시오.

(1) 남녀를 막론하고 각 사람에게 (　　) 한 덩이와 (　　　　) 로 만든 과자와 (　　　　)로 만든 과자 하나씩을 나누어 주었더라

(2) 궤 앞에서 섬길 레위 사람의 우두머리는 (　　　)이다.

(3) 언약궤 앞에서 나팔 부는 제사장은 (　　　　)와 (　　　　)이다.

(4) (　　　　)를 구하는 자마다 (　　　)이 즐거울지로다

(5) 영원히 기억할 말씀은 언약 곧 천 대에 명령하신 (　　　)이다.

(6) 아름답고 (　　　)한 것으로 (　　　　)께 경배할지어다

(7) 다윗이 (　　　　)과 그 형제를 언약궤 앞에서 섬기게 했고 오벧에돔과 (　　　)를 문지기로 삼았고 (　　　)과 그 형제들은 기브온 산당 성막 앞에 모시게 했다.

2. 다음은 누가 누구에게 한 말입니까?

(1) 나는 백향목 궁에 거주하거늘 여호와의 언약궤는 휘장 아래 있도다
(　　　)이 (　　　)에게

(2) 마음에 있는 바를 모두 행하소서 (　　　)이 (　　　)에게

(3) 너는 내가 거할 집을 건축하지 말라 (　　　　)가 (　　　)에게

(4) 세상에서 존귀한 자들의 이름 같은 이름을 네게 만들어 주리라
(　　　　)가 (　)에게

(5) 나는 누구이오며 내 집은 무엇이기에 나에게 이에 이르게 하셨나이까
(　　　)이 (　　　　)께

(6) 주와 같은 이가 없고 주 외에는 하나님이 없나이다

( )이 ( )께

3. 다음 ( ) 안에 적당한 말을 찾아 써 넣으시오.

(1) 다윗의 종이 되어 조공을 바친 나라들: ( )과 ( )

(2) 말 발의 힘줄을 끊긴 나라 사람들: ( )

(3) 금 방패를 빼앗긴 나라의 왕 이름: 소바 왕 ( )

(4) 아들을 다윗에게 보내어 축복한 나라: ( )왕 도우

(5) 소금 골짜기에서 아비새에게 일만 팔천 명이나 잃은 나라: ( )

4. 다음 사람의 직임을 쓰시오.

(1) 요압:

(2) 여호사밧:

(3) 사독:

(4) 사워사:

(5) 브나야:

(6) 다윗의 아들들:

제7과

역대상 : 19장 – 21장

1. 다음 중 맞는 것에는 O표, 틀린 것에는 ×표 하시오.

(1) 다윗과 나하스는 사이가 좋았다. ( )

(2) 다윗의 심복들이 하눈에게 나아가 문상하려 한 것은 그 땅을 엿보고 정탐하려는 것이었다. ( )

(3) 암몬 자손이 병거와 마병을 삯내어 온 것은 다윗을 대적하려 함이었다. ( )

(4) 요압은 뽑은 자 중에서 또 뽑고, 아람 사람을 대하여 진을 치고 그의 동생 아비새는 남은 무리를 이끌고 암몬 자손을 대하여 진을 친다. ( )

(5) "여호와께서 선히 여기시는 대로 행하시기를 원하노라" 한 말은 다윗이 요압에게 한 말이다. ( )

(6) 다윗은 아람 연합군에게 패하였다. ( )

(7) 아람 사람이 암몬 사람 돕기를 싫어한 것은 다윗을 당할 수가 없었기 때문이다. ( )

(8) 다윗이 빼앗아 쓴 왕관은 랍바의 왕이 썼던 것이다. ( )

(9) 다윗은 그들을 잡아다가 톱질, 써레질, 도끼질을 하게 했다. ( )

(10) 손가락, 발가락이 각각 여섯인 블레셋 장수는 요나단에게 죽임을 당했다. ( )

2. 다음 글을 읽고 관계 있는 말을 보기에서 골라 (   ) 안에 써 넣으시오.

보기 : 오르난 레위 사탄 베냐민 요압 전염병 3년 기근 적군의 칼 사람

(1) (　　　)이 다윗을 충동하여 이스라엘을 계수하게 했다.

(2) 다윗의 계수함을 (　　　)은 원치 않고 "여호와께서 백성을 지금보다 백 배나 더하시기를 원하나이다" 하고 간했다.

(3) 요압이 왕의 명령을 마당치 않게 여겨 (　　　)와 (　　　) 사람은 계수하지 않았다.

(4) 하나님이 다윗에게 보인 세 재앙은 (　　　), 석 달간 (　　　)에 쫓기는 일, 그리고 사흘간 (　　　)이 유행하는 것이었는데, 다윗은 (　　　)의 손에 빠지지 않고 (　　　)의 손에 빠지기를 원하였다.

(5) 다윗이 여호와를 위하여 단을 쌓은 곳은 (　　　) 사람의 타작마당이었다.

3. 다윗이 장로들과 더불어 재앙 중에 드린 기도를 쓰시오.

답

제8과

역대상 : 22장 – 24장

1. 다음 중 다윗의 성전 건축을 위해 준비된 사람이나 물건에 O표 하시오.

(참고, 14절 이하)

(1) 이방 사람 ( ) (2) 석수 ( ) (3) 돌 ( ) (4) 보석 ( )

(5) 철 ( ) (6) 놋 ( ) (7) 은 ( ) (8) 금 ( ) (9) 백향목 ( )

(10) 시돈과 두로 사람 ( ) (11) 상수리나무 ( )

(12) 블레셋과 모압 사람 ( ) (13) 목수 ( )

2. 다음 중 다윗이 성전을 건축하고 싶으나 건축할 수 없었던 이유에 가장 가까운 것을 찾아 O표 하시오.

(1) 다윗은 이미 늙어 성전을 건축할 수 없었다. ( )

(2) 외부로는 블레셋의 침략과 내부로는 왕자들의 반란으로 건축할 겨를이 없었다. ( )

(3) 다윗은 피를 많이 흘렸으므로 전을 건축하지 못하게 하나님이 말씀하셨다. ( )

(4) 하나님 보시기에 솔로몬은 다윗보다 하나님을 더 잘 섬길 것이고 성전도 더 잘 지을 것이므로 솔로몬에게 건축하도록 명하셨다. ( )

3. 22장 11절에 "내 아들아" 한 것은 누가 누구에게 한 말입니까?

(1) 하나님이 다윗에게 한 말 ( )

(2) 다윗이 솔로몬에게 한 말 ( )

(3) 하나님이 솔로몬에게 한 말 ( )

4. 다음은 22장 17절 이후의 말씀 중에 다윗이 명한 성소를 건축할 태도에 대한 것입니다. 가장 적합한 것에 O표 하시오.

(1) 먼저 성소를 건축하고 하나님을 구함 (　　)

(2) 하나님을 구하고 성소를 건축함 (　　)

(3) 언약궤와 거룩한 기구를 먼저 가져다 놓고 성소를 건축함 (　　)

(4) 성소를 건축한 후 언약궤를 가져다 놓고 하나님을 구함 (　　)

5. 다음 중 서로 관계 있는 것을 찾아 줄로 연결하시오.

(1)	솔로몬	관원과 재판관
(2)	이만 사천	문지기
(3)	육천	이스라엘 왕이 됨
(4)	사천	찬송하는 자
(5)	사천	성전의 일을 보살피는 자

6. 다음은 누구에 대한 설명인지 그 사람의 이름을 쓰시오.

(1) 영원토록 거룩히 구별되어 분향하며 받들어 축복하는 자손:

(2) 레위 지파중에 기록된 이들:

(3) 아들 없이 죽은 사람:

(4) 아론의 자손에게 수종 드는 자손:

(5) 아들도 없이 아비보다 먼저 죽은 사람:

(6) 서기관:

(7) 제사장:

(8) 아론에게 명하신 수종 드는 반차는 몇 반차:

제9과

역대상 : 25장 – 27장

1. 다음 사람들이 맡아 하는 일을 찾아 줄로 연결하시오.

(1) 아삽, 헤만, 여두둔의 자손	신령한 노래
(2) 아삽의 아들	나팔
(3) 여두둔의 아들	288인
(4) 헤만의 아들	수금, 비파, 제금
(5) 헤만	수금
(6) 찬송에 익숙한 자의 수	스무째
(7) 느다냐	선견자
(8) 엘리아다	다섯째

2. 오벧에돔이 하나님께 어떻게 복을 받게 되었습니까?

(참고. 대상 13:13-14)

답

3. 다음 사람들에 관하여 간단히 쓰시오.

(1) 오벧에돔의 아들 스마야:

(2) 엘리후와 스마갸:

(3) 므셀레먀의 아들과 형제 18인:

(4) 시므리:

(5) 스가랴:

(6) 아히야:

(7) 슬로못과 그 형제:

(8) 그나냐와 그 아들들:

(9) 하사뱌와 그 동족 용사들:

(10) 여리야:

(11) 다윗이 길르앗 야셀에서 얻은 용사인 족장들:

4. 다음 각 반장이나 장관은 누구입니까?

(1) 첫째 달 반: (2) 둘째 달 반:

(3) 셋째 달 군대 지휘관: (4) 넷째 달:

(5) 일곱째 달: (6) 아홉째 달:

(7) 열두째 달: (8) 르우벤 지도자:

(9) 레위 지도자: (10) 아론 지도자:

(11) 에브라임 지도자: (12) 베냐민 지도자:

5. 다음 왼쪽 사람들이 맡은 직책을 오른쪽에서 골라 번호를 적으시오.

(1) 아스마웻 ( ) 농부

(2) 요나단 ( ) 포도주

(3) 에스리 ( ) 밭과 망대의 곳간

(4) 시므이 ( ) 소떼

(5) 삽디 ( ) 왕의 곳간

(6) 바알하난 ( ) 약대

(7) 요아스 ( ) 수종자

(8) 시드래와 사밧 ( ) 포도원

(9) 오빌 ( ) 감람나무, 뽕나무

(10) 요나단	( ) 기름 곳간
(11) 여히엘	( ) 왕의 벗
(12) 아히도벨	( ) 군대 지휘관
(13) 후새	( ) 모사와 서기관
(14) 요압	( ) 모사

제10과
역대상 : 28장 – 29장

1. 다음 (   ) 안에 적당한 말을 찾아 써 넣으시오.

(1) 너는 (   )을 많이 한 사람이라 (   )를 흘렸으니 내 이름을 위하여 (   )을 건축하지 못하리라

(2) 하나님이 (   ) 지파를 택하사 머리를 삼으시고 (   )의 가문에서 내 부친의 집을 택하시고 내 부친의 (   )들 중에서 (   )를 기뻐하사 온 이스라엘의 (   )을 삼으셨느니라

(3) 네 아들 (   ) 그가 내 성전을 건축하고.......이는 내가 그를 택하여 (   ) 아들로 삼고 (   )는 그의 (   )가 될 것임이라

(4) 여호와의 모든 (   )을 구하여 지키기로 하라 그리하면 너희가 이 (   ) 땅을 누리고 너희 (   )에게 끼쳐 영원한 (   ) 이 되게 하리라

(5) 여호와께서는 모든 (   )을 (   )하사 모든 (   )를 아시나니 네가 만일 그를 찾으면 (   ) 것이요.......버리면 그가 너를 영원히 (   )시리라

(6) (   )이 이르되 (   )의 (   )이 내게 임하여 이 모든 일의 설계를 그려 나에게 알려 주셨느니라

(7) 나의 (   )이 너와 함께 계시사 네게서 떠나지 아니하시고 (   ) 를 버리지 아니하시리라

2. 다음은 모든 족장과 어른들이 성전 건축에 쓰일 물건을 드린 양입니다. 무엇을 드린 숫자입니까?

(1) 오천 달란트의 (　　)

(2) 만 달란트의 (　　)

(3) 만 팔천 달란트의 (　　)

(4) 십만 달란트의 (　　)

3. 다음은 다윗이 온 이스라엘 회중 앞에서 하나님을 송축한 말입니다. 맞는 것에는 O표, 틀린 것에는 ×표 하시오.

(1) 천지에 있는 것이 다 주의 것이로소이다 (　　)

(2) 모든 사람을 크게 하심과 강하게 하심이 주의 손에 있나이다 (　　)

(3) 나와 내 백성이 무거운 마음으로 드렸나이다 (　　)

(4) 나그네와 거류민들이라 세상에 있는 날이 그림자 같아서 희망이 없나이다 (　　)

(5) 주께 자원하여 드리는 것을 보오니 심히 기쁘도소이다 (　　)

4. 다음은 다윗의 말년에 일어난 일입니다. (　　) 안에 적당한 말을 찾아 써 넣으시오.

(1) (　　　)의 아들인 다윗은 왕위를 (　　　　)에게 양위하였다.

(2) 재위 기간은 헤브론과 예루살렘을 합하여 (　　)년간이다.

(3) 다윗 왕의 행적을 처음부터 끝까지 기록한 이들은 (　　　　) (　　　) (　　) 등 세 사람이다.

제1과
역대하 : 1장 – 3장

1. 다음 중 하나님이 솔로몬에게 "무엇을 주랴 너는 구하라" 하실 때 솔로몬이 구한 것은 어느 것입니까?

(1) 나라의 부강 (　) (2) 지혜와 지식 (　)
(3) 부와 재물과 존영 (　) (4) 부귀 장수 (　)

2. 솔로몬의 기도에 대한 하나님의 응답으로 다음 중 가장 알맞은 것은 어느 것입니까? 알맞은 것에 O표 하시오.

(1) 지혜와 지식 (　)
(2) 부와 재물과 영광 (　)
(3) 지혜와 지식과 부와 재물과 영광 (　)
(4) 부귀와 장수 (　)

3. 다음은 솔로몬의 성전 건축에 관한 사항입니다. (　　) 안에 알맞은 답을 써 넣으시오.

(1) 이 성전은 (　　　　) 산의 타작마당에 세워지는데 그곳은 (　　　　) 이 정한 곳이다.
(2) 성전 건축을 시작한 것은 솔로몬이 왕위에 나아간 지 (　　　　) 해 (　　　　) 달 (　　　　) 날이다.
(3) 두 기둥의 이름은 (　　　　)과 (　　　　)다.

4. 다음 중 서로 관계 있는 것을 찾아 줄로 연결하시오.

(1)	짐꾼	십오만 삼천육백
(2)	돈을 떠낼 자	각각 이만 석
(3)	감독	각각 이만 말
(4)	밀, 보리	두로 사람의 아들
(5)	포도주와 기름	삼천육백
(6)	재주 있고 총명한 자	팔만
(7)	이방 사람의 수	칠만

제2과

역대하 : 4장 – 6장

1. 다음 ( ) 안에 적당한 말을 찾아 써 넣으시오.

(1) 솔로몬이 만든 놋 재단은 길이가 ( )센티미터, 너비가 ( )센티미터, 높이가 ( )센티미터다. (1규빗은 약 45센티미터)

(2) 부어 만든 바다(두멍)의 지름이 ( )센티미터이고 그 둘레는 ( ) 센티미터다.

(3) 바다를 소 ( )개로 받쳤다.

(4) 좌우에 둔 물두멍 열 개는 ( )에 속한 ( )을 씻게 했다.

(5) 금으로는 등잔대 ( )개를 만들고 내전 안에는 상을 ( )개를 만들었으며 대접은 금으로 ( )개를 만들었다.

(6) 아버지 다윗이 드린 은과 금과 모든 기구를 ( ) 곳간에 두었다.

(7) 궤와 거룩한 기구를 메고 올라간 사람들은 ( )과 ( ) 사람이었다.

(8) 궤 안에는 두 ( ) 외에는 아무것도 없으니 그것은 모세가 호렙에서 받아 넣은 것이다.

(9) 다윗이 성전을 건축할 마음이 있었으나 여호와께서 허락하시지 않고 다윗의 몸에서 낳은 ( )이 건축할 것을 허락하셨다.

(10) 여호와 하나님이여 주의 ( ) 받은 자에게서 얼굴을 돌리지 마시옵고 주의 종 ( )에게 베푸신 은총을 기억하옵소서

2. 다음 말씀은 몇 장 몇 절에 기록되어 있습니까?

(1) 바다에는 삼천 밧(1밧은 약 두 초롱의 물)을 담겠으며
( )장 ( )절

(2) 그 바다는 제사장들이 씻기 위한 것이더라 ( )장 ( )절

(3) 후람이 또 솥과 부삽과 대접을 만들었더라 ( )장 ( )절

(4) 솔로몬이 이 모든 기구를 매우 많이 만들었으므로 그 놋 무게를 능히 측량할 수 없었더라 ( )장 ( )절

(5) 양과 소로 제사를 드렸으니 그 수가 많아 기록할 수도 없고 셀 수도 없었더라 ( )장 ( )절

(6) 선하시도다 그의 자비하심이 영원히 있도다 ( ) 장 ( )절

(7) 회중 앞에서 무릎을 꿇고 하늘을 향하여 손을 펴고 ( )장 ( )절

(8) 내 이름을 거기에 두리라 하신 곳 이 성전을 향하여 주의 눈이 주야로 보시오며 종이 이곳을 향하여 비는 기도를 들으시옵소서
( )장 ( )절

(9) 악한 자의 죄를 정하여 그의 행위대로......공의로운 자를 의롭다 하사 그 의로운 대로 갚으시옵소서 ( )장 ( )절

(10) 비가 내리지 않는 주의 벌을 받을 때에 죄를 떠나거든......비를 내리시옵서 ( )장 (-)절

(11) 적국이......에워싸거나 무슨 재앙이나 무슨 질병이 있거나를 막론하고......이 성전을 향하여 손을 펴고......간구를 하거든
( )장 (-)절

제3과

역대하 : 7장 – 9장

1. 다음과 관계 있는 말을 보기에서 찾아 (　　) 안에 써 넣으시오.

보기 : 속담과 이야깃거리가 됨　왕위가 견고하게 됨　칠 일 동안
이만 이천 마리의 소와 십이만 마리의 양　낙성식 후 칠 일 동안
여호와의 영광이 가득하므로

(1) 제사장이 들어가지 못함 (　　　　　　　　　　　　)
(2) 낙성식 제물 (　　　　　　　　　　　　)
(3) 낙성식 (　　　　)
(4) 낙성식 성회 (　　　　　　　)
(5) 스스로 낮추고 율례를 지키면 (　　　　　　　)
(6) 다른 신을 섬길 때 (　　　　　　　　　　　　)

2. 왼쪽의 성경 구절과 관계 있는 것을 오른쪽에서 찾아 줄로 연결하시오.

(1) 8장 1-2절	반열을 정하고 직분을 맡김
(2) 8장 3-6절	오벨에 금을 가져옴
(3) 8장 7-10절	여호와의 전과 궁의 건축을 다 마침
(4) 8장 12-13절	모든 국고성을 건축함
(5) 8장 14-15절	이방인들을 다 역꾼으로 삼음
(6) 8장 17-18절	3년 차 제단 위에 번제를 드림

3. 다음은 스바 여왕이 솔로몬을 방문한 일에 관한 사항입니다. 성경에

기록된 순서대로 (   ) 안에 번호를 써 넣으시오.

(1) "소문보다 더하도다" 하고 여왕이 감탄함 (   )

(2) 스바 여왕이 방문함 (   )

(3) 하나님을 송축함 (   )

(4) 많은 선물을 낙타에 실어옴 (   )

(5) 여왕의 질문에 다 대답함 (   )

(6) 솔로몬 왕이 답례함 (   )

(7) 많은 향품과 보석을 솔로몬 왕께 드림 (   )

4. 다음 것들로 무엇을 만들었습니까?

(1) 순금:

(2) 상아:

(3) 백향목(레바논 나무):

5. 솔로몬은 이스라엘을 (   )년간 다스렸고 아들 (   )이 왕위를 이었고 솔로몬에 대한 행적은 (   ), (   ), (   ) 세 사람이 더 기록했다.

제4과

역대하 : 10장 – 12장

1. 다음은 누구에 대한 설명입니까?

(1) 왕이 되고자 온 이스라엘과 세겜에 이른 자:

(2) 솔로몬을 피하여 애굽에 갔다가 돌아온 사람:

(3) 르호보암 왕에게 고역과 멍에를 가볍게 해 달라고 고한 사람들:

(4) 백성을 후대하여 선한 말을 하라고 교도한 이들:

(5) 멍에를 더욱 무겁게 하여 전갈 채찍으로 치라고 교도한 이들:

(6) "다윗과 무슨 관계가 있느냐......각각 너희의 장막으로 돌아가라" 하며 돌아간 사람들:

(7) 이스라엘 자손이 돌로 쳐 죽인 역군의 감독:

2. 11장 4절에 "이 일이 내게로 말미암아 난 것이라"라는 말씀에서 "이 일"이란 무엇을 말합니까? (참고. 왕상 11: 26–40)

(1) 두 나라로 나뉘는 일 (　)　　(2) 여로보암을 치는 일 (　)

(3) 형제와 싸우는 일 (　)　　(4) 각기 집으로 돌아가는 일 (　)

3. 다음 중 맞는 것에는 O표, 틀린 것에는 ×표 하시오.

(1) 르호보암은 모든 성읍을 견고하게 했다. (　)

(2) 온 이스라엘의 제사장들과 레위 사람들이 르호보암에게 돌아온 것은 여로보암이 그 직분을 행치 못하게 했기 때문이다. (　)

(3) 여로보암은 우상을 폐하고 하나님을 잘 섬겼다. (　)

(4) 여로보암은 자식이 없어 아내 열여덟 명, 첩 예순 명인을 거느렸다. (　)

(5) 르호보암이 지혜롭게 행하여 그 아들을 흩어 살게 하고 양식과 아내를 많이 주어 살게 했다. (　)

(6) 애굽 왕 시삭의 침범은 르호보암과 온 이스라엘 백성이 범죄했기 때문이다. (　)

(7) 이스라엘 방백들과 왕이 스스로 겸비(낮아져서)하여 하나님이 멸하지는 아니하셨다. (　)

(8) 시삭이 왕궁의 보물과 금 방패를 빼앗았으나 여호와의 전의 보물은 그대로 두었다. (　)

(9) 르호보암이 41세에 왕위에 나아가 17년 동안 다스렸다. (　)

(10) 르호보암이 죽어 여로보암이 그 위를 이었다. (　)

제5과
역대하 : 13장 – 15장

1. 13장 5절의 "소금 언약"이란 말은 무슨 뜻입니까? (참고. 민 18:19)

(1) 사랑의 언약 (　　)　　　(2) 거룩히 구별하는 언약 (　　)

(3) 불변의 언약 (　　)　　　(4) 충성의 언약 (　　)

2. 다음을 읽으며 북국(이스라엘) 여로보암과 관계 있는 말이면 (여로보암), 남국(유다) 아비야와 관계 있는 것이면 (아비야)라 쓰시오.

(1) 용맹한 군사 사십만 명을 택하여 싸움을 준비함 (　　　　)

(2) 큰 용사 팔십만 명을 택하여 대진함 (　　　　)

(3) 스마라임 산 위에 서서 외침 (　　　　)

(4) 금송아지를 만들어 신으로 섬기게 함 (　　　　) (참고. 왕상 12:25-28)

(5) 제사장과 레위인을 쫓아내고 이방 백성의 풍속대로 제사장을 삼음 (　　　　) (참고. 대하 11:14-)

(6) 아침저녁으로 여호와 앞에 번제를 드리며 분향함 (　　　　)

(7) 적군의 복병에게 둘러싸임 (　　　　)

(8) 여호와께 부르짖고 제사장은 나팔을 붐 (　　　　)

(9) 죽고 엎드러진 자가 오십만 명 (　　　　)

(10) 벧엘, 여사나, 에브론 성읍들을 빼앗음 (　　　　)

(11) 다시 강성하지 못하고 여호와의 치심을 입어 죽음 (　　　　)

(12) 아내 열넷, 아들 스물둘, 딸 열여섯 (　　　　)

(13) 남은 사적과 행위와 말이 잇도의 주석에 기록됨 (　　　　)

3. 다음은 유다 왕 아사의 행적입니다. 맞는 것에는 ○표, 틀린 것에는 ×표 하시오.

(1) 여호와 보시기에 선과 정의를 행함 (   )

(2) 이방 제단과 산당과 태양상을 없애고 주상과 아세라 상을 찍음 (   )

(3) 유다 사람에게 명하여 하나님을 찾게 하고 율법과 명령을 행하게 함 (   )

(4) 북국 이스라엘을 침 (   )

(5) 구스 사람 세라의 군사 백만 명과 병거 삼백 대를 하나님께 간구하여 물리침 (   )

(6) 선지자 오뎃(오뎃의 아들 아사랴)의 말을 들음 (   )

(7) 하나님을 찾지 아니하는 자는 누구를 막론하고 죽이는 것이 마땅하다 하고 온 백성에게 맹세하게 함 (   )

(8) 아세라 목상을 만든 태후(왕모)의 자리를 폐하고 우상을 없앰 (   )

제6과

역대하 : 16장 – 18장

1. 다음 ( ) 안에 적당한 말을 찾아 써 넣으시오.

(1) 아사는 ( )의 왕이고 바아사는 ( )의 왕이었다.

(2) 바아사가 라마를 건축한 것은 유다 왕 ( )에게 왕래하지 못하게 하려 함이었다.

(3) 아사가 곳간의 ( )을 벤하닷에게 주어 ( ) 성읍을 치게 했다.

(4) 게바와 미스바를 건축한 돌과 재목은 ( )가 라마를 건축하던 재료였다.

(5) 아사 왕의 망령된 행위는 아람 왕을 의지하고 ( )을 의지하지 않은 것이다.

(6) 아사는 노하여 선견자 ( )를 옥에 가두고 몇 ( )을 학대하였다.

(7) 아사 왕 ( )년에 그의 발에 병이 들어 고생할 때에 여호와 대신 ( )에게 구하다가 ( )년 후에 죽어 ( ) 성에 장사 지냈다.

(8) 아사의 뒤를 이어 ( ) 왕이 된 여호사밧은 다윗의 처음 길로 행하고 전심으로 ( )의 길을 걸었다.

(9) 레위 사람들과 제사장들이 두루 다니며 가르친 것은 ( ) 이었다.

(10) 여호사밧에게 조공한 이웃 나라들 중에 ( ) 중에서 은을, ( ) 사람은 짐승 떼를 드렸다.

(11) (　　　　　)는 천부장 중에 으뜸이요 (　　　　　)는 자기를 여호와께 즐거이 드린 자다.

2. 다음은 누가 누구에게 한 말입니까?

(1) 나와 함께 길르앗 라못으로 가시겠느냐 (　　　)이 (　　　　)에게

(2) 여호와의 말씀이 어떠하신지 (　　　　　)이 (　　　　　)에게

(3) 항상 나쁜 일로만 예언하기로 내가 그를 미워하나이다

(　　　　　)이 (　　　　)에게

(4) 선지자들의 말이 하나같이 왕에게 좋게 말하니 청하건대 당신의 말도 그들 중 한 사람처럼 좋게 말하소서 (　　　　　)가 (　　　　)에게

(5) 내 하나님께서 말씀하시는 것 곧 그것을 내가 말하리라

(　　　　)가 (　　　　　)에게

(6) 거짓말하는 영이 되어 그의 모든 선지자들의 입에 있겠나이다

(만군 중 하나)가 (　　　　　)께

(7) 네가 골방에 들어가서 숨는 바로 그날에 보리라

(　　　　)가 (　　　　　)에게

(8) 오직 이스라엘 왕하고만 싸우라 (　　　　)이 (　　　　　)에게

(9) 내가 부상하였으니......나를 진중에서 나가게 하라

(　　　　　)이 (　　　　　)에게

제7과
역대하 : 19장 – 21장

1. 다음은 유다 왕 여호사밧이 행한 일들입니다. 잘했다고 생각되는 것에는 O표, 잘못했다고 생각되는 것에는 ×표 하시오.

(1) 이스라엘 왕 아합을 돕고 사랑함 (　　)

(2) 아세라 목상을 없앰 (　　)

(3) 모든 재판관에게 여호와를 두려워하는 마음으로 행하라 함 (　　)

(4) 레위 사람과 제사장들에게 진실과 성심을 다하여 여호와를 경외하라 함 (　　)

(5) 모압과 암몬 자손이 침범했을 때 여호와께 간구하고 백성들에게는 금식을 선포함 (　　)

(6) 그의 아버지 아사의 길로 행함 (　　)

(7) 산당을 철거하지 아니함 (　　)

(8) 이스라엘 왕 아하시야와 교제하며 큰 배를 만듦 (　　)

2. 다음 (　　) 안에 적당한 말을 찾아 써 넣으시오.

(1) 모압 자손과 암몬 자손들이 (　　　　　)을 치고자 한지라

(2) 여호사밧이 두려워하여 온 유다 백성에게 (　　　)하라 공포했다.

(3) 유다 사람이 모든 성읍에서 모여 와서 (　　　　)께 간구하더라

(4) 주의 손에 권세와 (　　　　)이 있사오니 능히 주와 맞설 (　　　)이 없나이다

(5) 그 땅을 주께서 (　　　)하시는 아브라함의 자손에게 영원히 주지 아니하셨나이까

(6) 주의 이름이 이 (　　　　　)에 있으니......주께 부르짖은즉 들으시고 구원하시리라 하였나이다

(7) 그들이 와서 주께서 우리에게 주신 주의 (　　　)에서 우리를 쫓아내고자 하나이다

(8) 이 큰 무리를 우리가 대적할 능력이 없고 어떻게 할 줄도 알지 못하옵고 오직 (　　)만 바라보나이다

(9) 야하시엘이 이르되......이 전쟁은 너희에게 속한 것이 아니요 (　　　　)께 속한 것이니라

(10) 유다와 예루살렘아 너희는 두려워하지 말며 놀라지 말고 (　　　　) 그들을 맞서 나가라

(11) (　　　) 사람들은 서서 심히 큰 소리로 여호와를 찬송하니라

(12) 너희 하나님 여호와를 신뢰하라 그리하면 (　　　)히 서리라

(13) 여호와께 감사하세 그의 인자하심이 (　　　)하도다

(14) 그 노래와 (　　　)이 시작될 때에 여호와께서 복병을 두어

(15) 능히 가져갈 수 없을 만큼 많으므로 (　　　) 동안에 거두어들이고

(16) 이는 그의 하나님이 사방에서 그들에게 (　　　)을 주셨음이더라

(17) 여호사밧이 여호와 보시기에 정직하게 행하였으나 (　　　)만은 철거하지 아니하였으므로

(18) 유다 왕 여호사밧이 나중에 이스라엘 왕 (　　　　)와 교제하였는데

3. 다음은 여호람에 관한 말입니다. 맞는 것에는 O표, 틀린 것에는 ×표 하시오.

(1) 그의 아버지 여호사밧의 뒤를 이어 왕이 되었다. (　)

(2) 여호람은 다윗과 같은 성군이었다. (　)

(3) 아합(북왕국 이스라엘의 왕)의 딸을 아내로 맞았다. (　)

(4) 조상 다윗 덕에 멸망당하지 않고 등불을 유지했다. (　)

(5) 에돔, 립나 등 여러 나라가 배반한 이유는 그 열조의 하나님을 버렸기 때문이다. (　)

(6) 선지자 엘리야가 "창자에 중병이 들고 그……창자가 빠져나오리라" 했듯이 그는 심한 병으로 죽었다. (　)

(7) 그는 많은 사람이 슬퍼하고 아끼는 가운데 세상을 떠났다. (　)

제8과

역대하 : 22장 – 24장

1. 다음 중에서 남왕국 유다(도읍지는 예루살렘)의 왕이면 (유다), 북왕국 이스라엘(도읍지는 사마리아)의 왕이면 (이스라엘)이라 쓰시오.

(1) 여호람 (　　　　) (2) 아합 (　　　　)

(3) 예후에게 잡혀 죽은 아하시야 (　　　　) (4) 요람 (　　　　)

(5) 예후 (　　　　) (6) 아달랴 (　　　　) (7) 요아스 (　　　　)

2. 다음 문장의 (　　) 안에서 틀린 것을 찾아 지우시오.

(1) 아달랴는 (남자, 여자)로 유다의 왕국의 씨를 진멸하고 (6년간, 10년간) 다스리다가 제사장 (여호야다, 아사랴)의 명령으로 왕궁 말문 어귀에서 죽임을 당했다.

(2) 요나스는 아달랴가 왕자들을 죽일 때 (제사장, 백부장, 레위인) 여호야다의 (아내, 모친) 여호사브앗이 몰래 빼내어 살렸다가 6년 후에 왕이 되었다.

(3) 여호야다는 용기를 내어 백부장들과 언약을 세우고 이스라엘 (방백, 족장)들을 모아 (예루살렘, 사마리아)에 이르러 악한 여왕 아달랴는 죽이고 요아스를 왕위에 세웠다.

(4) 요아스는 (40세, 7세)에 왕이 되어 (8년간, 40년간) 다스렸고 여호와 보시기에 (악을, 정직히) 행하였다.

3. 다음 글을 읽고 관계 있는 말을 보기에서 찾아 (　　) 안에 번호를 써 넣으시오.

보기 : (1) 여호와는 감찰하시고 신원하여 주옵소서

(2) 악한 여인 아달랴의 아들들이 하나님의 전을 파괴하고 또 전의 모든 성물들을 바알을 위하여 사용한 고로

(3) 그 심복들, 사밧과 여호사밧에게 모반당함. 그 아들 아마샤

(4) 여호야다의 아들 스가랴, "여호와의 명령을 거역하여......여호와께서도 너희를 버리셨느니라" 함으로

(5) 유다 방백들이 와서 왕에게 절하매 왕이 그들의 말을 듣고 여호와의 전을 버리고 아세라 목상과 우상을 섬겼으며 여호와께서 보낸 선지자의 경고도 듣지 않음

(6) 열조의 하나님 여호와를 버렸기 때문

(1) 성전이 파괴되어 보수하게 된 이유 (　　)

(2) 여호야다가 죽은 후에 요아스 왕이 행한 일 (　　)

(3) 성전 뜰 안에서 죽은 이는 누구며 왜 죽었나? (　　)

(4) 죽을 때에 무어라 기도했나? (　　)

(5) 아람 군대가 적은 무리로 유다의 큰 무리를 물리친 이유 (　　)

(6) 누구에게 모반당했으며 누가 왕위를 이었나? (　　)

제9과

역대하 : 25장 – 27장

1. 다음은 아마샤의 치적에 대한 사항입니다. 잘했다고 생각되는 것에는 O표, 잘못했다고 생각되는 것에는 ×표 하시오.

(1) 여호와께서 보시기에 정직히 행함 ( )

(2) 온전한 마음으로 행치 아니함 ( )

(3) 부왕을 죽인 신하들을 죽일 때 그 자녀는 죽이지 아니함 ( )

(4) 은 백 달란트로 이스라엘에서 큰 용사 십만 명을 고용함 ( )

(5) 하나님의 사람의 말을 듣고 고용한 이스라엘 군대를 그들의 고향으로 돌아가게 함 ( )

(6) 아마샤가 담력을 내어 소금 골짜기에서 세일 자손을 물리침 ( )

(7) 아마샤가 에돔 사람들을 죽이고 돌아올 때에 세일 자손의 신들을 가져다가 자기의 신으로 세우고 경배하여 분향함 ( )

(8) 어떤 선지자의 말을 듣지 않음 ( )

2. 25장 17-24절의 내용 중 "서로 대면하자"는 말은 무슨 뜻입니까?

(1) 서로 만나자는 뜻 ( )

(2) 한번 싸워 보자는 뜻 ( )

(3) 서로 돕자는 뜻 ( )

(4) 서로 화친하자는 뜻 ( )

3. 다음은 웃시야 왕에 관한 말입니다. 맞는 것에는 O표, 틀린 것에는 ×표 하시오.

(1) 16세에 왕위에 나아가 52년간 다스렸다. (   )

(2) 선지자 스가랴가 살아 있을 동안에는 여호와를 찾았고 또 여호와께서 형통하게 하셨다. (   )

(3) 자기의 힘으로 블레셋과 아라비아와 마온 사람들을 쳤다. (   )

(4) 웅덩이를 파고 가축을 기르고 포도원을 다스리게 했으니 농사를 좋아하였다. (   )

(5) 망대와 성곽 위에는 고안한 무기를 두어 화살과 큰 돌을 쏘게 했다. (   )

(6) 그는 강성할수록 겸손하여 하나님을 사랑하고 의지하였다. (   )

(7) 그가 여호와께 분향하려 한 것은 왕으로써 마땅히 할 수 있었던 일이다. (   )

(8) 그는 죽는 날까지 나병환자였고 죽어서도 왕들의 묘실에 가지 못하고 접한 땅에 장사되었다. (   )

4. 다음 (   ) 안에 적당한 말을 찾아 써 넣으시오.

(1) 요담은 (   )의 아들로 (   )세에 왕이 되어 (   )년간 다스렸다.

(2) 요담은 여호와 보시기에 (   )히 행하였으나 (   ) 에는 들어가지 아니했다.

(3) 요담은 여호와 앞에서 (   )을 걸었으므로 점점 (   )해졌다.

(4) 요담이 죽어 그의 아들 (   )가 왕위에 나아갔다.

제10과

역대하 : 28장 – 30장

1. 28장은 유대 왕 아하스가 16년간 치리한 역사입니다. 아하스가 잘못했다고 생각되는 것 다섯 가지를 쓰시오.

(1)

(2)

(3)

(4)

(5)

2. 28장을 읽으며 다음 중 유대를 침략했던 나라들에 O표 하시오.

(1) 애굽 ( ) (2) 이스라엘 ( ) (3) 아말렉 ( ) (4) 미디안 ( )
(5) 아람 ( ) (6) 아라비아 ( ) (7) 에돔 ( ) (8) 블레셋 ( )

3. 28장 8-17절을 읽고 다음 중 맞는 것에 O표 하시오.

(1) 사람과 재물을 노략하여 돌아오는 이스라엘 자손들에게 오뎃이 잘했다고 사마리아에서 환영했다. ( )

(2) 사람과 재물을 노략하여 돌아오는 이스라엘 자손들에게 오뎃이 포로들을 돌려보내라 하니 우두머리들이 옳게 여겨 포로를 돌려보낸 후 사마리아로 돌아갔다. ( )

(3) 사람과 재물을 노략하여 돌아오는 이스라엘 자손들에게 오뎃이 돌려보내라 하나 듣지 않았다. ( )

(4) 사람과 재물을 노략해 돌아오는 이스라엘 자손들에게 오뎃이 명해도

듣지 않자 하나님이 아람 군대를 시켜 이스라엘군을 전멸했다. (　　)

4. 다음 (　　) 안에 적당한 말을 찾아 써 넣으시오.

(1) 히스기야가 유다의 왕이 되어 여호와 보시기에 (　　　　)히 행하고 여호와의 전 문들을 열고 (　　　　)했다.

(2) 하나님께 번제를 드리지 아니하므로 내버리사 (　　　　)과 (　　　　)과 (　　　　) 거리가 되게 하신 것을 똑똑히 보는 바라

(3) 수송아지, 양, 염소, 각 일곱 마리를 끌어다가 (　　　　)와 (　　　　)와 (　　　　)를 위하여 속죄 제물을 삼고

(4) 하나님께서 (　　　　)을 위하여 예비하셨으므로 히스기야가 (　　　　)과 더불어 기뻐하였더라

(5) 히스기야가 온 이스라엘과 유다와 또 에브라임과 므낫세에 편지를 보내어 여호와의 전에 이스라엘 (　　　　　　)를 위하여 (　　　　)을 지키라 하니라

(6) 너희 조상들과 형제 같이 하지 말라 그들은 하나님 여호와께 (　　　　)하였으므로 여호와께서 (　　　　)하도록 버려두신 것을 너희가 똑똑히 보는 바니라

(7) 너희 (　　　　)같이 목을 곧게 하지 말고...... 영원히 거룩하게 하신 (　　)에 들어가서 너희 하나님 여호와를 (　　　　) 그의 진노가 떠나게 하라

(8) 너희 하나님 여호와는 (　　　　)로우시고 (　　　　)하신지라......그에게로 돌아오면 그의 (　　　　)을 너희에게서 돌이키지 아니하시리라

(9) 하나님의 손이 또한 유다 사람들을 (　　　　)시키사...... 여호와의 말씀대로 전한 (　　　　)을 한마음으로 (　　　　)하게 하셨더라

(10) 제사장들과 레위 사람들이 백성을 위하여 (　　　　)하였으니 그 소리가 하늘에 들리고 그 (　　　　)가......하늘에 이르렀더라

제11과

역대하 : 31장 – 33장

1. 다음 중 맞는 것에는 O표, 틀린 것에는 ×표 하시오.

(1) 이스라엘 무리가 우상을 다 제거하고 본성 기업으로 돌아갔다. (　)

(2) 이스라엘 자손이 모든 것의 십일조를 드려 더미를 이루었다. (　)

(3) 예물과 십일조를 많이 드려 제사장들과 레위인들은 잘 지냈으나 백성들은 굶주렸다. (　)

(4) 히스기야 왕은 하나님 보시기에 선과 정의와 진실함으로 행하였다. (　)

(5) 앗수르 군대가 예루살렘을 치러 왔을 때 히스기야 왕은 애굽에 구원병을 청했다. (　)

(6) "너희 하나님이 능히 너희를 내 손에서 건지겠느냐" 한 말은 산헤립이 한 말이다. (　)

(7) 히스기야 왕이 선지자와 더불어 부르짖었더니 천사가 적군을 멸했다. (　)

(8) 히스기야의 잘못은 그 마음이 교만하여 받은 은혜를 보답지 아니한 데 있었다. (　)

(9) 히스기야가 죽고 그 뒤를 이어 므낫세가 12세에 왕이 되어 55년 동안 다스릴 때 여호와 보시기에 선을 행하고 모든 우상을 멸했다. (　)

(10) 므낫세가 바벨론으로 끌려갔다가 돌아와 왕위에 오른 것은 겸손하게 간구한 까닭이다. (　)

(11) 므낫세가 뉘우쳐 모든 우상을 제거했으나 산당은 그대로 두었다. (　)

(12) 아몬이 므낫세의 뒤를 이어 왕위에 올랐으나 악을 행하여 신하에게 죽임을 당했다. (   )

2. 다음 중 서로 관계 있는 것을 찾아 줄로 연결하시오.

(1) 히스기야	나눠 주는 자
(2) 아사랴	예물과 십일조를 주관
(3) 고나냐	아들을 불 가운데로 보냄
(4) 고레	유다 왕
(5) 앗수르 왕	대제사장
(6) 이사야	산헤립
(7) 힌놈 골짜기	선지자

3. 다음 말씀은 몇 장 몇 절에 기록되어 있습니까?

(1) 여호와께서 그의 백성에게 복을 주셨음이라 (   )장 (   )절

(2) 성결하고 충실히 그 직분을 다하는 자 (   )장 (   )절

(3) 그와 함께하는 자는 육신의 팔이요 우리와 함께하시는 이는 우리의 하나님 (   )장 (   )절

(4) 그의 몸에서 난 자들이 거기서 칼로 죽였더라 (   )장 (   )절

(5) 아로새긴 목상을 하나님의 전에 세웠더라 (   )장 (   )절

(6) 그제서야 여호와께서 하나님이신 줄을 알았더라 (   )장 (   )절

에스라 개요

1. 명칭: 본서의 제목은 중심인물인 에스라의 이름을 따서 붙였다. 유대인들은 에스라와 느헤미야를 한 권의 책으로 생각했다. 이 두 책은 같은 주제를 다루고 있다. 두 권 모두 죄로 멸망당한 이스라엘을 구원하시고 회복하시는 하나님을 계시하고 있는 것이다. 다른 민족의 역사와 다르게 이스라엘의 역사는 원인과 결과의 법칙을 뛰어넘어 죄를 용서하시고 회복시키시는 하나님의 사랑을 증거하고 있다. 에스라와 느헤미야는 전체적으로 멸망받아 고통 속에 살아야 할 이스라엘 민족을 용서하시고 은혜를 베푸시고 회복시키시는 하나님의 사랑의 역사를 보여주는 책이다. 그러므로 에스라와 느헤미야의 주제는 "은혜의 하나님", "회복시키시는 하나님"이라고 할 수 있다.

2. 저자 및 연대: 본서에는 저자에 대한 명확한 언급이 없다. 그러나 전통적으로 이 책은 중심인물인 에스라가 저술한 것으로 추정하고 있다. 기록 연대는 에스라서가 끝나는 시점인 B.C. 456년에서 느헤미야가 귀환하는 B.C. 444년 사이로 추정된다. 에스라는 느헤미야가 활동하던 시대까지 살아 있었기 때문에 느헤미야가 귀환할 때까지 충분히 본서를 기록할 수 있었을 것으로 추정할 수 있다.

3. 구조: 에스라는 B.C. 536년 스룹바벨의 인도로 제1차 귀환에서 B.C. 458년 에스라의 인도로 제2차 귀환하여 예루살렘의 부흥운동을 일으킨 사건까지 10장으로 구성되어 있다. 1-6장은 스룹바벨의 인도로 1차로

예루살렘에 돌아온 사람들이 성전을 재건하기 시작하여 반대자들의 방해공작을 극복하고 성전을 완공하여 봉헌하는 이야기며, 7-10장은 에스라의 인도로 제2차로 예루살렘에 귀환한 사람들의 이야기와, 하나님을 사모하는 마음으로 예루살렘의 부흥운동을 일으킨 이야기다.

4. 에스라서에 나타난 하나님의 교훈:

1) 하나님은 언약을 지키시는 신실하신 하나님이다. 하나님은 이스라엘이 범죄하여 멸망할 수밖에 없었으나 아버지가 아들을 사랑함같이 이스라엘을 사랑하여 범죄한 이스라엘을 회복시키고 구원하겠다고 약속하셨다. 그 약속대로 하나님은 이스라엘 백성이 70년간 포로생활을 하였을 때에 이스라엘을 회복하셨다. 하나님은 언약을 성실하게 지키시는 하나님이다.

2) 언약의 백성은 하나님만 섬기고 우상을 숭배해서는 안 된다. 그러나 이스라엘은 우상을 숭배함으로 멸망의 벌을 받았으나 포로생활을 통하여 순수한 하나님 신앙을 회복시키고 예루살렘으로 돌아오게 하셨다. 에스라서는 제사장적인 역사를 보여 주고 있다. 그래서 하나님 앞에 거룩을 강조하고 있다.

3) 하나님은 유능하고 하나님 앞에 신실한 일꾼 스룹바벨과 에스라를 통해서 하나님의 놀라운 구원의 기적을 이루셨다. 하나님은 자기의 언약을 지키고 복을 주실 때에 성실하고 신실한 일꾼을 통하여 이 일을 이루신다.

제1과
에스라 : 1장 – 3장

1. 북왕국 이스라엘은 B.C. 721년 호세아 왕 7년에 앗수르 왕 살만에셀에게 19왕 201년 만에 망했습니다. 반면 남왕국 유대는 B.C. 587년 시드기야 왕 11년에 바벨론 왕 느부갓네살에게 21왕 335년 만에 망했습니다. 그 후에 바벨론도 바사 나라의 고레스 왕이 통치하게 되었습니다. 고레스 왕 원년에 예루살렘에 무슨 내용으로 공포와 조서를 내렸습니까?

답

2. 다음 중 성전 건축을 위해 가져온 것들에 O표 하시오.

(1) 금, 은 ( ) (2) 놋 투구 ( ) (3) 황금 ( )
(4) 짐승 ( ) (5) 보물 ( )

3. 다음 물음에 간단히 답하시오.

(1) 스룹바벨, 느헤미야, 모르드개의 공통점을 쓰시오.

(2) 예수아의 집 여다야 자손이 맡은 직분은 무엇입니까?

(3) 아삽 자손은 레위인으로 무슨 일을 했습니까?

(4) 선조가 이스라엘에 속했는지 밝힐 수 없었던 사람들은 누구입니까?

(5) 부정하게 여겨 제사장직을 행하지 못하게 된 자들은 누구입니까?

(6) 온 회중의 합계는 몇 명입니까?

(7) 성전 터에 이르러 예물을 힘 자라는 대로 즐거이 드린 이들은 누구입니까?

4. 다음 사항에 관하여 간단히 설명하시오.

(1) 칠월 초하루:

(2) 이년 이월:

(3) 서로 화답한 찬양의 내용:

(4) 백성들이 분간하지 못할 만큼 즐거이 부르는 소리와 통곡하는 소리가 들린 이유:

제2과

에스라 : 4장 – 6장

1. 다음은 누가 누구에게 한 말입니까?

(1) 우리도 너희와 함께 건축하게 하라 우리도 너희같이 너희 하나님을 찾노라

( )이 ( )에게

(2) 우리 하나님의 성전을 건축하는 데 너희는 우리와 상관이 없느니라

( )이 ( )에게

(3) 만일 이 성읍을 건축하고 그 성곽을 완공하면 저 무리가 다시는 조공과 관세와 통행세를 바치지 아니하리니 결국 왕에게 손해가 되리이다

( )이 ( )에게

(4) 옛적에는 예루살렘을 다스리는 큰 군왕들이 있어서 강 건너편 모든 땅이 그들에게 조공과 관세와 통행세를 다 바쳤도다

( )이 ( )에게

(5) 누가 너희에게 명령하여 이 성전을 건축하고 이 성곽을 마치게 하였느냐

( )이 ( )에게

(6) 우리는 천지의 하나님의 종이라 예전에 건축되었던 성전을 우리가 다시 건축하노라

( )이 ( )에게

(7) 만일 왕들이나 백성이 이 명령을 변조하여 손을 들어 예루살렘 하나님의 성전을 헐진대 그곳에 이름을 두신 하나님이 그들을 멸하시기를 원하노라 ( ) 왕이 내린 조서에

2. 다음 물음에 알맞은 답을 골라 O표 하시오.

(1) 성전을 건축하지 못하도록 방해하고 아닥사스다 왕에게 고소한 사람들은 누구입니까?

1) 예루살렘에 거주하는 유다와 베냐민 사람들 (　)

2) 대적들과 사마리아 성 사람들 (　)

3) 바사 왕 고레스 (　)

(2) 성전 건축을 시작한 것은 어떤 이유에서입니까?

1) 바사 왕 고레스 원년에 공포하여 지으라 명한 것이다. (　)

2) 유다 사람들이 자의로 건축하기 시작한 것이다. (　)

3) 바벨론 느부갓네살 왕이 건축하라고 명한 것이다. (　)

(3) 다리오 왕의 조서는 어떤 내용입니까?

1) 성전 건축을 하지 말라 (　)

2) 성전 건축을 하되 경비까지도 왕실에서 다 부담한다. (　)

3) 성전 건축을 하든지 말든지 자유로이 하라 (　)

제3과
에스라 : 7장 – 9장

1. 7장 1절의 "이 일"은 어떤 일을 말합니까?

(1) 유다가 망하고 예루살렘 성이 바벨론 왕 느부갓네살에게 멸망당한 일 ( )

(2) 성전 건축을 중지하라고 한 일 ( )

(3) 성전 건축을 중지했다가 다리오 왕의 조서로 성전 역사를 계속하게 된 일 ( )

(4) 느부갓네살 왕이 성전에서 금, 은 그릇을 옮겨 간 일 ( )

2. 다음은 에스라에 관한 설명입니다. 맞는 것에는 O표, 틀린 것에는 ×표 하시오.

(1) 바사 나라 아닥사스다 왕 때의 사람이다. ( )

(2) 대제사장 아론의 16대 손이다. ( )

(3) 율법에 익숙한 학사로 하나님의 도움을 받아 왕에게 구하는 것은 다 받았다. ( )

(4) 바사 나라에서 귀국할 때 홀로 왔다. ( )

(5) 아닥사스다 왕 7년 첫째 달 초하루에 바벨론을 떠나 다섯째 달 초하루에 예루살렘에 이르렀다. ( )

(6) 그가 결심한 것은 '어떻게 백성으로 하여금 사신 우상을 섬기게 할 것인가?' 하는 것이었다. ( )

(7) 그는 학사 겸 제사장이었다. ( )

(8) 아닥사스다가 에스라에게 내린 조서는 하나님과 유다 사람들을 조

롱한 말이었다. ( )

(9) 7장 27-28절 이후에 계속 나오는 "나"는 본서를 기록한 에스라 자신을 말한다. ( )

(10) 아하와 강가에서는 금식하며 기도했고 응답을 받았다. ( )

(11) 이방 족속과 혼인하는 데 방백과 고관들은 관여하지 않았으나 에스라는 이방 혼인을 허락했다. ( )

(12) 9장 5-15절 말씀은 옷을 찢으며 죄를 자복한 기도의 내용이다. ( )

제4과
에스라 : 10장

1. 다음은 이방 여인을 아내로 맞이했다가 맹세하고 그 아내를 보낸 사람의 명단입니다. 관계 있는 것을 찾아 줄로 연결하시오.

(1) 예수아 자손 중	마아세야와 엘리야와......
(2) 하림 자손 중	엘료에내와 마아세야와......
(3) 바스훌 자손 중	요사닥의 아들과......
(4) 레위 사람 중	엘리아십
(5) 노래 하는 자 중	바로스 자손
(6) 문지기 중	살룸과 델렘과 우리
(7) 이스라엘 중	앗나와 그랄과......
(8) 삿두 자손 중	마아대와 이므람과......
(9) 바핫모압 자손 중	요사밧 시므이......
(10) 바니 자손 중	엘료에네와......

2. 다음 문장의 (　　) 안에서 틀린 것을 찾아 지우시오.

(1) 에스라가 성전 앞에 엎드려 울며 자복할 때에 (몇몇 사람, 많은 백성)이 통곡하매 (어린아이의 큰 무리도, 어른들만) 그 앞에 모였다.

(2) 스가냐가 하나님의 명령을 준행하는 자의 가르침을 따라 이방 혼인한 아내와 그 소생을 다 (내보내기로, 그대로 두기로) 행할 것이라 했다.

(3) 바벨론에 사로잡혀 갔던 자들의 죄는 (나라를 지키지 못한 일, 이방 혼인한 일)이었다.

(4) 유다와 베냐민 사람이 (삼 일, 삼 주) 내에 모이니, 때는 (아홉째 달 이

십일, 유월절 전날)이었다.

(5) 10장 16절 하반절에 "열째 달 초하루에 앉아 그 일을 조사하여"라고 했는데 "그 일"이란 (바벨론에 남아 있는 사람, 이방 혼인한 사람들, 에스라의 말에 반대하는 사람들)을 말한다.

(6) 제사장 레위인은 노래하는 자들도 이방 여인을 (취했다, 취하지 아니했다)

느헤미야 개요

1. 명칭: 느헤미야서도 중심인물인 느헤미야의 이름을 그대로 딴 것이다. 느헤미야는 담력과 수완을 겸비한 지도자였다. 이스라엘을 향한 하나님의 거룩한 섭리를 깊이 통찰한 느헤미야는 페르시아 왕실에서 누리던 안락한 생활을 과감히 버리고 이스라엘 백성들을 이끌고 제3차 예루살렘으로 귀환하였다. 그는 거룩한 성 예루살렘의 재건을 위하여 혼신의 힘을 기울였으며 동시에 이스라엘 백성들에게 율법에 충실하도록 가르쳤다.

2. 저자 및 연대: 느헤미야서는 주어의 대부분이 1인칭으로 되어 있다. 이것은 이 책의 저자가 느헤미야라는 것을 입증하는 것이다. 이견을 가진 학자들이 없는 것은 아니나 본서가 느헤미야의 저술이라는 것은 대부분 일치되는 견해다. 본서는 B.C. 445년에서 425년 사이의 일에 대한 기록이다. 그러므로 본서는 B.C. 425년 백성의 부흥운동을 끝내면서 기록되었을 것으로 추정된다.

3. 구조: 본서는 느헤미야의 인도로 제3차로 귀환하는 이야기에서부터 민족의 개혁을 일으키고 예루살렘의 부흥운동을 일으키기까지 20년 동안의 역사를 13장에 걸쳐서 기록하고 있다. 1-7장은 느헤미야가 백성들과 3차로 귀환하여 예루살렘 성을 재건하고 성벽을 완공하기까지의 기록이다. 그리고 8-10장은 에스라의 주도로 언약을 갱신하고 율법을 지키기로 언약하는 이야기며, 11-13장은 민족적인 개혁운동을 일으켜

서 하나님께 순결한 백성이 될 것을 강조하고 있다.

4. 느헤미야에 나타난 하나님의 진리들:

1) 거룩한 도성 예루살렘 성의 재건과 거룩한 성의 중심인 성전 예배를 회복하여 하나님의 거룩함을 지키고자 하는 느헤미야와 지도자들의 열정이 본서를 통하여 강력하게 드러나고 있다. 성전 중심의 거룩한 도성, 예배를 통한 거룩한 민족의 회복을 강조한다.

2) 거룩한 도성에 대한 관심과 함께 거룩한 백성에 대한 관심이 본서의 또 하나의 중심이다. 하나님께서 세우신 율법을 가르치고 순종하므로 거룩한 백성으로 다시 회복시키려는 것이 하나님의 뜻이다.

3) 다시 한 번 하나님과 백성들이 언약을 세우게 하고 언약 백성으로 회복시키는 것을 강조하고 있다. 하나님의 백성은 언제나 하나님과 언약을 맺은 백성으로서의 정체성을 지키고 언약 백성으로서의 자존감을 가지고 살아야 할 것이다.

제1과
느헤미야 : 1장 – 3장

1. 다음은 느헤미야가 수산 궁(바사국)에 있을 때 하나니 일행이 유다에서 이르러 보고한 말들입니다. 보고된 내용에는 O표, 그 외에는 ×표 하시오.

(1) 사로잡힘을 면한 자들이 환난과 능욕을 당한다. (　　)

(2) 남아 있는 자들이 전쟁을 준비한다. (　　)

(3) 예루살렘 문이 허물어지고 성문들은 불탔다. (　　)

(4) 성전이 파괴되었다. (　　)

※ 다음 문제의 (　　) 안에 알맞은 말을 써 넣으시오. (2–6항)

2. 느헤미야는 바사 왕 아닥사스다의 은총을 입어 왕의 술 (　　　　)이 되었다가 왕의 허락을 받아 예루살렘에 귀국하여 성과 성문을 (　　　　)하도록 했습니다.

3. 1장 5–11절은 느헤미야가 울며 금식하며 하나님께 (　　　　)한 내용입니다.

4. 2장 2절의 "네가 병이 없거늘 어찌하여 얼굴에 수심이 있느냐"라는 말은 (　　　　) 왕이 (　　　　)의 얼굴을 보고 한 말입니다.

5. 느헤미야는 왕께 기한을 정하여 다녀올 것을 허락받고 또 강 서쪽 총독들에게 내릴 (　　　　)도 받아 귀국하였습니다.

6. 느헤미야가 성벽을 시찰한 후 지도자들에게 성을 중건하자 했을 때 그들은 다 힘을 내어 일하려 했으나 (　　　　　　　　　　)과 (　　　　　　　　　　)와 아라비아 사람 (　　　)은 비웃고 업신여겼다.

7. 다음 왼쪽 사람들이 각각 무엇을 건축했는지 오른쪽에서 찾아 번호를 써 넣으시오.

(1) 엘리아십과 그 형제들	( ) 화덕 망대
(2) 하스나아의 자손들	( ) 어문
(3) 드고아의 귀족들	( ) 양문
(4) 하루맙의 아들 여다야	( ) 분담하지 않음
(5) 말기야와 핫숩	( ) 샘문
(6) 하눈과 사노아	( ) 분문
(7) 말기야	( ) 성 모퉁이 성루에서 양문까지
(8) 살룬	( ) 자기 집과 마주 대한 곳 중수
(9) 발랄	( ) 골짜기 문
(10) 금장색과 상인들	( ) 시위청에서 가까운 부분

제2과

느헤미야 : 4장 – 5장

1. 다음 중 예루살렘 성을 건축하는 것을 도운 사람들에는 O표, 방해한 자들에는 ×표 하시오.

(1) 여리고 사람들 ( ) (2) 사독 ( )
(3) 바룩 ( ) (4) 기브온과 미스바 사람들 ( )
(5) 향품 장사 하나냐 ( ) (6) 느헤미야 ( )
(7) 산발랏 ( ) (8) 도비야 ( )
(9) 아라비아 사람들 ( ) (10) 암몬 사람들과 아스돗 사람들 ( )

2. 4장 15절의 "하나님이 그들의 꾀를 폐하셨으므로"에서 "그들의 꾀"는 무엇을 말합니까?

(1) 산발랏과 그 일당이 사마리아 군대 앞에서 미약한 유다 사람들이 하는 일이 무엇이냐 하고 꾀한 일 ( )
(2) 암몬 사람 도비야가 일당이 예루살렘 성이 중수된다 함을 듣고 심히 분하여 예루살렘으로 쳐들어가 요란하게 하자 한 일 ( )
(3) 산발랏과 도비야 일당이 예루살렘 성이 중수된다 함을 듣고 심히 분하여 예루살렘으로 쳐들어가 요란하게 하자 한 일 ( )
(4) 느헤미야가 성 뒤의 낮고 넓은 곳에 백성이 그들의 종족을 따라 칼과 창과 활을 가지고 서 있게 하고 민장들과 남은 백성에게 주를 기억하고 아내와 집을 위하여 싸우라 한 일 ( )

3. 다음은 백성이 그 아내와 함께 부르짖은 내용입니다. ( ) 안에 적

당한 말을 찾아 써 넣으시오.

(1) 우리 자녀가 많으니 (   )을 얻어먹고 살아야 하겠다

(2) 우리가 (   )과 (   )과 (   )이라도 저당 잡히고 이 흉년에 곡식을 얻자

(3) 우리는 (   )과 (   )으로 돈을 빚내서 왕에게 (   )을 바쳤도다

(4) 우리 딸 중에 벌써 (   )된 자가 있고 우리의 (   )과 (   )이 이미 남의 것이 되었으나 우리에게는 아무런 (   )이 없도다

4. 백성의 부르짖음을 듣고 느헤미야는 어떻게 했습니까?

(1) 듣고도 어찌할 도리가 없어서 잠자코 있었다. (   )

(2) 노하여 깊이 생각하고 귀족들과 민장들을 꾸짖었다. (   )

(3) 대회를 열고 훈계하여 돌려보냈다. (   )

(4) 노하여 깊이 생각하고 귀족들과 민장들을 꾸짖고 대회를 열고 그들이 취한 것은 다 돌려보내기로 맹세시켜 그대로 시행하게 했다. (   )

5. 느헤미야가 유다 총독으로 (   )년 동안 있을 때 (   )의 (   )을 먹지 않았고 또 요구하지 아니하였음은 백성의 (   )이 중함이었다.

제3과

느헤미야 : 6장 – 8장

1. 다음 물음에 알맞은 답을 써 넣으시오.

(1) 산발랏과 도비야, 게셈 일당이 느헤미야를 오노 평지에서 만나자고 했는데,

1) 일당이 무슨 소식을 듣고서 청했습니까?

2) 몇 번이나 청했습니까? (　　　) 번

3) 청한 뜻은 무엇입니까?

4) 봉하지 않은 편지의 내용은 무엇입니까?

(2) 스마야가 두문불출할 때,

1) 느헤미야가 찾아가니 무엇이라고 말했습니까?

2) 느헤미야가 무엇을 깨달았습니까?

3) 느헤미야를 반대한 다른 선지자들도 있었으면 누구누구였습니까?

여선지 (　　　　)와 남은 (　　　　)들

(3) 성 역사가,

1) (　　　)일 만에 끝났습니다.

2) 이 소식을 듣고 두려워 크게 낙담한 사람들은 누구입니까?

모든 (　　　)과 주위에 있는 (　　　) 사람들

(4) 느헤미야와 귀족들에게 여러 번 편지하여 두렵게 한 사람은 (　　　) 입니다.

2. 다음 물음에 간단히 답하시오.

(1) 예루살렘을 다스리게 한, 충성스럽고 하나님을 경외함이 무리 중에 뛰어난 자는 누구입니까?

(2) 바벨론 왕 느부갓네살에게 사로잡혀 갔던 자 중에서 돌아온 사람 중 세 사람은 누구입니까?

(3) 레위 사람들 중 문지기는 모두 몇 명입니까? ( )명

(4) 이스라엘에 속하였는지 증거할 수 없는 사람들은?

(5) 이름을 찾아도 없어서 제사장 직분을 행하지 못한 사람들은?

(6) 광장에 모였을 때에 율법책을 들고 와 읽어 준 사람의 이름은 무엇입니까? 학사 겸 제사장 ( )

(7) 백성이 다 울었다 했는데 왜 울었습니까?

(8) 느헤미야와 에스라는 왜 슬퍼하거나 울지 말라고 했습니까?

제4과
느헤미야 : 9장 – 11장

1. 다음 말씀은 9장 몇 절 말씀입니까?

(1) 다 모여 금식하며 굵은 베옷을 입고……이방 사람들과 절교하고……죄와 조상들의 허물을 자복하고 (　　)절부터 (　　)절

(2) 낮 사분의 일은……율법책을 낭독하고 낮 사분의 일은 죄를 자복하며……경배 (　　)절

(3) 하늘과……땅과……만물과 그 가운데 바다와 모든 것을 지으시고 다 보존하시오니 모든 천군이 주께 경배하나이다 (　　)절

(4) 주 앞에서 충성됨을 보시고 그와 더불어 언약을 세우사……그 말씀대로 이루셨사오매 (　　)절

(5) 고난 받는 것을 감찰하시며……부르짖음을 들으시고 (　　)절

(6) 낮에는 구름 기둥으로 인도하시고 밤에는 불 기둥으로 (　　)절

(7) 굶주림 때문에 그들에게 양식을……목마름 때문에……반석에서 물을 내시고 (　　)절

(8) 주께서는 용서하시는 하나님이시라 (　　)절

(9) 그 옷이 해어지지 아니하였고 발이 부르트지 아니하였사오며 (　　)절

(10) 배불리 먹어 살찌고 주의 큰 복을 즐겼사오나 (　　)절

(11) 율법을 등지고 주께로 돌아오기를 권면하는 선지자들을 죽여 주를 심히 모독하였나이다 (　　)절

(12) 고집하는 어깨를 내밀며 목을 굳게하여 듣지 아니하였나이다 (　　)절

(13) 주는 은혜로우시고 불쌍히 여기시는 하나님이심이니이다 (　　)절

(14) 주께서 베푸신 큰 복과 자기 앞에 주신 넓고 기름진 땅을 누리면서도 주를 섬기지 아니하며 (　　)절

(15) 이제 견고한 언약을 세워 기록하고 다 인봉하나이다 (　　)절

2. 이스라엘 백성이 맹세한 것을 쓰시오.

(1)

(2)

(3)

(4)

(5)

3. 다음 예루살렘에 머무르게 된 사람들의 이름을 둘씩만 써 보시오.

(1) 유다 자손:

(2) 베냐민 자손:

(3) 제사장:

(4) 레위 사람:

(5) 성 문지기:

(6) 아삽 자손:

4. 9장을 읽는 중 가장 은혜로운 말씀이라고 생각되는 절을 써 보시오.

제5과

느헤미야 : 12장 – 13장

1. 다음 (　　) 안에 적당한 말을 찾아 써 넣으시오.

(1) 스룹바벨과 예수아와 함께 돌아온 예레미야와 에스라는 (　　　　)
이고 예수아와 맛다냐는 (　　　　) 사람이었는데 맛다냐는 그 형제와
함께 (　　　　)하는 일을 맡았다.

(2) 책에 기록된 자들은 엘리아십 때에 (　　　　) 사람의 족장과 바사 왕
(　　　　) 때에 (　　　　)도 책에 기록되었다.

(3) 각처에서 레위 사람들을 찾아 예루살렘에 이르게 한 것은 성벽을 (　　)
하게되어 감사하며 (　　　　)하며 제금 치며 (　　　　)와 (　　　　)을
타며 즐거이 (　　　　)을 행하려 함이었다.

(4) 제사장들과 레위 사람들이 몸을 정결하게 하고 또 (　　　　)과 (　　　　)
과 (　　　　)을 정결하게 했다.

(5) 감사 찬송하는 무리가 두 떼로 나누어 갈 때에 한 무리는 오른쪽으로
(　　　　)을 향해, 다른 한 무리는 저희를 마주 화덕 (　　　　) 윗길로
성벽 넓은 곳에 이르렀다.

(6) 무리가 큰 (　　　　)를 드리고 심히 즐거워하였으니 이는 (　　　　)이
크게 즐거워하게 하셨음이라

(7) 율법에 정한 대로 제사장과 레위 사람들에게 돌릴 것은 (　　　　)과
처음 익은 것과 (　　　　)였다.

(8) 암몬 사람과 모압 사람이 하나님의 총회에 들어오지 못함은 이스라엘
자손을 (　　)에게 뇌물을 주어 저주하게 했기 때문이다.

(9) 엘리아십이 성 건축에 반항하던 도비야를 위해 전 뜰에 방을 갖춘 것

은 (   )한 일이었다.

(10) 레위 사람들이 자기 밭으로 도망한 것은 그들이 받을 (   )을 주지 않았기 때문이다.

2. 다음 중 맞는 것에는 O표, 틀린 것에는 ×표 하시오.

(1) 느헤미야는 안식일에 각양 물건을 파는 것을 용납했다. (   )

(2) 이방 여인을 아내로 맞은 사람은 책망하고 저주하며 몇 사람을 때리고 그들의 머리털을 뽑았다. (   )

(3) 많은 나라 중에 비길 왕이 없이 하나님의 사랑을 입어 온 이스라엘을 다스리게 하셨으나 이방 여인이 그를 범죄하게 했다 했는데 이는 솔로몬을 두고 한 말씀이다. (   )

(4) 요야다의 아들 하나가 산발랏의 사위가 되었으므로 쫓아냈다 했는데 이 산발랏은 예루살렘 성벽 건축에 도움을 많이 주었다. (   )

(참고. 느 2:19-20)

에스더 개요

1. 명칭: 이 책은 여주인공인 에스더의 이름을 따라 제목이 붙여졌다. 에스더는 페르시아식의 이름으로 '별' 이라는 뜻이다. 그녀의 히브리식 이름은 '하닷사' 로 '도금양 나무' 라는 뜻이다. 이 책은 기도와 섭리에 대한 약간의 언급 외에는 기도, 제사, 예루살렘, 성전, 하나님의 이름 등의 단어가 나오지 않는다. 그러나 이 책은 온 땅을 다스리는 하나님의 섭리를 선포하면서도 자기 백성들을 보살피고 지키시며, 인도하심을 확실히 보여 주는 하나님의 계시의 책으로 받아들여졌다.

2. 저자 및 연대: 아하수에로 왕(B.C. 486-465)의 치세가 과거형으로 기록된 것으로 보아 이 책은 B.C. 465년 이후에 기록되었을 것이다. 그리고 이 책의 저자가 아하수에로 당시의 사건이나 B.C. 435년경에 불타 없어진 수산 궁에 대하여 자세히 알고 있는 것으로 볼 때, 아닥사스다 왕의 시대인 B.C. 465년에서 425년 사이에 기록되었다고 할 수 있다.

히브리 역사가 요세푸스는 이 책을 모르드개가 저술했다고 생각하였다. 그러나 대부분의 학자들은 그에게 동의하지 않고 당시에 페르시아에 거주했으며, 메대와 페르시아 궁중 기록을 입수할 수 있었던 유대인이 저술했을 것이라고만 추측하고 있다.

3. 구조: 이 책은 10장으로 구성되어 있다. 1-3장은 다가오는 하나님의 백성의 위기를 기록한 것으로, 와스디 왕후의 폐위와 에스더의 왕후 취임과 하만의 흉계 등을 이야기하고 있다. 4장과 5장은 멸망을 당하게 된

하나님의 백성에 대한 모르드개의 걱정과 에스더의 결심을 기록하면서 하만의 자신만만한 음모의 이야기를 기록하고 있다. 그리고 6-10장은 자기의 욕망을 위하여 하나님의 백성을 파멸시키려던 하만의 파멸과 함께 하나님의 백성들에게 임하는 하나님의 구원과 승리를 이야기하고 있다.

4. 에스더서에 나타난 하나님의 진리:

1) 자기의 영광을 위하여 하나님의 사람들을 미워하고 하나님의 백성을 저주하여 음모를 꾸미는 자는 아무리 권세가 높고 힘이 있어도 결국 하나님의 심판을 면치 못한다는 것을 보여 준다.

2) 아무리 대적자들이 하나님의 백성들과 믿음의 사람들을 압박하고 저주해도 하나님을 의지하고 바라보는 자들은 하나님의 구원과 승리를 함께 누릴 수 있다는 확신을 준다. 역사는 하나님의 손에 있으며, 세계와 민족의 운명은 하나님의 계획과 뜻에 의하여 움직인다는 확신을 준다.

3) 하나님을 진심으로 사랑하고 신실한 믿음을 가진 사람을 사용하여 하나님은 자기 백성의 위기를 구원하고 있다. 자기 백성을 위해 생명을 건 사람들이 있을 때에 하나님은 그 사람을 통해서 민족을 구원하고 하나님의 뜻을 이루신다.

제1과

에스더 : 1장 – 2장

1. 다음 중 맞는 것에는 O표, 틀린 것에는 ×표 하시오.

(1) 아하수에로 왕은 인도로부터 구스까지 127지방을 다스리는 왕이었다. ( )

(2) 수산 궁은 솔로몬이 즉위한 곳이다. ( )

(3) 180일 동안 신복들을 위하여 잔치를 베풀고 나라의 부함과 위엄의 혁혁함을 나타냈다. ( )

(4) 왕이 금 잔으로 마시게 하고 사람으로 억지로 하지 않게 하고 각 사람이 마음대로 하게 했다. ( )

(5) 왕후 와스디도 아하수에로 왕궁에서 여인들을 위하여 잔치를 베풀었다. ( )

2. 왜 "왕이 진노하여 마음속이 불붙는 듯"하게 되었는지 알맞은 것에 O표 하시오.

(1) 어전 내시 일곱 사람이 왕의 명령에 복종하지 않아서 ( )

(2) 왕후의 관을 정제하지 않아서 ( )

(3) 왕후의 용모가 아름답지 못해서 ( )

(4) 왕후가 내시가 전하는 왕명을 따르기 싫어하여 ( )

3. 다음 중 왕후 와스디가 폐위된 이유로 알맞은 것에 O표 하시오.

(1) 전국의 여인이 그 남편을 멸시하겠기에 ( )

(2) 예의범절이 없어서 ( )

(3) 용모가 아름답지 못해서 ( )

(4) 지혜롭지 못해서 ( )

4. 2장 1절의 "그 후에"는 어떤 일의 후를 말합니까?

(1) 왕후 와스디를 폐위시킨 일 ( )

(2) 왕이 진노했던 일 ( )

(3) 왕이 각 도에 조서를 내린 일 ( )

(4) 남편에게 그 집을 주관하게 한 일 ( )

5. 다음 중 서로 관계 있는 것을 찾아 줄로 연결하시오.

(1)	모르드개	궁녀를 주관하는 내시
(2)	에스더	비빈을 주관하는 내시
(3)	헤개	아하수에로 왕후
(4)	사아스가스	아비하일의 딸
(5)	와스디	야일의 아들

6. 모르드개가 무슨 일을 해서 궁중일기에 기록되었는지 O표 하시오.

(1) 에스더가 왕비로 책정될 때의 공로로 ( )

(2) 내시 두 사람이 왕을 모살하려는 것을 알렸으므로 ( )

(3) 모르드개를 대궐 문에 앉아 있게 한 일로 ( )

(4) 두 사람을 나무에 달았으므로 ( )

제2과
에스더 : 3장 – 5장

1. 다음 중 맞는 것에는 O표, 틀린 것에는 ×표 하시오.

(1) 아하수에로 왕은 하만의 지위를 모든 대신 위에 두었다. (　)

(2) 왕의 모든 신하들이 다 왕의 명령대로 하만에게 꿇어 절하고 모르드개도 꿇어 절했다. (　)

(3) 대궐 문에 있는 왕의 신복이 모르드개에게 "너는 어찌하여 왕의 명령을 거역하느냐" 라고 한 것은 "어찌하여 하만에게 절하지 않느냐?" 하는 뜻이다. (　)

(4) 모르드개를 미워한 하만은 모르드개만 죽이기로 결심했다. (　)

(5) 하만이 아하수에로 왕에게 "한 민족이......왕의 법률을 지키지 아니하오니" 라고 아뢴 말 중에서 "한 민족" 이란 모르드개와 에스더가 속한 유다 민족을 말한다. (　)

(6) 왕이 반지(인장)를 빼어 하만에게 주었다는 뜻은 하만에게 다 맡겼다는 뜻이다. (　)

(7) 왕의 조서가 각 도에 전달되고 왕이 거하는 수산에도 반포되었지만 수산 성은 조용하였다. (　)

2. 다음 (　　) 안에 적당한 말을 찾아 써 넣으시오.

(1) 제(　　　)에 에스더가 왕후의 (　　　)을 입고 어전에 서니

(2) 왕이 왕후 에스더가 뜰에 선 것을 본즉 매우 사랑스러우므로 손에 잡았던 (　　　)을 내밀었다.

(3) 왕은 에스더의 소원이 무엇이냐 묻고 나라의 (　　　)이라도 주겠다

고 했다.

(4) 왕후 에스더는 왕을 위하여 ( )를 베풀었고 ( )과 함께 오라고 부탁했다.

(5) 왕이 하만과 함께한 잔칫자리에서 에스더의 소원을 물었지만 에스더는 "왕과 ( )을 위하여 베푸는 잔치에 또 오소서" 했다.

(6) 잔치 후 하만이 마음이 기뻐 나오더니 ( )가 일어나지도, 몸을 움직이지도 아니하는 것을 보았으나 참고 집에 돌아왔다.

(7) 하만이 집에서 친구들과 그 아내를 청하여 자기의 큰 ( )과 ( )가 많은 것과, 왕이 자기를 들어 ( ) 것을 말하고 왕후 에스더가 베푼 잔치에 왕과 함께 청함을 받은 사람은 ( )밖에 없다고 했다.

(8) 유다 사람 ( )가 대궐 문에 있는 것을 보는 동안은 만족하지 않다고 하만이 말했다.

(9) 오십 규빗 장대에 모르드개를 달자고 하만의 아내 ( )와 모든 ( )가 말했다.

(10) "그 말을 좋게 여기고" 에서 "그 말" 은 오십 규빗 장대에 ( )를 다는 일이다.

제3과
에스더 : 6장 - 7장

1. 다음 중 맞는 것에는 O표, 틀린 것에는 ×표 하시오.

(1) 왕은 잠이 오지 않아 역대 일기를 가져다가 자기 앞에서 읽게 했다. (   )

(2) 왕의 두 내시 빅다나와 데레스가 아하수에로 왕을 암살하려는 것을 모르드개가 고발한 이야기는 2장 21절 이하에 나온다. (   )

(3) 왕이 하만을 청하여 의논한 것은 모르드개의 공을 기억하고 존귀케 해 주려 함이었는데 하만은 자기를 존귀케 해 주려는 줄 알고 기뻐했다. (   )

(4) 하만은 왕이 모르드개를 위해 왕복을 입히고 말을 태워 성중 거리로 다니며 외치라 할 때 부끄러워 멀리 도망갔다. (   )

2. 다음 문장의 (   ) 안에서 틀린 것을 찾아 지우시오.

(1) 모르드개는 다시 (집으로, 대궐 문으로) 돌아가고 하만은 (번뇌하여, 기뻐서) 급히 집으로 갔다.

(2) 왕의 내시들이 (모르드개, 하만)을(를) 데리고 에스더가 베푼 잔치에 빨리 나아갔다.

(3) 둘째 날 잔치에 왕이 에스더에게 "그대의 소청이 무엇이냐 곧 허락하겠노라......곧 나라의 절반이라 할지라도 시행하겠노라"라고 한 것은 (첫 번째, 두 번째, 세 번째, 네 번째) 묻는 말이다.

(4) 왕이 노하여 잔치 자리를 떠난 것은 (왕후의 말에 자극받아, 후원에서 누가 찾아)서다.

(5) 하만이 에스더의 걸상 위에 엎드린 것은 자기의 생명을 구하려 함이었으나 왕이 보기에는 (강간, 살해)하려는 것으로 보였다.

(6) 오십 규빗 되는 나무는 (왕, 하만)이 (모르드개, 하만)을(를) 달기 위해 세웠으나 결국 (하만, 모르드개)이(가) 달렸다.

제4과
에스더 : 8장 – 10장

1. 다음과 관계 있는 말을 보기에서 찾아 (　　) 안에 써 넣으시오.

보기 : 취소할 수 없음　　모르드개에게로　　금관에 자색 겉옷을 입음
유다인 스스로 생명을 보호하고 치려는 자를 도륙하라
모르드개에게 집을 주관하게　　유다인이 두려워서
동족 유다인을 구하려

(1) 하만의 집:

(2) 하만의 반지:

(3) 에스더가 왕 앞에 울며 간구:

(4) 왕이 한 번 내린 조서:

(5) 왕이 새로 내린 조서:

(6) 모르드개:

(7) 유다인 되는 자가 많음:

2. 다음 물음에 알맞은 답을 골라 O표 하시오.

(1) 모든 민족이 유다인을 두려워한 것은 무엇 때문입니까?

1) 유다인을 해하려 하는 자를 죽이므로 (　　)

2) 유다인이 아하수에로 왕을 반역할 것이므로 (　　)

3) 유다인이 세계를 다 이기므로 (　　)

(2) 모르드개의 명성이 각 지방에 퍼진 것은 무엇 때문입니까?

1) 모르드개는 승전 장군이기 때문에 (　　)

2) 모르드개는 존귀하여 점점 창대함으로 (　)

3) 모르드개는 권모술수에 능하기 때문에 (　)

(3) 유다인은 대적을 도륙하고

1) 재산도 모두 탈취했다. (　)

2) 하만의 열 아들의 재물만 압수했다. (　)

3) 재산에는 손을 대지 아니했다. (　)

(4) 부림절이 되는 아달월(12월) 14, 15일을 지키는 뜻은 무엇입니까?

1) 슬픔이 변하여 기쁨이 되고 애통이 변하여 길한 날이 되었으므로 (　)

2) 유다인이 독립한 날이므로 (　)

3) 에스더가 왕비로 발탁된 날이므로 (　)

(5) 모르드개를 높여 존귀케 한 것은 어디에 기록되어 있습니까?

1) 유다인의 역대 지략에 (　)

2) 열왕기에 (　)

3) 메대와 바사 왕들의 일기에 (　)

욥기 개요

1. 명칭: 욥기의 명칭은 욥기의 중심인물이 욥의 이름을 따서 명명되었다. 아람어로 욥은 '뒤 돌아서는 자', 즉 '회개하여 돌아서는 자'라는 뜻이고, 히브리어로 욥은 '미움을 받은 자', 또는 '핍박을 받은 자'라는 뜻이다. 욥기에는 이 두 가지 뜻이 다 그 밑바닥에 깔려 있다.

2. 저자 및 연대: 욥기의 정확한 저자와 연대에 대해서는 의견이 분분하다. 아브라함 시대, 또는 솔로몬 시대에 어떤 사람에 의해 기록되었을 것이라 추측하는 주장이 가장 지배적이다. 한 가지 분명한 것은, 하나님께서 성령님을 통하여 이 귀한 책을 기록하고, 성경 속에 포함시키고, 우리로 하여금 읽을 수 있게 하셨다는 것이다.

3. 구조: 욥기는 42장으로 구성되어 있다. 1-2장은 산문 형태로 욥이 사탄에게 시험받는 내용이다. 3-41장은 대화시 형태로 기록되었다. 3장은 욥의 절망을 기록하였고, 4-31장까지는 욥과 세 친구, 엘리바스와 빌닷과 소발과의 논쟁을 자세히 기록한 것이다. 또 32-37장은 지혜의 사람 엘리후의 인간적인 지혜와 그 한계를 기록한 것이다. 그리고 38장부터 42장 6절까지는 하나님께서 질문 형식으로 욥의 어리석음을 꾸짖으시는 이야기며 42장 7절부터 마지막까지는 산문 형태로, 욥이 회개하고 하나님을 만나는 것에 대한 기록이다. 욥기는 1단계에서 인간의 고통의 문제를 제기하고 있고, 2단계에서 사람들의 잘못된 대답을 제시하고 있으며, 3단계에서는 깨우치는 교훈(엘리후)이기는 하지만 아직도 근본적

인 해결을 주지 못하는 인간의 대답을 제시하며, 결국 하나님의 완전한 대답과 만남을 통한 진정한 문제 해결을 보여 주고 있다.

4. 욥기에 나타난 하나님의 진리:

1) 사탄은 인간을 이기적인 존재로 규정하고 하나님의 복을 받기 위하여 하나님께 충성하며, 받은 복을 빼앗으면 인간은 하나님을 떠날 것이라는 부정적인 시각을 제시하고 있다.

2) 엘리바스와 빌닷과 소발을 통하여서는 고난에 대한 인간들의 잘못된 일방적인 시각을 제시한다. 이 세 사람의 주장은 의로운 사람은 하나님의 복을 받지만 죄지은 사람은 무조건 하나님의 벌을 받는다는 것이다. 욥이 고난을 당하는 이유는 불의하고 죄악을 범했기 때문이라고 몰아세운다.

3) 엘리후는 인간적인 깨달음을 전하고 있다. 하나님은 고난을 통하여 사람들을 훈련시키며, 하나님은 사랑의 아버지시나 채찍을 들고 자기의 사랑하는 자녀를 훈련시키는 분이라고 주장한다. 이것도 틀린 대답은 아니나 욥이라는 구체적인 사례에서는 적당하지 않은 대답이다.

4) 하나님의 대답: 하나님은 욥이 왜 고난을 당하는지에 대해서는 한 마디도 말씀하지 않으신다. 하나님은 질문을 통하여 자신을 들여다보게 하시며 결국은 욥을 친히 만나 주심으로 욥의 입에서 "왜 의인이 고통을 당합니까?" 하는 질문을 없앤다. 하나님을 만남은 모든 질문을 없애고 회개와 경외로 인도한다. 믿음은 질문에 대한 진리의 대답이 아니라 살아 계신 하나님의 말씀을 받고 하나님을 만나는 것이다.

제1과

욥기 : 1장 – 3장

1. 다음은 욥에 관한 사항입니다. 서로 관계 있는 것을 찾아 줄로 연결하시오.

(1) 온전하고 정직하여 — 삼천 마리
(2) 남자 — 오백 마리
(3) 여자 — 혹시 하나님을 배반하였을까 하여
(4) 양 — 칠천 마리
(5) 낙타 — 세 명
(6) 소 — 일곱
(7) 암나귀 — 동방 사람 중에 가장 큰 자
(8) 자녀 수대로 번제를 — 오백 겨리

2. 다음은 누가 누구에게 한 말입니까?

(1) 네가 어디서 왔느냐 (　　　가　　　에게)
(2) 땅에 두루 돌아 여기저기 다녀왔나이다 (　　　이　　　에게)
(3) 내 종 욥을 주의하여 보았느냐 (　　　가　　　에게)
(4) 어찌 까닭없이 하나님을 경외하리이까 (　　　이　　　에게)
(5) 그의 모든 소유물을 치소서……욕하지 않겠나이까
(　　　이　　　에게)
(6) 그의 몸에는 네 손을 대지 말지니라 (　　　가　　　에게)
(7) 소는 밭을 갈고 나귀는……풀을 먹는데 (　　　가　　　에게)
(8) 까닭없이 그를 치게 하였어도 (　　　가　　　에게)

(9) 그의 뼈와 살을 치소서 (　　　　이　　　　에게)

(10) 하나님을 욕하고 죽으라 (　　　　가　　　　에게)

(11) 하나님께 복을 받았은즉 화도 받지 아니하겠느냐 (　　　　이　　　　에게)

3. 다음은 욥이 당하는 재난에 관한 사항입니다. 뜻이 연결되도록 (　　) 안에 번호를 써 넣으시오.

(1) 스바 사람이　　　　(　　) 자녀들을

(2) 하나님의 불이　　　　(　　) 원망하지 않음

(3) 갈대아 사람이　　　　(　　) 소와 나귀를

(4) 큰 바람이 와서　　　　(　　) 낙타를

(5) 경배하며　　　　(　　) 양과 종을

4. 다음 (　　) 안에 적당한 말을 찾아 써 넣으시오.

(1) 욥이 재 가운데 앉아 질그릇 조각으로 몸을 긁을 때 그의 아내는 욥에게 (　　　)을 (　　)하고 죽으라 했다.

(2) 욥의 세 친구의 이름은 (　　　　)와 (　　　)과 (　　　)인데 욥을 위문하러 왔다가 칠 일 동안 함께 있어도 그에게 한 마디도 (　　) 하는 자가 없었다.

(3) 욥은 자기의 생일을 (　　　)했다.

(4) 3장 4절 이하에 나오는 "그날" 이란 욥의 (　　　)을 말한다.

(5) 어찌하여 내 어머니가 (　　　)할 때에 내가 (　　　) 아니하였던가

(6) 거기서는 (　　)은 자나 (　　) 자나 일반으로 있고 종이 (　　　)에게서 놓이느니라

(7) 어찌하여 고난당하는 자에게 (　　)을 주셨으며 (　　　)이 아픈 자에 게 (　　　)을 주셨는고

(8) 내가 (　　)는 소리는 물이 쏟아지는 소리 같구나

제2과

욥기 : 4장 – 6장

1. 다음 (　　) 안에 적당한 말을 찾아 써 넣으시오.

(1) 욥의 친구 중 맨 먼저 변론한 사람은 데만 사람 (　　　　)이다.

(2) 욥이 지난날에 남을 도운 일들 중에는

여러 사람을 (　　　)하였고

손이 늘어진 자를 (　　)하게

넘어지는 자를 (　　)로 붙들어 주었고

(　　　)이 약한 자를 강하게 하였다.

(3) 생각하여 보라 (　　) 없이 (　　)한 자가 누구인가 (　　　)한 자의 끊어짐이 어디 있는가

(4) 사람이 어찌 (　　　　)보다 (　　)롭겠느냐

(5) (　　) 집에 살며 (　　　)로 터를 삼고 (　　　　　) 앞에서라도 무너질 자

(6) 분노가 (　　　)한 자를 죽이고 (　　　)가 어리석은 자를 멸하느니라

(7) 사람은 (　　　)을 위하여 났다.

(8) 헤아릴 수 없는 일, 기이한 일을 행하시고 비를 내리시고 낮은 자를 높이시고 슬퍼하는 자를 일으키사 구원에 이르게 하시는 이는 (　　　) 이다.

(9) 가난한 자가 (　　　)이 있고 (　　　)이 스스로 입을 다무느니라

(10) 하나님께 (　　　)받는 자에게는 (　　)이 있나니 그런즉 너는 전능자의 (　　　)를 업신여기지 말지니라

2. 다음 문장은 누구에 대한 설명인지 ( ) 안에서 가장 알맞은 것을 찾아 O표 하시오.

(1) 사람을 아프게 하시다가 싸매시며, 상하게 하시다가 그의 손으로 고쳐 주시는 분 (욥, 엘리바스, 하나님)

(2) 여섯 가지 환난에서 구원하시며, 일곱 가지 환난이라도 그 재앙이 미치지 않게 하시는 분 (하나님, 욥, 엘리바스)

(3) 전쟁 때에 칼의 위협에서 누가 누구를 구원합니까? (하나님이 그 징계 받을 자를, 하나님이 그 대적들을)

(4) 장수하다가 무덤에 이르는 것을 무엇에 비유했습니까? (불티가 위로 날음 같다, 곡식 단을 제때에 들어올림 같다)

(5) 욥의 재앙과 괴로움이 얼마나 크다고 했습니까? (황소보다 무겁다, 바다의 모래보다 무겁다)

(6) 하나님이 욥을 멸하실지라도 욥은 (기뻐할 것이다, 슬퍼할 것이다, 원망할 것이다)

(7) "개울과 같이 변덕스럽고 그들은 개울의 물살 같이 지나가누나"라고 한 것은 (형제의 불성실을, 부부간의 불화를) 말함이다.

(8) 소망이 끊어진 자의 말은? (바람 같다, 물 같다, 얼음 같다)

(9) 욥이 친구들의 변론에 무엇이라고 답했습니까? (나는 죄인이다, 나는 의롭다)

(10) "고아를 제비 뽑으며 너희 친구를 팔아넘기는구나"라는 말은 (욥이 친구에게, 친구가 욥에게) 한 말이다.

제3과
욥기 : 7장 – 9장

1. 다음 말씀들이 순서에 맞도록 (　　) 안에 번호를 써 넣으시오.

(1) (　　) 이와 같이 내가 여러 달째 고통을 받으니
(　　) 품꾼은 그의 삯을 기다리니
(　　) 고달픈 밤이 내게 작정되었구나
(　　) 종은 저녁 그늘을 몹시 바라고

(2) (　　) 언제나 밤이 갈까 하며
(　　) 내가 누울 때면 말하기를
(　　) 새벽까지 이리 뒤척, 저리 뒤척 하는구나
(　　) 언제나 일어날까

(3) (　　) 바다 괴물이니이까
(　　) 내가 바다니이까
(　　) 주께서 꿈으로 나를 놀라게 하시고
(　　) 내 침상이 내 수심을 풀리라 할 때에
(　　) 주께서 어찌하여 나를 지키시나이까
(　　) 환상으로 나를 두렵게 하시나이다
(　　) 혹시 내가 말하기를 내 잠자리가 나를 위로하고

(4) (　　) 사람이 무엇이기에
(　　) 주께서 내게서 눈을 돌이키지 아니하시며
(　　) 주께서 그를 크게 만드사
(　　) 순간마다 단련하시나이까
(　　) 어느 때까지 하시리이까

(　) 그에게 마음을 두시고

(　) 아침마다 권징하시며

(　) 내가 침을 삼킬 동안도 나를 놓지 아니하시기를

2. 다음 물음에 알맞은 답을 골라 O표 하시오.

(1) 빌닷은 욥의 자녀들이 당한 불행을 무엇 때문이라고 했습니까?

1) 욥이 하나님께 죄를 지었으므로 (　)

2) 자녀들이 하나님께 죄를 지었으므로 (　)

3) 아무 이유 없이 (　)

(2) 하나님을 잊어버리는 자의 길이 어떻게 된다고 했습니까?

1) 그가 믿는 것이 끊어지고 의지하는 것이 거미줄 같게 된다. (　)

2) 시작은 미약하였으나 나중에 창대하게 된다. (　)

3) 그 길이 형통하게 된다. (　)

(3) 하나님은?

1) 온전한 사람을 버리지 아니하신다. (　)

2) 악한 사람도 붙들어 주신다. (　)

3) 악인의 장막도 그대로 남게 된다. (　)

(4) 나(욥)의 날이 무엇과 같다고 했습니까?

1) 경주자, 빠른 배, 독수리 (　)

2) 사자, 뱀, 곰 (　)

3) 바람, 화살, 흐르는 물 (　)

(5) 9장에 여러 번 나오는 "그"와 "나"(내)는 누구입니까?

1) 그는 빌닷, 나는 욥을 말한다. (　)

2) 그는 하나님, 나는 빌닷을 말한다. (　)

3) 그는 하나님, 나는 욥을 말한다. (　)

제4과
욥기 : 10장 - 12장

1. 다음은 욥이 마음이 괴로운 대로 하나님께 묻고 스스로 답한 말입니다. ( ) 안에 알맞은 답을 써 넣으시오.

(1) 욥이 하나님께 물은 말

1) (주께서 학대와 멸시와 악인의 꾀에 비치을 비취시기를 선히 여기시나이까)

2) (주께도)

3) (주께서)

4) (주의 날이 인생의 날과 같으며 해가 어찌 인생의 날과 같기로 나의 허물과 죄를 사하시나이까)

5) (주께서)

6) (주께서)

7) (주께서)

8) (내 날은 적지 아니하니이까)

(2) 욥이 스스로 답한 말

1) (주께서는 내가 악하지 않은 줄을 아시나이다)

2) ( )

3) ( )

4) ( )

5) ( )

6) ( )

7) ( )

8) (   )

9) (   )

10) (주께서 바꾸어 나를 치시며 나를 향하여 진노를 더하시니 군대가 번갈아서 치는 것 같으니이다)

2. 다음 말씀의 짝이 되는 말씀을 (   ) 안에 써 넣으시오.

(1) 말이 많으니—(어찌 대답이 없으랴)

(2) 말이 많은 사람이—(   )

(3) 자랑하는 말이—(   )

(4) 네가 비웃으면—(   )

(5) (   )—나는 주께서 보시기에 깨끗하다

(6) 하나님께서 너로 하여금—(   )

(7) (   )—어찌 능히 측량하며

(8) (   )—완전히 알겠느냐

(9) (   )—네가 무엇을 하겠으며

(10) 스올보다 깊으시니—(   )

(11) 악한 일은—(   )

(12) 허망한 사람은 지각이 없나니—(   )

(13) (   )—멀리 버리라

(14) (   )—눈이 어두워서

(15) 너희가 죽으면—(   )

(16) (   )—조롱거리가 되었구나

(17) (   )—하나님을 진노하게 하는 자는 평안

(18) 늙은 자에게는 지혜가—(   )

(19) (   )—어리석은 자가 되게 하시며

(20) (   )—은밀한 것을 드러내시며

제5과

욥기 : 13장 – 15장

1. 다음은 욥이 마음에 묻는 말에 대한 것입니다. (　　) 안에서 맞는 것을 찾아 O표 하시오.

(1) 욥이 누구와 변론하려 했습니까?(친구들과, 하나님과)

(2) 13장에 계속 나오는 "나"(내)는 누구입니까?(하나님, 욥 자신, 욥의 친구 중 한 사람)

(3) 13장에 나오는 "그"는 누구를 말하는 것입니까?(하나님, 욥, 욥의 친구)

(4) 13장에 나오는 "너희"는 누구를 말하는 것입니까?(욥의 가족, 욥의 친구들, 의원들)

2. 욥이 "두 가지 일을 행하지 마옵소서" 하고 간구했는데 그 두 가지 일은 무엇을 말합니까?

(1)

(2)

3. 13장에서 욥이 하나님께 질문한 것 세 가지를 써 보시오.

(1)

(2)

(3)

4. 여인에게서 난 사람이 어떠하다 하였습니까? 맞는 것에는 O표, 틀린 것에는 ×표 하시오.

(1) 생애가 짧고 걱정이 가득하다. (　)

(2) 꽃과 같이 자라나서 시든다. (　)

(3) 그림자같이 지나가며 머물지 아니한다. (　)

(4) 즐거움이 가득하다. (　)

5. 14장 5-6절의 "그날"은 무슨 날을 말하는 것입니까?

(1) 출생하는 날 (　)　(2) 죽는 날(마치는 날) (　)

(3) 질병이 낫는 날 (　)

6. 14장 7-12절의 내용에 가장 알맞은 것에 O표 하시오.

(1) 나무는 찍힐지라도 움이 나니 소망이 있다. (　)

(2) 늙은 나무는 죽을지라도 새로 움이 돋아 새로 심은 것과 같다. (　)

(3) 사람이 한번 죽으면 깨어나지 못한다. (　)

(4) 물이 바다에서 줄어들고 강물이 잦으면 다시 고이지 않는다. (　)

7. 다음 중 맞는 것에는 O표, 틀린 것에는 ×표 하시오.

(1) 엘리바스는 욥을 칭찬했다. (　)

(2) 욥의 친구들 중에는 욥의 아버지보다 나이 많은 자도 있었다. (　)

(3) 하나님은 거룩한 자들을 믿지 아니하시고 하늘이라도 그가 보시기에는 부정하다. (　)

(4) 악인은 일평생 고통을 당하고 포악자의 햇수는 정해졌다. (　)

(5) 그는 어두운 데서 나오기를 바라지 못하고 칼날이 숨어서 기다린다. (　)

(6) 15장 21절 이후에 계속 나오는 "그"는 악인을 말한다. (　)

제6과

욥기 : 16장 – 18장

1. 다음 (　　) 안에 적당한 말을 찾아 써 넣으시오.

(1) (　　　)는 다 재난을 주는 (　　　)들이로구나

(2) 너희를 향하여 (　　　)를 흔들 수 있느니라

(3) (　　　)하여도 내 (　　　)이 줄어들지 않으리라

(4) (　　　)의 파리한 모습이 일어나서 대면하여 내 (　　　)하리이다

(5) (　　　)을 치며 함께 모여 나를 (　　　)하는구나

(6) 하나님이 나를......(　　　)의 손에 던지셨구나

(7) 나를 세워 (　　　)을 삼으시고

(8) 내 (　　　)가 땅에 흘러나오게 하시는구나

(9) 내 (　　　)을 티끌에 더럽혔구나

(10) 내 손에는 (　　　)이 없고 나의 (　　　)는 정결하니라

(11) 지금 나의 증인이 하늘에 계시고 나의 (　　　)가 높은 데 계시니라

(12) (　　　)의 (　　　)는 나를 (　　　)하고

(13) 나의 (　　　)이 다하였고

(14) 나의 (　　　)을 잡아 줄 자가 누구리이까

(15) (　　　)를 비난하는 자는 그의 (　　　)들의 눈이 멀게 되리라

2. 다음 말씀은 몇 장 몇 절에 기록되어 있습니까?

(1) 땅아 내 피를 가리지 말라 (　　)장 (　　)절

(2) 내 얼굴에 침을 뱉는구나 (　　)장 (　　)절

(3) 손이 깨끗한 자는 점점 힘을 얻느니라 (　　)장 (　　)절

(4) 내 마음의 소원이 다 끊어졌구나 (　　)장 (　　)절

(5) 구더기에게 너는 내 어머니, 내 자매라 (　　)장 (　　)절

(6) 희망이 스올의 문으로 내려갈 뿐이니라 (　　)장 (　　)절

(7) 어느 때에 가서 말의 끝을 맺겠느냐 (　　)장 (　　)절

(8) 울분을 터뜨리며 자기 자신을 찢는 사람아 (　　)장 (　　)절

(9) 그가 마련한 꾀에 스스로 빠질 것이니 (　　)장 (　　)절

(10) 그를 빠뜨릴 함정이 길목에 있으며 (　　)장 (　　)절

(11) 사망의 장자가 그의 지체를 먹을 것이며 (　　)장 (　　)절

(12) 밑으로 그의 그 뿌리가 마르고 위로는 그의 가지가 시들 것이며 (　　)장 (　　)절

(13) 세상에서 쫓겨날 것이며 (　　)장 (　　)절

(14) 불의한 자의 집이 이러하고 하나님을 알지 못하는 자의 처소도 이러하니라 (　　)장 (　　)절

제7과

욥기 : 19장 – 21장

1. 다음 말씀의 짝이 되는 문구를 찾아 쓰시오.

(1) 내가 부르짖으나—

(2) 간구하였으나—

(3) 내 희망을—

(4) 나를 향하여—

(5) 그 군대가 일제히 나아와서—

2. 다음 말들은 욥이 사람들에게 버림받았다는 표현입니다. 보기와 같이 짝이 되는 문구를 찾아 써 넣으시오.

보기 : 나를 아는 모든 사람—내게 낯선 사람이 되었고

(1) 내 친척이—

(2) 가까운 친지—

(3) 내 집에 머물러 사는 자와 내 여종들은—

(4) 내 아내도 내 숨결을—

(5) 내 허리의 자식들도—

(6) 어린아이들까지도—

(7) 내 친구들과 사랑하는 자들이—

3. "내가 알기에는 나의 대속자가 살아 계시니 마침내 그가 땅 위에 서

실 것이라 내 가죽이 벗김을 당한 뒤에도 내가 육체 밖에서 하나님을 보리라"라는 말씀에서,

(1) "대속자"는 누구를 말합니까? (　　　　　)

(2) "육체 밖"은 무엇을 말합니까? (　　　　　　　　　)

(3) 몇 장 몇 절에 나오는 말씀입니까? (　　장　　-　　절)

4. 욥의 친구 소발은 악인에 대하여 어떻게 말했습니까?

(1) 자랑도 즐거움도 잠깐이라 (　)

(2) 하늘에 닿고 그 머리가 구름에 미칠지라도 똥처럼 영원히 망한다. (　)

(3) 꿈같이 지나간다. (　)

(4) 밤에 보이는 환상처럼 사라진다. (　)

(5) 그 기세는 끝까지 떨치게 된다. (　)

(6) 그 음식이 뱃속에서 독사의 쓸개가 된다. (　)

(7) 매매하여 얻은 재물로 즐거워한다. (　)

(8) 마음에 평안을 알지 못한다. (　)

(9) 철 병기를 피할 때에는 놋화살이 쏘아 꿰뚫을 것이라 (　)

5. 21장을 읽으며 욥의 고민이 무엇인지 알맞은 것에 O표 하시오.

(1) 악인이 번영하는 것 (　)

(2) 선인이 번영하는 것 (　)

(3) 악인이 검불같이 날아가는 것 (　)

(4) 하나님이 그 죄악을 자손에게 갚으신다. (　)

제8과
욥기 : 22장 – 24장

1. 22장 3절을 읽고 다음 물음에 답하시오.

(1) 누가 누구에게 한 말입니까?

1) 욥이 엘리바스에게 한 말이다. ( )

2) 빌닷이 욥에게 한 말이다. ( )

3) 엘리바스가 욥에게 한 말이다. ( )

4) 소발이 욥에게 한 말이다. ( )

(2) "네가" 라고 한 것은 누구를 말하는 것입니까?

1) 욥 ( ) 2) 엘리바스 ( ) 3) 욥의 친구 중 하나 ( )

(3) "그"는 누구를 말하는 것입니까?

1) 욥 ( ) 2) 엘리바스 ( )

3) 빌닷 ( ) 4) 하나님 ( )

2. 다음 중 22장에 지적된 죄악에 O표 하시오.

(1) 까닭없이 볼모 잡음 ( )

(2) 헐벗은 자를 벗김 ( )

(3) 주린 자에게 음식을 주지 않음 ( )

(4) 과부를 빈손으로 돌려보내고 고아의 팔을 꺾음 ( )

3. 어떻게 하면 지음을 받을 것이라고 했습니까?

답

4. 23장 8-9절은 무엇을 나타낸 구절입니까?

(1) 숨으시는 하나님 (   )

(2) 진노하시는 하나님 (   )

(3) 사랑하시는 하나님 (   )

(4) 전능하신 하나님의 위엄 (   )

5. 욥이 "어찌하여"를 연발한 이유를 다섯 가지만 쓰시오.

(1)

(2)

(3)

(4)

(5)

6. 다음과 같은 사람은 어떠한 사람들입니까?

(1) 밝을 때에 일어나는 자:

(2) 저물기를 바라는 자:

(3) 아침을 죽음의 그늘 같이 여기는 자:

제9과

욥기 : 25장 - 27장

1. 다음 (   ) 안에 적당한 말을 찾아 써 넣으시오.

(1) 하나님은 (   )과 (   )을 가지셨고 (   )을 베푸시느니라

(2) 하나님 앞에서 어찌 (   )롭다 어찌 (   )하다 하랴

(3) (   )의 눈에는 (   )이라도 (   )을 발하지 못하고 (   )도 빛나지 못하거든

(4) 하물며 (   ) 같은 (   ), (   ) 같은 인생이랴

2. 다음 중 서로 관계 있는 것을 찾아 줄로 연결하시오.

(1) 죽은 자의 영들이	바다를 잔잔하게
(2) 북쪽 허공에	구름이 찢어지지 않고
(3) 땅을	라합(바다의 괴물)을 깨뜨리시며
(4) 물을 싸시나	물 밑에서 떨며
(5) 수면에 경계를	아무것도 없는 곳에 매다시고
(6) 꾸짖으신즉	허공에 펴시며
(7) 지혜로	뱀을 무찌르시고
(8) 능력으로	하늘을 맑게
(9) 손으로	빛과 어둠이 함께 끝나는 곳까지
(10) 그의 입김으로	기둥이 흔들리며

3. 욥의 대답 중에서 "참 잘"했다는 것 넷을 써 보시오.

(1)

(2)

(3)

(4)

4. 다음 중 맞는 것에는 O표, 틀린 것에는 ×표 하시오.

(1) 욥의 풍자에 의하면 하나님은 욥의 정당함을 물리치셨을 뿐 아니라 그의 영혼도 괴롭히셨다. ( )

(2) 욥은 불의와 거짓을 말하려 했다. ( )

(3) 5절에 나오는 "너희"는 욥의 친구들을 말한다. ( )

(4) 불경건한 자가 이익을 얻으나 환난 때에 하나님이 그의 부르짖음을 듣지 않는다. ( )

5. 다음을 읽고 악인의 분깃이나 포악자의 산업에는 O표, 그 외에는 ×표 하시오.

(1) 자손의 번성은 칼을 위함이다. ( )

(2) 후손은 음식물로 배부르지 못하겠고 남은 자들은 죽음의 병이 돌 때에 묻히게 된다. ( )

(3) 과부된 자들은 통곡할 것이다. ( )

(4) 은이나 의복을 많이 모아 잘 쓰게 된다. ( )

(5) 그의 집과 처소에서 몰려 나간다. ( )

제10과

욥기 : 28장 - 30장

1. 다음은 28장 1-11절 내용을 요약한 것입니다. 가장 적합한 것에 O표 하시오.

(1) 음식은 땅으로부터 나오나 그 밑은 불처럼 변한다. (　　)

(2) 사람이 금, 은, 동, 철 각종 보물을 이렇게 캐낸다. (　　)

(3) 솔개, 매, 사자나 각종 짐승이 다니는 길 (　　)

(4) 금, 은, 동, 철 등 각종 보물을 사는 길 (　　)

2. 다음은 무엇을 말하는 것입니까

(1) 그 길을 사람이 알지 못하나니 땅에서는 찾을 수 없구나:

(2) 깊은 물이나 바다가 이르기를 나와 함께 있지 아니하다:

(3) 순금으로나 은으로도 바꿀 수도 당하지도 못하는 것:

(4) 오빌의 금이나 청옥수나 남보석으로도 그 값을 당하지 못하는 것:

(5) 모든 생물의 눈에 숨겨졌고 공중의 새에게 가려진 것:

(6) 하나님이 그 길과 있는 곳을 아시는 것:

(7) 주를 경외함과 악을 떠남이 바로 그것이라는 것:

3. 다음은 욥의 지나간 일들에 관한 사항입니다. 사람들이 욥을 어떻게 대하였는지 보기에서 찾아 (　　) 안에 번호를 써 넣으시오.

보기 : (1) 소년들 (2) 노인들 (3) 유지들 (4) 지도자들 (5) 귀가 들은즉

(6) 눈이 본 즉 (7) 무리는 (8) 망하게 된 자도

( ) 증언하고 ( ) 비를 기다림같이 함 ( ) 복을 빎

( ) 숨고 ( ) 손으로 입을 가리며 ( ) 일어서고

( ) 말소리를 낮춤 ( ) 축복함

4. 다음은 욥의 행실에 관한 사항입니다. 맞는 것에는 O표, 틀린 것에는 ×표 하시오.

(1) 빈민과 고아를 건짐 ( )

(2) 과부의 마음을 기뻐 노래하게 함 ( )

(3) 의를 옷을 삼고 정의로 모자를 삼음 ( )

(4) 맹인의 눈, 다리 저는 사람의 발이 되어 줌 ( )

(5) 빈궁한 자의 아버지를 괴롭힘 ( )

(6) 불의한 자의 턱뼈를 부수고 노획한 물건을 그 잇새에서 빼냄 ( )

5. 30장에 계속 나오는 "나"와 "그들"은 누구를 말합니까?

"나"는 (1) 하나님 자신을 말한다. ( )

(2) 욥의 친구 중 한 사람이 자신을 가리킨 말이다. ( )

(3) 욥 자신을 가리킨다. ( )

(4) 욥을 희롱하는 자를 가리킨다. ( )

"그들"은 (1) 욥의 가정을 말한다. ( )

(2) 욥을 괴롭히는 젊은 자들을 가리킨다. ( )

(3) 욥의 세 친구를 가리킨다. ( )

(4) 하나님을 가리킨다. ( )

6. 30장 26절 말씀을 가능한 한 외워 써 보시오.

제11과

욥기 : 31장 – 33장

1. 31장에서 욥이 자신을 의롭게 여겨 "언제 자신이 어떠했다" 한 말을 짧게 줄여 써 보시오.

(1)

(2)

(3)

(4)

(5)

(6)

(7)

(8)

(9)

(10)

(11)

(12)

(13)

2. 31장 10절의 "내 아내가 타인의 맷돌을 돌리며"라는 말은 무슨 뜻입니까? (참고. 출 11:5)

(1) 내 아내가 다른 집 일을 도와준다는 뜻 (　)

(2) 내 아내가 다른 집에 가 품팔이를 한다는 뜻 (　)

(3) 내 아내가 다른 집의 종이 된다는 뜻 (　)

(4) 내 아내가 다른 집의 매를 빌려쓴다는 뜻 (　)

3. 31장 26-27절의 "유혹되어 내 손에 입맞추었다면"이라는 말은 무슨 뜻입니까? (참고. 신 4:19)

(1) 절하고 섬긴다는 뜻 (　)

(2) 천체(일월)의 아름다움에 현혹된다는 뜻 (　)

(3) 일월 앞에 아첨한다는 뜻 (　)

(4) 인사한다는 뜻 (　)

4. 엘리후가 화를 낸 이유를 쓰시오.

(1)

(2)

5. 다음은 엘리후가 한 말입니다. 맞는 것에는 O표, 틀린 것에는 ×표 하시오.

(1) 어른이라고 지혜로운 것이 아니고 노인이라고 정의를 깨닫는 것은 아니다. (　)

(2) 그는 말을 해야 시원할 것이다. (　)

(3) 그는 사람에게 영광을 돌리지 아니한다. (　)

(4) 사람은 하나님 앞에서 동일하니 피차 두렵게 하지도 누르지도 못한다. (　)

(5) 욥은 자신이 죄와 불의가 없다고 했으나 엘리후는 욥이 불의하다 했다. (　)

(6) 사람은 관심이 없어도 하나님은 계속 말씀하시고 꿈에나 환상 중에 사람의 귀를 여시고 경고로써 두렵게 하신다. (　)

(7) 천사는 사람을 도와주지 않는다. (　)

(8) 하나님의 재삼 행하시는 모든 일은 그들의 영혼을 이끌어 생명의 빛을 비추려 하심이다. (   )

제12과
욥기 : 34장 – 36장

1. 다음 (　　) 안에 적당한 말을 찾아 써 넣으시오.

(1) 내가 의로우나 하나님이 내 (　　　)를 부인하셨고 내가 정당함에도 (　　　)쟁이라 하였고 나는 (　　　)이 없으나 화살로 상처를 입었노라

(2) 욥이 (　　　)하기를 (　　　)듯 하며 (　　　)한 일을 하는 자들과 한 패가 되어 악인과 함께 다니면서 이르기를 사람이 (　　　)을 기뻐하나 (　　　)하다 하는구나

(3) 하나님은 (　　　)을 행하지 아니하시며......(　　　)를 굽히지 아니하시느니라

(4) 그는 왕에게라도 (　　　)이라 하시며 지도자들에게라도 (　　　)하다 하시며 (　　　)을 외모로 대하지 아니하시며 (　　　)한 자들 앞에서 부자의 낯을 세워 주지 아니하시나니 이는 그의 손으로 (　　　)신 바가 됨이라

(5) (　　　)는 숨을 만한 (　　　)이나 사망의 그늘이 없느니라

(6) 세력 있는 자를 (　　　)할 것 없이 꺾으시고 다른 사람을 세워 그를 (　　　)하게 하시느니라

(7) (　　　) 자의 부르짖음이 그에게 (　　　)하게 하며 빈궁한 사람의 부르짖음이 그에게 들리게 하느니라

(8) 주께서 그의 얼굴을 (　　　) 때 누가 그를 (　　　) 수 있으랴

(9) 그대가 하나님께 아뢰기를 내가 (　　　)를 지었사오니 다시는 범죄하지 아니하고 깨닫지 못하는 것을 가르치소서 내가 (　　　)을 행하였으나 다시는 아니하겠나이다 하였는가

(10) 그가 그의 죄에 (   )을 더하며 손뼉을 치며 하나님을 (   )
하는 말을 많이 하는구나

2. 35장 1-8절을 읽고 다음 중 맞는 것에 O표 하시오.

(1) 사람의 의나 악이 하나님께는 아무 관계 없다. (   )

(2) 사람의 의나 악이 하나님께는 관계 없고 사람에게만 관계 있다. (   )

(3) 사람의 의나 악이 하나님께도 사람에게도 관계 있다. (   )

(4) 사람의 의나 악이 하나님께도 사람에게도 관계 없다. (   )

3. 사람이 어떤 경우에 부르짖는다 했습니까?

(1)

(2)

4. 다음 구절의 대구를 보기와 같이 써 넣으시오.

보기 : 하나님은 능하시나—아무도 멸시하지 아니하시며

(1) 지혜가 무궁하사—

(2) 고난받는 자에게—

(3) 그의 눈을—

(4) 족쇄에 매이거나 환난의 줄에 얽혔으면—

(5) 그들이 순종하여 섬기면—

(6) 순종하지 아니하면—

(7) 마음이 경건하지 아니한 자들은—

(8) 하나님은 곤고한 자를—

(9) 그대는 하나님께서 하신 일—

(10) 하나님은 높으시니—

제13과

욥기 : 37장 – 39장

1. 다음 말씀은 몇 장 몇 절에 기록되어 있습니까?

(1) 하나님의 음성 곧 그의 입에서 나오는 소리를 똑똑히 들으라
( )장 ( )절

(2) 눈을 명하여 땅에 내리라 하시며 적은 비와 큰 비도 내리게 명하시느니라 ( )장 ( )절

(3) 혹은 징계를 위하여 혹은 땅을 위하여 혹은 긍휼을 위하여 그가 이런 일을 생기게 하시느니라 ( )장 ( )절

(4) 겹겹이 쌓인 구름과 완전한 지식의 경이로움을 아느냐 ( )장 ( )절

(5) 북쪽에서는 황금 같은 빛이 나오고 하나님께는 두려운 위엄이 있느니라
( )장 ( )절

(6) 그때에 새벽별들이 기뻐 노래하며 하나님의 아들들이 다 기뻐 소리를 질렀느니라 ( )장 ( )절

(7) 악인에게는 그 빛이 차단되고 그들의 높이 든 팔이 꺾이느니라
( )장 ( )절

(8) 까마귀 새끼가 하나님을 향하여 부르짖으며 먹을 것이 없어서 허우적거릴 때에 그것을 위하여 먹이를 마련하는 이가 누구냐
( )장 ( )절

(9) 그 새끼는 강하여져서 빈들에서 크다가 나간 후에 다시 돌아오지 아니하느니라 ( )장 ( )절

(10) 그 새끼에게 모질게 대함이 제 새끼가 아닌 것처럼 하며 그 고생한 것이 헛되게 될지라도 두려워하지 아니하나니 이는 하나님이 지

혜를 베풀지 아니하셨고 총명을 주지 아니함이라 (　　)장 (　　-　　)절

2. 여호와께서 욥에게 질문하신 것을 38장에서 찾아 열 가지를 쓰시오.

(1)

(2)

(3)

(4)

(5)

(6)

(7)

(8)

(9)

(10)

3. 39장에 나오는 여덟 가지 동물에 관하여 하나님이 욥에게 질문하신 것을 써 보시오.

(1)

(2)

(3)

(4)

(5)

(6)

(7)

(8)

제14과

욥기 : 40장 – 42장

1. 다음 말은 누가 누구에게 한 말입니까?

(1) 트집 잡는 자가 전능자와 다투겠느냐 하나님을 탓하는 자는 대답할지니라 ( )가 ( )에게

(2) 내가 한 번 말하였사온즉 다시는 더 대답하지 아니하겠나이다 ( )이 ( )에게

(3) 네가 하나님처럼 능력이 있느냐 ( )가 ( )에게

(4) 모든 교만한 자를 발견하여 낮아지게 하며 악인을 그들의 처소에서 짓밟을지니라 그들을 함께 진토에 묻고 그들의 얼굴을 싸서 은밀한 곳에 둘지니라 ( )가 ( )에게

(5) 그 뼈는 놋관 같고 그 뼈대는 쇠막대기 같으니 그것은 하나님이 만드신 것 중에 으뜸이라 ( )가 ( )에게

(6) 그것이 눈을 뜨고 있을 때 누가 능히 잡을 수 있겠으며 갈고리로 그것의 코를 꿸 수 있겠느냐 ( )가 ( )에게

(7) 어찌 장사꾼들이 그것을 놓고 거래하겠으며 상인들이 그것을 나누어 가지겠느냐 ( )가 ( )에게

(8) 아무도 그것을 격동시킬 만큼 담대하지 못하거든 누가 내게 감히 대항할 수 있겠느냐 ( )가 ( )에게

(9) 즐비한 비늘은 그의 자랑이로다 튼튼하게 봉인하듯이 닫혀 있구나 ( )가 ( )에게

(10) 그것의 가슴은 돌처럼 튼튼하며 맷돌 아래짝 같이 튼튼하구나 ( )가 ( )에게

(11) 나는 깨닫지도 못한 일을 말하였고 스스로 알 수도 없고 헤아리기도 어려운 일을 말하였나이다 (　　　　)가 (　　　　)에게

(12) 너희가 우매한 만큼 너희에게 갚지 아니하리라
(　　　　)가 (　　　　)에게

2. 40장과 41장에 나오는 동물이나 식물에 O표 하시오.

( ) 소　( ) 양　( ) 사슴　( ) 악어
( ) 잉어　( ) 노루　( ) 베헤못　( ) 솔개
( ) 백단목　( ) 백향목　( ) 백합　( ) 연 잎
( ) 무화과　( ) 잣나무　( ) 갈대

3. 다음은 욥이 갑절의 축복을 받은 내용입니다. 서로 관계 있는 것을 찾아 줄로 연결하시오.

(1) 양　　천 겨리
(2) 낙타　　일곱
(3) 소　　전국 미녀들
(4) 암나귀　　육천
(5) 아들　　천
(6) 딸 셋　　만 사천

4. 42장 5절 말씀은 본서의 요절입니다. 외워 써 보시오.

시편 개요

1. 명칭: 시편은 다윗의 시들과 다른 사람들이 지은 시들을 한데 모은 시집으로 B.C. 500년경에 완성되었을 것으로 추정하고 있다. 히브리 성경에는 이 책의 명칭이 '테힐림', 즉 '찬양하는 노래들'로 붙여졌고 헬라어 번역(LXX)에서는 'psalmoi'('현악기에 맞추어 부르는 노래들'이라는 뜻)라고 명칭을 붙였다. 이 헬라어 번역 성경의 명칭이 신약에서도 그대로 사용되었으며(행 1:20), 이것이 영어 명칭 'Psalms'가 되었고 우리말 성경은 단순히 '시편'이라고 부르고 있다.

2. 저자 및 연대: 시편은 대체로 '다윗의 시'라고 불리는데 그 이유는 시편의 대부분을 다윗이 썼기 때문이다. 다윗은 "이스라엘의 노래 잘하는 자"(삼하 23:1)라고 불렸으며, 특별한 재능을 타고 난 사람이었다. 시편 150편 중에 다윗의 시라고 명명된 것이 73편, 고라의 자손의 시가 10편, 아삽의 시가 12편, 솔로몬의 시가 2편, 에단의 시가 1편, 헤만의 시가 1편, 그리고 모세의 시가 1편이고, 나머지 50편은 익명의 시다. 익명의 시들 중에 다윗이 쓴 시도 다수 포함되었을 것이라고 추정한다.

대부분의 시들은 다윗의 통치가 시작되는 B.C. 1000년에서 포로에서 귀환하는 B.C. 500년까지 500여 년 동안에 기록되었으며 그 중에서도 다윗과 솔로몬의 통치 기간인 B.C. 1000-931년까지, 70년 동안에 대부분이 기록되었다.

3. 구조: 시편은 150편, 다섯 권의 책으로 분류되어 있다. 제1권은 1편부터 41편까지고, 하나님을 찬양하는 경배시가 대부분이며, 대부분 다윗의 시다. 그리고 다윗에 의해 수집되었다고 본다. 제2권은 42편부터 72편까지로, 하나님의 놀라운 역사를 경배하는 내용이 대부분이며 대부분은 다윗과 고라의 자손의 시다. 제3권은 73편에서 89편으로 끊임없는 하나님 경배를 주제로 찬송하고 있으며, 대부분이 아삽의 시다. 제2권과 제3권은 히스기야와 요시아 왕 때에 수집되었을 것으로 추정된다. 제4권은 90편부터 106편까지로, 엎드려 경배하며 순종을 강조하고 있다. 대부분의 익명의 시다. 제5권은 107편부터 150편까지로, 완전한 하나님 경배에 초점을 맞추고 있다. 대부분 다윗의 시며, 에스라와 느헤미야 시대에 그들에 의해 수집되어 시편에 부가되었을 것으로 보고 있다.

4. 시편에 나타난 하나님의 진리:

1) 시편은 실제적인 인간의 심령의 체험을 구체적으로 보여 주고 있다. 시편에서 우리는 그리스도인들이 세상을 살아가면서 경험하는 모든 실제적인 경험 세계를 찾을 수 있을 것이다. 그런 모든 경험 가운데서 하나님께 고백하며 하나님을 찬양하며 하나님께 영광을 돌리는 믿음의 길을 보여 주고 있다.
2) 시편의 기자들은 엄청난 위기와 환난과 고난을 당한다. 그러나 저자들은 이 모든 상황과 조건 가운데서도 변치 않고 하나님을 찾아 이야기하며 자기들의 심령과 온 영혼과 생각과 감정들을 창조주 하나님께 쏟아 놓는 진실한 신앙의 모델을 보이고 있다.
3) 시편은 추상적인 인간의 경험이 아니라 구체적인 삶의 정황 속

에 숨겨진 삶의 진리를 보여 준다. 시편은 체험 속에 임재하신 하나님을 만나고 교제하는 삶의 신앙을 보이고 있다.

제1과
시편 : 1편 – 5편

1. 다음 중 복 있는 사람에 해당되는 말에는 O표, 악인에 해당되는 말에는 ×표 하시오.

(1) 악인들의 꾀를 따르지 않음 ( )

(2) 바람에 나는 겨와 같음 ( )

(3) 죄인들의 길에 서지 않음 ( )

(4) 심판을 견디지 못함 ( )

(5) 오만한 자들의 자리에 앉지 않음 ( )

(6) 여호와의 율법을 즐거워하여 그의 율법을 주야로 묵상함 ( )

(7) 시냇가에 심은 나무와 같음 ( )

(8) 의인들의 모임에 들지 못함 ( )

(9) 모든 일이 다 형통함 ( )

(10) 여호와께서 인정하시는 길 ( )

(11) 망하는 길 ( )

2. 다음 중 서로 관계 있는 것을 찾아 번호를 써 넣으시오.

(1)	세상의 군왕들과 관원들이	소유가 땅 끝까지 ( )
(2)	그들을 비웃는 말씀	3장 2절 ( )
(3)	내게 구하라	나를 붙드심이라 ( )
(4)	철장(쇠몽둥이)으로 부숨	나의 왕을 시온에 ( )
(5)	군왕과 관원들아	기름 부음 받은 자를 대적 ( )
(6)	아들에게 입 맞추라	2장 9절 ( )

(7) 저는 하나님께 구원받지 못함 　　　　그 진노가 급하심 (　)

(8) 　　　　　　　　　　여호와는 　　　　방패, 영광, 머리 드시는 자 (　)

(9) 　　내가 누워 자고 깨었으니 　　　　3장 7절 (　)

(10) 　　원수의 뺨, 이를 꺾으심 　　　　지혜와 교훈을 받으라 (　)

3. 다음 (　　) 안에 적당한 말을 찾아 써 넣으시오.

(1) 내가 부를 때에 (　　　　)하소서

(2) 나의 기도를 (　　　　)소서

(3) 여호와께서 경건한 자를 택하신 줄 (　　　　)어다

(4) 내가 부를 때에 여호와께서 (　　　　)시리로다

(5) 너희는 떨며 (　　　　　　　　)어다

(6) 자리에 누워 심중에 말하고 (　　　　)할지어다

(7) 의의 제사를 드리고 여호와를 (　　　　)할지어다

(8) 주께서 내 (　　　　)에 두신 기쁨은 곡식과 새 포도주가 (　　　　)할 때보다 더하나이다

4. 다음은 누구를 두고 한 말씀입니까?

(1) 죄악을 기뻐하지 않는 이 (　　　　)

(2) 행악자를 미워하고 거짓말하는 자들을 멸하시는 이 (　　　　)

(3) 피 흘리고 속이는 자를 싫어하시는 이 (　　　　)

(4) 목구멍은 열린 무덤 같고 혀로는 아첨하는 자들 (　　　　)

(5) 의인에게 복 주시고 은혜로 호위하시는 분 (　　　　)

제2과
시편 : 6편 - 10편

1. 다음 구절을 순서에 맞게 (　　) 안에 번호를 써 넣으시오.

(　　) 스올에서 주께 감사할 자 누구리이까

(　　) 여호와여 나를 책망하지 마시오며 나를 징계하지 마옵소서

(　　) 악을 행하는 너희는 다 나를 떠나라

(　　) 원수들이 부끄러움을 당하고 심히 떪이여 갑자기 물러가리로다

(　　) 여호와여 나의 뼈가 떨리오니 나를 고치소서

(　　) 여호와여 어느 때까지니이까

(　　) 밤마다 눈물로 내 침상을 띄우며 내 요를 적시나이다

(　　) 주의 사랑으로 나를 구원하소서

2. 다음 물음에 간단히 답하시오.

(1) 어떤 경우에 시인(내)의 생명을 짓밟고 영광을 먼지 속에 살게 한다고 했습니까?

(2) 양심을 감찰하시는 이는 누구입니까?

(3) 시인의 방패는 누구입니까?

(4) 사람이 회개치 아니할 때는 하나님께서 어떻게 하신다고 했습니까?

(5) 거짓을 낳는 사람은 어떤 사람입니까?

(6) 제가 만든 함정에 빠지는 자는 누구입니까?

3. 사람(인자)을 주께서 어떻게 생각하시고 권고한다고 했습니까?

답

4. 다음 말씀의 짝이 되는 문구를 찾아 써 넣으시오.

(1) 여호와께서 영원히 앉으심이여—

(2) 공의로 세계를 심판하심이여—

(3) 압제당하는 자의 요새시요—

(4) 피 흘림을 심문하시는 이가 그들을 기억하심이여—

(5) 이방 나라들은 자기가 판 웅덩이에 빠짐이여—

(6) 여호와께서 심판을 행하셨음이여—

(7) 악인이 스올로 돌아감이여—

(8) 궁핍한 자가 항상 잊어버림을 당하지 아니함이여—

5. 다음 말씀 중 하나님에 관한 일이나 말씀에는 (하나님), 악인에 관한 일이나 말에는 (악인)이라 쓰시오.

(1) 가련한 자를 심히 압박함 ( )

(2) 마음의 욕심을 자랑함 ( )

(3) 여호와께서 감찰하지도 않고 계시지도 않다 함 ( )

(4) 나는 흔들리지 아니하며 대대로 환난을 당하지 아니한다 ( )

(5) 고아를 도우시는 자 ( )

(6) 겸손한 자의 소원을 들으심 ( )

(7) 그 눈은 가련한 자를 엿봄 ( )

(8) 은밀한 곳에 엎드림 ( )

제3과
시편 : 11편 - 15편

1. 다음을 읽고 하나님의 일이나 말씀에는 O표, 악인의 일이나 말에는 X표 하시오.

(1) 새같이 네 산으로 도망하라 ( )

(2) 화살을 시위에 먹여 어두운 데서 쏘려 함 ( )

(3) 인생을 통촉하시고 감찰하심 ( )

(4) 불과 유황과 태우는 바람이 악인들에게 내리게 함 ( )

(5) 의로운 일을 좋아함 ( )

2. 다음 중 서로 관계 있는 것을 찾아 줄로 연결하시오.

(1)	경건한 자	안전지대에 두리라
(2)	충실한 자	주관할 자 누구리요
(3)	자랑하는 혀	끊어짐
(4)	우리 입술은 우리 것	끊으심
(5)	눌림과 탄식을	없어짐
(6)	여호와의 말씀	악인들이 날뜀
(7)	비열함이 높임을 받는 때	일곱 번 단련한 은

3. 13편을 읽으면 "어느 때"(언제)까지라는 말이 4번 나오고, "......까?" 하는 말이 4번 나옵니다. 다음 ( ) 안에 알맞은 말을 써 넣으시오.

(1) "어느 때까지"

1) ( ) 어느 때까지니이까

2) (   ) 어느 때까지 (   )

3) 나의 영혼이 번민하고 (   )를 어느 때까지 하오며

4) 내 원수가 나를 치며 (   ) 어느 때까지 하리이까

(2) "......까?"

1) 나를 영원히 (   )나이까

2) 두렵건대 내가 (   )까 하오며

3) 나의 원수가 이르기를 내가 (   ) 할까 하오며

4) 내가 흔들릴 때에 (   )할까 하나이다

4. 다음 물음에 알맞은 답을 골라 O표 하시오.

(1) 어리석은 자가 하나님이 없다 함은?

1) 사신 하나님이 아니 계셔서 (   )

2) 그들은 부패하고 가증하여서 (   )

3) 성경에 그러한 말이 없어서 (   )

4) 사람들이 그렇게 말하므로 (   )

(2) 여호와께서 인생을 살필 때 선을 행하는 자가

1) 많다. (   )

2) 몇 사람은 된다. (   )

3) 곳에 따라 혹 있을 수 있다. (   )

4) 하나도 없다. (   )

5. 어떤 자가 주의 장막과 성산에 살 수 있다고 했습니까?

(1)

(2)

(3)

(4)

(5)

(6)

제4과
시편 : 16편 - 20편

1. 다음 말씀은 몇 편 몇 절에 기록되어 있습니까?

(1) 주밖에는 나의 복이 없다 하였나이다 ( )편 ( )절

(2) 성도들은 존귀한 자들 ( )편 ( )절

(3) 나의 기업이 실로 아름답도다 ( )편 ( )절

(4) 주의 오른쪽에는 영원한 즐거움이 있나이다 ( )편 ( )절

(5) 내가 결심하고 입으로 범죄하지 아니하리이다 ( )편 ( )절

(6) 기이한 사랑을 나타내소서 ( )편 ( )절

(7) 나를 눈동자같이 지키시고 ( )편 ( )절

(8) 은밀한 곳에 엎드린 젊은 사자 ( )편 ( )절

(9) 주의 칼 ( )편 ( )절

(10) 주의 형상으로 만족하리이다 ( )편 ( )절

(11) 그룹을 타고 다니심이여 ( )편 ( )절

(12) 우렛소리를 내시고 ( )편 ( )절

(13) 많은 물에서 나를 ( )편 ( )절

(14) 완전한 자에게는 주의 완전하심을 ( )편 ( )절

(15) 교만한 눈 ( )편 ( )절

(16) 암사슴 발 ( )편 ( )절

(17) 구원하는 방패 ( )편 ( )절

(18) 거리의 진흙 ( )편 ( )절

(19) 신방에서 나오는 신랑 ( )편 ( )절

(20) 꿀과 송이꿀보다 더 달도다 ( )편 ( )절

2. 여호와는 나의 무엇 무엇이 된다 했습니까?

(1) (　　　)　　　(2) (　　　)

(3) 나를 건지시는 자　　　(4) (　　　)

(5) (　　　)　　　(6) (　　　)

(7) (　　　)의 (　　)　　　(8) (　　　)

3. 다음 말씀의 짝이 되는 문구를 써 넣으시오.

(1) 사망의 줄이—

(2) 불의의 창수가—

(3) 스올의 줄이—

(4) 사망의 올무가—

4. 다음 낱말들의 뜻이 통하도록 줄을 그어 연결하시오.

여호와의

(1)	율법	순결	영원
(2)	증거	정직	사모할
(3)	교훈	완전	기쁘게
(4)	계명	확실	소성
(5)	경외하는 도	의로우니	지혜
(6)	법은 진실	정결	눈을 밝게

5. 다음 (　　) 안에 적당한 말을 찾아 써 넣으시오.

(1) 환난 날에 여호와께서 네게 (　　　)하시고......너를 (　　　)주시고......너를 (　　　)시며 네 모든 (　　　)를 기억하시며 네 (　　　)를 받아 주시기를 원하노라

(2) 네 마음의 소원대로 (　　　)하시고 네 모든 (　　　)을 이루어 주

시기를 원하노라

(3) 우리 (   )의 이름으로 우리의 (   )을 세우리니 여호와께서 네 모든 (   )를 이루어 주시기를 원하노라

(4) 여호와께서 자기에게 기름 부음 받은 자를 (   )하시는 줄 이제 내가 아노니 그의 오른손의 (   )하는 힘으로 그의 거룩한 하늘에서 그에게 (   )하시리로다

제5과
시편 : 21편 – 25편

1. 여호와께서 왕에게 주신 것이 무엇 무엇입니까?

(1)

(2)

(3)

(4)

(5)

2. 21편 7-13절에 계속 나오는 "그들"은 누구를 말하는 것입니까?

답

3. 다음 말씀은 예수님이 최후에 하신 말씀입니다. 신약의 어디에 기록되어 있습니까?

(1) 22편 1절: 마태복음 27장 (　　)절, 마가복음 15장 (　　)절

(2) 22편 18절: 요한복음 19장 (　　)절, (　　)절,
마태복음 27장 (　　)절, 누가복음 23장 (　　)절

4. 23편의 내용 중 목자가 하는 일에는 O표, 양이 하는 일에는 △표 하시오.

(1) 푸른 풀밭에 누임 (　)

(2) 물가로 인도 (　)

(3) 사망의 음침한 골짜기로 다님 (　)

(4) 지팡이와 막대기로 안위하심 (　　)

(5) 원수의 목전에서 상을 베푸심 (　　)

(6) 기름으로 머리에 바름 (　　)

(7) 여호와의 집에 영원히 거함 (　　)

5. 여호와의 산에 올라설 자는 어떤 자며, 영광의 왕은 누구입니까?

(1) 산에 올라설 자:

(2) 영광의 왕:

6. 25편에 "……하소서" 하고 간구한 내용을 간단히 써 보시오.

(1)

(2)

(3)

(4)

(5)

(6)

(7)

(8)

(9)

(10)

(11)

(12)

제6과
시편 : 26편 - 30편

1. 다음 중 맞는 것에는 O표, 틀린 것에는 ×표 하시오.

(1) 시인은 허망한 사람과 앉지도 않고 간사한 자와 동행하지도 아니하며 행악자의 집회를 미워했다. (　)

(2) "주께서 계신 집과 주의 영광이 머무는 곳을 사랑한다" 했는데 이 말은 곧 하나님의 성전을 사랑한다는 말이다. (　)

(3) 행악자가 실족하고 군대가 대적하며 전쟁이 일어날지라도 여전히 태연한 것은 다윗이 용맹을 믿었기 때문이다. (　)

(4) 다윗의 평생 소원은 여호와의 집에 거하여 여호와의 아름다움을 앙망하며 사모하는 것이었다. (　)

(5) 내 부모는 나를 버렸으나 여호와는 나를 영접하신다. (　)

(6) "주께 부르짖을 때 잠잠하시면 내가 무덤에 내려가는 자와 같을까 하나이다" 했는데 여기서 무덤에 내려간다는 말은 곧 죽는 것이나 같다는 뜻이다. (　) (참고. 시 88:4-5)

(7) 이웃에게 화평을 말하나 그들의 마음에는 악독이 있는 자는 곧 악인과 행악자들로 여호와께서 행하신 일과 그 손으로 지으신 것을 생각지 않는 자들이다. (　)

(8) 다윗은 항상 여호와를 의지하여 도움을 얻었다. (　)

2. 물 위에 있는 여호와의 소리가 위엄 있어 어떠한 일들이 일어납니까?

(1)

(2)

(3)

(4)

(5)

(6)

3. 30편을 읽으며 여호와께서 평생에 베푸시는 은총에 관한 말씀과 나의 어려운 일들을 변화시키는 말씀을 각각 찾아 쓰시오.

(1) 은총에 관한 말씀:

(2) 변화시키는 말씀:

제7과
시편 : 31편 – 35편

1. 다음 말씀들이 성경에 기록된 순서대로 (　　) 안에 번호를 써 넣으시오.

(1) (　　) 나의 영을 주의 손에 부탁하나이다
(　　) 내 친구가 놀라고 길에서 보는 자가 나를 피하였나이다
(　　) 내가 근심 때문에 눈과 영혼과 몸이 쇠하였나이다
(　　) 주는 나의 반석과 산성이시니
(　　) 내 발을 넓은 곳에 세우셨음이니이다

(2) (　　) 교만하고 완악한 말로 무례히 의인을 치는 거짓 입술이 말 못하는 자 되게 하소서
(　　) 나의 앞날이 주의 손에 있사오니 내 원수들과 나를 핍박하는 자들의 손에서 나를 건져 주소서
(　　) 너희 모든 성도들아 여호와를 사랑하라
(　　) 주께 피하는 자를 위하여 인생 앞에 베푸신 은혜가 어찌 그리 큰지요
(　　) 견고한 성에서 그의 놀라운 인자를 내게 보이셨음이로다

(3) (　　) 여호와를 신뢰하는 자에게는 인자하심이 두르리로다
(　　) 허물의 사함을 받고 자신의 죄가 가려진 자는 복이 있도다
(　　) 너희는 무지한 말이나 노새 같이 되지 말지어다
(　　) 주께 기도할지라 진실로 홍수가 범람할지라도 그에게 미치지 못하리이다
(　　) 주께 내 죄를 아뢰고 내 죄악을 숨기지 아니하였더니 곧 주께서

내 죄악을 사하셨나이다

2. 다음 글을 읽고 관계 있는 말을 보기에서 찾아 (　　) 안에 써 넣으시오.

보기 : 군대와 용사　계획　수금과 비파　어느 때까지　주를 경외하는 자　여호와의 말씀과 그 입 기운　그물과 함정　벌을 받으리로다　복 받기를 원하는 사람　일어나 나를 도우소서

(1) (　　　　　　)로 여호와께 감사하고 찬송할지어다

(2) (　　　　　　　　　　)으로 하늘과 만상이 지음을 입음

(3) 여호와의 (　　　　)은 영원히 서고 그의 생각은 대대에 이르리로다

(4) 많은 (　　　　　　)가 스스로 구원하지 못하는도다

(5) 여호와의 천사가 (　　　　　　　　)를 둘러 진 치고 그들을 건지시는도다

(6) 네 혀를 악에서 금하며 네 입술을 거짓말에서 금할지어다 (　　　　　　　　)

(7) 의인을 미워하는 자는 (　　　　　　　　　　　　)

(8) 방패와 손 방패를 잡으시고 (　　　　　　　　　　　)

(9) 까닭없이 나를 잡아 해하려고 (　　　　　　)

(10) 주여 (　　　　　　) 관망하시려 하나이까

제8과

시편 : 36편 - 40편

1. 다음 중 여호와에 관한 말씀에는 (여호와), 악인이나 행악자를 두고 하는 말에는 (악인), 말씀을 읽는 우리나 의인에게 해당되는 말에는 (의인)이라 쓰시오.

(1) 그의 눈에는 하나님을 두려워하는 빛이 없는 자 (　　　　)

(2) 침상에서 죄악을 꾀하며 악을 기뻐함 (　　　　)

(3) 진실하심이 공중에 사무침 (　　　　)

(4) 보배로우신 (　　　　)

(5) 불평하거나 시기하지 말라 (　　　　)

(6) 풀과 푸른 채소 같이 쇠잔할 것임 (　　　　)

(7) 여호와를 의뢰하고 그의 성실로 먹을 거리로 삼으라 (　　　　)

(8) 마음의 소원을 이루어 주시고 의와 공의를 정오의 빛같이 하심 (　　　　)

(9) 길이 형통하며 악한 꾀를 이루는 자 때문에 불평하지 말라 (　　　　)

(10) 의인 치기를 꾀하고 이를 가는 자 (　　　　)

(11) 궁핍한 자를 향해 칼을 빼고 활을 당김 (　　　　)

(12) 꾸고 갚지 아니함 (　　　　)

(13) 땅을 차지함 (　　　　)

(14) 버림당하거나 그의 자손이 걸식하지 아니함 (　　　　)

(15) 종일토록 은혜를 베풀고 꾸어 줌 (　　　　)

(16) 의인을 악인의 손에 버려두지 않음 (　　　　)

(17) 화평한 자의 미래는 평안 (　　　　)

(18) 환난 때에 요새가 됨 (　　　　)

2. 다음 (　　) 안에 적당한 말을 찾아 써 넣으시오.

(1) 주의 (　　　　)로 말미암아 내 살에 성한 곳이 없사오며 나의 (　　　)로 말미암아 내 뼈에 (　　　　)함이 없나이다

(2) 내가 사랑하는 자와 내 (　　　　)들이 내 상처를 멀리하고 내 (　　　) 들도 멀리 섰나이다

(3) 나는 (　　　　　)같이 듣지 아니하고 (　　　　)같이 입을 열지 아니하오니 나는 듣지 못하는 자 같아서 내 입에는 (　　　　)할 말이 없나이다

(4) 또 (　　)으로 (　　)을 대신하는 자들이 내가 (　　)을 따른다는 것 때문에 나를 대적하나이다

(5) 내가 (　　　　)하여 선한 말도 하지 아니하니 나의 근심이 더 심하도다

(6) 주께서 나의 (　　)을 (　　　) 길이만큼 되게 하시매 나의 일생이 (　　) 앞에는 없는 것 같사오니

(7) 진실로 각 사람은 (　　　　　)같이 다니고 헛된 일로 (　　　　)하며 (　　　)을 쌓으나 누가 (　　　)는지 알지 못하나이다

(8) (　　)가 잠잠하고 입을 열지 아니함은 (　　)께서 이를 (　　)하신 까닭이니이다

(9) 내가 (　　　　　)를 기다리고 기다렸더니 (　　　)를 기울이사 나의 (　　　　)을 들으셨도다

(10) 나를 가리켜 기록한 것이 (　　　　　　)에 있나이다

(11) 나의 죄악이 나를 덮치므로 (　　　　　)볼 수도 없으며 죄가 나의 (　　　　)보다 많으므로 내가 낙심하였음이니이다

(12) (　　)를 찾는 자는 다 (　　) 안에서 즐거워하고 (　　　　)하게 하시며 주의 (　　　　)을 사랑하는 자는 항상 말하기를 (　　　　　)는 위대하시다 하게 하소서

제9과

시편 : 41편 – 45편

1. 다음 말씀들이 성경에 기록된 순서대로 (　　) 안에 번호를 써 넣으시오.

(1) (　　) 주여 저를 그 원수의 뜻에 맡기지 마소서
(　　) 가난한 자를 보살피는 자에게 복이 있음이여
(　　) 그의 병을 고쳐 주시나이다
(　　) 재앙의 날에 여호와께서 그를 건지시리로다
(　　) 여호와께서 그를 지키사 살게 하시리니
(　　) 여호와께서 그를 병상에서 붙드시고
(　　) 그가 이 세상에서 복을 받을 것이라

(2) (　　) 내가 신뢰하여 내 떡을 나눠 먹던 나의 가까운 친구도
(　　) 나를 해하려고 꾀하며 이르기를
(　　) 나를 미워하는 자가 다 하나같이 내게 대하여 수군거리고
(　　) 나를 대적하여 그의 발꿈치를 들었나이다
(　　) 악한 병이 그에게 들었으니 이제 그가 눕고 다시 일어나지 못하리라 하오며

(3) (　　) 네 하나님이 어디 있느뇨 하오니
(　　) 내 영혼이 하나님 곧 살아 계시는 하나님을 갈망하나니
(　　) 내 눈물이 주야로 내 음식이 되었도다
(　　) 사람들이 종일 내게 하는 말이
(　　) 하나님이여 사슴이 시냇물을 찾기에 갈급함같이
(　　) 내가 어느 때에 나아가서 하나님의 얼굴을 뵈올까

(　) 내 영혼이 주를 찾기에 갈급하니이다

(4) (　) 주의 거룩한 산과 주께서 계시는 곳에 이르게 하소서

(　) 하나님이여 나의 하나님이여

(　) 주의 빛과 주의 진리를 보내시어 나를 인도하시고

(　) 내가 수금으로 주를 찬양하리이다

(　) 나의 큰 기쁨의 하나님께 이르리이다

(　) 그런즉 내가 하나님의 제단에 나아가

2. 41-43편에 "내 영혼아 네가 어찌하여 낙심하며……너는 하나님께 소망을 두라……여전히 찬송하리로다" 하는 말이 몇 번 나옵니까?

답 (　　번)

3. 44편 1-8절의 내용을 요약한 것 중 가장 적합한 것에 O표 하시오.

(1) 주께서 우리 조상들을 구하셨다. (　)

(2) 우리 조상들의 칼과 팔이 구하였다. (　)

(3) 하나님이 야곱만을 특별히 구원하였다. (　)

(4) 주께서 민족들을 괴롭게 하셨다. (　)

4. 44편 9-26절의 내용을 요약한 것 중 가장 적합한 것에 O표 하시오.

(1) 이제는 주께서 우리를 버려두사 능욕을 당하게 하시나 오히려 주의 얼굴만 바랍니다. (　)

(2) 이제는 주께서 우리를 버려 능욕을 당하게 하시니 우리는 원망합니다. (　)

(3) 사랑의 무리같이 버려두셨습니다. (　)

5. 45편 중 가장 긴 절을 찾아 써 보시오.

제10과
시편 : 46편 – 50편

1. 다음 말씀은 몇 편 몇 절에 기록되어 있습니까?

(1) 하나님은 우리의 피난처 ( )편 ( )절 ( )편 ( )절

(2) 바닷물이 솟아나고 뛰놀든지 ( )편 ( )절

(3) 하나님의 성 곧 지존하신 이의 성소 ( )편 ( )절

(4) 새벽에 하나님이 도우심 ( )편 ( )절

(5) 전쟁을 쉬게 하심 ( )편 ( )절

(6) 야곱의 하나님 ( )편 ( )절

(7) 손바닥을 치고 즐거운 소리로 외치라 ( )편 ( )절

(8) 야곱의 영화 ( )편 ( )절

(9) 찬송하라 찬송하라 찬송하라 찬송하라 ( )편 ( )절

(10) 지혜의 시로 찬양 ( )편 ( )절

(11) 모든 방패는 하나님의 것 ( )편 ( )절

(12) 고통이 해산하는 여인의 고통 같다 ( )편 ( )절

(13) 주의 전 가운데에서 주의 인자하심을 생각 ( )편 ( )절

(14) 성벽과 궁전을 후대에 전하라 ( )편 ( )절

2. 다음은 하나님이 악인에게 이르신 말씀입니다. 맞는 것에는 O표, 틀린 것에는 ×표 하시오.

(1) 율례를 전하며 내 언약을 네 입에 두느냐 ( )

(2) 교훈을 사랑하고 순종함 ( )

(3) 도둑과 연합하고 간음하는 자들과 동료가 됨 ( )

(4) 입을 악에게 내어 주고 혀로는 거짓을 꾸밈 ( )

(5) 앉아서 형제를 사랑하고 돌봄 ( )

(6) 악인의 죄를 네 눈앞에 낱낱이 드러내리라 ( )

3. 다음 중 서로 관계 있는 것을 찾아 줄로 연결하시오.

(1)
1)	다 들으라	짐승
2)	내 입과 마음	구속하지 못함
3)	재물과 부유함으로 자랑하는 자	귀천 빈부를 막론하고
4)	사람이 치부하나	죽으면 가져가지 못할
5)	존귀하나 깨닫지 못하는 자	지혜와 명철을

(2)
1)	해 돋는 데서 지는 데까지	심판장
2)	성도들	하나님의 것
3)	하나님	하나님이 부르심
4)	제물로 인하여	감사로 제사드림
5)	모든 짐승들	제사로 언약한 자
6)	하나님을 영화롭게 하는 길	책망하지 않음

제11과
시편 : 51편 – 55편

1. 51편의 제목(작은 글씨로 쓴 것)을 읽고 다음 물음에 답하시오.

(1) 51편에 계속 나오는 다윗의 "죄"는 무엇을 행한 죄입니까?

(2) "피 흘린 죄에서 나를 건지소서" 했는데 다윗이 어떻게 피를 흘렸습니까? (참고. 삼하 11:14–15)

(3) 하나님이 기뻐하시지 않는 것과 구하시는 것이 각각 무엇입니까?

1) 기뻐하시지 않는 것:

2) 구하시는 것:

2. 52편 제목의 아히멜렉에 대한 다음 물음에 알맞은 답을 써 넣으시오.

(1) 무엇을 하던 사람입니까?

(2) 아히멜렉이 다윗에게 준 무기의 이름은 무엇입니까? (참고. 삼상 22:6–10)

(3) 하나님을 영원히 의지하는 자신을 무엇에 비유했습니까?

3. 다음 중 맞는 것에는 O표, 틀린 것에는 ×표 하시오.

(1) 하나님이 없다 하는 이들은 곧 부패하며 가증한 악을 행한다. (   )

(2) 하나님이 인생을 살필 때 선을 행하는 자가 몇 사람은 된다. (   )

(3) 이스라엘을 구원하여 줄 자는 하나님이다. (   )

(4) "주의 이름으로 나를 구원하시고 주의 힘으로 나를 변호하소서" 한 기

도는 다윗이 십 땅에 숨어 있으면서 한 말이다. ( )

(5) 다윗이 똑똑히 본 것은 주께서 자기를 모든 환난에서 건지시고 또 원수가 보응받는 것이다. ( )

(6) 다윗이 근심으로 편하지 못하여 탄식하는 것은 원수의 소리와 악인의 압제 때문이다. ( )

(7) "비둘기같이 날개가 있다면" 하는 말은 다윗이 사망의 위협이 미칠 때 한 말이다. ( )

(8) 다윗을 책망하고 미워하는 자들은 바로 다윗의 동료와 친우들이다. ( )

(9) 55편 18절 "그가 내 생명을 구원하사 평안하게 하셨도다"에서 "그"는 원수나 악인들을 말한다. ( )

(10) 자기의 짐을 여호와께 맡긴 사람이 받을 축복은 여호와께서 그를 붙드시고 요동함을 영원히 허락하지 아니하시는 것이다. ( )

제12과
시편 : 56편 – 60편

1. 56편의 제목을 보고 다윗이 가드 왕을 어떻게 피하였는지 간단히 써 보시오. (참고. 삼상 21:10; 22:3)

답

2. 56편에서 다음 말씀의 짝이 되는 문구를 찾아 써 넣으시오.

(1) 내가 두려워하는 날에는–

(2) 내가 하나님을 의지하고–

(3) 내가 하나님을 의지하였은즉–

(4) 나의 유리(떠돌아다님)함을 주께서 계수하셨사오니–

(5) 나로 생명의 빛에 다니게 하시려고–

3. 57편은 다윗이 사울을 피하여 굴에 있던 때에 지은 시입니다. 다윗이 피했던 굴의 이름 둘을 써 보시오. (참고. 삼상 22:1–; 24:1–)

답

4. 다음 물음에 알맞은 답을 써 넣으시오.

(1) 다윗이 재앙들이 지나기까지 피한 곳은 어디입니까?

(2) 다윗의 영혼이 처한 곳은 어디입니까?

(3) 다윗을 해하려고 그들이 파 놓은 것은 무엇입니까?

5. 다윗은 다음 사람들이 어떻게 한다고 했습니까?

(1) 인자들:

(2) 악인:

6. 다윗이 하나님께 드린 기도의 내용은 무엇입니까?

답

7. 다음 말씀의 짝이 되는 문구를 찾아 써 넣으시오.

(1) 치려는 자에게서 나를—

(2) 피 흘리기를 즐기는 자에게서 나를—

(3) 악을 행하는 모든 자들에게—

(4) 개처럼 울며—

(5) 하나님은 나의—

(6) 먹을 것을 찾아 유리하다가—

8. 60편에서 주께서 하신 일 7가지를 찾아 써 보시오.

(1)

(2)

(3)

(4)

(5)

(6)

(7)

제13과

시편 : 61편 - 65편

1. 다음과 같은 때에 시인(다윗)은 어떻게 했습니까?

(1) 마음이 약해질 때:

(2) 높은 바위에 인도하실 때:

(3) 장수하게 되어 하나님 앞에서 보호받을 때:

2. 다음은 누구에 해당되는 말입니까?

(1) 잠잠히 하나님만 바라는 사람:

(2) 넘어지는 담과 흔들리는 울타리 같이 사람을 죽이려는 자:

(3) 입으로는 축복하고 속으로는 저주하는 자:

(4) 힘의 반석과 피난처를 하나님께 두고 있는 자:

(5) 저울에 달면 입김보다 가벼울 것:

(6) 권능과 인자함이 속하여 있는 분:

3. 다음 문장의 (　　) 안에서 틀린 것을 찾아 지우시오.

(1) (주의 권능과 영광을 보기 위하여, 이상한 음성을 들으려) 성소에서 주를 바라봄

(2) 생명보다 나은 것 (주의 권능, 주의 인자)

(3) 나의 영혼이 주를 가까이 따르니 (주의 오른손이, 주의 왼손이) 나를 붙

드십니다

(4) 거짓말하는 이의 입은 (열림, 닫힘)

4. 다음 중 악인에 관한 것에는 (악인), 다윗에 관한 것에는 (다윗), 하나님에 관한 것에는 (하나님)이라 쓰시오.

(1) 근심과 두려움에서 하나님께 간구함 (   )

(2) 혀를 연마하며 독한 말로 겨누고 갑자기 쏘는 자 (   )

(3) 죄악을 도모하는 자 (   )

5. 다음 물음에 간단히 답하시오.

(1) 찬송이 기다리는 곳:

(2) 사람이 주께 이행할 것:

(3) 복이 있는 사람:

(4) 주의 징조를 두려워하는 자:

(5) 밭고랑에 물을 대시는 분:

(6) 기름이 떨어지는 곳:

제14과

시편 : 66편 - 70편

1. 다음 중 서로 관계 있는 것을 찾아 줄로 연결하시오.

(1) 1) 주의 큰 권능으로　　육지가 되게 하심
2) 바다를 변하여　　은을 단련함같이
3) 단련하시기를　　원수가 주께 복종
4) 우리를 끌어내사　　주께서 듣지 않음
5) 숫양의 향기와 함께　　살진 것으로 주께
6) 마음에 죄악을 품으면　　풍부한 곳에

(2) 1) 땅의 모든 끝이　　복을 주시고
2) 모든 민족들이　　우리에게
3) 은혜를 베푸사　　주를 찬송하게 하소서
4) 그 얼굴빛을　　하나님을 경외하리로다

(3) 1) 연기가 불려감같이　　힘과 능력을 주심
2) 불 앞에서 밀이 녹음 같이　　악기를 연주하는 자들은 뒤따름
3) 하나님은　　천천이요 만만이라
4) 거역하는 자의 거처　　악인이 망하게 하소서
5) 하나님의 병거　　그들을 몰아내소서
6) 노래 부르는 자들은 앞에 서고　　메마른 땅
7) 하나님은 그 백성에게　　고아의 아버지, 과부의 재판장

2. 다음 물음에 간단히 답하시오.

(1) 목이 마른 이유는 무엇입니까?

(2) 수치가 얼굴에 덮인 이유는 무엇입니까?

(3) 어떤 사람들을 생명책에서 지우시기를 원합니까?

(4) 황소를 드림보다 여호와를 더욱 기쁘시게 하는 것은 무엇입니까?

(5) 70편 4절을 옮겨 쓰시오.

제15과

시편 : 71편 – 75편

1. 다음 ( ) 안에 적당한 말을 찾아 써 넣으시오.

(1) 주의 의로 나를 ( )시며 ( ) 주시며 주의 ( ) 를 내게 기울이사 ( )하소서

(2) 내가 ( )에서부터 주를 의지하였으며 나의 어머니의 배에서부터 주께서 나를 택하셨사오니 나는 항상 주를 ( )하리이다

(3) 늙을 때에 나를 ( ) 마시며 내 힘이 쇠약할 때에 나를 ( ) 마소서

(4) 여러 가지 심한 고난을 보이신 주께서 우리를 다시 살리시며 땅 ( ) 곳에서 다시 이끌어 올리시리이다

(5) 주의 판단력을 ( )에게 주시고 주의 공의를 왕의 ( )에게 주소서

(6) 72편에 계속 나오는 "그"는 왕과 왕의 ( )을 말한다.

(7) 산꼭대기의 땅에도 ( )이 풍성하고...... 성에 있는 자가 땅의 풀 같이 ( )하리로다

2. 다음 물음에 간단히 답하시오.

(1) 넘어질 뻔하고 미끄러질 뻔했던 이유는 무엇입니까?

(2) 하늘과 땅에서 사모할 자는 누구입니까?

(3) 원수들이 주의 성소에서 행한 일들을 써 보시오.

(4) 오만한 자와 악인들에게 어떻게 교훈했습니까?

(5) 높이는 일이 어디서 말미암아서인지 설명하시오.

제16과
시편 : 76편 – 80편

1. 다음 중 맞는 것에는 O표, 틀린 것에는 ×표 하시오.

(1) 하나님은 유다와 이스라엘에 크게 알려지셨고 장막과 처소가 살렘과 시온에 있다. ( )

(2) 하나님의 심판은 땅의 모든 온유한 자를 구원하려 하심이다. ( )

(3) 하나님께 서원한 것은 갚고 예물을 드리지 말라 ( )

(4) 내 음성으로 하나님께 부르짖으면 내게 귀를 기울이시지 않는다. ( )

(5) 내가 내 마음으로 간구하기를 주께서 영원히 버리실까......하는 것은 나의 잘못이다. ( )

(6) 77편에 나오는 인물들은 아삽, 여두둔, 야곱, 요셉, 모세, 아론이다. ( )

2. 다음 물음에 간단히 답하시오.

(1) 이스라엘 백성이 보고도 잊어버린 여호와의 기사는 무엇이라고 했습니까? 7가지를 써 보시오.

1)

2)

3)

4)

5)

6)

7)

(2) 이방 나라들이 주의 기업에 들어와서 행한 것들이 무엇입니까?

1)

2)

3)

4)

5)

(3) 무엇을 위하여 우리를 돕고 건져 달라고 기도했습니까?

( )의 ( )을 증거하기 위하여

(4) 80편에 나오는 포도나무는 어느 나라를 상징하는 것입니까?

( )

제17과

시편 : 81편 - 85편

1. 다음 ( ) 안에 적당한 말을 찾아 써 넣으시오.

(1) ( )를 치고 아름다운 ( )에 ( )를 아우를지어다

(2) 고난 중에 부르짖으매......네게 ( )하며 므리바 물가에서 너를 ( )하였도다

(3) 네 ( )을 크게 열라 내가 ( )리라

(4) 또 기름진 ( )을 그들에게 먹이며 ( )에서 나오는 ( )로 너를 만족하게 하리라

(5) ( )한 판단

(6) ( ) 자와 ( )를 위하여 판단

(7) 너희는 ( )들이며 ( )의 아들들

(8) 하나님이여 ( )하지 마소서 ( )하지 마시고 ( )하지 마소서

(9) 기손 시내에서 ( )와 ( )에게 행하신 것같이 그들에게도 행하소서

(10) 그들이 말하기를 우리가 ( )의 ( )을 우리의 소유로 취하자

(11) 그들로 수치와 ( )와 ( )을 당하게 하사 주만 온 세계의 ( )로 알게 하소서

2. 다음은 무엇에 대해 지은 시인지 보기에서 답을 찾아 ( ) 안에 써 넣으시오.

보기 : 주의 궁정에서의 한 날이　　진리와 의　　주의 장막(궁정)

인자하심과 구원　　주의 제단에서

(1) 내 영혼이 사모하여 쇠약해졌습니다 (　　　　　　)

(2) 참새와 제비도 보금자리를 얻었나이다 (　　　　　　)

(3) 다른 곳에서의 천 날보다 낫습니다 (　　　　　　)

(4) 우리에게 보이시며 주소서 (　　　　　　)

(5) 땅에서 솟아나고 하늘에서 굽어보도다 (　　　　　　)

제18과

시편 : 86편 – 90편

1. 다음은 다윗이 드린 기도입니다. 순서에 맞게 (   ) 안에 번호를 써 넣으시오.

(1) 주의 도를 내게 가르치소서 (   )

(2) 내게 응답하소서 (   )

(3) 은총의 표적을 내게 보이소서 (   )

(4) 주의 이름을 경외하게 하소서 (   )

(5) 내 영혼을 보존하소서 (   )

(6) 내 영혼을 기쁘게 하소서 (   )

(7) 간구하는 소리를 들으소서 (   )

2. 다음 중 서로 관계 있는 것을 찾아 줄로 연결하시오.

(1)	시온의 문들	지존자가 친히 세우심
(2)	하나님의 성	영광스럽다
(3)	시온	여호와께서 사랑
(4)	민족들	근원이 네게 있다
(5)	노래하는 자와 뛰어노는 자	이 사람이 거기서 났다

3. 88편 내용 중 기도하는 중에 하나님께 질문한 것 다섯 가지를 쓰시오.

(1)

(2)

(3)

(4)

(5)

4. 다음은 누가 누구에게 한 말씀입니까?

(1) 내가 네 자손을 영원히 견고히 하며 네 왕위를 대대에 세우리라

( )께서 ( )에게

(2) 내가 능력 있는 용사에게는 돕는 힘을 더하며 백성 중에서 택함 받은 자를 높였으되 ( )께서 ( )의 ( )에게

5. 다음 말씀의 짝을 찾아 ( ) 안에 번호를 써 넣으시오.

(1)	천 년이	( ) 지혜로운 마음
(2)	저희(인생)	( ) 아침에 돋는 풀
(3)	80세를 산다 해도	( ) 견고하게 하소서
(4)	우리 날 계수함	( ) 한 순간
(5)	은총을 내리게 하사	( ) 수고와 슬픔 뿐

제19과

시편 : 91편 – 95편

1. 다음 ( ) 안에 적당한 말을 찾아 써 넣으시오.

(1) 여호와는 나의 (   )요 (   )요 (   )하는 하나님이라

(2) 시편 91편 11-12절은 예수님이 마귀에게 시험받으실 때 인용된 말인데 마태복음 4장 (   )절과 누가복음 4장 (   )절부터 (   )절에 있다.

(3) 악인들은 (   )같이 자라고 악을 행하는 자들은 다 (   )할지라도 영원히 멸망하리이다

(4) (   )인은 종려나무같이 번성하며 (   )의 (   )같이 성장하리로다

(5) 여호와께서 다스리시니 세계도 (   )히 서서 흔들리지 아니하는도다

(6) 많은 물 소리와 바다의 큰 파도보다 큰 것은 높이 계신 (   )의 (   )이다.

2. 다음 말씀은 몇 편 몇 절에 기록되어 있습니까?

(1) 복수하시는 하나님 (   )편 (   )절

(2) 심판하시는 주 (   )편 (   )절

(3) 죄악을 행하는 자들이 다 자만함 (   )편 (   )절

(4) 과부와 나그네와 고아들을 살해함 (   )편 (   )절

(5) 귀를 지으신 이가 듣지 아니하시랴 눈을 만드신 이가 보지 아니하시랴 (   )편 (   )절

(6) 심판이 의로 돌아감 (   )편 (   )절

(7) 여호와는 나의 요새, 피할 반석 (   )편 (   )절

(8) 여호와께 노래하자 (　　)편 (　　)절

(9) 여호와는 모든 신들보다 크신 왕 (　　)편 (　　)절

(10) 여호와 앞에 무릎을 꿇자 (　　)편 (　　)절

(11) 우리는 그의 손이 돌보시는 양 (　　)편 (　　)절

(12) 그들은 내 안식에 들어오지 못하리라 (　　)편 (　　)절

제20과

시편 : 96편 – 100편

1. 다음 중 맞는 것에는 O표, 틀린 것에는 ×표 하시오.

(1) 여호와께서는 하늘을 지으셨다. ( )

(2) 여호와께는 예물과 거룩한 것으로 경배해야 한다. ( )

(3) 하나님은 공평하게 심판하신다. ( )

(4) 숲의 모든 나무들은 즐거이 노래하지 않는다. ( )

(5) 보좌의 기초는 의와 공평 ( )

(6) 산들이 밀랍같이 녹음 ( )

(7) 수치를 당하는 자들은 조각한 신상을 섬기는 자 ( )

(8) 여호와는 모든 신들과 같다. ( )

(9) 정직한 자를 위하여 기쁨을 뿌림 ( )

(10) "자기를 위하여 구원을 베푸셨음이로다" 했는데 여기서 "자기"는 하나님 자신을 말한다. ( )

(11) 땅은 하나님의 구원을 볼 수 없다. ( )

(12) 여호와 앞에서는 만물이 다 즐거워한다. ( )

2. 다음 중 99-100편에 나오지 않는 것을 줄을 그어 지우시오.

(1) 그룹	(2) 행한 대로	(3) 시온
(4) 성산	(5) 예루살렘	(6) 노래하면서
(7) 민족	(8) 우리는 그의 것	(9) 찬송
(10) 그의 기르시는 양	(11) 공평	(12) 궁정
(13) 아브라함	(14) 백향목	(15) 에서

(16) 송축	(17) 야곱	(18) 인자하심
(19) 발등상	(20) 모세	(21) 요셉
(22) 아론	(23) 제사장	(24) 레위인
(25) 다윗	(26) 사울	(27) 사무엘
(28) 간구	(29) 구름 기둥	(30) 불 기둥

제21과

시편 : 101편 – 105편

1. 다윗이 완전한 길에 주의하기 위해 결심한 것 열 가지를 쓰시오.

(1)

(2)

(3)

(4)

(5)

(6)

(7)

(8)

(9)

(10)

2. 다윗이 주의 응답을 받기 전에 어떻게 되도록 괴로움을 당했습니까?

(1)

(2)

(3)

(4)

(5)

(6)

3. 여호와를 송축하며 그 모든 은택을 잊지 말아야 할 조건이 무엇입니까?

(1)

(2)

(3)

(4)

4. 103편 말씀 중 여호와의 성품이 어떠한지를 가장 잘 표현한 말씀을 적어 보시오.

답

5. 104편 말씀 중 다음을 찬양한 것이 몇 절부터 몇 절까지인지 그 절 수를 쓰시오.

(1) 하늘에 관하여 (　　절부터　　절)

(2) 땅에 관하여 (　　절부터　　절)

(3) 물들에 관하여 (　　절부터　　절)

(4) 초목들에 관하여 (　　절부터　　절)

(5) 달과 해에 관하여 (　　절부터　　절)

(6) 바다에 관하여 (　　절부터　　절)

(7) 생명에 관하여 (　　절부터　　절)

6. 105편 말씀에 나오는 다음 사람들에 관하여 간단히 쓰시오.

(1) 하나님께서 아브라함과 이삭과 야곱에게 한 언약을 쓰시오.

(2) 요셉이 당한 일은 무엇입니까?

(3) 아론과 모세가 한 일은 무엇입니까?

제22과
시편 : 106편 – 107편

1. 다음과 관계 있는 말을 보기에서 찾아 (　　) 안에 써 넣으시오.

보기 : 모세와 아론을 질투　　복 있는 사람　　이스라엘의 하나님

가나안 사신 우상에게　　호렙　　자기 죄악으로　　므리바 물

여호와　　조상들이　　이방 나라들과 섞여서 우상을 섬겨

(1) 정의와 공의를 행하는 자 (　　　　　　)

(2) 깨닫지도 기억지도 않고 거역 (　　　　　　)

(3) 땅이 갈라져 다단과 악인을 삼킴 (　　　　　　　　　　)

(4) 송아지와 우상을 만든 곳 (　　　　　)

(5) 여호와를 노하게 한 곳 (　　　　　)

(6) 그들에게 올무가 된 것 (　　　　　　　　　　)

(7) 자녀를 죽여 제사드림 (　　　　　　　　)

(8) 낮아짐을 당함 (　　　　　)

(9) 언약을 기억하시고 뜻을 돌이키심 (　　　　　)

(10) 영원부터 영원까지 찬양할 분 (　　　　　　　　　)

2. 다음 중 맞는 것에는 O표, 틀린 것에는 ×표 하시오.

(1) 근심 중에 여호와께 부르짖으니 그 고통에서 건지셨다. (　)

(2) 하나님은 그를 사모하는 영혼에게 만족을 주시나 주린 영혼에게는 나쁜 것으로 채워 주신다. (　)

(3) 곤고와 쇠사슬에 매임은 하나님의 말씀을 거역함이다. (　)

(4) 107편 16절에 나오는 "그"는 하나님을 가리키는 것이다. (　)

(5) 바다와 큰 물에서 일하는 사람은 여호와의 기이한 일들을 볼 수 없다. (　)

(6) 여호와는 주민이 악할 때는 옥토가 변하여 염전이 되게도 하신다. (　)

(7) 하나님은 궁핍한 자의 가족을 양무리 같게 하신다. (　)

제23과
시편 : 108편 - 113편

1. 다음 (　　) 안에 적당한 말을 찾아 써 넣으시오.

(1) 내가 (　　　)을 깨우리로다

(2) 주의 (　　　)은 (　　　)에까지 이르나이다

(3) 주의 (　　　)이 온 (　　　)에서 높임 받으시기를 원하나이다

(4) (　　　)는 나의 규이며 모압은 내 (　　　)이라

(5) 우리를 도와 (　　　)을 치게 하소서

(6) 나는 (　　　)하나 그들은 도리어 나를 (　　　)하니 나는 (　　　) 할 뿐이라

(7) 그의 연수를 (　　　) 하시며 그의 (　　　)을 타인이 빼앗게 하시며

(8) 가난하고 (　　　)한 자와 (　　　)이 상한 자를 (　　　)하여 죽이려 하였기 때문이니이다

(9) 그가 (　　　)하기를 좋아하더니 그것이 (　　　)에게 임하고

(10) 나는 (　　　) (　　　) 같이 지나가고 또 (　　　)같이 불려 가오며

(11) 그들이 (　　)를 보면 (　　　)를 흔드나이다

(12) 그들은 내게 (　　　)하여도 (　　)는 내게 (　　)을 주소서

2. 다음 물음에 간단히 답하시오.

(1) 시편 110편 1절과 5절에 "여호와께서 내 주에게 말씀하시기를……" 했는데 여기서 "주"는 누구를 가리킵니까? (참고. 마 22:41-46)

(2) 여호와는 어떠하다 했습니까?

(3) 여호와께서 자기를 경외하는 자에게 무엇을 주신다고 했습니까?

(4) 무엇이 지혜의 근본이라고 했습니까?

(5) 어떤 자가 복이 있다고 했습니까?

(6) 어떠한 자가 잘된다고 했습니까?

(7) 악인은 무엇을 보고 한탄하여 이를 갈게 됩니까?

(8) 여호와의 이름이 찬양받을 곳은 어디에서부터 어디까지라고 했습니까?

(9) 무엇이 하늘보다 높습니까?

(10) 임신하지 못하던 여자에게 어떻게 행하십니까?

제24과

시편 : 114편 – 118편

1. 다음 중 서로 관계 있는 것을 찾아 줄로 이으시오.

(1) 유다	숫양같이 뛰놀며
(2) 이스라엘	떨어지다
(3) 바다	물러갔으며
(4) 요단	성소
(5) 산들은	못물이 되게
(6) 작은 산	샘물
(7) 땅이여	영토
(8) 반석을	어린 양같이 뛰고
(9) 차돌로	도망

2. 다음 중 하나님에 해당되는 것에는 O표, 우상에 해당되는 것에는 △표 하시오.

(1) 인자하심과 진실하심 ( )　(2) 말지 못함 ( )
(3) 하늘에 계심 ( )　(4) 만지지 못함 ( )
(5) 원하는 모든 것을 행함 ( )　(6) 걷지 못함 ( )
(7) 은과 금 ( )　(8) 소리도 못 함 ( )
(9) 사람이 손으로 만든 것 ( )　(10) 도움과 방패 되심 ( )
(11) 말하지 못함 ( )　(12) 복의 근원 ( )
(13) 보지 못함 ( )　(14) 송축할 자 ( )
(15) 듣지 못함 ( )

3. 다음 중 서로 관계 있는 것을 찾아 (　　) 안에 번호를 써 넣으시오.

(1) 내 간구를 들으심으로　　(　) 모든 사람이 거짓말쟁이
(2) 그의 귀를 내게　　(　) 순진한 자를 지키심
(3) 여호와께서는　　(　) 성전 뜰에서 지키리로다
(4) 놀라서 이른 말　　(　) 저를 사랑
(5) 경건한 자들의 죽음　　(　) 귀중히 보심
(6) 내가 서원한 것을　　(　) 평생에 기도하리
(7) 모든 나라들아　　(　) 진실하심이 영원
(8) 여호와의 인자하심　　(　) 찬양

4. 다음 말씀들이 성경에 기록된 순서대로 (　　) 안에 번호를 써 넣으시오.

(　) 여호와께 감사하라
(　) 내가 여호와께 부르짖었더니
(　) 여호와께서 경책하셨어도 죽음에는 넘기지 아니하셨도다
(　) 이스라엘은 말하기를
(　) 여호와의 이름으로 그들을 끊으리로다
(　) 여호와를 경외하는 자는 말하기를
(　) 내가 주를 높이리이다
(　) 아론의 집은 말하기를
(　) 이제 형통하게 하소서
(　) 여호와의 오른손이 권능을
(　) 나를 미워하는 자들에게 보응하시는 것을
(　) 건축자가 버린 돌이 집 모퉁이의 머릿돌이

제25과
시편 : 119편 – 120편

1. 어떤 자가 복 있는 자가 됩니까?

(1) 여호와의 ( )을 따라 ( )하는 자

(2) 전심으로 ( )를 ( )하는 자

2. 청년이 무엇으로 그의 행실을 깨끗게 할 수 있다고 했습니까?

( )의 ( )만 ( ) 따름이니이다

3. 무엇을 볼 수 있도록 눈을 열어 달라고 했습니까?

( )의 ( )에서 ( ) 것을 보게

4. 왜 마음이 상합니까?

( )의 ( )들을 ( ) 사모하므로

5. 어떤 자들을 주께서 꾸짖으셨습니까?

답

6. 주의 증거는 나의 무엇과 무엇이 됩니까?

답

※ 다음 문제의 ( ) 안에 알맞은 말을 써 넣으시오. (7-10항)

7. 주께서 내( )을 넓히시면 내가 주의 ( )들의 길로 달려

가리이다.

8. 내가 주의 율법을 (   ) 지키리이다 (   )히 지키리이다.

9. 내 소유는 이것이니 곧 (   )의 (   )들을 지킨 것이니이다.

10. 주의 심판은 (   )로우시고 주께서 나를 괴롭게 하심은 (   ) 하심 때문이니이다.

11. 내 (   )이 주의 (   )을 바라기에 (   )하니이다.

12. 천지가 (   )의 (   )대로 오늘까지 있음은 만물이 주의 (   )이 된 까닭이니이다.

13. 왜 밤중에 일어나 감사합니까?

답

14. 천천 금은보다 좋은 것은 무엇입니까?

답

15. 원수보다 지혜롭게 하는 것은 무엇입니까?

답

16. 꿀보다 더 단 것은 무엇입니까?

답

17. 시인이 미워하는 것과 사랑하는 것이 무엇입니까?

답 미워하는 것:

사랑하는 것:

18. 순금보다 더 사랑하는 것은 무엇입니까?

답

19. 왜 입을 열고 헐떡였습니까?

답

20. 왜 눈물이 시냇물같이 흐릅니까?

답

21. 환난과 우환이 미쳐도 즐거움이 되는 것은 무엇입니까?

답

22. 왜 새벽녘에 눈을 떴습니까?

답

23. 시인이 어떤 자를 보고 슬퍼했습니까?

답

24. 주의 법을 사랑하는 자에게는 무엇이 있습니까?

답

25. 119편 105절을 외워 쓰시오.

26. 속이는 혀에게 줄 것이나 더할 것은 무엇입니까?

답

제26과
시편 : 121편 - 130편

1. 다음 각 편의 내용에 가장 적당한 제목을 골라 (   ) 안에 번호를 써 넣으시오.

(1) 121편 (   )

1) 내가 산을 향하여 눈을 들리라

2) 여호와는 졸지도 않는 분

3) 여호와께서 너를 지키신다

4) 여호와께서 너의 출입을 허락하신다

(2) 122편 (   )

1) 성전에 올라가는 기쁨

2) 예루살렘은 아름답다

3) 궁중이 형통함

4) 다윗의 집의 보좌

(3) 123편 (   )

1) 하나님을 바랍니다

2) 종의 눈이 그 상전의 손을 바랍니다

3) 여종의 눈이 그 여주인의 손을 바랍니다

4) 심한 멸시가 우리에게 넘치나이다

(4) 124편 (   )

1) 이스라엘의 말

2) 저희의 노가 맹렬함

3) 우리를 산 채로 삼킴

4) 여호와는 우리편

2. 다음 말씀의 짝이 되는 문구를 찾아 써 넣으시오.

(1) 산들이 예루살렘을 두름과 같이—

(2) 마음이 정직한 자들에게—

(3) 시온의 포로를 돌려 보내실 때에—

(4) 눈물을 흘리며 씨를 뿌리는 자는—

(5) 여호와께서 성을 지키지 아니하시면—

(6) 자식들은—

(7) 젊은 자의 자식은—

(8) 손이 수고한 대로—

(9) 네 집 안방에 있는 네 아내는—

(10) 식탁에 둘러앉은 자식들은—

(11) 여호와께서는 의로우사—

(12) 지붕의 풀과 같을지어다—

(13) 주께서 죄악을 지켜보실진대—

(14) 파수꾼이 아침을 기다림보다—

제27과
시편 : 131편 – 140편

1. 다음 말씀은 몇 편 몇 절에 기록되어 있습니까?

(1) 젖 뗀 아이 (　　)편 (　　)절

(2) 성막을 발견하기까지 (　　)편 (　　)절

(3) 주의 권능의 궤 (　　)편 (　　)절

(4) 주의 기름 부음 받은 자의 얼굴 (　　)편 (　　)절

(5) 다윗에게 뿔이 나게 할 것이라 (　　)편 (　　)절

(6) 왕관 (　　)편 (　　)절

(7) 형제가 연합하여 동거함이 (　　)편 (　　)절

(8) 아론의 수염 (　　)편 (　　)절

(9) 시온에서 네게 복을 주실지어다 (　　)편 (　　)절

2. 다음 중 하나님에 관한 말에는 O표, 우상에 관한 말에는 ×표 하시오.

(1) 선하시며 그 이름이 아름다우심 (　)

(2) 광대하시며 모든 신보다 높으심 (　)

(3) 바람을 곳간에서 내심 (　)

(4) 강한 왕들을 죽이심 (　)

(5) 백성을 판단하시며 그의 종들로 말미암아 위로를 받으심 (　)

(6) 은금과 사람의 손으로 만든 것 (　)

(7) 눈이 있어도 보지 못함 (　)

(8) 입에는 아무 호흡이 없음 (　)

(9) 귀가 있어도 듣지 못함 (　　)

(10) 찬송을 받으실 자 (　　)

3. 다음 중 어떤 분에게 감사하라고 했습니까?

(1) 모든 주에 뛰어나신 주 (　　)

(2) 큰 빛들을 지으신 이 (　　)

(3) 애굽의 장자를 치신 이 (　　)

(4) 홍해를 가르신 이 (　　)

(5) 땅을 기업으로 주신 이 (　　)

(6) 모든 육체에게 먹을 것을 주신 이 (　　)

4. 어떤 경우에 다음과 같이 된다고 했습니까?

(1) 오른손이 그의 재주를 잊는다:

(2) 혀가 입 천장에 붙는다:

5. 다음의 이유들을 설명하시오.

(1) 주의 이름에 감사하오리니:

(2) 세상의 모든 왕들이 주께 감사할 것은:

(3) 여호와의 도를 노래할 것은:

6. 다음 중 주께서 살펴보시고 아시는 것에 O표 하시오.

(1) 나의 모든 길과 내가 눕는 것 (　　)

(2) 나의 모든 행위 (　　)

(3) 내 형질이 이루어지기 전 (　　)

7. 다음은 어떤 자들입니까?

(1) 뱀같이 그 혀를 날카롭게 하는 자:

(2) 올무와 줄을 두는 자:

(3) 세상에서 굳게 서지 못하는 자:

제28과

시편 : 141편 – 150편

1. 다음 중 서로 관계 있는 것을 찾아 줄로 연결하시오.

(1)	나의 기도가	입술의 문을 지키소서
(2)	나의 손 드는 것이	나만은 온전히 면하게
(3)	파수꾼을	주께서 내 길을 아심
(4)	악인은 자기 그물에	분향함과 같이
(5)	내 영이 내 속에서 상할 때	의로운 인생이 하나도
(6)	내가 주께 부르짖어	저녁 제사같이
(7)	내 영혼을 옥에서	마른 땅같이 주를 사모
(8)	주의 눈앞에는	주는 나의 피난처
(9)	주의 손이 행하는 일을 생각	두려워하나이다
(10)	얼굴을 숨기지 마소서	주의 이름을 감사하게

2. 여호와를 자기 하나님으로 삼는 백성은 어떠한 복이 있다고 했습니까?

(1) 아들들:

(2) 딸들:

(3) 곳간:

(4) 양:

(5) 수소:

(6) 거리:

3. 여호와께서는 모든 자에게 어떻게 한다고 했습니까?

(1)

(2)

(3)

(4)

(5)

(6)

4. 다음 중 맞는 것에는 O표, 틀린 것에는 ×표 하시오.

(1) 귀인들을 의지하지 말고 인생을 의지해야 한다. ( )

(2) 하나님에게 소망을 두는 자는 복이 있다. ( )

(3) 여호와는 천지와 바다와 그 중의 만물을 지으셨다. ( )

(4) 여호와는 고아와 과부를 붙드심같이 악인의 길도 인도하신다. ( )

(5) 여호와는 상심한 자들을 고치시며 상처를 싸매 주신다. ( )

(6) 하나님은 들짐승과 우는 까마귀 새끼에게는 먹을 것을 주시지 않는다. ( )

(7) 여호와는 그 인자하심을 바라는 자들을 기뻐하신다. ( )

(8) 여호와는 우박을 떡 부스러기같이 뿌리신다. ( )

5. 148-150편 중에 "할렐루야"라는 말이 몇 번 나오며 그 뜻은 무엇입니까?

(1) ( ) 번

(2) 뜻:

6. 148-150편에 "찬양"이란 말은 모두 몇 번 나옵니까?

답 ( ) 번

7. 150편에 나오는 악기의 이름을 모두 써 보시오.

답

잠언 개요

1. 명칭: 이 책의 명칭 잠언은 첫 장 첫 절 "다윗의 아들, 이스라엘 왕 솔로몬의 잠언"(1:1)의 "솔로몬의 잠언"을 따랐다. 잠언이란 말은 히브리어로 'aktif' 인데 '~에서 왔다' 또는 '~을 대변한다' 라는 뜻을 가지고 있다. 잠언은 본래 진리를 가르치려고 비교법을 써서 그 의미를 분명히 하려고 하는 데서 그 적합성을 찾는다. 잠언은 기본적으로 영적, 도덕적, 사회적 영역에서 반드시 취해야 할 행동과 인격들에 대한 간결한 격언들의 모음집이다.

2. 저자 및 연대: 대부분의 잠언은 다윗의 아들 솔로몬의 작품이다. 30장은 야게의 아들 아굴의 잠언이며, 31장은 르무엘 왕의 잠언이라 하나 이 사람은 어떠한 사람들인지 알 길이 없다. 22장 17절부터 24장 34절까지는 지혜자의 잠언이라고만 되어 있다. 25-29장은 솔로몬이 썼으나 200년 후 히스기야 왕이 지명한 위원들이 편집한 것으로 보고 있다. 솔로몬은 하나님께 지혜를 받은 자요(왕상 3:12; 4:29), 3,000개의 잠언과 1,005개의 노래를 지었다고 성경은 이야기하고 있다.

대부분의 잠언은 솔로몬이 쓴 것이며(B.C. 950년에서 900년 사이), 히스기야 왕의 잠언 수집은 대략 B.C. 700년경이다. 흥미 있는 사실은, 왕국이 부강할 때에는 왕이 시편과 잠언들을 기록하였으며, 쇠퇴할 때에는 선지자들이 기록하였다는 것이다.

3. 구조: 잠언은 31장으로 구성되었다. 1-10장은 특히 젊은이들에게 주는 권면으로, 의인화한 금언들이 많이 포함되어 있다. 11-21장은 모든 사람에게 주는 금언들로서 한 절로 된 잠언이 대부분이며, 깊은 통찰을 가지고 잠언들을 이야기하고 있다. 22-31장은 특히 왕들과 통치자들에게 주는 교훈이 많으며, 권면과 징계, 비교에 의한 권면들, 일반적인 잠언들이다.

4. 잠언에 나타난 하나님의 진리:

1) 잠언은 구체적인 삶의 정황 가운데서 일어나는 인간 관계와 하나님과의 관계 가운데서 산출된 지혜요 하나님의 말씀이다. 잠언은 우리가 구체적으로 어떻게 사는 것이 하나님이 원하는 삶인지를 보여 주는 말씀들로 가득하다.

2) 잠언은 죄인들이 하나님을 찾아가는 길을 보여 주는 책이 아니라 이미 구원을 받고 하나님을 따라 살고자 하는 사람들에게 이 세상에서 어떻게 하나님과 동행하며 살아갈 것인지를 보여 주는 책이다. 그래서 잠언은 생각하며 행동하는 바른 생활에 깊이 관심을 가져 교훈과 권면을 주고 있다.

3) 잠언의 목적은 지혜와 훈계를 알게 하며, 지혜롭게, 의롭게, 공평하게, 정직하게 행할 일에 대하여 훈계를 받게 하며, 어리석은 자를 슬기롭게 하며, 젊은 이들에게 지식과 근신을 주기 위한 것이다. 이 지혜는 머리로써 이해하는 인간 이성의 판단이 아니라 하나님께서 성령님을 통하여 우리를 깨우치시는 선과 악에 대한 분명한 깨달음이다.

4) 잠언은 하나님께서 우리의 일상 생활의 지극히 작은 일들까지

관심을 가지고 있음을 보여 주며, 일생 생활 하나하나가 우리 주님의 눈을 피할 수 없음을 보여 주고 있다. 우리의 하나님은 우리의 일상을 돌보시며 중요시하시는 하나님이다.

제1과

잠언 : 1장 – 3장

1. 다음 중 잠언을 기록한 사람은 누구입니까?

(1) 다윗 ( ) (2) 아브라함 ( )

(3) 솔로몬 ( ) (4) 사무엘 ( )

2. 다음 중 잠언을 기록한 목적으로 합당한 것에는 O표, 그 외에는 ×표 하시오.

(1) 지혜와 훈계를 알게 하려 함 ( )

(2) 명철의 말씀을 깨닫게 하려 함 ( )

(3) 지혜롭게, 공의롭게, 정의롭게, 정직하게 행할 일에 대하여 훈계를 받게 하려 함 ( )

(4) 어리석은 자를 더욱 어리석게 하려 함( )

(5) 젊은 자에게 지식과 근신함을 주려 함 ( )

3. 다음 중에 "지식의 근본되는 것"은 무엇입니까?

(1) 철학을 연구하는 것 ( )

(2) 여호와를 경외하는 것 ( )

(3) 성경을 배우는 것 ( )

(4) 지식을 많이 쌓는 것 ( )

4. 무엇이 "머리의 아름다운 관이요 목의 금 사슬"이라고 했습니까?

(1) 아비의 훈계를 들으며 어미의 법을 떠나지 않는 것 ( )

(2) 나라에 공을 세워 존귀를 받는 것 (　　)

(3) 이웃을 많이 도와주고 사랑으로 돌보는 것 (　　)

5. 여호와를 경외하지 않고 교훈과 책망을 받지 않는 자들은 어떻게 된다고 했습니까?

(1) 두려움이 광풍같이, 재앙이 폭풍같이 이른다. (　　)

(2) 근심과 슬픔이 임한다. (　　)

(3) 즐거움과 형통함이 임한다. (　　)

6. 어떻게 하는 자가 하나님을 경외하고 깨닫게 됩니까?

(1) 지식을 불러 구하는 자 (　　)

(2) 명철을 얻으려고 소리 높이는 자 (　　)

(3) 음악을 들으려고 귀를 기울이는 자 (　　)

(4) 은을 구하고 감추어진 보배를 찾는 것 같이 하는 자 (　　)

7. 2장에 "그에게로 가는 자는 돌아오지 못한다" 했는데 여기서 "그"는 누구를 말합니까?

(1) 음녀, 이방 계집 (　　)　　(2) 현숙한 여인 (　　)

(3) 솔로몬 (　　)　　(4) 선한 자 (　　)

8. 다음 글을 읽고 관계 있는 말을 보기에서 찾아 (　　) 안에 번호를 써 넣으시오.

보기 : (1) 여호와를 신뢰하고 네 명철을 의지하지 말고 범사에 그를 인정하면

(2) 지혜와 명철을 얻음

(3) 주의 법을 잊어버리지 말고 마음으로 그 명령을 지키면

(4) 다시 오라 내일 주겠노라 하지 말며 그를 해하려고 꾀하지 말라

⑸ 인자와 진리가 떠나지 말게 하고 그것을 네 목에 매며 마음판에 새기면

⑹ 스스로 지혜롭게 여기지 말고 여호와를 경외하며 악을 떠나면

⑺ 네 재물과 소산물의 처음 익은 열매로 여호와를 공경하면

⑻ 완전한 지혜와 근신을 지키고 이것들이 네 눈 앞에서 떠나지 말게 하면

(1) 평강, 장수의 비결 (　　)

(2) 하나님과 사람 앞에서 은총과 귀중히 여김을 받는 비결 (　　)

(3) 내 길을 하나님께 지도받는 비결 (　　)

(4) 윤택하고 건강해지는 최선의 양식 (　　)

(5) 창고를 가득히 채우는 비결 (　　)

(6) 오른손에는 장수, 왼손에는 부귀를 누리는 비결 (　　)

(7) 단잠을 자는 비결 (　　)

(8) 이웃에게 선을 아끼지 않고 베푸는 비결 (　　)

제2과

잠언 : 4장 – 6장

1. 다음 중 서로 관계 있는 것을 찾아 줄로 이으시오.

(1) 유약한 외아들	지혜
(2) 버리지 말라	지키리라
(3) 사랑하라	저자(솔로몬)
(4) 제일 되는 것	영화롭게 하리라
(5) 높이라	보호하리라
(6) 품으면	높이 들리라

2. 다음 말씀의 답을 아래 보기에서 찾아 써 넣으시오.

보기 : 악인의 길　불의의 떡을 먹으며 강포의 술을 마심　훈계
부모의 말에 주의하며 말하는 것에 귀를 기울임
의인의 길(한낮의 광명)　부모의 말을 듣고 받으면

(1) 생명의 해가 길게 되는 길:
(2) 놓치지 말고 지켜야 하는 것:
(3) 악행하지 않으면 자지 못하는 자들의 길:
(4) 돋는 햇살 같은 길:
(5) 걸려 넘어져도 깨닫지 못하는 길:
(6) 귀와 눈과 마음속에 지켜야 할 것:

3. 다음의 말씀들은 음녀에 대한 경고입니다. 맞는 것에 O표 하시오.

(1) 달고 미끄럽다. ( )

(2) 나중에 칼날같이 날카롭게 된다. ( )

(3) 평탄하고 든든한 길임을 깨닫게 된다. ( )

(4) 그 집 문에도 가지 말아야 한다. ( )

(5) 존영과 수한을 잃게 된다. ( )

(6) 후회하게 될 것이다. ( )

(7) 젊어서 취한 아내를 즐거워하라 ( )

(8) 사람의 길은 여호와의 눈앞에 있다. ( )

4. 다음을 설명하시오.

(1) 담보하거나 보증 서는 일을 이미 저질렀을 때 어떻게 하라고 했습니까?

(2) 게으른 자는 개미에게서 어떻게 지혜를 얻으라고 했습니까?

(3) 강도와 군사 같이 이르는 무서운 것이 무엇입니까?

(4) 여호와께서 미워하시는 것 7가지는 무엇입니까?

1) 2)

3) 4)

5) 6)

7)

(5) 어떤 경우 7배를 갚게 됩니까?

(6) 어떤 보상으로도 선물로도 용서받지 못할 것은 무엇입니까?

제3과

잠언 : 7장 – 9장

1. 다음 음녀에 관한 아버지의 교훈을 쓰시오.

(1) 음녀와 이방 여인에게 빠지지 않는 길은 무엇입니까?

(2) 어리석은 자를 꾀는 음녀는 어떻게 행동한다고 했습니까?

(3) 이 음녀가 꾀는 말의 내용을 요약해서 써 보시오.

(4) 음녀를 따라가는 소년의 형편은 마치 무엇과 같습니까?

2. 8장에 계속 나오는 "나"(내)는 누구를 가리키는 말입니까?

(1) 저자(솔로몬) (　)　　(2) 아들을 훈계하는 아버지 (　)

(3) 지혜 (　)　　(4) 하나님 (　)

3. 다음에 해당되는 자는 누구입니까?

(1) 그의 집을 짓고 일곱 기둥을 다듬고 짐승을 잡으며 포도주를 혼합하여 상을 갖추고 어리석은 자를 부르는 이:

(2) 징계를 받고 도리어 징계한 이를 능욕하는 자:

(3) 책망을 받고 도리어 책망한 이의 흠을 잡는 자:

(4) 책망을 받고 그 책망해 주는 이를 사랑하는 자:

(5) 교훈을 더하면 더욱 지혜로워지는 자:

(6) 가르칠수록 학식이 더하는 자:

(7) 홀로 해를 당할 사람:

(8) 도적질한 물이 달고 몰래 먹는 떡이 맛이 있다고 꼬이는 자:

4. 9장 10절을 가능한 한 외워서 써 보시오.

제4과
잠언 : 10장 – 12장

1. 다음과 관계 있는 말을 보기에서 찾아 (　　) 안에 써 넣으시오.

보기 : 손을 게으르게 놀리는 자　여름에 거두는 자
미련한 아들　악인의 입　추수 때에 자는 자
불의의 재물　의인의 입　부자의 재물
바른길로 행하는 자　악인의 소득　악인의 이름
훈계를 지키는 자　여호와께서 복을 주심으로 부하게 된 자
악인　미련한 자　사랑　명철한 자
여호와의 도　말이 많은 자

(1) 어미의 근심이 되는 아들 (　　　　　　)
(2) 무익한 재물 (　　　　　　)
(3) 가난하게 되는 손 (　　　　　　)
(4) 지혜로운 아들 (　　　　　　)
(5) 부끄러움을 끼치는 아들 (　　　　　　)
(6) 독을 머금은 입 (　　　　　　)
(7) 썩는 이름 (　　　　　　)
(8) 걸음이 평안할 자 (　　　　　　)
(9) 생명의 샘 (　　　　　　)
(10) 모든 허물을 가리는 것 (　　　　　　)
(11) 견고한 성이 되는 것 (　　　　　　)
(12) 죄에 이르는 소득 (　　　　　　)

(13) 생명길로 행하는 자 (   )

(14) 중상하는 자 (   )

(15) 허물을 면하기 어려운 자 (   )

(16) 근심을 겸하여 주지 않는 부 (   )

(17) 지혜로 낙을 삼는 자 (   )

(18) 회오리바람에 없어질 사람 (   )

(19) 정직한 자에게는 산성, 행악자에게는 멸망이 되는 도 (   )

2. 다음 중 의인에 관한 말에는 (의인), 악인에 관한 말에는 (악인)이라 쓰시오.

(1) 죽을 때에 그 소망이 끊어지는 자 (   )

(2) 환난에서 구원을 얻음 (   )

(3) 형통하면 성읍이 즐거워함 (   )

(4) 허무한 삯 (   )

(5) 피차 손을 잡을지라도 벌을 면치 못함 (   )

(6) 진노의 소망을 이룸 (   )

(7) 푸른 잎사귀같이 번성함 (   )

(8) 뿌리가 움직이지 아니함 (   )

(9) 사람을 엿보아 피를 흘리자 함 (   )

(10) 그 집이 서 있음 (   )

(11) 가축의 생명을 돌봄 (   )

(12) 불의의 이익을 탐함 (   )

(13) 입술의 허물로 말미암아 그물에 걸림 (   )

(14) 어떤 재앙도 임하지 않음 (   )

(15) 그 이웃의 인도자가 됨 (   )

(16) 자신을 미혹하게 함 (   )

제5과
잠언 : 13장 – 15장

1. 다음과 관계 있는 말을 보기에서 찾아 ( ) 안에 써 넣으시오.

보기 : 패망 슬기로운 자 집을 세움 거만한 자 풍족함 소가 없음
훈계를 들음 아무것도 없는 자 멸망 자식을 미워함
사망의 그물에서 벗어나게 생명나무 양약 다툼만

(1) 지혜로운 아들 ( )
(2) 입술을 크게 벌리는 자 ( )
(3) 부지런한 자의 마음 ( )
(4)부한 체 ( )
(5) 교만 ( )
(6) 소원이 이루어지는 것 ( )
(7) 말씀을 멸시하는 자 ( )
(8) 지혜 있는 자의 교훈 ( )
(9) 충성된 사신 ( )
(10) 매를 아끼는 자 ( )
(11) 지혜로운 여인 ( )
(12) 깨끗한 구유 ( )
(13) 지혜를 구하여도 얻지 못할 자 ( )
(14) 자기의 길을 알 수 있는 지혜 ( )

2. 다음 물음에 간단히 답하시오.

(1) 온갖 말을 믿는 자는 어떠한 자입니까?

(2) 노하기를 속히 하는 자는 어떤 일을 행합니까?

(3) 의인의 문에 엎드리는 자는 어떠한 자입니까?

(4) 어떤 자가 복 있는 자입니까?

(5) 궁핍을 이루는 수고는 무엇입니까?

(6) 어리석음을 나타내는 자는 어떤 자입니까?

(7) 뼈를 썩게 하는 것은 무엇입니까?

(8) 왕의 은총을 입는 신하는 어떻게 행하는 자입니까?

(9) 분노를 쉬게 하는 것은 무엇입니까?

(10) 얼굴을 빛나게 하는 것은 무엇입니까?

(11) 부하고 번뇌하는 것보다 나은 것은 무엇입니까?

(12) 살진 소를 먹으며 서로 미워함보다 나은 것은 무엇입니까?

(13) 가시 울타리 같은 길은 어떤 자의 길입니까?

(14) 어미를 업신여기는 자는 어떤 자입니까?

(15) 여호와께서 허는 집은 어떤 자의 집입니까?

(16) 자기의 영혼을 경히 여기는 자는 어떤 자입니까?

제6과

잠언 : 16장 – 18장

1. 다음 말씀 중 서로 관계 있는 것을 찾아 줄로 연결하시오.

(1)	마음의 경영은 사람에	경영하는 것이 이루어지리라
(2)	행사를 여호와께 맡기라	악인도 악한 날에 적당하게
(3)	쓰임에 적당하게 지으셨나니	여호와의 것
(4)	교만한 자	응답은 여호와께
(5)	여호와를 경외함	원수라도 화목하게 됨
(6)	여호와를 기쁘시게 하면	여호와께서 미워하심
(7)	공평한 저울과 접시 저울	악에서 떠남

2. 다음 두 가지 중 더 나은 것이라 생각되는 것에 밑줄을 그어 표하시오.

(1) 지혜를 얻는 것과 금을 얻는 것

(2) 공의를 겸한 적은 소득과 불의를 겸한 많은 소득

(3) 은을 얻는 것과 명철을 얻는 것

(4) 교만한 자와 함께 탈취물을 나누는 것과 겸손한 자와 함께 마음을 낮추는 것

(5) 제육이 가득하고 다투는 것과 떡 한 조각의 화목

3. 백발이 의미하는 것은 무엇입니까?

[답]

4. 나 자신의 성격에 화(노)를 자주 내게 되고 마음을 걷잡을 수 없다

고 생각될 때 잠언 16장 몇 절 말씀으로 교훈을 삼을 수 있습니까? 가능한 한 외워서 써 보시오.

답

5. 인간의 모든 일을 성취시키는 분은 누구입니까?

답

6. 다음 말씀은 몇 장 몇 절에 기록되어 있습니까?

(1) 부끄러운 짓을 하는 주인의 아들 (　　)장 (　　)절

(2) 여호와는 마음을 연단하시느니라 (　　)장 (　　)절

(3) 가난한 자를 조롱하는 자......재앙을 기뻐하는 자 (　　)장 (　　)절

(4) 뇌물은 형통하게 한다. (　　)장 (　　)절

(5) 암콤을 만나는 것이 미련한 자를 만나는 것다 낫다. (　　)장 (　　)절

(6) 혀가 패역한 자는 재앙에 빠진다. (　　)장 (　　)절

(7) 미련한 자의 아비는 낙이 없다. (　　)장 (　　)절

(8) 미련한 자라도 잠잠하면 슬기로운 자로 여긴다. (　　)장 (　　)절

(9) 미련한 자는 자기의 의사만 기뻐한다. (　　)장 (　　)절

(10) 지혜의 샘은 솟구쳐 흐르는 내와 같다. (　　)장 (　　)절

(11) 별식과 같은 남의 말 (　　)장 (　　)절

(12) 교만은 멸망, 겸손은 존귀의 길잡이 (　　)장 (　　)절

(13) 노엽게 한 형제와 화목하기가 어렵다. (　　)장 (　　)절

(14) 죽고 사는 것이 혀에 달렸다. (　　)장 (　　)절

(15) 아내를 얻는 자는 복과 은총을 받는 자다. (　　)장 (　　)절

제7과

잠언 : 19장 – 21장

1. 다음 중 맞는 것에는 O표, 틀린 것에는 ×표 하시오.

(1) 자기가 미련하게 길을 굽게 하고는 하나님을 원망한다. (   )

(2) 가난한 자는 형제들에게는 사랑을, 친구들에게는 존중함을 받는다. (   )

(3) 슬기로운 아내는 여호와께로서 말미암는다. (   )

(4) 가난한 자를 불쌍히 여기는 것은 여호와께 꾸어 드리는 것이므로 여호와께서 갚아 주신다. (   )

(5) 우리가 권고와 훈계를 받으면 지혜롭게 된다. (   )

(6) 가난한 자는 거짓말하는 자만도 못하다. (   )

(7) 명철한 자를 견책하면 그가 지식을 얻는다. (   )

(8) 포도주와 독주는 마음을 즐겁게 한다. (   )

(9) 왕을 노하게 하는 것은 자기의 생명을 해하는 것이나 같다. (   )

(10) 의인의 후손에게 복이 있다. (   )

(11) 여호와께서 미워하시는 것은 한결같지 않은 저울추와 한결같지 않은 되다. (   )

(12) 금이나 진주보다 귀한 것은 지혜로운 입술이다. (   )

(13) 자기가 자기의 길을 알 수 있다. (   )

(14) 백발은 노인의 저주다. (   )

2. 다음 문장의 (   ) 안에서 옳은 것을 찾아 O표 하시오.

(1) 왕의 마음은 (왕 스스로, 여호와의 인도로) 움직인다.

(2) 여호와께서 기쁘게 여기시는 것은 (제사드리는 것, 공의와 정의를 행하는 것)이다.

(3) 죄를 크게 범한 자의 길은 (구부러짐, 곧음)이라

(4) (움막에서 혼자 사는 것이, 다투는 여인과 함께 큰 집에 사는 것이) 낫다.

(5) 가난한 자의 부르짖는 소리를 듣지 않으면 자기가 부르짖을 때도 들을 자가 (있다, 없다)

(6) 정의를 행하는 것이 의인에게는 (패망, 즐거움)이다.

(7) 연락을 좋아하는 자는 (부, 가난)하게 된다.

(8) 공의와 인자를 따라 구하는 자는 (생명과 공의와 영광, 사망과 저주와 멸망)을 얻는다.

(9) 악인의 제물은 (거룩, 가증)하다.

(10) 정직한 자는 그 행위를 (삼가, 굳게) 한다.

(11) 싸움의 이김은 (마병, 여호와)에 있다.

제8과

잠언 : 22장 - 24장

1. 다음 (　　) 안에 적당한 말을 찾아 써 넣으시오.

(1) 많은 (　　　　)보다 명예를, 은이나 (　　　)보다 (　　　　)을 더욱 택할 것이니라

(2) 겸손과 여호와를 경외함의 보상은 (　　　)과 (　　　)과 (　　　)

(3) 거만한 자를 쫓아내면 (　　　)이 쉬고 (　　　)과 (　　　)이 그치느니라

(4) 정결을 사모하는 자, 임금이 그의 (　　　)가 되느니라

(5) 음녀의 (　　　)은 깊은 (　　　)이라

(6) 네게 여호와를 (　　　)하게 하려하여 오늘 특별히 네게 알게 하였노니

(7) 약한 자를 (　　　)하지 말며 곤고한 자를 (　　　)하지 말라

(8) 자기의 일에 능숙한 사람......이러한 사람은 (　　　) 앞에 설 것이요

(9) 부자 되기에 애쓰지 말고 네 사사로운 (　　　)를 버릴지어다

(10) 옛 지계석을 (　　　)기지 말며 고아들의 (　　　)을 침범하지 말지어다

(11) 아이를 훈계하려 채찍으로 때릴지라도 (　　)지 않는다.

(12) 죄인의 (　　　)을 부러워 말고 항상 (　　　　)를 경외하라

2. 다음과 관계 있는 말을 보기에서 찾아 (　　) 안에 써 넣으시오.

보기 : 의인　꺼질 것　악인의 형통함　모사가 많음에
달고 좋으니라　지혜, 지식 있는 자　미약함을 보이는 것
소망이 끊어지지 않음　빈궁이 강도같이　사귀지 말 것
악인더러 옳다 하는 자　재판 때에 낯을 보아 주는 것

(1) 부러워하지 말 것 (   )

(2) 강하고 힘을 더하는 자 (   )

(3) 승리는 (   )

(4) 환난 날에 낙담하면 (   )

(5) 꿀, 송이 꿀을 먹으라 (   )

(6) 지혜, 이것을 얻으면 (   )

(7) 일곱 번 넘어질지라도 다시 일어나는 사람 (   )

(8) 악인의 등불 (   )

(9) 반역자와 더불어 (   )

(10) 옳지 못한 것 (   )

(11) 저주받을 것 (   )

(12) 좀 더 자자, 좀 더 졸자 (   )

3. 다음 중 서로 관계 있는 것을 찾아 줄로 연결하시오.

(1)	술을 즐기고 고기를 탐하는 자들과	가난해짐
(2)	술 취하고 음식을 탐하는 자	어미를 기쁘게 하라
(3)	네 부모를 즐겁게 하며	너는 보지도 말라
(4)	재앙, 근심, 분쟁, 원망, 상처, 붉은 눈	사귀지 말라
(5)	붉고 번쩍이며 순하게 내려가나니	뱀, 독사같이 물고 쏠 것
(6)	그것이	감각이 없도다
(7)	나를 때려도 아프지 아니하고	술에 잠긴 자에게 있고

제9과
잠언 : 25장 – 27장

1. 다음 중 서로 관계 있는 것을 찾아 줄로 연결하시오.

(1) 미련한 자의 입의 잠언	게으른 자의 침상
(2) 미련한 자를 고용	일곱 가지 가증한 것
(3) 토한 것을 도로 먹는 개	술 취한 자가 손에 든 가시나무
(4) 돌쩌귀	미련을 거듭 행함
(5) 상관없는 다툼	지나가는 자를 고용
(6) 별식	개의 귀를 잡는 자
(7) 원수의 말	남의 말

2. 다음 물음에 간단히 답하시오.

(1) 잠언의 저자와 편집자

1) 저자:

2) 편집자:

(2) 왕위가 견고히 서는 길:

(3) 이웃과 다툴 때에 조심할 것과 그 이유

1) 조심할 것:

2) 그 이유:

(4) 얼음 냉수와 같이 시원하게 하는 것:

(5) 뼈를 꺾는 것:

(6) 원수를 대하는 법:

(7) 여름에 눈 오는 것과 추수 때 비오는 것이 무엇과 같다 했습니까?

(8) 다음 것들에 해당되는 것은?

1) 말:

2) 나귀:

3) 미련한 자의 등:

3. 다음 글을 읽고 관계 있는 말을 보기에서 찾아 (   ) 안에 써 넣으시오.

보기 : 친구의 권고 만족함이 없다 저주같이 여기다

하루 일을 모름 넉넉한 음식 미련한 자의 분노

미련은 벗기지 못함

(1) 내일 일을 자랑하지 말라 (   )

(2) 돌보다 무거움 (   )

(3) 기름과 향 (   )

(4) 이른 아침의 큰 축복 (   )

(5) 사람의 눈 (   )

(6) 절구로 찧어도 (   )

(7) 염소 젖 (   )

제10과

잠언 : 28장 – 31장

1. 다음 중 서로 관계 있는 것을 찾아 줄로 연결하시오.

(1)	사자같이 담대한 사람	귀 막고 율법을 듣지 않는 기도
(2)	곡식을 남기지 않는 폭우	음식을 탐하는 자와 사귀는 자
(3)	굽게 행하는 부자보다 나은 자	의인
(4)	아비를 욕되게 하는 자	성실하게 행하는 가난한 자
(5)	가증한 기도	가난한 자를 학대하는 가난한 자
(6)	불쌍히 여김을 받을 자	탐욕을 미워하는 자
(7)	재앙에 빠질 자	속히 부하고자 하는 자
(8)	부르짖는 사자와 곰 같은 자	죄를 자복하고 버리는 자
(9)	장수할 자	마음을 완악하게 하는 자
(10)	형벌을 면하지 못할 자	가난한 백성을 압제하는 악한 관원
(11)	나중에 더 사랑을 받을 자	가난한 자를 구제하는 자
(12)	궁핍하지 않을 자	책망을 받고도 목이 곧은 자
(13)	갑자기 패망을 당할 자	뇌물을 억지로 내게 하는 자
(14)	나라를 멸망시키는 자	지혜로운 자와 미련한 자가 다투면
(15)	그침이 없는 다툼	사람을 경책하는 자
(16)	왕위가 견고하게 되는 길	정직한 자
(17)	백성이 방자히 행하는 이유	가난한 자를 성실히 신원하면
(18)	자식인 체할 자	묵시가 없으면
(19)	자기의 영혼을 미워할 자	종을 어렸을 때부터 곱게 양육하면
(20)	악인에게 미움을 받을 자	도둑과 짝하는 자

2. 아굴의 잠언 중에서 "죽기 전에 주시옵소서" 하고 구한 것 두 가지는 무엇과 무엇입니까?

(1)

(2)

3. 어떤 종류의 악한 무리들이 있다고 했습니까?

(1)

(2)

(3)

(4)

4. 족한 줄을 알지 못하는 것들이 무엇 무엇이라 했습니까?

(1) (2)

(3) (4)

5. 기이히 여기나 깨닫지 못하는 것들의 자취는 무엇입니까?

(1) (2)

(3) (4)

6. 세상을 진동시키며 견딜 수 없게 하는 것들은 무엇입니까?

(1) (2)

(3) (4)

7. 땅에 작고도 지혜로운 것은 무엇입니까?

(1) (2)

(3) (4)

8. 위풍 있게 다니는 것들은 무엇입니까?

(1) (2)

(3) (4)

9. 독주와 포도주는 누구에게 주라고 했습니까?

(1) 독주는 ( )에게

(2) 포도주는 ( )에게

10. 현숙한 여인을 얻은 값은 무엇보다 더하다고 했습니까?

답

전도서 개요

1. 명칭: 전도서의 명칭은 이 책의 첫 절 "다윗의 아들 예루살렘 왕 전도자의 말씀이라" 에서 유래한다. 히브리어로 전도자라는 말은 '고헬렛' ('모임을 부르는 자' 라는 뜻)인데 이것은 '카할' ('부른다' 라는 뜻)에서 나온 말이다. 헬라어 번역본(LXX)은 'ecclesiastes' 라고 명칭을 붙였는데 이 말은 '밖으로' 라는 뜻을 가진 전치사 'ek' 와 불러낸다는 뜻을 가진 'klesis' 라는 단어의 합성어다. '전도자' 는 '회중에게 말씀을 전하는 사람' 이라는 뜻인데 구약 시대에 전도자는 바로 회중에게 말하는 책임을 맡은 자, 즉 대변인이라고 할 수 있다. 전도자라는 말은 구약성경 가운데 전도서에만 발견된다.

2. 저자 및 연대: 저자의 이름은 성경에 기록되지 않았다. 다만 1장 1절에 저자는 자신을 다윗의 아들 예루살렘 왕이라고만 밝히고 있다. 그렇지만 여러 부분의 증거를 종합해 보면 예루살렘 왕은 솔로몬 왕을 지칭한다고 볼 수 있다. 전도서의 저자는 솔로몬과 같이 큰 지혜를 많이 얻은 자(잠 1:6)요, 큰 부자(잠 2:8)요, 건축 사업을 많이 한 자요, 잠언을 많이 모은 자다. 그래서 대부분의 사람들은 전도서의 저자를 솔로몬이라고 보고 있다. 솔로몬이 노년기에 자기의 인생의 모든 향락과 기쁨이 결국은 한갓 헛된 것이라는 것을 깨닫고 허무 속에서 하나님을 발견하여 전도서를 썼다고 생각하면 기록 연대는 B.C. 930년 전후가 될 것이다.

3. 구조: 전도서는 12장으로 구성되어 있다. 전도서는 네 개의 설교를 중심으로 1장 1절부터 11절까지의 서론과 12장 8절부터 14절의 결론을 달고 있다. 첫 번째 설교는 1장 12절부터 3장 15절, 두 번째 설교는 3장 16절부터 4장까지, 세 번째 설교는 5장 1절부터 8장 13절, 그리고 네 번째 설교는 8장 14절부터 12장 7절까지다. 각 설교는 헛되고 헛되다는 것에서부터 시작하여 하나님을 경외하는 것만 영원하다는 결론을 내리고 있다. 해 아래서 수고하는 모든 것은 헛된 것이나, 하나님이 행하시는 것은 영원하다는 것을 네 번의 설교에 나누어 전달하고 있다.

4. 전도서에 나타난 하나님의 진리:

1) 전도서는 세상의 모든 일을 하나님의 계시와 하나님을 믿는 신앙 가운데서 보는 관점과 그렇지 못한 자연인의 관점을 대조하여 하나님 없는 인간의 수고와 노력은 무엇이든지 헛되고 헛될 뿐임을 전하려고 한다.
2) 전도서는 물질적, 세상적인 목표를 찾아 동분서주하는 인생의 어리석음을 폭로하고 모든 선함과 기쁨과 안식의 근원 되시는 하나님을 경외하며 섬기는 것만이 영원함을 전달하고 있다.
3) 전도서는 열 가지 헛된 것을 우리에게 전달한다. 인간의 지혜, 인간의 수고, 인간의 목표, 인간의 경쟁, 인간의 탐욕, 인간의 명예, 인간의 재산 추구, 인간의 정욕, 인간의 해학과 재치, 인간이 얻는 보상 등은 모두 헛될 뿐이며, 하나님으로부터 오는 계시만을 영원히 바라야 한다는 것이다.

제1과
전도서 : 1장 – 3장

1. 다음 중 맞는 것에는 O표, 틀린 것에는 ×표 하시오.

(1) 전도서는 솔로몬이 기록했다. (　)

(2) 해 아래 모든 수고는 다 헛되다. (　)

(3) 한 세대는 가고 오되 땅은 영원히 있다. (　)

(4) 바람은 불던 곳으로 돌아간다. (　)

(5) 눈은 보아도 족함이 없고 귀는 들어도 가득 차지 않는다. (　)

(6) 새것은 없다. (　)

(7) 지혜를 써서 행하는 모든 일은 즐거운 것들이다. (　)

(8) 지혜와 지식을 더할수록 번뇌와 근심도 많아진다. (　)

2. 다음 중 "헛된 것"이라 생각되는 것에 (헛됨)이라 쓰시오.

(1) 시험삼아 낙을 누리는 것 (　　)

(2) 사업을 크게 함 (　　)

(3) 노비를 많이 둠 (　　)

(4) 처첩을 많이 둠 (　　)

(5) 우매자가 당한 것을 지혜자도 당하게 됨 (　　)

(6) 지혜자와 우매자의 죽음이 일반이다 (　　)

(7) 지혜, 지식, 재주를 써서 얻은 것 (　　)

(8) 죄인의 노고로 쌓은 것을 하나님이 기뻐하는 자에게 줌 (　　)

3. 다음 말씀의 짝이 되는 문구를 보기에서 찾아 써 넣으시오.

보기 : 웃을 때　세울 때　치료시킬 때　죽을 때　뽑을 때
꿰맬 때　미워할 때　평화할 때　춤출 때　잃을 때

(1) 날 때:　　(2) 심을 때:
(3) 죽일 때:　　(4) 헐 때:
(5) 울 때:　　(6) 슬퍼할 때:
(7) 찾을 때:　　(8) 찢을 때:
(9) 사랑할 때:　　(10) 전쟁할 때:

4. 다음 중 하나님이 주셨다고 생각되는 것에는 O표, 그렇지 않다고 생각되는 것에는 ×표 하시오.

(1) 인생들의 노고 (　)
(2) 때를 따라 아름답게 지은 것 (　)
(3) 영원을 사모하는 마음 (　)
(4) 하나님이 하시는 일의 시종을 측량할 수 있는 마음 (　)
(5) 먹고 마시고 수고의 낙을 누리는 것 (　)

5. 사람과 짐승의 같은 점과 다른 점이 무엇입니까?

(1) 같은 점:
(2) 다른 점:

제2과

전도서 : 4장 – 6장

1. 다음은 전도자가 학대받는 자를 보고 느낀 것입니다. 가장 복되다고 하는 순서대로 (　　) 안에 번호를 써 넣으시오.

(1) 죽은 지 오랜 자 (　　)

(2) 살아 있는 자 (　　)

(3) 출생하지 못하여 악을 보지 못한 자 (　　)

2. 다음을 읽으며 더 나은 것에 밑줄을 그어 표하시오.

(1) 한 손에만 가득하고 평온함, 두 손에 가득하고 수고하며 바람을 잡는 것

(2) 두 사람, 한 사람

(3) 가난하여도 지혜로운 젊은이, 경고를 받을 줄 모르는 왕

3. 4장에서 헛된 것을 다음 보기에서 찾아 쓰시오.

보기 : 모든 수고와 모든 재주
이웃에게 시기를 받는 것
부요를 눈에 족하게 여기지 아니하면서나를 위하여는 행복을 누리지 못하게 하는 것
두 사람이 함께 누우면 따뜻함
왕의 치리를 받는 모든 백성이 그를 기뻐하지 아니하는 것

(1)

(2)

(3)

4. 다음 두 가지 중에서 더 나은 것에 〈, 〉 표 하시오.

예 : 순종>제사(순종이 제사보다 낫다는 뜻)

(1) 우매한 자들이 제물 드리는 것　　말씀을 듣는 것

(2) 서원하고 갚지 않는 것　　서원하지 않는 것

5. 어느 도에서든지 이상히 여기지 말 것 두 가지를 쓰시오.

(1)

(2)

6. 다음 (　　) 안에 적당한 말을 찾아 써 넣으시오.

(1) 말이 많으면 (　　　　)한 자의 소리가 나타나느니라

(2) 은을 사랑하는 자는 (　　　)으로 만족하지 못하고 풍요를 사랑하는 자는 (　　　　)으로 만족하지 아니하나니

(3) 노동자는 (　　　)을 달게 자거니와 부자는 그 (　　　　　) 때문에 자지 못하느니라

(4) 사람이 하나님께서 그에게 주신바......모든 수고 중에서 낙을 보는 것이 선하고 (　　　　　)을 내가 보았나니 그것이 그의 (　　　　)이로다

(5) 제 몫을 받아 수고함으로 즐거워하게 하신 것은 하나님의 (　　　　)이라

(6) 사람의 수고는 다 자기의 (　　　)을 위함이나 그 (　　　　)은 채울 수 없느니라

(7) 자기보다 (　　　)한 자와는 능히 (　　　　) 수 없느니라

제3과

전도서 : 7장 – 9장

1. 다음 것들보다 더 나은 것이 무엇인지 그 짝을 찾아 연결하시오.

(1)	좋은 기름	슬픔
(2)	출생하는 날	초상집에 가는 것
(3)	잔칫집에 가는 것	참는 마음
(4)	웃음	좋은 이름
(5)	우매한 자들의 노래를 듣는 것	지혜로운 사람의 책망을 듣는 것
(6)	일의 시작	죽는 날
(7)	교만한 마음	일의 끝

2. 다음 문장에 가장 적당하다고 생각되는 제목을 (　　) 안에서 찾아 O표 하시오.

(1) 지혜자를 우매하게 하는 것 (철학, 교만, 탐욕, 폭행, 욕설)

(2) 사람의 명철을 망하게 하는 것 (뇌물, 사치, 낭비, 심술, 저주)

3. 사람이 일생을 사는 동안 다음과 같은 상황에 처할 때에 어떻게 해야 하는지 (　　) 안에서 맞는 것을 찾아 O표 하시오.

(1) 형통한 날에 (저축하라, 쉬어라, 슬퍼하라, 기뻐하라)

(2) 곤고한 날에 (울라, 되돌아보라, 부르라, 괴로워하라)

4. 다음 중 맞는 것에는 O표, 틀린 것에는 ×표 하시오.

(1) 자기의 의로움에도 불구하고 멸망하는 의인이 있고 자기의 악행에

도 불구하고 장수하는 악인이 있다. (   )

(2) 지혜가 지혜자를 성읍 가운데에 있는 열 명의 권력자들보다 더 능력이 있게 한다. (   )

(3) 선을 행하고 죄를 범하지 아니하는 의인은 세상에 없다. (   )

(4) 마음은 올무와 그물 같고 손은 포승 같은 여인은 사망보다 쓴 자다. (   )

(5) 천 사람 가운데서 한 사람을 얻지 못했거니와 천 여자 중에서는 열을 얻었다. (   )

(6) 사람의 지혜는 그의 얼굴에 광채가 나게 한다. (   )

(7) 명령을 지키는 자는 불행을 알지 못한다. (   )

(8) 악한 일에 관한 징벌이 속히 실행되지 아니하므로 인생들이 악을 행하는 데에 담대하다. (   )

(9) 악인들의 행위에 따라 벌을 받는 의인들도 있고 의인들의 행위에 따라 상을 받는 악인들도 있다. (   )

(10) 하나님의 모든 행사를 살펴보니 해 아래에서 행해지는 일을 사람이 능히 알아낼 수 있다. (   )

(11) 인생의 마음에는 악이 가득하여 그들의 평생에 미친 마음을 품고 있다가 후에는 죽은 자들에게로 돌아간다. (   )

(12) 산 개가 죽은 사자보다 낫다. (   )

(13) 사랑하는 아내와 함께 즐겁게 사는 것은 수고하고 얻은 몫이다. (   )

(14) 스올에는 일도 없고 계획도 없고 지식도, 지혜도 없다. (   )

(15) 지혜가 병기(무기)보다 낫다. 그러나 죄인 한 사람이 많은 선을 무너지게 한다. (   )

제4과

전도서 : 10장 – 12장

1. 다음 중 서로 관계 있는 것을 찾아 줄로 연결하시오.

(1) 죽은 파리　　　오른쪽에

(2) 적은 우매　　　지혜와 존귀를 난처하게

(3) 지혜자의 마음　　　향 기름을 악취 나게

(4) 우매자의 마음　　　큰 허물을 용서받게

(5) 우매자　　　왼쪽

(6) 공손　　　자기가 우매함을 말함

2. 재난, 곧 주권자에게서 나는 허물이 무엇입니까?

(1)

(2)

3. 다음 사람들은 각각 어떻게 된다고 했습니까?

(1) 함정을 파는 자:

(2) 담을 허는 자:

(3) 돌들을 떠내는 자:

(4) 나무들을 쪼개는 자:

(5) 지혜자의 말:

(6) 우매자의 입술:

(7) 우매한 자들의 수고:

(8) 대신들이 아침부터 잔치하는 나라:

(9) 기력을 보하려고 정한 때에 먹는 나라:

(10) 게으른즉:

(11) 손을 놓은즉:

(12) 돈:

4. 어떠한 사람을 심중이나 침실에서라도 저주하지 말아야 합니까?

답

5. 다음과 같은 상태 후에는 어떤 일이 일어납니까?

(1) 구름에 비가 가득하면:

(2) 나무가 바람에 쓰러지면:

(3) 태에서 뼈가 어떻게 자라는지를 알지 못함같이 우리가 알지 못하는 것:

(4) 실로 아름다운 것은:

(5) 즐거운 일은:

6. 다음은 청년에게 주는 교훈입니다. 맞는 것에는 O표, 틀린 것에는 ×표 하시오.

(1) 어린 때와 청년의 날에 무슨 일이나 할 수 있으나 하나님은 이 모든 일에 심판을 하신다. ( )

(2) 어린 때와 청년의 때는 헛되지 않다. ( )

(3) 창조주는 곤고한 날에 기억함이 좋다. ( )

(4) 메뚜기도 짐이 된다는 말은 사람이 늙으면 힘이 없어진다는 뜻이다. ( )

7. 다음 ( ) 안에 적당한 말을 찾아 써 넣으시오.

(1) 전도자가 지혜로 백성에게 (　　　　)을 가르쳤고 전도자가 기록한 것은 (　　　　)하여 (　　　　)의 말씀이다.

(2) 한 목자가 주신바 지혜자들의 말씀들은 찌르는 (　　　　) 같고 스승들의 말씀들은 잘 박힌 (　　　　) 같다.

(3) 많은 (　　)을 짓는 것은 끝이 없고 많이 공부하는 것은 몸을 (　　　　) 하게 한다.

8. 사람의 본분이 무엇입니까?

답

아가 개요

1. 명칭: 아가서 첫 장 첫 줄 “노래 중의 노래”(the Song of songs)에서 히브리어 표제가 비롯되었고 첫 절의 “솔로몬의 노래”(the Song of Solomon)라는 구절은 영어 명칭이 되었다. 열왕기상 4장 32절에 보면 솔로몬이 1,005개의 노래를 지었다고 기록되어 있는데, 아가서는 그 중에서도 가장 중요하며 제일 좋은 노래다. 그러나 실제로는 아가서가 여러 개의 노래를 연결한 노래집이라고 볼 수 있다.

2. 저자 및 연대: 유대 전통에 따르면 아가서를 솔로몬이 지었다고 본다. 이 책의 내용을 읽어 보면 쉽게 그것을 알 수 있다. 1장 1절, 5절, 3장 7-8절, 11절, 8장 11-12절 등에서 솔로몬의 이름이 명기된 것을 볼 수 있다. 이 책은 아마 솔로몬이 젊었을 때 저작한 것으로 보이며 열왕기상 11장 3-4절에서 보는 대로 700명의 아내를 거느리기 전에 순전한 하나님 사랑과 인간 사랑이 남아 있을 때의 기록으로, B.C. 965년경에 지은 것으로 본다.

3. 구조: 아가서는 11장으로 구성되어 있다. 1장부터 3장 5절까지는 구혼 단계의 이야기로, 신랑이 신부에게 구혼하는 이야기며, 처음 얻은 사랑의 체험과 표현을 하고 있다. 3장 6절부터 5장 1절까지는 드디어 신랑과 신부가 결혼하는 이야기다. 5-8장은 결혼 생활의 이야기인데, 5장은 사랑의 시련을 경험하는 이야기요, 6장과 7장은 시험을 극복하고 남편과 아내의 진실한 사랑을 노래한 것이고, 8장은 사랑의 승리를 노래

한 것이다. 아가서는 사랑하는 사람들의 만남, 교제, 그리고 결혼과 시련, 그리고 그것을 극복한 사랑의 승리를 노래하는 책이다.

4. 아가서에 나타난 하나님의 진리:

1) 아가서는 역사적인 사건, 솔로몬과 술람미 여인과의 단순하면서도 화려한 인간의 감정을 노래하면서 하나님과 인간의 심령의 깊은 감정의 교통을 보고자 하는 책이다. 이것은 역사적인 사건의 노래이면서 동시에 하나님과의 영적인 관계를 노래한 것이다.

2) 아가서의 신랑 솔로몬과 신부 술람미 여인은 하나님과 이스라엘 민족과의 관계를 의미하는데, 신랑은 하나님을, 신부는 이스라엘을 상징한다. 예레미야 2장 2절, 호세아 2장 16절, 에스겔 16장 8-14절 등은 하나님과 이스라엘의 관계를 신랑, 신부의 관계로 그리고 있다. 아가서는 하나님과 이스라엘의 관계가 얼마나 뜨거운 감정적인 사랑 관계인지를 보여 준다.

3) 아가서는 온 세상을 다 가졌다고 하더라도 채울 수 없는 빈 공간이 인간에게 있으며, 그것은 오직 하나님의 사랑으로만 채울 수 있다는 것을 상징하여 그리스도인으로 하여금 그리스도와의 깊은 사랑의 교제를 가지게 하는 말씀이다.

제1과
아가 : 1장 – 4장

1. 다음 (　　) 안에 적당한 말을 찾아 써 넣으시오.

(1) 아가서는 (　　　　)이 지었다.

(2) 포도주보다 나은 것은 (　　　　)이다.

(3) 게달의 (　　　　) 같을지라도 (　　　　)의 휘장과도 같구나

(4) 네가 알지 못하겠거든 (　　)떼의 발자취를 따라 (　　　　)들의 장막 곁에서 너의 (　　　　) 새끼를 먹일지니라

(5) 네 두 뺨은 (　　　　) 머리털로, 네 (　　)은 구슬 꿰미로 아름답구나

(6) 나의 사랑하는 자는 내게 엔게디 포도원의 (　　　　) 송이로구나

(7) 나는 사론의 (　　　　)요 (　　　　)의 백합화로다

(8) 여자들 중에 내 사랑은 (　　　　)나무 가운데 (　　　　)화 같도다

(9) 그 사랑은 내 위에 (　　　　)이로구나

(10) 나의 사랑, 내 (　　　　) 자야 일어나서 (　　　　) 가자

(11) 포도원을 허는 작은 (　　　　)를 잡으라

(12) 나는 (　　)에게 속하였도다

2. 마음에 사랑하는 자를 어디서 만났습니까?

(1) 침상에서 (　)　　(2) 거리에서 (　)

(3) 큰 길에서 (　)　　(4) 순찰하는 자들을 지나치자마자 (　)

3. 다음은 솔로몬의 가마에 관한 사항입니다. (　　) 안에 알맞은 말을 써 넣으시오.

(1) 싸움에 익숙한 용사 (   )명이 둘러쌌다.

(2) 각기 허리에 칼을 찬 이유는 (   )의 두려움 때문이었다.

(3) 그 가마는 (   ) 나무로 만들었다.

(4) 그 기둥은 (   )이요 바닥은 (   )이요 자리는 자색 (   )다.

4. 다음은 신랑이 신부를 보고 말한 것입니다. 각각 무엇을 보고 말한 것입니까?

(1) 비둘기 같은 것:

(2) 염소 떼 같은 것:

(3) 목욕장에서 나오는 털 깎인 암양 같은 것:

(4) 홍색 실 같은 것:

(5) 석류 한 쪽 같은 것:

(6) 망대 같은 것:

(7) 쌍태 어린 사슴 같은 것:

5. 다음은 무엇을 두고 한 말입니까?

(1) 포도주보다 진한 것:

(2) 각양 향품보다 향기로운 것:

(3) 잠근 동산, 덮은 우물, 봉한 샘:

(4) 북풍과 남풍이 동산에 불 때 날리는 것:

제2과

아가 : 5장 – 8장

1. 신랑이 동산에 들어와 신부와 친구들을 위해서 거둔 것과 먹으라고 권한 것은 무엇입니까?

(1) 거둔 것:

(2) 먹고 마시라고 권한 것:

2. 신부가 잘지라도 마음은 깨었을 때 그 신랑이 찾아와 문을 두드리며 신부에게 이른 말이 무엇입니까?

답

3. 신부가 신랑을 찾아 성중에 이를 때 당한 어려움과 예루살렘 여자에게 부탁한 말이 무엇입니까?

(1) 당한 어려움:

(2) 부탁한 말:

4. 다음은 신부가 본 신랑의 모습입니다. 어떠하다고 했는지 간단히 써 보시오.

(1) 피부색:

(2) 머리:

(3) 머리털:

(4) 눈:

(5) 뺨:

(6) 입술:

(7) 손:

(8) 몸:

(9) 다리:

5. 다음은 신랑이 본 신부의 모습입니다. 어떠하다고 했는지 간단히 써 보시오.

(1) 어여쁨:

(2) 고움:

(3) 당당함:

(4) 머리털:

(5) 이:

(6) 뺨:

(7) 넓적다리:

(8) 배꼽:

(9) 허리:

(10) 두 유방:

(11) 목:

(12) 눈:

(13) 코:

6. 신부가 신랑에게 함께 들로 가서 동네에서 유숙하며 일찍이 일어나 어디로 가며 무엇을 하자 했습니까?

(1) 어디로:

(2) 무엇을 하자고:

7. 다음 사랑에 관한 물음에 답하시오.

(1) 사랑하는 자를 어떻게 두라 했습니까?

(2) 사랑과 투기는 무엇과 같다 했습니까?

(3) 사랑의 고귀함을 무엇으로 꺼지거나 살 수 있습니까?

이사야 개요

1. 선지자: 구약성경에 나오는 선지자들의 기본 사명은 예언이었다. '예언' 이라는 말은 아카디아 어의 '나부' 에서 왔는데, 그 뜻은 '불러들이다', '선포하여 알리다', '부르다' 등이다. '예언하다' 라는 동사형은 하나님 자신의 메시지를 대언하도록 지명을 받은 사람을 지칭하기 위하여 사용되었다. '선지자' 라는 말의 뜻은 '하나님의 대언자가 되어 하늘나라에 속한 메시지를 세상 사람들에게 선포하도록 하나님께 부름받은 사람' 이다. 그러므로 선지자들의 기본 사명은 장래에 일어날 사건을 미리 예언하는 사람이 아니라, 하나님께서 자기들에게 계시해 주신 하나님의 뜻을 드러내어 말하는 것이다.

2. 선지자 이사야: 이사야는 유다 왕 요시아의 아들인 아모스의 아들로 왕족이었다. 그는 어려서 궁중에서 교육을 받았고 예루살렘의 귀인들과 사귀며 살았다. 그는 유다 왕 웃시야, 요담, 아하시, 히스기야가 통치할 때에 활동하였는데, 북왕국 이스라엘이 앗수르에게 멸망당하는 정치적 혼란과 사회적인 부패와 영적인 타락의 시대에 예언하기 시작하여 므낫세 왕의 우상 숭배로 하나님의 진노가 임하기 시작한 시대까지 활동하였다. 그는 하나님에 대한 열정으로 가득하여 하나님만이 유다를 지킬 수 있다는 확신을 가지고 예언하였으며, 사회악에서 개혁하는 일이 하나님의 사랑을 받는 길임을 강력하게 촉구하였다. 그는 대부분의 생을 예루살렘에서 보냈으며, 전승에 의하면 므낫세 통치 기간 중에 톱으로 몸이 둘로 잘려 순교를 당했다고 한다.

3. 구조: 이사야서는 66장으로 구성되어 있다. 1-39장은 하나님의 심판을, 40-66장은 하나님의 위로를 선포한 것이다. 1장부터 12장까지는 유다의 정죄와 메시아 예언에 대한 이야기며, 13장부터 23장까지는 열방의 심판을 선포하고 있으며, 24장부터 27장까지는 주의 날, 28장부터 35장까지는 심판과 축복을, 그리고 36장부터 39장까지는 히스기야 시대의 역사를 이야기하고 있다. 40장부터 48장까지는 위대하신 하나님을 선포하고 있으며, 49장부터 57장까지는 메시아의 고난과 영광을, 그리고 58장부터 66장까지는 새 하늘과 새 땅을 예언하고 있다.

4. 이사야서에 나타난 하나님의 진리:

1) 유다의 죄악에 따라 필연으로 다가오는 심판에 대한 경고와 함께 변치 않는 하나님의 언약에 근거한 남은 자의 구원과 예루살렘의 회복을 선포하고 있다.

2) 하나님은 죄악에 대하여 반드시 심판하시는 분이다. 그러므로 하나님은 우상 숭배와 죄악의 나라 유다를 심판하지 않을 수 없다. 그러나 하나님은 은혜의 하나님이요 사랑의 하나님이기 때문에 그들을 영원히 멸망당하지 않게 하시며, 구원할 것이요, 결국 메시아를 보내어 영원한 구원을 받게 하실 것이다.

3) 민족이 사는 길은 경제적으로, 군사적으로 부강한 데 있는 것이 아니라, 하나님 앞에 순결한 백성이 되는 데에 있는 것이다. 오직 하나님께 돌아오는 길만이 구원의 길이다.

제1과

이사야 : 1장 – 3장

1. 다음 중 이사야가 살던 때의 유다 왕에 O표 하시오.

(1) 다윗 (　) (2) 웃시야 (　) (3) 솔로몬 (　) (4) 요담 (　)

(5) 므낫세 (　) (6) 르호보암 (　) (7) 아하스 (　)

(8) 히스기야 (　) (9) 아합 (　)

2. 다음 여호와께서 이스라엘에 하신 말씀에 관한 물음에 말씀으로 답하시오.

(1) 여호와께서 양육하신 자식이 어떻게 거역했는지 그 비유를 쓰시오.

(2) 여호와께 매맞는 백성의 모습이 어떻습니까?

(3) 무엇으로 배불렀다 하셨습니까?

(4) 가증히 여기는 것은 무엇입니까?

(5) 하나님이 듣지 않는 기도는 어떤 기도입니까?

(6) 함께 변론하자는 내용은 무엇입니까?

(7) 다음 것들이 어떻게 되었다고 했습니까?

1) 신실하던 성읍:

2) 포도주에는:

3) 방백들은:

(8) 어떻게 된 후에 "의의 성읍", "신실한 고을"이라 칭함이 됩니까?

(9) 어떤 자가 패망하고 멸망한다고 했습니까?

(10) 강한 자는 무엇과 같다고 했습니까?

3. 다음 ( ) 안에 적당한 말을 찾아 써 넣으시오.

(1) 그가 판결하실 때 무리가 그들의 칼을 쳐서 ( )을, ( )을 쳐서 낫을 만들 것이며 다시는 ( )을 연습하지 아니하리라

(2) 주께서 주의 백성을 버린 이유는 동방 ( )이 가득하며 블레셋 사람들같이 ( )을 치며 이방인과 손을 잡아 ( )하였음이니라

(3) 너희는 ( )을 의지하지 말라 그의 호흡은 ( )에 있나니 셈할 가치가 어디 있느냐

4. 여호와께서 제하실 예루살렘과 유다가 의지하는 것들을 써 보시오.

답

5. 예루살렘이 멸망하고 유다가 엎드러진 이유는 무엇입니까?

답

6. 다음 중 여호와께서 백성들을 심판하실 때 포도원을 삼키고 가난한 자에게서 물건을 탈취한 자는 누구입니까?

(1) 장로들과 방백들 ( ) (2) 가난한 자들 ( )

(3) 제사장들 ( ) (4) 적군들 ( )

7. 시온의 딸들에 대해 간단히 답하시오.

(1) 교만한 모습에 대해 써 보시오.

(2) 몸을 장식한 모습에 대해 써 보시오.

제2과

이사야 : 4장 – 6장

1. 그날(예루살렘과 유다가 멸망한 날) "일곱 여자가 한 남자를 붙잡고 말하기를 우리가 우리 떡을 먹으며 우리 옷을 입으리니 다만 당신의 이름으로 우리를 부르게(당신이 내 남편이라고) 하여 우리가 수치를 면하게 하라"는 뜻은 무엇입니까? (참고. 사 3:25-26)

   (1) 여자들이 남자를 먹이고 입혀 주겠다는 말이다. ( )

   (2) 나라가 패망할 때에 남자들이 전쟁으로 죽고 여인들만 남아서 고통하는 모습이다. ( )

   (3) 여자들이 떼를 지어 남자를 납치 해 간다는 말이다. ( )

   (4) 남자들을 붙잡고 우리(여자)를 도와달라는 말이다. ( )

2. 그날(예루살렘 회복)에 무엇이 "아름답고 영화로울 것이라" 했습니까?

   답

3. 그날에 "거룩하다" 칭함을 받을 사람은 누구입니까?

   답

4. 무엇으로 "시온의 딸들의 더러움을 씻기시며 피를 그 중에서 정결하게" 한다 했습니까?

   답

5. 어느 곳에 "낮이면 구름과 연기, 밤이면 화염의 빛을" 만드신다 했

습니까?

답

6. 다음은 포도원 노래입니다. 맞는 것에는 O표, 틀린 것에는 ×표 하시오.

(1) 포도원은 허허벌판에 있다. (　)

(2) 극상품 포도 나무를 심었다. (　)

(3) 좋은 포도를 맺었다. (　)

(4) 이 포도원은 이방 족속을 말한다. (　)

(5) 나무는 유다 사람이다. (　)

7. 5장을 읽으며 여섯 종류의 화 있을 사람들을 찾아 써 보시오.

(1)

(2)

(3)

(4)

(5)

(6)

8. 6장에는 이사야가 소명을 받는 내용이 기록되어 있습니다. 어떻게 받았는지 다음 물음에 간단히 답하시오.

(1) 어느 왕 때에 일어난 일입니까?

(2) 스랍(천사 혹은 하나님의 사자의 일종)의 날개 수는? (　)개

(3) 스랍이 화답한 말은 무엇입니까?

(4) 이사야가 탄식한 말은 무엇입니까?

(5) 무엇으로 악을 제했습니까?

(6) "누가 갈꼬" 할 때 대답한 이는 누구입니까?

(7) 백성에게 무엇이라고 이르라 했습니까?

(8) 성읍과 토지가 황폐하게 되더라도 무엇이 이 땅의 그루터기라 했습니까?

제3과

이사야 : 7장 – 9장

1. 유다 왕 아하스 때에 예루살렘을 쳤으나 이기지 못한 두 왕은 누구입니까?

답 (   ) 왕 (   )과 (   ) 왕 (   )

2. 왕과 백성의 마음이 흔들린 이유가 무엇입니까?

답

3. "연기 나는 두 부지깽이"는 누구를 가리킵니까?

답

4. 여호와께서 아하스 왕에게 징조를 보여 준 아들은 누구며 "임마누엘"의 뜻은 무엇입니까? (참고. 마 1:23)

(1) 아들:

(2) 임마누엘의 뜻:

5. 그날(앗수르 왕이 침략해 오는 날)에 일어날 일 4가지를 간단히 쓰시오.

(1)

(2)

(3)

(4)

6. 다음 ( ) 안에 적당한 말을 찾아 써 넣으시오.

(1) 내가(이사야) 두 아들을 낳아 첫 아이의 이름을 ( )이라 했는데(7:3) 그 뜻은 '남는 자가 돌아오리라' 이고, 다음 아들의 이름은 ( )인데 '노략이 속히 임한다' 라는 뜻이다.

(2) 이 백성이 천천히 흐르는 ( ) 물을 버리고 르신(아람 왕)과 르말리야의 아들(베가, 즉 이스라엘 왕)을 기뻐한다.

(3) 너희 민족들아 함성을 지르고 허리를 동이고 띠를 띠라 그러나 끝내 ( )하리라

(4) 너희는 함께 계획하라 그러나 끝내 ( ) 못하리라 말을 해 보아라 끝내 ( )되지 못하리라 이는 하나님이 우리와 ( ) 계심이니라

(5) 만군의 여호와 그를 너희가 ( )하다 하고 그를 너희가 ( )하고 ( ) 자로 삼아라

(6) 나와 및 여호와께서 내게 주신 ( )들이 이스라엘 중에 ( )와 예표가 되었나니

(7) 주절거리며 속살거리는 자들은 ( )와 ( )를 말한다.

(8) 그가 ( ) 때에......자기의 왕 자기 하나님을 ( )할 것이며...... 심한 ( ) 가운데로 쫓겨 들어가리라

7. 9장 2절 말씀 "흑암에 행하던 백성이 큰 빛을 보고"에서 "큰 빛"은 누구를 말합니까? (참고. 마 4:12-16)

답

8. 9장 6절의 "한 아기"는 누구를 말합니까? (참고. 눅 2:11)

답

9. 주께서 말씀을 보내셨으나 백성은 교만하고 완악한 마음으로 무엇이라고 말했습니까?

(1)

(2)

10. 다음은 누구를 가리킵니까?

(1) 머리:

(2) 꼬리:

11. 백성이 모두 경건하지 아니하며 악행과 망령된 말을 할 때 주께서 어떻게 하신다 했습니까?

(1)

(2)

12. 9장 17절과 21절의 "여호와의 진노가 돌아서지 아니하며 그의 손이 여전히 펴져 있으리라"에서 "그 손이 펴진다"라는 말씀의 뜻은 무엇입니까?

(1) 징계의 채찍을 가한다는 말이다. ( )

(2) 도움의 손길을 준다는 말이다. ( )

(3) 고아와 과부를 긍휼히 여긴다는 뜻이다. ( )

(4) 에브라임, 므낫세, 유다를 친다는 말이다. ( )

제4과
이사야 : 10장 – 12장

1. 다음 말의 짝을 보기에서 찾아 ( ) 안에 번호를 써 넣으시오.

보기 : (1) 도끼, 톱, 막대기, 몽둥이가 어찌 사람을 들려

(2) 주 만군의 여호와께서

(3) 불의한 법령을 만들며......과부에게 토색하고 고아의 것을 약탈하는 자

(4) 그의 거룩하신 이는 불꽃

(5) 앗수르 사람

(1) 화 있을진저 환난 때에 너희가 어떻게 하려느냐 ( )

(2) 진노의 막대기와 몽둥이 ( )

(3) 나는 내 손의 힘과 내 지혜로 이 일을 행하였나니 ( )

(4) 살진 자를 파리하게 하심 ( )

(5) 이스라엘의 빛은 불이요 ( )

2. 다음은 "이스라엘의 남은 자"에 관한 것입니다. 맞는 것에는 O표, 틀린 것에는 ×표 하시오.

(1) 다시는 자기를 친 자를 의지하지 아니함 ( )

(2) 여호와를 진실하게 의지하지 않음 ( )

(3) 백성이 바다의 모래 같을지라도 남은 자만 돌아옴 ( )

3. 다음 사건들은 각각 몇 장 몇 절에 기록되어 있습니까?

(1) 오렙 바위에서 미디안을 쳐 죽이신 일 ( )장 ( )절

(2) 막대기를 바다를 향해 애굽에서 드신 일 (　　)장 (　　)절

(3) 그의 무거운 짐이 네 어깨에서 떠나고 (　　)장 (　　)절

(4) 라마는 떨고 사울의 기브아는 도망 (　　)장 (　　)절

(5) 높은 자가 낮아질 것임 (　　)장 (　　)절

4. 이새의 줄기에서 나오는 "한 싹"은 누구를 말합니까? (참고. 행 13:21-23)

답

5. 그때(이새의 줄기에서 한 싹이 나올 때)에 이루어질 평화로운 모습입니다. 다음 것들이 어떻게 지낸다고 했습니까?

(1) 이리:

(2) 표범:

(3) 송아지와 사자와 살진 짐승:

(4) 암소와 곰:

(5) 사자:

(6) 젖 먹는 아이:

(7) 여호와를 아는 지식:

6. 다음은 12장 말씀 중 구원받은 그날에 부르는 감사의 노래입니다. 감사의 노래에 나오는 말에 O표 하시오.

(1) 주께서 전에는 내게 노하셨사오나 이제는 주의 진노가 돌아섰고 (　)

(2) 여호와는 나의 힘이시며 나의 노래시며 나의 구원이심이라 (　)

(3) 기쁨으로 구원의 우물들에서 물을 길으리로다 (　)

(4) 그를 두려워하며 그 행하심을 숨기리니 그 이름이 헛되도다 (　)

(5) 시온의 주민아 소리 높여 부르라 (　)

제5과

이사야 : 13장 – 15장

1. 다음은 이사야가 바벨론에 대하여 받은 경고입니다. 맞는 것에는 O표, 틀린 것에는 ×표 하시오.

(1) 민둥산 위에 기치를 세우고 소리를 높여 그들(용사)을 부르며 손을 흔들어 그들을 (바벨론의) 존귀한 자의 문에 (쳐)들어가게 하셨다. (　)

(2) 여호와께서 명령하고 그의 위엄을 기뻐하는 용사들을 불러 그의 노여움을 풀게 하셨다. (　)

(3) 여호와께서 멸하실 땅은 일부분이다. (　)

2. 여호와의 날에 다음 것들이 어떻게 화를 입는다고 했습니까?

(1) 모든 손:

(2) 각 사람의 마음:

(3) 땅:

(4) 죄인:

(5) 별 무리:

(6) 해와 달:

(7) 어린아이들:

(8) 집:

(9) 아내:

3. 다음 나라들 중에서 바벨론을 멸망시킨 나라에 O표 하시오.

(1) 소돔과 고모라 (　)　(2) 메대 (　)　(3) 아라비아 (　)

(4) 이스라엘 (   )   (5) 사마리아 (   )

4. 바벨론이 하나님께 멸망당한 때 그곳에 거하는 동물에 O표 하시오.

(1) 소 (   )   (2) 들짐승들 (   )   (3) 타조 (   )

(4) 사자 (   )   (5) 들양(산양) (   )   (6) 나귀 (   )

(7) 들개(늑대) (   )   (8) 승냥이 (   )   (9) 악어 (   )

5. 여호와께서 이스라엘을 다시 택하여 그들의 땅에 두실 때에 다음 것들을 어떻게 했습니까?

(1) 나그네 된 자(외국인)가 (   ) 족속과 연합하고

(2) 민족들이 그들을(이스라엘) 데리고 그들의 (   )에 돌아오며

(3) 여호와의 땅에서 그들을(외국인) 얻어 (   )로 삼겠고

(4) 전에 자기를 사로잡던 자들을 (   )고 압제하던 자들을 (   ) 하리라

6. 바벨론 왕에 대한 노래 중에 다음 것들이 어떻게 된다고 했습니까?

(1) 학대하던 자:

(2) 악인의 몽둥이와 통치자의 규:

(3) 향나무와 레바논 백향목:

(4) 열방의 모든 왕의 말:

7. 다음은 계명성에 관한 말입니다. 다음 (   ) 안에 적당한 말을 찾아 써 넣으시오.

(1) "가장 높은 구름에 올라가 지극히 높은 이와 같아지리라" 에서 지극히 높은 자는 (   )을 말한다.

(2) 그는 땅을 (   )시키며 (   )을 놀라게 하며 세계를 (   )

하게 하던 자다.

(3) 그는 무덤에서 내쫓겼으며......밟힌 ( )와 같다.

(4) 그로 인하여 "악을 행하는 자들의 후손은 ( ) 이름이 불려지지 아니하리로다" 할 것이다.

8. 14장에 예언된 세 나라의 이름을 써 보시오.

답

9. "너를 치던 막대기가 부러졌다고 기뻐하지 말라 뱀의 뿌리에서는 독사가 나겠고 그의 열매는 날아다니는 불뱀이 되리라"라는 말씀은 ( ) 왕이 죽던 해에 ( ) 땅에 내린 경고다.

10. 다음 모압에 관한 경고입니다. 옳은 것에 O표 하시오.

(1) 하룻밤에 모압 알과 기르가 망하여 황폐할 것이다. ( )

(2) 그들은 머리카락을 밀고 수염을 깎았다. ( )

(3) 모압의 전사는 크게 노래 부른다. ( )

(4) 디몬 물에는 피가 가득하다. ( )

제6과

이사야 : 16장 – 18장

1. 다음 중 맞는 것에는 O표, 틀린 것에는 ×표 하시오.

(1) 너희(모압)는 어린 양들을 딸 시온 산으로 보낼지니라 (　)

(2) 모압의 딸들은 떠다니는 새 같고 흩어진 새 새끼 같을 것이라 (　)

(3) 너 모압은 멸절하는 자 앞에서 그들에게 피할 곳이 되라 (　)

(4) 다윗의 왕위는 인자함과 충실함으로 그리고 정의를 구하며 공의를 신속히 행하리라 (　)

(5) 들려온 모압의 겸손은 심히 온유하여 그 과장이 참이라 (　)

(6) 포도나무가 말랐음이라...... 열국의 주권자들이 그 좋은 가지를 꺾었도다 (　)

(7) 16장 10절에 "내가 즐거운 소리를 그치게 하였음이라" 했는데 여기서 "나"는 하나님 자신을 말한다. (　)

(8) 모압의 영화는 영원토록 이른다. (　)

2. 다음은 다메섹에 관한 경고입니다. 짝이 되는 문구를 찾아 써 넣으시오.

(1) 성읍을 이루지 못하고–

(2) 양이 눕되–

(3) 에브라임, 다메섹, 아람의 남은 자–

(4) 감람나무를 흔들 때에–

(5) 사람이 자기를 지으신 이를–

(6) 그의 눈이–

(7) 자기 손가락으로 지은–

(8) 버린 바 된 수풀 속과 산꼭대기의 처소 같아서—

(9) 네가 네 구원의 하나님을 잊어버리며 네 능력의 반석을—

(10) 근심과 심한 슬픔의 날에—

(11) 열방이 충돌하기를—

(12) 주께서 그들을 꾸짖으시리니 그들이 멀리 도망함이—

(13) 저녁에—

(14) 아침이 오기 전에—

(15) 우리를 노략한 자들의 몫과 강탈한 자들의—

3. 다음은 구스(에티오피아)에 전하는 말입니다. (　　) 안에 적당한 말을 찾아 써 넣으시오.

(1) 강 건너편 날개 치는 소리(곤충이 많아) 나는 (　　　)이여

(2) 갈대 (　　　)를 물에 띄우고 그 (　　　)를 수로로 보내며

(3) 민첩한 사절들아 너희는 강들이 흘러 나누인 나라(애굽)로 가되 (　　　) 하고 (　　　)한...... 백성에게로 가라

(4) 산들 위에 (　　　)를 세우거든 너희는 보고 (　　　)을 불거든 들을지니라

(5) 여호와께서...... 조용히 (　　　)함이 쬐이는 (　　　) 같고 가을 더위에 운무(이슬) 같도다

(6) 추수하기 전에 (　　　)이 떨어지고 (　　　)가 맺혀 익어 갈 때에...... 연한 가지를 베며 퍼진 (　　　)를 찍어 버려서 산의 (　　　)들과 땅의 들짐승들에게 던져 주리니 산의 독수리들이 그것으로 여름을 지내며 들짐승들이 다 그것으로 겨울을 지내리라

(7) 그때에...... 만군의 여호와께 드릴 (　　　)을 가지고 만군의 여호와의 이름을 두신 곳 (　　　) 산에 이르리라

제7과
이사야 : 19장 – 21장

1. 다음은 애굽에 관한 경고입니다. 맞는 것에는 O표, 틀린 것에는 ×표 하시오.

(1) 여호와께서 구름을 타고 임하실 때 애굽의 우상들이 그 앞에서 대항할 것이다. (　)

(2) 애굽인들이 격동되어 각기 형제와 이웃을 칠 것이다. (　)

(3) 애굽인의 정신이 쇠약해질 것이다. (　)

(4) 그들은 하나님께 물을 것이다. (　)

(5) 애굽인을 잔인한 주인과 포학한 왕이 그들을 다스리게 될 것이다. (　)

(6) 바다와 강과 시냇물이 없어지게 될 것이다. (　)

(7) 어부들과 낚시를 던지는 자마다 기뻐하며, 그물을 치는 자는 힘이 넘칠 것이다. (　)

(8) 세마포와 베 짜는 자들이 수치를 당할 것이다. (　)

(9) 기둥이 부숴지고(사회 질서가 깨지고) 품꾼들이 다 마음에 근심하게 된다. (　)

(10) 방백과 모사들은 지혜로울 것이다. (　)

(11) 모퉁잇돌이(중요한) 되는 지파들에게 하나님께서 어지러운 마음을 섞으셨다. (　)

(12) 그날에 애굽에서 머리나 꼬리나 종려나무 가지(지도층)나 갈대(하층 계급)가 아무 할 일이 없어진다. (　)

(13) 그때에 유다는 애굽의 두려움이 된다. (　)

(14) 그날 애굽에 여호와를 가리켜 맹세하는 다섯 성읍이 있을 것이며 그

중 하나를 멸망의 성읍이라 칭하게 된다. (　)

(15) 그날에 애굽 중앙에는 제단이, 그 변경에는 기둥이 여호와를 위하여 있을 것이고, 이것이 주를 위하여 징조와 증거가 될 것이다. (　)

(16) 그들(애굽)이 압박을 받을 때 주께 부르짖으면 주께서는 그 부르짖는 자를 강포한 자, 정복자를 보내어 멸망시킬 것이다. (　)

(17) 그날에 애굽인이 주께 제물과 예물을 드리고 경배할 것이다. (　)

(18) 주께서는 애굽을 치시기 때문에 그들이 주께 돌아와 간구할지라도 그들을 듣지 않으시고 내어 버리신다. (　)

(19) 세계 중에 복이 될 나라는 이스라엘뿐이다. (　)

(20) 주께서 애굽, 앗수르, 이스라엘에 복을 주신다. (　)

2. 이사야가 3년 동안 "벗은 몸과 벗은 발로" 다닌 것은 다음 중 무슨 뜻입니까?

(1) 앗수르 왕 사르곤이 군대장관을 아스돗으로 보낸다는 뜻 (　)

(2) 애굽과 구스 사람들의 옷과 신을 벗긴다는 뜻 (　)

(3) 해변 주민이 앗수르 왕에게서 벗어나기를 바란다는 뜻 (　)

(4) 애굽과 구스 사람들이 앗수르 왕에게 사로잡혀 벗기우고 끌려간다는 예표 (　)

3. 다음 말씀은 어느 땅에 대한 경고 중에 나오는 말씀입니까?

(1) 속이는 자는 속이고 약탈하는 자는 약탈하도다 (　　　)

(2) 나의 요통이 심하여 해산이 임박한 여인의 고통 같은 고통이 (　　　)

(3) 그들이 조각한 신상들이 다 부서져 땅에 떨어졌도다 (　　　)

(4) 아침이 오나니 밤도 오리라 (　　　)

(5) 활 가진 용사의 남은 수가 적으리라 (　　　)

(6) 대상들이여 너희가 아라비아 수풀에서 유숙하리라 (　　　)

제8과

이사야 : 22장 – 24장

1. 소란하며 떠들던 환상의 골짜기의 성 고을이 어떻게 되었습니까?

(1) 칼에 죽임을 당했다. ( )

(2) 전쟁에 사망했다. ( )

(3) 관원들은 다 함께 도망했다. ( )

2. 다음 사람들은 어디에 속한 사람들입니까?

(1) 화살통을 메고 병거 탄 자와 마병이 함께한 자 ( )

(2) 방패를 드러낸 자들 ( )

(3) 무너진 곳이 많은 성 ( )

(4) 가옥을 헐어 성벽을 견고하게 한 성 ( )

3. 그날(성벽이 무너질 때, 예루살렘이 파괴될 때) 주께서 명령하신 말씀은 무엇이며 백성들이 행한 일은 무엇입니까?

(1) 명령하신 것:

(2) 행한 일:

4. 다음은 셉나(이방인으로 국고를 맡아 자기 명예만 세우는 관리)와 그 후계자 엘리아김에 관한 말입니다. 셉나에 관한 말에는 (셉나), 엘리아김에 관한 말에는 (엘리아김)이라 쓰시오.

(1) 너를 위하여 묘실을 팠느냐......너를 모질게 감싸서 공같이 광막한 곳에 던질 것이라 ( )

(2) 예루살렘 주민과 유다의 집의 아버지가 될 것이다. (　　　　)

(3) 주인의 집에 수치를 끼치는 너여 네가 그곳에서 죽겠고 네 영광의 수레도 거기에 있으리라 (　　　　)

(4) 다윗의 집의 열쇠를 그의 어깨에 두리니 그가 열면 닫을 자가 없겠고 닫으면 열 자가 없으리라 (　　　　)

5. 22장 24-25절 말씀은 엘리아김이 높아지자 그를 의지하던 후손들이 파멸되는 모습입니다. "단단한 곳에 박혔던 못이 삭으리니 그 못이 부러져 떨어지므로 그 위에 걸린 물건이 부서지리라"라는 말씀 중에 "못"은 누구를 가리키는 것입니까?

(1) 엘리아김 (　) (2) 엘리아김의 후손들 (　)

(3) 헌 집에 박혔던 삭아 버린 못 (　) (4) 셉나 (　)

6. 다음 중 서로 관계 있는 것을 찾아 줄로 연결하시오.

(1)	두로	속박함이 다시는 없으리라
(2)	시돈	견고한 성이 파괴
(3)	다시스	들어갈 곳도 없음
(4)	갈대아 땅	기묘한 곡조로
(5)	기생	부끄러워할지어다
(6)	다시스의 배들아	들짐승이 사는 곳

7. 다음은 주께서 세상을 심판하시는 모습입니다. 맞는 것에는 O표, 틀린 것에는 ×표 하시오.

(1) 백성과 제사장, 종과 상전, 여종과 여주인이 같을 것이다. (　)

(2) 땅이 온전히 공허(텅빈다)하게 되고 황무하게 된다. (　)

(3) 세상 백성 중에 높은 자가 쇠약하게 된다. (　)

(4) 땅이 더럽게 되는 이유는 사람들이 율법, 율례, 언약을 깨뜨렸기 때문이다. (　)

(5) 노래하며 포도주를 마시며 독주라도 달게 될 것이다. (　)

(6) 동방과 바다 모든 섬에서 하나님의 이름을 영화롭게 할 것이다. (　)

(7) 두려운 소리로 말미암아 도망하는 자는 함정에 빠진다. (　)

(8) 땅이 깨지고 흔들리며 취한 자같이 비틀거린다. (　)

(9) 왕들은 옥에 갇혔다가 형벌을 면하게 된다. (　)

(10) 여호와께서 왕이 되시어 영광을 나타내시므로 달이 수치를 당하고 해가 부끄러워하게 된다. (　)

제9과
이사야 : 25장 - 27장

1. 다음 (   ) 안에 적당한 말을 찾아 써 넣으시오.

(1) 주는 (   )를 옛적에 정하신 뜻대로 (   )함과 (   )함으로 행하셨음이라

(2) 강한 (   )이 주를 영화롭게 하며 (   )한 나라들의 성읍이 주를 (   )하리이다

(3) 주는 빈궁한 자, 환난당한 가난한 자의 (   )

(4) 여호와께서 만민을 위하여 기름진 것, 오랜 포도주, 골수가 가득한 것, 맑은 포도주로 (   )를 베푸시리라

(5) 사망을 (   )히 멸하실 것이라

(6) 백성의 (   )를 온 천하에서 제하시리라

(7) 우리는 그의 (   )을 기뻐하며 즐거워하리라

(8) 주께서 심지가 (   )한 자를 평강하고 (   )하도록 지키시리니

(10) 여호와는 영원한 (   )이심이로다

(11) 정직하신 주께서 (   )의 첩경을 평탄하게 하시도다

(12) (   )은 은총을 입을지라도 (   )를 배우지 아니하며

(13) 주의 죽은 자들은 (   )나고 그들의 (   )들은 일어나리이다

(14) 네 (   )에 들어가서 네 (   )을 닫고 분노가 지나기까지 잠깐 숨을지어다

2. 다음 물음에 간단히 답하시오.

(1) 여호와의 강한 칼로 죽일 동물들의 이름은 무엇과 무엇입니까?

(2) 포도원 주인은 누구며 포도원은 누구를 말합니까?

1) 포도원 주인:

2) 포도원:

(3) 야곱과 이스라엘의 후일이 어찌 된다 했습니까?

(4) 야곱의 불의가 속함을 얻으며 그의 죄 없이함을 받을 결과는 무엇으로 말미암음이라 했습니까?

(5) 견고한 성읍이 어떻게 된다고 했습니까?

(6) 이 백성이 지각이 없어 무슨 일을 당합니까?

(7) 예루살렘 성산에서 여호와께 예배할 자들은 어디로부터 돌아온 자들입니까?

제10과
이사야 : 28장 – 30장

1. 다음은 누구에 해당되는 말입니까?

(1) 쇠잔해 가는 꽃 같다:

(2) 발에 밟힐 것:

(3) 영화로운 면류관이 됨:

(4) 판결하는 영:

(5) 독주로 말미암아 비틀거림:

(6) 비틀거리며 환상을 잘못 풀게 됨:

(7) 우리는 사망과 언약하였고 스올과 맹약하였은즉 넘치는 재앙이 밀려 올지라도 우리에게 미치지 못하리니 우리는 거짓을 우리의 피난처로 삼았고 허위 아래에 우리를 숨겼음이라:

(8) 한 돌을 시온에 두어......그것을 믿는 이는 다급하게 되지 아니하리로다:

(9) 기브온 골짜기에서와 같이 진노하사:

(10) 경영은 기묘하며 지혜는 광대하니라:

2. 아리엘(예루살렘)이 낮아져 티끌에서 나는 목소리가 무엇과 같다고 했습니까?

답

3. 꿈같이, 밤의 환상같이 되는 자가 누구입니까?

답

4. 주께서 다시 행하시는 가장 기이한 일이 무엇입니까?

답

5. 어떤 자가 화 있습니까?

답

6. 이스라엘의 거룩하신 이로 말미암아 즐거워하는 이유는 무엇입니까?

(1)

(2)

(3)

7. 이스라엘이 죄에 죄를 더한 것이 무엇입니까?

답

8. 30장 18절 말씀을 옮겨 써 보시오.

제11과
이사야 : 31장 – 33장

1. 다음 중 서로 관계 있는 것을 찾아 줄로 연결하시오.

(1) 애굽으로 내려가는 자	여호와가 예루살렘을 보호
(2) 여호와 손을 펴시면	돌아오라
(3) 새가 그 새끼를 보호함 같이	병거와 마병을 의지
(4) 이스라엘 자손들아	사람의 칼로 말미암음이 아님
(5) 앗수르의 엎드러짐	다 함께 멸망

2. 다음은 장차 한 왕이 의로 통치하게 될 모습입니다. 잘못된 부분을 찾아 바로 쓰시오.

(1) 그는 악으로 통치할 것이요 방백들이 편벽되이 다스릴 것이라

(2) 마른 땅에 우박 같을 것이다.

(3) 곤비한(피곤한) 땅에 큰 나무 그늘 같을 것이다.

(4) 조급한 자의 마음이 지식을 잃게 되고 어눌한 자의 혀가 둔하여 말을 잘 못할 것이다.

(5) 지혜로운 자를 다시 존귀하다 부르지 아니하겠고

3. 32장 8절 말씀을 외워서 써 보시오.

4. 다음은 안일한 여인들에 대한 경고입니다. 말씀의 짝이 되는 문구를 찾아 써 넣으시오.

보기 : 포도 수확이 없음　　내 목소리를　　내 말에 귀를
베로 허리를 동일지어다　　떨지어다　　들나귀가 즐기는 곳
기뻐하는 모든 집에 나리라　　가슴을 치게 될 것이니라

(1) 안일한 여인들아 (　　　　　　)
(2) 염려 없는 딸들아 (　　　　　　)
(3) 염려 없는 여자들아 (　　　　　　　　　　)
(4) 안일한 여자들아 (　　　　　　)
(5) 염려 없는 자들아 (　　　　　　　　　　)
(6) 열매 많은 포도나무로 인하여 (　　　　　　　　　　)
(7) 가시와 찔레 (　　　　　　　　　　)
(8) 인구 많던 성읍이 (　　　　　　　　　　)

5. 다음은 영을 우리에게 부어 주실 때 될 일입니다. 말씀의 짝을 찾아 써 넣으시오.

(1) 광야(빈들)가:
(2) 공의의 결과:
(3) 화평한 집, 안전한 거처, 조용히 쉬는 곳에 있을 사람:
(4) 물가에 씨 뿌리고 소와 나귀를 모는 자들:

6. 다음 (　　) 안에 적당한 말을 찾아 써 넣으시오.

(1) 네가 학대하기를 그치면 네가 (　　　　)를 당할 것이며
(2) 주는 아침마다 우리의 (　　　　)이 되시며 환난 때에 우리의 (　　　　)이 되소서
(3) 여호와께서는 정의와 (　　　　)를 (　　　　)에 충만하게 하심이라
(4) 여호와를 경외함이 네 (　　　　)니라

(5) (　　　　　)은 마르고, (　　　　)은 사막 같고, (　　　　), 갈멜은 나뭇잎을 떨어뜨리는도다(나뭇잎)

(6) 높은 곳에 거하며 견고한 바위가 그의 요새가 될 자들은 어떤 자입니까?

(7) 여호와는 우리 재판장이시요 (　　　　)을 세우신 이요 (　　　)이시니 그가 우리를 구원하실 것임이라

(8) 거기에 사는 백성이 (　　　　　)을 받으리라

제12과

이사야 : 34장 – 36장

1. 다음 말씀은 몇 장 몇 절에 기록되어 있습니까?

(1) 그 사체의 악취가 솟아오르고 그 피에 산들이 녹을 것이며
( )장 ( )절

(2) 그들의 땅이 피에 취하며 흙이 기름으로 윤택하리라 ( )장 ( )절

(3) 당아새와 고슴도치, 부엉이와 까마귀가 거기에 살 것이라
( )장 ( )절

(4) 너희는 여호와의 책에서 찾아 읽어 보라 ( )장 ( )절

(5) 우리 하나님의 아름다움을 보리로다 ( )장 ( )절

(6) 광야에서 물이 솟겠고 사막에서 시내가 흐를 것임이라
( )장 ( )절

(7) 오직 구속함을 입은 자들을 위하여 있게 될 것이라 ( )장 ( )절

(8) 그들의 머리 위에 영영한 희락을 띠고 기쁨과 즐거움을 얻으리니 슬픔과 탄식이 사라지리로다 ( )장 ( )절

(9) 히스기야 왕 십사년에 앗수르 왕 산헤립이 올라와서 유다의 모든 견고한 성을 쳐서 취하니라 ( )장 ( )절

(10) 내가 네게 말 이천 필을 주어도 너는 그 탈 자를 능히 내지 못하리라
( )장 ( )절

2. 다음은 누가 누구에게 한 말입니까?

(1) 대왕 앗수르 왕이 이같이 말씀하시기를 네가 믿는바 그 믿는 것이 무엇이냐 ( )가 ( )과 ( )와 ( )에게

(2) 보라 네가 애굽을 믿는도다 그것은 상한 갈대 지팡이와 같은 것이라

( )가 ( )과 ( )와 ( )에게

(3) 여호와께서 내게 이르시기를 올라가 그 땅을 쳐서 멸하라 하셨느니라

( )가 ( )과 ( )와 ( )에게

(4) 우리가 아람 방언을 아오니......유다 방언으로 말하지 마소서

( )과 ( )와 ( )가 ( )에게

(5) 자기의 대변을 먹으며 자기의 소변을 마실 성 위에 앉은 사람들에게도 하라고 보내신 것이 아니냐

( )가 ( )과 ( )와 ( )에게

(6) 히스기야의 말을 듣지 말라

( )가 ( )과 ( )와 ( )에게

(7) 속지 말라.....자기의 땅을 앗수르 왕의 손에서 건진 자가 있느냐

( )가 ( )과 ( )와 ( )에게

(8) 여호와가 능히 예루살렘을 내 손에서 건지겠느냐

( )가 ( )과 ( )와 ( )에게

제13과

이사야 : 37장 – 39장

1. 다음 중 히스기야 왕이 랍사게의 말을 전해 듣고 취한 일에 O표 하시오.

(1) 통곡함 ( )

(2) 옷을 찢고 굵은 베옷을 입음 ( )

(3) 자기 집으로 들어감 ( )

(4) 신하들을 신접한 여인에게 보냄 ( )

(5) 신하들을 이사야에게로 보내 남아 있는 자들을 위해 기도하라 함 ( )

2. 다음 중 이사야가 히스기야 왕에게 한 말에 O표 하시오.

(1) 앗수르 왕의 종들이 나를 능욕한 말로 말미암아 두려워하지 말라 ( )

(2) 성문을 열고 항복하라 ( )

(3) 화친을 맺으라 ( )

(4) 그들이 소문을 듣고 고국으로 돌아간다. ( )

3. 다음 중 히스기야 왕이 사자의 글을 받고 행한 일에 O표 하시오.

(1) 여호와의 전에 올라가 기도하였다. ( )

(2) 군대를 조련시켰다. ( )

(3) "우리를 그의 손에서 구원하사 천하만국이 주만이 여호와이신 줄을 알게 하옵소서" 했다. ( )

4. 다음 앗수르 왕 산헤립에 관한 물음에 답하시오.

(1) 여호와의 사자에게 죽은 진중의 수는 ? (   )

(2) 왕이 돌아가 거주하던 곳은 어디입니까? (   )

(3) 누구에게 죽임을 당했습니까? (과   )

5. 다음은 히스기야 왕의 병에 관한 내용입니다. 맞는 것에는 O표, 틀린 것에는 ×표 하시오.

(1) 히스기야는 병들어 죽게 되었다. (   )

(2) 선지자 이사야는 그 왕이 죽을 것이라 했다. (   )

(3) 히스기야는 얼굴을 벽으로 향하고 통곡하며 기도했다. (   )

(4) 주께서는 히스기야의 생명을 백오십 년간 더해 주셨다. (   )

(5) 히스기야의 생명 연장 증거로 일영표(해시계)의 해 그림자를 삼십 도 앞으로 나가게 했다. (   )

6. 다음은 히스기야가 병이 나은 후에 쓴 감사글입니다. 38장 몇 절에 기록되어 있습니까?

(1) 나의 중년에 스올의 문에 들어가고 (   )

(2) 베를 걷어 말음 같이 내가 내 생명을 말았도다 (   )

(3) 주께서 사자같이 나의 모든 뼈를 꺾으시오니 (   )

(4) 내 눈이 쇠하도록 앙망하나이다 (   )

(5) 내가 종신토록 방황하리이다 (   )

(6) 나를 살려 주옵소서 (   )

(7) 주께서 내 영혼을 사랑하사 멸망의 구덩이에서 건지셨고 내 모든 죄를 주의 등 뒤에 던지셨나이다 (   )

(8) 한 뭉치 무화과를 가져다가 종처에 붙이면 왕이 나으리라 (   )

7. 히스기야 왕이 병들었다가 나은 후에 대한 다음 질문에 답하시오.

(1) 바벨론 왕에게서 받은 것은 무엇입니까?

(2) 바벨론 사자에게 보인 것은 무엇입니까?

(3) 여호와의 말씀은 무엇입니까?

1)

2)

제14과

이사야 : 40장 – 42장

1. 40장 3-5절은 누구에 대한 예고입니까? (참고. 눅 3장, 요 1장, 마 3장)

답

2. 다음 것들이 무엇이라 외쳐졌습니까?

(1) 모든 육체 (　　) (2) 모든 아름다움 (　　　　)

(3) 이 백성 (　　) (4) 영원히 서는 것 (　　　　　　　)

3. 아름다운 소식을 전하는 자가 할 것 두 가지를 쓰시오.

(1)

(2)

4. 우상은 어떻게 만들어졌습니까?

답

5. 40장 21-26절을 읽고 가장 적합한 제목에 O표 하시오.

(1) 우상은 헛것이다. (　)

(2) 하나님과 우상을 비교해 보라. (　)

(3) 세상 사람들은 헛것이다. (　)

(4) 하나님이 창조하시고 섭리하신다. (　)

6. 영원하신 하나님은 다음 사람들에게 무엇을 주신다고 약속하셨습니까?

(1) 피곤한 자에게 (　　　　　)　(2) 무능한 자에게 (　　　　)
(3) 여호와를 앙망하는 자에게 (　　　　　)

7. 다음 말씀의 짝이 되는 문구를 찾아 써 넣으시오.

(1) 내가 너를 택하고—
(2) 두려워하지 말라—
(3) 놀라지 말라—
(4) 나의 의로운 오른손으로 너를—

8. 42장 1-9절 말씀은 누구에 대한 예언입니까? (참고. 마 12:17-21)

(1) 세례 요한 (　　)　(2) 예수 그리스도 (　　)
(3) 이사야 (　　)　(4) 갈대아 왕 (　　)

9. 다음 말씀은 몇 장 몇 절에 기록되어 있습니까?

(1) 누가 처음부터 만대를 불러내었느냐 (　　)장 (　　)절
(2) 땜질이 잘 된다 (　　)장 (　　)절
(3) 나의 벗 아브라함의 자손아 (　　)장 (　　)절
(4) 참으로 너를 도와주리라 (　　)장 (　　)절
(5) 여호와로 말미암아 즐거워하겠고......자랑하리라 (　　)장 (　　)절
(6) 버러지 같은 너 야곱아 (　　)장 (　　)절
(7) 헐벗은 산이 강이, 골짜기가 샘이, 광야가 못이, 마른 땅이 샘 근원이 되게 하리라 (　　)장 (　　)절
(8) 복이나 재난을 내리리라 우리가 함께 보고 놀라리라 (　　)장 (　　)절
(9) 부어 만든 우상들은 바람이요 공허한 것 뿐이니라 (　　)장 (　　)절
(10) 내 마음에 기뻐하는 내가 택한 사람을 보라 (　　)장 (　　)절
(11) 상한 갈대를 꺾지 아니하며 꺼져 가는 등불을 끄지 아니하고

(　　)장 (　　)절

(12) 내 영광을 다른 자에게, 내 찬송을 우상에게 주지 아니하리라

(　　)장 (　　)절

(13) 내가 해산하는 여인 같이 부르짖으리니 (　　)장 (　　)절

(14) 우상을 향하여 너희는 우리의 신이라 하는 자는 크게 수치를 당하리라

(　　)장 (　　)절

(15) 귀가 열려 있을지라도 듣지 아니하는도다 (　　)장 (　　)절

(16) 불타오르나 깨닫지 못하며 몸이 타나 마음에 두지 아니하는도다

(　　)장 (　　)절

제15과

이사야 : 43장 – 45장

1. "너는 내 것이라" 하신 말씀 중,

(1) "너"는 ( )을 말함이고,

(2) "나"는 ( ) 자신을 말함이다.

2. 다음 말씀의 짝이 되는 말씀을 보기에서 찾아 쓰시오.

보기 : 함께할 것이라 여호와 네 죄를 기억하지 아니하리라
백성들이 네 생명을 대신 어른들, 야곱, 이스라엘 백성을
이 백성은 타지도 사르지도 기억하지도 생각하지도 말라
광야에 길을 사막에 강을

(1) 물 가운데로 지날 때에—

(2) 불 가운데로 지날 때에—

(3) 너를 사랑하였은즉—

(4) 눈, 귀가 있어도 보지 못하고 듣지 못하는—

(5) 나 외에 구원자가 없느니라—

(6) 이전 일, 옛날 일을—

(7) 새 일을 행하리니—

(8) 내가 나를 위하여 나를 찬송하게 하려—

(9) 네 허물을 도말하는 자니—

(10) 욕, 진멸, 비방거리—

3. 수치를 당할 세 종류의 사람은 누구입니까?

(1)

(2)

(3)

4. 그들이 알지도 깨닫지도 못함은 무슨 이유입니까?

답

5. 여호와께서 다음에 대하여 어떻게 한다 했습니까?

(1) 헛된 말을 하는 자의 징표를:

(2) 점치는 자:

(3) 지혜로운 자들을:

(4) 하나님 종의 말:

(5) 유다 성읍:

(6) 깊음에:

(7) 성전:

6. 하나님을 알지 못하는 고레스 왕일지라도 누구를 위하여 지명하여 불렀습니까?

답

7. 어떤 자가 화 있다 했습니까?

(1)

(2)

8. 이스라엘에게로 속할 다음 나라의 것들이 무엇입니까?

(1) 애굽의:　　　　　　　(2) 구스의:　　　　　　　(3) 스바의:

9. 땅 끝의 모든 백성이 여호와를 앙망할 때 얻을 수 있는 것은 무엇입니까?

답

제16과

이사야 : 46장 – 48장

1. 다음 물음에 간단히 답하시오.

(1) 엎드러진 것은 무엇입니까?

(2) 구부러진 것은 무엇입니까?

(3) 짐승과 가축에게 실린 것은 무엇입니까?

(4) 하나님의 말씀을 들어야 할 집은 누구의 집입니까?

(5) 46장 6-7절에 계속 나오는 "그것" 은 무엇을 말합니까?

(6) 종말을 알리나 아직 이루지 않은 분은 누구입니까?

(7) 티끌에 앉아야 할 자는 누구입니까?

(8) 땅에 앉아야 할 자는 누구입니까?

(9) 여러 왕국의 여주인이라 일컬음을 받지 못할 자는 누구입니까?

(10) 한 날에 자녀를 잃고 또 과부도 될 자는 누구입니까?

(11) 스스로의 지혜와 지식에 유혹될 자는 누구입니까?

(12) 각기 제 길로 흩어지고 구원해 줄 자도 없을 자는 누구입니까?

2. 여호와께서 노하기를 더디 하고, 참으시며 이스라엘 백성을 멸절하시지 않는 이유는 무엇입니까?

(1)

(2)

3. 이스라엘 백성이 여호와의 명령을 거역하지 않고 들었다면 어떠한 복을 받겠습니까?

답

4. 땅 끝까지 반포하여 이를 말이 무엇입니까?

답

5. 다음 말씀이 나오는 장과 절을 찾아 쓰시오.

(1) 백발이 되기까지 내가 너희를 품을 것이라 ( )장 ( )절

(2) 너희는 옛적 일을 기억하라 ( )장 ( )절

(3) 나의 영광인 이스라엘을 위하여 구원을 시온에 베풀리라 ( )장 ( )절

(4) 치마를 걷어 다리를 드러내고 강을 건너라 ( )장 ( )절

(5) 우리의 구원자는 그의 이름이 만군의 여호와 ( )장 ( )절

(6) 사치하고 평안히 지내며 마음에 이르기를 나뿐이라 나 외에 다른 이가 없도다 ( )장 ( )절

(7) 주술과 많은 주문을 빌릴지라도 ( )장 ( )절

(8) 네 지혜와 네 지식이 너를 유혹하였음이라 ( )장 ( )절

(9) 그들은 초개 같아서 불에 타리니 ( )장 ( )절

(10) 너는 완고하며 네 목은 쇠의 힘줄이요 네 이마는 놋이라 ( )장 ( )절

(11) 내가 새 일 곧 네가 알지 못하던 은비(은밀)한 일을 ( )장 ( )절

(12) 내 영광을 위하여 내가 참고 너를 멸절하지 아니하리라 ( )장 ( )절

(13) 너를 고난의 풀무불에서 택하였노라 ( )장 ( )절

(14) 나는 네게 유익하도록 가르치고 너를 마땅히 행할 길로 인도하는 네 하나님 여호와라 ( )장 ( )절

(15) 바위를 쪼개사 물이 솟아나게 하셨느니라 ( )장 ( )절

(16) 악인에게는 평강이 없다 하셨느니라 ( )장 ( )절

제17과
이사야 : 49장 – 51장

1. 다음 중 맞는 것에는 O표, 틀린 것에는 ×표 하시오.

(1) 내가 여호와를 선택하여 영화롭게 하기로 결심했다. (　)

(2) 나는 여호와 보시기에 존귀한 자다. (　)

(3) 여호와는 이스라엘의 거룩한 구속자다. (　)

(4) 여호와가 그 백성을 위로하고 고난당한 자를 긍휼히 여기신다. (　)

(5) 여인이 젖먹이를 혹 잊을지라도 여호와는 우리를 잊지 않는다. (　)

(6) 49장 20-23절 말씀 중에 "이들을 누가 양육하였는고......어디서 생겼는고" 하는 말은 불평하는 말이다. (　)

(7) 여호와(나)를 바라는 자는 수치를 당하지 아니할 것이다. (　)

(8) 용사의 포로나 두려운 자의 빼앗은 것은 여호와도 어쩔 수 없다. (　)

(9) 우리가 팔린 것은 우리의 죄악을 말미암은 것이다. (　)

(10) "여호와께서 학자들의 혀(다른 사람을 깨우칠 수 있는)를 내게 주사......학자들같이 알아듣게 하시도다"라는 말씀은 내게 깨닫고 가르칠 수 있는 지혜를 주신다는 말씀이다. (　)

(11) "얼굴을 부싯돌같이 굳게" 한다는 말은 내가 저지른 죄악에 뻔뻔스럽다는 뜻이다. (　)

(12) "옷과 같이 해어지며 좀에게 먹힐 자"들이란 나를 정죄하는 자들이 그렇게 된다는 것이다. (　)

(13) 흑암 중에서는 하나님께 의뢰할 수가 없다. (　)

(14) "불을 피우고 횃불을 둘러 띤 자"(남을 해하려고)들은 슬픔에 빠지게 된다. (　)

2. 다음 말씀들이 성경에 기록된 순서대로 (　　) 안에 번호를 써 넣으시오.

(1) (　　) 아브라함이 혼자 있을 때에

(　　) 사막을 에덴 같게

(　　) 사라를 생각하여 보라

(　　) 우묵한 구덩이를 생각하여 보라

(2) (　　) 나의 구원은 영원히 있고

(　　) 율법이 내게서부터 나갈 것임이라

(　　) 내 팔이 만민을 심판하리니

(　　) 하늘이 연기같이 사라지고

(3) (　　) 용을 찌르신 이가

(　　) 시온으로 돌아오니

(　　) 여호와의 팔이여 깨소서

(　　) 라합(용의 이름: 애굽을 가리킴)을 저미시고

(4) (　　) 예루살렘이여 깰지어다

(　　) 우리가 넘어가리라 하던 자들이라

(　　) 나의 분노의 큰 잔을 네 손에서

(　　) 누가 너를 위로하랴

제18과

이사야 : 52장 – 54장

1. 다음 중 서로 관계 있는 것을 찾아 (   ) 안에 번호를 써 넣으시오.

(1) 시온이여 ( ) 보좌에 앉을지어다

(2) 예루살렘이여 ( ) 공연히 압박

(3) 앗수르인 ( ) 어찌 그리 아름다운가

(4) 복된 소식 전하는 발 ( ) 깰지어다

(5) 땅 끝까지 ( ) 지극히 존귀하게

(6) 내 종이 ( ) 떠날지어다

(7) 너희는 ( ) 구원을 봄

2. 53장은 장차 올 메시아에 관한 예언의 말씀입니다. 고난 받는 종(메시아)을 기억하며 O, ×로 답하시오.

(1) 그는 외모와 풍채가 뛰어났다. ( )

(2) 그는 많은 사람에게 버림받았다. ( )

(3) 그러나 우리는 그를 귀히 여겼다. ( )

(4) 그가 찔림은 우리의 허물 때문이었다. ( )

(5) 그가 괴로움을 당할 때 항거했다. ( )

(6) 무덤은 악인들과 함께, 묘실은 부자와 함께 되었다. ( )

(7) 그가 범죄한 자들에게는 심판하였다. ( )

3. 왜 "네 장막 터를 넓히며 휘장을 널리 펴되 말뚝을 견고히 하라" 했습니까?

답

4. 이스라엘을 지으신 자는 무엇으로 불립니까?

(1) (2)

(3) (4)

5. 54장 6-8절 말씀을 읽고 가장 적합한 제목에 O표 하시오.

(1) 여호와께서 버린 아내를 찾으라 명하신다. ( )

(2) 여호와께서 (범죄함으로) 떠난 백성을 긍휼히 여겨 영접하신다. ( )

(3) 여호와는 범죄하는 백성을 그대로 두신다. ( )

(4) 여호와는 넘치는 진노로 (범죄함으로) 떠난 백성에게서 자신의 얼굴을 가리신다. ( )

6. 다음은 54장 9-10절에 나오는 "노아의 홍수와 같은"의 뜻입니다. 가장 적합한 것에 O표 하시오. (참고. 창 9:8-17)

(1) 다시는 홍수로 생물을 멸하지 않겠다. ( )

(2) 홍수가 날 때마다 노아의 방주를 생각하라. ( )

(3) 산들은 떠나며 언덕들은 옮겨질지라도 홍수는 다시 있지 않으리라. ( )

(4) 노아 때 무지개를 두어 맹세하신 것같이 너를(백성) 노하거나 책망하지 않으신다. ( )

7. "곤고하며 광풍에 요동하여 안위를 받지 못한 자"(바벨론 포로가 되었던 유다 백성을 말함)에게 더해 줄 것들은 O표, 그 외에는 ×표 하시오.

(1) 화려한 채색으로 네 돌 사이에 더하며 청옥으로 네 기초를 쌓게 된다. (　)

(2) 홍보석으로 네 성벽을, 석류석으로 네 성문을, 네 지경을 다 보석으로 꾸민다. (　)

(3) 너(백성)는 학대를 받고, 두려워하며, 공포를 가까이 느끼게 된다. (　)

(4) 너(유다 백성)와 분쟁을 일으키는 자는 너로 말미암아 패망하게 된다. (　)

(5) 너를 대적해 송사하는 혀는 네게 정죄를 당하게 된다. (　)

제19과

이사야 : 55장 – 57장

1. 다음과 관계 있는 것을 보기에서 찾아 ( ) 안에 써 넣으시오.

보기 : 기름진 것으로 즐거움을 얻으리라 은을 달아 줌

만민의 인도자로 삼음 찾으라, 부르라 영혼이 살리라

포도주와 젖을 사라 복이 있다 영원한 이름을 줌

만민이 기도하는 집 파수꾼들 용서하시리라 여호와의 표징

(1) 돈 없이 값없이 ( )

(2) 양식이 아닌 것을 위해 ( )

(3) 내게 듣고 들으면 ( )

(4) 들으면 ( )

(5) 영원한 언약 ( )

(6) 여호와를 만날 만한 때에 ( )

(7) 하나님께로 돌아오라 ( )

(8) 잣나무는 가시나무를 대신 ( )

(9) 안식일을 지켜 행하는 사람 ( )

(10) 언약을 굳게 잡는 고자들에게 ( )

(11) 이방인의 기도를 기꺼이 받으심은 ( )

(12) 독주를 잔뜩 먹자 함 ( )

2. 어떤 자들이 자기 침상에서 편히 쉰다 했습니까?

답

3. 다음 장소에서 행하여진 일들을 써 보시오.

(1) 상수리나무 사이, 푸른 나무 아래:

(2) 바위틈:

(4) 높은 산 위에:

(5) 문과 문설주 뒤:

4. 다음은 누구를 의뢰하는 자에 해당됩니까?

(1) 바람에게 날려 가겠고 기운에 불려갈 것임:

(2) 땅을 차지하고 거룩한 산을 기업으로 얻는 자:

5. 여호와께서는 어떠한 자와 함께 거하신다고 말씀하셨습니까?

답

6. 하나님께서 영원히 다투지 아니하며 끝없이 노하시지 않는 이유는 무엇입니까?

답

7. 악인은 마치 무엇과 같다 했습니까?

답

제20과
이사야 : 58장 – 60장

1. 잘못된 금식은 어떠한 것이라 했습니까?

(1)

(2)

(3)

2. 하나님이 기뻐하시는 금식은 어떠한 것입니까?

(1)

(2)

(3)

3. 새벽 빛같이 비치고 여호와의 영광이 나타날 응답은 어떠한 것입니까?

(1)

(2)

(3)

(4)

4. 어떻게 하면 우리가 물 댄 동산같이 될 수 있습니까?

(1)

(2)

(3)

5. 안식일을 어떻게 지켜야 주 안에서 즐거움을 얻을 수 있습니까?

답

6. 여호와께서 자기 팔로 구원을 베푸실 때 다음 것들로 무엇을 삼는다 했습니까?

(1) 공의로 ( ) (2) 구원을 ( )

(3) 보복을 ( ) (4) 열심을 ( )

7. 다음 중 관계 있는 것을 찾아 줄로 연결 하시오.

(1) 일어나라 빛을 발하라 — 안기어
(2) 아들들 — 어린 낙타
(3) 딸들 — 금과 유향
(4) 미디안과 에바 — 영광이 네 위에 임하였음
(5) 눈을 들어 사방을 보라 — 네게로 모이고
(6) 스바 사람들 — 먼 곳에서
(7) 게달의 양 무리 — 무리가, 아들딸들이 다 네게로
(8) 느바욧의 숫양 — 주야로 닫히지 않음
(9) 성문 — 이제는 너를 아름다움과 기쁨
(10) 레바논의 영광 — 네게 공급
(11) 전에는 네가 버림받음 — 약한 자가 강국
(12) 작은 자가 천 명을 — 잣나무, 소나무, 황양목(회양목)

8. 다음 물음에 알맞은 답을 골라 O표 하시오.

(1) 우리가 구원받지 못함은?

1) 여호와의 손이 짧아서 ( )

2) 여호와의 귀가 둔하여 듣지 못해서 (　　)

3) 우리 죄악이 하나님 앞을 가렸기 때문에 (　　)

4) 손과 입술과 혀가 빨라서 (　　)

(2) 여호와의 생각이 미치지 않으므로 우리가 강장한 자 중에서도 (몸이 건강하다고 하나) 죽은 자 같은 이유는?

1) 낮에도 황혼 때같이 넘어지므로 (　　)

2) 공평과 의가 우리에게 미치지 못하므로 (　　)

3) 캄캄한 가운데에 행하므로 (　　)

4) 맹인같이 담을 더듬기 때문에 (　　)

제21과

이사야 : 61장 – 63장

1. 61장에 계속 나오는 "나"(내)는 누구입니까? (참고. 눅 4:16-19)

답

2. 여호와의 영이 다음 사람들에게 임하여 어떻게 변화시킵니까?

(1) 가난한 자에게:

(2) 포로 된 자에게:

(3) 갇힌 자에게:

(4) 모든 슬픈 자에게:

(5) 시온에서 슬퍼하는 자에게:

3. 그때에 다음 사람들은 무엇을 하는 자들이 됩니까?

(1) 외인:

(2) 이방 사람:

(3) 너희(언약의 백성):

4. 우리가 여호와로 인하여 기뻐하고 즐거워할 이유는 무엇입니까?

답

5. 62장 1-12절을 읽으며 다음 물음에 답하시오.

(1) 예루살렘을 빛같이, 횃불같이 은혜 주시고 그 땅 이름을 무엇이라 부

른다 했습니까? 땅 이름과 그 뜻을 쓰시오.

1) 땅 이름: 뜻:

2) 땅 이름: 뜻:

(2) 계속 나오는 "너"와 "네"는 다음 중 누구를 가리킵니까?

1) 예루살렘(시온) ( ) 2) 이방 나라 ( )

3) 이사야 ( ) 4) 여호와 ( )

(3) 여호와께서 그 능력의 팔로 맹세한 것들에 ○표 하시오.

1) 네 곡식을 네 원수들에게 양식으로 주지 아니하겠다. ( )

2) 네 포도주를 이방인이 마시지 못하게 하겠다. ( )

3) 추수한 자가 먹고, 거둔 자가 성소 뜰에서 마시리라 ( )

4) 성문으로 나아가라 도망가라 ( )

(4) 여호와께서 땅 끝까지 반포하시고 구원하실 때에 사람들이 우리를 일컬어 무엇이라 한다 했습니까?

1) 거룩한 백성 ( ) 2) 구속하신 자 ( ) 3) 찾은 바 된 자 ( )

6. 에돔에서 오는 붉은 옷을 입은 자에 관한 다음 물음에 답하시오.

(1) 그는 누구입니까?

(2) 왜 옷이 붉어졌습니까?

(3) 그를 도와주는 자가(민족들을 심판하는 일에) 몇 명이나 되었습니까?

7. 여호와의 은총을 입은 이스라엘 백성이 오히려 반역하여 누구를 근심하게 했다 했습니까?

답

8. 63장 15-19절에 기도하는 말씀이 나옵니다. 이 가운데서 하나님을

지칭하는 대명사와 우리를 지칭하는 대명사를 각각 두 개씩 쓰시오.

(1) 하나님:

(2) 우리:

제22과

이사야 : 64장 – 66장

1. 다음 말씀은 몇 장 몇 절에 기록되어 있습니까?

(1) 우리가 범죄하므로 주께서 진노하셨사오며 ( )장 ( )절

(2) 주는 아버지와 토기장이, 우리는 진흙 ( )장 ( )절

(3) 아름다운 성전이 불에 탔고 즐거워하던 곳이 다 황폐하였나이다 ( )장 ( )절

(4) 내 이름을 부르지 아니하던 나라에 내가 여기 있노라 ( )장 ( )절

(5) 항상 내 노를 일으키는 백성 ( )장 ( )절

(6) 그들의 행위를 헤아리고 그들의 품에 보응하리라 ( )장 ( )절

(7) 야곱에게 씨를 내며 유다에게서 나의 산들을 기업으로 얻을 자를 내리니 ( )장 ( )절

(8) 사론은 양떼의 우리 아골 골짜기는 소떼가 눕는 곳 ( )장 ( )절

(9) 갓에게 상을, 므니에게 섞은 술을 가득히 붓는 너희를 칼에 붙일 것인즉 죽임을 당하리라 ( )장 ( )절

(10) 내가 너를 죽이고 내 종들은 다른 이름으로 칭하리라 ( )장 ( )절

2. 새로 창조되는 새 하늘과 새 땅은 어떠합니까? O, ×로 답하시오.

(1) 이전 것이 기억되거나 생각도 남 ( )

(2) 영원히 기뻐하고 즐거워함 ( )

(3) 백 세에 죽는 자가 아이 ( )

(4) 가옥을 건축하거나 포도나무를 심지 않음 ( )

(5) 아무 일도 하지 않음 (　　)

(6) 이리와 어린 양이 함께 먹음 (　　)

(7) 성산에서는 상함도 해함도 없다. (　　)

3. 여호와께서 어떤 자를 돌보시고 어떤 것을 싫어하십니까?

(1) 권고하는 자:

(2) 싫어하는 자: 1)

2)

3)

4. 여호와의 말씀으로 말미암아 떨고 수치를 당할 자들은 어떤 자들입니까?

(1)

(2)

(3)

5. 예루살렘을 사랑하는 자에게 여호와께서 무엇으로 풍부히 주신다고 했습니까?

(1)

(2)

6. 여호와께서 무엇으로 모든 혈육에게 심판을 베푸십니까?

답

7. 66장 18-24절에 계속 나오는 "그들"은 누구를 가리킵니까?

답

8. 이사야 66장을 읽으면서 가장 은혜가 되는 말씀 한 절을 택하여 가능하면 외워서 써 보시오.

(　　)장 (　　)절:

예레미야 개요

1. 선지자 예레미야: 예레미야는 '눈물의 선지자' 또는 '고독의 선지자'로 불린다. 그는 아나돗의 제사장 힐기야의 아들로, 요시야 왕 13년에 하나님의 부르심을 받았다. 그는 40년 이상 긴 기간 동안 반대와 박해를 무릅쓰고 우상 숭배와 죄악에 빠진 유다를 향하여 하나님의 심판을 선포하였다. 극단적인 국수주의자들에게 반역자로 낙인 찍혀 고난을 당했으나 그는 끝까지 자기의 소명에 성실하였다. 그러나 그는 하나님은 심판의 하나님이실 뿐 아니라 회복의 하나님으로 멸망당한 유다를 70년 후에 다시 구원하여 회복할 것을 예언하였다.

2. 시대적인 배경: 예레미야는 오랜 동안 중동을 지배하던 앗수르가 멸망당하고 바벨론의 패권을 차지하는 국제적인 혼란기에 활동하였다. 그는 친 애굽파와 친 바벨론파가 나뉘어 싸우는 와중에서 오직 하나님을 의지하는 것만이 예루살렘 왕실이 살 길이라고 선포하였다. 그는 종교개혁을 일으킨 요시야 왕의 재위 기간에 예언을 시작하였으나 그가 애굽의 바로 느고에게 죽임을 당한 이후, 바벨론에게 유다가 멸망을 당하고 예루살렘 거민들이 바벨론에 포로로 잡혀 가는 민족적인 치욕의 역사 속에서 예언하였으며 애굽에 내려갔다가 그곳에서 죽임을 당했다.

3. 구조: 예레미야서는 52장으로 구성되어 있다. 1-45장은 유다에 대한 예언인데 1장은 예레미야의 소명, 2장부터 25장까지는 유대에 대한 정죄, 26장부터 29장까지는 예레미야의 사역, 30장부터 33장까지는 회

복될 예루살렘의 미래, 34장부터 45장까지는 함락된 예루살렘을 이야기하고 있다. 46장부터 51장까지는 이방 아홉 나라에 대한 정죄와 심판을, 그리고 52장은 예루살렘에 대한 예언을 선포하고 있다.

4. 예레미야서에 나타난 하나님의 진리:

1) 죄와 심판에 대한 경고가 이 책의 전체를 일관한다. 하나님은 범죄한 나라들을 결코 그대로 버려두지 않을 것이다. 하나님의 심판을 피하는 길은 오직 우상 숭배를 버리고 하나님께로 돌아오는 것이요, 죄악을 회개하는 것이다.

2) 그러나 하나님은 은혜와 사랑의 하나님이시다. 하나님은 죄악으로 망하는 민족이지만 영원히 멸망하게 버려두실 수 없는 분이다. 하나님은 예레미야를 통하여 회복과 구원의 미래를 약속하고 있으며, 메시아를 보내어 새 언약으로 새 하늘과 새 땅을 주실 것을 예언하고 있다.

제1과
예레미야 : 1장 – 3장

1. 다음 예레미야에 관한 설명 중 맞는 것에는 O표, 틀린 것에는 ×표 하고, 틀린 것은 바로잡으시오.

(1) 그는 선지자 힐기야의 아들이었다. ( )

(2) 그는 유다 왕 여호야김 시대부터 시드기야 왕 말년, 즉 예루살렘이 함락(사로잡힘)될 때까지 여호와의 말씀에 임했다. ( )

(3) 그가 선지자로 세움 받은 것은 출생 전부터다. ( )

(4) 그는 선지자로 부름 받을 때에 자기는 무슨 일이든지 잘 할 수 있다고 대답했다. ( )

(5) 그의 첫 환상은 살구나무 가지인데 이는 말씀을 그대로 이룬다는 뜻이다. ( )

(6) 그가 본 두 번째 환상은 끓는 가마인데 그 윗면이 남에서 북으로 기울어졌다. ( )

(7) 유다 모든 성읍을 치는 이유는 그들이 하나님을 버리고 다른 신들을 섬겨 모든 죄악을 징계함에 있다. ( )

(8) 견고한 성읍, 쇠 기둥, 놋 성벽은 예레미야를 두고 한 말이다. ( )

2. 다음은 이스라엘이 하나님을 잘 순종하고 따랐던 초기의 순결함을 하나님이 추억하시는 말씀입니다. ( ) 안에 적당한 말을 찾아 써 넣으시오.

(1) 네(이스라엘) 청년 때의 ( )와 네 신혼 때의 ( )을 기억하노니

(2) (　　　　　)은 여호와를 위한 성물 곧 그의 소산 중 첫 열매이니 그를 (　　　)는 자면 모두 벌을 받아 재앙이 그들에게 닥치리라

(3) 너희 조상들이 내게서 무슨 (　　　　　)을 보았기에 나를 멀리하고 가서 (　　　) 것을 따라 헛되이 행하였느냐

3. 다음 사람들은 애굽에서 인도되어 기름진 땅에 들어가서 어떻게 행하였습니까?

(1) 제사장들:

(2) 율법을 다루는 자들:

(3) 관리들:

(4) 선지자들:

4. 유다 백성이 행한 두 가지 악이 무엇입니까?

(1)

(2)

5. 악과 고통이 되는 것이 무엇입니까?

(1) 포로가 된 것 (　)

(2) 하나님을 버리고 경외하지 않는 것 (　)

(3) 시홀의 물을 마시며 애굽 길에 있었던 것 (　)

(4) 악으로 징계 받고 반역으로 책망받는 일 (　)

6. 다음은 무엇에 대한 설명입니까?

(1) 잿물로도 비누로도 씻을 수 없는 것 (　　　　)

(2) 붙들린 도둑같이 수치를 당한 자들 (　　　　　　　　　　　)

(3) 사나운 사자 같은 칼에 죽은 자 (　　　　　)

(4) 옷단에 묻은 피는 누구의 피? (   )

7. 단비가 그치고 늦은 비가 없어진 이유는 무엇입니까?

답

8. 패역한 이스라엘이나 유다의 남편이 누구입니까?

답

9. 이스라엘의 아버지는 누구입니까?

답

10. 다음 말씀은 3장에 나오는 말씀입니다. 몇 절에 기록되어 있습니까?

(1) 음란과 행악으로 이 땅을 더럽혔도다 (   )절

(2) 돌과 나무와 더불어 행음함(우상 숭배) (   )절

(3) 오직 네 죄를 자복하라 (   )절

(4) 배역한 자식들아 돌아오라 나는 너희 남편임이라 (   )절

(5) 배역한 자식들아 돌아오라 내가 너희의 배역함을 고치리라 (   )절

제2과

예레미야 : 4장 – 6장

1. 여호와께서 유다와 예루살렘 사람들에게 분부한 두 가지 말씀이 무엇입니까?

   (1)

   (2)

2. 4장 9절에 나오는 "그날"은 어느 날을 말합니까?

   (1) 이 세상 끝 날 ( )

   (2) 사자가 수풀에서 올라오는 날 ( )

   (3) 북방에서 재앙과 큰 멸망이 임하는 날 ( )

   (4) 메시아가 강림하실 때 ( )

3. 예루살렘이 에워싸인 이유와 구원을 얻을 방법이 무엇입니까?

   (1) 에워싸인 이유:

   (2) 구원 얻을 방법:

4. 이때의 백성들은 하나님을 알지 못하고 어리석은 자요, 지각이 없는 미련한 자식들도 악을 행하기에는 ( )이 있으나 선을 행하기에는 ( )했다.

5. 예루살렘 멸망 시 당하는 고통을 무엇으로 비유했습니까? 가장 잘 표현된 것에 O표 하시오.

(1) 슬프고 아프다. (　)

(2) 여인의 해산하는 고통 (　)

(3) 작은 산들도 요동함 (　)

(4) 연인들이 네 생명을 찾는다. (　)

6. 다음은 무엇을 말하는 것입니까?

(1) 예루살렘 넓은 거리에서 한 사람도 찾을 수 없는 자:

(2) 사자, 이리, 표범에게 죽을 자:

(3) 여호와는 계시지 아니하니 재앙이 우리에게 임하지 않는다 하는 자들:

(4) 불과 나무는 무엇입니까? 1) 불:

2) 나무:

(5) 눈이 있어도 보지 못하며 귀가 있어도 듣지 못하는 자들:

(6) 자기에게 오는 좋은 것을 막는 것:

(7) 새장에 새가 가득함 같이 가득한 것:

(8) 이 땅에 무섭고 놀라운 일:

7. 다음 서로 관계되는 것을 찾아 줄을 그어 연결하시오.

(1)	샘이 그 물을 솟구쳐냄 같이	탐욕을 부림
(2)	귀가 할례받지 못해	얼굴도 붉어지지 않음
(3)	작은 자로부터 큰 자까지	악을 드러냄
(4)	선지자로부터 제사장까지	내버린 은
(5)	가증한 일을 행할 때	듣지 못함
(6)	옛적 길 곧 선한 길로 행하라	거짓을 행함
(7)	한 민족이 북방에서	심령이 평강을
(8)	맹렬한 풀무불에도 악인은 그대로	시온의 딸인 너를 치려

제3과

예레미야 : 7장 – 9장

1. 유다 백성이 어떻게 하면 성전에 거할 수 있다고 했습니까? 네 가지 바른길과 행위를 쓰시오.

(1)

(2)

(3)

(4)

2. 왜 이(유다) 백성을 위하여 기도하지 말라고 했습니까?

답

3. 유다 백성이 힌놈 골짜기에서 행한 일을 쓰시오.

(1)

(2)

4. 다음 것들이 어떻게 된다고 했습니까?

(1) 왕, 지도자, 제사장, 선지자, 주민들의 뼈:

(2) 학, 산비둘기, 제비, 두루미:

(3) 모든 지도자의 아내:

(4) 선지자로부터 제사장까지 거짓 행위와 말:

(5) 뱀과 독사들:

5. 선지자가 다음과 같이 되기를 바라는 이유가 무엇입니까?

(1) 머리는 물, 눈은 눈물 근원:

(2) 광야에서 나그네가 머무를 곳을 얻음:

6. 여호와께서 이 악한 백성을 처치할 방법이 무엇입니까?

답

7. 그 땅이 멸망하여 광야같이 된 이유가 무엇입니까?

답

8. 여호와의 말씀에 "자랑하지 말 것"과 "자랑하라"고 한 것을 쓰시오.

(1) 자랑하지 말 것: 1)

2)

3)

(2) 자랑할 것: 1)

2)

9. 다음 나라 사람들이 받지 못한 할례는 무엇입니까?

(1) 모든 민족:

(2) 이스라엘:

제4과
예레미야 : 10장 – 12장

1. 다음 중 우상에 관한 말에는 (우상), 여호와에 관한 말에는 (여호와)라 쓰시오.

(1) 삼림에서 벤 나무요 기술공의 두 손이 도끼로 만든 것 (　　　　)

(2) 권능이 크시니 그와 같은 이가 없다 (　　　　)

(3) 말도 못하며·걸어다니지도 못함 (　　　　)

(4) 이방 사람들의 왕 (　　　　)

(5) 화를 주거나 복을 주지 못함 (　　　　)

(6) 참하나님, 살아 계신 하나님 (　　　　)

(7) 진노하심에 땅이 진동함 (　　　　)

(8) 하늘 아래에서 망하게 될 것 (　　　　)

(9) 그 속에 생기가 없음 (　　　　)

(10) 만물을 지으신 자 (　　　　)

(11) 헛것이요 망령되이 만든 것 (　　　　)

(12) 주민을 내던지기도 때로는 괴롭게도 하여 깨닫게 하는 이 (　　　　)

2. 다음과 관계 있는 말을 보기에서 골라 (　　) 안에 써 넣으시오.

보기 : 인생의 길　나를 징계하옵시되　양떼는 흩어짐

나의 고난이라 내가 참아야 하리로다　유다 성읍들을 황폐하게

(1) 내 상처여 중상을 당하였도다 (　　　　　　　　)

(2) 목자들은 어리석어 여호와를 찾지 않아 (　　　　　　　　)

(3) 북방에서부터 크게 떠드는 소리가 ( )

(4) 자신에게 있지 아니한 것 ( )

(5) 진노로 하지 마옵소서 ( )

3. 다음 말씀은 몇 장 몇 절에 기록되어 있습니까?

(1) 이 언약의 말을 따르지 않는 자는 저주를 받을 것이니라 ( )장 ( )절

(2) 내 목소리를 순종하고 나의 모든 명령을 따라 행하라 그리하면 너희는 내 백성이 되겠고 나는 너희의 하나님이 되리라 ( )장 ( )절

(3) 유다인과 예루살렘 주민 중에 반역이 있도다 ( )장 ( )절

(4) 내가 재앙을 그들에게 내리리니 그들이 피할 수 없을 것이라 ( )장 ( )절

(5) 유다야 네 신들이 네 성읍의 수와 같도다 ( )장 ( )절

(6) 그때에 네가 기뻐하겠느냐 ( )장 ( )절

(7) 너는 여호와의 이름으로 예언하지 말라 ( )장 ( )절

(8) 악한 자의 길이 형통하며 반역한 자가 다 평안함은 무슨 까닭이니이까? ( )장 ( )절

(9) 그들의 입은 주께 가까우나 그들의 마음은 머니이다 ( )장 ( )절

(10) 보행자와 함께 달려도 피곤하면 어찌 능히 말과 경주하겠느냐 ( )장 ( )절

(11) 그 황무지가 나를 향하여 슬퍼하는도다 ( )장 ( )절

(12) 밀을 심어도 가시를 거두며 ( )장 ( )절

(13) 내가 그들을 뽑아 낸 후에 내가 돌이켜 그들을 불쌍히 여겨서 ( )장 ( )절

(14) 여호와라는 내 이름으로 맹세하기를 자기들이 내 백성을 가리켜 바알로 맹세하게 한 것 같이 하면 그들이 내 백성 가운데에 세움을 입으려니와 ( )장 ( )절

제5과
예레미야 : 13장 – 15장

1. 베 띠에 관한 비유를 읽고 다음 물음에 답하시오.

(1) 첫 번째 말씀에 베 띠를 사서 어떻게 하라 하셨습니까?

(2) 다시 이른 말씀이 무엇입니까?

(3) 세 번째 이른 말씀대로 감추었던 것을 파니 어떻게 되었습니까?

(4) 네 번째 말씀하신 대로 이 비유가 주는 뜻이 무엇입니까?

1)

2)

3)

2. "모든 가죽 부대가 포도주로 차리라" 한 비유를 가장 잘 설명한 것에 O표 하시오.

(1) 모든 병이 포도주로 찰 만큼 부요하게 됨을 모든 주민이 잘 알고 있다. ( )

(2) 왕들과 제사장들과 선지자들과 주민들을 잔뜩 취하게 한다. ( )

(3) 모든 거민을 잔뜩 취하게 하여 피차 싸우고 상하여 멸망되게 하리라 ( )

(4) 모든 병이 포도주로 참 같이 주민에게 포도주로 풍부하게 해 주리라 ( )

3. 다음 중 서로 관계 있는 것을 찾아 줄로 이으시오.

(1)	듣고 교만하지 말라	울고 통곡하리라
(2)	흑암과 사망의 그늘이 되기 전에	여호와의 말씀
(3)	듣지 않고 잡혀 가면	네 아름다운 양떼는 어디
(4)	북방에서 오는 자들을 보라	선을 행할 수 있으리라
(5)	구스인이 그 피부를, 표범이 반점을	하나님께 영광을 돌리라

4. 다음 글을 읽고 관계 있는 말을 보기에서 골라 (　　) 안에 써 넣으시오.

보기 : 여호와　칼 기근 전염병으로　물도 비도 없어서　풀이 없으므로
거짓 예언　선지자나 제사장　그 죄를 벌하시리라
언약을 기억하시고　거짓 선지자들　여호와의 눈물

(1) 사환들, 밭 가는 자가 부끄러워서 머리를 가림 (　　　　　　　)
(2) 암사슴이 새끼를 버리고 들나귀들은 헐떡이니 (　　　　　)
(3) 이스라엘의 소망 고난당한 때의 구원자 (　　　　)
(4) 어그러진 길을 사랑하여 (　　　　　　　)
(5) 백성을 위하여 복을 구하지 말라 (　　　　　　　)
(6) 칼, 기근, 전염병이 아니라 확실한 평강을 주리라 (　　　　)
(7) 칼 기근에 멸망할 자들 (　　　　　)
(8) 내 백성이 큰 파멸과 중한 상처로 망하여 (　　　　　　)
(9) 어찌 할 바를 알지 못함 (　　　　　　)
(10) 주의 이름을 위하여 우리를 미워하지 마옵소서 (　　　　　　　)

5. 15장 1-4절 말씀은 모세나 사무엘의 기도라도 듣지 않을 진노, 즉 므낫세가 행한 바에 대한 것입니다. 그가 행한 것은 무엇이었습니까?

열왕기하 2장 1-9절에서 5가지만 골라 쓰시오.

(1)

(2)

(3)

(4)

(5)

6. 다음은 무엇에 대한 설명입니까?

(1) 바다 모래보다 더 많아질 것:

(2) 값없이 탈취당할 것:

(3) 선지자가 얻어 먹은 것:

(4) 백성 앞에 견고한 놋성벽:

제6과

예레미야 : 16장 - 18장

1. 다음 문장의 (   ) 안에서 옳은 것을 찾아 O표 하시오.

(1) "아내를 맞이하지 말며 자녀를 두지 말지니라" 한 이유는 (병으로 죽고 칼과 기근에 망할 것이기 때문이다, 죽어도 매장할 곳이 없고 새와 짐승이 해치지 때문이다)

(2) "초상집에 가 애곡하지 말라" 한 이유는 (부활의 소망이 있기 때문이다, 주의 평강을 빼앗고 인자와 사랑을 제하기 때문이다)

(3) "잔칫집에 가 함께 먹거나 마시지 말라" 한 이유는 (즐거워하는 소리와 신랑 신부의 소리를 끊어지게 하려 함이다, 먹고 마시는 것은 방탕한 일이기 때문이다)

(4) "우리가 범한 죄는 무엇이냐?" 하는 물음에 답은 (하나님을 버리고 다른 신을 섬겨 법을 지키지 않음, 제물을 드리지 않음)이다.

(5) 애굽 땅에서 인도하여 낸 것 같이 이스라엘을 (북방〈바벨론〉 땅과 쫓겨났던 땅에서, 남방 땅과 구스 땅에서) 인도하여 들이겠다 했다.

(6) 여호와께서 많은 어부들에게 낚게 한다는 말은 (고기를 낚는다, 사람을 이끈다)는 뜻이고, 포수들에게 사냥하게 한다는 말은 (산과 들에 짐승들을, 사람들을) 잡는다는 뜻이다.

(7) 마음 판과 제단 뿔에 새겨진 것은 (유다의 죄, 자랑스러운 이름)이다.

(8) 다음 중 어떤 사람들에게 저주가 임한다 했습니까?(세 가지)

(사람을 믿는 자, 사랑으로 실천한 자, 육신으로 그의 힘을 삼는 자, 부자, 부지런한 자, 여호와에게서 떠난 자)

(9) "물가에 심어진 나무"는 (형통한 사람, 여호와를 의지하는 자)다.

(10) "자고새가 다른 알을 품는 것" 은 (불의로 치부하는 자, 부지런한 자)를 말한다.

(11) (안식일에 짐을 지고 예루살렘 문으로 들어오면, 안식일에 병자를 업고 오면) 여호와께서 성문에 불을 놓아 꺼지지 않게 한다 하셨다.

2. 다음은 토기장이의 비유입니다. 맞는 것에는 O표, 틀린 것에는 ×표 하시오.

(1) 토기장이의 손에서 터진 그릇은 내다 버렸다. ( )

(2) 토기장이는 하나님을 말하는 것이다. ( )

(3) 이스라엘 족속은 토기장이의 손에 있는 진흙에 해당된다. ( )

(4) 어느 민족이나 국가를 하나님이 뽑거나 부수거나 멸하는 기준은 행악하는 데 있다. ( )

(5) 하나님이 내리기로 한 재앙은 그 민족이 돌이켜도 내린다. ( )

(6) 선지자가 전하는 말을 듣고 그들은 회개하고 돌아왔다. ( )

3. "그들의 재난의 날에는 내가 그들에게 등을 보이고 얼굴을 보이지 아니하리라"라는 말은 다음 중 어떤 뜻입니까?

(1) 재난 받는 것을 차마 볼 수 없다는 말 ( )

(2) 재난 받는 날에 그들이 간구하여도 듣지 않겠다는 말 ( )

(3) 부끄러워 돌아선다는 말 ( )

(4) 뒤로 도와서 재난을 면하게 해 준다는 말 ( )

4. 다음 말씀은 몇 장 몇 절에 기록되어 있습니까?

(1) 너희가 너희 조상들보다 더욱 악을 행하였도다 ( )장 ( )절

(2) 사람이 어찌 신 아닌 것을 자기의 신으로 삼겠나이까 ( )장 ( )절

(3) 만물보다 거짓되고 심히 부패한 것은 마음이라 ( )장 ( )절

(4) 무릇 여호와를 떠나는 자는 흙에 기록이 되오리니 이는 생수의 근원이
신 여호와를 버림이니이다 (　　)장 (　　)절

(5) 안식일을 거룩히 하여 (　　)장 (　　)절

(6) 처녀 이스라엘이 심히 가증한 일을 행하였도다 (　　)장 (　　)절

(7) 여호와여 나를 돌아보사 나와 더불어 다투는 그들의 목소리를 들어 보
옵소서 (　　)장 (　　)절

제7과

예레미야 : 19장 -21장

1. 힌놈의 아들의 골짜기에서 이루어진 악한 일 5가지를 써 보시오.

(1)

(2)

(3)

(4)

(5)

2. 다음은 옹기를 사서 깨뜨린 비유를 설명한 것입니다. 맞는 것에 O표 하시오.

(1) 옹기를 깨뜨린 후에는 다시 완전하게 할 수 없음 같이 그들의 멸망도 그와 같이 될 것이라는 뜻 (　)

(2) 옹기에 물건을 담는 것 같이 백성을 담아다가 버린다는 뜻 (　)

(3) 그곳을 도벳이나 힌놈의 아들의 골짜기라 칭하지 아니하고 살육의 골짜기라 칭하게 한다는 뜻 (　)

(4) 그들의 생명을 찾는 자에게 둘러싸여 곤경에 빠질 때에 그들의 아들의 고기, 딸의 고기를 먹게 하고 또 각기 친구의 고기를 먹게 되리라는 뜻 (　)

3. 예레미야가 도벳에서 돌아와 예언할 때 어디서 했습니까?

(1) 여호와의 성전 마당 (　)　(2) 여호와의 성전 지성소 (　)

(3) 여호와의 성전 문 (　)　(4) 여호와의 성전 뜰 (　)

4. 바스훌에 관한 다음 물음에 답하시오.

(1) 그는 무엇을 하는 자의 아들입니까?

(2) 그가 맡은 직분은 무엇입니까?

(3) 그가 예레미야에게 행한 일은 무엇입니까?

(4) 예레미야가 그에게 지어 준 새 이름과 그 뜻은 무엇입니까?

(5) 그는 어떻게 최후를 맞이했습니까?

5. 예레미야가 핍박과 친구의 유혹을 받고 말씀 선포를 주저하게 될 때 그 심중이 어떠했다 했습니까?

답

6. 다음 중 20장 14-18절의 뜻에 가장 적합한 것에 O표 하시오.

(1) 차라리 출생하지 않아 이 괴로운 일들을 보지 말 것을 ( )

(2) 내가 저주받아 빨리 죽었으면 ( )

(3) 내가 낳았을 때에 득남 소식을 전한 자가 저주를 받았으면 ( )

(4) 내가 태에서 나오기 전 어머니와 함께 죽어야 되었을 것을 ( )

7. 바벨론 왕 느부갓네살의 공격에 왕은 기도를 청했습니다. 그 답이 무엇이었습니까?

답

8. 바벨론이 침입할 때의 두 길을 설명하시오.

(1) 사는 길:

(2) 죽는 길:

9. 악행으로 인한 유다 왕과 주민의 대적은 갈대아(바벨론)인과 또 누구입니까?

답

10. 다음 말씀은 몇 장 몇 절에 기록되어 있습니까?

(1) 도벳 땅처럼 되리라 (　　)장 (　　)절

(2) 예레미야를 때리고......나무 고랑으로 채워 두었더니 (　　)장 (　　)절

(3) 내가 조롱거리가 되니 사람마다 종일토록 나를 조롱하나이다 (　　)장 (　　)절

(4) 내 친한 벗도 다 내가 실족하기를 기다리며 (　　)장 (　　)절

(5) 의인을 시험하사 그 폐부와 심장을 보시는 만군의 여호와여 (　　)장 (　　)절

(6) 그들이 큰 전염병에 죽으리라 (　　)장 (　　)절

(7) 다윗의 집이여 너는 아침마다 정의롭게 판결하여 (　　)장 (　　)절

제8과

예레미야 : 22장 – 24장

1. 이 문(성문)들로 들어오는 하나님의 백성은 어떻게 하라 했습니까?

(1)

(2)

(3)

2. 예레미야는 다음 사람들에 대하여 각각 어떻게 예언했습니까? 관계 있는 말을 보기에서 찾아 써 넣으시오.

보기 : 잡혀 간 자를 위하여 슬피 울라　　나귀같이 매장함을 당하리라
그는 끌려 예루살렘 문 밖에 던져지고　　바벨론에 포로 되어 거기서 죽고
포로 되어 돌아오지 못하고 죽을 것이라　　레바논에 올라 외치라
나의 오른손의 인장반지라 할지라도　　사모하는 땅에 돌아오지 못하리라
다윗의 왕위에 앉아 다스릴 사람이 없을 것이라
무리가 그를 위하여 통곡하지 아니할 것이며

(1) 살룸 왕(혹은 여호아하스):

1)

2)

(2) 여호야김:

1)

2)

3)

(3) 고니야(여고냐 또는 여호야긴):

1)

2)

3)

4)

5)

3. 23장 1-8절 말씀은 메시아(그리스도)가 장차 이를 말씀이라 했습니다. 다음 중 맞는 것에는 O표, 틀린 것에는 ×표 하시오.

(1) 목자들(선지자나 지도자들)은 양 무리를 잘 돌보았다. (   )

(2) 하나님은 백성 중에 남은 자의 무리를 다 진멸할 것이다. (   )

(3) 때가 되어 다윗에게 한 의로운 가지를 일으켜 정의와 공의를 행하실 것이다. (   )

(4) 그 이름은 여호와 우리의 공의라 할 것이다. (   )

4. 다음 말씀 중 거짓 선지자의 행위나 말에는 (거짓), 참선지자나 하나님에 대한 것에는 (참)이라 쓰시오.

(1) 내 마음이 상하며 내 모든 뼈가 떨림 (   )

(2) 바알을 의지하고 예언하며 이스라엘을 그릇되게 함 (   )

(3) 간음을 행하며 악을 행하는 자의 손을 강하게 함 (   )

(4) 묵시는 자기 마음으로 말미암은 것 (   )

(5) 너희가 끝 날에 그것을 완전히 깨달으리라 (   )

(6) 나는 가까운 데에 있는 하나님이요 먼 데에 있는 하나님은 아니냐 (   )

(7) 내가 꿈을 꾸었다고 함 (   )

(8) 내 말을 받은 자는 성실함으로 내 말을 말할 것이라 (   )

(9) 아무 유익이 없는 그들 (   )

(10) 여호와의 엄중한 말씀이 무엇인가 (   )

5. 다음 세 항목의 뜻이 연결되도록 줄로 연결하시오.

(1) 성전 앞	시드기야, 고관, 애굽에 사는 자	다시 이 땅으로 인도
(2) 좋은 무화과	무화과 두 광주리	조롱과 저주, 멸절
(3) 악한 무화과	갈대아로 간 유다 포로	포로로 잡혀 간 후의 일

제9과

예레미야 : 25장 – 27장

1. 다음과 관계 있는 햇수를 보기에서 골라 ( ) 안에 써 넣으시오.

보기 : 여호야김 사 년(느부갓네살 원년) 이십삼 년 동안

칠십 년 동안 칠십 년 후에는

(1) 신랑 신부, 맷돌 소리와 등불 빛이 끊어지고 바벨론 왕을 섬김 ( )

(2) 여호와의 말씀이 예레미야에 임함 ( )

(3) 바벨론 왕과 그 땅을 영원히 폐허가 되게 함 ( )

(4) 유다 백성에 관한 말씀이 임함 ( )

2. 다음 중 하나님의 진노의 잔을 마시게 될 나라들에 O표 하시오.

(1) 예루살렘과 유다 성읍들 ( )

(2) 모든 섞여 사는 민족들과 우스 땅 ( )

(3) 애굽 왕 바로와 ( ) (4) 아스글론, 가사, 에그론, 아스돗 ( )

(5) 블레셋 ( ) (6) 인도 ( ) (7) 모압 ( ) (8) 두로와 시돈 ( )

(9) 바다 건너편 섬 ( ) (10) 살쩍을 깎은 모든 자 ( )

(11) 아라비아 ( ) (12) 북쪽 원근 ( )

3. 다음 중 여호와에게 살육을 당한 자들의 모습에는 O표, 아닌 것에는 ×표 하시오.

(1) 온 가족이 애통해함( )

(2) 시신을 거두어 주는 자가 없음 ( )

(3) 각각 자기 동산에 매장함 ( )

(4) 지면에서 분토가 됨 ( )

4. 다음 중 맞는 것에는 O표, 틀린 것에는 ×표 하시오.

(1) 여호와의 말씀을 여호와의 집 뜰에서 서서 경배하는 자들에게 이르게 했다. ( )

(2) 예언한 내용의 요지는 지금이라도 그 악한 길에서 떠나면 내리려던 재앙을 돌이키신다는 것이다. ( )

(3) 예언을 들은 백성들이 예레미야를 죽이려 했으나 제사장과 선지자들은 살리려 했다. ( )

(4) 이전에 미가가 예언했을 때는 히스기야 왕과 모든 유다가 그를 두려워하여 여호와께 간구하여 재앙에서 돌이킴을 받았다. ( )

(5) 또 이전에 우리야가 같은 말로 예언할 때도 여호야김 왕과 온 백성이 돌아와 간구하여 재앙에서 돌이킴을 받았다. ( )

(6) 아히감이 예레미야를 보호하여 백성의 손에 죽지 않게 했다. ( )

(7) 예레미야가 멘 줄과 멍에의 뜻은 이같이 모든 나라가 바벨론 왕을 섬기게 된다는 뜻을 알림에 있다. ( )

(8) 바벨론 왕을 섬기지 않으리라고 예언하는 선지자들은 모두 거짓 예언자들이었다. ( )

(9) 예레미야의 말은 바벨론 왕을 대적하고 끝까지 싸우자는 주장이었다. ( )

(10) 여호와의 성전의 기구들은 여호와께서 돌아보시는 날 바벨론으로부터 다시 돌려오게 된다. ( )

제10과
예레미야 : 28장 – 30장

1. 다음 중 예레미야가 한 말과 행위에는 (예레미야), 하나냐에 관한 말과 행위에는 (하나냐)라고 쓰시오.

(1) 시드기야 왕 사 년 다섯째 달에 여호와의 집에서 제사장들과 백성들 앞에서 예언 (　　　　　)

(2) 바벨론 왕의 멍에를 꺾고 모든 기구를 이 년 안에 다시 이곳으로 되돌려 오리라 (　　　　　)

(3) 여고니야와 모든 포로를 다시 돌아오게 하리니 (　　　　　)

(4) 아멘, 여호와는 이같이 하옵소서 (　　　　　)

(5) 나와 너 이전의 선지자들이 큰 나라들에 대하여 전쟁과 재앙과 전염병을 예언하였느니라 (　　　　　)

(6) 그 예언자의 말이 응한 후에야 그가 진실로 여호와께서 보내신 선지자로 인정받게 되리라 (　　　　　)

(7) 내가 이 년 안에 모든 민족의 목에서 느부갓네살의 멍에를 꺾어 버리리라 (　　　　　)

(8) 네가 나무 멍에들을 꺾었으나 그 대신 쇠 멍에들을 만들었느니라 (　　　　　)

(9) 들짐승도 그에게 주었느니라 (　　　　　)

(10) 거짓을 믿게 하고 여호와께 패역한 말을 하다 그 해 일곱째 달에 죽음 (　　　　　)

2. 예레미야의 편지를 다음 중 누구의 손에 위탁했는지 맞는 것에 O표

하시오.

(1) 장로들, 제사장들과 선지자들 (　　)

(2) 여고니야 왕과 왕후와 궁중 내시들 (　　)

(3) 고관들, 기능공, 토공들 (　　)

(4) 유다 왕 시드기야 (　　)

(5) 엘리사와 그마랴 (　　)

3. 다음은 하나님이 예레미야를 통해 바벨론에 잡혀 간 포로들에게 하신 말씀입니다. 맞는 것에는 O표, 틀린 것에는 ×표 하시오.

(1) 바벨론으로 잡혀 가게 한 분은 하나님이다. (　　)

(2) 너희는 거기서 집을 짓고 결혼하고 생업에 충성하여 번성하라 (　　)

(3) 그 성읍(바벨론)이 빨리 망하도록 기도하라 (　　)

(4) 선지자들의 말은 다 믿어라 (　　)

(5) 꿈도 곧이 듣고 믿지 말라 (　　)

(6) 칠십 년이 차면 이곳(예루살렘)으로 돌아오게 하리라 (　　)

(7) 인간을 향한 하나님의 생각은 재앙을 주려 함이 아니라 소망을 주려 함이다. (　　)

(8) 기도하고 온 마음으로 찾으면 여호와를 만날 수 있다. (　　)

4. 29장에 나오는 거짓 선지자 3인을 쓰고 그 잘못된 것을 써 보시오.

(1) 거짓 선지자들:

(2) 잘못된 점:

5. 여호와의 말씀에 다음 사항들이 어떻게 된다 했습니까?

(1) 이스라엘과 유다의 포로들:

(2) 이방인:

(3) 창상과 상처를 누가 고쳐 줍니까?:

(4) 유다의 성읍:

(5) 왕과 통치자:

제11과

예레미야 : 31장 – 33장

1. 다음 말씀은 31장 몇 절 말씀입니까?

(1) 내가 영원한 사랑으로 너를 사랑하기에 (　　)절

(2) 너희는 일어나라......우리 하나님 여호와께로 나아가자 (　　)절

(3) 맹인과 다리 저는 사람과 잉태한 여인과 해산하는 여인이 함께 있으며......돌아오리라 (　　)절

(4) 그 심령은 물 댄 동산 같겠고 다시는 근심이 없으리로다 (　　)절

(5) 라마에서 슬퍼하며 통곡하는 소리가 들리니 라헬이 그 자식 때문에 애곡하는 것이라 (　　)절

(6) 내가 교훈을 받은 후에 내 볼기를 쳤사오니 (　　)절

(7) 네가 전에 가던 길을 마음에 두라 (　　)절

(8) 새 일을 세상에 창조 (　　)절

(9) 피곤한 심령을 상쾌하게 하며 모든 연약한 심령을 만족하게 (　　)절

(10) 자기의 죄악으로 말미암아 죽으리라 (　　)절

(11) 나는 그들의 하나님이 되고 그들은 내 백성이 될 것이라 (　　)절

(12) 내가 그들의 악행을 사하고 다시는 그 죄를 기억하지 아니하리라 (　　)절

(13) 그의 이름은 만군의 여호와 (　　)절

(14) 여호와의 거룩한 곳이니라 (　　)절

2. 다음 물음에 간단히 답하시오.

(1) 바벨론 군대가 예루살렘을 에워싼 때는 언제입니까?

(2) 예레미야가 갇혔던 곳은 어디입니까?

(3) 예레미야를 가둔 이유는 무엇입니까?

(4) 은 십칠 세겔을 주고 누구에게서 무엇을 샀습니까?

(5) 예루살렘 주민들이 섬긴 가증한 것들이 무엇입니까?

1)

2)

3)

(6) 여호와께서 이 백성에게 큰 재앙을 내리신 것 같이 내릴 것이 무엇입니까?

(7) 일을 행하는 자, 그 일을 성취하는 자가 이른 말이 무엇입니까? (외워 쓰시오)

(8) 여호와께서 유다와 이스라엘의 모든 죄악을 어떻게 한다 했습니까?

(9) 예루살렘 거리에서 다시 들릴 소리는 어떤 소리들입니까?

(10) 다윗에게서 한 의로운 가지가 나서 이 땅을 어떻게 변화시킵니까? 또 의로운 가지는 누구입니까?

변화: 1)

2)

3)

의로운 가지:

제12과
예레미야 : 34장 – 36장

1. 다음 중 유다 왕 시드기야에 관한 예언에 O표 하시오.

(1) 그가 반드시 사로잡혀 죽임(붙임)을 당한다. ( )

(2) 그의 눈은 바벨론 왕을 보고 입은 마주 대하여 말할 것이다. ( )

(3) 그는 평안히 죽을 것이다. ( )

(4) 그를 위하여 애통하는 자가 없을 것이다. ( )

2. 다음은 시드기야 왕이 노예를 해방시킨 일에 대한 것입니다. 맞는 것에는 O표, 틀린 것에는 ×표 하시오.

(1) 그는 남녀 노비를 자유롭게 했을 뿐 아니라 동족을 종으로 삼지 못하게 했다. ( )

(2) 고관들과 모든 백성이 순복했다가 후에 변하여 끌어다 다시 노비로 삼았다. ( )

(3) 본래 애굽에서 인도해 낼 때의 언약은 종이 되면 평생을 섬겨야 했다. ( )

(4) 백성들이 언약을 어겼으므로 하나님은 그들을 칼과 전염병과 기근에 붙이고 세계 여러 나라 가운데에 흩어지게 하신다 ( )

3. 레갑 족속에 관하여 다음 물음에 답하시오.

(1) 그들이 포도주를 마시지 않는 이유는 무엇입니까?

(2) 하나님의 종 선지자들을 끊임없이 보내서 이른 말씀이 무엇입니까?

(3) 하나님이 그들과 유다 백성을 비교한 말씀의 내용은 무엇입니까?

(4) 그들이 무슨 은총을 받았습니까?

4. 유다 왕 여호야김 제사년에 예레미야가 하나님의 말씀을 두루마리에 기록한 목적은 무엇입니까?

(1) 여호야김 왕이 기록하라 하므로 ( )

(2) 요시야의 날부터 오늘까지 이스라엘과 유다와 모든 나라에 대하여 기록해야 하므로 ( )

(3) 하나님이 그들에게 내리려 한 모든 재난을 듣고 각기 악한 길에서 돌이킬 듯해서 ( )

(4) 하나님이 그들의 악과 죄를 무조건 사해 주기 위해서 ( )

5. 다음 물음에 간단히 답하시오.

(1) 예레미야가 여호와의 집에 들어가지 못한 이유는 무엇입니까?

(2) 예레미야가 말한 대로 두루마리에 기록한 책을 여호와의 성전에서 낭독한 이는 누구입니까?

(3) 여호야김 제오년 구월에 예루살렘 모든 백성과 유다 성읍들에서 선포한 것은 무엇이었습니까?

(4) 14절에 "바룩이 두루마리를 손에 가지고 그들에게로 오니 그들이 바룩에게 이르되" 에서 "그들" 은 누구를 가리킵니까?

(5) 예레미야의 입을 통해 말씀을 받아 기록한 이는 누구입니까?

(6) 기록된 두루마리를 들으면서 면도칼로 베어 화로불에 던져서 두루마리를 모두 태운 사람은 누구입니까?

(7) 두루마리를 불사를 때 이를 반대한 이들은 누구입니까?

(8) 불살라 버린 두루마리는 그 후에 어떻게 되었습니까?

제13과

예레미야 : 37장 – 39장

1. 다음 문장의 (　　) 안에서 옳은 것을 찾아 O표 하시오.

(1) 시드기야가 고니야(여호야긴)를 대신해서 왕이 된 것은 (바벨론 왕이, 자기 왕과 백성이) 세운 것이다.

(2) (예루살렘이 용감하여, 애굽 군대가 나오매) 예루살렘을 에워쌌던 갈대아인들이 물러났다.

(3) 갈대아인이 떠난 것은 (아주 떠난 것이다, 다시 쳐들어온다)

(4) 예레미야가 베냐민 땅에 간 것은 (갈대아인에게 항복하려, 분깃을 받으려) 함이었다.

(5) 시드기야 왕은 예레미야의 말을 듣고 그(예레미야)를 (시위대 뜰에 가두었다, 석방했다)

(6) 네 사람이 들은즉 예레미야의 말은 갈대아인에게 (항복하면 산다, 싸우면 승리한다)는 것이었다.

(7) 예레미야를 다시 던져 넣은 구덩이는 (진흙, 물) 구덩이였다.

(8) 예레미야는 (헝겊과 낡은 옷줄, 동아 밧줄)로 구덩이에서 살아나왔다.

(9) 예레미야를 구해 준 왕궁 내시는 (유다, 구스)인이었다.

(10) 시드기야 왕이 항복하기를 주저한 것은 (바벨론 왕과 고관이, 항복한 유다인이) 두려워서였다.

2. 다음 (　　) 안에 적당한 말을 찾아 써 넣으시오.

(1) 예레미야가 예루살렘이 함락되는 날까지 (　　　　) 뜰에 머물렀다.

(2) 시드기야 왕 제구년 열째 달에는 예루살렘 성이 (　　　　　)을 당

했고 제십일년 넷째 달 아홉째 날은 (   )이 함락되었다.

(3) 시드기야 왕은 도망하다가 (   ) 평원에서 잡혔고 바벨론 왕이 그를 (   )하였다.

(4) 시드기야 왕의 눈앞에서 그 (   )을 죽였고 모든 (   )을 죽였으며 왕이 (   )을 빼게 하고 바벨론으로 옮기려고 사슬로 (   )하였다.

(5) 성중에 남아 있는 백성을 다 (   )으로 잡아가고 아무 소유가 없는 (   )은 유다 땅에 남겨 두었다.

(6) 바벨론 왕 느부갓네살은 예레미야를 (   )하였다.

(7) 여호와를 믿으므로 (   )을 얻었다.

제14과
예레미야 : 40장 – 42장

1. 다음 중 느부사라단이 행한 일에나 말에는 (느), 예레미야가 행한 말이나 일에는 (예), 그다랴가 행한 일에나 말에는 (그)라 쓰시오.

(1) 예루살렘과 유다의 포로를 바벨론으로 옮김 (　　)

(2) 결박되어 가다가 라마에서 풀려남 (　　)

(3) 너희가 여호와께 범죄하고 그의 목소리를 순종하지 아니하였으므로......이 일이 너희에게 임한 것이니라 (　　)

(4) 예레미야를 그다랴에게 돌려보냄 (　　)

(5) 미스바로 가서 그 땅에 남아 있는 백성과 그와 함께 거함 (　　)

(6) 총독이 되어 바벨론으로 옮겨가지 아니한 빈민을 맡음 (　　)

(7) 갈대아 사람 섬기기를 두려워하지 말고 이 땅에 살면서 바벨론의 왕을 섬기라 그리하면 너희에게 유익하리라 (　　)

(8) 이스마엘을 죽이지 못하게 함 (　　)

(9) 이스마엘과 그와 함께한 자들의 칼에 죽음 (　　)

(10) 죽은 지 이틀이 되어도 아는 사람이 없음 (　　)

2. 다음 이스마엘에 관한 물음에 알맞은 답을 써 넣으시오.

(1) 그가 본래 왕의 무슨 직(벼슬)을 행하였습니까?

(2) 그가 그다랴와 유다를 죽이고 또 누구도 죽였습니까?

(3) 그가 수염을 깎고 옷을 찢고 온 (통회하며 성전에 가는) 팔십 명의 사마리아인 중 몇 명을 죽여 구덩이에 던졌습니까?

(4) 그가 미스바에 남아 있는 모든 백성을 사로잡아 어디를 향해 떠났습

니까?

(5) 그가 여덟 사람과 함께 누구를 피하여 암몬 자손에게 갔습니까?

(6) 그가 애굽으로 가려 한 이유는 무엇입니까?

3. 다음을 읽고 백성의 낮은 자로부터 높은 자까지 다 나아와 예레미야에게 한 말에는 (백성), 예레미야가 답한 말에는 (예)라 쓰시오.

(1) 이 남아 있는 모든 자를 위하여......기도해 주소서 (　　　)

(2) 여호와께서 우리가 마땅히 갈 길과 할 일을 보이시기를 원하나이다 (　　　)

(3) 여호와께 기도하고......너희에게 응답하시는 것을 숨김이 없이 말하리라 (　　)

(4) 우리가 우리 하나님 여호와의 목소리를 순종하면 우리에게 복이 있으리이다 (　　　)

4. 다음은 십 일 후에 예레미야에게 임한 여호와의 말씀입니다. 맞는 것에는 O표, 틀린 것에는 ×표 하시오.

(1) 하나님은 순종하는 사람(이전에 말한 대로 이 땅에 거하는)에게는 내린 재앙에 대하여 뜻을 돌이키신다. (　)

(2) 바벨론 왕을 두려워하라 (　)

(3) 하나님이 백성을 불쌍히 여기시면 본향으로 돌려보내 주신다. (　)

(4) 애굽으로 가려는 것은 잘하는 일이다. (　)

(5) 애굽으로 가기를 고집하면 칼, 기근, 전염병에 죽을 것이다. (　)

(6) 애굽에 이를 때에는 가증함과 놀람과 저주와 치욕거리가 된다. (　)

(7) "너희가 가서 머물려고 하는 곳에서 칼과 기근과 전염병에 죽을 줄 분명히 알지니라"라는 말씀은 애굽 땅에 가면 그리 된다는 말씀이다. (　)

제15과

예레미야 : 43장 – 45장

1. 다음 중 "애굽으로 가자"고 주장한 이는 누구입니까?

(1) 예레미야 (   )

(2) 여호와 (   )

(3) 요하난과 모든 군대 지휘관 (   )

(4) 사령관 느부사라단 (   )

2. 다음 중 애굽으로 간 사람에 O표 하시오.

(1) 예레미야 (   ) (2) 요하난 (   )

(3) 갈대아인 (   ) (4) 바룩 (   )

(5) 그다랴 (   ) (6) 모든 군 지휘관과 백성 (   )

3. 다음 중 맞는 것에는 O표, 틀린 것에는 ×표 하시오.

(1) 애굽 땅 다바네스에서도 여호와의 말씀이 예레미야에게 임했다. (   )

(2) 여호와의 말씀은 느부갓네살이 애굽을 치나 이기지 못하리라는 것이다. (   )

(3) 예레미야가 진흙 속에 감춘 돌 위에 느부갓네살의 장막을 칠 것이다. (   )

(4) 애굽 신들의 집을 불사르고 석상들을 깨뜨릴 것이다. (   )

(5) 애굽 땅을 치고 죽일 자는 살리고 살릴 자는 죽일 것이다. (   )

4. 예루살렘과 유다 모든 성읍이 황무지가 되고 사는 사람이 없게 된

이유는 무엇입니까?

답

5. 애굽 땅에 머물러 살기로 고집하는 유다인들이 어떻게 됩니까?

답

6. 유다 백성들은 칼과 기근과 멸망당한 이유를 무엇 때문이라고 하며 또 예레미야의 이른 말은 무엇입니까?

(1) 유다인들이 생각하는 이유:

(2) 예레미야가 이른 말:

7. 여호와께서는 그의 명령을 불복하고 애굽으로 간 유다 백성이 어떻게 될 것이라 했습니까?

답

8. 바룩에 관한 다음 물음에 간단히 답하시오.

(1) 구전대로 기록한 때:

(2) 하지 못하게 한 일:

(3) 재난 시 그는 어떻게 된다 했습니까?

제16과
예레미야 : 46장 – 48장

1. 다음 중 애굽에 대한 예언에는 (애굽), 블레셋에 대한 예언에는 (블레셋), 모압에 대한 예언에는 (모압), 이스라엘에 대한 예언에는 (이스라엘)이라 쓰시오.

(1) 너희는 작은 방패와 큰 방패를 예배하고 나가서 싸우라 (　　　)

(2) 강의 물이 출렁임 같고 나일 강이 불어남 같은 자가 누구냐 (　　　)

(3) 네가 치료를 많이 받아도 효력이 없어 낫지 못하리라 (　　　)

(4) 너희는 굳건히 서서 준비하라 네 사방이 칼에 삼키웠느니라 (　　　)

(5) 딸이여 너는 너를 위하여 포로의 짐을 꾸리라 (　　　)

(6) 수치를 당하여 북쪽 백성의 손에 붙임을 당하리로다 (　　　)

(7) 보라 내가 너를 먼 곳에서 구원하며 네 자손을 포로 된 땅에서 구원하리니 (　　　)

(8) 내가 너와 함께 있나니 두려워하지 말라 내가 너를 흩었던 그 나라들은 다 멸할지라도 너는 사라지지 아니하리라 (　　　)

(9) 보라 물이 북쪽에서 일어나 물결치는 시내를 이루어 그 땅과 그 중에 있는..... 모든 주민이 울부짖으리라 (　　　)

(10) 여호와께서 갑돌 섬에 남아 있는 블레셋 사람을 유린하시리라 (　　　)

(11) 오호라 느보여 그가 유린당하였도다 (　　　)

(12) 찬송 소리가 없어졌도다 (　　　)

(13) 그 어린이들의 부르짖음이 들리는도다 (　　　)

(14) 그모스는 그의 제사장들과 고관들과 함께 포로 되어 갈 것이라 (　　　)

(15) 날개를 주어 날아 피하게 하라 (　　　)

(16) 젊은 시절부터 평안하고 포로도 되지 아니하였으므로 마치 술이 그......맛이 남아 있고 냄새가 변하지 아니하였도다 (　　　)

(17) 그모스로 말미암아 수치를 당하리로다 (　　　)

(18) 재난이 가까웠고 그 고난이 속히 닥치리로다 (　　　)

(19) 패하여 수치를 받나니......황폐하였다 할지어다 (　　　)

(20) 뿔이 잘렸고 그 팔이 부러졌도다 (　　　)

(21) 취하게 할지어다......그가 그 토한 것에서 뒹굴므로 조롱거리가 되리로다 (　　　)

(22) 너희는 성읍을 떠나 바위 사이에 살지어다 (　　　)

(23) 심한 교만 곧 그의 자고와 오만과 자랑과 그 마음의 거만이로다 (　　)

(24) 울며......부르짖으리니 무리가......사람을 위하여 신음하리로다 (　　)

(25) 기쁨과 환희가 옥토와......땅에서 빼앗겼도다 (　　　)

(26) 산당에서 제사하며 그 신들에게 분향하는 자를 내가 끊어 버리리라 (　　　)

(27) 나의 마음이......피리같이 소리 내며......이는 그가 모은 재물이 없어졌음이라 (　　　)

(28) 거리 각처에서 슬피 우는 소리가 들리니 내가 모압을 마음에 들지 않는 그릇 같이 깨뜨렸음이라 (　　)

(29) 파괴되었으며......애곡하는가......조롱거리와 공포의 대상이 되리로다 (　　)

(30) 여호와를 거스려 자만하였으므로 멸망하고 다시 나라를 이루지 못하리로다 (　　　)

(31) 함정에서 나오는 자는 올무에 걸리리니 (　　　)

(32) 살쩍과 떠드는 자들의 정수리를 사름이로다 (　　　)

(33) 네 아들들은 사로잡혀 갔고 네 딸들은 포로가 되었도다 (　　　)

제17과

예레미야 : 49장 – 51장

1. 다음 중 암몬에 대한 말씀에는 (암몬), 에돔에 대한 말씀에는 (에돔)이라 써 넣으시오.

(1) 랍바는 폐허 더미 언덕이 되겠고 그 마을들은 불에 탈 것이며 (　　　)

(2) 데만에 다시는 지혜가 없게 되었느냐 명철한 자에게 책략이 끊어졌느냐 그들의 지혜가 없어졌느냐 (　　　)

(3) 패역한 딸아 어찌하여 골짜기 곧 네 흐르는 골짜기를 자랑하느냐 (　　　)

(4) 보라 내가 두려움을 네 사방에서 네게 오게 하리니 (　　　)

(5) 술잔을 마시는 습관이 없는 자도 반드시 마시겠거든 네가 형벌을 온전히 면하겠느냐 (　　　)

(6) 그리로 지나는 자마다 놀라며 그 모든 재앙으로 말미암아 탄식하리로다 (　　　)

2. 다음 글을 읽고 관계 있는 말을 보기에서 찾아 (　　) 안에 써 넣으시오.

보기 : 하솔　바벨론　구속자　엘람　다메섹　내 백성　이스라엘　교만

(1) (　　　　)이 피곤하여 몸을 돌이켜 달아나려 하니......해산하는 여인 같이 고통과 슬픔이 그를 사로잡았도다

(2) (　　　　)은 큰 뱀의 거처가 되어 영원히 황폐하리니......그 가운데에 머물러 사는 사람이 아무도 없게 되리라

(3) (　　　　　　)에서 쫓겨난 자가 가지 않는 나라가 없으리라

(4) (　　　　　　)이 함락되고 벨(이방 신)이 수치를 당하며 므로닥(전쟁의 신으로 바벨론의 우상)이 부스러지며

(5) (　　　　　)은 잃어버린 양떼로다

(6) (　　　　　)을 둘러 대열을 벌이고 활을 당기는 모든 자여 화살을 아끼지 말고 쏘라

(7) (　　　　　　)은 흩어진 양이라 사자들이 그를 따르도다

(8) (　　　　　)아 내가 너를 잡으려고 올무를 놓았더니 네가 깨닫지 못하여 걸렸고

(9) (　　　　)한 자가 걸려 넘어지겠고 그를 일으킬 자가 없을 것이며

(10) 그들의 (　　　　　)는 강하니 그의 이름은 만군의 여호와라

3. 다음 중 서로 관계 있는 것을 찾아 줄로 연결하시오.

(1)	바벨론	바벨론을 멸하기로
(2)	메데 왕들을 부추겨	주민에게 갚으리라
(3)	만물을 지으신 분	영원히 잠들어
(4)	악을 행한 대로	취하게 하는 금잔
(5)	바벨론의 용사	그의 이름은 여호와
(6)	취하여 기뻐하다가	지나가는 사람이 없다
(7)	성읍들은 황폐하여	여인같이 되며
(8)	내 백성아	멸망시킬 자가 내게로부터
(9)	칼을 피한 자들이여	보응하심
(10)	하늘까지 오른다 하자	소문을 두려워하지 말라
(11)	여호와는 보복의 하나님	이같이 몰락하여
(12)	책에 돌을 매어 강에 던져	예루살렘을 마음에

4. 칼이 다른 사람들에게 임할 때 어떻게 된다 했습니까?

(1) 자랑하는 자:

(2) 용사:

(3) 병거와 잡족:

(4) 보물:

5. 바벨론을 멸한 북쪽 나라의 모습이 어떠했습니까?

답

제18과
예레미야 : 52장

1. 다음은 예루살렘이 함락되고 유다가 멸망당할 때의 일들입니다. (　　) 안에 알맞은 답을 써 넣으시오.

(1) 마지막 왕인 시드기야는 (　　)세에 왕이 되었다.

(2) (　　)년간을 예루살렘에서 다스렸다.

(3) 시드기야 왕은 여호와 보시기에 (　　)을 행했다.

(4) 여호와께서 예루살렘과 유다를 그 앞에서 쫓아내시기까지 이르게 됨은 여호와께서 그들에게 (　　　)하심이었다.

(5) 시드기야가 (　　　　) 왕을 배반하였다.

(6) 예루살렘 성이 시드기야 제(　　)년 (　　　　) 달부터 제(　　) 년 (　　)월까지 (　　)년 (　　)개월간 포위되었다.

(7) 아라바 길로 도망하던 시드기야 왕은 (　　　　) 평지에 이르러 그의 모든 군대를 잃게 되었다.

(8) 시드기야 왕의 아들들은 그의 눈앞에서 (　　)임을 당했고, 리블라에서는 유다의 모든 (　　　)이 죽임을 당했다.

(9) 시드기야 왕은 두 (　　)을 빼고 (　　　)로 결박되어 (　　　　)으로 끌려가 죽는 날까지 (　　)에 갇혔다.

(10) 바벨론의 (　　　　　) 왕 열아홉째 해에 어전 사령관 (　　　　)이 예루살렘에 이르러 (　　　　　　)과 (　　　)을 불사르고 예루살렘의 모든 (　　)을 불살랐다.

(11) 갈대아 사람의 모든 군대가 예루살렘 사면 (　　　)을 헐었다.

(12) 사령관 느부사라단이 사로잡아 간 자들은 백성 중 (　　　)한 자와

성중에 남아 있는 ( )과 왕에게 ( )한 자와 무리의 남은 자였다.

(13) 남겨 둔 가난한 백성은 ( )원을 관리하는 자와 ( )가 되게 하였다.

(14) 갈대아 사람이 여호와의 성전에서 가져간 것 중에 깨뜨린 놋 기물들은 두 ( )과 ( )과 여호와의 성전의 ( )였다.

(15) 또 섬길 때(제사나 예배용)에 쓰는 모든 ( )그릇을 다 가져갔다.

(16) 그들이 깨뜨려 가져간 두 기둥과 한 바다(물 담아 두는 큰 솥 같은 것)와 열두 놋 소는 그 무게를 헤아릴 수 없었는데, 이것들은 ( ) 왕이 여호와의 ( )을 위하여 만든 것이었다.

(17) 한 기둥의 고가 18규빗이라 했는데 이는 약 ( )센티미터가 된다. (1규빗은 45센티미터)

(18) 사령관이 잡아다가 바벨론 왕에게 주어 립나에서 죽임을 당한 사람들은 대제사장 ( ), 부제사장 ( )와 성전 문지기였고, 군사를 거느린 ( ) 한 사람과 왕의 내시 ( ) 명과 군인을 감독하는 군 지휘관의 서기관 ( )와 성 안에서 만난 평민 ( ) 명이었다.

(19) 3차에 걸쳐 느부갓네살이 잡아간 백성의 수는 ( )명이었는데 이 중 제칠 년에 유다인이 ( )명이 잡혀 갔고, 느부갓네살 ( ) 년에 예루살렘에서 ( )을 잡아 갔고, 제이십삼 년에는 유다인 ( ) 명을 잡아갔다.

(20) 유다 왕 여호야긴(마지막 왕인 시드기야 직전 왕)이 사로잡혀 간 지 ( )년에 옥에서 나왔고……그에게 ( )하게 말하고……그 죄수의 ( )을 갈아입혔고 그의 평생 동안 항상 ( )의 앞에서 먹게 하였으며……그가 날마다 쓸 것을 왕에게서 받는 ( )이 있었고……종신토록 받았더라

예레미야애가 개요

1. 명칭: 본서의 히브리어 제목은 '아, 어찌하여!' 라는 뜻의 비통함과 놀람을 나타내는 감탄사 '애카' 에서 비롯되었다. 헬라어 성경(LXX)은 애가서를 예언서의 하나로 예레미야서 다음에 배치하였다. 이것이 우리말 성경의 순서가 되었다. 그러나 히브리어 성경에서는 성문서로 분류하여 아가서, 룻기, 전도서, 에스더와 함께 배치되었다. 헬라어 성경의 제목 '트레나' (눈물들)는 '소리 높여 울다' 라는 뜻의 '트레마이' 에서 유래하였으며 우리말 성경의 제목은 헬라어 번역 성경의 제목을 따랐다.

2. 저자 및 연대: 고대로부터 예레미야애가는 예레미야의 작품으로 인정되어 왔다. 헬라어 번역(LXX) 1장 1절 앞에 "이스라엘이 포로로 끌려가고 예루살렘이 무너진 후 예레미야가 앉아 이 애가를 갖고 슬피 울었으니, 그가 노래하기를" 하는 말이 있다. 이 말이 히브리어 성경에도 있었는지에 대해서는 논란이 있으나 성경에는 이 책이 예레미야의 저작임을 시사하는 말씀들이 많다. 이 책은 B.C. 586년 바벨론 정복자들에 의하여 성전이 무너지고 예루살렘이 폐허가 된 채 백성들은 모두 포로로 끌려간 민족의 비극의 시대에 기록되었다.

3. 구조: 이 책은 5장으로 구성되어 있다. 1-4장까지는 심판받은 예루살렘을 바라보면서 애통하는 노래로, 1장은 예루살렘의 멸망을, 2장은 여호와의 진노를, 3장은 자비를 구하는 기도를, 그리고 4장은 포위당한

예루살렘의 참상과 미래의 희망을 노래하고있다. 그리고 5장은 회개를 위한 기도로 회개와 소망을 노래하고 있다.

4. 예레미야 애가에 나타난 하나님의 진리:

1) 예루살렘의 비극적인 결말에 대한 비통함을 시로 표현하면서도 자비의 하나님이 이후에 반드시 회복시켜 주실 것을 노래함으로 다가올 회복과 희망을 묘사하고 있다.

2) 화려했던 예루살렘 도시는 죄악으로 바벨론 정복자들에 의해 비참하게 파괴되었다. 화려하던 예루살렘의 처참한 모습을 보면서 하나님의 공의로움과 인간들의 죄악의 무서움을 극명하게 보여 주고 있다. 구원과 회복의 하나님이 없다면 인류의 역사는 어두움밖에는 없을 것이다.

제1과
예레미야애가 : 1장 – 2장

1. 다음 중 서로 관계 있는 것을 찾아 줄로 연결하시오.

(1)	크던 자	원수가 되었도다
(2)	친구가	사로잡혔도다
(3)	도로들이 슬퍼함	과부 같이 되었고
(4)	어린 자녀들이	사람이 없음이로다

2. 다음 왼쪽의 말이 들어 있는 장절을 오른쪽에서 찾아 ( ) 안에 번호를 써 넣으시오.

(1) 원수들이 형통함	1장 7절 ( )
(2) 꼴을 찾지 못한 사슴	1장 9절 ( )
(3) 대적의 손에 넘어짐	1장 13절 ( )
(4) 더러운 것이 그의 옷깃에	1장 6절 ( )
(5) 보물들을 빼앗음	1장 5절 ( )
(6) 종일토록 황폐	1장 16절 ( )
(7) 내 눈에 눈물이 물같이	1장 10절 ( )
(8) 내 사랑하는 자들을 불렀으나	2장 3절 ( )
(9) 모든 악을 주 앞에 가지고 오게 하시고	2장 8절 ( )
(10) 모든 뿔을 자르셨음	2장 11절 ( )
(11) 안식일을 잊어버리게	1장 19절 ( )
(12) 성벽을 헐기로	2장 20절 ( )
(13) 내 간이 땅에 쏟아졌으니	1장 22절 ( )

(14) 파괴됨이 바다같이 크니 2장 6절 (　　)

(15) 눈동자를 쉬게 하지 말지어다 2장 18절 (　　)

(16) 그들이 낳은 아이들을 먹으오며 2장 22절 (　　)

(17) 처녀들과 청년들이 칼에 쓰러졌나이다 2장 13절 (　　)

(18) 진노하시는 날에는 피하거나 남은 자가 없나이다 2장 21절 (　　)

제2과

예레미야애가 : 3장 – 5장

1. 다음과 관계 있는 말을 보기에서 골라 (   ) 안에 써 넣으시오.

보기 : 재로 나를 덮으셨도다　고난당한 자는 나로다　본심이 아니시로다

죽은 지 오랜 자 같게 하셨도다　화살통의 화살들로 내 허리를 맞추셨도다

여호와의 자비와 긍휼이 무궁하시므로 우리가 진멸되지 아니함이니라

어찌 원망하랴　두려워하지 말라　내 생명을 속량

나를 조롱하여 노래하는 것을 주목하여 보옵소서　눈물이 시내처럼 흐름

여호와는 선하시도다　혹시 소망이 있을지로다

나를 새와 같이 심히 쫓도다　주께서 기쁘게 보시는 것이 아님

(1) 여호와의 분노의 매로 말미암아 (　　　　　　　　　　　　)

(2) 나를 어둠속에 살게 하시기를 (　　　　　　　　　　　　)

(3) 나를 화살의 과녁으로 삼으심이여 (　　　　　　　　　　　　)

(4) 조약돌로 내 이들을 꺾으시고 (　　　　　　　　　　　　)

(5) 오히려 나의 소망이 되었사옴은 (　　　　　　　　　　　　)

(6) 기다리는 자들에게나 구하는 영혼들에게 (　　　　　　　　　　　　)

(7) 입을 땅의 티끌에 댈지어다 (　　　　　　　　　　　　)

(8) 주께서 인생으로 고생, 근심하게 하심은 (　　　　　　　　　　　　)

(9) 갇힌 자들을 밟는 것과 재판을 굽게 하는 것과 송사를 억울하게 하는 것
(　　　　　　　　　　　　)

(10) 자기 죄들 때문에 벌을 받나니 (　　　　　　　　　　　　)

(11) 딸 내 백성의 파멸로 말미암아 (　　　　　　　　　　　　)

(12) 무고히 나의 대적이 된 자가 ( )

(13) 주께서 내게 가까이하여 가라사대 ( )

(14) 내 심령의 원통을 펴셨고 ( )

(15) 저희가 앉든지 서든지 ( )

2. 다음 중 서로 관계 있는 것을 찾아 줄로 이으시오.

(1) 우리의 어머니는	욕보임을 당함
(2) 종들	매달림
(3) 부녀들과 처녀들	과부들 같음
(4) 지도자들의 손	우리를 지배함
(5) 장로들의 얼굴	나무를 지다가 엎드러짐
(6) 청년들	맷돌을 지고 다시 노래하지 못함
(7) 아이들	존경을 받지 못함

3. 다음 말씀들의 제목을 보기에서 찾아 ( ) 안에 써 넣으시오.

보기 : 붉은 옷과 거름더미 자비한 부녀와 자녀 순금과 질항아리
산호와 숯 들개와 타조 죄와 피 에돔과 잔 독수리

(1) 순금에 비할 만큼 보배로운 시온의 아들들이 어찌 그리 토기장이가 만든 질항아리같이 여김이 되었는고 ( )

(2) 들개들도 젖을 주어 그들의 새끼를 먹이나 딸 내 백성은 잔인하여 마치 광야의 타조 ( )

(3) 이전에는 붉은 옷을 입고 자라난 자들이 이제는 거름 더미를 안음 ( )

(4) 눈보다 깨끗하고 젖보다 희며 산호들보다 붉어 그들의 윤택함이 갈아서 빛낸 청옥 같더니 이제는 그들의 얼굴이 숯보다 검고 그들의 가죽

이 뼈들에 붙어 막대기같이 ( )

(5) 내 백성이 멸망할 때에 자비로운 부녀들이 자기들의 손으로 자기들의 자녀를 삶아 먹었도다 ( )

(6) 선지자들의 죄들과 제사장들의 죄악들 때문이니 성읍 안에서 의인들의 피를 흘렸도다 ( )

(7) 우리를 뒤쫓는 자들이 하늘의 독수리보다 빠름이여 ( )

(8) 에돔아 즐거워하며 기뻐하라 잔이 네게도 이를지니 네가 취하여 벌거벗으리라 ( )

에스겔 개요

1. 선지자 에스겔: 에스겔은 제사장 부시의 아들로 태어났다. 그의 이름 '에스겔' 은 히브리어로 '하나님께서 강하게 하신다' 라는 뜻을 갖고 있다. 그는 B.C. 597년 느부갓네살의 제2차 침입 때 바벨론에 포로로 잡혀 갔다. 그는 바벨론에서 하나님의 대변자로 그리고 포로들을 위한 파수꾼으로 소명을 받았다. 그는 이방의 풍습을 좇고 우상 숭배에 빠진 반역한 백성들을 향한 회개와 심판을 선포하였으나 동시에 절망하는 백성들에게 하나님의 위로와 구원을 선포하였다. 하나님께서는 반드시 포로에서 해방시킬 것이며 영원한 구원을 베푸실 것을 확신하고 선포하였다.

2. 시대적 배경: 에스겔의 사역 기간은 유다가 바벨론에 포로로 잡혀가던 B.C. 593년부터 570년까지다. 바로 느고가 이끈 애굽의 군대는 B.C. 605년에 유브라데 강변인 갈그미스에서 크게 패했다. 이때부터 바벨론이 중도의 새 주인이 되었고 유다는 바벨론의 속국이 되었다. 그러나 유다는 우상 숭배와 죄악을 회개하지 않았으며, 결국에는 바벨론에 의해 예루살렘 성은 허물어지고 성전은 파괴되고 왕과 수많은 사람이 바벨론에 포로가 되었다. 에스겔은 포로가 되어 바벨론 그발 강가에 있는 니플 근처 마을에 살면서 하나님의 계시를 받고 예언하였다.

3. 구조: 에스겔서는 48장으로 구성되어 있다. 1-24장은 유다 왕국에 대한 심판으로, 1장부터 3장까지는 소명을 받는 에스겔, 4장부터 24장

까지는 유다 왕국에 대한 예언이다. 25-32장은 암몬, 모압 등 유다 주변 일곱 이방에 대한 심판이다. 그리고 33-48장은 장차 임할 회복을 선포한 것인데, 33장부터 39장까지는 이스라엘의 회복에 대한 예언이요, 40장부터 48장까지는 메시아 왕국의 영광을 선포하는 말씀이다.

4. 에스겔서에 나타난 하나님의 진리:

1) 하나님의 선택을 받은 유다를 괴롭히며 회개하지 않던 주위의 여러 나라는 하나님의 심판을 면하지 못한다. 하나님은 죄를 미워하시고 회개하기를 원하신다.

2) 하나님은 회복하시고 구원하시는 은혜의 하나님이다. 비록 사람들로서는 어쩔 수 없지만 하나님은 성령님을 보내시어 반역한 백성들을 구속하고 구원하여 영광스러운 미래를 만드실 것이다. 그러므로 멸망의 저주 가운데서도 하나님께 소망을 두어야 한다.

3) 하나님은 자기의 죄에 빠져 끊임없이 반역하는 백성들을 궁극적으로 회복시키고 구원하기 위하여 메시아 시대를 열 것이다. 인간의 시대는 끝나고 하나님의 은혜의 시대가 열릴 것이다.

제1과
에스겔 : 1장 – 3장

1. 다음 중 맞는 것에는 O표, 틀린 것에는 ×표 하시오.

(1) 이 글을 쓴 에스겔(내)은 그발 강가 사로잡힌 자 중에 있었다. (   )

(2) 에스겔은 본시 왕이었다. (   )

(3) 에스겔이 본 네 생물의 형상은 사람의 형상이었다. (   )

(4) 서로 연한 날개로 행할 때에는 꼬불꼬불 굽게 행한다. (   )

(5) 얼굴 모양은 사람, 사자, 소, 독수리의 모양이다. (   )

(6) 생물들은 굼벵이같이 느리게 왕래한다. (   )

(7) 바퀴의 모양과 구조는 넷이 똑같다. (   )

(8) 그 바퀴 가운데에는 생물의 영이 있다. (   )

(9) 날개 소리는 바람 소리와 잡신을 부르는 소리와 같다. (   )

(10) 그때에 이스라엘 자손은 얼굴이 뻔뻔하고 마음이 굳은 자였다. (   )

(11) 여호와의 말씀은 그들이 듣든지 아니 듣든지 전하는 선지자는 있었다. (   )

(12) 에스겔이 받은 두루마리 책에는 즐거운 노래와 웃음과 기뻐 뛰노는 말이 기록되었다. (   )

2. 다음 물음에 알맞은 답을 보기에서 찾아 써 넣으시오.

보기 : 마음이 굳은 족속　말 못 하는 자　그발 강가
의인이 그의 공의에서 돌이켜 악을 행할 때　두루마리 책　들
인자, 즉 모든 성도　에스겔　이스라엘 족속　여호와

(1) 에스겔이 먹으니 꿀같이 달던 것이 무엇입니까?

(2) 에스겔을 어느 족속에게로 보냈습니까?

(3) 이스라엘 족속은 어떠한 족속이라 했습니까?

(4) 금강석같이 굳은 이마는 누구입니까?

(5) 에스겔이 7일을 지낸 곳은 어디입니까?

(6) 파수꾼 에스겔이 누구를 대신해서 외쳐야 합니까?

(7) 악인에게 깨우쳐 주거나 일러 주지 않았을 때 그 피 값을 누구에게서 찾는다고 했습니까?

(8) 기억할 바 못 되는 의는 어떤 것입니까?

(9) 여호와께서 에스겔을 명하여 어디로 나아가라 했습니까?

(10) 꾸짖는 자가 되지 못하게 무엇이 되게 했습니까?

제2과

에스겔 : 4장 – 6장

1. 다음은 에스겔이 백성의 죄악을 담당하는 상징입니다. (　　) 안에 적당한 말을 찾아 써 넣으시오.

(1) 왼쪽으로 (　　)일을 누워 (　　　　) 족속의 죄악을 담당하라

(2) 오른쪽으로 (　　)일을 누워 (　　) 족속의 죄악을 담당하라 (　　)가 (　　)년이니라

(3) 또 네 얼굴을 에워싸인 (　　　　) 쪽으로 향하고 팔을 걷어 올리고 (　　)하라 내가 줄로 너를 동이리니...... 몸을 (　　　　) 돌리지 못하리라

2. 모로 눕는 390일간에 먹으라고 한 곡식에는 O표, 그렇지 않은 것에는 ×표 하시오.

(1) 쌀 (　)　(2) 밀 (　)　(3) 녹두 (　)　(4) 보리 (　)

(5) 콩과 팥 (　)　(6) 모밀과 수수 (　)　(7) 조와 귀리 (　)

(8) 옥수수와 기장 (　)

3. 떡을 어떻게 구웠는지 맞는 것에 O표 하시오.

(1) 하나님이 첫 번에 명하신 대로 인분 불을 피워 구웠다. (　)

(2) 에스겔이 생각나는 대로 쇠똥으로 구웠다. (　)

(3) 하나님이 처음엔 인분불을 명했으나 다음에 쇠똥으로 굽게 하셨다. (　)

(4) 하나님이 처음에는 쇠똥으로 구울 것을 명했으나 다음에 인분 불로 굽게 하셨다. (　)

4. 칼로 깎은 머리털과 수염은 각각 어떻게 하라 했습니까?

(1) 3분의 1:

(2) 3분의 1:

(3) 3분의 1:

5. 여호와께서 이 같은 벌을 내리시는 이유를 찾아 O표 하시오.

(1) 악행이 이방인보다 더하고 여호와의 율례와 규례를 지키지 않으므로 ( )

(2) 서로 분쟁하고 다른 나라들을 자주 괴롭히므로 ( )

(3) 여호와께서 이방인들도 사랑하시므로 ( )

(4) 여호와께서 악한 이스라엘을 버리시고 이방인들을 새로 택하여 세우시려고 ( )

6. 예루살렘 멸망 시에 어떤 처참한 일이 일어납니까? 가장 처참하다고 생각되는 것에 O표 하시오.

(1) 칼이 임하고 남은 자를 사방에 흩음 ( )

(2) 기근을 더하여 양식을 끊음 ( )

(3) 아비가 아들을, 아들이 아비를 먹음 ( )

(4) 악한 짐승과 전염병과 살육으로 행함 ( )

7. 다음 중 여호와께서 예루살렘 산들을 향하여 예언하신 말씀에 O표 하시오.

(1) 너희 산당을 멸하리라 ( )

(2) 영원토록 태양상을 섬기리라 ( )

(3) 너희가 죽임을 당하여 너희 우상 앞에 엎드러지게 할 것이라 ( )

(4) 시체를 그 우상 앞에 두며 너희 해골을 제단 사방에 흩으리라 ( )

(5) 사막이 샘이 되어 흐르리라 (　　)

(6) 분향 제단들이 찍히고 만든 것이 다 폐하여지며 살육당하리라 (　　)

8. 이스라엘 사람이 가증히 악을 행하여 칼과 기근과 전염병에 망할 때에 다음 사람들이 어떻게 된다 했습니까?

(1) 먼 데 있는 자:

(2) 가까운 데 있는 자:

(3) 남아 있어 에워싸인 자:

제3과
에스겔 : 7장 – 9장

1. 다음 중 맞는 것에는 O표, 틀린 것에는 ×표 하시오.

(1) “끝났도다” 한 말은 여호와의 진노가 끝났다는 말이다. ( )

(2) “그것이 왔도다” 한 말은 그 땅 주민에게 정한 재앙이 임했다는 말이다. ( )

(3) 여호와께서 행한 대로 보응하되 아끼지도 긍휼히 여기지도 아니하여 여호와가 치는 줄을 알게 된다. ( )

(4) 포학이 죄악의 몽둥이가 되었다. ( )

(5) 그들도, 무리도, 재물도, 하나도 남지 않고 없어지되 아름다운 것은 그대로 남는다. ( )

(6) 사는 자도 파는 자도 기뻐하거나 근심하지 말 것은 진노가 모든 무리에게 임함이다. ( )

(7) 밖에는 칼이, 안에는 전염병과 기근이 있으나 산 위로 도망하는 자는 노루처럼 즐거워할 것이다. ( )

(8) 그들은 굵은 베로 허리를 묶고, 두려움이 덮이고, 얼굴에는 수치가, 머리는 대머리가 될 것이다. ( )

(9) 진노의 날에는 평소 준비해 둔 은과 금이 족하게 쓰인다. ( )

(10) “얼굴을 그들에게서 돌이킨다”라는 말은 그들을 사랑한다는 말이다. ( )

(11) 쇠사슬을 만들라 한 이유는 피 흘리는 죄와 강포가 그 성읍에 찼음이다. ( )

2. 환난에 환난이 더할 때의 일입니다. 서로 관계 있는 것을 찾아 (   ) 안에 번호를 써 넣으시오.

(1) 선지자 (   ) 율법이 없어짐
(2) 제사장 (   ) 애통
(3) 장로 (   ) 묵시가 헛됨
(4) 왕 (   ) 떨림
(5) 고관 (   ) 책략이 없어짐
(6) 주민의 손 (   ) 놀람

3. 가는 베옷을 입고 서기관의 먹그릇을 찬 사람이 행한 일에 관하여 서로 관계 있는 말을 찾아 연결하시오.

(1) 어떤 자의 이마에 표를? 땅에 피가 가득, 성읍에 불법이 찼나니
(2) 모든 사람을 쳐 죽이되 가증한 일로 탄식하고 우는 자의 이마에
(3) 이스라엘과 유다의 죄악으로 성소에서

4. 다음은 (포로된 지) 여섯째 해 여섯째 달 초닷새에 에스겔이 본 환상입니다. 묻는 말의 답을 보기에서 찾아 번호를 써 넣으시오.

보기 : (1) 여호와 우리를 보지 아니하며, 이 땅을 버리셨다 함
(2) 성전을 등지고 낯을 동쪽으로 향하여 동쪽 태양에게 예배함
(3) 예루살렘 전 질투를 일어나게 하는 우상의 자리에
(4) 각양 곤충, 가증한 짐승, 모든 우상을 사방 벽에 그렸고 장로 중 70명과 야아사냐도 손에 향로를 들고 있었다.
(5) 여인들이 앉아 담무스(식물을 보호한다는 신)를 위하여 애곡함

(1) 하나님의 영광이 어디 있었습니까? (   )
(2) 담을 헐고 들어간 문에서 본 것들은 무엇입니까? (   )

(3) 장로들이 우상의 방에서 행하며 이른 말이 무엇입니까? (   )

(4) 북문에서 본 것은 무엇입니까? (   )

(5) 약 25인이 행한 일은 무엇입니까? (   )

제4과
에스겔 : 10장 – 12장

1. 다음 글을 읽고 (   ) 안에 들어갈 말을 보기에서 찾아 써 넣으시오.

보기 : 첫째 사람 사자 독수리 성읍 숯불 전능 음성
그룹 그발 눈 네 황옥 넷 바퀴

(1) 너는 그룹 밑 바퀴 사이 속에서 (   )을 두 손에 가득히 움켜 가지고 (   ) 위에 흩으라

(2) 그룹들의 날개 소리는 (   )하신 하나님의 (   ) 같더라

(3) 바퀴 수는 (   )개이고 모양은 (   ) 같으며 그 모양은 (   )이 꼭 같은데 마치 바퀴 안에 (   )가 있는 것 같으며

(4) 네 그룹의 바퀴의 둘레에 다 (   )이 가득하더라

(5) 그룹들의 네 면의 (   ) 면은 그룹의 얼굴, 둘째 면은 (   )의 얼굴, 셋째는 (   )의 얼굴, 넷째는 (   )의 얼굴이더라

(6) "그들이 서면 이들도 서고......" 에서 "그들" 은 (   )들을 말하고 "이들" 은 그 바퀴들을 말한다.

(7) 그룹들은 에스겔이 (   ) 강가에서 보던 그 모양과 같더라

2. 다음 물음의 답을 보기에서 찾아 (   ) 안에 번호를 써 넣으시오.

보기 : (1) 그들이 죽인 시체와 그 성읍
(2) 갈대아에 있는 사로잡힌 자 중에
(3) 미운 것과 가증한 것을 마음으로 따르는 자
(4) 전 동문에 있는 야아사냐와 블라댜 등의 고관과 스물다섯 명

(5) 날이 더디고 모든 묵시가 사라진다

(6) 이방인 중에서 자기의 모든 가증한 일을 자백하게 하여 하나님을 여호와인 줄 알게 하려 함

(7) 칼

(8) 예루살렘 주민

(9) 블라댜

(10) 여러 날 후의 일이라 그가 멀리 있는 때에 대하여 예언함

(11) 왕은 캄캄할 때에 행구를 메고 나가며 눈으로 땅을 보지 아니하려고 자기 얼굴을 가림

(12) 그들이 그것을 보면 비록 반역한 족속일지라도 혹 생각이 있으리라 해서

(1) 불의를 품고 성중에서 악한 꾀를 꾸미는 자들이 누구입니까? (　　)

(2) 여호와의 영이 말한 중에 고기와 가마(솥)는 무엇입니까? (　　)

(3) 칼을 두려워할 때 무엇으로 임하게 합니까? (　　)

(4) 에스겔이 예언할 때 죽은 자는 누구입니까? (　　)

(5) "너희는 여호와에게서 멀리 떠나라" 한 이들이 누구였습니까? (　　)

(6) 어떤 자들이 그 행위대로 머리에 보응을 받습니까? (　　)

(7) 에스겔을 주의 영이 들어 어디에 두고 떠났습니까? (　　)

(8) 에스겔이 행장을 꾸려 이사하며 포로 되어 가는 자같이 행하여 목전에 보인 이유는 무엇입니까? (　　)

(9) 예루살렘 성벽을 뚫고 나갈 때에 왕은 어떻게 행합니까? (　　)

(10) 칼과 기근과 전염병을 벗어날 몇 사람의 할 일이 무엇입니까? (　　)

(11) 이때에 이스라엘 땅에 떠도는 속담이 무엇이었습니까? (　　)

(12) 에스겔이 보는 묵시로는 이스라엘 족속의 말로가 어떻다 했습니까? (　　)

제5과
에스겔 : 13장 – 15장

1. 다음은 13장에 나오는 거짓 선지자의 모습입니다. 성경에 기록된 순서대로 (　　) 안에 번호를 써 넣으시오.

(1) (　　) 황무지에 있는 여우 같으니라
(　　) 자기 마음대로 예언하는 자
(　　) 본 것이 없이 자기 심령을 따라 예언하는 어리석은 선지자
(　　) 성 무너진 곳에 올라가지도……성벽을 수축하지도 아니하였느니라
(　　) 허탄한 묵시를 보며 거짓된 점괘를 말한 것이 아니냐

(2) (　　) 평강이 없으나 평강이 있다 함이라
(　　) 담도 없어지고 칠한 자들도 없어졌다
(　　) 내 손이 그들을 쳐서 내 백성의 공회에 들어오지……호적에도……땅에도 들어가지 못하게 하리니
(　　) 내 백성의 영혼은 사냥하면서 자기를 위하여는 영혼을 살리려 하느냐
(　　) 폭풍을 퍼붓고 내가 진노하여……큰 우박덩이로 무너뜨리리라
(　　) 자기 마음대로 예언하는 여자들에게 경고하며 예언하여
(　　) 내가 내 백성을 너희 손에서 건져 내리니 내가 여호와인 줄을 너희가 알리라
(　　) 의인의 마음을 너희가 거짓말로 근심하게 하며

2. 다음은 이스라엘 장로 두어 사람에 관한 말입니다. 맞는 것에는 O표,

틀린 것에는 ×표 하시오.

(1) 이들은 자기 우상을 마음에 두지 아니하고 멸하였다. ( )

(2) 우상을 마음에 두고 죄악의 걸림돌을 자기 앞에 두고 선지자에게 나오는 자에게는 여호와가 우상의 수효대로 보응한다. ( )

(3) 이스라엘 족속이 우상을 섬긴다는 말은 곧 여호와를 배반하는 것이다. ( )

(4) 여호와의 말씀은 "너희 마음을 돌이키고, 우상을 떠나며, 모든 가증한 것을 떠나라"는 것이다. ( )

3. 선지자의 죄악과 그 선지자에게 묻는 자의 죄악 중 어느 것이 더 중합니까?

(1) 선지자의 죄악 ( ) (2) 묻는 자의 죄악 ( )

(3) 같아서 각각 자기 죄악을 담당 ( )

4. 다음 중 여호와께서 예루살렘에 내릴 4가지 중한 벌에 O표 하시오.

(1) 칼 ( ) (2) 솔개 ( ) (3) 지진 ( )

(4) 기근 ( ) (5) 홍수 ( ) (6) 사나운 짐승 ( )

(7) 황충이 떼 ( ) (8) 전염병 ( )

5. 그 나라가 이 네 가지 벌로 죽임을 당할 때 다음 사람들 중 자기 생명만 건질 수 있는 자는 누구입니까?

(1) 왕 ( ) (2) 노아의 가족 ( ) (3) 제사장 ( )

(4) 욥의 친구들 ( ) (5) 노아, 다니엘, 욥 ( ) (6) 장로 ( )

6. 다음은 포도나무에 관한 말입니다. 맞는 것에는 O표, 틀린 것에는 ×표 하시오.

(1) 포도나무가 모든 나무 중에 나은 것은 잎이 좋아서다. (　)

(2) 못이나 무엇을 만들 수도 없다. (　)

(3) 땔감이 될 뿐이다. (　)

(4) 이 땔감이 된 포도나무는 곧 이스라엘(예루살렘) 주민을 말한다. (　)

제6과

에스겔 : 16장 - 18장

1. 다음 말씀의 짝을 오른쪽에서 찾아 (   ) 안에 번호를 써 넣으시오.

(1) 아버지는 아모리 사람	(	) 네가 나던 날에 들에 버려졌고
(2) 배꼽 줄을 자르지 아니하였고	(	) 피투성이라도 살아 있으라
(3) 너를 불쌍히 여긴 자가 없어	(	) 사랑을 할 만한 때
(4) 피투성이가 되어 발짓하는 것을 보고	(	) 어머니는 헷 사람
(5) 머리털이 자랐으나	(	) 왕후의 지위에
(6) 때	(	) 소금을 뿌리지 아니하였고
(7) 물돼지 가죽신을 신기고	(	) 벌거벗은 알몸
(8) 극히 곱고 형통하여	(	) 불살랐느니라
(9) 명성이 이방인 중에 퍼짐은	(	) 화려한 왕관을 씌움
(10) 명성을 가지고 행음	(	) 앗수르 갈대아까지 행음
(11) 남자 우상을 만들어	(	) 그가 입힌 영화로 온전함
(12) 자녀를	(	) 너를 대적하게
(13) 애굽, 블레셋 사람으로 부족하여	(	) 교만, 풍족, 태평, 가증
(14) 남편 대신에 다른 남자들과	(	) 행음
(15) 모든 자를 사방에서 모아	(	) 전무후무함
(16) 행위대로	(	) 간음하는 아내
(17) 어미가 어떠하면	(	) 보응
(18) 소돔의 죄악	(	) 딸도 그렇다
(19) 너와 네 딸들도	(	) 여호와인 줄 알게
(20) 영원한 언약으로	(	) 지위를 회복

2. 17장에 나오는 비유 가운데 두 독수리 중 처음 독수리는 바벨론 제국의 왕이고 다음 독수리는 애굽 왕을 말합니다. 또 백향목 연한 가지는 유다 왕 여호야긴이고 포도나무 가지는 시드기야 왕을 말합니다. 이 비유의 뜻에 가장 잘 맞는 것에 O표 하시오.

(1) 애굽에 잡혀 간 이스라엘이 그들과 언약을 지켜야 설 수 있었으나 애굽을 배반하고 바벨론에 구하려다가 도움받지 못하고 칼에 엎드러질 것이다. ( )

(2) 바벨론에 잡혀 간 이스라엘이 그들과 언약을 지켜야 설 수 있었으나 바벨론을 배반하고 애굽에 구하려다가 도움받지 못하고 칼에 엎드러질 것이다. ( )

(3) 바벨론에 잡혀 간 이스라엘이 스스로 독립하고자 배반하여 싸우다가 멸절하게 된다. ( )

(4) 애굽이 이스라엘을 구하려고 바벨론과 전쟁을 하나 이기지 못할 것이다. ( )

3. 다음 중 살아날 자에는 O표, 죽을 자에는 ×표 하시오.

(1) 범죄하는 그 영혼 ( )

(2) 주의 율례와 규례를 지켜 행하는 의인 ( )

(3) 이 의인의 아들이 악을 행할 때 ( )

(4) 이 악인의 아들이 주의 법도를 지켜 의를 행할 때 ( )

(5) 악인이 모든 죄에서 떠나 주의 법과 의를 행할 때 ( )

(6) 의인이 의에서 떠나 범죄하고 악인의 길을 걸을 때 ( )

제7과
에스겔 : 19장 – 21장

1. 19장에 나오는 비유 중에 어미 암사자는 유다 왕국이고 첫 젊은 사자는 여호아하스 왕이며, 다음 사자는 여호야김 왕을 가리키고 키 큰 포도나무 가지는 시드기야 왕을 말합니다. 다음은 각각 어느 왕에 해당되는 말인지 (　　) 안에서 한 사람을 택하여 O표 하시오.

   (1) 이방이 그를 잡아 갈고리로 꿰어 끌고 애굽 땅으로 간지라 (여호아하스 왕, 여호야긴 왕, 시드기야 왕)

   (2) 이방이 그물을 치고 잡아 갈고리로 꿰어 끌고 바벨론 왕에게 이르렀나니 (여호아하스 왕, 여호야긴 왕, 시드기야 왕)

   (3) 분노 중에 뽑혀서 던짐을 당하매 그 열매는 동풍에 마르고 그 강한 가지들은 꺾이고 말라 불에 탔더니 (여호아하스 왕, 여호야긴 왕, 시드기야 왕)

2. 일곱째 해 다섯째 달 열째 날에 관한 다음 질문의 답을 보기에서 찾아 써 넣으시오.

보기 : 나는 여호와 너의 하나님　　장로 두어 사람

젖과 꿀이 흐르고 땅 중의 아름다운 곳

내게 묻기를 용납하지 아니하리라　　조상들의 가증한 일

가증한 것과 애굽의 우상들

우상을 좇고 규례와 율례를 준행하지 않고 안식일을 더럽혔기 때문

반역한 자 범죄한 자들　　산과 나무에 제사, 제물, 분향, 전제

모든 푸른 나무와 마른 나무들　　율례 규례 안식일을 거룩히 지키는 것

여호와의 이름을 이방인의 눈앞에서 더럽히지 아니하려고

여러 나라 중에서 모아 광야에서 심판　　거룩한 산 곧 이스라엘의 높은 산

(1) 누가 여호와께 물으려고 에스겔 앞에 앉았습니까?

(2) 여호와의 답이 무엇이었습니까?

(3) 여호와께서 에스겔로 하여금 그들에게 무엇을 알게 하라 했습니까?

(4) 여호와께서 애굽에서 그들에게 맹세하여 이른 말씀이 무엇이었습니까?

(5) 여호와께서 애굽 땅에서 맹세하여 그들을 인도하여 이르게 할 땅은 어떤 곳이라 했습니까?

(6) 그들이 반역하여 버리지 않고 떠나지 않은 것은 무엇입니까?

(7) 여호와가 이방인의 눈앞에서 그들을 인도하여 낸 이유는 무엇입니까?

(8) 그들이 약속된 땅에 인도되지 못한 이유는 무엇입니까?

(9) 하나님과 그들 사이에 표징이 되는 것이 무엇입니까?

(10) 여호와께서 맹세한 땅으로 그들을 인도하였을 때 그들이 행한 일은 무엇입니까?

(11) 여호와의 능한 손과 편 팔로 분노를 쏟아 어떻게 다스린다 했습니까?

(12) 머물러 살던 땅에서는 나와도 이스라엘 땅에는 들어가지 못할 자들은 누구입니까?

(13) 20장 40절 이하에 계속 나오는 "거기서"는 어디를 말합니까?

(14) 여호와의 불이 무엇들을 멸한다 했습니까?

3. 여호와의 칼에 관하여 O, ×로 답하시오.

(1) 의인과 악인을 네게서 끊을지라 ( )

(2) 모든 육체는 여호와의 칼을 칼집에서 빼낸 줄을 알지라 ( )

(3) 그 칼은 다시 꽂히리라 ( )

(4) 그 칼은 날카롭고도 빛났다. ( )

(5) 그 칼은 이방인에게 임한다. ( )

(6) 그 칼은 사람들을 둘러싸고 죽이는 큰 칼이다. ( )

(7) 바벨론 왕의 칼은 랍바와 예루살렘 두 길 중 예루살렘을 택했다. ( )

(8) 극악한 이스라엘 왕의 날이 이르렀다. ( )

(9) 암몬 족속의 칼도 뽑히며 빛났다. ( )

(10) 여호와께 심판받기 위해 암몬 족속의 칼은 칼집에 꽂아야 한다. ( )

제8과

에스겔 : 22장 - 24장

1. 다음 (　　) 안에 적당한 말을 찾아 써 넣으시오.

(1) 이 피 흘린 성읍을 심판하려느냐 그리하려거든 자기의 모든 (　　　　) 한 일을 그들이 알게 하라

(2) 너 (　　　　)이 더럽고 어지러움이 많은 자여 가까운 자나 먼 자나 다 너를 (　　　　)하리라

(3) 네 가운데에서 (　　　　)를 업신여겼으며 네 가운데에서 나그네를 (　　　　)하였으며 네 가운데에서 (　　　　)와 (　　　　)를 해하였도다

(4) 어떤 사람은 그 이웃의 (　　　　)와 가증한 일을 행하였으며...... 이웃을 속여 빼앗았으며 (　　　　)를 잊어버렸도다

(5) 네가 자신 때문에 나라들의 목전에서 (　　　　)를 당하리니 내가 (　　　　) 인 줄 알리라

(6) (　　)이 풀무불 가운데에서 녹는 것 같이 (　　　　)가 그 가운데에서 녹으리니

(7) (　　　　)들의 반역함이 우는 사자가 음식물을 움킴 같았도다

(8) 그 제사장들은 내 (　　　　)을 범하였으며......그의 눈을 가리어 나의 (　　　　)을 보지 아니하였으므로 내가 그들 가운데에서 (　　　　) 을 받았느니라

(9) (　　　　)은 음식물을 삼키는 이리 같아서

(10) 이 땅 백성은 (　　　　)하고, (　　　　)을 일삼고 가난하고, (　　　　) 한 자를 압제하고

2. 사마리아와 예루살렘을 두 음란한 여인으로 비유했는데 그들의 이름은 무엇입니까?

(1) 사마리아를 상징하는 큰 딸의 이름:

(2) 예루살렘을 상징하는 작은 딸의 이름:

3. 음란한 두 딸은 각각 어느 나라 사람과 연애하여 음행했다고 했습니까?

(1) 큰딸: (　　　　) 사람, (　　　　) 사람

(2) 작은딸: (　　　　) 사람, (　　　　) 사람, (　　　　) 사람

4. 다음 중 오홀리바를 사랑하다가 싫어하여 그를 칠 사람들에 O표 하시오.

바벨론　블레셋　갈대아　모압　애굽　앗수르

5. 다음을 읽고 오홀라와 오홀리바를 심판할 때 그들이 행한 가증한 일이라 생각되는 것에는 O표, 아닌 것에는 ×표 하시오.

(1) 행음함 (　)　(2) 피를 손에 묻힘 (　)

(3) 자식들을 화제로 살랐음 (　)　(4) 안식일을 잘 지킴 (　)

(5) 성소를 더럽힘 (　)　(6) 목욕하고 눈썹을 그림 (　)

(7) 잡류와 술 취한 사람을 청함 (　)

6. 아홉째 해 열째 달 열째 날에 임한 말씀에 관한 다음 물음에 알맞은 답을 골라 O표 하시오.

(1) 베푼 비유에 가장 적합한 내용은 무엇입니까?

1) 녹슨 가마에 양을 잡아 각을 떠서 뼈가 무르도록 삶아라 (　)

2) 이 성읍의 죄는 녹슨 솥과 같아서 불에서도 없어지지 않는다. (　)

3) 흘린 피값을 받는다. (　)

4) 나무를 많이 쌓고 뜨겁게 하여 고기를 삶아 졸이고 태우라 (　)

(2) 가마는 성읍(예루살렘)을 상징합니다. 그 안의 고기는 무엇을 상징합니까?

1) 예루살렘 건물들 (　)

2) 예루살렘 성 안에 있는 가축들 (　)

3) 예루살렘 백성들 (　)

4) 예루살렘 성 안에 거주하는 외국인들 (　)

7. 에스겔의 아내의 죽음은 무엇을 교훈하시기 위한 것이었습니까?

(1) 유다와 이스라엘에 닥쳐올 비극이 클 것을 나타내 보이기 위한 것이다. (　)

(2) 슬픔을 이겨내는 훈련을 시키시려는 것이다. (　)

(3) 선지자는 아내가 죽더라도 울지 말아야 함을 교훈하시기 위함이다. (　)

(4) 아내가 죽는 것은 특별한 것이 아님을 나타내려 하심이다. (　)

제9과
에스겔 : 25장 – 27장

1. 다음은 암몬, 모압, 에돔, 블레셋 족속에 대한 예언입니다. (   ) 안에 해당되는 족속의 이름을 써 넣으시오.

(1) 주 여호와의 말씀을 들을지어다 (   )

(2) 유다 족속이 사로잡힐 때에......아하 좋다 하였도다 (   )

(3) 이스라엘 땅에 대하여 손뼉을 치며 발을 구르며 마음을 다하여 멸시하며 즐거워하였나니 (   )

(4) 유다 족속은 모든 이방과 다름이 없다 하도다 (   )

(5) 암몬 족속과 더불어 동방 사람에게 넘겨 주어 기업을 삼게 할 것이라 (   )

(6) 원수를 갚음으로 심히 범죄하였도다 (   )

(7) 사람과 짐승을 그 가운데에서 끊어 데만에서부터 황폐하게 하리니 드단까지 칼에 엎드러지리라 (   )

(8) 내가 원수를 갚음인 줄을......알리라 (   )

(9) 해변에 남은 자를 진멸하되 (   )

(10) 그들에게 원수를 갚은즉 내가 여호와인 줄을 그들이 알리라 (   )

2. 열한째 해 초하루에 두로에 대한 예언에 관한 다음 물음에 보기에서 답을 찾아 써 넣으시오.

보기 : 망대를 찍고   두로   아하 만민의 문이 깨져서 내게로 돌아왔도다
모든 거리를 밟으며   백성을 죽임   바벨론 왕 느부갓네살
두로가 멸망당함을 인하여 떨며 놀라서

(1) 예루살렘을 쳐서 이른 말:

(2) 여호와께서 두로를 치라고 보낸 사람:

(3) 두로가 침입받았을 때에 도끼로:

(4) 두로가 침입받았을 때에 말굽으로:

(5) 두로가 침입받았을 때에 칼로:

(6) 바다의 모든 왕이 보좌에서 내려 조복을 벗고 슬픈 노래를 부른 이유:

(7) 26장 19-21절에 계속 나오는 "너"는 누구를 가리킵니까?

3. 두로를 향한 애가 중에서 다음 것들로 무엇을 만들었는지 관계 있는 것을 찾아 줄로 연결하시오.

(1)	스닐의 잣나무	노
(2)	레바논의 백향목	상아로 꾸며 갑판을 만듦
(3)	바산의 상수리나무	돛
(4)	깃딤 섬 황양목	판자
(5)	애굽의 수놓은 가는 베	돛대
(6)	엘리사 섬의 청색 자색 베	선장
(7)	시돈과 아르왓 주민들	배의 틈을 막는 자
(8)	지혜자들	사공
(9)	그발의 노인들과 지혜자들	차일

4. 다음 중 두로가 패망할 때 일어나는 일에 O표 하시오.

(1) 선장의 부르짖는 소리에 물결이 흔들림 (   )

(2) 크게 소리 질러 기뻐함 (   )

(3) 머리털을 밀고 베띠를 띠고 슬피 통곡함 (   )

(4) 슬픈 노래를 불러 애도함 (   )

(5) 섬의 주민들이 기뻐하고 왕들이 심히 즐거워함 ( )

(6) 공포의 대상이 되고 영원히 다시 있지 못하리라 함 ( )

5. 두로를 향한 애가 중에서 다음 사람들은 무엇을 가지고 무역했다 했습니까? 줄을 그어 연결하시오.

(1)	다시스	밀, 과자, 꿀, 기름과 유향
(2)	야완, 두발, 메섹	말과 군마와 노새
(3)	도갈마 족속	사람과 놋그릇
(4)	드단 사람	은, 철, 주석과 납 등 각종 보화
(5)	아람	포도주, 흰 양털
(6)	유다와 이스라엘	상아와 박달나무
(7)	다메섹	각종 극상품 향 재료, 보석과 황금
(8)	아라비아와 게달	청색 옷, 수놓은 물품, 빛난 옷
(9)	스바와 라아마	남보석, 자색 베, 수 놓은 것, 산호, 홍보석
(10)	하란 등지	어린 양, 숫양, 염소

제10과
에스겔 : 28장 – 30장

1. 두로 왕의 큰 교만 3가지를 쓰시오.

(1)

(2)

(3)

2. 두로 왕은 결국 어떻게 됩니까?

답

3. 두로 왕을 위한 애가에 의하면 왕이

(1) (   )한 도장이었고

(2) (   )가 (   )하며

(3) (   )히 아름다웠다.

4. 두로 왕을 위한 애가에 의하면 왕이

(1) 지음 받던 날에: (   )와 (   )가 준비되었고

(2) 기름 부음 받아 세울 때: (   )의 (   )에 있어서 불타는 (   ) 사이에 왕래하였고

(3) 모든 길에 완전하더니: 마침내 (   )가 드러났도다

(4) (   )이 많으므로: (   )가 가득하여 (   )하였도다

(5) 아름다우므로: (   )하였으며

(6) 영화로우므로: 네 (   )를 더럽히고

(7) 네 모든 성소를 더럽혔음이여: 네 가운데서 (　　)을 내어 사르고

5. 시돈에 무엇을 보내어 국문한다고 했습니까?

(1) 메뚜기 떼 (　) (2) 유황불 (　)

(3) 전염병 (　) (4) 광풍과 기근 (　)

6. 애굽을 쳐서 예언할 때 애굽 왕 바로를 무엇에 비유했습니까?

(1) 산중에 큰 호랑이 (　) (2) 강에 누운 큰 악어 (　)

(3) 바다에 용 (　) (4) 길가에 독사 (　)

7. 애굽은 본래 이스라엘 족속에게 무엇이었습니까?

(1) 싹 난 지팡이 (　) (2) 백향목 지팡이 (　)

(3) 상수리나무 (　) (4) 갈대 지팡이 (　)

8. 애굽 땅이 몇 년간 황무지가 된다고 했습니까?

(1) 40년 동안 (　) (2) 30년 동안 (　)

(3) 50년 동안 (　) (4) 10년 동안 (　)

9. 애굽이 어느 나라에 멸망당한다 했습니까?

(1) 이스라엘 족속에게 (　)

(2) 두로의 병거와 군대들에게 (　)

(3) 바벨론 왕 느부갓네살에게 (　)

(4) 아라비아 게달의 연합군에게 (　)

10. 다음 중 서로 관계 있는 것을 찾아 줄로 연결하시오.

(1)	그날(여호와의 날)	엎드러질 것이요
(2)	동맹한 땅	낮아질 것
(3)	붙들어 주는 자도	구름의 날 여러 나라의 때
(4)	교만한 권세도	애굽의 무리들을 끊음
(5)	애굽의 재앙의 날	함께 칼에 엎드러짐
(6)	바벨론 왕 느부갓네살의 손	없애고 부숨
(7)	우상과 신상들을	구스 사람을 두렵게
(8)	드합느헤스	칼이 떨어지게
(9)	열한째 해 첫째 달 일곱째 날	떨어뜨림
(10)	바벨론의 팔을 꺾어	말씀이 임함
(11)	바벨론 왕의 팔은	날이 어둡고
(12)	바로의 팔은	들어 주고

제11과

에스겔 : 31장 – 33장

1. 다음 말씀은 몇 장 몇 절에 기록되어 있습니까?

(1) 앗수르 사람은...... 레바논 백향목 (   )장 (   )절

(2) 둑의 물이 들의 모든 나무에까지 미치매 (   )장 (   )절

(3) 새가 그 큰 가지에 깃들이며 짐승이 새끼를 낳으며 모든 큰 나라가 그 그늘 아래에 거주하였느니라 (   )장 (   )절

(4) 백향목, 잣나무, 단풍나무나 하나님의 동산에 어떤 나무도 그 아름다운 모양과 같지 아니함 (   )장 (   )절

(5) 높이 솟아났으므로 마음이 교만하였은즉 (   )장 (   )절

(6) 가는 가지와 굵은 가지가 떨어지고 꺾임 (   )장 (   )절

(7) 키가 크다고 교만하지 못하게 (   )장 (   )절

(8) 레바논의 나무들이 지하에서 위로를 받게 하였느니라 (   )장 (   )절

(9) 거기에서 할례를 받지 못하고 칼에 죽임을 당한 자 가운데에 누우리라 (   )장 (   )절

(10) 바로 왕에 대하여 슬픈 노래를 불러 그에게 이르라 (   )장 (   )절

(11) 네 피로 땅에 물 대듯 하며, 모든 개천을 채우리로다 (   )장 (   )절

(12) 많은 백성의 마음을 번뇌하게 할 것임이여 (   )장 (   )절

(13) 바벨론 왕의 칼이 네게 오리로다 (   )장 (   )절

(14) 애굽과 그 모든 무리를 위하여 이것을 슬피 부르리로다 (   )장 (   )절

2. 다음 중 "죽임을 당하여 엎드러질" 나라들에 O표 하시오.

(1) 애굽 (　　) (2) 이스라엘 (　　) (3) 앗수르 (　　) (4) 엘람 (　　)

(5) 블레셋 (　　) (6) 구스 (　　) (7) 메섹 (　　) (8) 두발 (　　)

(9) 시온 (　　) (10) 모압 (　　) (11) 에돔 (　　) (12) 시돈 (　　)

3. 다음 중 구원받아 살 자에는 O표, 죽임을 당할 자에는 ×표 하시오.

(1) 나팔 소리를 듣고도 정신차리지 않은 자 (　　)

(2) 파수꾼이 칼이 임함을 보고도 나팔을 불지 아니하여 백성에게 경고하지 아니한 자 (　　)

(3) 악인에게 말로 경고하지 아니한 자 (　　)

(4) 악인에게 경고하여 돌이키라 한 자 (　　)

(5) 의인이 범죄한 자 (　　)

(6) 악인이 돌이켜 그 악에서 떠날 때 (　　)

4. 다음 사항에 대하여 간단히 답하시오.

(1) 열두째 해 열째 달 다섯째 날:

(2) 혼자서 땅을 기업으로 받은 사람은 누구입니까?

5. 여호와의 말씀에 다음 사람들이 어떻게 된다고 했습니까? 관계 있는 것을 찾아 줄로 연결하시오.

(1)	황무지에 있는 자	전염병에 죽게 됨
(2)	들에 있는 자	선지자인 줄 알게 됨
(3)	산성과 굴에 있는 자	칼에 엎드러뜨림
(4)	그 입으로는 사랑을 나타내는 자	들짐승이 먹게 함
(5)	그 말이 응할 때	마음은 이익을 따름

제12과
에스겔 : 34장 – 36장

1. 다음은 화 받을 이스라엘 목자들에 관한 것입니다. 틀린 것에 O표 하시오.

(1) 양은 잡아먹되 그 양떼는 먹이지 않음 ( )

(2) 연약한 자를 강하게 함 ( )

(3) 병든 자를 고치지 아니함 ( )

(4) 잃어버린 자를 찾지 아니함 ( )

(5) 양떼를 지면에서 찾아다님 ( )

2. 누가 친히 이스라엘의 목자가 된다고 했습니까?

(1) 제사장 ( ) (2) 선지자 ( ) (3) 주 여호와 ( ) (4) 왕 ( )

3. 다음 중 양떼들이 잘못했다고 생각되는 것에 O표 하시오.

(1) 좋은 꼴을 먹은 후 남은 것은 발로 밟음 ( )

(2) 맑은 물을 마신 후 남은 물은 발로 더럽힘 ( )

(3) 모든 병든 자를 뿔로 받음 ( )

4. 다음 문장의 ( ) 안에서 옳은 것을 찾아 O표 하시오.

(1) 그들 위에 세울 한 목자는 (엘리야, 다윗, 모세)

(2) 황무지와 공포의 대상이 될 산의 이름은 (세일 산, 감람 산, 시내 산)

(3) 세일 산의 죄악은 (칼의 위력에 넘김, 하나님의 권능에 붙임)

(4) 세일 산이 만날 것은 (칼, 피)

(5) 세일 산과 함께 온 땅이 황폐하게 될 곳은 (에돔, 애굽)

5. 다음은 이스라엘 산들에 관한 예언입니다. 맞는 것에는 O표, 틀린 것에는 X표 하시오.

(1) 전에 원수들이 황폐하게 하고 이방인의 기업이 되어 말거리와 비방거리가 되었다. (   )

(2) 주 여호와는 이스라엘이 이렇게 수치를 당함을 기쁘게 여기신다. (   )

(3) 사람과 짐승을 많게 하고 번성하게 할 것이라 (   )

(4) 다시는 삼키거나 백성을 제거하지 아니하리라 (   )

(5) 이스라엘이 고국 땅에 거할 때에 땅 위에 피를 쏟았으며 우상들로 더럽혀졌고 여러 나라에서는 주의 거룩한 이름이 그들로 인하여 더러워졌다. (   )

(6) 주의 거룩한 이름을 아낌은 이스라엘을 위함이요, 주의 이름을 위함이 아니니다. (   )

(7) 이 백성을 여러 나라 가운데에서 인도하여 고국 땅에 들어가서 정결하게 하되 모든 우상을 섬길 수 있도록 할 것이다. (   )

(8) 또 새 영과 새 마음을 줄 것이다. (   )

(9) 부드러운 마음과 주의 영을 두어 주의 율례를 행하게 한다. (   )

(10) 주께서 모든 죄악에서 정결하게 하는 날에야 성읍들에 사람이 거주하고 황폐한 것이 건축될 것이다. (   )

(11) 사람이 이르기를 에덴 동산 같다 하리라 (   )

(12) 황폐한 성읍을 사람의 떼로 채우리라 (   )

제13과
에스겔 : 37장 – 39장

1. 골짜기 환상 중에 나타난 다음 사항 중 맞는 것에 O표 하시오.

(1) 골짜기에 가득한 것은? (시체, 사나운 짐승, 마른 뼈)

(2) "너희 마른 뼈들아 (여호와의 말씀을, 선지자의 말을, 군대의 말을) 들을지어다"

(3) "이 뼈들이 능히 살 수 있겠느냐" 하는 질문에 선지자의 답은 (예 살겠습니다, 아니요 살지 못할 것 같습니다, 주께서 아시나이다)

(4) 주께서 뼈들에게 하신 말씀 중 "내가 (생기를, 물을, 피를) 너희에게 들어가게 하리니 너희가 (살아나리라, 죽으리라)"

(5) 뼈들이 살아난 순서대로 번호를 써 넣으시오

( ) 말씀을 대언 ( ) 살이 오르며 ( ) 가죽이 덮이고

( ) 뼈들이 서로 연결 ( ) 생기 ( ) 힘줄이 생기고

(6) 이 뼈의 무리가 살아나서 된 것은? (지극히 큰 적군, 지극히 작은 무리, 지극히 큰 군대)

(7) 이 뼈들은 곧 (이스라엘, 바벨론, 애굽)이다.

(8) 여호와께서 백성들을 (무덤을 열고, 적군을 진멸하고) 거기에서 나오게 하고 이스라엘 땅으로 들어가게 하리라

2. 다음 막대기 비유에 관하여 ( ) 안에서 틀린 것을 ×표로 지우시오.

(1) 이 비유에는 막대기가 (하나, 둘) 나온다.

(2) 첫 막대기에는 (유다와 그 짝 이스라엘, 유다와 그 짝 애굽) 자손이라

썼다.

(3) 에브라임의 막대기에는 (요셉과 그 짝 베냐민, 요셉과 그 짝 이스라엘) 온 족속이다.

(4) 그 막대기들이 손에서 둘이 (하나, 넷)이(가) 되게 하라

(5) 이 비유의 뜻은 주 안에서 (한 나라, 두 나라)가 되게 하려 함이다.

(6) 이 영원한 왕국의 왕은 (모세, 다윗)이(가) 된다.

3. 다음 중 관계 있는 것을 찾아 줄을 그어 연결하시오.

(1)	광풍같이 구름같이 땅을 덮는 것	곡이 이스라엘을 치러 오면
(2)	구름같이 이스라엘을 치러 오는 무리	폭우, 우박 덩이, 불과 유황
(3)	주의 얼굴에 노가 나타날 때	에스겔과 함께하는 이스라엘 백성들
(4)	주 앞에서 떨 것들	병기들: 방패, 활 ,살 몽둥이, 창
(5)	비를 내리듯 퍼붓는 것	곡과 그 군대들
(6)	이스라엘 산 위에 엎드러질 것들	북쪽의 말타기에 능한 곡의 군대
(7)	7년간 불에 탈 것들	고기, 새, 짐승, 벌레, 모든 사람
(8)	하몬곡 골짜기에 일곱 달간 장사될 자들	이스라엘 족속
(9)	사방에서 모여 고기와 피를 먹을 자들	곡과 함께한 모든 백성
(10)	주 이름으로 긍휼받아 죄를 뉘우칠 자	각종 새, 들의 짐승들
(11)	주의 신을 쏟아 부음을 받을 자	야곱과 이스라엘 족속

4. 다음 중 갈고리로 아가리를 꿰어 끌려갈 여섯 나라가 아닌 것에 ×표 하시오.

마곡	바벨론	유다	이스라엘	바사	구스
애굽	붓	에돔	고멜	모압	도갈마

5. 38-39장에서 계속 나오는 "곡"은 말세에 성도들을 괴롭힐 적그리스도를 상징합니다. 그 말씀이 요한계시록 20장 몇 절에 나옵니까?

답

제14과

에스겔 : 40장 – 42장

※ 다음은 놋같이 빛난 사람에 관한 문제입니다. 다음 문장의 (　　) 안에서 옳은 것을 찾아 O표 하시오. (1-16항)

1. 그가 성이 함락된 후 (스물다섯째 해, 열넷째 해 첫째 달 열째 날)에 에스겔을 높은 산에 내려놓았다.

2. 그의 손에는 (삼줄과 측량하는 장대, 먹줄과 저울)이(가) 들려 있었다.

3. 그가 에스겔(인자)에게 본 것을 다 (이스라엘, 열방) 족속에게 고하라고 말했다.

4. 집 바깥 사방에 있는 것은 (담, 정원)이었다.

5. 문지기 방과 좌우 벽 사이, 그리고 현관에도 있는 것은 (담, 창)이었다.

6. 남쪽을 향한 문간으로 올라가는 층계는 (일곱, 열두) 개다.

7. 여덟 층계가 있는 문 셋은 (남문 동쪽 문 북문, 남문 서쪽 문 북문)이다.

8. 남쪽을 향한 방은 (제사를 준비하는 레위인들, 성전을 지키는 제사장

들)이 쓰고 북쪽을 향한 방은 (제단을 지키는 제사장들, 말씀을 가르치는 서기관들)이 각각 썼다.

9. 내전도 측량했는데 내전은 (지성소, 번제단)이라(라) 했다.

10. 그 층이 높아질수록 넓은 방은 (내실, 골방)이라 했다.

11. 문도 닫혔고 문 통로 안쪽에서부터 땅에서 창까지 널판자로 가려진 방은 (골방, 사랑방)이다.

12. 그룹에 두 얼굴이 있다 했는데 그 얼굴은 (사람과 사자의 얼굴, 소와 독수리의 얼굴)이다.

13. 하층과 중층보다 상층이 더 작은 이유는 (툇마루, 문지방) 때문이었다.

14. 제사장들이 지성물을 먹는 거룩한 방은 (북쪽 남쪽에, 동쪽 서쪽에) 있는 방들이다.

15. 성소에 들어갔다가 나올 때에 바로 바깥 뜰로 가지 못하고 벗어 두어야 하는 옷은 (레위인들이 입는 의복, 제사장의 의복)이다.

16. 사방 담은 (거룩한 것과 속된 것을 구별, 이방인과 유대인을 구별) 하기 위해 있는 것이다.

제15과

에스겔 : 43장 – 45장

1. 다음과 관계 있는 말을 보기에서 찾아 ( ) 안에 번호를 써 넣으시오.

보기 : (1) 여호와의 영광 (2) 음행과 왕들의 시체를 제함
(3) 팔꿈치에서부터 손가락에 이르고 손바닥 넓이가 더함
(4) 동쪽으로부터 (5) 많은 물소리 (6) 빛남 (7) 흠 없는 것
(8) 번제와 감사제 (9) 죄악을 부끄러워하고 그 형상을 측량하게 하려
(10) 하나님이 들어왔음 (11) 마음과 몸에 할례받지 못한 이방인
(12) 사독의 자손 레위 사람

(1) 하나님의 영광이 오는데 ( )
(2) 하나님의 음성 ( )
(3) 그 영광으로 말미암아 ( )
(4) 전에 가득한 것 ( )
(5) 영원토록 하나님을 거하게 하는 법 ( )
(6) 하나님 성전을 족속에게 보이는 이유 ( )
(7) 제단의 크기 ( )
(8) 하나님을 가까이하여 수종 드는 사람 ( )
(9) 제물로 바치는 짐승들 ( )
(10) 팔일에 드리는 제사 ( )
(11) 동쪽을 향한 문이 닫힌 이유 ( )
(12) 성소에 들어가지 못한 자 ( )

2. 다음 물음의 답을 (   ) 안에서 골라 O표 하시오.

(1) 전에 여호와의 손으로 쳐서 제사장 직분을 행하지 못하게 했던 이유는? (백성을 위하여 하나님께 수종 들어 이스라엘 족속이 회개하게 했으므로, 백성을 위하여 우상 앞에서 이스라엘이 죄악에 걸려 넘어지게 하였으므로)

(2) 이스라엘 족속이 그릇 행하여 주를 떠날 때에 성소의 직분을 지킨 이들은?(사독의 자손 레위 사람 제사장들, 엘리의 자손 제사장들)

3. 다음 중 제사장들이 전 안에서 수종 들 때에 하지 말아야 할 것에 O표 하시오.

(1) 양털 옷을 입는 것 (   )

(2) 베옷을 입는 것 (   )

(3) 땀이 나게 하는 것으로 허리를 동이는 일 (   )

(4) 머리털을 밀거나 길게 자라게 함 (   )

(5) 포도주를 마시는 일 (   )

(6) 과부나 이혼한 여인에게 장가드는 일 (   )

(7) 백성에게 거룩한 것과 속된 것을 가르치는 일 (   )

(8) 안식일을 거룩하게 하는 일 (   )

※ 다음 문장의 (   ) 안에서 옳은 것을 찾아 O표 하시오. (4-7항)

4. 제사장들의 산업은 (제물, 하나님, 십일조)이다.

5. 제사장들이 먹지 못할 것은 (스스로 죽은 것이나 찢겨서 죽은 것, 덫에 잡힌 것)이다.

6. 땅을 제비 뽑아 나눌 때에 할 일은 (한 구역을 여호와께, 전체를)

드리는 것이다.

7. 거룩한 구역의 옆과 성읍 기지 옆 땅을 왕에게 돌려 기업을 삼게 하면 왕들이 백성을 (압제하지 않는다, 후대하지 않는다)

8. 다음 날에는 무엇을 해야 합니까? 관계 있는 것을 찾아 줄로 연결하시오.

(1) 첫째 달 초하룻날	유월절을 지키며 누룩 없는 떡을 먹음
(2) 첫째 달 칠일	흠 없는 수송아지로 성소를 정결
(3) 첫째 달 십사일	과실범과 모르고 범죄한 자를 위해 성소 정결

제16과

에스겔 : 46장 – 48장

1. 다음 중 서로 관계 있는 것을 찾아 줄로 연결하시오.

(1)	그 중앙에 있어야 할 것	구별할 땅과 기지에 남은 땅
(2)	이스라엘, 레위처럼 그릇 하지 않을 자	레위 사람의 분깃
(3)	팔고 바꾸지도 처음 익은 열매를 주지도 못할 땅	성소와 성
(4)	왕에게 돌릴 땅	사독 자손 중 구별한 제사장
(5)	북쪽 문	갓, 아셀, 납달리
(6)	동쪽 문	요셉, 베냐민, 단
(7)	남쪽 문	르우벤, 유다, 레위
(8)	서쪽 문	시므온, 잇사갈, 스불론
(9)	그 성의 이름	여호와께서 거기에 계시다
(10)	성 이름의 뜻	여호와 삼마

2. 다음 중 틀린 답의 번호를 (　　) 안에 써 넣으시오.

(1) 안뜰 동쪽을 향한 문은? (　　)

1) 안식일에 연다.　2) 왕이 이 문 통로에서 경배한다.

3) 아무 때나 연다.　4) 월삭에도 연다.

(2) 제물로 드릴 수 있는 것은? (　　)

1) 흠 없는 것　2) 수송아지　3) 어린 양　4) 돼지

(3) 모든 정한 절기에 여호와께 경배하러 오는 자는? (　　)

1) 북문으로 들어와서 남문으로 나간다.

2) 들어온 문으로 되돌아 나간다.

3) 남문으로 들어와서 북문으로 나간다.

4) 왕은 무리들과 함께 들어오고 나가고 한다.

(4) 아침마다 드리는 번제는? (　　)

1) 흠 없는 송아지 한 마리로　　2) 밀가루와 기름을 갖추어

3) 흠 없는 어린 양 한 마리로　　4) 소제를 갖추어

(5) 왕의 기업은? (　　)

1) 그 아들이 이어받아야 한다.

2) 백성의 기업을 취할 수 있다.

3) 종에게 기업으로 준 것은 영원토록 종에게 속한다.

4) 왕이 아들에게 줄 것은 자기 산업으로만 할 것이다.

(6) 에스겔이 성전 문에서 본 것은? (　　)

1) 성전의 앞면이 동쪽을 향했다.

2) 성전 문지방 밑에서 물이 흘러내렸다.

3) 동쪽을 향한 바깥문 오른쪽에서도 물이 스며 나왔다.

4) 물이 아무 곳으로나 흘렀다.

(7) 그 물이 천 척을 측량할 때마다 (　　)

1) 발목에 오르고 무릎에 오르며　2) 허리에 오르고

3) 가슴과 목에 오르고　4) 사람이 능히 건너지 못할 강

(8) 그 강물이 이르는 곳마다 (　　)

1) 생물과 고기가 심히 많게 된다.

2) 그 진펄과 개펄이 옥토가 된다.

3) 강 좌우에는 달마다 새 열매를 맺는 나무가 자라리라

4) 그 강물의 근원은 성소로 말미암아 나온다.

(9) 여호와 주신 땅 경계선은 (　　)

1) 북쪽은 대해(지중해)에서 스닷 어귀까지

2) 동쪽은 하우란에서 요단 강

3) 남쪽은 갈릴리 해변에서 바벨론 광야까지

4) 서쪽은 대해

(10) 이스라엘 모든 지파대로 나누되 (   )

1) 타국인들에게는 기업을 주지 말라

2) 제비 뽑아 나누라

3) 타국인이 머물러 사는 그 지파에서 그 기업을 주라

4) 타국인도 본토에서 난 이스라엘 족속같이 여기라

다니엘 개요

1. 명칭: 히브리어 성경은 본서의 제목을 주인공 예언자의 이름을 따서 '다니엘' 이라고 붙였다. 구약성경 헬라어 번역본(LXX)과 우리말 성경도 히브리어 성경의 표제를 따랐다. '다니엘' 은 '하나님은 나의 심판' 혹은 '하나님은 심판자이시다' 라는 뜻으로 히브리어를 비롯한 셈족 언어를 사용하던 지역에서 흔히 볼 수 있는 이름이다. 그는 B.C. 605년 느부갓네살의 제1차 침입 때 젊은 나이에 바벨론에 포로로 잡혀 가 그곳 궁전에서 긴 여생을 정부 관리로 또 하나님의 참선지자로 보냈다. 그는 공식적인 예언자의 직을 가지고 있지 않았기 때문에 히브리어 성경은 다니엘서를 예언서가 아니라 성문서에 포함시켰다.

2. 저자 및 연대: 다니엘서의 전체적 구성이 다니엘의 경험 위주로 진행되었다는 점, 7장에서 12장의 계시를 받은 자라는 점, 그리스도가 친히 다니엘의 기록임을 증거하고 있다는 점(마 24:15) 등이 그가 본서의 저자임을 뒷받침한다. 그리고 2장 4절에서 7장 28절까지가 아람어로 기록되었고 바벨론의 함락(B.C. 539), 다리오의 등장 등은 본서가 B.C. 530년경에 기록되었다고 증거한다.

그러나 본서가 안티오커스 에피파네스 시대(B.C. 175-163)에 한 무명 유대인에 의해 기록되었다는 주장이 자유주의 신학자들에 의하여 주장되고 광범위하게 지지를 받고 있다. 그러나 성경의 여러 가지 사건 기록들과 경험적인 내용들, 그리고 B.C. 6세기 근동에서 공용어로 쓰이던 아람어로 기록된 부분들을 볼 때에 다니엘이 B.C. 530년경에 기록했다고 보는 것이 타당할 것이다.

3. 구조: 다니엘서는 12장으로 구성되어 있다. 1-6장은 여섯 가지 사건을 기록한 것인데, 1장은 우상 제물 사건, 2장은 큰 신상의 꿈 사건, 3장은 풀무불 사건, 4장은 큰 나무 꿈 사건, 5장은 손가락 글씨 사건, 6장은 사자굴 사건을 기록한 것이다. 7-12장은 4가지 환상을 기록한 것인데, 7장은 네 짐승 환상, 8장은 양과 염소의 환상, 9장은 70이레 환상, 그리고 10장부터 12장은 환상을 보게 된 배경과 환상의 내용, 그리고 환상에 대한 결론을 이야기하고 있다.

4. 다니엘서에 나타난 하나님의 진리:

1) 다니엘과 세 친구는 불가능한 상황 가운데서도 우상의 제물을 먹지 않고 하나님께만 의지하는 신앙으로 하나님이 살아 계심을 증거하였다.
2) 세계 모든 나라의 흥하고 망하는 것은 주께서 주관하고 계신다. 다니엘은 다양한 환상과 계시를 통해 이 세상 모든 나라의 흥망성쇠가 하나님의 계획 속에 진행되고 있다고 증거한다.
3) 하나님의 계시와 환상과 말씀은 어떠한 환경, 그것이 우상 숭배의 중심인 바벨론에서도, 엄청난 저주의 사건들 속에서도 나타남을 분명하게 보여 줌으로써 성전 중심의 하나님의 역사 뿐 아니라 삶 속에서 역사하시는 하나님을 증거하고 있다.

제1과

다니엘 : 1장 - 3장

1. 다음 중 서로 관계 있는 것을 찾아 줄로 연결하시오.

(1) 여호야김 3년 — 벨드사살
(2) 아스부나스 — 사드락
(3) 다니엘 — 예루살렘 포위
(4) 하나냐 — 아벳느고
(5) 미사엘 — 환관장
(6) 아사랴 — 메삭

2. 다음은 다니엘과 세 친구가 선택받는 과정입니다. 맞는 것에는 O표, 틀린 것에는 ×표 하시오.

(1) 그들은 이스라엘의 왕족 또는 귀족이었다. ( )
(2) 그들은 지혜와 지식을 갖추었고 학문에 익숙했으나 외모는 볼품이 없었다. ( )
(3) 그들에게는 이스라엘 하나님의 율법만 가르쳤다. ( )
(4) 그들에게는 왕이 지정한 왕의 음식과 포도주 그리고 쓸 것을 주어 3년을 기르게 하였다. ( )
(5) 그들을 후에 왕 앞에 서게 하려 함이었다. ( )

3. 다음 중 다니엘이 한 말이나 행동에는 (단), 환관장의 말에는 (환)이라 쓰시오.

(1) 왕의 음식과 포도주로 자기를 더럽히지 아니하리라고 뜻을 정함 ( )

(2) 내가 내 주 왕을 두려워하노라 (   )

(3) 너희 때문에 내 머리가 왕 앞에서 위태롭게 되리라 (   )

(4) 당신의 종들을 열흘 동안 시험하여 채식과 물을 주어 비교하소서 (   )

4. 다음 (   ) 안에 적당한 말을 찾아 써 넣으시오.

(1) 하나님이 이 네 소년에게 (   )을 주시고 모든 서적을 깨닫게 하시고 (   )를 주셨으니 다니엘은 또 모든 (   )과 (   )을 깨달아 알더라

(2) 왕이 그들에게 모든 일을 묻는 중에 그 지혜와 총명이 온 나라 (   )와 (   )보다 (   )나 나은 줄을 아니라

(3) 느부갓네살 (   )년에 (   )을 꾸고 그로 말미암아 잠을 이루지 못한지라

(4) 왕의 명령은 (   )과 (   )을 보이라 함이고 갈대아 술사들은 그 (   )을 종들에게 이르시면 해석해 드리겠나이다 하는 것이었다.

(5) 이를 말하거나 해석하는 자가 없어 바벨론 모든 (   )를 멸하라 명령하매 지혜자들은 죽게 되었고 (   )과 그의 친구들도 죽이려고 찾았더라

(6) 다니엘이 세 친구와 함께 이 은밀한 일에 대하여 불쌍히 여기사 자신과 친구들이 다른 (   )과 함께 죽임을 당하지 않게 하시기를 구하게 함

(7) 2장 20-22절에 계속 나오는 "그"는 (   )을 가리킨다.

(8) 오직 은밀한 것을 나타내실 자는 (   )에 계신 (   )이시라

5. 다음 중 느부갓네살이 다니엘에게 대접한 것에 O표 하시오.

(1) 귀한 선물을 많이 줌 (   )

(2) 시기하여 다른 도로 보냄 (   )

(3) 바벨론 모든 지혜자의 어른을 삼음 (   )

(4) 세 친구에게도 지방을 다스리게 함 ( )

(5) 다니엘을 본국(이스라엘)에 보냄 ( )

6. 다음은 왕이 본 우상과 관련된 것입니다. 서로 관계 있는 것을 찾아 줄로 연결하시오.

(1) 머리　　놋　　다른 민족과 섞임

(2) 가슴과 팔　　철　　느부갓네살 왕

(3) 배와 넓적다리　　순금　　강한 나라

(4) 종아리　　철과 진흙　　왕만 못한 나라

(5) 발가락　　은　　셋째 나라

7. 두라 평지에 세운 금 신상의 높이는 몇 미터입니까? (1규빗은 약 45센티미터)

답 　　미터

8. 다음 중 금 신상에 절하지 않은 사람에 O표 하시오.

(1) 총독과 수령들 ( ) (2) 재판관과 재무관 ( )

(3) 사드락, 메삭, 아벳느고 ( ) (4) 모든 관원 ( )

9. 칠 배나 뜨거운 풀무불에 타 죽는 사람은 다음 중 누구입니까?

(1) 사드락, 메삭, 아벳느고 ( ) (2) 느부갓네살 왕 ( )

(3) 세 친구를 붙든 사람 ( ) (4) 다니엘 ( )

10. 풀무불 가운데로 다니던 사람이 몇 명이었습니까?

(1) 다섯 사람 ( ) (2) 네 사람 ( )

(3) 세 사람 ( ) (4) 한 사람 ( )

제2과

다니엘 : 4장 – 6장

1. 다음은 느부갓네살 왕이 꾼 꿈과 그 결과입니다. 맞는 것에는 O표, 틀린 것에는 ×표 하시오.

(1) "그의 나라는 영원한 나라요" 했는데 "그" 나라는 느부갓네살 왕이 다스리는 나라를 말한다. ( )

(2) 벨드사살은 왕이 다니엘에게 지어 준 이름이다. ( )

(3) 왕이 꿈에 본 환상은 땅의 중앙에 높이 자란 한 나무였다. ( )

(4) 순찰자가 외친 내용은 나무를 베고 그 뿌리의 그루터기까지 남기지 말고 뽑으라는 것이다. ( )

(5) 왕의 꿈 해석을 청탁받은 다니엘이 얼마 동안은 놀라 번민했다. ( )

(6) 왕이 꿈에 본 큰 나무는 곧 왕 자신이었다. ( )

(7) 왕은 "나무를 벤 것" 같이 쫓겨나 죽었다. ( )

(8) 하나님이 인간 나라를 다스리시며 자기 뜻대로 그것을 주시며, 또 하나님이 다스리시는 줄을 왕이 깨달은 후에야 왕의 나라가 견고하게 된다. ( )

(9) 다니엘이 왕에게 아뢰어 "공의를 행하고 가난한 자를 긍휼히 여기라" 했다. ( )

(10) 느부갓네살 왕이 지붕에서 거닐며 "이 큰 바벨론은 하나님이 주신 능력과 권세로 건설하여 하나님의 도성을 삼고 그 위엄의 영광을 나타낸 것이 아니냐" 할 때에 사람에게서 쫓겨났다. ( )

(11) 기한이 차서 느부갓네살 왕이 하늘을 우러러보았더니 총명이 다시 왕에게로 돌아왔다. ( )

(12) 37절에 느부갓네살이 찬양한 하늘의 왕은 하나님을 가리킨다. (　　)

2. 다음 문장의 (　　) 안에서 옳은 것을 찾아 O표 하시오.

(1) 벨사살 왕은 느부갓네살의 (형, 손자, 아들)이다.

(2) 왕이 귀족들과 마시려는 술잔은 (성소의 금은 그릇, 이웃 나라에서 빼앗은 금잔)이다.

(3) 무리가 술을 마시며 (하나님, 그들이 만든 신들)을 찬양했다.

(4) 그때에 (사람, 하나님)의 손가락이 나타나서 글자를 쓰는데 왕이 크게 (기뻐, 번민)했다.

(5) 바벨론의 지혜자들이 이 글자를 (읽었다, 못 읽었다)

(6) 왕에게 다니엘을 천거한 이는 (신하, 왕비)였다.

(7) 왕이 다니엘을 불러 만일 꿈을 해석하면 (왕을, 셋째 통치자로) 삼겠다 했다.

(8) 다니엘의 꿈 해석의 요점은 왕이 (교만, 겸손)하여 (하나님, 신상들)을 찬양하고 (하나님, 신상들)께는 영광을 돌리지 않는다는 것이다.

(9) 메네는 (끝났다, 영원하다)는 뜻이고, 데겔은 저울에 달려 (풍족, 부족)하다는 뜻이다.

(10) 그날 밤에 (느부갓네살, 벨사살) 왕이 죽임을 당하고 메대 사람 (다리오, 다니엘)이(가) 육십이 세에 나라를 얻었다.

3. 다음 물음에 알맞은 답을 골라 O표 하시오.

(1) 다리오 왕이 다니엘을 어떻게 대우했습니까?

1) 고관 백이십 명 중 하나로 세웠다. (　　)

2) 고관 백이십 명 위에 왕 중 하나로 세웠다. (　　)

3) 총리들과 고관들 위에 뛰어나므로 전국을 다스리게 하고자 했다. (　　)

4) 지방에 한 고관으로 파송했다. (　　)

(2) 총리들과 고관들이 어디서 틈을 얻고 고소하려 했습니까?

1) 다니엘이 맡은 국사에 실수하는 것을 찾아 (　　)

2) 다니엘의 부정한 사생활을 찾아 (　　)

3) 다니엘의 불충성을 찾아 (　　)

4) 다니엘의 하나님 율법에서 틈을 찾아 (　　)

(3) 다리오 왕은 사자굴에 들어가게 될 다니엘에 대하여 어떻게 행하였습니까?

1) 마땅히 여겼다. (　　)

2) 근심하여 구하려고 힘을 다했으나 규례대로 허락했다. (　　)

3) 왕이 내린 조서를 고쳤다. (　　)

4) 총리와 고관들과 함께 기뻐했다. (　　)

(4) 결국 사자 밥이 된 사람들은 누구입니까?

1) 다니엘 (　　)　2) 참소한 사람들(총리들과 고관들) (　　)

3) 참소한 사람들과 그 처자들 (　　)　4) 다니엘과 그의 세 친구 (　　)

(5) 다리오 왕이 온 땅에 내린 조서의 내용은 무엇입니까?

1) 하나님 앞에서 떨며 두려워하라 (　　)

2) 다니엘을 잘 공경하라 (　　)

3) 왕의 신상에 절하라 (　　)

4) 번제와 소제를 드리라 (　　)

4. 다니엘은 삼조(세 나라)를 섬긴 총리였습니다. 어느 나라 누구를 섬겼는지 다음 (　　) 안에 써 넣으시오.

(1) 첫 왕조: 바벨론 왕 느부갓네살과 그 아들 (　　　　) (단 1:1-5:31)

(2) 둘째 왕조: 메대 사람 (　　　　) (단 5:30-6:27)

(3) 셋째 왕조: 바사 사람 (　　　　) (단 6장)

제3과

다니엘 : 7장 – 9장

1. 다니엘이 꿈에서 본 네 짐승입니다. 서로 관계 있는 것을 찾아 줄로 연결하시오.

(1) 사자	네 개의 날개와 머리	많은 고기를 먹으라
(2) 곰	열 뿔	사람의 마음
(3) 표범	날개가 뽑힘	권세
(4) 무서운 짐승	세 갈빗대	큰 말을 함

2. 다니엘이 본 꿈에서 "왕좌에 앉아 계신 분의 모습"을 찾아 줄로 연결하시오.

(1) 옷	타오르는 불
(2) 머리털	천천과 만만
(3) 보좌	책
(4) 바퀴	희기가 눈 같음
(5) 섬기는 자와 모셔 선 자의 수	깨끗한 양의 털
(6) 심판하려고 펴 놓은 것	불꽃

3. 다음 중 인자 같은 이가 항상 계신 자에게서 받은 것에 O표 하시오.

(1) 영원한 권세 (　　)　　(2) 영광 (　　)

(3) 불백 (　　)　　(4) 폐하지 않을 나라 (　　)

4. 다음 말씀의 짝을 찾아 (　　) 안에 번호를 써 넣으시오.

(1) 네 큰 짐승　　　　　　(　　) 열 왕

(2) 넷째 짐승　　　　　　(　　) 네 왕

(3) 열 뿔　　　　　　　　(　　) 천하를 삼킬 넷째 나라

5. 다니엘이 두 번째 본 환상에 관하여 묻는 말의 정답을 보기에서 찾아 (　　) 안에 써 넣으시오.

보기 : 사람의 손으로 말미암지 않고　　헬라 왕　　네 나라로　　이천삼백 주야
벨사살 왕 제삼 년에 을래 강변　　여러 날 앓다가 일어남　　가브리엘
두 뿔 가진 숫양과 두 눈 사이에 뿔이 난 숫염소　　메대와 바사의 두 왕

(1) 언제 어디서 보았습니까? (　　　　　　　　　　　　　)

(2) 서로 싸운 두 짐승의 이름은 무엇입니까?
(　　　　　　　　　　　　　　　　　　　　　　　)

(3) 뿔에서 난 작은 뿔이 성소와 백성을 짓밟는 기간은? (　　　　　　)

(4) 이 세상을 해석해 준 천사의 이름은 무엇입니까? (　　　　　　)

(5) 두 뿔을 가진 수양은 (　　　　　　　　), 털 많은 숫염소는 (　　　), 네 뿔은 (　　　　)로 분열

(6) 만왕의 왕을 대적하던 한 왕이 (　　　　　　　　　　) 깨지게 된다.

(7) 다니엘이 이 환상을 볼 때 (　　　　　　　　　　　)

6. 다음 문장의 (　　) 안에서 옳은 것을 찾아 O표 하시오.

(1) 다리오는 (갈대아, 앗수르) 나라 왕으로 (느부갓네살, 아하수에로)의 아들이다.

(2) 다리오 왕 (원년, 말년)에 예루살렘의 황폐함이 (70년, 7년) 만에 끝나게 될 것이라는 (이사야, 예레미야)의 예언을 깨닫게 되었다.

(3) 다니엘이 금식하며 (베옷을 입고, 머리에 기름을 바르고, 재를 무릅쓰고) 이스라엘 회복을 위해 기도했다.

(4) 다니엘이 기도할 때에 (가브리엘, 미가엘)이 와서 (지혜와 권세, 지혜와 총명)을 주려 왔다고 했다.

(5) 가브리엘의 예고는 거룩한 성을 위하여 (40주간, 70주간)의 기한이 정해지고 그 후에 예언이 응하며 거룩한 자가 (기름 부음, 멸망)을 받을 것이라 했다.

(6) 예순두 이레 후에는 (기름 부음을 받은 자, 왕)이(가) 끊어질 것이며, 끝까지 (전쟁이, 평화가) 있을 것이다.

제4과
다니엘 : 10장 - 12장

1. 다음 말씀은 몇 장 몇 절에 나오는 말씀입니까?

(1) 그 일이 참되니 곧 큰 전쟁에 관한 것이라 (　　)장 (　　)절

(2) 그의 말소리는 무리의 소리와 같더라 (　　)장 (　　)절

(3) 나만 홀로...... 이 큰 환상을 볼 때에 내 몸에 힘이 빠졌고 (　　)장 (　　)절

(4) 네게 이르는 말을 깨닫고 일어서라 (　　)장 (　　)절

(5) 네 하나님 앞에 스스로 겸비하게 하기로...... 네 말이 응답받았으므로 (　　)장 (　　)절

(6) 마지막 날에 네 백성이 당할 일을 네게 깨닫게 하러 왔노라 (　　)장 (　　)절

(7) 내 입술을 만진지라 (　　)장 (　　)절

(8) 큰 은총을 받은 사람이여 두려워하지 말라 (　　)장 (　　)절

(9) 먼저 진리의 글에 기록된 것으로 네게 보이리라 (　　)장 (　　)절

(10) 이제 내가 참된 것을 네게 보이리라 (　　)장 (　　)절

(11) 자기가 주장하던 권세대로도 되지 아니하리니 (　　)장 (　　)절

(12) 남방 왕의 딸이 북방 왕에게 가서 화친하리라 (　　)장 (　　)절

(13) 공주의 본 족속에게서 난 자 중의 한 사람이 왕위를 이어 북방 왕의 군대를 쳐서 이김 (　　)장 (　　)절

(14) 그의 마음이 스스로 높아져서 수만 명을 엎드러뜨릴 것이나 (　　)장 (　　)절

(15) 여자의 딸을 그에게 주어 그의 나라를 망하게 하려 할 것이나

(　　)장 (　　)절

2. 다음 구절을 순서에 맞게 (　　) 안에 번호를 써 넣으시오.

(1) (　　) 소수의 백성을 가지고 세력을 얻을 것이며
(　　) 속임수로 그 나라를 얻을 것이며
(　　) 얼마 동안 산성들을 칠 것인데 때가 이르기까지 그리하리라
(　　) 그의 왕위를 이을 자는 한 비천한 사람이라

(2) (　　) 오직 자기의 하나님을 아는 백성은 강하여 용맹을 떨치리라
(　　) 북방 왕은 많은 재물을 가지고 본국으로 돌아가리니
(　　) 군대는 그의 편에 서서 성소 곧 견고한 곳을 더럽히며
(　　) 작정된 기한에 그가 다시 나와서 남방에 이를 것이나

(3) (　　) 그 대신에 강한 신을 공경할 것이요
(　　) 그 왕은 자기 마음대로 행하며 스스로 높여
(　　) 그의 종말이 이르리니 도와줄 자가 없으리라
(　　) 마지막 때에 남방 왕이 그와 힘을 겨룰 것이나

3. 다음 양쪽에 서로 연관되는 것을 골라 줄을 그어 연결하시오.

"큰 환난 때에......"

(1)	이스라엘을 호위하는 큰 군주	깨닫지 못하고 깨닫는 데
(2)	구원받을 수 있는 사람	간수하고 봉하라
(3)	이 말씀을	마지막까지 기다리는 자
(4)	악한 사람과 지혜 있는 사람 차이	미가엘
(5)	복 있는 사람	책에 기록된 모든 자

4. 12장에서 "궁창의 빛과 같이 빛날 자, 별과 같이 영원토록 빛날 자"가 누구라고 했습니까? 그 절을 찾아 외워 써 보시오.

호세아 개요

1. 명칭: 히브리어 성경은 본서의 제목을 주인공 예언자의 이름을 따서 '호세아' ('구원' 이라는 뜻)라고 붙였다. 구약성경 헬라어 번역본(LXX)이나 라틴어 역본, 그리고 우리말 성경도 히브리어 명칭을 그대로 사용하고 있다. 호세아는 브에리의 아들로 그보다 앞서 예언 활동을 한 아모스와 함께 북왕국 이스라엘을 향하여 예언을 선포했다. 이와 같은 시기에 이사야와 미가가 남왕국 유다에서 활동하였다. 북왕국 출신으로 자신의 백성을 향해 선포된 예언을 기록하여 남긴 선지자로는 호세아가 유일한 인물이다.

2. 저자 및 연대: 본서의 내용과 호세아를 일인칭으로 서술한 점 등이 호세아의 저술임을 뒷받침하고 있다. 그는 B.C. 755년 웃시야의 통치 말기에서 B.C. 722년 이스라엘이 앗수르에게 멸망당하기까지 사이에 기록된 것으로 추정된다. 호세아가 사역을 시작했던 여로보암 2세(B.C. 782-753) 시대의 특징은 한 마디로 물질적 풍요와 영적 빈곤의 시대라고 규정할 수 있었다. 심판은 먼 미래의 사실로 보였으나 B.C. 732년 다메섹이 앗수르에게 함락되고 B.C. 722년에는 이스라엘의 수도 사마리아마저 함락되었다. 호세아는 뜨거운 심령으로 다가오는 포로생활에 대하여 선포했다. 심판받은 백성이라도 하나님의 주권적 구원의 섭리를 깨닫는다면 하나님은 다시 회복시키실 것을 믿고 선포하였다.

3. 구조: 호세아서는 14장으로 구성되어 있다. 1-3장은 호세아와 자기

아내와의 관계를 하나님과 이스라엘과의 관계로 비유하면서 죄악의 저주와 하나님의 은혜의 구원을 말씀하고 있다. 4-14장은 북왕국 이스라엘과 하나님과의 관계를 말씀하고 있는데, 4장에서 6장은 타락한 이스라엘, 6장에서 8장은 회개하기를 거부하는 이스라엘, 9장에서 10장은 회개하기를 거부하는 이스라엘을 향한 하나님의 심판, 11장에서 13장은 하나님의 사랑과 징벌, 14장은 이스라엘의 회복을 예언하고 있다.

4. 호세아서에 나타난 하나님의 진리:

1) 호세아는 자기의 부부관계의 경험을 기초로 하여 하나님과 이스라엘과의 관계를 말씀하고 있다. 하나님은 죄를 짓고 회개하기를 거부하는 자를 심판하실 수밖에 없으나 이스라엘을 향한 하나님의 사랑 때문에 저주에 빠진 사람들을 회복하고 구원해 낼 것을 확신하고 있다.
2) 우상 숭배는 하나님을 배역하고 떠나는 악랄한 범죄다. 우상 숭배는 하나님으로부터 오는 은혜와 구원을 거절하고 세상을 향해서 손을 벌리는 것으로 결국은 망할 수밖에 없다. 세상을 향해 손을 벌리는 우상 숭배의 결말은 심판이다.
3) 하나님은 사랑의 하나님이다. 하나님의 사랑은 모든 저주에서 백성들을 건져 내고 그들의 행복을 위한 계획을 세우고 선지자들을 통하여 그 일을 수행하고 있다. 언제나 하나님의 사랑을 믿는 자들은 하나님의 구원과 회복을 경험할 것이다.

제1과
호세아 : 1장 – 3장

1. 호세아가 활동하던 나라는 북왕국 이스라엘이었습니다. 다음 사람들은 호세아가 활동하던 때의 왕들입니다. 북왕국 이스라엘에 속한 왕에는 (이), 유다에 속한 왕에는 (유)라 쓰시오.

(1) 웃시야 (　　)　(2) 요아스 (　　)　(3) 요담 (　　)
(4) 여로보암 (　　)　(5) 아하스 (　　)　(6) 히스기야 (　　)

2. 호세아는 다음 중 누구의 아들입니까?

(1) 다니엘 (　　) (2) 브에리 (　　) (3) 요아스 (　　) (4) 아브라함 (　　)

3. 여호와께서 호세아에게 명한 말씀 중 맞는 것에 O표 하시오.

(1) 음란한 아내를 맞이하여 회개시켜라 (　　)
(2) 음란한 아내를 맞이하여 음란한 자식들을 낳으라 (　　)
(3) 음란한 아내를 맞이하여 좋은 자식들을 낳으라 (　　)
(4) 음란한 아내를 맞이하여 좋은 아내로 만들라 (　　)

4. 다음 중 서로 관계 있는 것을 찾아 줄로 연결하시오.

(1) 이스르엘	첫딸	긍휼히 여김을 받지 못하는 자
(2) 로암미	형제	긍휼히 여김을 받을 자
(3) 로루하마	첫아들	내 백성이 아니라
(4) 암미	자매	그의 피를 예후의 집에 갚음
(5) 루하마	둘째 아들	내 백성이라

5. 호세아의 아내는 다음 중 누구입니까?

(1) 고멜 ( ) (2) 사라 ( ) (3) 룻 ( ) (4) 다말 ( )

6. 여호와 하나님과 그의 백성인 이스라엘과의 관계를 어떻게 묘사했습니까?

(1) 부부간 ( ) (2) 부자간 ( ) (3) 형제간 ( ) (4) 모녀간 ( )

7. 이스라엘 백성이 하나님 대신 다음 중 어떤 우상을 섬겼습니까?

(1) 산 제단 ( ) (2) 바알 ( )

(3) 아골 골짝 ( ) (4) 아세라 목상 ( )

8. 다음은 아골 골짜기에 관한 말입니다. 맞는 것에 O표 하시오.

(참고. 수 7:19-26)

(1) 여호수아가 처음부터 싸움에 승리한 골짜기 ( )

(2) 모세가 죽어 묻힌 골짜기 ( )

(3) 아간과 그의 가족이 돌에 맞아 죽은 골짜기 ( )

(4) 바알 신상을 부수어 불에 사른 골짜기 ( )

9. 호세아의 아내는 어떤 길로 갔습니까?

(1) 현모양처의 길로 갔다. ( )

(2) 여자 선지자가 되어 하나님의 말씀을 전했다. ( )

(3) 다윗 왕가를 외적에게서 구했다. ( )

(4) 남편을 버리고 정부에게 갔다. ( )

10. 다음은 호세아가 아내 고멜에게 취한 태도입니다. 맞는 것에 O표 하시오.

(1) 멀리하고 다시는 상관하지 않았다. (   )

(2) 속량하고 다시 아내로 맞았다. (   )

(3) 이혼증서를 주어 내보냈다. (   )

(4) 다른 남자에게 넘겨 버렸다. (   )

제2과

호세아 : 4장 - 6장

1. 다음 중 이스라엘 자손들에게 들려주신 여호와의 말씀에 나타난 죄악상에는 O표, 그 외에는 ×표 하시오.

(1) 진실과 인애가 없다. ( )

(2) 재산이 없다. ( )

(3) 하나님을 아는 지식이 없다. ( )

(4) 저주, 속임, 살인, 도둑질, 간음 뿐이다. ( )

(5) 성전이 없다. ( )

(6) 포악하여 피가 피를 뒤이은다. ( )

2. 다음 ( ) 안에 적당한 말을 찾아 써 넣으시오.

(1) 이 땅이 슬퍼하며......들짐승과 공중에 나는 새가 다 ( )할 것이요 바다의 ( )도 없어지리라

(2) 내 백성이 ( )이 없으므로 망하는도다

(3) 네 하나님의 율법을 잊었으니 나도 네 ( )들을 잊어버리리라

(4) 내가 그들의 ( )를 변하여 욕이 되게 하리라

(5) 먹어도 ( ) 아니하며 음행하여도 ( )가 더하지 못하니

(6) ( )과 ( )와 새 ( )가 마음을 빼앗느니라

(7) 내 백성이 ( )에게 묻고

(8) 산 꼭대기에서 ( )를 드리며

(9) 너희 ( )은 음행하며 너희 ( )들은 간음을 행하는도다

(10) 깨닫지 못하는 백성은 (　　　　)하리라

(11) (　　　　)로 가지 말며 (　　　　　)으로 올라가지 말라

(12) 이스라엘은 완강한 (　　　　)처럼 완강하니

(13) 그들이 그 제물로 말미암아 (　　　　) 일을 당하리라

3. 다음 중 서로 관계 있는 것을 찾아 줄로 연결하시오.

(1)	제사장들	올무
(2)	이스라엘 족속들	들으라
(3)	왕족들	깨달으라
(4)	미스바	그물
(5)	다볼(산)	귀를 기울이라

4. 다음 말씀은 몇 장 몇 절에 기록되어 있습니까?

(1) 에브라임아 이제 네가 음행하였고 이스라엘이 이미 더러워졌느니라
(　　)장 (　　)절

(2) 이는 음란한 마음이 그 속에 있어 여호와를 알지 못하는 까닭이라
(　　)장 (　　)절

(3) 이스라엘의 교만이 그 얼굴에 드러났나니 (　　)장 (　　)절

(4) 여호와께 정조를 지키지 아니하고 사생아를 낳았으니
(　　)장 (　　)절

(5) 유다 지도자들은 경계표를 옮기는 자 같으니 (　　)장 (　　)절

(6) 그들이 그 죄를 뉘우치고 내 얼굴을 구하기까지 내가 내 곳으로 돌아가리라 (　　)장 (　　)절

(7) 오라 우리가 여호와께로 돌아가자 (　　)장 (　　)절

(8) 나는 인애를 원하고 제사를 원하지 아니하며 번제보다 하나님을 아는 것을 원하노라 (　　)장 (　　)절

5. 다음 (   ) 안에 적당한 말을 찾아 써 넣으시오.

(1) (   )께서 우리를 (   )셨으나 도로 낫게 하실 것이요 우리를 치셨으나 (   ) 주실 것임이라

(2) 그가 나타나심은 (   )같이 어김없나니......늦은 (   )와 같이 우리에게 (   )하시리라

(3) 에브라임아 유다야 너희의 인애가 아침 (   )이나 쉬 없어지는 (   ) 같도다

(4) 아담처럼 (   )을 어기고, (   )은 악을 행하는 자의 고을이라

(5) 제사장의 (   )가 세겜 길에서 (   )하니 그들이 (   )을 행하였느니라

제3과
호세아 : 7장 – 9장

1. 다음 말씀들은 하나님이 이스라엘(에브라임도 이스라엘과 같은 말)을 치료하시려고 할 때의 모습입니다. 짝이 되는 문구를 찾아 써 넣으시오.

(1) 안으로 들어가–

(2) 밖으로 떼지어–

(3) 왕에게는–

(4) 지도자들에게는–

(5) 왕의 날에 지도자들이–

(6) 화덕같이 뜨거워진 그들

1)

2)

3) 주께 부르짖는 자가 하나도 없음

(7) 여러 민족 가운데에 혼합된 에브라임–

(8) 백발이 무성할지라도–

(9) 그 얼굴에 드러나는 것–

(10) 어리석은 비둘기–

(11) 모이는 이유–

(12) 칼에 엎드러질 자들–

2. 다음 (　　) 안에 적당한 말을 찾아 써 넣으시오.

(1) 원수가 (　　　　)처럼 여호와의 집에 덮치리니 이는 그들이 내 (　　　　)을 어기며 내 (　　　　)을 범함이로다

(2) 이스라엘이 이미 (   )을 버렸으니 원수가 (   )를 따를 것이라

(3) 그들이 또 그 (   ), (   )으로 자기를 위하여 우상을 만들었나니 결국은 (   )되고 말리라.

(4) 사마리아의 (   )가 산산이 조각이 나리라

(5) 그들이 (   )을 심고 (   )을 거둘 것이라

(6) 그들이 홀로 떨어진 (   )처럼 앗수르로 갔고

(7) 에브라임은 (   )를 위하여 제단을 많이 만들더니 그 (   )이 그에게 범죄하게 하는 것이 되었도다

(8) 내가 (   )를 위하여 내 (   )을 (   ) 가지로 기록하였으나

(9) 그들이 내게 고기를 (   )로 드리고 먹을지라도 (   )는 그것을 기뻐하지 아니하고

(10) 이스라엘은......(   )들을 세웠으며 유다는 견고한 (   )을 많이 쌓았으나

3. 다음은 호세아가 이스라엘(에브라임)을 경고한 말들입니다. 다음 중 서로 관계 있는 것을 찾아 줄로 연결하시오.

(1) 이스라엘아 너는	더러운 것을 먹을 것이니라
(2) 에브라임은	찔레가 덮을 것이요
(3) 그들의 제물은	가시덩굴이
(4) 그들의 은은	음행하여 네 하나님을 떠나고
(5) 그들의 장막 안에는	애곡하는 자의 떡과 같아서
(6) 선지자는	새 잡는 자의 그물과 같고

4. 다음 중 맞는 것에는 O표, 틀린 것에는 ×표 하시오.

(1) "옛적에 내가(하나님) 이스라엘을 만나기를 광야에서 포도를 만남 같이......너희 조상들을 보기를 무화과나무에서 처음 맺힌 열매를 봄

같이 하였거늘" 이라는 말은 반가워하며 소중히 여겼다는 말이다. ( )

(2) "에브라임의 영광이 새같이 날아가리니......" 의 뜻은 영광을 더 많이 물고 온다는 뜻이다. ( )

(3) 13절 말씀 중 "그 자식들을 살인하는 자에게로 끌어내리로다" 라는 말은 자식들을 출세시킨다는 말이다. ( )

(4) "배지 못하는 태와 젖 없는 유방을 주시옵소서" 한 기도는 절박한 심판 앞에서 떠는 모습을 말한다. ( ) (참고. 눅 23:29)

(5) "그들이 여러 나라 가운데에 떠도는 자가 되리라" 한 이유는 이스라엘 백성이 하나님의 말씀을 듣지 않았기 때문이다. ( )

제4과
호세아 : 10장 – 12장

1. 다음 (   ) 안에 적당한 말을 찾아 써 넣으시오.

(1) 이스라엘은 열매 맺는 무성한 (   )나무

(2) 그들이 두 (   )을 품었으니이제 (   )을 받을 것이라

(3) 그 재판이 밭이랑에 돋는 독초 같으리로다 (   )장 (   )절

(4) (   ) 왕은 물 위에 있는 거품 같이 멸망

(5) 산더러 우리를 가리라 할 것이요 작은 산더러 우리 위에 무너지라 하리라 (   )장 (   )절

(6) 에브라임은 마치 길들인 (   )

(7) 지금이 곧 (   )를 찾을 때니

(8) 묵은 (   )을 (   )하라

(9) 그때에 (   )와 (   )이 함께 부서졌도다

(10) 선지자들이 부를수록 그들은 점점 멀리하고 (   )장 (   )절

(11) 내가 (   )의 줄 곧 (   )의 줄로 그들을 이끌었고

(12) 돌아오라 할지라도 일어나는 자가 하나도 없도다 (   )장 (   )절

(13) (   )이여 내가 어찌 너를 놓겠느냐

(14) 애굽에서부터 (   )같이, (   )에서부터 비둘기같이 떨며 오리니

(15) (   )은 거짓으로, 이스라엘 족속은 (   )로 나를 에워쌌고 (   )는 하나님에 대하여 (   )이없도다

2. 다음 물음의 답을 보기에서 골라 써 넣으시오.

보기 : 야곱 에브라임의 말 길르앗 에브라임 선지자 유다
벧엘 피와 수치 길갈 아람

(1) 동풍을 따라 거짓과 포학을 더하는 자는 누구입니까?

(2) 여호와께서 누구와 논쟁하십니까?

(3) 모태에서 그의 형의 발뒤꿈치를 잡은 자는 누구입니까?

(4) 야곱이 하나님과 만난 곳은 어디입니까?

(5) "내가 수고한 모든 것 중에서...... 불의를 내게서 찾아 낼 자 없으리라" 라고 말한 사람은 누구입니까?

(6) 불의하고 거짓된 땅은 어디입니까?

(7) 수송아지로 제사드리는 땅은 어디입니까?

(8) 야곱이 도망한 들은 어디입니까?

(9) 이스라엘을 애굽에서 인도해 내시며 보호할 때 도구로 사용한 사람은 누구입니까?

(10) 에브라임이 (하나님을) 격노하게 하여 돌려 받을 것은 무엇입니까?

제5과
호세아 : 13장 - 14장

1. 다음 중 틀린 곳을 찾아 고치시오.

(1) 에브라임(이스라엘과 같은 말)이 한 마디 하면 사람들이 떨었는데 결국 자기를 높이더니 전쟁으로 인하여 범죄하므로 망하였다.

(2) 저희가 더욱 범죄하여 그 은으로 자기를 위하여 집을 만들고......자기의 정교함을 따라 집을 만들었으며

(3) 이러므로 그들은 아침 구름 같으며 쉬 사라지는 소나기 같으며......광풍에 날리는 갈매기 같으며 아궁이에서 나가는 연기 같으리라

(4) 하나님이 구원하여 이끌어 내신 땅은 앗수르 땅이었다.

(5) 그들이 광야 마른 땅에서 권고받아 배부름으로 마음이 겸손하여 이로 인하여 찾았다.

(6) 내가(하나님) 그들에게 사자 같고 길가에서 기다리는 비둘기 같으니라

(7) 이스라엘이 패망한 원인은 그를 도와준 애굽을 대적했기 때문이다.

(8) 왕을 세우고(주고) 폐하는 일은 백성들이 했다.

(9) 에브라임의 불의가 봉함(기록)되었고 그 죄가 저장되었나니 해산하는 여인의 즐거움이 그에게 임하리라

(10) 그들(이스라엘 백성)을 스올의 권세에서 속량하며 사망에서 구속할 자는 앗수르 왕이라

(11) 그의 샘이 마르고 그 쌓아 둔바 (창고에) 모든 보배의 그릇이 잘 보존되리로다

(12) 하나님을 배반하였으므로 형벌을 당하여 칼에 엎드러지고 어린아이는 부서뜨려지며 아이 밴 여인의 배가 갈라질 성의 이름은 니느웨

성이다.

2. 다음 물음의 답을 보기에서 찾아 (   ) 안에 번호를 써 넣으시오.

보기 : (1) 앗수르의 구원 (2) 하나님 (3) 고아 (4) 불의함 (5) 입술 (6) 말씀 (7) 진노가 떠남 (8) 이스라엘 (9) 여호와의 도 (10) 에브라임의 말

(1) 이스라엘이 엎드러진 이유는 무엇입니까? (   )
(2) 여호와께로 돌아갈 때 가지고 가야 할 것은 무엇입니까? (   )
(3) 수송아지를 대신하여 주께 드려질 것은 무엇입니까? (   )
(4) 이스라엘이 의지하지 않을 구원은 무엇입니까? (   )
(5) 주로 말미암아 긍휼을 받아야 할 사람은 누구입니까? (   )
(6) 하나님이 그들을 사랑할 수 있는 이유는 무엇입니까? (   )
(7) 백합화와 백향목 같이 피고 자라며 감람나무와 포도나무 같이 아름다워질 족속의 이름은 무엇입니까? (   )
(8) "내가 다시 우상과 무슨 상관이 있으리요" 라고 말한 것은 누구입니까? (   )
(9) "나는 푸른 잣나무 같으니 네가 나로 말미암아 열매를 얻으리라" 라고 말한 것은 누구입니까? (   )
(10) 의인은 그 길로 다니거니와 죄인은 그 길에 걸려 넘어지는 정직한 도는 어떤 것입니까? (   )

요엘 개요

1. 명칭: 본서의 히브리어 명칭은 주인공 예언자의 이름을 따서 요엘이라고 붙였다. 요엘은 여호와를 뜻하는 '요'와 하나님을 뜻하는 '엘'의 합성어로 '여호와는 하나님이시다'라는 의미를 가지고 있다. 요엘의 이름은 역사에 나타난 하나님이 절대 주권을 강조하는 본서의 내용과 잘 부합된다. 구약성경 70인역(LXX)과 라틴어 성경, 그리고 우리말 성경은 히브리어 성경의 명칭을 그대로 따르고 있다.

2. 저자 및 연대: 본서의 내용으로 보아 요엘이 저자임이 분명하고 성전과 제사장들의 규례에 익숙한 것으로 보아 예루살렘에 거주한 것으로 추정된다. 그는 일차적으로 예루살렘과 유다를 향하여 예언을 선포했으며 특히 제사장들을 향하여 통렬히 비판하는 것으로 볼 때 제사장의 일원은 아닌 것 같다.

본서는 B.C. 830년경, 유다의 요아스 왕 치세 때에 기록된 것으로 추정된다. 반면에 바벨론 포로 이후 파사 제국 시대인 B.C. 400년경에 기록된 것으로 추정하는 학자들도 있다. 그러나 본서의 저자가 요엘이라고 할 때에 그가 살았던 B.C. 830년경에 기록된 것으로 보아야 할 것이다.

3. 구조: 본서는 3장으로 구성되어 있다. 1장부터 2장 11절까지는 여호와의 날에 대한 예언으로 메뚜기 재앙, 임박한 여호와의 날을 선포하고 있으며, 2장 12절부터 2장 28절까지는 회개를 촉구하는 말씀이요, 2장 28절부터 3장까지는 회복의 조건을 선포하면서 미래의 구원의 약속

과 여호와의 날의 성취를 예언하고 있다.

4. 요엘서에 나타난 하나님의 진리:

1) 하나님은 죄에 빠진 백성들을 심판할 것이나 그럼에도 불구하고 심판을 받는 백성들 가운데 하나님의 신을 보내어서 백성들을 구원할 것이라는 사랑의 약속을 하고 있다.

2) 메뚜기 떼로 인해 재앙을 겪은 이스라엘 백성들에게 이 사건을 상징적으로 나타내 장차 이루어질 죄에 대한 여호와의 심판의 심각성을 경고하고 있다.

3) 이 세상의 마지막 때에 하나님은 남녀 종들에게까지도 하나님의 신을 부어 주셔서 인류를 구원할 것을 예언하고 있다.

제1과

요엘 : 1장 – 3장

1. 다음 중 서로 관계 있는 것을 찾아 줄로 연결하시오.

(1) 브두엘의 아들	황충
(2) 늙은 자들아	깨어 울지어다
(3) 땅의 모든 주민아	울지어다
(4) 이 일을	입에서 끊어짐
(5) 그 자녀는	메뚜기
(6) 팥중이(풀무치)가 남긴 것	요엘
(7) 느치(누리)가 남긴 것	들을지어다
(8) 취하는 자들아	귀를 기울일지어다
(9) 포도주를 마시는 자들아	자녀에게 말하고
(10) 단 포도주	후세에 말할 것이니라

2. 다음 (　　) 안에서 틀린 답을 지우시오.

(1) "사자의 이" 같은 이들이 포도나무(이스라엘)를 멸한다 했는데 여기서 사자의 이는 (바벨론, 다른 한 민족[이방 민족])을 말한다.

(2) 제사장이 슬퍼하는 이유는 (소제와 전제가 끊어져, 가족을 빼앗겨서)다.

(3) 밀과 보리 때문에 부끄러워하고 곡할 자는 (농부, 지도자들)이다.

(4) 굵은 베로 동이고 슬피 울 사람은 (제사장, 왕)이다.

(5) 베를 입고 밤이 새도록 누울 자는 (제사장, 하나님께 수종 드는 자)다.

3. 다음은 여호와의 날(심판의 날)에 일어날 일들입니다. 맞는 것에는 O표, 틀린 것에는 ×표 하시오.

(1) 그날은 하나님(전능자)께로부터 이르게 된다. (   )

(2) 먹을 것이 풍부하고 기쁨과 즐거움이 충만하다. (   )

(3) 씨는 썩고 창고는 비는데, 이는 곡식이 시들었음이다. (   )

(4) 가축이 울부짖고 소떼가 소란한 것은 꼴이 없기 때문이다. (   )

(5) 들짐승도 주를 향하여 헐떡거리는 것은 시내가 말랐고 풀이 불에 타 버렸기 때문이다. (   )

4. 다음 중 서로 관계 있는 것을 찾아 (   ) 안에 번호를 써 넣으시오.

(1) 나팔과 경고의 소리를 질러	( )	옛날에도 없었고 이후에도 없으리로다
(2) 강한 백성이 이르렀음	( )	낯빛이 하얘짐
(3) 예전의 땅은 에덴	( )	떨게
(4) 강한 군사가 줄을 벌임	( )	돌아오라
(5) 여호와께서 소리를 지르심	( )	나중의 땅은 황폐한 들
(6) 이제라도	( )	혹시 마음과 뜻을 돌이키시고
(7) 옷을 찢지 말고	( )	당할 자 누구
(8) 은혜로우시며 노하기를 더디 하사	( )	마음을 찢으라

5. 다음 문장의 제목을 보기에서 찾아 (   ) 안에 번호를 써 넣으시오.

보기 : (1) 이른비와 늦은 비 (2) 중심이 뜨거워 응답하사 (3) 여호와 신을 부어 (4) 여호와 (5) 무죄한 피를 흘려 (6) 구원 얻으리라 (7) 나팔을 불어 (8) 금은 보물과 사람을 팔음 (9) 여호사밧 골짜기 (10) 나라들에 광포

(1) 백성과 장로와 제사장들을 모아 불쌍히 여기소서 (   )

(2) 곡식과 새 포도주와 기름을 주어 흡족하리이다 (　)

(3) 하나님 여호와로 말미암아 기뻐하라 (　)

(4) 늙은이는 꿈을, 젊은이는 이상을 보리라 (　)

(5) 누구든지 여호와의 이름을 부르는 자는 (　)

(6) 이스라엘을 위하여 심문할 곳 (　)

(7) 두로, 시돈, 블레셋이 범죄한 것 (　)

(8) 전쟁을 준비하고 보습을 쳐서 칼을 만들라 (　)

(9) 백성의 피난처와 산성 (　)

(10) 애굽과 에돔은 황무지가 됨 (　)

아모스 개요

1. 명칭: 히브리어 성경은 본서의 제목을 주인공 예언자의 이름을 따서 '아모스' 라고 붙였다. 이 이름은 '짐을 진 자' 라는 뜻을 가지고 있는데 이스라엘의 반역 행위에 대하여 하나님의 심판을 선포하는 신성한 짐을 짊어졌던 선지자의 생애를 잘 드러내 주고 있다. 아모스는 드고아의 목자였으나 벧엘 북쪽으로 이주하여 낯선 땅에서 선지자 활동을 한 사람이다. 그는 평민이었지만 자신의 가축을 돌보는 중에 하나님으로부터 직접 소명을 받았다. 그는 유다 출신이었으나 이스라엘을 향하여 예언하였다.

2. 저자 및 연대: 아모스서에 예언자가 자신에 관하여 '나' 라는 일인칭 대명사를 사용한 것으로 보아 아모스의 저작이 확실하다. 그는 목자요, 뽕나무를 재배하던 사람이었다. 그는 1장 1절의 말씀대로 남왕국 웃시야 왕과 북왕국 여로보암 2세의 통치가 공존하던 B.C. 767년부터 예언을 시작하였으며 앗수르의 침략 이전 B.C. 745년 사이에 예언하고 기록한 것으로 추정된다.

여로보암 2세의 통치 기간에 북왕국은 가장 번영하였으나 우상 숭배를 조장하고 순수한 여호와 제사 제도를 혼합적인 것으로 만들고 신앙의 순수성을 훼손하여 멸망의 씨앗이 싹트고 있었다. 아모스는 사회악에 대하여 하나님의 심판을 선포하였으며 약자들을 보호하라고 외쳤다.

3. 구조: 아모스서는 9장으로 구성되어 있다. 여덟 나라에 대한 예언 (1-2장), 북왕국 이스라엘의 운명, 타락, 그리고 애가의 세 가지 설교 (3-6장), 메뚜기, 삼키는 불, 다림줄, 여름 열매, 성전 파괴 등 다섯 가지 환상 (7-9장), 그리고 다섯 가지 회복의 약속(9장)을 예언하고 있다.

4. 아모스서에 나타난 하나님의 진리:

1) 아모스는 북왕국 이스라엘이 가장 강성하던 시기인 여로보암 2세 치하에서 예언한 것이다. 이 시기는 번영의 시대였으나 아모스는 번영하는 가운데 싹이 나고 자라는 저주를 보고 있었다. 이것을 영적인 통찰이라고 한다. 잘되어 가는 순간에도 죄악은 잉태되고 자라난다. 항상 영의 눈을 열어서 볼 수 있어야 한다.
2) 아무리 선택받은 백성일지라도 죄를 저지르면 공의로운 하나님의 심판과 징계를 받을 수밖에 없음을 선포하고 있다. 하나님은 공의의 하나님이시다.
3) 하나님은 언약의 하나님으로서 비록 죄를 짓고 심판을 받았다고 하더라도 약속하신 말씀에 의거하여 회복하고 구원하여 하나님의 복을 누리게 할 것이라고 선포하고 있다.

제1과
아모스 : 1장 – 3장

1. 다음 문장의 ( ) 안에서 옳은 것을 찾아 O표 하시오.

(1) 남쪽 유다에는 웃시야 왕 때에, 북왕국 이스라엘에는 여로보암(2세를 말함) 왕 때에 (지진, 전쟁)이 있었다.

(2) 아모스는 (드고아, 예루살렘)의 (농부, 목자)로 (이스라엘, 유다)에 대하여 이상을 받았다.

(3) 다메섹의 죄는 (시온, 길르앗)을 압박한 것이다.

(4) 아람 백성이 (사로잡혀, 승전하여) 기르에 이르리라

(5) 가사의 죄는 그들이 모든 사로잡은 자를 (에돔, 블레셋)에 넘긴 것이다.

(6) 아스돗에서 그 주민과 아스글론에서 (규, 창) 잡은 자를 끊고...... (규는 왕권을 상징함)

(7) 블레셋의 남아 있는 자가 (승리, 멸망)하리라

(8) 두로의 죄는 (형제, 이웃)의 계약을 기억지 않고 사로잡은 자를 (아람, 에돔)에 넘겼음이다.

(9) 에돔의 죄는 (칼, 인애)로 형제를 쫓아가며, 항상 맹렬히 화를 내며 분을 (잠시, 끝없이) 품은 것이다.

(10) 암몬 자손의 죄는 지경을 넓히고자 하여 길르앗의 (아이 밴 여인, 사로잡은 자)의 배를 갈랐음이다.

(11) 모압의 죄는 왕의 (뼈, 자녀)를 불살라 재를 만들었음이라

(12) 그 중에서 재판장을 (살리고, 멸하며) 지도자들을 그와 함께 (살리리라, 죽이리라)

(13) 내가 모압에 (불, 칼)을 보내리니 그리욧 궁궐들을 (치리라, 사르리라)

(14) 유다에 벌을 내려 예루살렘을 사르는 이유는 율법과 율례를 (잘 지켜, 지키지 아니하고) (참, 거짓) 것에 미혹됨이었다.

2. 이스라엘의 죄 7가지를 써 보시오. (계속 나오는 "서너 가지의 죄"라는 말은 숫자를 말하는 것이 아니라 "쌓이고 쌓인 죄"[공동번역]라는 말이다.)

(1)

(2)

(3)

(4)

(5) 아버지와 아들이 한 젊은 여인에게 다녀......

(6)

(7)

3. 2장 9-12절에 계속 나오는 "그들" 또는 "너희"는 누구를 말하는 것입니까?

(1) 이스라엘 자손(유다 포함) ( ) (2) 아모리 사람 ( )

(3) 애굽 사람 ( ) (4) 나시르 사람 ( )

4. 다음 중 여호와께서 기억하는 족속에 O표 하시오.

(1) 땅에 거주하는 모든 족속 ( ) (2) 애굽 족속 ( )

(3) 이스라엘 족속 ( ) (4) 가장 강한 족속 ( )

5. 여호와께서는 자기의 비밀을 다음 누구에게 보이지 않고는 결코 행하심이 없다고 하셨습니까?

(1) 레위인 ( ) (2) 제사장들 ( )

(3) 선지자들 (　　)　　　　　　(4) 왕들 (　　)

6. 다음 말씀의 짝이 되는 문구를 찾아 쓰시오.

(1) 두 사람의 뜻이 같지 않은데—

(2) 덫을 땅에 놓지 않았는데—

(3) 여호와의 행하심이 없는데—

(4) 포학과 겁탈을 쌓는 자들—

(5) 겨울 궁, 여름 궁, 상아 궁—

제2과

아모스 : 4장 – 6장

1. 바산 암소들(이스라엘의 부요한 부녀자들)이 어떻게 한다 했습니까? 그 3가지를 써 보시오.

(1)

(2)

(3)

2. 4장 2-3절의 "때가 너희에게 이를지라 갈고리와 낚시로 끌어가며, 성 무너진 데를 통하여 나가서 하르몬(산)에 던져지리라"라는 말씀 중 그 "때"는 다음 중 어느 때를 말합니까?

(1) 사마리아 성이 무너질 때 ( )

(2) 예루살렘 성이 함락될 때 ( )

3. 이스라엘 백성들이 여호와께로 돌아오게 하기 위하여 다섯 가지나 행하였으나 돌아오지 아니했다 했습니다. 그 다섯 가지를 써 보시오.

(1)

(2) 비를 멈추게 하여 물을 마시지 못하게 했어도

(3)

(4)

(5)

4. 다음은 이스라엘 족속을 위하여 망해 감을 슬퍼하여 지은 애가입니다. 맞는 것에는 O표, 틀린 것에는 ×표 하시오.

(1) 처녀 이스라엘이 엎드러져 다시 일어나지 못하리로다 (　　)

(2) 자기 땅에 던지움이여 동족이 일으키리로다 (　　)

(3) 천 명이 행군해 나가던 성읍에는 백 명만 남고 백 명이 행군해 나가던 성읍에는 열 명만 남으리라 (　　)

5. 다음 중 이스라엘이 사는 길에 O표 하시오.

(1) 벧엘을 찾으라 (　　)

(2) 길갈이나 브엘세바로 나아가라 (　　)

(3) 여호와를 찾으라 (　　)

(4) 정의를 쓴 쑥으로 바꾸며 공의를 땅에 던지는 자들을 찾으라 (　　)

(5) 낮을 어두운 밤으로 바꾸시는 자를 찾으라 (　　)

(6) 다듬은 돌로 집을 지으라 (　　)

(7) 선을 구하고 악을 구하지 말라 (　　)

(8) 여호와의 날을 사모함 (　　)

(9) 절기와 성회로 모임 (　　)

(10) 희생의 화목제를 드림 (　　)

(11) 정의를 물같이, 공의를 마르지 않는 강 같이 (　　)

(12) 별의 형상을 지고 감 (　　)

6. 다음 말씀은 6장 몇 절에 기록되어 있습니까?

(1) 화 있을진저 교만한 자와 마음이 든든한 자 (　　)절

(2) 양떼에서 어린 양과 우리에서 송아지를 잡아서 먹고 (　　)절

(3) 대접으로 포도주를 마시며 (　　)절

(4) 다윗처럼 자기를 위하여 악기를 제조하며 (　　)절

(5) 너희가 이 나라들보다 나으냐 (　　)절

(6) 흉한 날이 멀다 하여 포악한 자리로 가까워지게 하고 (　　)절

(7) 야곱의 영광을 싫어하며 그 궁궐들을 미워하므로 (　　)절

(8) 한 집에 열 사람이 남는다 하여도 다 죽을 것이라 (　　)절

(9) 큰 집은 갈라지고 (　　)절

(10) 이스라엘 족속아 내가 한 나라를 일으켜 너희를 치리니 (　　)절

제3과

아모스 : 7장 – 9장

1. 7장에서 아모스가 본 환상 세 가지의 제목을 쓰시오.

(1)

(2)

(3)

2. 아모스가 이스라엘 왕 여로보암에게 모반한다고 고발한 사람은 누구입니까?

답

3. 다음 문장은 아모스와 아마샤의 대답입니다. 아모스가 한 말에는 (아모스), 아마샤가 한 말에는 (아마샤)라 써 넣으시오.

(1) 너는 유다 땅으로 도망하여 거기에서나 예언하라 (　　　　)

(2) 나는 선지자도 선지자의 아들도 아니라 (　　　　)

(3) 이는 왕의 성소요 왕의 궁궐임이니라 (　　　　)

(4) 나는 목자요 뽕나무를 재배하는 자라 (　　　　)

(5) 이제 너는 여호와의 말씀을 들을지니라 (　　　　)

(6) 네 아내는 창녀가 되고 네 자녀들은 칼에 엎드러지며...... (　　　　)

4. 다음은 8장에서 아모스가 본 환상에 관한 것입니다. 맞는 것에 O표 하시오.

(1) 포도나무를 봄 (　)　　(2) 여름 과일 한 광주리를 봄 (　)

(3) 밀 이삭을 봄 (　)　　(4) 메뚜기 떼를 봄 (　)

5. 다음 중 이스라엘의 죄악상에는 ○표, 그 외에는 ×표 하시오.

(1) 가난한 자를 삼키며 힘없는 자를 망하게 함 (　)

(2) 안식일이 "언제나 올꼬" 하고 기다림 (　)

(3) 거짓 저울로 속임 (　)

(4) 월삭에 모이기를 즐거워함 (　)

(5) 신 한 켤레로 가난한 자를 삼 (　)

6. 여호와께서 말씀하시기를 그날(이스라엘 멸망)에 다음 것들이 어떻게 된다고 했습니까?

(1) 해:

(2) 모든 노래:

(3) 모든 사람:

(4) 모든 머리:

7. 다음 질문에 간단히 답하시오.

(1) 양식이나 물이 없어 주리고 갈함이 아니라 무엇이 없어 갈함입니까?

(2) 사람이 이 바다에서 저 바다, 북에서 동까지 구하려 달려가도 얻지 못하는 것은 무엇입니까?

(3) 아름다운 처녀와 젊은 남자가 다 갈하여 쓰러지는 이유는 무엇입니까?

8. 주께서 단 곁에 서서 말씀하시기를 다음 사람들을 어떻게 한다 했습니까?

(1) 스올로 들어갈지라도:

(2) 산꼭대기에 숨을지라도:

(3) 바다 밑에 숨음:

(4) 사로잡혀 가도:

9. 다음 문장을 읽고 O, ×로 답하시오.

(1) 여호와는 범죄한 나라를 지면에서 멸하시나 야곱의 집(이스라엘)은 온전히 멸하지는 아니하신다. (   )

(2) 이스라엘은 사로잡혀 가 영원히 돌아오지 못하고 방황하리라고 말씀하셨다. (   )

오바댜 개요

1. 명칭: 히브리어 성경은 본서의 제목을 저자로 인정되어 온 주인공 예언자의 이름을 따서 '오바댜'('여호와의 종'이라는 뜻)로 붙였다. 구약성경 헬라어 번역본(LXX), 라틴어 성경, 그리고 영어 성경과 우리말 성경도 같은 명칭을 사용하고 있다.

2. 저자 및 연대: 본서 1장 1절은 오바댜의 저술임을 밝히고 있다. 성경에는 12명의 오바댜가 등장한다. 본서를 저술한 오바댜도 이름을 제외하고는 가문, 사회적 지위, 직업, 활동 연대 등에 대해서는 전혀 언급이 없다. 11절에서 14절의 예루살렘 침략의 기사는 여호람 통치 때의 블레셋과 아라비아인들의 침략에 관한 기사인 것으로 미루어 보아서 본서는 B.C. 848년에서 841년경에 기록된 것으로 추정된다.

3. 구조: 오바댜서는 구약성경 중 가장 짧은 책으로 1장 21절로 구성되어 있다. 오바댜서는 에돔에 대한 심판(1-16절)과 이스라엘의 회복(17-21절)을 예언하고 있다.

4. 오바댜서에 나타난 하나님의 진리:

1) 교만하여 하나님이 선택한 백성들, 이스라엘이 당한 재난을 기뻐하는 에돔은 하나님의 심판을 받아 멸망할 것이다. 오바댜는 증오의 선언이 아니라 정의에 대한 강한 신념으로 예언하고 있다.

2) 하나님은 모든 민족의 심판자가 되시며 불의를 벌하시고 정의를 다시 세우시리라는 것을 굳게 믿고 있다. 하나님은 전 우주에 대한 주권을 갖고 계신다. 어느 민족도 하나님의 법에서 피할 수 없다. 그러나 하나님은 약자를 돌보시고 그들을 다시 세우시며 빼앗긴 것을 다시 회복시키실 것이다.

제1과
오바댜 : 1장

1. 다음 중 맞는 것에는 O표, 틀린 것에는 X표 하시오.

(1) 오바댜가 에돔에 대하여 받은 묵시는 여호와께로부터 받은 것이다. ( )

(2) 에돔 사람은 본래 넓은 들판에 거하며, 그 중심은 겸손한 마음을 가졌다. ( )

(3) 오바댜에 계속 나오는 "나"(혹은 내)는 여호와 자신을 가리키고 "너"(네, 너희)는 에돔을 가리킨다. ( )

(4) 드만(에돔의 큰 성)의 용사들이 놀람으로 인하여 에서의 산 주민이 다 죽임을 당하여 멸절된다. ( )

(5) 본래 야곱과 에서는 형제간이다. ( )

(6) 에돔은 본래 에서의 후예로 에서의 별명을 따라 에돔 족속이 되었다. ( ) (참고. 창 25:30)

(7) 에돔은 유다 자손이 패망하는 날에 기뻐해야 할 것이다. ( )

(8) 에돔이 행한 대로 머리에 돌아갈 것이다. ( )

(9) 야곱은 자기 기업을, 요셉은 불꽃이 되나 에서 족속은 지푸라기가 될 것이다. ( )

(10) 구원자들이 시온 산에서 에서의 산을 심판하여 그 나라가 여호와께 속하게 한다. ( )

2. 다음 말씀은 몇 절에 기록되어 있습니까?

(1) 우리가 일어나서 그와 싸우자 ( )절

(2) 너의 마음의 교만이 너를 속였도다 (　　)절

(3) 거기에서 너를 끌어내리리라 (　　)절

(4) 네가 어찌 그리 망하였는고 (　　)절

(5) 그 감춘 보물이 어찌 그리 빼앗겼는고 (　　)절

(6) 네 먹을 것을 먹는 자들이 네 아래에 함정을 파니 (　　)절

(7) 네가 형제의 날 곧 그 재앙의 날에 방관할 것이 아니며 (　　)절

(8) 네가 행한 것이 네 머리로 돌아갈 것이라 (　　)절

(9) 에서 족속에 남은 자가 없으리니 (　　)절

(10) 나라가 여호와께 속하리라 (　　)절

3. 다음 말씀의 짝을 아래 보기에서 찾아 (　　) 안에 써 넣으시오.

보기 : 외국인　　내 백성이 환난을 당하는 날에

에돔이　　지혜와 지각 있는 자

(1) 독수리처럼 높이 오르며 별 사이에 깃들일지라도: (　　　　)

(2) 그날에 에돔에서와 에서의 산에서 멸절될 자: (　　　　)

(3) 예루살렘을 얻기 위하여 제비 뽑던 나라 사람: (　　　　)

(4) 네가 그 고난을 방관하지 말 것: (　　　　)

요나 개요

1. 명칭: 히브리어 성경은 본서의 제목을 주인공 예언자인 요나의 이름을 따서 붙였다. 구약성경 헬라어 번역본(LXX)도 히브리어를 음역하여 그대로 사용하고 있고 다른 성경들도 마찬가지다. 요나는 아밋대의 아들로 그의 이름의 뜻은 '비둘기'다. 그는 스불론 땅 가드헤벨 출신으로 북왕국 이스라엘 여로보암 2세 당시에 유명한 선지자로 일했다.

2. 저자 및 연대: 2장의 기도가 1인칭으로 기록된 점과 1장 1절에 요나에게 예언이 주어진 것으로 보아 본서의 사건 체험자인 요나가 직접 기록했을 것으로 본다. 그러나 어떤 학자는 B.C. 430년 당시 스가랴와 느헤미야의 배타주의를 반대하기 위하여 요나를 비유로 하여 익명의 저술가의 저작으로 보기도 한다. 그러나 열왕기하 14장 27절은 요나가 여로보암 2세 치하에 예언하던 선지자임을 분명히 하고 있다. 따라서 본서는 B.C. 760년경에 기록되었을 것으로 추정되며 본서에 나타나는 니느웨 왕은 아슈르단 3세다.

3. 구조: 요나서는 총 4장으로 구성되어 있다. 1장과 2장은 다시스로 가는 요나에 관한 이야기다. 그중 1장은 니느웨로 가라는 하나님의 말씀을 받고 다시스로 도망가다가 고난을 당하는 요나의 이야기요, 2장은 물고기 뱃속에서 고통 가운데 회개하는 요나의 이야기다. 3장과 4장은 니느웨로 가서 하나님의 예언을 선포하는 요나의 이야기다. 요나는 회개하는 니느웨에 놀라서 하나님께 불평하지만 결국 하나님의 사랑의

뜻을 이해한다는 내용이다.

4. 요나서에 나타난 하나님의 진리:

1) 하나님은 이스라엘의 하나님만이 아니라 온 세계의 하나님이며 이방인들도 구원하시는 하나님이다. 하나님은 이스라엘의 원수인 니느웨를 그렇게 싫어하는 요나를 시켜서 회개를 선포하게 하고 구원하신다.

2) 요나의 생각과 하나님의 생각은 엄청난 차이가 있다. 아무리 하나님의 선지자라고 해도 사람의 뜻은 하나님의 사랑의 뜻을 따라갈 수 없다. 사람들은 하나님의 사랑으로 자기의 가슴을 채울 때에라야 하나님의 마음을 가질 수 있다.

3) 하나님은 불순종하는 종이라도 환경과 사건들을 통하여 다시 돌이키게 만들고 결국 하나님의 뜻을 순종하게 하신다. 하나님의 사랑의 뜻은 결국 이루어진다.

4) 하나님의 구원의 방법은 모든 사람에게 공통된 것이다. 누구든지 회개하고 하나님께로 돌이키면 구원을 받을 것이다. 이것은 이방이요 악독한 민족 니느웨라고 다르지 않다.

제1과

요나 : 1장 – 4장

1. 다음 문장의 (   ) 안에서 옳은 것을 찾아 O표 하시오.

(1) 요나는 (아하스, 아밋대)의 아들이다.

(2) 니느웨는 (큰, 작은) 성읍으로 (선행, 악독)이 하나님께 상달되었다.

(3) 여호와는 요나에게 (니느웨, 다시스, 욥바)로 가라고 명했는데 요나는 (니느웨, 다시스, 욥바)로 가는 배를 탔다.

(4) 배가 폭풍을 만나 깨어지게 된 때에 요나는 배 밑에서 깊이 (기도를 하고, 잠을 자고) 있었다.

(5) 본래 요나는 (히브리, 헬라) 사람으로 여호와의 낯을 피하여 도망가는 중이었다.

(6) 이 재앙(풍랑)이 누구로 인하여 우리게 임하였나 알아 보자 하고 (투표, 제비)하니(뽑으니) 요나가 뽑혔다.

(7) 바다가 점점 흉용할 때 요나는 (너희 중 하나를, 나를) 바다에 던지라, 이 폭풍은 (나, 너희) 때문이라 했다.

(8) 요나를 바다에 던지니 바다가 뛰노는 것이 (곧 그쳤다, 마찬가지였다)

(9) 함께 배에 탔던 사람들이 (여호와, 요나)를 크게 두려워했다.

(10) 요나는 (큰 물고기, 큰 배) 속에 들어가 밤낮 (삼 일, 사십 일)을 지냈다.

(11) 요나는 물고기 뱃속에서 하나님께 (기도, 불평)했다.

(12) 요나가 고난 중에 드린 기도를 여호와께서 (들으셨다, 안 들으셨다)

(13) 내가 주의 목전에서 쫓겨났을지라도 다시 (주의 성전, 내 집)을 바라 보겠다 하였나이다.

(14) 내 영혼이 피곤할 때에 (여호와, 옛 추억)를(을) 생각하였더니 내 기도

가 주께 이르고 (주의 성전, 내 집)에 미쳤나이다

(15) 물고기가 토하여 요나를 (바다 가운데, 육지)로 던졌다.

(16) 여호와의 말씀이 (세 번째, 두 번째) 요나에게 임하여 (다시스, 욥바, 니느웨)로 가라 명하시매 그대로 순종했다.

(17) 그 성은 (사흘, 닷새) 동안 걸을 만큼 큰 성읍이며 그는 (하루 동안, 사흘 동안)을 행하며 외쳤다.

(18) 그 백성은 (하나님, 우상)을 믿고 금식을 선포하고 굵은 베 옷을 입었다.

(19) 그 성 왕은 조복을 (입고, 벗고) (재, 보좌) 위에 앉으니라

(20) 하나님은 그들이 행한 것을 보시고, 뜻을 (행하셨다, 돌이키셨다)

2. 다음 중 요나가 심히 싫어하고 노한 이유를 찾아 (　　) 안에 O표 하시오.

(1) 사는 것보다 죽는 것이 좋겠기 때문이다. (　)

(2) 악한 길에서 돌이킨 백성을 보시고 재앙을 내리지 않으셨기 때문이다. (　) (참조. 3:10)

(3) 주께서는 은혜로우시며 노하기를 더디 하시기 때문이다. (　)

(4) 다시스로 도망하지 못하게 하셨기 때문이다. (　)

3. 다음 중 하나님 편에 속한 말씀에는 (하나님), 요나 편에 속한 말에는 (요나)라 쓰시오.

(1) 자기를 위하여 초막을 지음 (　　　　)

(2) 박 넝쿨을 예비하사 그늘지게 함 (　　　　)

(3) 박 넝쿨로 말미암아 크게 기뻐함 (　　　　)

(4) 벌레를 예비하사 그 박 넝쿨을 갉아먹어 시들게 함 (　　　　)

(5) 뜨거운 동풍을 예비함 (　　　　)

(6) 혼미하여 죽기를 구함 (　　　　　)

(7) 내가 성내어 죽기까지 할지라도 옳으니이다 (　)

(8) 박 넝쿨을 네가 아꼈거든 하물며 이 큰 성읍 니느웨 백성 12만여 명을 어찌 아끼지 아니하겠느냐 (　)

미가 개요

1. 명칭: 히브리어 성경은 본서의 제목을 저자로 인정되는 예언자의 이름을 따서 '미가'('누가 여호와와 같은 자인가?'라는 뜻)라고 붙였다. 이것은 구약성경 헬라어 번역판(LXX)에도 같이 사용되었으며 모든 성경이 같은 명칭을 사용하고 있다. 미가는 팔레스틴 남서부에 위치한 모레셋 출신으로 평민들에게 예언을 선포하였다. 요담 왕의 재위 기간에 예언의 사역을 시작하여 아하스 왕과 히스기야 왕 시대 전반기까지 예언하였다.

2. 저자 및 연대: 본서 1장 1절과 예레미야 26장 18절 등의 내용으로 보아 미가의 저작이 확실하다. 그는 이사야와 동시대의 선지자로 요담, 아하스, 그리고 히스기야 통치 기간에 활동하였다. 본서는 대략 B.C. 700년경에 기록되었다고 본다.

3. 구조: 본서는 7장으로 구성되어 있다. 1-3장은 백성들과 지도자들의 범죄로 말미암아 하나님의 심판이 임할 것을 예언한 것이며, 4장과 5장은 메시아 왕국이 도래하여 메시아가 통치함으로 새 시대가 열릴 것임을 예언한 것이다. 그리고 6장과 7장은 하나님의 심판의 정당함에도 불구하고 하나님께서는 타락한 북이스라엘을 구원하실 것이라는 것을 선포하고 있다.

4. 미가서에 나타난 하나님의 진리:

1) 하나님의 심판에도 불구하고 하나님은 메시아를 그들에게 보내어 회복시키고 구원하실 것이다. 그러므로 메시아 소망을 가지고 여호와께로 돌아와서 인내함으로 기다릴 것을 강조한다.

2) 그는 남왕국 유다에서 활동하였지만 북왕국 이스라엘까지 예언에 포함시키고 있다. 그리고 궁극적으로는 메시아가 옴으로 모든 것에서 해방되고 진정한 기쁨을 얻을 수 있다는 사실을 예언했다.

3) 이스라엘을 회복시키시는 것은 하나님이시다. 그러나 이스라엘은 하나님이 회복시키고 구원하기 전에 반드시 회개하고 하나님께로 돌아와야 한다. 믿는 자만이 용서를 받을 것이다.

제1과

미가 : 1장 – 4장

1. 다음과 관계 있는 말을 보기에서 찾아 (   ) 안에 번호를 써 넣으시오.

보기 : (1) 라기스   (2) 사마리아와 예루살렘   (3) 미가
(4) 재앙   (5) 악십   (6) 고칠 수 없는 상처가 미쳐

(1) 요담, 아하스, 히스기야 왕 때에 묵시받은 선지 (   )
(2) 야곱의 허물과 유다의 산당 (   )
(3) 들개와 타조 같이 애통하리니 (   )
(4) 여호와께로 말미암아 예루살렘에 임하는 것 (   )
(5) 준마에 병거를 메울 주민 (   )
(6) 이스라엘 왕들을 속일 집들 (   )

2. 다음 말씀은 몇 장 몇 절에 기록되어 있습니까?

(1) 사람과 그의 산업을 강탈하도다 (   )장 (   )절
(2) 재앙을 계획하나니 (   )장 (   )절
(3) 슬픈 노래를 불러 이르기를 우리가 온전히 망하게 되었도다
(   )장 (   )절
(4) 분깃에 줄을 댈 자가 너희 중에 하나도 (   )장 (   )절
(5) 나의 말이 정직하게 행하는 자에게 유익하지 아니하냐
(   )장 (   )절

(6) 어린 자녀에게서 나의 영광을 영원히 빼앗는도다 (　　)장 (　　)절

(7) 반드시 멸하리니 그 멸망이 크리라 (　　)장 (　　)절

(8) 내가 반드시 너희 무리를 다 모으며, 그들을 한 처소에 두기를 초장의 양떼 같이 하리니 (　　)장 (　　)절

(9) 왕이 앞서 가며 여호와께서는 선두로 가시리라 (　　)장 (　　)절

(10) 그들의 살을 먹으며 그 가죽을 벗기며 그 뼈를 꺾어 다지기를 냄비와 솥 가운데에 담을 고기처럼 하는도다 (　　)장 (　　)절

(11) 백성을 유혹하는 선지자들은 이에 물 것이 있으면 평강을 외치나 그 입에 무엇을 채워 주지 아니하는 자에게는 전쟁을 준비하는도다 (　　)장 (　　)절

(12) 오직 나는 여호와의 영으로 말미암아 능력과 정의와 용기로 충만해져서 (　　)장 (　　)절

(13) 정의를 미워하고 정직한 것을 굽게 하는 자들아 (　　)장 (　　)절

(14) 그들의 선지자는 돈을 위하여 점을 치면서 (　　)장 (　　)절

3. 다음은 말일에 될 일들입니다. 서로 관계 있는 것을 찾아 줄로 연결하시오.

(1)	여호와의 전의 산들이 굳게 서	창을 쳐서 낫을
(2)	하나님의 전에 이르자	두렵게 할 자가 없어
(3)	칼을 쳐서 보습을	민족들이 그리로
(4)	자기 포도나무, 무화과나무 아래 앉아	남은 백성으로 강한 나라
(5)	자기 신을 의지하여 행하되	말씀이 예루살렘에서
(6)	절고 쫓겨나고 환난 받던 자를	여호와의 뜻과 계획을 모름
(7)	많은 이방 사람들이 모여 우롱함은	우리는 여호와로 영원히

제2과

미가 : 5장 – 7장

1. 베들레헴에서 날 목자(다스릴)는 누구를 말합니까? (참고. 마 2:6)

답

2. 5장 4절의 "그가 여호와의 능력과……이름의 위엄을 의지하고……그가 창대하여 땅 끝까지 미치리라"라는 말에서 "그"는 누구를 말합니까?

(1) 그 형제 남은 자 ( ) (2) 여호와 하나님 ( )

(3) 앗수르 사람 ( ) (4) 일곱 목자와 여덟 군왕 ( )

3. 야곱의 남은 자는 무엇과 같다고 했습니까?

(1)

(2)

(3)

(4)

4. 다음 중 그날이 이르러 파멸될 것들에 O표 하시오.

(1) 군마와 병거 ( ) (2) 성읍들과 견고한 성 ( )

(3) 예루살렘 성전 ( ) (4) 복술과 점쟁이 ( )

(5) 말씀의 두루마리 ( ) (6) 우상과 주상 ( )

5. 다음 ( ) 안에 적당한 말을 찾아 써 넣으시오.

(1) 너를 ( ) 땅에서 인도해 내어 종 노릇 하는 집에서 ( )

하였고 (　　　)와 (　　　)과 (　　　　)을 네 앞에 보냈느니라

(2) 여호와께서......강물 같은 (　　　)을 기뻐하실까......네게 구하시는 것은 오직 (　　　)를 행하며......(　　　)하게 네 하나님과 함께 행하는 것이 아니냐

(3) 너희는 (　　)가 예비되었나니 그것을 정하신 이가 누구인지 들을지니라

(4) 네가 먹어도 (　　　　)지 못하고, 씨를 뿌려도 (　　　)하지 못할 것이며, (　　　)를 밟아도 술을 마시지 못하리라

(5) 내 마음에 사모하는 처음 익은 (　　　　)가 없도다

(6) (　　　)한 자가 세상에서 끊어졌고 (　　　　　)가 사람들 가운데 없도다

(7) 가장 (　　)한 자라도 가시 같고 가장 정직한 자라도 (　　　) 울타리보다 더하도다

(8) 네 품에 누운 (　　　)에게라도 네 입의 (　　)을 지킬지어다

(9) 사람의 (　　　)가 곧 자기의 집안 사람이리로다

(10) 주께서 나를 인도하사 (　　　)에 이르게 하시리니 내가 그의 (　　) 를 보리로다

(11) 그 땅은 그 (　　　)의 행위의 (　　　)로 말미암아 황폐하리로다

(12) 네가 (　　　　) 땅에서 나오던 날과 같이 내가 그들에게 (　　　)을 보이리라

(13) 다시 우리를 (　　　)히 여기셔서 우리의 (　　　)을 (　　)로 밟으시고 우리의 모든 (　　)를 깊은 (　　　)에 던지시리이다

(14) 주께서 옛적에 우리 (　　　　)에게 맹세하신 대로 (　　　)에게 성실을 베푸시며 (　　　　　)에게 인애를 더하시리이다

나훔 개요

1. 명칭: 히브리어 성경은 본서의 제목을 이 책의 저자로 여겨지는 예언자의 이름을 따서 '나훔'('위로', '위안' 이라는 뜻)이라고 붙였다. 구약성경 헬라어 번역본(LXX)도 히브리어 성경의 명칭을 그대로 따랐으며 다른 성경들도 같은 명칭을 사용하고 있다. 나훔에 대해서는 그가 엘고스 출신이라고 하는 것 외에는 별로 알려진 것이 없다. 니느웨의 멸망에 대한 그의 예언은 북왕국 이스라엘이 앗수르에게 멸망당한 후에 남왕국 유다에서 예언하였다.

2. 저자 및 연대: 본서는 나훔이 B.C. 621년에서 612년경, 유다 왕 요시야의 개혁 이후이며 앗수르 멸망 직전에 기록한 것으로 추정된다.

3. 구조: 본서는 총 3장으로 구성된 짧은 성경이다. 1장과 2장은 니느웨의 멸망과 유다의 구원을 선포하고 있으며 2장은 심판받는 니느웨의 참상을 예언하고 있다. 3장은 니느웨의 멸망을 예언하고 있는데 그들이 멸망을 받아야 할 죄와 하나님의 심판의 필연성을 선포하고 있다.

4. 나훔에 나타난 하나님의 진리:

1) 요나의 설교를 듣고 회개했던 니느웨 성이 얼마 후에 하나님의 은혜를 잊어버리고 도리어 이전보다 더욱 패역해지자 결국 니느웨 성의 멸망을 선포하였다. 아무리 회개하여 하나님의 은혜로 용서와 구원을 받았다고 해도 다시 범죄하면 하나님의 심판

을 피할 수 없다는 것을 가르치고 있다.

2) 하나님의 백성들이 아닐지라도 하나님은 회개할 때에 구원하시며 죄악으로 패역하게 될 때에 심판하신다는 일반적인 진리를 선포하고 있다.

제1과

나훔 : 1장 – 3장

1. 다음 중 맞는 것에는 O표, 틀린 것에는 ×표 하시오.

(1) 나훔서는 이스라엘에 대한 가벼운 충고다. (　)

(2) 여호와는 투기하시며 보복하시는 하나님이다. (　)

(3) 여호와는 때로 자기를 사랑하는 자에게도 보복하신다. (　)

(4) 여호와는 노하기를 더디 하심으로 죄인을 다 사해 주신다. (　)

(5) 여호와는 바다와 강을 말리신다. (　)

(6) 여호와는 선하시며 환난 날에 산성이시다. (　)

(7) 여호와께서 온전히 멸할 때 재난이 다시 일어나지 아니한다. (　)

(8) 사악한 것을 권하는 자는 악을 꾀하는 자다. (　)

(9) 여호와께서 새긴 우상과 부은 우상을 멸절하며 무덤을 준비하게 됨은 그들이 쓸모 없게 되었음이다. (　)

(10) 아름다운 소식과 화평을 전하는 자의 발이 들판에 있다. (　)

2. 다음 말씀은 몇 장 몇 절에 기록되어 있습니까?

(1) 파괴하는 자......네 허리를 견고히 묶고 (　　)장 (　　)절

(2) 방패는 붉고......옷도 붉으며 (　　)장 (　　)절

(3) 횃불 같고......번개 같도다 (　　)장 (　　)절

(4) 왕궁이 소멸 (　　)장 (　　)절

(5) 왕후가 벌거벗은 몸으로 (　　)장 (　　)절

(6) 무릎이 서로 부딪히며 (　　)장 (　　)절

(7) 파견자의 목소리가 다시는 (　　)장 (　　)절

3. 다음 중 화 받을 니느웨 성 안에 있는 것들에 O표 하시오.

(1) 거짓과 포악 ( ) (2) 즐거운 노랫소리 ( ) (3) 병거 바퀴 소리 ( )

(4) 번개 같은 창 ( ) (5) 혼인 잔치 ( ) (6) 무수한 시체 ( )

4. 니느웨 성이 화를 받는 원인이 무엇입니까?

답

5. 3장 5-7절에 여호와가 "네게 말하노니" 했는데 여기서 "너"는 누구를 말합니까?

(1) 이스라엘 ( ) (2) 애굽 ( ) (3) 니느웨 ( ) (4) 나훔 ( )

6. 다음 것들이 어떻게 된다고 했습니까?

(1) 어린아이들:

(2) 존귀한 자들:

(3) 대인들:

(4) 모든 산성:

(5) 장정들:

7. 앗수르의 니느웨 성이 멸망됨을 듣고 열방이 기뻐하게 되는 이유가 무엇입니까?

답

하박국 개요

1. 명칭: 히브리어 성경은 본서의 제목을 저자인 예언자의 이름을 따서 '하박국'('포옹하다'라는 뜻)이라고 붙였다. 구약성경 헬라어 번역본(LXX)도 히브리어를 헬라어로 음역하여 사용하였으며 다른 모든 성경도 히브리어 성경의 표제를 따랐다.

2. 저자 및 연대: 본서가 하박국의 저술이라는 것은 1장 1절에 분명하게 나타나 있다. 하박국은 선지자였을 뿐 아니라 현직 제사장이었다. 그가 성전 음악 표기법을 사용한 것으로 보아 성전에서 예언 활동을 하였을 것으로 추정된다. 그의 이름이 '껴안는 자'라는 뜻과 그의 예언의 내용, 하나님께서 사랑으로 포옹한다는 것은 비유가 된다. 이 책의 시대적인 배경에 대해서는 많이 알려지지 않았으나 바벨론에 의해서 유다가 위협을 받고 침입을 당하는 B.C. 610년에서 605년 사이의 기록으로 추정된다.

3. 구조: 본서는 총 3장으로 구성되어 있다. 1장과 2장은 하나님께 드리는 하박국의 기도와 응답으로 되어 있으며 3장은 하박국이 믿음을 회복하고 하나님께 드리는 찬양이다.

4. 하박국에 나타난 하나님의 진리:

1) 본서는 공의로우신 하나님의 심판 방법과 구원의 계획의 기록이다. 하나님은 악인을 심판하기 위하여 폭력의 나라 바벨론도

도구로 사용하신다는 것을 선포하고 있다.

2) 하나님의 도구로 사용된 바벨론도 결국 그 폭력과 죄로 인하여 멸망을 받을 수밖에 없다는 것을 말씀한다. 하나님의 종이라도 하나님께 진실하고 충성되어야 한다.

3) 그러므로 의인은 오직 믿음으로 사는 것이다. 하나님은 공의의 하나님이며 구원의 하나님이다. 그러므로 의인은 오직 하나님께서 하시는 일을 믿음으로 받아들이고 하나님께서 모든 일을 합력하여 선을 이루실 것을 믿으며 살아야 한다고 선포하고 있다.

제1과

하박국 : 1장 – 3장

1. 다음은 선지자 하박국이 여호와께 한 첫 질문입니다. 하박국이 질문한 말에는 O표, 아닌 것에는 ×로 답하시오.

(1) 내가 부르짖어도 듣지 아니하시니 어느 때까지리이까 (   )

(2) 강포로 말미암아 외쳤더니 주께서 구원하셨나이다 (   )

(3) 어찌하여 내게 죄악을 보게 하시며 패역을 눈으로 보게 하시나이까 (   )

(4) 겁탈과 강포가 내 앞에 있고 변론과 분쟁이 일어났나이다 (   )

(5) 율법이 해이하고 정의가 시행되지 못하오니 이는 악인이 의인을 에워쌌으므로 정의가 굽게 행하여짐이니이다 (   )

2. 여호와께서 답하신 말씀 중에 사람들이 듣고도 믿지 않을 일(한 가지 큰 일)은 다음 중 어느 것입니까?

(1) 갈대아(바벨론)를 일으켜 심판하리라 (   )

(2) 너희 생전에 부르짖음이 응답되리라 (   )

(3) 먹이를 움키려 하는 독수리를 보리라 (   )

(4) 자기들의 힘을 자기들의 신으로 삼는 자들을 보리라 (   )

3. 다음은 선지자가 두 번째로 질문한 것입니다. 질문한 말에는 O표, 아닌 것에는 ×표 하시오.

(1) 주께서는 만세 전부터 계시지 아니하시나이까 (   )

(2) 주께서 심판하기 위하여 그들을 두셨나이다 (   )

(3) 악인이 자기보다 의로운 사람을 삼키는데도 잠잠하시나이까 (　)

(4) 어찌하여 사람을 바다의 고기 같게 하시며 다스리는 자 없는 벌레 같게 하시나이까 (　)

(5) 낚시로 고기를 잡으며 그물과 투망으로 들짐승을 모으나이다 (　)

(6) 그가 그물을 떨고는 계속하여 여러 나라를 무자비하게 멸망시키는 것이 옳으니이까 (　)

4. 다음 물음에 간단히 답하시오.

(1) 하박국이 여호와께 질문하고 답을 기다리던 곳은 어디입니까?

(2) 여호와께서 묵시를 어떻게 새기라고 했습니까?

(3) 거짓되지 않고 반드시 응하는 것이 무엇입니까?

(4) 의인은 무엇으로 산다 했습니까?

5. 어떠한 자들에게 화 있다 했습니까?

(1)

(2)

(3)

(4)

(5)

6. 다음은 하박국이 드린 기도의 내용입니다. 맞는 것에는 O표, 틀린 것에는 ×표 하시오.

(1) 주의 일을 이 수년 내에 부흥하게 하시고 진노 중에라도 긍휼을 잊지 마옵소서 (　)

(2) 내가 본즉 구산의 장막이 복을 받고 미디안의 휘장이 강해지도다 (   )

(3) 주께서 백성과 기름 부음 받은 자를 구원하시려고 악인의 집을 치시고 그 기초를 드러내셨나이다 (   )

(4) 나무에 열매가, 밭에 먹을 것이, 외양간에 소가 없을지라도 나는 여호와 구원의 하나님으로 말미암아 기뻐하리로다 (   )

스바냐 개요

1. 명칭: 히브리어 성경은 본서의 제목을 이 책의 저자의 이름을 따서 '스바냐'('여호와가 그를 감추셨다' 라는 뜻)라고 붙였다. 구약성경 헬라어 역본(LXX)도 히브리어 성경의 명칭을 따랐으며 다른 성경들도 모두 히브리어 성경의 표제를 따랐다.

2. 저자 및 연대: 스바냐가 본서의 저자인 것은 1장 1절 말씀이 증거하고 있고 유대교와 기독교의 전승도 스바냐의 저작을 인정하고 있다. 본서에 저자의 족보가 4대까지 기록된 것과 조상 가운데 히스기야 왕의 이름이 있는 것으로 보아 상당히 상류 계층에 속한 예언자로 추측된다. 기록 연대는 대략 B.C. 640년에서 622년 사이로 보고 있다. 저자가 요시야 왕 재위 기간에 활동한 것과 우상 숭배에 대한 책망으로 보아 요시야 왕의 종교개혁 이전에 기록된 것으로 보인다.

3. 구조: 본서는 총 3장으로 구성되어 있다. 1장과 2장은 심판을 예언하고 있는데 온 땅의 심판, 유다의 범죄에 대한 심판, 그리고 열방에 임할 심판을 선포하고 있다. 3장은 회복을 선포한 것으로, 여호와의 날에 임한 남은 자들의 구원과 이스라엘의 회복을 약속하고 있다.

4. 스바냐에 나타난 하나님의 진리:

1) 임박한 여호와의 날에 있을 참혹한 현실을 강력하게 경고함으로 회개를 촉구하고 있다. 고통 속에서도 신앙을 끝까지 지킨

자가 승리한 자요, 남은 자들이다. 이런 자들에게 영광과 소망이 있다.

2) 심판의 날은 환난과 고통의 날이며, 캄캄하고 어두운 날이요, 구름과 흑암의 날이다. 여호와의 날은 악인에게는 심판의 날이지만 의인에게는 회복과 영광의 날이 될 것이다. 하나님의 임재는 의인들에게는 구원과 회복이요, 악인들에게는 심판과 저주다.

제1과
스바냐 : 1장 – 3장

1. 여호와께서 땅 위에서 모든 것을 진멸(멸절)하실 때 구체적으로 무엇들을 멸절한다 했습니까?

(1)

(2)

(3)

(4)

(5)

2. 여호와의 희생의 날에 어떤 자들을 벌한다 했습니까?

(1)

(2)

(3)

3. 다음은 여호와의 큰 날에 일어날 일들입니다. 맞는 것에는 O표, 틀린 것에는 ×표 하시오.

(1) 그날은 가깝고도 심히 빠르다. (   )

(2) 그날은 분노의 날이요 환난과 고통의 날이다. (   )

(3) 나팔로 경고하며 성읍을 치며, 망대를 치는 날이다. (   )

(4) 용사들은 자기 용맹을 크게 떨치는 날이다. (   )

(5) 그들의 은과 금이 그날에 도움이 될 것이다. (   )

(6) 그날에는 온 땅이 여호와의 질투의 불에 삼켜진다. (   )

4. 혹시 여호와의 그날에 숨김을 얻을 사람들은 어떻게 하라 했습니까?

(1)

(2)

5. 다음 나라들이 각각 어떻게 된다 했습니까? 관계 있는 것을 찾아 줄로 연결하시오.

(1)	가사	소돔
(2)	가나안	죽임을 당하리라
(3)	모압	버림을 당하며
(4)	암몬	당아와 고슴도치가
(5)	구스	주민이 없게
(6)	앗수르(니느웨)	고모라

6. 모압과 암몬이 심판받는 이유는 무엇입니까?

답

7. 3장은 이스라엘(예루살렘)의 심판에 관한 말씀입니다. 심판받아야 할 이유를 쓰시오.

(1)

(2)

(3)

(4)

(5)

8. 이스라엘의 다음 사람들은 어떠했습니까?

(1) 방백들:

(2) 재판장들:

(3) 선지자들:

(4) 제사장들:

9. 이스라엘 멸망 시 어떠한 자들이 남아 보호를 받게 됩니까?

답

10. 이스라엘의 남은 자들은 어떠한 사람들입니까?

(1)

(2)

(3)

(4)

11. 구원을 베풀 전능자가 "너"(예루살렘 남은 자)를 인하여 어떻게 한다 했습니까?

(1)

(2)

(3)

12. 그때에 다음 사람들이 어떻게 된다 했습니까?

(1) 괴롭히던 자: (2) 저는 자:

(3) 쫓겨난 자: (4) 수욕 받는 자:

학개 개요

1. 명칭: 히브리어 성경은 본서의 제목을 저자의 이름을 따라서 '학개' 라고 붙였다. 구약성경의 헬라어 번역본(LXX)에서도 이 표제를 그대로 따랐고 다른 성경들도 히브리어 성경의 표제를 따랐다.

2. 저자 및 연대: 본서 1장 1절과 스가랴 6장 14절의 에스라의 언급은 이 책이 학개가 저술한 것임을 명백히 하고 있다. 본서에서 학개라는 이름이 3인칭으로 사용되기 때문에 그의 저작권을 의심하는 사람들도 있으나 유대와 기독교 전통은 본서가 학개의 저작이라고 믿고 있다. 기록 연대는 본서의 서두에 나타나는 대로, "다리오 왕 2년", 즉 B.C. 520년으로 추정하고 있다.

3. 구조: 본서는 총 2장으로 구성되어 있다. 본서는 네 개의 설교로 구성되어 있는데, 첫 번째 설교는 성전 재건이 지체됨을 책망하고 있으며, 두 번째 설교는 새 성전과 옛 성전을 비교하고 있고, 세 번째 설교는 성전 재건의 전과 후를 이야기하고 있으며, 네 번째 설교는 스룹바벨을 격려하는 것이다.

4. 학개에 나타난 하나님의 진리:

1) 성전 건축을 중단하는 것은 하나님 중심을 포기하는 것이다. 자기의 집은 건축하면서 하나님의 성전 건축을 지체한다는 것은 자기를 먼저 생각하고 하나님을 다음으로 생각하는 죄에 빠지

는 것이다. 이것은 심판을 받을 죄에 속한다.

2) 하나님의 성전 건축을 먼저 생각하고 하나님 예배를 중시하며 하나님 중심의 신앙을 가지지 않으면 아무리 다른 것에 완전하다고 해도 우선순위를 바꾸는 것이기 때문에 인생의 길이 형통할 수 없다. 그러므로 언제든지 하나님 중심의 삶과 신앙으로 승리할 수 있어야 한다.

제1과

학개 : 1장 – 2장

1. 다음 문장의 (　　) 안에서 옳은 것을 찾아 O표 하시오.

(1) "이 백성이 말하기를 여호와의 전을 건축할 시기가 이르지 아니하였다" 한 것은 (여호와, 학개)의 말이다.

(2) "이 성전이 황폐하였거늘 너희가 이때에 판벽한 집(좋은 나무로 잘 지은 집)에 거주하는 것이 옳으냐" 에서 "이 성전" 이란 (왕이 사는 궁전, 여호와의 전)을 말한다.

(3) 왜 "구멍 뚫어진 전대(돈주머니)에 넣음이" 된다고 했습니까? (삯을 받지 못해서, 자기의 행위가 악해서)

(4) "내가 너희와 함께하노라" 라는 말씀은 백성이 (여호와를 경외하매, 왕의 말을 경청하매) 주신 것이다.

(5) 2장에서 다시 "내가 너희와 함께하노라" 한 말씀은 (스룹바벨 여호수아와 모든 백성, 애굽 사람들)에게 주신 말씀이다.

(6) "내가 이곳에 평강을 주리라" 하신 말씀에서 "이곳" 은 (여호와의 전, 만국)을 가리키는 말이다.

2. 다음 물음의 답을 보기에서 골라 (　　) 안에 번호를 써 넣으시오.

보기 : (1) 아홉째 달 이십사일(성전 지대를 쌓던 날)부터

(2) 다리오 왕 제이 년 여섯째 달 이십사일

(3) 다리오 왕 제이년 여섯째 달 초하루

(4) 전을 건축하라　(5) 새 전에서　(6) 성전이 황폐하여

(7) 스룹바벨　(8) 스룹바벨아　(9) 여호수아

(10) 백성의 말　(11) 자기 집에는 빨랐음　(12) 돌이키지 않음

(13) 부정하다　(14) 성물(거룩히 구별된 물건)이 될 수 없음

(1) 첫 말씀이 학개에게 임한 때 (　　)

(2) 그때에 유다 총독 (　　)

(3) 그때에 대제사장 (　　)

(4) 전을 건축함은 시기 상조다. (　　)

(5) 배부르지도 따뜻하지도 못하며 구멍 뚫어진 전대가 됨 (　　)

(6) 그로 인하여 기뻐하고 영광을 얻으리라 (　　)

(7) 전은 황폐하였으되 (　　)

(8) 전 역사를 시작한 때 (　　)

(9) 보잘것없는 이 전에 여호와의 영광이 이전보다 더 크리라 (　　)

(10) 거룩한 고기(제사드렸던 성물)에 다른 음식물이 닿았을 때 그 고기는 (　　)

(11) 부정한 자가 그것들(음식이나 성물)을 만지면 (　　)

(12) 곡식을 마르게 하는 재앙과 깜부기 재앙과 우박으로 쳤으나 (　　)

(13) 오늘부터 여호와께서 복을 주시리라 (　　)

(14) 너를 세우고 너를 인장으로 삼으리니 너를 택하였음이라 (　　)

3. 다음 (　　) 안에 적당한 말을 찾아 써 넣으시오.

너희는 (　　)에 올라가서 (　　　　)를 가져다가 (　　　　)을 건축하라 그리하면 (　　)가 그것으로 말미암아 (　　　　)하고 또 (　　　　)을 얻으리라

스가랴 개요

1. 명칭: 히브리어 성경은 본서의 제목을 저자인 예언자의 이름을 따서 '스가랴'('여호와께서 기억하신다'라는 뜻)라고 붙였다. 구약성경 헬라어 번역본(LXX)도 같은 명칭을 따랐고 그 외의 다른 성경들도 히브리어 성경의 표제를 따랐다.

2. 저자 및 연대: 본서 1장 1절과 7절의 말씀으로 보아 이 책의 저자는 스가랴임이 명백하다. 그는 제1차 귀환(B.C. 537) 때 귀국한 제사장 가문의 사람이며 학개와 동시대에 활동하였다. 바벨론을 점령하고 중동의 새 통치자가 된 고레스는 B.C. 538년에 유대 포로들이 예루살렘으로 돌아가 성전을 건축해도 좋다는 조서를 내렸다. 이 조서에 따라서 약 5만 명의 유대인들이 귀국하였다. 그들은 B.C. 536년에 드디어 성전을 건축하기 시작하였다. 스가랴는 이때에 그들을 격려하고 하나님의 말씀을 전달한 예언자가 되었다.

기록 연대는 대략 B.C. 520년에서 518년까지 전반부(1-8장)를 기록하였고 B.C. 480년에서 470년 사이에 후반부(9-14장)를 기록했을 것으로 추정된다.

3. 구조: 본서는 총 14장으로 구성되어 있다. 1-6장은 회개를 촉구하는 서두와 함께 8가지의 환상과 여호수아의 면류관 환상을 기록한 것이다. 그리고 7장과 8장은 금식기도와 함께 네 가지 메시지를 전달하고 있고 9-14장은 메시아 구원을 예언하는데, 9장에서 11장은 메시아 강림과 배

척, 그리고 12장에서 14장은 메시아 재림과 통치를 선포하고 있다.

4. 스가랴서에 나타난 하나님의 진리:

1) 제1차로 귀환한 백성들이 무엇보다도 먼저 성전을 건축하는 일을 촉구하고 이것이 얼마나 하나님 중심의 국가와 인생을 위해서 중요한 것인지를 강력하게 말씀하고 있다. 성전은 예배와 삶의 중심이다. 중심이 튼튼하지 않으면 흔들리는 삶과 인생을 살 수밖에 없다. 성전 건축과 성전 예배는 모든 삶의 중심이 되어야 한다.

2) 하나님이 기뻐하시는 금식은 회개와 헌신의 금식이다. 제도와 형식에 매인 금식은 불필요하다. 하나님은 언제나 우리의 중심을 보시고 중심에서 역사하신다.

3) 메시아는 하나님의 구원을 세상에 가져오는 분이지만 초림은 고난의 연속이다. 그러나 메시아의 재림은 영광의 재림이 될 것을 미리 예언하고 있다. 우리는 언제나 회개하고 성전 중심, 즉 하나님 중심의 삶을 살아야 한다.

제1과
스가랴 : 1장 – 3장

1. 다음 중 맞는 것에는 O표, 틀린 것에는 ×표 하시오.

(1) 다리오 왕은 갈대아 나라 왕이다. ( ) (참고. 단 9:1)

(2) "조상들을 본받지 말라" 한 것은 악한 행실을 본받지 말라는 것이다. ( )

(3) 조상들은 선지자들의 말을 들을 수가 없어서 악한 길에 빠졌다. ( )

(4) 스가랴가 환상에서 본 말 탄 자들은 여호와께서 땅에 보내신 자들이다. ( )

(5) 그들이 땅에 두루 다녀 보니 전쟁으로 소란하더라고 보고했다. ( )

(6) 여호와께서 여러 나라들 때문에 심히 진노함은 주는 조금 노하였거늘 그들은 힘을 내어 고난을 더한 까닭이다. ( )

(7) 다시 이른 여호와의 말씀은 예루살렘 성읍을 다시 멸하고 황폐하게 하리라 하는 것이다. ( )

(8) 스가랴가 본 네 뿔은 이들 네 뿔이 유다와 이스라엘과 예루살렘을 도와줄 것이라 했다. ( )

(9) 대장장이(장인들) 네 명이 온 이유는 뿔들을 두렵게 하고 떨어뜨리려 함이었다. ( )

(10) 여호와께서 불로 둘러싼 성곽이 된다는 말은 성을 보호해 주신다는 말이다. ( )

(11) 그날에 많은 나라가 여호와께 속하여 그의 백성이 될 것이다. ( )

(12) 여호와께서 그 성소에 일어나신다. ( )

(13) 사탄은 여호와께 칭찬을 받는다. ( )

(14) 여호수아가 입었던 더러운 옷은 죄악을 말한다. (   )

(15) 여호와께서 이 땅의 죄악을 하루에 제하리라고 돌에 새기신다. (   )

2. 다음 중 1장 3-4절의 제목으로 알맞은 것에 O표 하시오.

(1) 여호와께로 돌아오라 (   ) (2) 여호와의 말씀을 외치라 (   )

3. 첫 번째 환상에서 여호와의 사자가 여호와께 "언제까지 예루살렘과 유다 성읍들을 불쌍히 여기지 아니하시려 하나이까 이를 노하신 지 칠십 년이 되었나이다" 한 말 중에서 "노하신 지 칠십 년이 되었나이다"라는 말은어떤 뜻입니까?

(1) 여호와께서 칠십 년간 계속 화만 품고 계신다는 말이다. (   )

(2) 칠십 년간 계속 적들에게 공격을 받게 하신다는 말이다. (   )

(3) 바벨론으로 잡혀 간 지 칠십 년이 되었다는 말이다. (   ) (참고. 대하 36:20-21)

4. 2장 8절의 "너희를 범하는 자는 그의 눈동자를 범하는 것이라"에서 "그"는 누구입니까?

(1) 여호와 (   ) (2) 이스라엘 (   ) (3) 바벨론 (   ) (참고. 신 32:10)

제2과
스가랴 : 4장 – 8장

1. 다음 문장의 (　　) 안에서 옳은 것을 찾아 O표 하시오.

(1) 스가랴가 다시 본 환상은 (순금 등잔대, 금 촛대)이고, 그 곁에는 (두 무화과, 두 감람)나무가 있었다.

(2) 힘으로도 능으로도 되지 아니하고 오직 (주의 영, 지혜로움)으로 된다.

(3) 이 일곱은 온 세상에 두루 다니는 여호와의 (눈, 손)이라

(4) 등잔대 좌우의 두 감람나무는 주 앞에 서 있는 두 (기름 부음 받은 자, 임금)이니라

(5) 스가랴가 다시 본 날아가는 두루마리는 온 땅 위에 내리는 (은혜, 저주)라

(6) 그 두루마리는 (도둑, 선지자)의 집에나 (망령되이, 헛되이) 맹세하는 자의 집에 머물러 다 사르리라

(7) 에바(말 4장) 가운데에 앉은 한 여인을 가리켜 (선, 악)이라 하고 납(뚜껑)으로 덮었더라

(8) 스가랴가 본 네 병거 환상은 두 산 즉, (구리, 철) 산에서 나왔는데 이들은 하늘의 네 (바람, 지진)으로 주 앞에 서 있다가 나가는 것이다.

(9) 여호와의 전을 건축하고 영광도 얻고 그 위에 앉아서 다스릴 자는 (왕, 순)이라 이름할 자다.

(10) 그 면류관은 헨을 기념하기 위하여 (궁전, 여호와의 전) 안에 두라 하시니라

2. 다음 물음에 간단히 답하시오.

(1) 은혜를 구하고 제사장과 선지자들에게 물어 온 사람들은 누구입니까?

(2) 백성과 제사장들이 70년 동안 금식하고 애통한 것이 누구를 위한 것입니까?

(3) 예루살렘과 사면 읍에 백성이 거하여 형통했던 때는 언제입니까?

(4) 스가랴에게 이미 말한 여호와의 말씀 요지 4가지는 무엇입니까?

1)

2)

3)

4)

(5) 큰 노가 여호와께로부터 나온 이유는 무엇입니까?

(6) 여호와께서 시온(예루살렘)에 거하시면 어떻게 되리라 했습니까?

(7) 회복될 예루살렘에는 어떤 일이 있을 것이라 했습니까?

(8) 어느 때부터 평강의 씨앗을 얻어 포도나무나 땅이 산물을 내어 남은 백성이 누리게 됩니까?

(9) 은혜를 받을 예루살렘과 유다 족속이 행할 일은 무엇입니까?

1)

2)

3)

4)

(10) 이방 백성 10명이 유다 사람 하나의 옷자락을 잡고 애원하는 이유는 무엇입니까?

제3과

스가랴 : 9장 – 11장

1. 다음 중 서로 관계 있는 것을 찾아 줄로 연결하시오.

(1) 말씀이 내림은	소망이 수치가 됨
(2) 두로와 시돈	임금이 끊기고
(3) 에그론	하나님께로 돌아와
(4) 가사	여호와를 우러러봄이라
(5) 블레셋	잡족이 거주
(6) 아스돗	매우 지혜로움

2. 다음은 메시아와 그에게 속한 백성에 관한 예언입니다. 서로 관계 있는 것을 찾아 줄로 연결하시오.

(1) 시온과 예루살렘의 딸아	화평을
(2) 나귀를 탄 겸손한 왕	헬라 자식들을 치게
(3) 이방에	땅 끝까지
(4) 그의 통치	기뻐하고 즐거워하라
(5) 갇힌 자들	곡식과 포도주로 강건
(6) 시온의 자식	요한복음 12장 15절
(7) 여호와의 백성	돌아올지니라
(8) 청년과 처녀	보석같이 빛남

3. 하나님이 그 백성을 어떻게 사랑하시는지 관계 있는 것을 찾아 줄로 연결하시오.

(1)	여호와께 비를 구하라	전쟁의 준마와 같게
(2)	드라빔과 복술자	내버린 일이 없었음 같이
(3)	유다 족속을 돌보아	소낙비를 내려
(4)	유다와 요셉 족속을 긍휼히 여겨	번성하리라
(5)	에브라임	허탄과 거짓 꿈을
(6)	그들을 모아	낮아지고 없어짐
(7)	앗수르의 교만과 애굽의 규	여호와로 말미암아 즐거워함

4. 다음 (　　) 안에 적당한 말을 찾아 써 넣으시오.

(1) 잣나무여 (　　　)할지어다 (　　　　)목이 넘어졌고 아름다운 나무들이 쓰러졌음이로다

(2) 목자들의 (　　　)하는 소리, 어린 (　　　　)의 부르짖는 소리

(3) 양을 산(백성을 노예로) 자들은 잡아도 (　　　)가 없다 판 자들은(백성을 노예로) 여호와께 (　　　　)하리라

(4) 막대기 둘을 취하여 하나는 (　　　　)이라 하나는 (　　　　)이라

(5) (　　　　)이라 하는 막대기를 꺾었으니 이는 모든 (　　　　)과 세운 (　　　　)을 폐함이라

(6) (　　　)이라 하는 둘째 막대기를 꺾음은 (　　　)와 (　　　　　　) 형제의 의리를 끊으려 함이라

(7) 은 삼십 개를 토기장이에게 던지는 말씀은 마태복음 27장 (　　　)절부터 (　　　)절까지에 인용되었다

(8) (　　) 있을진저 (　　)떼를 버린 못된 (　　　)여 (　　)이 그의 팔에 오른쪽 (　　)에 임하리니 마르고 멀어 버릴 것이라

제4과
스가랴 : 12장 - 14장

1. 다음 (   ) 안에 적당한 말을 찾아 써 넣으시오.

(1) 여호와 곧 (   )을 펴시며 땅의 (   )를 세우시며 사람 안에 (   )을 지으신 이

(2) 예루살렘을 모든 민족에게 무거운 (   )이 되게 하리니

(3) (   ) 주민이 여호와로 말미암아 (   )을 얻었다 할지라

(4) 여호와가 예루살렘 주민을 보호하리니 그 중에 약한 자가 그날에는 (   ) 같겠고 (   )의 족속은 하나님 같고 여호와의 (   ) 같을 것이라

(5) 다윗의 집과 예루살렘 주민에게 (   )과 (   )하는 심령을 부어 주리니

(6) 12장 10절에 "그들이 그 찌른바 그를 바라보고"라는 말에서 "그"는 (   )를 가리킨다. (참고. 계 1:7; 요 19:37)

2. 다음 중 서로 관계 있는 것을 찾아 (   ) 안에 번호를 써 넣으시오.

(1) 다윗과 예루살렘 주민에게 열림 (   ) 자식이라도 칼로 찌름
(2) 이 땅에서 끊고 떠나게 할 것들 (   ) 나는 농부라
(3) 빙자하는 거짓 예언자의 부모 (   ) 우상, 거짓 선지자, 마귀
(4) 환상을 부끄러워하는 예언자들 (   ) 금같이 연단된 백성
(5) 목자를 치면 양이 흩어지려니와 (   ) 죄를 씻는 샘
(6) 삼분의 일 (   ) 마가복음 14장 27절의 예수와 제자들

3. 여호와의 날이 이르러 다음은 각각 어떻게 됩니까?

(1) 제물:

(2) 성읍 백성:

(3) 남은 백성:

(4) 여호와의 발:

(5) 여호와께서 아시는 한 날의 상태:

(6) 예루살렘에서 솟아 동서 바다로 흐를 것:

(7) 여호와께서 홀로 왕이 되실 때 그 가운데에 거하는 사람:

(8) 예루살렘을 친 모든 백성에게 내려질 재앙:

(9) 어떤 자에게 비를 내리지 않습니까?

(10) 말 방울에까지 기록될 말씀은 무엇입니까?

말라기 개요

1. 명칭: 히브리어 성경은 본서의 제목을 저자인 예언자의 이름을 따라서 '말라기' 라고 붙였다. 구약성경 헬라어 번역본(LXX)도 히브리어 성경의 명칭을 따랐으며 다른 성경들도 모두 히브리어 성경의 표제를 따랐다.

2. 저자 및 연대: 본서가 말라기의 저작이라는 것은 1장 1절에 명백히 나타나 있다. 본서 이외에는 저자에 대한 자료를 찾을 수 없으나 이름이 '여호와의 사자' 라는 뜻의 '말라기야' 의 단축형인 것으로 보아 매우 경건한 인물이었을 것으로 짐작된다.

본서는 B.C. 430년경에 기록된 것으로 본다. 본서에 나타난 백성의 죄상이 느헤미야에 기록된 것과 유사하므로 두 선지자를 같은 시기의 인물로 볼 수 있으며, 느헤미야가 바사 왕궁으로 소환된 후인 B.C. 430년경으로 추정하는 것이다.

3. 구조: 본서는 총 4장으로 구성되어 있다. 1-3장은 백성들의 무지와 제사장들의 죄와 백성들의 죄를 책망하는 내용이며 4장은 하나님의 약속을 기록한 것이다. 주의 날이 임할 때에 악인들에게는 심판이, 의인들에게는 축복이 주어질 것이다. 그러므로 모세의 법도를 기억하여 지키라고 선포하고 있다.

4. 말라기에 나타난 하나님의 진리:

1) 말라기는 도덕적, 신앙적인 각성을 촉구하고 있다. 유다 백성들은 착각 속에 빠져서 잘못된 신앙으로 가고 있으며 그 결과는 하나님의 심판이라고 강력히 선포하고 있다.

2) 하나님은 이스라엘을 사랑하지만 그것을 깨닫지 못한 제사장들과 백성들이 죄를 범하므로 회개를 촉구하며 모세의 율법을 기억하고 지키는 것만이 하나님께로 다시 돌아서는 길임을 선포하고 있다.

제1과

말라기 : 1장 - 2장

1. 다음 물음에 알맞은 답을 골라 O표 하시오.

(1) 말라기서는

1) 말라기 선지자를 통하여 온 땅에 경고한 말씀이다. (   )

2) 말라기 선지자를 통하여 유다에 경고한 말씀이다. (   )

3) 말라기 선지자를 통하여 이스라엘에 경고한 말씀이다. (   )

4) 말라기 선지자를 통하여 애굽에 경고한 말씀이다. (   )

(2) 에서와 야곱의 예는

1) 하나님이 그의 백성을 처음부터 사랑한다는 뜻 (   )

2) 하나님은 언제나 형보다 동생을 사랑한다는 뜻 (   )

3) 에서(에돔)는 황폐한 곳을 다시 쌓아 밉다는 뜻 (   )

4) 야곱이 형보다 나아서 하나님이 사랑한다는 뜻 (   )

2. 다음 중 하나님을 멸시하는 제사장과 백성들의 행위에는 O표, 그 외에는 ×표 하시오.

(1) 우리가 어떻게 주의 이름을 멸시하였나이까 (   )

(2) 더러운 떡을 제단에 드림 (   )

(3) 눈먼 것, 저는 것, 병든 것을 희생으로 드림 (   )

(4) 성전 문을 닫음 (   )

(5) 각처에서 분향하여 깨끗한 제물을 드림 (   )

(6) 이 일(제물 드리는)을 번거롭게 여겨 코웃음 침 (   )

(7) 훔친 물건과 저는 것, 병든 것을 드림 (   )

(8) 서원하는 일에 흠 있는 것으로 드림 (　　)

3. 제사장들이 하나님께 어찌할 때에 복 대신 저주를 받는다 했습니까?

(1) 듣지도, 마음에 두지도, 그 이름을 생각지 아니하면 (　　)

(2) 듣지도, 마음에 두지도, 그 이름을 영화롭게도 하지 아니하면 (　　)

(3) 보지도, 마음에 두지도, 그 이름을 영화롭게도 하지 아니하면 (　　)

(4) 보지도, 드리지도, 이름을 영화롭게도 하지 아니하면 (　　)

4. 여호와께서 레위 자손과 세운 언약을 무엇이라고 했습니까?

(1) 생명과 평강의 언약 (　　) (2) 생명과 저주의 언약 (　　)

(3) 생명과 형통의 언약 (　　) (4) 승리와 평강의 언약 (　　)

5. 레위가 하나님께 행한 일에는 (레위), 제사장들이 행한 일에는 (제사장)이라 쓰시오.

(1) 하나님을 경외하고 그 이름을 두려워했음 (　　　　)

(2) 옳은 길에서 떠나 많은 사람을 율법에 거스르게 함 (　　　　)

(3) 그의 입에는 진리의 법이 있었고, 입술에는 불의함이 없었음 (　　　　)

(4) 화평과 정직한 중에 많은 사람을 죄악에서 떠나게 함 (　　　　)

(5) 레위의 언약을 깨뜨림 (　　　　)

(6) 주의 길을 지키지 않고 율법을 사람에게 치우치게 함 (　　　　)

6. 다음 물음에 간단히 답하시오.

(1) 한 아버지는 누구입니까?

(2) 이방 신의 딸(이방 신을 섬기는 여자)과 결혼하여 성결을 욕되게 한 나라는 어느 나라입니까?

(3) 여호와의 제단을 가리는 것들은 무엇입니까?

(4) 여호와께서 사람들이 드리는 헌물을 받지 않은 이유는 무엇입니까?

(5) 영이 충만하신 하나님이 남자에게 한 아내를 허락하심은 무슨 까닭입니까?

(6) 여호와가 미워하시는 자는 누구입니까?

1)

2)

제2과

말라기 : 3장 – 4장

1. 3장 1절의 "길을 준비할" 여호와의 사자는 누구입니까? (참고. 눅 7:24-28)

답

2. 여호와께서 다음 중 어떤 사람들에게 심판하러 임한다 했습니까?

(1) 점치는 자 ( )

(2) 간음하는 자 ( )

(3) 세리 ( )

(4) 목자 ( )

(5) 거짓 맹세하는 자 ( )

(6) 품꾼의 삯을 억울하게 하는 자 ( )

(7) 과부와 고아를 압제하는 자 ( )

(8) 나그네를 억울하게 하는 자 ( )

3. 하나님의 것을 도둑질하고 저주받았다 한 것은 무엇을 말하는 것입니까?

답

4. 무엇으로 여호와를 시험하여 "하늘 문을 열고……쌓을 곳이 없도록 붓지 아니하나" 시험해 보라 했습니까?

답

5. 저희가 완악한 말로 하나님을 대적한 말이 무엇입니까?

(1)

(2)

(3)

(4)

6. 여호와 앞에 있는 기념책에 기록될 자들이 누구입니까?

(1)

(2)

7. 여호와께서 정하신 날에 그 기념책에 기록된 자들을 어떻게 하시리라 했습니까?

(1)

(2)

8. 그날에 그들이 돌아와서 어떻게 분별한다 했습니까?

(1)

(2)

9. 그날 용광로 불 같은 날이 임할 때 지푸라기같이 살라질 자는 누구며 송아지같이 뛸 자는 누구입니까?

(1) 지푸라기 같은 자:

(2) 송아지같이 뛸 자:

10. 여호와의 큰 날이 이르기 전에 엘리야를 보낸다 했는데 이는 신약의 누구를 말합니까? (참고. 마 11:14; 막 9:11–13)

답

11. "내 이름을 경외하는 너희에게는 공의로운 해가 떠올라서 치료하는 광선을 비추리니" 하는 말씀은 말라기 몇 장 몇 절 말씀입니까?

답 (　　)장 (　　)절

답안지

창세기

제1과 1~3장

1. (1) 넷째 날 (2) 다섯째 날 (3) 여섯째 날 (4) 첫째 날 (5) 둘째 날 (6) 일곱째 날 (7) 셋째 날
2. (1) 태초, 하나님, 천지, 창조 (2) 우리, 우리가 사람, 고기, 공중 (3) 복, 번성, 충만, 다스리라 (4) 모든 채소, 나무 (5) 푸른 풀 (6) 하나님, 심 (7) 일곱 째, 안식 (8) 흙, 생기, 생령 (9) 생명, 선악 (10) 비손, 기혼, 힛데겔
3. (1) 여호와 하나님, 사람(아담) (2) 뱀, 여자 (3) 여자, 뱀 (4) 뱀, 여자
4. (1) 흙 (2) 흙 (3) 아담 (4) 아담, 갈빗대 하나 (5) 무화과나무 (6) 가죽 (7) 그룹들, 두루 도는 불 칼
5. (1) 6, 4, 1, 9, 7, 3, 2, 10, 5, 8 (2) 5, 2, 7, 3, 4, 6, 8, 1 (3) 4, 2, 5, 3, 1, 6 (4) 1, 4, 5, 2, 3

제2과 4~6장

1. 4, 3, 2, 1
2. (1) 여호와, 가인 (2) 여호와, 가인 (3) 가인, 여호와 (4) 여호와, 가인 (5) 여호와, 가인 (6) 가인, 여호와 (7) 여호와, 가인
3. (1) 아벨→가인 (2) 당하게→면하게 (3) 서쪽→동쪽 (4) 에녹→라멕 (5) 농사하는→가축을 치는 (6) 놋으로→구리와 쇠로 (7) 유발→셋 (8) 노아→에노스
4. (1) 므두셀라, 969 (2) 에녹 (3) 셈, 함, 야벳 (4) 120년 (5) 네피림 (6) 6, 6 (7) 은혜 (8) 의인, 완전, 동행 (9) 고페르, 역청 (10) 삼, 135, 22.5, 13.5 (11) 한 (12) 준행

제3과 7~9장

1. (1) 의로움을 내가 보았음이니라 (2) 암수 일곱씩 (3) 암수 둘 (4) 땅에 비 (5) 홍수가 땅에 (6) 셈, 함, 야벳 (7) 가축, 들짐승, 새, 사람이라 (8) 백오십 일
2. (1) 3 (2) 2 (3) 5 (4) 1 (5) 4
3. (1) 나왔다 (2) 여호와를 (3) 하지 아니하리라 (4) 산 (5) 자기
4. (2), (4)
5. (1) 노아의 아들들 (2) 포도주 (3) 함 (4) 셈과 야벳 (5) 가나안 (6) 셈 (7) 야벳 (8) 노아

제4과 10~12장

1. 함, 야벳, 셈, 야벳, 함, 셈, 셈, 함, 야벳, 야벳, 함, 함, 셈, 셈, 함
2. (1) 언어, 말 (2) 벽돌, 역청 (3) 하늘, 이름, 지면 (4) 하고자, 막을 (5) 바벨, 여호와, 언어
3. (1) 셈 (2) 데라, 70 (3) 삼, 첫째 (4) 하란 (5) 사래 (6) 조카 (7) 아버지, 보여 줄 (8) 복 (9) 아브람 (10) 75 (11) 사람 (12) 여호와 (13) 애굽 (14) 누이 (15) 사래 (16) 사래

제5과 13~15장

1. (1) × (2) ○ (3) ○ (4) × (5) × (6) ○ (7) ○ (8) ×
2. (1) 아므라벨 (2) 아리옥 (3) 그돌라오멜 (4) 디달 (5) 베라 (6) 비르사 (7) 시납 (8) 세메벨
3. (1) 염, 군사 (2) 아브람, 롯 (3) 318, 롯 (4) 살렘 왕 멜기세덱 (5) 멜기세덱 (6) 의 (7) 애굽
4. (3)

제6과 16~18장

1. 4, 5, 1, 2, 3, 7, 6, 8
2. (1) 하나님이 들으심 (2) 살피시는 하나님 (3) 여러 민족의 아버지 (4) 여러 민족의 어머니 (5) 웃음
3. (1) ○ (2) × (3) ○ (4) × (5) × (6) ○ (7) ○ (8) ×
4. (1) ○ (2) ○ (3) ○ (4) × (5) ○
5. (4)

제7과 19~21장

1. (1) 롯 (2) 천 (3) 백성 (4) 롯 (5) 롯 (6) 백성 (7) 천 (8) 롯 (9) 천 (10) 천 (11) 롯 (12) 천
2. (1) 롯이 피한 작은 성 (2) 소돔과 고모라 (3) 소금 기둥 (4) 모압 족속 (5) 암몬 족속 (6) 사라를 자기 누이라
3. (1) 12장 13절 (2) 사라 (3) 이스마엘, 이복형 (4) 언약

제8과 22~24장

1. (1) 22장 5절 (2) 22장 7절 (3) 22장 12절 (4) 22장 17절 (5) 23장 4절 (6) 23장 6절 (7) 24장 6절 (8) 24장 20절 (9) 24장 33절 (10) 24장 65절
2. (1) 모리아 (2) 4명(아브라함, 이삭, 두 종) (3) 숫양 (4) 여호와의 산에서 준비되리라 (5) 127 (6) 은을 주고 샀다 (7) 12, 26, 52 (8) 손녀
3. 2, 1, 3, 4, 6, 5

제9과 25~27장

1. (1) 아브라함의 향년, 죽어 열조에게로 돌아감 (2) 이스마엘의 향년, 죽었음 (3) 이삭, 리브가와 결혼함 (4) 이삭, 야곱과 에서가 출생함
2. (1) 에서 (2) 야곱 (3) 에서 (4) 야곱 (5) 에서 (6) 야곱 (7) 야곱
3. (1) 이삭 (2) 이스마엘의 자손들
4. 여섯 번(18절, 19절, 21절, 22절, 25절, 32절)
5. (1) 에서 (2) 야곱 (3) 야곱 (4) 에서 (5) 야곱 (6) 에서 (7) 야곱 (8) 야곱

제10과 28~30장

1. (1) 외삼촌, 딸, 아내 (2) 가나안, 딸, 이삭 (3) 어디로, 지키, 땅 (4) 사랑, 칠 (5) 외삼촌, 속이 (6) 세, 남편, 연합 (7) 임신, 하나님, 하나님 (8) 여섯, 그, 나 (9) 점, 아롱, 나, 삯 (10) 라반, 야곱
2. (2)
3. (1) 시므온(2), 잇사갈(9), 르우벤(1), 스불론(10), 레위(3), 유다(4)
   (2) 단(5), 납달리(6)
   (3) 요셉(11), 베냐민(12)
   (4) 갓(7), 아셀(8)

제11과 31~33장

1. (1) ○ (2) ○ (3) ○ (4) ×
2. (1) 야곱이 언약의 증거를 삼은 곳
   (2) 야곱이 하나님의 사자를 만난 곳
   (3) 야곱이 천사와 씨름하여 이스라엘 이름을 얻은 곳
   (4) 야곱이 집과 우릿간을 세운 곳

(5) 야곱이 세겜 성 앞에 장막을 치고 단을 쌓은 곳

3. (2)

4. (1) 야곱 (2) 드라빔 (3) 남은 한 떼는 피하려고 (4) 암염소, 암양 200마리씩, 숫염소 숫양, 암나귀 20, 낙타 30, 암소 40

제12과 34~36장

1. (1) ○ (2) ○ (3) △ (4) ○ (5) △ (6) ○ (7) △ (8) △

2. (1) 하나님, 야곱 (2) 야곱, 자기 (3) 세겜, 상수리 (4) 리브가, 드보라, 상수리 (5) 야곱, 이스라엘 (6) 라헬, 베냐민 (7) 르우벤 (8) 180 (9) 아다, 오홀리바마, 바스맛 (10) 아나

제13과 37~39장

1. (1) ○ (2) △ (3) □ (4) ○ (5) □ (6) ○ (7) △ (8) △ (9) □ (10) □ (11) □ (12) □ (13) △

2. (2)

3. (1) 가나안 사람 수아 (2) 장자로 악함 (3) 유다의 며느리 (4) 땅에 설정 (5) 죽을까 (6) 담보물 (7) 여기는 창녀가 없느니라 (8) 손에 홍색 실을 매어

4. (1) 4, 3 (2) 보디발 (3) 총무 (4) 여호와 (5) 아내 (6) 히브리 (7) 왕의 죄수

제14과 40~42장

1. (1) 술 (2) 떡 (3) 바로 (4) 술 (5) 술 (6) 바로 (7) 떡 (8) 바로 (9) 술 (10) 떡 (11) 바로 (12) 술 (13) 떡 (14) 바로 (15) 술 (16) 떡 (17) 바로 (18) 술

2. (3)

3. (1) 그의 모든 신하 (2) 바로, 신하 (3) 총리 (4) 30 (5) 보디베라, 아스낫 (6) 므낫세(잊어버림), 에브라임(창성함) (7) 10형제, 베냐민 (8) 정탐 (9) 은 이십 개에 요셉을 이스마엘 상인들에게 팔았음 (10) 시므온

제15과 43~45장

1. 베냐민, 요셉

2. (1) ○ (2) × (3) ○ (4) × (5) ○ (6) × (7) ○ (8) × (9) ○ (10) ○

3. (1)

4. 42장 6절

5. (3)

6. (2)

7. 유다, 넷

8. 4, 3, 2, 1, 7, 5, 6

9. (1) 소리질러 (2) 궁중에 들리더라 (3) 애굽 온 땅의 통치자로 (4) 베냐민도 요셉도 (5) 노중에서 다투지 말라 (6) 가서 그를 보리라

제16과 46~48장

1. (1)

2. (1) 70 (2) 목축업 (3) 고센 (4) 130

3. (2), (3)

4. (2)

5. 가나안 땅 마므레 앞 막벨라 밭 굴

6. 요셉, 베냐민, 베냐민

7. 에브라임

8. 예: 벧엘로 돌아가던 길에 라헬이 베냐민을 난산하고 죽었을 때

제17과 49~50장

1. (1) 그들의 칼은 폭력의 도구로다 (2) 탁월하지 못하리니 (3) 규가 떠나지 아니하며 (4) 배 매는 해변이라 (5) 압제 아래에서 섬기리로다 (6) 길섶의 뱀이요 샛길의 독사 (7) 도리어 그 뒤를 추격하리로다 (8) 왕의 수라상을 (9) 놓인 암사슴 (10) 샘 곁의 무성한 가지라 (11) 물어뜯는 이리라

2. (1) ○ (2) ○ (3) ○ (4) × (5) ○

3. (2), (3), (4), (5), (7)

4. (1) 야곱의 몸에 향 재료를 넣은 날수
   (2) 애굽 사람들이 죽은 사람을 위해 곡함
   (3) 요단 강 건너편 아닷 타작마당에서 요셉이 모든 장례 행렬과 함께 아비를 위해 애곡함
   (4) 요셉의 수명

출애굽기

제1과 1~3장

1. (3), (4), (5), (7)
2. 7, 1, 3, 9, 4, 8, 5, 2, 6
3. (1) 히브리 사람 (2) 한 애굽 사람 (3) 하나님 (4) 모세 (5) 하나님 (6) 하나님

제2과 4~6장

1. (1) 지팡이와 뱀 (2) 문둥병 (3) 피 (4) 모세 (5) 아론 (6) 애굽 (7) 할례 (8) 말
2. (1) 바로, 모세와 아론 (2) 모세와 아론, 바로 (3) 바로, 백성의 감독들과 기록원들 (4) 이스라엘 자손의 기록원들, 모세와 아론 (5) 하나님, 모세 (6) 모세, 여호와 (7) 여호와, 모세와 아론
3. (1) 하녹, 발루, 헤스론, 갈미 (2) 게르손, 고핫, 므라리 (3) 133세 (4) 아론, 모세 (5) 나답, 아비후, 엘르아살, 이다말 (6) 앗실, 엘가나, 아비아삽 (7) 비느하스 (8) 여호와의 명령을 받은 자

제3과 7~11장

1. 3, 4, 1, 2
2. (1) 나일 강물이 피로, 1 (2) 파리, 4 (3) 이, 3 (4) 개구리, 2 (5) 악성 종기, 6 (6) 가축에 악질, 5 (7) 우박, 7 (8) 흑암, 9 (9) 메뚜기, 8 (10) 처음 난 것의 죽음, 10
3. (1) 피, 7, 24 (2) 파리, 8, 22 (3) 이, 8, 19 (4) 개구리, 8, 3 (5) 가축에 악질, 9, 3 (6) 악성 종기, 9, 10 (7) 흑암, 10, 22 (8) 처음 난 것의 죽음, 11, 6 (9) 우박, 9, 24 (10) 메뚜기, 10, 14

제4과 12~13장

1. (1) ○ (2) × (3) ○ (4) ○ (5) × (6) ○ (7) ○
2. (1) 10 (2) 3 (3) 5 (4) 2 (5) 1 (6) 4 (7) 6 (8) 8 (9) 7 (10) 9
3. (1) 내(하나님) 것 (2) 유교병을 먹지 말라 (3) 젖과 꿀이 흐르는 (4) 무교병(유월절)을 먹는 날 (5) 애굽에서 인도하여 내셨음 (6) 애굽으로 돌아갈까 하여 (7) 창세기 50장 25절 (8) 구름 기둥, 불 기둥

제5과 14~16장

1. (1) 여호와, 모세 (2) 이스라엘 자손들, 모세 (3) 모세, 백성(이스라엘 자손) (4) 여호와, 모세 (5) 애굽
2. (1) 1 (2) 4 (3) 7 (4) 2 (5) 6 (6) 5 (7) 3
3. (1) 15, 2 (2) 15, 11 (3) 15, 13 (4) 15, 16 (5) 15, 18 (6) 15, 19 (7) 15, 26 (8) 16, 18
4. 3, 3, 3, 3, 3, 1, 3, 1, 3, 2, 3, 2, 4, 3, 2, 3

제6과 17~19장

1. (1) 마실 물이 없어 (2) 물을 달라 (3) 목말라 죽게 하느냐 (4) 내게 돌을 던지겠나이다 (5) 반석을 치라 (6) 다툼 (7) 이김 (8) 이편 저편 (9) 귀에 외워 들리라 (10) 대대로 싸우리라
2. (1) 이드로, 제사장 (2) 십보라, 이드로의 딸 (3) 게르솜, 이방에서 나그네가 되었다 (4) 엘리에셀, 하나님이 나를 구원하셨다
3. (1) 이드로 (2) 이드로 (3) 이드로 (4) 모세 (5) 이드로 (6) 이드로 (7) 이드로 (8) 이드로 (9) 이드로 (10) 이드로
4. (1) 앞에 (2) 이스라엘 백성 (3) 하나님 (4) 택함을 받아 구별된다 (5) 백성 (6) 죽임을 당할까 (7) 하나님 앞에 성결 (8) 불 (9) 죽을까 (10) 칠까

제7과 20~22장

1. (1) 6 (2) 10 (3) 1 (4) 9 (5) 3 (6) 5 (7) 2 (8) 8 (9) 7 (10) 4
2. (1)
3. (1) ○ (2) ○ (3) × (4) × (5) × (6) ○
4. (1) (3) (4) (9) (12) (13)
5. 5, 38

제8과 23~25장

1. 하지 말 것: (1) 거짓된 풍설을 퍼뜨리지 말 것 (2) 악인과 연합하여 위증하는 증인이 되지 말 것 (3) 다수를 따라 악을 행하지 말 것 (4) 송사에 다수를 따라 부당한 증언을 하지 말 것 (5) 가난한 자의 송사라고 편벽되이 두둔하지 말 것
   해야 할 것: (1) 원수의 길잃은 소나 나귀를 보거든 그 사람에게 돌려줄 것 (2) 나를 미워하는 자의 나귀가 짐을 싣고 엎드러짐을 보거든 그것을 버려두지 말

고 도와서 그 짐을 부릴 것

2. (1) 눈을 어둡게 (2) 압제하지 말라 (3) 묵혀 두어서 (4) 쉴 것이며 (5) 들리게도 하지 말라 (6) 공평하게

3. (1) 애굽에서 나왔음 (2) 밀의 첫 열매를 바침(초실절) (3) 출애굽 시 그들이 광야에서 장막을 치고 살았던 것을 기념하기 위해

4. (1) 미디안 제사장 이드로와 (2) 삼십일 삼십야

5. 3, 7, 2

6. (1) 속죄소(법궤) (2) 떡상, 분향단 (3) 등대

제9과 26~28장

1. (1) (3) (4) (5) (6) (8)

2. (1) 성막 (2) 제단

3. (1) × (2) ○ (3) × (4) ○

4. 나답, 아비후, 엘르아살, 이다말

5. (1) 지혜로운 영으로 채운 자들에게 (2) 열두 지파의 한 이름씩 (3) 판결 흉패를 가슴에 붙여 (4) 죽지 않게 (5) 여호와께 성결

제10과 29~31장

1. (1) 무교병, 무교과자, 무교전병 (2) 제사장 직분을 영원한 규례로 위임 (3) 전부를 제단 밑에 쏟고 (4) 단 위에 불사르고 (5) 진 밖에서 불사름 (6) 숫양의 머리 위에 (7) 흔들어 드리는 제사 (8) 위임식

2. 번, 화, 요, 소, 전, 화목, 속죄

3. (1) ○ (2) ○ (3) × (4) × (5) ○

4. 일, 향단, 피, 일

5. 수족

6. 제사장

7. (1) 너 (2) 상징 (3) 평일 (4) 벌할

8. (1) 브살렐, 오홀리압 (2) 쓰신

제11과 32~34장

1. (1) 금송아지(송아지 형상의 금신) (2) 증거판 (3) 있다 (4) 생명책 (5) 밖 (6) 여호

수아 (7) 15 (8) 없다

2. (1) ○ (2) ○ (3) ○ (4) ○ (5) ○ (6) ○ (7) ○ (8) × (9) × (10) ○ (11) ○ (12) × (13) ○

제12과 35~37장

1. (1) 여호와께 특별한 안식일 (2) 명령하신 것을 다 만들라 (3) 염소 털로 실을 뽑아 (4) 보석을 (5) 하나님의 영을 충만하게 하여 (6) 감동시켜 가르치게 (7) 예물을 다시 만들지 말라 (8) 속죄소를 덮음
2. (1) 35, 21 (2) 35, 25 (3) 35, 35 (4) 36, 5 (5) 36, 8 (6) 36, 20 (7) 36, 30
3. (1) 금 (2) 은 (3) 금 (4) 놋 (5) 금 (6) 금 (7) 금 (8) 금 (9) 금

제13과 38~40장

1. (1) 번제단을, 네모 반듯하게, 채 (2) 뿔 (3) 놋으로 (4) 여인들이 드린 놋거울로 (5) 백 규빗 (6) 오십 규빗
2. (1) 계산 (2) 만듦 (3) 조각하고 수를 놓음 (4) 금 29달란트 730세겔 (5)603, 550명(육십만......)
3. (1) 황옥 (2) 석류석, 홍마노 (3) 호박, 백마노, 자수정 (4) 녹보석, 호마노, 벽옥
4. (1) 8 (2) 죽 (3) 여호와께 성결 (4) 여호와께서 명령하신 대로 되었으므로 (5) 제사장 (6) 영영히 제사장 (7) 여호와의 영광 (8) 이스라엘 (9) 떠오르는 날 (10) 구름, 불

레위기

제1과 1~3장

1. (1) 회막 (2) 수 (3) 새끼 (4) 고운 (5) 누룩 (6) 흠 (7) 안수
2. (1) (3) (6) (7) (9)
3. (1) ○ (2) ○ (3) ○ (4) ○ (5) × (6) × (7) ○ (8) ○
4. (1) ○ (2) ○ (3) × (4) ○ (5) × (6) ○ (7) ○ (8) ○ (9) ○ (10) ○

제2과 4~6장

1. (1) 흠 없는 수송아지 (2) 수송아지 (3) 흠 없는 숫염소 (4) 흠 없는 암염소
2. (2)
3. (1) ○ (2) ○ (3) ○ (4) × (5) ○
4. (2) (3)
5. (1) 번제 (2) 소제 (3) 속죄제

제3과 7~9장

1. (1) 피, 기름, 불, 화 (2) 분배 (3) 화목제 (4) 삼, 접촉, 만지면 부정한 (5) 기름 (6) 희생 (7) 피 (8) 속건, 화목
2. (1) ○ (2) ○ (3) ○ (4) ○ (5) × (6) ○ (7) ○ (8) ○ (9) ○ (10) ×
3. (1) 속건제 (2) 화목제 (3) 속죄제의 수송아지를 드림 (4) 번제의 숫양을 드림 (5) 위임식의 숫양을 드림 (6) 아론의 번제물을 잡음 (7) 백성을 위한 속죄제의 염소
4. (1) 팔일에 (2) 일 년 된 것 (3) 고기와 가죽 (4) 아론이 축복함으로 (5) 온 백성이 소리 지르며 엎드림

제4과 10~12장

1. (2)
2. (3)
3. (1) (2)
4. (1) ○ (2) × (3) ○ (4) × (5) × (6) ○ (7) × (8) ×
5. (1) 이레 (2) 여자 (3) 여덟째 (4) 33, 66, 성소 (5) 일 년 된 어린 양

제5과 13~15장

1. (1) ○ (2) × (3) ○ (4) ○ (5) × (6) × (7) × (8) ○
2. (1) ○ (2) ○ (3) ○ (4) ○ (5) ○ (6) ×, 왼쪽→오른쪽, 왼쪽→오른쪽, 왼쪽→오른쪽
3. (1) ○ (2) ○ (3) × (4) ○ (5) ○ (6) ○
4. (1) ○ (2) ○ (3) ○ (4) ○

제6과 16~18장

1. (3)

2. (1) 여호와 (2) 아사셀 (3) 둘 다 (4) 둘 다 (5) 아사셀 (6) 아사셀 (7) 둘 다

3. (1)

4. (3)

5. (1) 풍속, 풍속 (2) 법도, 규례 (3) 손녀 (4) 고모 (5) 월경 (6) 아내 (7) 몰렉, 이름 (8) 남자 (9) 짐승, 교접 (10) 풍속

제7과 19~21장

1. 가난한 사람과 거류민을 위하여

2. (1) 억압하지 말며 (2) 밤새도록 네게 두지 말며 (3) 저주하지 말고 (4) 장애물을 놓지 말며 (5) 공의로 (6) 사람을 비방하지 말며 (7) 미워하지 말라

3. (1) × (2) × (3) ○ (4) ○ (5) × (6) ○ (7) × (8) ×

4. (1) × (2) × (3) × (4) ×

5. (1) × (2) ○ (3) × (4) × (5) ○

제8과 22~24장

1. (1) 22, 2 (2) 22, 9, 22, 16 (3) 22, 20 (4) 22, 28 (5) 22, 31 (6) 22, 33 (7) 23, 22 (8) 24, 15

2. (1) 안식일 (2) 유월절 (3) 무교절 (4) 속죄일 (5) 초막절

3. (1) 감람 기름 (2) 고운 가루 (3) 유향 (4) 떡

4. (3)

제9과 25~27장

1. (1) 안식년 (2) 안식년 (3) 안식년 (4) 희년 (5) 희년 (6) 희년 (7) 가난한 자 (8) 희년 (9) 가난한 자 (10) 가난한 자 (11) 가난한 자 (12) 가난한 자 (13) 가난한 자 (14) 가난한 자

2. (1) (2) (3) (4) (5) (6) (8) (10)

3. (1) 내, 거류민, 나 (2) 가난, 네, 거류민, 동거인, 생활 (3) 화덕, 저울 (4) 기쁘, 야곱, 언약 (5) 가축, 여호와 (6) 모든 것, 가축, 팔지, 무르

민수기

제1과 1~3장

1. (1) 애굽 땅에서 나온 후 둘째 해 둘째 달 첫째 날 (2) 시내 광야 회막 (3) 이십 세 이상으로 싸움에 나갈 만한 모든 자 (4) 60만 3천5백50명 (5) 유다, 74,600명 (6) 므낫세, 32,200명
2. (1) 레위 (2) 에브라임, 므낫세
3. (1) 유다, 잇사갈, 스불론 등 세 지파 (2) 에브라임, 므낫세, 베냐민 등 세 지파 (3) 르우벤, 시므온, 갓 등 세 지파 (4) 단, 아셀, 납달리 등 세 지파
4. 나답, 아비후
5. (1) 엘리사마, 슬루미엘, 엘리아삽 (2) 엘리술, 슬루미엘, 엘리아삽 (3) 아히에셀, 바기엘, 아히라 (4) 나손, 느다넬, 엘리압
6. 12, 13
7. 출애굽할 때 그들의 처음 난 자를 다 죽였으나 이스라엘의 처음 난 자는 하나님의 것으로 삼으심

제2과 4~6장

1. (1) 덮고 꿰고 (2) 멜 것 (3) 등유, 향, 성소, 기구 (4) 메고 처리할 것 (5) 감독
   (1) 2,750 (2) 2,630 (3) 3,200 (4) 8,580
2. (3)
3. (1) (3) (4) (6)
4. (1) (3) (4)

제3과 7~9장

1. (1) 3) (2) 2), 3) (3) 2) (4) 1)
2. (1) ○ (2) ○ (3) ○ (4) ○ (5) × (6) ○ (7) ○ (8) × (9) ○ (10) ○ (11) ○ (12) × (13) ×
3. (1) 3 (2) 8 (3) 13 (4) 23

제4과 10~12장

1. (1) 온 회중은 회막 문 앞에 모이라 (2) 지휘관들은 모이라 (3) 동쪽 진영들아 진행하라

(4) 남쪽 진영들아 진행하라 (5) 레위 자손 (6) 희락의 날과 정한 절기

2. (1) 둘째, 둘째, 스무날 (2) 유다 (3) 르우엘, 호밥

3. (1) × (2) ○ (3) × (4) ○

4. (1) 다베라 (2) 1개월 (3) 60만 (4) 70인 (5) 기브롯 핫다아와 (6) 미리암

5. 이 사람 모세는 온유함이 지면의 모든 사람보다 더하더라

제5과 13~15장

1. (1) 출발시킴 (2) 각 지파 족장 1명씩 (3) 2 대 10 (4) 포도가 처음 익을 즈음 (5) 포도를 벤 곳 (6) 40일간

2. (1) 애굽이나 광야에서 죽었으면 좋았을 것을 (2) 모세와 아론이 온 회중 앞에서 엎드림 (3) 여호수아와 갈렙 (4) 여호와께서 모세에게 이르신 말씀 (5) 모세의 기도 (6) 갈렙 (7) 원망하는 악한 회중을 향한 여호와의 진노 (8) 40년간 광야생활 (9) 땅을 악평하여 회중이 모세를 원망하게 한 자들은 재앙으로 죽음 (10) 명령을 듣지 않고 산꼭대기로 올라간 사람들

3. (4)

4. (1)

5. (2)

제6과 16~18장

1. (1) (3) (4) (6)

2. (3)

3. 3

4. (1) 반역자들, 모세와 아론 (2) 모세, 반역자들 (3) 다단과 아비람, 모세 (4) 모세, 여호와 (5) 모세와 아론, 하나님

5. (1) 아론 (2) 표징 (3) 증거

6. (1) 1) (2) 3)

제7과 19~21장

1. (1) 저녁 (2) 저녁 (3) 7일 (4) 7일 (5) 저녁

2. (1) ○ (2) ○ (3) × (4) ○ (5) ○

3. (3)

4. (1) ○ (2) × (3) ○ (4) ○

5. (1) 여호와와 다투고 모세가 지팡이로 두 번 친 곳

(2) 아론이 죽어 30일을 곡한 곳

(3) 주께서 이스라엘의 목소리를 들으시고 적을 멸하신 곳

(4) 여호와께서 주리라 하신 우물

(5) 이스라엘이 지나감을 용납지 않은 아모리 왕

(6) 아모리 왕 시혼의 도성

제8과 22~24장

1. (1) 하나님, 22, 12 (2) 발락, 22, 17 (3) 발람, 22, 18 (4) 나귀(여호와께서 입을 여심), 22, 28 (5) 발락, 23, 25 (6) 여호와의 사자, 22, 32

2. (1) 인생, 거짓말, 인생, 후회, 말씀, 행하지, 말씀, 실행

(2) 저주, 내, 저주, 여호와, 내

3. 한 별이 야곱에게서 나오며 한 규가 이스라엘에게서 일어나서

제9과 25~27장

1. (1) 음행하기 시작한 곳 (2) 죽이라 (3) 남녀의 배를 꿰뚫음 (4) 이만 사천 명 (5) 죽임당한 남자 (6) 죽임당한 여자

2. (1) 여리고 맞은편 요단 가 모압 평지 (2) 60만 1천7백30명 (3) 이십 세 (4) 1천8백20명 줄었음

3. (1) 슬로브핫 (2) 바라만 볼 것이다 (3) 여호수아

4. (1)

제10과 28~30장

1. (1) 28, 2 (2) 28, 3, 28, 9, 28, 11 (3) 28, 16 (4) 28, 30 (5) 28, 26 (6) 29, 6 (7) 29, 40

2. (1) ○ (2) × (3) 1) ○ 2) × (4) ○ (5) 1) ○ 2) × (6) ○ (7) ×

제11과 31~33장

1. (1) 1만 2천 (2) 비느하스 (3) 에위, 레겜, 수르, 후르, 레바 (4) 발람 (5) 모압 평지 (6) 여자들을 살려 두어

2. (3)

3. (1) 갓, 르우벤 자손
(2) 우리, 성읍
(3) 요단을 건너가서 싸우고 돌아오면
4. (1) 양 (2) 소 (3) 나귀 (4) 여호와께 새로 드린 소 (5) 사람 (6) 천부장, 백부장이 드린 거제의 금
5. (1) 1) 4) 6) (2) 1)

제12과 34~36장
1. (1) 신 광야 (2) 대해, 지중해 (3) 호르 산까지 (4) 긴네렛, 갈릴리, 염해
2. (1)
3. 3, 3, 6
4. (1) (2) (3) (4) (5)
5. 아버지가 죽고 아들이 없을 경우 그 기업을 딸에게 돌릴 것이며, 시집을 가되 오직 그 조상 지파 가족 되는 사람에게로 시집갈 것이라

신명기

제1과 1~3장
1. (1) 세일 산을 지나 가데스 바네아까지 (2) 여호와께서 모세를 시켜 이스라엘 자손에게 고하여 설명 (3) 여호와께서 맹세하여 주리라 한 땅 (4) 하나님께 속한 것인즉 누구에게나 공정히 (5) 백성이 원해서 (6) 여호수아와 갈렙 (7) 정탐꾼 수 (8) 통곡하나 여호와께서 듣지 않아 여러 날 동안 머물렀던 곳
2. (1) 에서 (2) 시혼 (3) 옥 (4) 옥 (5) 르우벤, 갓 (6) 므낫세 (7) 너희 형제 (8) 바산 왕 옥, 시혼 (9) 여호와, 모세 (10) 여호수아

제2과 4~6장
1. (1) 베셀 (2) 길르앗 라못 (3) 바산 골란
2. 호렙 산, 5장 5절, 5장 28절
3. (1) 4, 9 (2) 4, 24 (3) 5, 32 (4) 6, 3 (5) 6, 7
4. 5, 7, 21

5. 2, 4, 5, 6, 10, 1, 3, 8, 7, 9

6. 출애굽 사건 바로 앞에서 열 가지 재앙으로 이적을 보이고 애굽의 처음 난 것들이 죽은 재앙과 홍해를 육지같이 건너게 하심, 구름 기둥, 불 기둥으로 백성을 보호하심, 만나와 메추라기, 맛사의 시험과 호렙 산에서 두 돌판에 새긴 십계명 주신 것

제3과 7~9장

1. (1) (3) (5) (6) (7) (9) (10)

2. 하지 말 것: (1) 언약도 말 것 (2) 불쌍히 여기지 말 것 (3) 혼인하지 말 것
   행해야 할 것: (1) 그들의 제단을 헐 것 (2) 주상을 깨뜨릴 것 (3) 아세라 목상을 찍을 것 (4) 조각한 우상들을 불사를 것

3. (1)

4. (1) 인애 (2) 번성, 풍성, 번식 (3) 질병 (4) 올무 (5) 바로 (6) 들짐승 (7) 올무, 가증

5. (3)

6. 사람이 떡으로만 사는 것이 아니요 여호와의 입에서 나오는 모든 말씀으로 사는 줄을 알게 함

7. 교만

8. 청종

9. (1) 2 (2) 6, 13 (3) 7 (4) 12 (5) 24 (6) 29

10. (1) × (2) ○ (3) ○ (4) × (5) ○ (6) ○

제4과 10~12장

1. (1) ○ (2) △ (3) ○ (4) △ (5) ○ (6) △ (7) △ (8) ○ (9) △ (10) ○

2. (1) ○ (2) ○ (3) ○ (4) ○ (5) × (6) ○

3. (1) 13 (2) 19 (3) 27 (4) 30

4. (1) 5, 7, 번제와 제물과 십일조와 손의 거제와 서원제와 낙헌 예물과 소와 양의 처음 난 것들을 가져다 드리고 여호와 앞에서 가족이 즐거워할지니라
   (2) 10, 12, 번제와 희생과 십일조와 거제와 여호와께 서원하는 아름다운 서원물을 가져가고 자녀와 노비와 함께 온 가족이 즐거워할 것
   (3) 17, 18, 곡식과 포도주와 기름의 십일조와 소와 양의 처음 난 것과 서원 예물, 낙헌 예물, 손의 거제물을 자녀와 노비와 성중에 거주하는 레위인과 함께 먹고 손으로 수고한 모든 일로 말미암아 즐거워하라

제5과 13~15장

1. (1) × (2) ○ (3) ○
2. (1) ○ (2) ○ (3) ○ (4) ○ (5) ○
3. (1) ○ (2) ○ (3) ○ (4) ○ (5) × (6) × (7) × (8) ○ (9) × (10) × (11) × (12) ×
4. (1) ○ (2) ○ (3) × (4) ○
5. (2)
6. (1) 면제하고 독촉하지 말라 (2) 완악, 움켜쥐지 말며, 넉넉히 꾸어 주라 (3) 놓아 자유케 하고 후히 주라 (4) 여호와께 드릴 것

제6과 16~18장

1. (1) 애굽에서 인도된 날, 고난의 떡을
   (2) 일곱 주를 세어, 주신 대로 자원하는 예물
   (3) 추수한 후에, 노비, 레위인, 객, 고아, 과부와 함께
2. (1) ○ (2) × (3) × (4) ○
3. (1) 굽게 판단하지 말라 (2) 뇌물을 받지 말고 (3) 마땅히 공의만 좇을 것
4. (1) ○ (2) ○
5. (1) ○ (2) × (3) × (4) ○ (5) × (6) ○
6. (1) ○ (2) × (3) ○ (4) ○

제7과 19~21장

1. (1)
2. (1)
3. (4)
4. (1) 새 집을 건축하고 낙성식을 행하지 못한 자
   (2) 포도원을 만들고 그 과실을 먹지 못한 자
   (3) 여자와 약혼하고 그와 결혼하지 못한 자
5. 이방 신들에게 행하는 모든 가증한 일을 이스라엘 백성에게 가르쳐 본받게 하여 하나님 여호와께 범죄하게 할까 함
6. (1) 마음대로 가게 하고 결코 돈을 받고 팔지 말고 종으로 여기지 말 것
   (2) 장자로 인정하여 자기의 소유에서 두 몫을 줄 것

(3) 완악하고 패역하여 부모의 말을 순종하지 아니하고 방탕하여 술에 잠긴 자

제8과 22~24장

1. (2)
2. (1) 1) 여자는 남자의 의복을 입지 말고 남자는 여자의 의복을 입지 말 것
    2) 포도원에 두 종자를 섞어 뿌리지 말 것
    3) 소와 나귀를 겨리하여 갈지 말 것
   (2) 1) 새 집을 건축할 때 지붕에 난간을 만들 것
    2) 입는 겉옷 네 귀에 술을 만들 것
3. (1) ○ (2) ○ (3) ○ (4) ○ (5) ○
4. (1) 1, 7 (2) 4, 9
5. (1) 1, 3 (2) 1, 4
6. (1) × (2) × (3) ○ (4) × (5) ×

제9과 25~27장

1. (1) 저울 추와 되 (2) 아말렉 (3) 재판장 (4) 태형 (5) 후사
2. (1) 토지, 맏물 (2) 법도, 마음, 뜻 (3) 하나님, 여호와, 말씀
3. 14
4. (1) ○ (2) ○ (3) ○ (4) ○ (5) ○ (6) ○ (7) ○ (8) ○ (9) ○

제10과 28~30장

1. (1) 1 (2) 6 (3) 7 (4) 12 (5) 13 (6) 23 (7) 30 (8) 34 (9) 42 (10) 57 (11) 67
2. (1) 1) (2) 3) (3) 2)

제11과 31~34장

1. (1) 모세, 여호수아 (2) 여호와, 모세 (3) 여호와, 여호수아
2. (1) 눈동자 (2) 자기의 보금자리를 어지럽게 하며 자기의 새끼 위에 너풀거리며 그의 날개를 펴서 새끼를 받으며 그의 날개 위에 그것을 업는 것 같이
3. (2)
4. (1) 르우벤 (2) 갓 (3) 요셉 (4) 유다 (5) 단 (6) 스불론 (7) 아셀 (8) 레위 (9) 베냐민 (10) 납달리

5. (1) 120세 (2) 비스가 (3) 젖과 꿀이 흐르는 가나안 땅 (4) 흐리, 기력 (5) 모압, 없 (6) 여호수아 (7) 이스라엘, 선지자

여호수아

제1과 1~3장

1. (1) 여호수아 (2) 유브라데 강과 대해 (3) 하나님이 여호수아에게 하신 말씀 (4) 여호수아가 관리들에게 (5) 르우벤, 갓, 므낫세 반 지파 (6) 세 지파의 용사들이 여호수아에게
2. (1) 2) (2) 3) (3) 3)
3. (1) 싯딤에서 두 사람을 (2) 엿보라 함 (3) 기생 (4) 숨김 (5) 따라간 곳 (6) 사흘 (7) 구원받을 증표

제2과 4~6장

1. (1) ○ (2) ○ (3) × (4) ○ (5) ○ (6) × (7) ○
2. (1) 동 (2) 결례 (3) 조상 때부터 행하였으므로 (4) 승리하게 (5) 무교병과 볶은 곡식을 먹은 (6) 적군의 장수
3. (1) 이스라엘 자손들로 말미암아 (2) 군사 (3) 제사장 일곱 (4) 백성 (5) 무장한 자 (6) 여호수아의 명령 (7) 후군 (8) 사자를 숨겼기 때문 (9) 은금과 동철 기구 (10) 칼날 (11) 불사름 (12) 여리고 성을 재건하는 자

제3과 7~9장

1. (1)
2. (1) (4) (6)
3. (1) (2) (3) (4)
4. (4)
5. 묻, 화친
6. (1) 아간과 외투, 금덩이, 그 자녀들, 큰 돌 무더기
   (2) 죽임당한 아이 사람
   (3) 새 돌로 만든 단, 여호와를 위하여 단을 쌓은 곳

(4) 먼 곳에서 왔다고 속임, 물 긷고 나무 패는 일

제4과 10~12장

1. (3)
2. (1) 아도니세덱 (2) 호함 (3) 비람 (4) 야비아 (5) 드빌
3. (1) 여호와께서 하늘에서 큰 우박 덩이를 내려서 많은 적군이 죽음
   (2) 종일토록 태양이 중천에 머물러서 대적을 죽이고 승전 개선함
4. (1) 해변 (2) 힘줄, 병거 (3) 칼, 호흡 (4) 은혜 (5) 전쟁
5. 31

제5과 13~15장

1. (1) 3) (2) 4) (3) 1) (4) 1)
2. (1) ○ (2) ○ (3) ○ (4) × (5) ○ (6) × (7) ×

제6과 16~18장

1. (1) 요셉의 장자 (2) 길르앗의 아버지 (3) 아들이 없고 딸뿐 (4) 철 병거를 가짐 (5) 지도를 그려 오라 (6) 제사장 직분이 기업 (7) 요단 동쪽에 기업 (8) 유다와 요셉 자손 중간
2. (1) 여리고, 여리고, 요단, 여리고, 벧엘
   (2) 게셀, 가나안, 가나안, 에브라임
   (3) 므낫세, 가나안, 이스라엘, 가나안
   (4) 여호수아, 민족, 에브라임, 브리스, 르바임, 삼림
   (5) 이스라엘, 실로, 회막, 이스라엘, 일곱

제7과 19~21장

1. (1) 유다 (2) 납달리 (3) 단 (4) 스불론 자손 (5) 잇사갈 자손 (6) 아셀 자손 (7) 여호수아 (8) 회막 문 여호와 앞에서
2. (1) ○ (2) ○ (3) ○ (4) × (5) ○
3. (1) 레위 (2) 여호와 (3) 헤브론 (4) 세겜 (5) 게르손 (6) 갈릴리 게데스 (7) 살인자의 도피성
4. (1) ○ (2) ○ (3) × (4) ○ (5) ○

제8과 22~24장

1. (1) 1) (2) 3) (3) 5)
2. (1) 좌로나 우로나 치우치지
   (2) 너희 중에 남아 있는 이 민족들 중에 들어
   (3) 그들의 신들의 이름을 부르지
   (4) 그것을 가리켜 맹세하지
   (5) 그것을 섬겨서 그것에게 절하지
3. (1) 24, 15 (2) 이 돌이 우리에게 증거가 됨 (3) 110, 딤낫세라 (4) 세겜

사사기

제1과 1~3장

1. 유다, 시므온
2. 가나안, 브리스
3. 아도니 베섹
4. 아도니 베섹 왕
5. 유다
6. 15, 19
7. 가나안, 가사, 아스글론, 산지 거민
8. 갈렙
9. 여부스
10. 요셉
11. 므낫세
12. 에브라임
13. 스불론
14. 악셀
15. 납달리
16. 아모리
17. 길갈, 보김
18. 보김

19. 110
20. 바알
21. 사사
22. 시험
23. 순종
24. 바알, 아세라
25. 웃니엘
26. 에훗
27. 에글론
28. 삼갈

제2과 4~6장

1. (1) 여호와의 목전에 악을 (2) 가나안 왕 (3) 군대장관 (4) 이스라엘에 학대 (5) 드보라 (6) 드보라의 부하 (7) 바락의 군대 (8) 시스라를 죽임
2. (1) 이스라엘의 어머니가 됨 (2) 다스리는 자들이 (3) 생명을 아끼지 아니함 (4) 복 받을 자
3. (1) ○ (2) ○ (3) ○ (4) × (5) ○
4. (1) ○ (2) ○ (3) × (4) ○

제3과 7~9장

1. (4)
2. (1) (5) (7)
3. (1) 기드온과 그 아들과 손자가 이스라엘을 다스리라
   (2) 나와 아들이 너희를 다스리지 아니할 것이요 여호와께서 다스리실 것이며 너희가 탈취한 귀고리를 내게 줄지니라
4. (1) 금 에봇 하나 (2) 우상을 음란하게 위하였다(우상 숭배)
5. (1) 기름 (2) 아름다운 열매 (3) 포도주 (4) 불
6. (1) 기드온의 부하로서 미디안 진영을 정탐할 때 기드온과 함께 내려감
   (2) 까마귀와 늑대라는 뜻의 이름으로 미디안의 이름난 귀족이며 각각 바위에서 또 포도주틀에서 죽임을 당함
   (3) 미디안의 두 왕으로 기드온의 칼에 죽임을 당하고 기드온은 두 왕의 낙타 목에 있

던 초승달 형식의 장식을 떼어 가짐
(4) 형제 칠십 명이 죽임을 당할 때 숨어서 살아남은 기드온의 막내아들, 유명한 우화로 아비멜렉을 저주하니 그대로 됨
(5) 에벳의 아들로 그 형제들과 함께 세겜 사람을 부추겨 아비멜렉에게 반기를 들었으나 결국 패퇴하고 추방당함. 세겜의 아비 하몰의 후손
(6) 기드온의 첩이 낳은 세겜 땅. 외척의 도움을 얻고 자기 형제 70명을 한 바위에서 죽임. 세겜, 밀로 족속이 추대하여 왕으로 삼음. 3년 동안 이스라엘을 치리하고 데베스 망대 위에서 여인이 던진 맷돌짝에 맞아 죽임을 당함

제4과 10~12장

1. (1) 돌라 (2) 야일 (3) 입다 (4) 입다 (5) 입다 (6) 입다 (7) 입산 (8) 엘론 (9) 압돈 (10) 압돈
2. (1) ○ (2) ○ (3) × (4) × (5) ○

제5과 13~15장

1. (1) ○ (2) × (3) ○ (4) × (5) ○ (6) × (7) ○ (8) ×
2. (1) 포도원 (2) 염소 새끼를 찢는 것 같이 (3) 수수께끼 (4) 옷을 벗겨 약속 이행
3. (1) 장인이 삼손의 아내를 그 동무에게 주었으므로 여우 3백 마리를 붙들어 꼬리를 매고 거기에 횃불을 붙여 블레셋인의 곡식 밭과 감람원에 몰아넣어 불살랐고 그로 인해 아내와 그 아비가 동족에게 불살림을 당하므로 그 원수를 갚기 위해 많은 블레셋 사람을 삼손이 도륙하고 이곳에 거했다(에담 지방에는 좋은 은신처가 되는 바위가 있다고 한다. 정확한 곳은 알지 못한다).
(2) 삼손은 나귀의 턱뼈로 블레셋인을 1천 명이나 죽였다. 그 뼈를 던진 곳을 라마레히(턱뼈의 산이란 뜻)라 한다.
(3) 삼손이 블레셋인을 살육하고 심히 목이 말랐으므로 여호와께 부르짖었더니 우묵한 곳을 터치시사 물이 솟아나오게 하셔서 삼손이 물을 마시고 회복하고 소생한 곳이다. 그 샘의 이름은 엔학고레의 샘이라 하고 이 샘이 레히에 지금도 있다고 한다.
4. (1) ○ (2) × (3) ○ (4) ○ (5) ×
5. 삼손의 아내를 꾀어 이용했다(암송아지는 밭을 가는 데 사용되지 않았으므로 블레셋 사람들이 부당하다는 것을 삼손은 지적함)

제6과 16~18장

1. 3, 1, 4, 2
2. (4)
3. (1)
4. (1) 새긴 목상, 에봇, 드라빔, 미가가 부어 만든 신상 (2) 단

제7과 19~21장

1. (2)
2. (1)
3. (1) 베냐민을 공격하기 위한 이스라엘 모든 지파가 미스바 여호와 앞에 모였을 때, 칼을 빼는 보병 전사의 숫자
   (2) 베냐민의 악행을 응징하기 위해 출전하는 군사의 군량미를 공급하기 위해 이스라엘 각 지파 중에서 십분의 일씩 선발했다.
   (3) 이스라엘 형제들과 싸우려고 나온 베냐민 자손 중 칼을 쓸 수 있는 군인의 수
   (4) 기브아 주민 중에서 택한 자는 다 왼손잡이며 물매로 돌을 한 치도 틀림없이 던지는 용사의 수
   (5) 첫날 전투에서 희생된 이스라엘 자손의 병사의 수
   (6) 대전 3일째 전쟁에서 이스라엘에게 죽임을 당한 베냐민 용사의 수
   (7) 베냐민의 살아남은 패잔병으로 광야의 림몬 바위틈에 숨었음
4. (1) (3) (4) (6)

룻기

제1과 1~4장

1. 2, 8, 1, 5, 3, 11, 10, 9, 7, 6, 4
2. 1, 6, 5, 3, 2, 4
3. (1) 2, 7 (2) 2, 6 (3) 3, 7 (4) 4, 15
4. 증조할머니
5. 모세의 법은 형이 자식이 없이 죽으면 동생이 형수를 취하여 형의 후사를 잇도록 규정한 유태인의 수혼법을 말한다. 잉태한 태아도 없어 남편으로 줄 수도 없다는 말이다.

6. 옛적에 이스라엘에서는 모든 것을 무르거나 교환하는 일을 확정할 때 신을 벗어 이웃에게 주었다. 여기서는 보아스에게 자기의 모든 권리를 양도한다는 것을 의미한다.

사무엘상

제1과 1~3장

1. (1) 엘가나, 한나 (2) 한나, 여호와 (3) 엘리, 한나 (4) 한나, 엘리 (5) 한나, 남편 (6) 한나, 엘리
2. (1) 엘가나 (2) 제사장 (3) 한나를 격분시킴 (4) 여호와께 구함 (5) 엘리 (6) 한나의 기도
3. (1) 여호와 (2) 여호와, 하나님, 행동 (3) 가난, 부, 낮추, 높이 (4) 여호와, 산산 (5) 사무엘, 세마포 (6) 사람, 여호와, 간구
4. (1) × (2) ○ (3) ○ (4) ○ (5) ○
5. (1) 부: 엘가나, 모: 한나
   (2) 라마의 집
   (3) 실로 여호와의 집
   (4) 여호와의 선지자
   (5) 아들들의 악행을 견책하고 바로잡지 않은(하나님을 무시하고 재물을 탐하고 음행을 하여 저주를 자청함) 엘리의 집을 영영토록 심판한다. 엘리의 집의 죄악은 재물로나 예물로나 영영히 속함을 얻지 못한다.

제2과 4~6장

1. (1) 이스라엘, 4천 명가량 (2) 이스라엘, 3만 명
2. (3)
3. 홉니, 비느하스, 엘리, 비느하스
4. (1) 98 (2) 40 (3) 비대 (4) 하나님의 궤를 빼앗겨
5. 이가봇은 하나님의 영광이 이스라엘에서 떠났다는 뜻으로, 하나님의 궤를 빼앗겼고 시부, 엘리와 남편 비느하스가 죽었으므로 비느하스의 아내가 아들을 낳고 그 이름을 이가봇이라 하고 절망 가운데 죽었음
6. (1) ○ (2) × (3) ○ (4) × (5) ○ (6) ○

7. (1) ○ (2) ○ (3) × (4) × (5) ○
8. 출애굽기 19장 21절에 "백성이 밀고 들어와 나 여호와에게로 와서 보려고 하다가 많이 죽을까 하노라" (민 4:20에는 "그들은 잠시라도 들어가서 성소를 보지 말라 그들이 죽으리라" 라고 금지되어 있음) 하는 말씀처럼 벧세메스 사람들이 여호와의 궤를 들여다 보았기 때문에 죽었다.

제3과 7~9장

1. 기럇여아림, 아비나답, 20
2. (1) 바알들, 아스다롯 (2) 금식, 기도
3. (1) '도움의 돌' 이란 뜻으로, 미스바에 온 이스라엘이 모여 사무엘이 여호와께 번제를 드리며 부르짖으매 여호와께서 응답하시고 이스라엘을 치러 온 블레셋에게 큰 우레를 발하셔서 벧갈까지 패전한다. 사무엘이 돌을 취하여 미스바와 센 사이에 세워 여호와께서 여기까지 우리를 도우셨다 하고 그 이름을 에벤에셀이라 함
   (2) 블레셋 사람들이 이스라엘에게서 빼앗았던 성읍이 에그론부터 가드까지 이스라엘에게 회복되니 그 사방 지역을 블레셋 사람들의 손에서 도로 찾았고 이스라엘과 아모리 사람 사이에 평화가 있었다.
4. (1) 요엘, 아비야 (2) 아버지의 행위를 따르지 아니하고 이익을 따라 뇌물을 받고 판결을 굽게 함
5. (3)
6. (4)
7. (1) ○ (2) ○ (3) × (4) × (5) × (6) × (7) ○ (8) ×
8. (1) 7, 3 (2) 7, 17 (3) 8, 3 (4) 8, 16 (5) 8, 22 (6) 9, 2 (7) 9, 5 (8) 9, 16 (9) 9, 20 (10) 9, 21

제4과 10~12장

1. (1) (3) (6)
2. 전에 사울과 그의 아버지를 알던 사람들이 하나님의 영이 사울에게 임하여 예언을 하는 모습을 보고 놀라서 한 말이 속담이 되었다.
3. (1)
4. 짐보따리들, 어깨, 불량배
5. 죄

6. (1) 야베스 모든 사람 (2) 니하스 (3) 야베스 장로들 (4) 사울 (5) 사울 (6) 사울 (7) 백성 (8) 사울 (9) 사무엘
7. (4)
8. 이스라엘 백성이 왕을 구한 일, 곧 여호와의 목전에 범한 죄악이 큼을 백성이 밝히 알게 하려 함

제5과 13~15장

1. (1) 사울은 블레셋으로 인해 조급해진 상황에서 제사장을 기다리지 못하고 제사장 직분을 함부로 담당하는 죄를 지었다. 결국 여호와께 거역하는 불순종의 죄를 지었다.
   (2) 여호와께서 그 마음에 맞는 사람에게 백성의 왕이 되게 하심
2. 블레셋 사람들이 히브리 사람이 철공소에서 칼이나 창을 만들까 두려워했기 때문에
3. (1) 40 (2) 삼만, 육천 (3) 굴, 수풀, 바위, 은밀, 웅덩이 (4) 에봇 (5) 14, 6 (6) 꿀
4. (1) 요나단, 리스위, 말기수아 (2) 메랍, 미갈 (3) 아히노암 (4) 아브넬
5. 여호와께서 아말렉을 치되 모든 소유(남녀, 소아, 젖먹는 아이, 우양, 낙타, 나귀)를 죽이라 명하심. 그러나 사울은 욕심이 생겨 좋은 것, 기름진 것은 남기고 하찮은 것만 진멸했다.
6. (1) 아말렉 왕이며 사울에게 사로잡혔으나 사무엘의 칼에 찍혀 죽임을 당했다.
   (2) 여호와의 목소리를 청종치 않고 여호와의 말씀을 버렸으므로
   (3) 사울이 자신의 공적을 드러내어 남기고자 갈멜에 기념비를 세움
   (4) 사울을 여호와께서 버리시므로 사무엘이 사울과 동행을 거부하고 혼자 돌아가려고 할 때 사울이 동행하기를 강권하고 겉옷을 붙잡으매 찢어짐
7. 사무엘이 이르되 여호와께서 번제와 다른 제사를 그의 목소리를 청종하는 것을 좋아하심 같이 좋아하시겠나이까 순종이 제사보다 낫고 듣는 것이 숫양의 기름보다 나으니 이는 거역하는 것은 점치는 죄와 같고 완고한 것은 사신 우상에게 절하는 죄와 같음이라 왕이 여호와의 말씀을 버렸으므로 여호와께서도 왕을 버려 왕이 되지 못하게 하셨나이다 하니

제6과 16~18장

1. (3)
2. (1) 여호와, 사무엘 (2) 사무엘, 여호와 (3) 성읍 장로, 사무엘 (4) 여호와, 사무엘 (5) 소년 중 한 사람, 사울

3. (1) 골리앗 (2) 다윗 (3) 골리앗 (4) 골리앗 (5) 다윗 (6) 골리앗 (7) 다윗

4. (1) 290 (2) 80 (3) 9.6

5. 많은 재물로 부하게 하고 왕의 딸을 주어 사위를 삼고, 그의 아버지의 집을 이스라엘 중에서 자유하게 함

6. (3)

7. 3

8. (1) 여호와께서 사울을 떠나 다윗과 함께 계시므로(12절)
   (2) 다윗이 크게 지혜롭게 행함을 보고(15절)
   (3) 블레셋 사람의 포피를 베어 온 사건과 미갈이 다윗을 사랑한 것과 여호와께서 다윗과 함께 계심을 보고 알았으므로

9. 골리앗을 죽인 자에게 딸을 주리라 한 약속을 이미 이행하지 않고 오히려 딸을 줌으로 블레셋과의 전쟁에서 열심히 싸우도록 하고 그 싸움에서 죽게 하려는 음모

제7과 19~21장

1. (1) 사울 (2) 요나단 (3) 요나단 (4) 사울 (5) 사울

2. (2)

3. (1) ○ (2) × (3) ○ (4) ○

4. (1) 죽음, 한 걸음 (2) 죄악, 네, 나 (3) 다윗, 네 내 (4) 생명, 그 (5) 세, 입, 다윗

5. (1) 네가 평안 무사할 것이니 돌아오라
   (2) 내 아버지가 너를 죽이려 하니 위험하므로 도망하라

6. (1) 사울에게 쫓긴 다윗이 맨몸으로 놉까지 도망했고 제사장 아히멜렉(엘리의 증손)에게 떡과 칼(골리앗의 칼)을 청해 받아 가지고 가드 왕 아기스에게로 도망감(이 사건으로 인해 제사장 85명이 죽었고 놉 땅의 남녀노소와 가축도 살육되었으며 놉은 진멸되었음)
   (2) 블레셋 족속의 가드 왕이며 사울에게 쫓겨 다윗이 피신함. 그러나 아기스의 신하들은 이스라엘 여인들이 다윗을 찬송함을 기억하고 있어서 경계함. 다윗은 많은 블레셋 사람을 죽였으므로 복수당할까 봐 두려워하여 짐짓 미친 척하며 그곳을 떠나 아둘람 굴로 도피함

제8과 22~24장

1. (1) (3) (5) (6) (8)

2. (1) 갓 (2) 요나단, 다윗 (3) 팔십오, 남녀, 젖 먹는, 소, 양 (4) 아비아달, 제사장 (5) 그일라, 그일라, 그일라 (6) 요나단, 다윗
3. (1) 십 사람들 (2) 블레셋 사람들이 이스라엘 땅을 침략하였으므로 블레셋 사람을 치기 위함
4. (1) 다윗과 그 따르는 사람들을 찾아 죽이기 위해서
   (2) 사울이 용변을 보러 들어간 굴속 깊은 곳에는 다윗 일행이 있었고 그의 추종자들은 하나님이 주신 이 천재일우의 기회에 사울을 죽이라 했으나 다윗은 기름 부음을 받은 왕이기에 그의 옷자락만 베고 죽이지 않음
   (3) 1) 사울의 옷자락을 벤 것 때문에
   2) 손을 들어 여호와의 기름 부음을 받은 내 주를 치는 것은 여호와께서 금하시는 것이니 그는 여호와의 기름 부음을 받은 자가 됨이니라 하고 사울을 해하지 못하게 함
5. 사울은 다윗의 왕권을 인정하며 자신이 폐위될 것을 예감한다. 그런 다윗에게 자기의 후손을 끊지 않을 것과, 자기 이름을 그의 아버지의 집에서 멸하지 않을 것을 여호와 앞에 맹세시킴

제9과 25~27장

1. (1) 압 (2) 납 (3) 납 (4) 납 (5) 압 (6) 압 (7) 압 (8) 납 (9) 납 (10) 압
2. (1) 하길라 산(십 황무지 광야 앞)
   (2) 진중에서 넬과 아브넬과 백성이 그를 둘러 진 치고 잠들었을 때
   (3) 다윗과 아비새를 대동하고 잠든 사울의 진중에 내려가서 머리 곁의 땅에 꽂힌 창과 물병만 가지고 옴
3. 여호와께서 기름 부음을 받은 자는 여호와께서 치는 것을 금하셨고 사울은 기름 부음을 받은 왕이기 때문에
4. (1) 온 무리가 슬피 울며 (2) 피 흘림을 막음 (3) 그의 아내는 다윗에게로 (4) 발디에게 감
5. (1) 2)
6. (1) 다윗의 이복누이 스루야의 아들이며 요압의 동생 다윗의 대표적 군장. 하길라 산 진중의 사울에게 다윗과 동행한 용사며 새바의 반란 때에도 다윗에게 충성함(사울을 죽이자고 하나 다윗에게 제지를 받음)
   (2) 사울의 숙부 넬의 아들이며 군대장관. 하길라 진중에서 왕을 보호하지 못하고 무

기만 들고 나온 사건 때문에 다윗의 책망을 받음. 사울이 죽은 후 사울의 아들 이스보셋을 왕을 삼았다. 기브온 못가에서의 싸움으로 인해 추격하는 아사헬을 죽임. 다윗 왕에게 투항했으나 요압이 동생의 원수를 갚으므로 죽임을 당함

(3) 블레셋과 이스라엘 땅의 경계며 다윗이 사울을 피해 블레셋 가드 왕 아기스에게로 피신하고, 아기스에게 간청하매 시글락을 주므로 일년 넉달을 그곳에서 살았음

(4) 다윗은 함께 있는 사람 육백 명과 더불어 가드 왕 아기스에게 피하고 시글락에 거하면서 그슬, 기르스, 아말렉을 침략하고 아기스에게는 유다 남방을 침략했노라 허위 보고하므로 다윗이 자기 백성에게 미움을 받은 행위로 인해 영영히 아기스의 사역자가 되리라 하고 믿음

제10과 28~31장

1. (1) 1) (2) 3) (3) 2)

2. (1) 여호와께 불순종한 죄(하나님의 진노를 아말렉에게 쏟지 않음)

(2) 신접한 여인을 찾아가서 물은 것은 우상 숭배며 하나님을 거역하는 죄

3. 다윗을 추종하던 백성들의 가족들이 아말렉 사람에게 다 끌려갔으므로 큰 충격을 받아 분노와 슬픔을 억제하지 못하고 모든 책임을 다윗에게 넘기고 돌로 치려 함

4. 전사, 자살, 전사, 자살, 전사

5. (1) 시글락을 침략하고 다윗과 그 추종자들의 모든 가족을 끌어간 아말렉을 추적하던 다윗의 6백 명의 군사 중 피곤한 군사 2백 명을 브솔 시내에 머물게 하고 추격하여 가족을 도로 찾고 승전한다. 전리품을 참전한 군사나 소유물 곁에 있던 군사나 동일하게 분배함으로 이것이 이스라엘의 규례가 됨

(2) 사울과 그 병기 든 자가 자살하고 사울의 아들 요나단, 아비나답, 말기수아가 전사하고 사울을 따르던 모든 사람이 블레셋에게 패전, 전사한 곳(이스라엘 평야 동쪽 끝에 위치한 산)

(3) 길보아 산에서 죽은 사울과 그 아들들의 머리 없는 시체를 못 박은 곳(암몬 사람의 손에서 구해 준 사울의 은혜를 기억한 길르앗 야베스 주민들이 사울의 가족의 시체를 취하려다가 야베스에 돌아와 화장하고 장사하고 7일을 금식함)

사무엘하

제1과 1~3장

1. (1) 아말렉 소년 (2) 사울 (3) 다윗 및 함께 있는 모든 사람 (4) 다윗이 소년에게 (5) 사울과 요나단 (6) 요나단의 사랑
2. (1) 다윗 (2) 사울, 요나단 (3) 유다 족속 (4) 사울, 요나단
3. (1) 다윗, 여호와 (2) 여호와, 다윗 (3) 다윗, 길르앗 야베스 (4) 아브넬, 아사헬 (5) 아브넬, 요압
4. (1) 아히노암 (2) 아비가일 (3) 마아가 (4) 학깃 (5) 아비달 (6) 에글라 (7) 밧세바
5. (1) 사울의 아들이며 아브넬로 인해 불법으로 왕이 됨. 두 군 지휘관 바아나와 레갑에게 살해당함
   (2) 다윗의 누이 스루야의 삼형제 요압, 아비새, 아사헬 중 막내. 들노루같이 발이 빨랐고 아브넬을 추격하다 살해당함. 결국 그 형들이 아브넬에게 복수함
   (3) 사울의 딸 미갈의 남편이 되었으나 아브넬이 다윗에게 항복할 때 다윗에게 되돌려 줌
   (4) 아사헬이 아브넬을 추격하므로 아브넬에게 죽임을 당함. 그 형 요압이 다윗에게 항복하러 온 아브넬을 속여 평화시에 살해하고 동생의 원수를 갚음. 이로 인해 다윗의 미움을 사게 되고 솔로몬 때 살해당함

제2과 4~6장

1. (1) 쇠약해진 이스라엘은 마지막으로 의지할 기둥이었던 일등공신 군대장관 아브넬이 사망한 소식에 놀랐고 힘이 빠짐
   (2) 므비보셋은 사울과 요나단(조부와 부친)이 죽은 소식을 듣고 유모가 안고 급히 도망할 때 떨어뜨려서 절게 됨
   (3) 사울의 아들 이스보셋은 낮잠을 자다가 군 지휘관 바아나와 레갑에게 암살당함
   (4) 의인을 그 침상에서 죽여 피 흘린 악인이기 때문에
2. (1) 삼십, 사십, 헤브론, 칠 년 육 개, 유다, 예루살렘, 삼십삼, 이스라엘, 유다
   (2) 물 긷는 데, 다리 저는 사람, 맹인
   (3) 물, 내, 대적
3. (1) 4, 8 (2) 4, 11 (3) 5, 2 (4) 5, 12 (5) 5, 24
4. (1) 법궤는 레위인 중에서도 선택된 제사장들이 어깨에 메어서 운반하는 법인데 이 규

례를 어기고 새 수레에 법궤를 운반할 때 하나님의 궤가 떨어질까 봐 웃사가 붙들었으므로 하나님의 진노로 웃사가 죽었고, 다윗이 이 일로 인해 여호와를 두려워하여 다윗 성으로 모셔 오지 않고 오벧에돔의 집으로 메어 갔음

(2) 오벧에돔의 집에 법궤가 석 달 동안 있었는데 여호와께서 그 집에 복을 주시므로 다시 다윗 성으로 옮김

5. 여호와의 궤가 다윗 성으로 들어올 때 다윗 왕이 여호와 앞에서 뛰놀며 춤추어 기뻐하며 열광하는 것을 미갈이 보고 심중에 업신여겼고, 가족을 축복하려고 돌아온 다윗 왕을 방탕한 자가 염치없이 자기의 몸을 드러냈다 하며 모욕함. 미갈은 다윗을 비난한 대가로 벌을 받음

제3과 7~9장

1. (1) 백향목 궁, 궤, 휘장 (2) 이스라엘, 인도, 집 (3) 땅, 위대 (4) 네, 씨, 나라 (5) 매, 채찍 (6) 여호와, 누구, 무엇이기에 (7) 귀, 주, 주, 신 (8) 영원, 만군, 이스라엘 (9) 종, 집, 복, 주 (10) 주, 종, 복

2. (1) 하나님 (2) 다윗 (3) 다윗의 자식

3. (1) 블레셋 (2) 모압 (3) 소바 (4) 아람 (5) 소바 (6) 하맛 (7) 에돔

4. (1) 군 사령관 (2) 사관 (3) 제사장 (4) 서기관 (5) 그렛, 블렛 관할 (6) 대신

5. (1) 네 조부 사울의 밭을 다 네게 주겠다 (2) 너는 항상 내 상에서 먹을지니라

제4과 10~12장

1. (1) 1) (2) 3)

2. (1) (3) (5) (6)

3. (1) 헷, 우리아, 밧세바 (2) 자기 범죄를 감추려 (3) 죽게 하라고 (4) 살인, 간음 (5) 자복했다 (6) 밧세바

4. (1) 하나님께 간구하되 금식하고 안에 들어가서 밤새도록 땅에 엎드려 기도함

(2) 땅에서 일어나 몸을 씻고 기름을 바르고 의복을 갈아입고 여호와의 전에 들어가서 경배하고 궁으로 돌아와서 명하여 음식을 그 앞에 베풀게 하고 먹음

제5과 13~15장

1. (1) 다말 (2) 암논 (3) 요나답 (4) 요나답의 꾀 (5) 다윗의 명령 (6) 동침 후 (7) 채색 옷 (8) 압살롬의 집에서

2. (1) ○ (2) × (3) ○ (4) ○ (5) ○ (6) × (7) ○

3. (1) 압살롬 (2) 압살롬 (3) 아히도벨 (4) 다윗 (5) 잇대 (6) 사독, 아비아달 (7) 후새

제6과 16~18장

1. (1) ○ (2)× (3) × (4) × (5) ○ (6) × (7) ○

2. (1) 아히도벨 (2) 후새 (3) 아히도벨 (4) 후새

3. (1) × (2) ○ (3) × (4) ○ (5) ○

4. (1) 요나단, 아히마아스
   (2) 다윗을 칠 모략이 후새의 모략으로 기울어졌고 자기 모략이 시행되지 않으므로 압살롬의 반역이 실패한 것으로 판단하고 자살함
   (3) 사촌간
   (4) 바실래
   (5) 자기의 이름을 전할 아들이 없어 한탄하므로
   (6) 내 아들 압살롬아 내 아들 내 아들 압살롬아 차라리 내가 너를 대신하여 죽었더면, 압살롬 내 아들아 내 아들아

제7과 19~21장

1. 다윗이 아들 압살롬의 죽음으로 인해 슬퍼하므로 모든 백성도 함께 슬퍼함

2. 다윗이 압살롬에게 쫓겨 바후림까지 왔을 때 시므이(사울의 집 족속 중 하나)가 다윗 일행을 저주하며 돌을 던지고 티끌을 날리고 사울 왕이 몰락한 것은 다윗 때문이라 하며 사울의 핏값을 받는다 하며 저주함

3. 므비보셋은 예루살렘에 있고 이스라엘 족속이 오늘 내 아버지(사울)의 나라를 내게(므비보셋) 돌리리라 한다.

4. 다윗이 압살롬에게 쫓겨 피난하던 중 마하나임에 이르렀을 때, 침상, 대야, 질그릇, 밀, 보리, 밀가루, 볶은 곡식, 콩, 팥, 볶은 녹두, 꿀, 버터, 양과 치즈로 공궤함

5. 압살롬의 군 지휘관이던 자를 요압을 대신하여 군 지휘관을 삼은 다윗의 처사에 불만을 품음(압살롬을 고의로 죽였으므로 다윗이 보복하려는 것)

6. 성중에 사는 지혜로운 여인

7. 기브온 주민이 여호수아를 속여 이스라엘이 그들과 화친하고 종을 삼음(수 9:1-27). 그러나 하나님 앞에서 살려 줄 것을 맹세한 언약을 사울이 어기고 기브온 사람을 죽여 피를 흘린 죄로 인함

8. 사울의 자손 일곱을 다윗이 기브온 주민에게 내어 주었고 그들은 산 위에서 일곱 사람을 목매어 죽임. 리스바는 반석에 베를 펴고 밤낮으로 들짐승과 새가 침범하지 못하도록 지켰음(약 6개월 동안). 사울의 첩 리스바의 정성을 다윗이 듣고 길르앗 야베스에서 사울과 요나단의 뼈를 찾아오고 목매어 죽은 자의 뼈를 거두어 오고 셀라에서 그 아비의 묘에 장사 지내 주었다.
9. 블레셋 사람과 싸우던 중 피곤한 다윗이 장대한 자의 아들 중에 3백 세겔쯤 되는 놋창과 새 칼을 찬 이스비브놉의 공격을 받아 위기에 처했을 때 아비새가 그 장수를 쳐 죽이고 다윗을 구함
10. 삽, 라흐미, 키 큰 자 하나(손가락, 발가락이 12개씩), 이스비브놉

제8과 22~24장

1. (1) 22, 2-3 (2) 22, 7 (3) 22, 13 (4) 22, 15 (5) 22, 20 (6) 22, 26-27 (7) 22, 36 (8) 22, 44 (9) 23, 3-4 (10) 23, 6-7
2. (1) 군 지휘관, 팔백 (2) 엘르아살 (3) 삼마 (4) 목숨 (5) 아비새 (6) 시위대
3. (1) 원하지 아니했다 (2) 아홉 달, 스무날 (3) 80만 (4) 3일 온역 (5) 거저 드리려 (6) 샀다

열왕기상

제1과 1~3장

1. (1) 2) (2) 4) (3) 1) (4) 1) (5) 2) (6) 1)
2. (1) 모세의 율법에 기록된 대로 그 법률과 계명과 율례와 증거를 지켜 행하며 힘써 대장부가 되라
   (2) 요압 장군을 지혜롭게 처단하라
   (3) 길르앗 바실래의 아들들에게 은총을 베풀어 생활비를 지급해 주라
   (4) 시므이를 무죄한 자로 여기지 말고 저도 역시 지혜롭게 처단하라
3. (1) 고향 아나돗으로 보내고 제사장 직분을 파면함(사독 제사장)
   (2) 여호와의 장막으로 도망간 요압은 죽임을 당함(브나야를 군 사령관으로 세움)
   (3) 왕이 시므이를 불러 예루살렘에서 집을 짓고 살고 기드론 시내를 건너가면 죽을 것을 경고. 시므이가 약속을 어기므로 죽임을 당함

(4) 수넴 여자 아비삭을 아내로 구하매 죽임을 당함

4. (1) 지혜로운 마음을 주사 주의 백성을 재판하여 선악을 분별하게 하옵소서

(2) 자기를 위하여 장수도, 부도, 자기 원수의 생명을 멸하기도 구하지 않고 오직 송사를 듣고 분별하는 지혜를 구했으니 주의 마음에 맞으므로 지혜롭고 총명한 마음과 부귀와 영광과 전무후무한 큰 축복을 받음

5. 3일 전후해서 두 창기가 해산하였고 한 여인이 잠결에 아이를 깔아 죽였다. 살아 있는 아이 하나를 가지고 서로 내 아들이라 시비가 생겼으나 솔로몬은 칼을 가지고 아이를 갈라 나누어 주려는 것처럼 하여 진정 아이의 생명을 살리려는 친어미에게 아들을 돌려주는 명재판을 했음

제2과 4~6장

1. (1) 제사장 (2) 서기관 (3) 사관 (4) 군 사령관 (5) 지방 장관의 두령 (6) 제사장이니 왕의 벗 (7) 궁내대신 (8) 노동 감독관

2. 4, 6, 1, 2, 7, 3, 5

3. 겸손과 여호와를 경외함의 보상은 재물과 영광과 생명이니라(잠 22:4). 겸손히 여호와께 지혜를 구한 솔로몬은 하나님의 은총과 역사하심으로 말미암아 통일 왕국의 부와 영광을 누리게 됨

4. (1) 1) 백향목, 잣나무 재목

2) 밀 2만 석, 맑은 기름 2십 석

(2) 삼만, 칠만, 팔만, 삼천삼백

(3) 이스라엘이 애굽 땅에서 나온 지 사백팔십 년 만에 하나님의 전을 건축하기 시작함

(4) 1) 2,700 2) 900 3) 1,350

(5) 순종, 협력, 말 없이 충성하라

(6) 1) 박과 핀 꽃

2) 여호와의 언약궤를 두기 위한 내소의 속, 또 백향목단 외소, 온 전을 정금으로 입혔음

3) 내소 안의 두 그룹과 그룹들을 만들었음. 내소에 들어가는 문

4) 외소의 문짝

(7) 칠

제3과 7~9장

1. (1) × (2) ○ (3) ○ (4) ○ (5) ○ (6) × (7) ○

2. (1) 전을 거룩하게 구별하여 하나님께서 항상 영원히 계시겠다

   (2) 마음을 온전히 바르게 행하고 하나님 앞에 순종하며 하나님의 법도를 지키면 다윗에게 약속한 대로 이스라엘의 왕위를 계승 견고케 하신다.

3. (1) 갈릴리 땅의 성읍 이십을 주었음

   (2) 쓸모 없고 무가치한 땅으로 여기고 가불 땅이라 했으며 반환했다.

4. (1) 상천하지에 홀로 한 분이신 하나님, 주님은 온 마음을 다 기울여 주의 뜻을 따라 사는 주의 종들에게 세우신 언약을 지키시고 은혜를 베푸시는 분이며

   (2) 다윗 임금에게 하신 약속(솔로몬 성전 건축)을 지키셨고

   (3) 아비 다윗과의 언약대로 왕위 계승을 확실히 하시고 이루시며

   (4) 주의 전에 항상 계시며 주야로 눈으로 보시며 종이 이곳을 향하여 비는 기도를 들으시고 사하시며

   (5) 만일 어떤 사람이 이웃에게 범죄하고 맹세를 하게 되어 성전에 나와서 기도할 때 옳고 그릇된 것을 심판하사 밝혀 주시옵소서

   (6) 패전할 때도 주의 이름을 인정하고 주의 전에서 빌며 간구할 때 열조에게 준 땅으로 돌아오게 함

   (7) 백성이 범죄함으로 갚음을 주실 때 전을 향하여 기도하며 회개하고 주님을 일정하며 죄에서 떠날 때도 죄를 사하시고 선한 길을 가르쳐 주시고 비를 주심

   (8) 기근이나 전염병에서, 깜부기와 황충, 적국에 포위당할 때 재앙이나 질병도 한 사람이나 온 백성이 전을 향해 기도할 때 들으시며 고치시고

   (9) 이방인이라도 주님의 광대하심과 전능하심을 듣고 주의 전에 와서 기도하거든 들으시고 이스라엘 백성처럼 하나님을 경외하게 하소서

   (10) 주님의 진노로 적국에 포로되었을 때도 패역한 죄인임을 깨닫고 간구할 때 그 땅에서 긍휼히 여김을 받고 고국(예루살렘)으로 돌아오게 하실 때 주의 산업인 이스라엘을 기억하시옵소서

제4과 10~12장

1. (1) 스바 여왕

   (2) 솔로몬의 모든 지혜와 그 건축한 왕궁과 그 상의 식물과 그의 신복들의 좌석과 그 시종들이 시립한 것과 그들의 관복과 술 관원들과 여호와의 성전에 올라가는 층계

를 보고(지혜와 부와 명성)

(3) 솔로몬의 지혜와 황홀할 만한 모든 복된 왕 앞에서 늘 왕의 지혜를 친히 배우고 모시므로

(4) 스바 여왕, 솔로몬

(5) 백단목

(6) 1) 큰 방패 이백, 작은 방패 삼백 2) 큰 보좌

(7) 금, 은, 상아

(8) 1) 은 2) 백향목

2. (1) 암몬, 에돔, 헷 (2) 칠백, 삼백, 여인, 왕 (3) 아스다롯, 밀곰, 그모스 (4) 두 (5) 하닷, 르손, 여로보암, 시삭

3. (1) 이 백성을 섬기는 자가 되어 그들을 섬기고 좋은 말로 대답하여 이르시면 그들이 영원히 왕의 종이 되리이다

(2) 왕의 새끼손가락이 내 아버지의 허리보다 굵으니 내 아버지께서 너희에게 무거운 멍에를 메게 하였으나 이제 나는 너희의 멍에를 더욱 무겁게 할지라 내 아버지는 채찍으로 너희를 징계하였으나 나는 전갈 채찍으로 너희를 징계하리라 하소서

(3) 소년들의 의견을 좇음

제5과 13~15장

1. (1) 하나님께 (2) 이루어지지 않았다 (3) 받았다 (4) 함께 들어가 떡도 먹고 왔던 길로 도로 갔다 (5) 배고픈 사자가 먹으려고 물었기 (6) 정치를 잘못함

2. 하나님께서 그를 들어 왕을 삼았음에도 불구하고 악을 행하고 자기를 위하여 다른 신을 만들며 우상을 부어 만들어 하나님의 노엽게 하고 하나님을 등 뒤에 버렸음

3. (1) 여로보암, 나답 (2) 르호보암, 아비얌

4. (1) 암몬 여인으로 솔로몬의 아내 르호보암의 어머니

(2) 르호보암 5년에 예루살렘을 치고 여호와의 성전의 보물과 왕궁의 보물을 모두 빼앗고 또 솔로몬이 만든 금 방패를 다 약탈해 갔음

5. (1) 다윗같이 하나님 보시기에 정직하게 행함

(2) 남색하는 자를 그 땅에서 쫓아내고 열조가 지은 모든 우상을 없애고

(3) 어머니 마아가가 만든 아세라상을 찍어 기드론 시냇가에서 불사르고 어머니의 태후의 위를 폐함

(4) 바아사가 라마를 건축하던 돌과 재목을 가져다가 베냐민의 게바와 미스바를 건축함

(5) 은과 금과 그릇들을 여호와의 성전에 받들어 드림

6. (1) 여로보암의 아들 나답 왕의 악정을 모반하여. 깁브돈에서 살해하고 왕이 됨(유다 왕 아사 제삼 년)

(2) 여로보암의 가족을 진멸함

(3) 악한 통치를 함

제6과 16~18장

1. (1) 24년 (2) 2년 (3) 7일 (4) 12년 (5) 22년
2. (1) 예후 (2) 오므리 (3) 세멜
3. (1) 이세벨 (2) 시돈 왕 엣바알의 딸 (3) 바알, 아세라 목상
4. 26
5. (1) 아합에게 고함 (2) 그릿 시냇가에서 (3) 사르밧에서 (4) 계속 생김 (5) 부르짖어 고침
6. (1) 오바댜, 100, 50 (2) 450, 400, 한 (3) 주 여호와, 마음

제7과 19~21장

1. (1) 로뎀 나무, 죽기 (2) 사십 주 사십 야
2. (1) 아람의 왕이 되게 (2) 이스라엘의 왕이 되게 (3) 선지자가 되게 (4) 바알에게 꿇지 아니함
3. 소, 밭, 열두
4. 기구, 고기, 백성
5. 두, 목숨, 백성
6. (1) 벤하닷, 이스라엘 왕 (2) 모든 장로와 백성들, 이스라엘 왕 아합 (3) 이스라엘 왕, 벤하닷 (4) 한 선지자, 이스라엘 왕 아합 (5) 선지자의 무리 중 한 사람, 그의 친구 무에게
7. 3, 1, 5, 2, 4
8. 엘리야의 예언적 경고(이스라엘 모든 백성, 아합의 집, 이세벨, 아합에게 속한 자가 멸망할 것)를 듣고 자기 옷을 찢고 굵은 베로 몸을 동이고 금식하고 굵은 베에 누우며 행보도 천천히 하며 겸비하고 회개하였으므로

제8과 22장

1. (1) 이스라엘 왕, 여호사밧 (2) 여호사밧, 이스라엘 왕 (3) 선지자 사백 명, 이스라엘 왕 (4) 이스라엘 왕, 여호사밧 (5) 이스라엘 왕, 한 내시 (6) 미가야, 이스라엘 왕 (7) 한 영, 여호와 (8) 시드기야, 미가야 (9) 미가야, 시드기야 (10) 미가야, 이스라엘 왕 (11) 이합, 여호사밧 (12) 아람 왕, 그 병거 지휘관 삼십이 명 (13) 아합, 병거 모는 자
2. (1) ○ (2) ○ (3) ○ (4) ○ (5) × (6) ○ (7) ○ (8) ○ (9) ○ (10) ○

열왕기하

제1과 1~2장

1. (1) 아하시야 (2) 24, 귀신, 왕 (3) 엘리야
2. (1) 내려오라 하셨나이다 (2) 속히 내려오라 하셨나이다 (3) 나의 생명과 이 오십 명의 생명을 귀히 보소서
3. (1) 엘리야, 엘리사 (2) 엘리사, 엘리야 (3) 선지자의 제자들, 엘리사 (4) 엘리사, 제자들 (5) 엘리야, 엘리사 (6) 엘리사, 엘리야 (7) 엘리야, 엘리사
4. (3)
5. (1)
6. (3)

제2과 3~5장

1. (1) 바알의 주상을 없앰 (2) 이스라엘 왕을 배반 (3) 이스라엘 왕을 도움 (4) 유다와 이스라엘과 연합 (5) 여호사밧의 얼굴을 보아 승전하게 함 (6) 번제로 드림
2. (1) 3) 기름병 (5) 1) 수넴 여인의 아들 (7) 2) 사망의 독 (9) 4)보리떡 20개
3. (1) 자기의 여주인(나아만의 아내)에게 사마리아에 계신 선지자(엘리사)를 소개함
   (2) 이스라엘 왕에게 나아만의 문둥병을 고쳐 달라고 편지를 쓰고 은 10달란트와 금 6천 개와 의복 열 벌을 보냄
   (3) 아람 왕의 편지를 보고 자기 옷을 찢고 탄식하며 병의 치료는 하나님께 달렸거늘 저들이 정녕 시비하려 함이라고 두려워함
   (4) 노하고 격분하여 엘리사의 문전을 철수하고 고국으로 돌아가려 할 때 선지자의 명

을 따르도록 지혜롭게 권유하여 나아만이 선지자의 지시대로 요단 강물에 몸을 일곱 번 담그고 문둥병이 나음

(5) 이스라엘 왕이 나아만의 방문으로 심히 곤경에 빠졌음을 듣고 나아만을 자기에게로 불렀고 엘리사의 문전에 도착한 나아만에게 사자를 보내어 요단 강물에 몸을 일곱 번 씻으면 깨끗하게 되리라고 전갈함

(6) 기적적으로 문둥병을 고침 받은 나아만이 하나님만이 온 세상의 신임을 고백하고 이스라엘의 흙을 노새 두 마리에 싣고 가서 아람 땅에 뿌리고 여호와 하나님을 경배함

(7) 엘리사의 사환으로서 엘리사가 거절한 나아만의 선물이 탐이 나 주인을 팔고 은 두 달란트와 옷 두 벌을 받아 자기 집에 감추고 이로 인해 결국 저주받아 자기와 자손에게 영원토록 문둥병이 걸리게 됨

제3과 6~8장

1. 3, 4, 5, 1, 2

2. (1) 죽는다 (2) 하나님께서 병거 소리, 말 소리, 큰 군대 소리를 듣게 하시므로 이스라엘 왕이 헷, 애굽 등의 왕들을 값을 주고 자기들을 치러 오게 했다고 판단하므로 (3) 목숨을 위하여

3. (1) 사환 (2) 아람 왕의 심복, 후에 왕이 됨 (3) 아합의 사위 (4) 22세에 왕이 되어 1년간 치리

제4과 9~11장

1. 6, 4, 1, 2, 6, 3, 1, 5

2. (1) 예후에게 죽은 아합의 아들들, 즉 왕자들

   (2) 예후가 사마리아로 가던 중에 죽인 아하시야의 형제들

   (3) 예후가 바알 섬기는 자를 계책으로 죽인 사람들

3. (1) 아합과 이세벨의 딸이자 아하시야의 어머니. 아하시야가 예후에게 죽임을 당하자 일어나 왕의 씨를 진멸하였고 6년 동안 유다를 통치하였으나 제사장들의 반역으로 죽임을 당함

   (2) 대제사장으로서 아달랴 치정 6년 동안 요시야를 보호함. 여호와의 전에서 양육했고 요아스를 왕으로 세우는 데 결정적인 역할을 했음. 아달랴는 죽임을 당하고 요아스 왕정의 고문 역할을 했음

(3) 요람 왕의 딸이며 아하시야 왕의 누이로서 아달랴의 왕족 학살 때 아하시야의 아들 요아스를 도적하여 유모와 함께 침실에 숨겨 6년을 여호와의 전에서 양육했고 요아스 왕으로 즉위케 함

제5과 12~14장

1. (1) ○ (2) × (3) ○ (4) × (5) × (6) ○ (7) ○ (8) × (9) × (10) ○ (11) × (12) ○ (13) ○ (14) ○ (15) ○ (16) ○
2. (1) 엘리사 (2) 자기 앞에서 (3) 여호앗단 (4) 벧세메스 (5) 라기스 (6) 십육 (7) 사십일 (8) 요나 (9) 하맛 (10) 스가랴

제6과 15~17장

1. (1) 6개월간 (2) 1개월간 (3) 10년간 (4) 2년간 (5) 20년간 (6) 9년간
2. (1) ○ (2) ○ (3) × (4) × (5) ○ (6) ○
3. (1) 르신, 베가, 아하스 (2) 아하스, 디글랏 빌레셀 (3) 신복, 아들, 이스라엘 왕 (4) 은금, 앗수르 (5) 앗수르, 기르, 르신
4. (1) 유다 아하스, 살만에셀, 호세아 (2) 호세아, 소, 배반함, 호세아, 사마리아 (3) 애굽, 여호와 (4) 규례, 율례 (5) 아세라, 산당, 악, 여호와 (6) 할라, 고산 하볼, 메대 (7) 사마리아, 숙곳 브놋, 네르갈, 자녀 (8) 자기, 제사 (9) 풍속 (10) 원수

제7과 18~20장

1. (1) (2) (3) (4) (5)
2. (1) 18, 10 (2) 18, 16 (3) 18, 17 (4) 19, 1 (5) 19, 7 (6) 19, 14 (7) 19, 28 (8) 19, 35 (9) 20, 5-6 (10) 20, 13
3. (1) 이스라엘 백성이 길로 인하여(홍해 길로 남진했는데 이 지역은 가장 덥고 견디기 힘든 곳이라 함) 마음이 상하여 하나님과 모세를 원망하므로 여호와께서 불뱀을 보내 백성이 물게 하셨고 모세는 백성을 위해 기도할 때에 놋으로 불뱀을 만들어 장대에 달고 백성이 쳐다보게 함으로 구원을 얻었음(민 21:4-9). 그 놋뱀이 우상이 되어 숭배의 대상이 되었음

   (2) 앗수르의 군대장관으로 예루살렘을 포위하고 히스기야를 모욕하고 백성을 희롱하며 멸시함. 하나님 여호와를 훼방하므로 히스기야 왕 때 이사야 선지자를 통해 이스라엘 구원을 예언하셨고 여호와께서 갈고리로 코에 꿰고 오던 길로 돌아가게

하 셨고 여호와의 사자가 18만 5천 명의 적군을 치심

(3) 히스기야의 생명 15년을 연장받을 때 징조로 일영표 10도를 물러가게 하심

제8과 21~23장

1. (1) ○ (2) ○ (3) × (4) × (5) ○ (6) ○ (7) ○ (8) ○ (9) ○ (10) ○ (11) ○
2. (1) ○ (2) ○ (3) × (4) ○ (5) ○ (6) ○ (7) ○ (8) ○ (9) ○ (10) ○ (11) × (12) ○ (13) ○ (14) ○ (15) ○ (16) ○ (17) ○
3. (1) 2년간 다스림 (2) 서기관 (3) 대제사장 (4) 왕의 시종 (5) 여선지 (6) 예복 주관자 (7) 시종 (8) 애굽 왕 (9) 석 달간 치리 (10) 여호야김으로
4. 여로보암이 제단 곁에 서서 분향하는지라 하나님의 사람이 제단을 향하여 여호와의 말씀으로 외쳐 이르되 제단아 제단아 여호와께서 이와 같이 말씀하시기를 다윗의 집에 요시야라 이름하는 아들을 낳으리니 그가 네 위에 분향하는 산당 제사장을 네 위에서 제물로 바칠 것이요 또 사람의 뼈를 네 위에서 사르리라고 예언하신 말씀대로 이루어졌다는 말

제9과 24~25장

1. (1) 무죄한 자, 피 (2) 여호야긴 (3) 시드기야 (4) 시드기야 (5) 느부사라단 (6) 시드기야, 구, 십일, 바벨론
2. (1) (2) (4) (5) (6) (7)
3. (1) (2) (3) (4) (5) (6) (8)
4. (1) (2) (3) (4) (5) (6) (8)
5. (1) 유다가 속국이 되어 바벨론 왕 느부갓네살을 3년을 섬겼다.
   (2) 유다 왕 여호야긴이 그의 어머니와 신복과 지도자들과 내시들과 함께 바벨론 왕 제 8년에 바벨론에 항복함
   (3) 시드기야 제구 년 열째 달 10일부터 제11년 넷째 달 9일까지 바벨론 군대가 예루살렘을 포위하여 백성이 기근으로 항복하게 전략을 세움
   (4) 바벨론 왕 느부갓네살의 열아홉째 해 5월 7일, 바벨론의 시위대장 느부사라단이 예루살렘에 이르고 성전과 왕궁, 모든 귀인의 집까지 불사르고 예루살렘 주위의 성벽을 헐고 성전의 금은, 구리, 놋 기구들을 모두 바벨론으로 가져갔고 농민들만 남겨두고 기술자나 능력 있는 백성은 포로가 되었고 유다는 완전히 멸망되었다.

역대상

제1과 1~3장

1. (1) 고멜, 마곡, 마대, 야완, 두발
   (2) 구스, 미스라임, 붓, 가나안, 스바
   (3) 엘람, 앗수르, 아르박삿, 룻, 아람
2. (1) 데라 (2) 아브라함 (3) 이스마엘 (4) 아브라함 (5) 아브라함 (6) 미디안 (7) 에서 (8) 엘리바스
3. (2)
4. (1) 에르 (2) 베레스, 세라 (3) 나손 (4) 다윗 (5) 스루야 (6) 셀렛 (7) 세산
5. (1) 아히노암, 암논 (2) 아비가일, 다니엘 (3) 마아가, 압살롬 (4) 학깃, 아도니야 (5) 아비달, 스바댜 (6) 에글라, 이드르암 (7) 밧수아, 솔로몬
6. 40, 7, 6, 예루살렘, 33

제2과 4~6장

1. (1) 야베스 (2) 아스베야의 집 (3) 요김과 고세바 사람들과 요아스와 모압을 다스리던 사람과 야수비네렘 (4) 시므이
2. 야베스
3. 아버지의 첩 빌하와 동침했다.
4. (1) ○ (2) × (3) ○ (4) ○ (5) × (6) ○ (7) × (8) ○ (9) ○ (10) ○

제3과 7~9장

1. (1) 돌라 (2) 웃시 (3) 잇사갈 (4) 벨라 (5) 베겔 (6) 여디아엘 (7) 아셀
2. (1) 마길, 마아가 (2) 슬로브핫 (3) 에브라임 (4) 브리아 (5) 여호수아
3. (1) 사하라임 (2) 가드 (3) 두목 (4) 기스, 요나단, 말기수아, 아비나답, 에스바알 (5) 울람
4. (1) 5 (2) 3 (3) 1 (4) 2 (5) 4 (6) 6 (7) 8 (8) 7 (9) 10 (10) 9

제4과 10~12장

1. (1) ○ (2) × (3) × (4) ○ (5) ×
2. (3)

3. (1) × (2) ○ (3) ○ (4) ○ (5) ○

4. (4)

5. (1) (3) (4)

6. (1)

7. (1) 30, 300 (2) 보리, 여호와 (3) 30, 베들레헴 성문 곁, 여호와 (4) 요압, 300 (5) 브나야

8. (1) 베냐민 (2) 갓 (3) 베냐민, 유다 (4) 므낫세 (5) 유다 (6) 에브라임 (7) 므낫세 (8) 잇사갈 (9) 스불론 (10) 아셀

제5과 13~15장

1. (2)

2. (1) 지금까지 궤를 두었던 곳 (2) 수레를 몰고 (3) 힘을 다해 뛰고 노래함 (4) 소들이 뜀 (5) 죽임을 당함 (6) 두려워 궤를 자기에게 오지 못하게 함 (7) 궤로 인해 복 받음

3. (1) ○ (2) × (3) ○ (4) ○ (5) ○ (6) × (7) ○ (8) ○

4. (1) 문지기 (2) 노래하는 자 (3) 알라못에 맞추는 자 (4) 음악 선생 (5) 나팔 부는 자 (6) 남편(다윗)을 업신여김

제6과 16~18장

1. (1) 떡, 야자 열매, 건포도 (2) 아삽 (3) 브나야, 야하시엘 (4) 여호와, 마음 (5) 말씀 (6) 거룩, 여호와 (7) 아삽, 호사, 사독

2. (1) 다윗, 나단 (2) 나단, 다윗 (3) 하나님, 나단 (4) 여호와, 나단 (5) 다윗, 하나님 (6) 다윗, 여호와

3. (1) 아람, 모압 (2) 소바 (3) 하닷에셀 (4) 하맛 (5) 에돔

4. (1) 군 사령관 (2) 사관 (3) 제사장 (4) 서기관 (5) 그렛, 블렛 사람을 관할 (6) 대신

제7과 19~21장

1. (1) ○ (2) × (3) ○ (4) ○ (5) × (6) × (7) ○ (8) ○ (9) ○ (10) ○

2. (1) 사탄 (2) 요압 (3) 레위, 베냐민 (4) 3년 기근, 적군의 칼, 전염병, 사람, 하나님 (5) 오르난

3. 명령하여 백성을 계수하게 한 자가 내가 아니니이까 범죄하고 악을 행한 자는 곧 나이니이다 이 양 떼는 무엇을 행하였나이까 청하건대 나의 하나님 여호와여 주의 손으로

나와 내 아버지의 집을 치시고 주의 백성에게 재앙을 내리지 마옵소서

제8과 22~24장

1. (1) (2) (3) (5) (6) (7) (8) (9) (10) (13)
2. (3)
3. (2)
4. (2)
5. (1) 이스라엘 왕이 됨 (2) 성전의 일을 보살피는 자 (3) 관원과 재판관 (4) 문지기 (5) 찬송하는 자
6. (1) 이십 세 이상으로 계수된 레위 자손 (2) 모세의 아들들 (3) 엘르아살 (4) 레위 자손 (5) 나답, 아비후 (6) 스마야 (7) 사독 (8) 이십사

제9과 25~27장

1. (1) 수금, 비파, 제금 (2) 신령한 노래 (3) 수금 (4) 나팔 (5) 선견자 (6) 288인 (7) 다섯째 (8) 스무째
2. 법궤를 붙듦으로 여호와께서 웃사를 충돌하사 죽고 다윗이 두려워서 법궤를 다윗 성으로 옮기지 못하고 오벧에돔의 집으로 옮겨 모셨으니 석 달을 그 권속과 함께 있었으므로 오벧에돔의 집과 그 모든 소유에 복을 주심
3. (1) 오벧에돔의 맏아들이며 그 족장이며 큰 용사라
   (2) 성전을 섬기던 문지기며 능력이 있는 자
   (3) 능력이 있는 자
   (4) 므라리 자손 중 호사의 장자(본래 장자가 아니나 아비가 장자를 삼음)
   (5) 므라리의 넷째 아들이며 여호와의 전의 문지기 반장이고 명철한 의사
   (6) 레위 사람이며 하나님의 전의 곳간과 성물 곳간을 맡았음
   (7) 성물의 모든 곳간을 맡음(전리품 중에서 구별하여 드린 성물들)
   (8) 유사와 재판관이 됨(이스라엘 바깥 일을 다스림)
   (9) 천칠백 명은 요단 서쪽 이스라엘을 주관, 여호와의 모든 일과 왕을 섬기는 직임을 맡음
   (10) 헤브론 자손의 족장이 됨
   (11) 이천칠백 명의 용사는 르우벤, 갓, 므낫세 반 지파를 주관, 하나님의 모든 일과 왕의 일을 다스리게 함

4. (1) 야소브암 (2) 도대, 마글롯 (3) 브나야 (4) 아사헬, 스바다 (5) 헬레스 (6) 아비에셀 (7) 헬대 (8) 엘리에셀 (9) 하시바 (10) 사독 (11) 호세아 (12) 야아시엘
5. 3, 5, 2, 8, 1, 9, 11, 4, 6, 7, 13, 14, 10, 12

제10과 28~29장

1. (1) 전쟁, 피, 성전 (2) 유다, 유다, 아들, 나, 왕 (3) 솔로몬, 내, 나, 아버지 (4) 계명, 아름다운, 후손, 기업 (5) 마음, 감찰, 의도, 만날, 버리 (6) 다윗, 식양, 손 (7) 하나님, 너
2. (1) 금 (2) 은 (3) 놋 (4) 철
3. (1) ○ (2) ○ (3) × (4) ○ (5) ○
4. (1) 이새, 솔로몬 (2) 40 (3) 사무엘, 나단, 갓

역대하

제1과 1~3장

1. (2)
2. (3)
3. (1) 모리아, 다윗 (2) 넷째, 둘째, 둘째 (3) 야긴, 보아스
4. (1) 칠만 (2) 팔만 (3) 삼천육백 (4) 각각 이만 석 (5) 각각 이만 말 (6) 두로 사람의 아들 (7) 십오만 삼천육백

제2과 4~6장

1. (1) 900, 900, 450 (2) 450, 1350 (3) 12 (4) 번제, 물건 (5) 10, 10, 100 (6) 하나님의 전 (7) 제사장, 레위 (8) 돌판 (9) 네 아들 (10) 기름 부음, 다윗
2. (1) 4, 5 (2) 4, 6 (3) 4, 11 (4) 4, 18 (5) 5, 6 (6) 5, 13 (7) 6, 13 (8) 6, 20 (9) 6, 23 (10) 6, 26-27 (11) 6, 28-29

제3과 7~9장

1. (1) 여호와의 영광이 가득하므로 (2) 이만 이천 마리의 소와 십이만 마리의 양 (3) 칠 일 동안 (4) 낙성식 후 칠일 동안 (5) 왕위가 견고하게 됨 (6) 속담과 이야깃거리

가 됨

2. (1) 여호와의 전과 궁의 건축을 다 마침 (2) 모든 국고성을 건축함 (3) 이방인들을 다 역꾼으로 삼음 (4) 3년차 제단 위에 번제를 드림 (5) 반열을 정하고 직분을 맡김 (6) 오벨에 금을 가져옴
3. (1) 3 (2) 7 (3) 4 (4) 1 (5) 2 (6) 6 (7) 5
4. (1) 근 방패, 작은 방패, 그릇 (2) 큰 보좌 (3) 궁
5. 40, 르호보암, 나단, 아히야, 잇도

제4과 10~12장

1. (1) 르호보암 (2) 여로보암 (3) 여로보암, 온 이스라엘 (4) 노인들 (5) 소년들 (6) 온 이스라엘 (7) 하도람
2. (1)
3. (1) ○ (2) ○ (3) × (4) × (5) ○ (6) ○ (7) ○ (8) × (9) ○ (10) ×

제5과 13~15장

1. (3)
2. (1) 아비야 (2) 여로보암 (3) 아비야 (4) 여로보암 (5) 여로보암 (6) 아비야 (7) 아비야 (8) 아비야 (9) 여로보암 (10) 아비야 (11) 여로보암 (12) 아비야 (13) 아비야
3. (1) ○ (2) ○ (3) ○ (4) × (5) ○ (6) ○ (7) ○ (8) ○

제6과 16~18장

1. (1) 유다, 이스라엘 (2) 아사 (3) 은금, 이스라엘 (4) 바사 (5) 하나님 여호와 (6) 하나니, 사람 (7) 39, 의원들, 41, 다윗 (8) 유다, 여호와 (9) 여호와의 율법책 (10) 블레셋, 아라비아 (11) 아드나, 아마시야
2. (1) 아합, 여호사밧 (2) 여호사밧, 이스라엘 왕 (3) 이스라엘 왕, 여호사밧 (4) 사자 내시, 미가야 (5) 미가야, 사자 내시 (6) 여호와 (7) 미가야, 시드기야 (8) 아람 왕, 병거 지휘관 (9) 이스라엘 왕, 병거 모는 자

제7과 19~21장

1. (1) × (2) ○ (3) ○ (4) ○ (5) ○ (6) ○ (7) × (8) ×

2. (1) 여호사밧 (2) 금식 (3) 여호와 (4) 능력, 사람 (5) 사랑 (6) 성전 (7) 기업 (8) 주 (9) 하나님 (10) 내일 (11) 레위 (12) 견고 (13) 영원 (14) 찬송 (15) 사흘 (16) 평강 (17) 산당 (18) 아하시야

3. (1) ○ (2) × (3) ○ (4) ○ (5) ○ (6) ○ (7) ×

제8과 22~24장

1. (1) 유다 (2) 이스라엘 (3) 유다 (4) 이스라엘 (5) 이스라엘 (6) 유다 (7) 유다

2. (1) 남자, 10년간, 아사랴 (2) 백부장, 레위인, 모친 (3) 방백, 사마리아 (4) 40세, 8년간, 악을

3. (1) 2 (2) 5 (3) 4 (4) 1 (5) 6 (6) 3

제9과 25~27장

1. (1) ○ (2) × (3) ○ (4) × (5) ○ (6) ○ (7) × (8) ×

2. (2)

3. (1) ○ (2) ○ (3) × (4) ○ (5) ○ (6) × (7) × (8) ○

4. (1) 웃시야, 25, 16 (2) 정직, 여호와의 성전 (3) 바른길, 강 (4) 아하스

제10과 28~30장

1. (1) 조상 다윗과 같지 아니하여 여호와 보시기에 정직하게 행하지 아니함
   (2) 이스라엘 왕들의 길로 행하여 바알들의 우상을 부어 만듦
   (3) 힌놈의 아들 골짜기에서 분향함
   (4) 이방 사람들의 가증한 일을 본받아 그의 자녀들을 불사름
   (5) 산당과 작은 산 위와 모든 푸른 나무 아래에서 제사를 드리며 분향함

2. (2) (5) (7) (8)

3. (2)

4. (1) 정직, 수리 (2) 두려움, 놀람, 비웃음 (3) 나라, 성소, 유다 (4) 백성, 백성 (5) 하나님 여호와. 유월절 (6) 범죄, 멸망 (7) 열조, 전, 섬겨 (8) 은혜, 자비, 얼굴 (9) 감동, 명령, 준행 (10) 축복, 기도

제11과 31~33장

1. (1) ○ (2) ○ (3) × (4) ○ (5) × (6) ○ (7) ○ (8) ○ (9) × (10) ○ (11) ○ (12) ○

2. (1) 유다 왕 (2) 대제사장 (3) 예물과 십일조를 주관 (4) 나눠 주는 자 (5) 산헤립
(6) 선지자 (7) 아들을 불 가운데로 보냄

3. (1) 31, 10 (2) 31, 18 (3) 32, 8 (4) 32, 21 (5) 33, 7 (6) 33, 13

에스라

제1과 1~3장

1. 고레스 왕의 마음을 여호와께서 감동시키시매 여호와 하나님은 참신이시라 유다 백성된 자는 예루살렘으로 올라가서 이스라엘의 하나님 여호와의 성전을 건축하라 그 남아 있는 백성이 어느 곳에 머물러 살든지 그곳 사람들이 마땅히 은과 금과 그 밖의 물건과 짐승으로 도와주고 하나님의 성전을 위하여 예물을 기쁘게 드릴지니라
2. (1) (3) (4) (5)
3. (1) 옛적에 바벨론 왕 느부갓네살에게 사로잡혀 바벨론으로 갔던 자의 자손 중에서 놓임을 받고 예루살렘과 유다로 돌아온 유다인의 지도자들
(2) 제사장 직분을 수행할 자손들
(3) 노래하는 일
(4) 델멜라와 델하르사와 그룹과 앗단과 임멜에서 올라온 들라야, 도비야, 느고다 자손들
(5) 하바야, 학고스, 바르실래 자손
(6) 사만 이천삼백육십 명
(7) 어떤 족장들
4. (1) 포로에서 각자의 성읍으로 돌아온 이스라엘 백성이 일곱째 달에 이르러 일제히 예루살렘에 모였고 비로소 일곱째 달 초하루부터 번제를 드림
(2) 예루살렘 하나님의 성전에 이른 지 이년 둘째 달에 스룹바벨, 예수아와 제사장들, 레위 사람들과 사로잡혔다가 돌아온 자들이 공사를 시작하고 이십 세 이상의 레위 사람들을 세워 성전 공사를 감독하게 함
(3) 여호와께 감사하여 이르되 주는 지극히 선하시므로 그의 인자하심이 이스라엘에게 영원하시도다
(4) 여호와의 성전 기초가 놓임을 보고 여호와를 찬송하며 큰 소리로 즐거이 부르는 소리와 첫 성전을 보았던 노인과 레위 사람들은 황폐해진 성전 기초를 놓고 비록 처

음 성전보다 규모가 적어 포로에서 돌아와 성전 재건을 할 수 있으니 하나님의 사랑에 감사 감격해서 만감이 서려 통곡하는 소리가 어우러짐

제2과 4~6장

1. (1) 유다와 베냐민의 대적, 전을 건축하려는 귀환 백성
   (2) 스룹바벨과 족장들, 사마리아인들
   (3) 방백 르훔과 서기관 심새, 아닥사스다 왕
   (4) 아닥사스다 왕, 방백 르훔과 서기관 심새와 사마리아에 거주한 그 동료들
   (5) 강 건너편 총독 닷드내, 스달보스내와 그 동료들, 스룹바벨, 예수아와 하나님의 선지자와 전을 건축하는 백성
   (6) 성전을 건축하는 장로들, 총독 닷드내, 스달보스내, 아바삭 사람
   (7) 다리오 왕
2. (1) 2) (2) 1) (3) 2)

제3과 7~9장

1. (3)
2. (1) ○ (2) ○ (3) ○ (4) × (5) ○ (6) × (7) ○ (8) × (9) ○ (10) ○ (11) × (12) ○

제4과 10장

1. (1) 요사닥의 아들과 (2) 마아세야와 엘리야와 (3) 엘료에내와 마아세야와 (4) 요사밧 시므이 (5) 엘리아십 (6) 살룸과 델렘과 우리 (7) 바로스 자손 (8) 엘료에내와 (9) 앗나와 그랄과 (10) 마아대와 이므람과
2. (1) 몇몇 사람, 어른들만 (2) 그대로 두기로 (3) 나라를 지키지 못한 일 (4) 삼 주, 유월절 전날 (5) 바벨론에 남아 있는 사람, 에스라의 말에 반대하는 사람들 (6) 취하지 아니했다

느헤미야

제1과 1~3장

1. (1) ○ (2) × (3) ○ (4) ×
2. 관원, 중건
3. 기도
4. 아닥사스다, 느헤미야
5. 조서
6. 호론 사람 산발랏, 암몬 사람 도비야, 게셈
7. 5, 2, 1, 3, 8, 7, 10, 4, 6, 9

제2과 4~5장

1. (1) ○ (2) ○ (3) ○ (4) ○ (5) ○ (6) ○ (7) × (8) × (9) × (10) ×
2. (3)
3. (1) 양식 (2) 밭, 포도원, 집 (3) 밭, 포도원, 세금 (4) 종, 밭, 속량
4. (4)
5. 12, 총독, 녹, 부역

제3과 6~8장

1. (1) 1) 성벽을 건축하여 허물어진 틈을 남기지 아니함
   2) 다섯
   3) 느헤미야를 해치려고
   4) 반역을 모의하고 왕이 되려 하며 유다에 왕이 있다고 선포할 예언자들까지도 임명했다고 들었소
   (2) 1) 성전으로 들어가서 성전 문을 닫읍시다. 그들이 반드시 죽일 것이요
   2) 스마야가 매수된 예언자에게 겁을 주어 성소를 범하게 하여 불명예롭게 하려 함
   3) 노아댜, 선지자
   (3) 1) 52일 2) 대적, 이방 3) 도비야
2. (1) 하나냐 (2) 스룹바벨, 예수아, 느헤미야 (3) 138명 (4) 들라야 자손, 도비야 자손, 느고다 자손 (5) 호바야 자손, 학고스 자손, 바르실래 자손 (6) 에스라 (7) 율법책이 낭독될 때 그 뜻을 깨닫게 되매 (8) 주 하나님의 거룩한 날이므로

제4과 9~11장

1. (1) 1, 2 (2) 3 (3) 6 (4) 8 (5) 9 (6) 12 (7) 15 (8) 17 (9) 21 (10) 25 (11) 26

(12) 29 (13) 31 (14) 35 (15) 38

2. (1) 이방인과 자녀를 결혼시키지 않는다.
   (2) 안식일에 물건을 사고팔지 않는다.
   (3) 일곱째 해마다 땅을 쉬게 하고 모든 빚을 탕감한다.
   (4) 성전의 비용으로 쓰도록 해마다 3분의 1세겔씩 바친다.
   (5) 첫 열매 처음 난 가축을 하나님의 전으로 가져다가 하나님을 섬기는 제사장들에게 바친다.
3. (1) 아다야, 마아세야 (2) 살루, 갑배 (3) 여다야, 야긴 (4) 스마야, 사브대, 요사밧, 맛다나 (5) 악굽, 달몬 (6) 웃시, 브다히야
4. 예) 9장 33절: 그러나 우리의 당한 모든 일에 주는 공의로우시니 우리는 악을 행하였사오나 주께서는 진실히 행하셨음이니이다

제5과 12~13장

1. (1) 제사장, 레위, 찬송 (2) 레위, 다리오, 제사장 (3) 낙성, 노래, 비파, 수금, 봉헌식 (4) 백성, 성문, 성 (5) 분문, 망대 (6) 제사, 하나님 (7) 거제물, 십일조 (8) 발람 (9) 악 (10) 몫
2. (1) × (2) ○ (3) ○ (4) ×

에스더

제1과 1~2장

1. (1) ○ (2) × (3) ○ (4) ○ (5) ○
2. (4)
3. (1)
4. (3)
5. (1) 야일의 아들 (2) 아비하일의 딸 (3) 궁녀를 주관하는 내시 (4) 비빈을 주관하는 내시 (5) 아하수에로 왕후
6. (2)

제2과 3~5장

1. (1) ○ (2) × (3) ○ (4) × (5) ○ (6) ○ (7) ×
2. (1) 삼 일, 예복 (2) 금규 (3) 절반 (4) 잔치, 하만 (5) 하만 (6) 모르드개 (7) 영광, 자녀, 높인, 나 (8) 모르드개 (9) 세레스, 친구 (10) 모르드개

제3과 6~7장

1. (1) ○ (2) ○ (3) ○ (4) ×
2. (1) 집으로, 기뻐서 (2) 모르드개 (3) 첫 번째, 두 번째, 네 번째 (4) 후원에서 누가 찾아 (5) 살해 (6) 왕, 하만, 모르드개

제4과 8~10장

1. (1) 모르드개에게 집을 주관하게 (2) 모르드개에게로 (3) 동족 유다인을 구하려 (4) 취소할 수 없음 (5) 유다인 스스로 생명을 보호하고 치려는 자를 도륙하라 (6) 금관에 자색 겉옷을 입음 (7) 유다인이 두려워서
2. (1) 1) (2) 2) (3) 3) (4) 1) (5) 3)

욥기

제1과 1~3장

1. (1) 동방 사람 중에 가장 큰 자 (2) 일곱 (3) 세 명 (4) 칠천 마리 (5) 삼천 마리 (6) 오백 마리 (7) 오백 겨리 (8) 혹시 하나님을 배반하였을까 하여
2. (1) 여호와, 사탄 (2) 사탄, 여호와 (3) 여호와, 사탄 (4) 사탄, 여호와 (5) 사탄, 여호와 (6) 여호와, 사탄 (7) 사자, 욥 (8) 여호와, 사탄 (9) 사탄, 여호와 (10) 욥의 아내, 욥 (11) 욥, 욥의 아내
3. 4, 5, 1, 3, 2
4. (1) 하나님, 욕 (2) 엘리바스, 빌닷, 소발, 말 (3) 저주 (4) 생일 (5) 태, 죽 (6) 작, 큰, 상전 (7) 빛, 마음, 생명 (8) 앓

제2과 4~6장

1. (1) 엘리바스 (2) 훈계, 강, 말, 무릎 (3) 죄, 망, 정직 (4) 하나님, 의 (5) 흙, 티끌, 하

루살이 (6) 미련, 시기 (7) 고생 (8) 하나님 (9) 희망, 악행 (10) 징계, 복, 징계

2. (1) 하나님 (2) 하나님 (3) 하나님이 그 징계받을 자를 (4) 곡식 단을 제때에 들어올림 같다 (5) 바다의 모래보다 무겁다 (6) 기뻐할 것이다 (7) 형제의 불성실을 (8) 바람 같다 (9) 나는 의롭다 (10) 욥이 친구에게

제3과 7~9장

1. (1) 3, 2, 4, 1 (2) 3, 1, 4, 2 (3) 2, 1, 6, 5, 3, 7, 4 (4) 1, 6, 2, 5, 8, 3, 4, 7

2. (1) 1) × 2) ○ 3) × (2) 1) ○ 2) × 3) × (3) 1) ○ 2) × 3) × (4) 1) ○ 2) × 3) × (5) 1) × 2) × 3) ○

제4과 10~12장

1. (1) 2) 육신의 눈이 있나이까
   3) 사람처럼 보시나이까
   5) 내 몸 지으시기를 흙을 뭉치듯 하셨거늘 다시 나를 티끌로 돌려보내려 하시나이까
   6) 나를 젖과 같이 쏟으셨으며 엉긴 젖처럼 엉기게 하지 아니하셨나이까
   7) 나를 태에서 나오게 하셨음은 어찌함이니이까
   (2) 2) 주의 손에서 나를 벗어나게 할 자도 없나이다
   3) 주의 손으로 나를 빚으셨으며 만드셨는데 이제 나를 멸하시나이다
   4) 피부와 살을 내게 입히시며 뼈와 힘줄로 나를 엮으시고
   5) 생명과 은혜를 내게 주시고 나를 보살피심으로 내 영을 지키셨나이다
   6) 그러한 주께서 이것들을 마음에 품으셨나이다 이 뜻이 주께 있는 줄을 내가 아나이다
   7) 내가 범죄하면 주께서 나를 죄인으로 인정하시고 내 죄악을 사하지 아니하시나이다
   8) 내가 악하면 화가 있을 것이오며 내가 의로울지라도 머리를 들지 못하는 것은 내 속에 부끄러움이 가득하고 내 환난을 내 눈이 보기 때문이니이다
   9) 내가 머리를 높이 들면 주께서 젊은 사자처럼 나를 사냥하시며 내게 주의 놀라움을 나타내시나이다

2. (2) 어찌 의롭다 함을 얻겠느냐 (3) 어떻게 사람으로 잠잠하게 하겠으며 (4) 어찌 너를 부끄럽게 할 사람이 없겠느냐 (5) 네 말에 의하면 내 도는 정결하고 (6) 너의 죄를

잊게 하여 주셨음을 알라 (7) 네가 하나님의 오묘함을 (8) 전능자를 어찌 능히 (9) 하늘보다 높으시니 (10) 네가 어찌 알겠느냐 (11) 상관하지 아니하시는 듯하나 다 보시느니라 (12) 그의 출생함이 들나귀 새끼 같으니라 (13) 네 손에 죄악이 있거든 (14) 그러나 악한 자들은 (15) 지혜도 죽겠구나 (16) 의롭고 온전한 자가 (17) 강도의 장막은 형통하고 (18) 장수하는 자에게는 명철이 있느니라 (19) 재판장을 (20) 어두운 가운데서

제5과 13~15장

1. (1) 하나님과 (2) 욥 자신 (3) 하나님 (4) 욥의 친구들
2. (1) 주의 손을 내게 대지 마시오며 (2) 주의 위엄으로 나를 두렵게 하지 마실 것이니이다
3. (1) 나의 죄악이 얼마나 많으니이까 나의 허물과 죄를 내게 알게 하옵소서
   (2) 주께서 어찌하여 얼굴을 가리시고 나를 주의 원수로 여기시나이까
   (3) 주께서 어찌하여 날리는 낙엽을 놀라게 하시며 마른 검불을 뒤쫓으시나이까
4. (1) ○ (2) ○ (3) ○ (4) ×
5. (2)
6. (3)
7. (1) × (2) ○ (3) ○ (4) ○ (5) ○ (6) ○

제6과 16~18장

1. (1) 너희, 위로자 (2) 머리 (3) 잠잠, 아픔 (4) 나, 증언 (5) 뺨, 대적 (6) 행악자 (7) 과녁 (8) 쓸개 (9) 뿔 (10) 포학, 기도 (11) 중보자 (12) 나, 친구, 조롱 (13) 날 (14) 나, 손 (15) 친구, 해, 자식
2. (1) 16, 18 (2) 17, 6 (3) 17, 9 (4) 17, 11 (5) 17, 14 (6) 17, 16 (7) 18, 2 (8) 18, 4 (9) 18, 7 (10) 18, 10 (11) 18, 13 (12) 18, 16 (13) 18, 18 (14) 18, 21

제7과 19~21장

1. (1) 응답이 없고 (2) 신원함이 없구나 (3) 나무 뽑듯 뽑으시고 (4) 진노하시고 원수같이 보시는구나 (5) 길을 수축하고 나를 치며 내 장막을 둘러 진을 쳤구나
2. (1) 나를 버렸으며 (2) 나를 잊었구나 (3) 나를 낯선 사람으로 여기니 그들 앞에서 타국 사람이 되었구나 (4) 싫어하며 (5) 나를 가련하게 여기는구나 (6) 나를 업신여기

고 내가 일어나면 나를 조롱하는구나 (7) 나를 미워하며 돌이켜 나의 원수가 되었구나

3. (1) 하나님 (2) 육체는 죽고 영, 죽은 후 (3) 19, 25-26

4. (1) ○ (2) ○ (3) ○ (4) ○ (5) × (6) ○ (7) × (8) ○ (9) ○

5. (1)

제8과 22~24장

1. (1) 3) (2) 1) (3) 4)

2. (1) ○ (2) ○ (3) ○ (4) ○

3. 하나님의 입에서 교훈을 받고 네 마음에 두라 하나님께 돌아가고 화해 화목하고 너의 장막에서 불의를 버리면

4. (1)

5. (1) 때를 정해 놓지 아니하셨는고
   (2) 하나님을 아는 자들이 그의 날을 보지 못하는고
   (3) 어떤 사람은 땅의 경계표를 옮기며 양 떼를 빼앗아 기르며
   (4) 고아의 나귀를 몰아 가며 과부의 소를 볼모 잡으며
   (5) 가난한 자를 길에서 몰아내나니 세상에서 학대받는 자가 다 스스로 숨는구나

6. (1) 사람 죽이며 밤에는 도둑 같은 자 (2) 간음하는 자 (3) 밤도둑

제9과 25~27장

1. (1) 주권, 위엄, 화평 (2) 의, 깨끗 (3) 하나님, 달, 빛, 별 (4) 구더기, 사람, 벌레

2. (1) 물 밑에서 떨며 (2) 허공에 펴시며 (3) 아무것도 없는 곳에 매다시고 (4) 구름이 찢어지지 않고 (5) 빛과 어둠이 함께 끝나는 곳까지 (6) 기둥이 흔들리며 (7) 라합(바다의 괴물)을 깨뜨리시며 (8) 바다를 잔잔하게 (9) 뱀을 무찌르시고 (10) 하늘을 맑게

3. (1) 힘 없는 자를 참 잘 도왔구나 (2) 기력 없는 팔을 참 잘 구원하였구나
   (3) 지혜 없는 자를 참 잘 가르쳤구나 (4) 큰 지식을 참 잘 나타내었구나

4. (1) ○ (2) × (3) ○ (4) ○

5. (1) ○ (2) ○ (3) × (4) × (5) ○

제10과 28~30장

1. (2)

2. (1) 지혜와 명철의 값 (2) 지혜, 명철 (3) 지혜와 명철, 고귀성 (4) 지혜와 명철 (5) 지혜와 명철 (6) 지혜와 명철 (7) 지혜와 명철

3. 6, 7, 8, 1, 3, 2, 4, 5

4. (1) ○ (2) × (3) ○ (4) ○ (5) × (6) ○

5. (3), (2)

6. 내가 복을 바랐더니 화가 왔고 광명을 기다렸더니 흑암이 왔구나

제11과 31~33장

1. (1) 내가 허위와 함께 동행했고 내 발이 속임수에 빨랐던가
   (2) 걸음이 길에서 떠났거나 내 마음이 눈을 따랐거나 내 손에 더러운 것이 묻었던가
   (3) 마음이 여인에게 유혹되어 이웃의 문을 엿보아 기다렸던가
   (4) 남종이나 여종이 나와 더불어 쟁론할 때에 내가 그의 권리를 저버렸던가
   (5) 가난한 자의 소원을 막았으며 과부의 눈으로 하여금 실망하게 하였던가
   (6) 혼자 내 떡 덩이를 먹고 고아에게 그 조각을 먹이지 아니하였던가
   (7) 사람이 의복이 없어 죽어 가는 것이나 가난한 자가 덮을 것이 없을 때 양털로 그의 몸을 따뜻하게 입혀 복을 빌게 하였고
   (8) 죄 없는 고아를 쳤던가
   (9) 소망을 금에다 두고 순금을 의뢰하였던가
   (10) 재물의 풍부함과 손으로 얻은 것이 많음으로 기뻐하였던가
   (11) 해의 빛남과 달이 밝게 뜬 것을 보고 숭배치 않았음
   (12) 미워하는 자의 멸망이나 재난을 당함으로 즐거워하였던가
   (13) 큰 무리와 여러 종족의 수모가 두려워서 대문 밖으로 나가지 못하고 잠잠하였던가

2. (3)

3. (1)

4. (1) 욥이 하나님보다 자기가 의롭다 함
   (2) 세 친구가 욥에게 능히 대답지 못하고 욥을 정죄함

5. (1) ○ (2) ○ (3) ○ (4) ○ (5) ○ (6) ○ (7) × (8) ○

제12과 34~36장

1. (1) 의, 거짓말, 허물 (2) 비방, 물 마시, 악, 하나님, 무익 (3) 악, 공의 (4) 비루, 악, 고관, 가난, 지으 (5) 행악자, 흑암 (6) 조사, 대신 (7) 가난한, 상달 (8) 가리신다면, 뵈올

(9) 죄, 악 (10) 패역, 거역

2. (2)

3. (1) 학대가 많을 때 (2) 세력 있는 자의 팔에 눌릴 때

4. (1) 악인을 살려 두지 아니하시며 (2) 공의를 베푸시며 (3) 의인에게서 떼지 아니하시고 (4) 그들의 소행과 악행과 자신들의 교만한 행위를 알게 하시고 (5) 형통한 날을 보내며 즐거운 해를 지낼 것이요 (6) 칼에 망하여 자식 없이 죽을 것이니라 (7) 분노를 쌓으며 (8) 그 곤고에서 구원하시며 (9) 찬송하기를 잊지 말지니라 (10) 우리가 그를 알 수 없고 그 의 햇수를 헤아릴 수 없느니라

제13과 37~39장

1. (1) 37, 2 (2) 37, 6 (3) 37, 13 (4) 37, 16 (5) 37, 22 (6) 38, 7 (7) 38, 15 (8) 38, 41 (9) 39, 4 (10) 39, 16, 17

2. (1) 무지한 말로 생각을 어둡게 하는 자가 누구냐
(2) 내가 땅의 기초를 놓을 때에 네가 어디 있었느냐
(3) 누가 그것의 도량법을 정하였는지, 누가 그 줄을 그것의 위에 띄웠는지 네가 아느냐
(4) 그것의 주추는 무엇 위에 세웠으며 그 모퉁잇돌을 누가 쌓았느냐
(5) 바다가 그 모태에서 터져 나올 때에 문으로 그것을 가둔 자가 누구냐
(6) 새벽에게 그 자리를 일러 주었느냐 그것으로 땅 끝을 붙잡고 악한 자들을 그 땅에서 떨쳐 버린 일이 있었느냐
(7) 네가 바다의 샘에 들어갔었느냐 깊은 물 밑으로 걸어다녀 보았느냐
(8) 사망의 문이 네게 나타났느냐 사망의 그늘진 문을 네가 보았느냐
(9) 땅의 너비를 네가 측량할 수 있느냐
(10) 네가 눈 곳간에 들어갔었느냐 우박 창고를 보았느냐(그 외에도 광명, 동풍, 폭우, 번개, 비, 안개, 이슬)

3. (1) 산 염소가 새끼 치는 때를 네가 아느냐
(2) 암사슴이 새끼 낳는 것을 네가 본 적이 있느냐
(3) 들나귀를 놓아 자유롭게 하였느냐
(4) 들소가 어찌 기꺼이 너를 위하여 일하겠으며 네 외양간에 머물겠느냐
(5) 타조는 즐거이 날개를 치나 학의 깃털과 날개 같겠느냐
(6) 말의 힘을 네가 주었느냐 그 목에 흩날리는 갈기를 네가 입혔느냐
(7) 매가 떠올라서 날개를 펼쳐 남쪽으로 향하는 것이 어찌 네 지혜로 말미암음이냐

(8) 독수리가 공중에 떠서 높은 곳에 보금자리를 만드는 것이 어찌 네 명령을 따름이냐

제14과 40~42장

1. (1) 여호와, 욥 (2) 욥, 여호와 (3) 여호와, 욥 (4) 여호와, 욥 (5) 여호와, 욥 (6) 여호와, 욥 (7) 여호와, 욥 (8) 여호와, 욥 (9) 여호와, 욥 (10) 여호와, 욥 (11) 욥, 여호와 (12) 여호와, 엘리바스와 두 친구
2. 소, 악어, 하마, 백향목, 연, 갈
3. (1) 만 사천 (2) 육천 (3) 천 겨리 (4) 천 (5) 일곱 (6) 전국 미녀들
4. 내가 주께 대하여 귀로 듣기만 하였사오나 이제는 눈으로 주를 뵈옵나이다

시편

제1과 1~5편

1. (1) ○ (2) × (3) ○ (4) × (5) ○ (6) ○ (7) ○ (8) × (9) ○ (10) ○ (11) ×
2. 3, 7, 9, 2, 1, 4, 6, 8, 10, 5
3. (1) 응답 (2) 들으 (3) 알지 (4) 들으 (5) 범죄하지 말지 (6) 잠잠 (7) 의뢰 (8) 마음, 풍성
4. (1) 여호와 (2) 여호와 (3) 여호와 (4) 원수 (5) 여호와

제2과 6~10편

1. 5, 1, 7, 8, 2, 3, 6, 4
2. (1) 내 손에 죄악이 있거나 화친하자 한 자에게 악으로 갚았거든 (2) 의로우신 하나님 (3) 하나님 (4) 칼을 가시며 활을 당기어 예비하심 (5) 악인 (6) 악인
3. 하나님보다 조금 못하게 하시고 영화와 존귀로 관을 씌우시고 주의 손으로 만드신 것을 다스리게 하심
4. (1) 심판을 위하여 보좌를 준비하셨도다
   (2) 정직으로 만민에게 판결을 내리시리로다
   (3) 환난 때의 요새이시로다
   (4) 가난한 자의 부르짖음을 잊지 아니하시도다
   (5) 숨긴 그물에 자기 발이 걸렸도다

(6) 악인은 그 손으로 행한 일에 스스로 얽혔도다

(7) 하나님을 잊어버린 모든 이방 나라들이 그리하리로다

(8) 가난한 자들이 영원히 실망하지 아니하리로다

5. (1) 악인 (2) 악인 (3) 악인 (4) 악인 (5) 하나님 (6) 하나님 (7) 악인 (8) 악인

제3과 11~15편

1. (1) × (2) × (3) ○ (4) ○ (5) ○
2. (1) 끊어짐 (2) 없어짐 (3) 끊으심 (4) 주관할 자 누구리요 (5) 안전지대에 두리라
   (6) 일곱 번 단련한 은 (7) 악인들이 날뛰
3. (1) 1) 여호와여 2) 주의 얼굴을 나에게서, 숨기시겠나이 3) 종일토록 마음에 근심하기
   4) 자랑하기를
   (2) 1) 잊으시 2) 사망의 잠을 잘 3) 그를 이겼다 4) 나의 대적들이 기뻐
4. (1) 2) (2) 4)
5. (1) 정직하게 행하며, 공의를 실천하며, 그 마음에 진실을 말하며
   (2) 그의 혀로 남을 허물하지 않고, 그 이웃에게 악을 행하지 아니하며, 그 이웃을 비방하지 아니하며
   (3) 그의 눈은 망령된 자를 멸시하며, 여호와를 두려워하는 자들을 존대하며
   (4) 그의 마음에 서원한 것은 해로울지라도 변하지 아니하며
   (5) 이자를 받으려고 돈을 꾸어 주지 아니하고
   (6) 뇌물을 받고 무죄한 자를 해하지 아니하는 자

제4과 16~20편

1. (1) 16, 2 (2) 16, 3 (3) 16, 6 (4) 16, 11 (5) 17, 3 (6) 17, 7 (7) 17, 8 (8) 17, 12 (9) 17, 13 (10) 17, 15 (11) 18, 10 (12) 18, 13 (13) 18, 16 (14) 18, 25 (15) 18, 27 (16) 18, 33 (17) 18, 35 (18) 18, 42 (19) 19, 5 (20) 19, 10
2. (1) 반석 (2) 요새 (4) 바위 (5) 방패 (6) 하나님 (7) 구원, 뿔 (8) 산성
3. (1) 나를 얽고 (2) 나를 두렵게 하였으며 (3) 나를 두르고 (4) 내게 이르렀도다
4. (1) 완전, 소성 (2) 확실, 지혜 (3) 정직, 기쁘게 (4) 순결, 눈을 밝게 (5) 정결, 영원
   (6) 의로우니, 사모할
5. (1) 응답, 도와, 붙드, 소제, 번제 (2) 허락, 계획 (3) 하나님, 깃발, 기도 (4) 구원, 구원, 응

제5과 21~25편

1. (1) 마음의 소원을 주시고 입술의 요구를 거절하지 아니하심
   (2) 주의 아름다운 복으로 영접하시고 순금 관을 그의 머리에 씌우심
   (3) 생명을 주시고 영원한 장수를 주심(영생)
   (4) 주의 구원으로 그 영광을 크게 하시고 존귀와 위엄으로 입히심
   (5) 영원토록 지극한 복을 받게 하시고 주 앞에서 기쁘고 즐겁게 하심
2. 모든 원수
3. (1) 46, 34 (2) 23, 24, 35, 34
4. (1) ○ (2) ○ (3) △ (4) ○ (5) ○ (6) ○ (7) △
5. (1) 손이 깨끗하며 마음이 청결하며 뜻을 허탄한 데에 두지 아니하며 거짓 맹세하지 아니하는 자
   (2) 강하고 능한 여호와시요 전쟁에 능한 여호와시며 만군의 여호와 곧 영광의 왕이시다
6. (1) 부끄럽지 않게 하시고 원수들이 나를 이겨 개가를 부르지 못하게 하소서
   (2) 주의 도를 보이시고 주의 길을 가르치소서
   (3) 주의 진리로 지도하시고 교훈하소서
   (4) 주의 긍휼하심과 인자하심이 영원부터 있었사오니 기억하옵소서
   (5) 젊은 시절의 죄와 허물을 기억하지 마시고 주의 인자하심을 따라 주께서 나를 기억하시되 주의 선하심으로 하옵소서
   (6) 죄악이 크오니 주의 이름으로 말미암아 사하소서
   (7) 나는 외롭고 괴로우니 내게 돌이키사 은혜를 베푸소서
   (8) 마음의 근심이 많사오니 고난에서 끌어내소서
   (9) 곤고와 환난을 보시고 모든 죄를 사하소서
   (10) 영혼을 지켜 구원하시고 주께 피하오니 수치를 당하지 않게 하소서
   (11) 성실과 정직으로 보호하소서
   (12) 이스라엘을 그 모든 환난에서 속량하소서

제6과 26~30편

1. (1) ○ (2) ○ (3) × (4) ○ (5) ○ (6) ○ (7) ○ (8) ○
2. (1) 우렛소리를 내시고 (2) 광야를 진동하심 (3) 백향목을 꺾으심, 부수시도다 (4) 레바논과 시룐의 들송아지 같이 뛰게 하시도다 (5) 화염을 가르시도다 (6) 삼림을 말

갛게 벗기심

3. (1) 여호와여 내 하나님이 내가 주께 부르짖으매 나를 고치셨나이다, 여호와여 주께서 내 영혼을 스올에서 끌어내어 나를 살리사 무덤으로 내려가지 아니하게 하셨나이다, 은총은 평생이로다
   (2) 주께서 나의 슬픔이 변하여 내게 춤이 되게 하시며 나의 베옷을 벗기고 기쁨으로 띠 띠우셨나이다

제7과 31~35편

1. (1) 2, 5, 4, 1, 3 (2) 2, 1, 5, 3, 4 (3) 5, 1, 4, 3, 2
2. (1) 수금과 비파 (2) 여호와의 말씀과 그 입 기운 (3) 계획 (4) 군대와 용사 (5) 주를 경외하는 자 (6) 복 받기를 원하는 사람 (7) 벌을 받으리로다 (8) 일어나 나를 도우소서 (9) 그물과 함정 (10) 어느 때까지

제8과 36~40편

1. (1) 악인 (2) 악인 (3) 여호와 (4) 여호와 (5) 의인 (6) 악인 (7) 의인 (8) 여호와 (9) 의인 (10) 악인 (11) 악인 (12) 악인 (13) 의인 (14) 의인 (15) 의인 (16) 여호와 (17) 의인 (18) 여호와
2. (1) 진노, 죄, 평안 (2) 친구, 친척 (3) 못 듣는 자, 말 못 하는 자, 변박 (4) 악, 선, 선 (5) 잠잠 (6) 날, 한 뼘, 주 (7) 그림, 소란, 재물, 거둘 (8) 내, 주, 행 (9) 여호와, 귀, 부르짖음 (10) 두루마리 책 (11) 우러러, 머리털 (12) 주, 주, 기뻐, 구원, 여호와

제9과 41~45편

1. (1) 5, 1, 7, 2, 3, 6, 4 (2) 4, 2, 1, 5, 3 (3) 6, 3, 7, 5, 1, 4, 2 (4) 2, 5, 1, 6, 4, 3
2. 3
3. (1)
4. (1)
5. 45편 7절: 왕은 정의를 사랑하고 악을 미워하시니 그러므로 하나님 곧 왕의 하나님이 즐거움의 기름을 왕에게 부어 왕의 동료보다 뛰어나게 하셨나이다

제10과 46~50편

1. (1) 46, 1, 7, 11 (2) 46, 3 (3) 46, 4 (4) 46, 5 (5) 46, 9 (6) 46, 11 (7) 47, 1 (8) 47, 4

(9) 47, 6 (10) 47, 7 (11) 47, 9 (12) 48, 6 (13) 48, 9 (14) 48, 13

2. (1) ○ (2) × (3) ○ (4) ○ (5) × (6) ○

3. (1) 1) 귀천 빈부를 막론하고 2) 지혜와 명철을 3) 구속하지 못함 4) 죽으면 가져가지 못할 5) 짐승

(2) 1) 하나님이 부르심 2) 제사로 언약한 자 3) 심판장 4) 책망하지 않음 5) 하나님의 것 6) 감사로 제사드림

제11과 51~55편

1. (1) 우리아의 아내 밧세바를 범하고 우리아를 격전장으로 보내어 죽임(간음과 살인죄)

(2) 휴가를 나오게 한 우리아의 손에 요압 장군에게 편지를 보내 우리아를 전쟁에 앞세워 죽게 한 죄

(3) 1) 번제 2) 상하고 통회하는 마음

2. (1) 제사장 (2) 골리앗의 칼 (3) 하나님의 집에 있는 푸른 감람나무

3. (1) ○ (2) × (3) ○ (4) ○ (5) ○ (6) ○ (7) ○ (8) ○ (9) × (10) ○

제12과 56~60편

1. 미친 척하였다

2. (1) 주를 의지하나이다 (2) 그 말씀을 찬송할지라 (3) 두려워하지 아니하리니 (4) 나의 눈물을 주의 병에 담으소서 (5) 실족하지 아니하게 하지 아니하셨나이까

3. 아둘람 굴, 엔게디 굴

4. (1) 주의 날개 그늘 아래

(2) 사자들 가운데에서 살며 불사르는 자들 중에 누웠음

(3) 그물과 웅덩이

5. (1) 공의를 말함. 정직히 판단. "중심에 악을 행하며 땅에서 너희 손으로 폭력을 달아 주는도다" 아닌 자

(2) 모태에서부터 멀어졌으며 나면서부터 곁길로 나아가 거짓을 말함. 그들의 독은 뱀의 독 같음

6. 그들의 입에서 이를 꺾고 젊은 사자의 어금니를 꺾으시며 급히 흐르는 물 같이 사라지게 하시고, 겨누는 화살이 꺾임 같게 하소서

7. (1) 높이 드소서 (2) 구원하소서 (3) 은혜를 베풀지 마소서 (4) 성으로 두루 다니고

(5) 요새이시니 환난 날에 피난처　(6) 배부름을 얻지 못하면 밤을 새우려니와

8. (1) 우리를 버려 흩으셨고　(2) 분노하셨사오니　(3) 주께서 땅을 진동시키사　(4) 갈라지게 하셨사오니　(5) 주의 백성에게 어려움을 보이시고　(6) 포도주를 우리에게 마시게 하셨나이다　(7) 주를 경외하는 자에게 깃발을 주시고 진리를 위하여 달게 하셨나이다

제13과 61~65편

1. (1) 땅 끝에서부터 주께 부르짖음
   (2) 나의 피난처시요 원수를 피하는 견고한 망대이심이니이다
   (3) 주의 이름을 영원히 찬양하며 매일 나의 서원을 이행하리이다
2. (1) 다윗　(2) 악인　(3) 높은 자리에서 떨어뜨리기만 꾀하고 거짓을 즐겨 하는 자(악인)　(4) 하나님만 바라고 그의 소망을 하나님께 둔 자(다윗)　(5) 사람　(6) 하나님(주님)
3. (1) 이상한 음성을 들으려　(2) 주의 권능　(3) 주의 왼손이　(4) 열림
4. (1) 다윗　(2) 악인　(3) 악인
5. (1) 시온에서 주를　(2) 서원　(3) 주의 뜰(성전)에 사는 사람　(4) 땅 끝에 사는 자　(5) 하나님　(6) 주의 길, 초장에도

제14과 66~70편

1. (1) 1) 원수가 주께 복종　2) 육지가 되게 하심　3) 은을 단련함같이　4) 풍부한 곳에　5) 살진 것으로 주께　6) 주께서 듣지 않음
   (2) 1) 하나님을 경외하리로다　2) 주를 찬송하게 하소서　3) 복을 주시고　4) 우리에게
   (3) 1) 그들을 몰아내소서　2) 악인이 망하게 하소서　3) 고아의 아버지, 과부의 재판장　4) 메마른 땅　5) 천천이요 만만이라　6) 악기를 연주하는 자들을 뒤따름　7) 힘과 능력을 주심
2. (1) 부르짖으므로 피곤하여
   (2) 주를 위하여(때문에) 내가 욕을 먹고 온갖 비방을 다 받았습니다
   (3) 주께서 매질하신 사람을 새삼스레 핍박하며 저지른 죄악을 더욱더 저질러 주의 의로운 자리에 들어오지 못하게 그들을 생명책에서 지우기를
   (4) 하나님께 찬송하며 감사함으로 그의 위대하심을 알리는 것
   (5) 주를 찾는 모든 자들이 주로 말미암아 기뻐하고 즐거워하게 하시며 주의 구원을 사랑하는 자들이 항상 말하기를 하나님은 위대하시다 하게 하소서

제15과 71~75편

1. (1) 건지, 나를 풀어, 귀, 나를 구원 (2) 모태, 찬송 (3) 버리지, 떠나지 (4) 깊은 (5) 왕, 아들 (6) 아들 (7) 곡식(화곡), 왕성(차고 넘침)
2. (1) 1) 악인의 형통함을 보고 부러워하고, 2) 오만한 자를 질투하였다.
   (2) 하나님(주님)
   (3) 주의 회중 가운데에서 떠들며 자기들의 깃발을 세워 표적으로 삼았으니 그들은 마치 도끼를 들어 삼림을 베는 사람 같으니이다
   (4) 악인들에게 오만하게 행하지 말며 악인들에게 뿔을 들지 말라 목을 곧게 세우고 거만하게 말하지 말라
   (5) 동서쪽이 아니고 광야에서도 아니고 오직 재판장이신 하나님만이 사람을 높이신다.

제16과 76~80편

1. (1) ○ (2) ○ (3) × (4) × (5) ○ (6) ○
2. (1) 1) 애굽에서 보여 주신 기적 2) 홍해를 육지같이 건넘 3) 구름 기둥, 불 기둥으로 인도하심 4) 반석을 쳐서 물을 내어 먹이심 5) 반석에서 시내를 내사 물이 강같이 흐르게 하심 6) 하늘에서 만나를 내려 먹이심 7) 고기를 비같이 내리시고 나는 새를 바다의 모래 같이 내리심
   (2) 1) 주의 성전을 더럽힘 2) 예루살렘이 돌무더기가 되게 함 3) 주의 종들이 시체를 공중의 새에게 밥으로 줌 4) 성도들의 육체를 땅의 짐승에게 줌 5) 그들의 피를 예루살렘 사방에 물같이 흘림
   (3) 주, 이름
   (4) 이스라엘

제17과 81~85편

1. (1) 소고, 수금, 비파 (2) 응답, 시험 (3) 입, 채우 (4) 밀, 반석, 꿀 (5) 불공평 (6) 가난한, 고아 (7) 신, 지존자 (8) 침묵, 잠잠, 조용 (9) 시스라, 야빈 (10) 하나님, 목장 (11) 낭패, 멸망, 지존자
2. (1) 주의 장막 (2) 주의 제단에서 (3) 주의 궁정에서의 한 날이 (4) 인자하심과 구원 (5) 진리와 의

제18과 86~90편

1. 5, 1, 7, 6, 2, 3, 4

2. (1) 여호와께서 사랑 (2) 영광스럽다 (3) 지존자가 친히 세우심 (4) 이 사람이 거기서 났다 (5) 근원이 네게 있다

3. (1) 죽은 자에게 기이한 일을 보이시겠나이까
(2) 유령들이 일어나서 주를 찬송하리이까
(3) 인자하심을 무덤에서, 주의 성실하심을 멸망 중에서 선포할 수 있으리이까
(4) 흑암 중에서 주의 기적과 잊음의 땅에서 주의 공의를 알 수 있으리이까
(5) 여호와여 어찌하여 나의 영혼을 버리시며 어찌하여 주의 얼굴을 내게서 숨기시나이까

4. (1) 주, 다윗 (2) 주, 주, 성도

5. 4, 2, 5, 1, 3

제19과 91~95편

1. (1) 피난처, 요새, 의뢰 (2) 6, 10, 11 (3) 풀, 홍왕 (4) 의, 레바논, 백향목 (5) 견고 (6) 여호와, 능력

2. (1) 94, 1 (2) 94, 2 (3) 94, 4 (4) 94, 6 (5) 94, 9 (6) 94, 15 (7) 94, 22 (8) 95, 1 (9) 95, 3 (10) 95, 6 (11) 95, 7 (12) 95, 11

제20과 96~100편

1. (1) ○ (2) ○ (3) ○ (4) × (5) ○ (6) ○ (7) ○ (8) × (9) ○ (10) ○ (11) × (12) ○

2. (5) 예루살렘 (13) 아브라함 (14) 백향목 (15) 에서 (21) 요셉 (24) 레위인 (25) 다윗 (26) 사울 (30) 불 기둥

제21과 101~105편

1. (1) 인자와 정의를 노래하고 주께 찬양함
(2) 완전한 길을 주목하며 완전한 마음으로 집 안에서 행함
(3) 비천한 것을 눈앞에 두지 아니하며 배교자들의 행위를 미워함
(4) 사악한 마음이 떠날 것이니 악한 일을 알지 않음
(5) 이웃을 은근히 헐뜯는 자를 멸하며
(6) 눈이 높고 마음이 교만한 자를 용납지 않음

(7) 충성된 자를 살펴 함께 살게 하며

(8) 거짓을 행하는 자는 집 안에 거주하지 못하게 하며

(9) 거짓말하는 자가 목전에 서지 못한다

(10) 아침마다 이 땅의 모든 악인을 멸하리니 악을 행하는 자는 여호와의 성에서 다 끊어짐

2. (1) 내 날이 연기같이 소멸하며 내 뼈가 숯같이 탔음이니이다

(2) 내가 음식 먹기도 잊었으므로 내 마음이 풀같이 시들고 말라 버렸사오며

(3) 나의 탄식 소리로 말미암아 나의 살이 뼈에 붙었나이다

(4) 나는 광야의 올빼미 같고 황폐한 곳의 부엉이같이 되었사오며

(5) 내가 밤을 새우니 지붕 위의 외로운 참새 같으니이다

(6) 나는 재를 양식같이 먹으며 나는 눈물 섞인 물을 마셨나이다

3. (1) 모든 죄악을 사하시고 모든 병을 고치시며

(2) 생명을 속량하시고 인자와 긍휼로 관을 씌우시며

(3) 좋은 것으로 네 소원을 만족하게 하사 네 청춘을 독수리같이 새롭게 하시며

(4) 여호와께서는 공의로운 일을 행하시며 억압당하는 모든 자를 위하여 심판하시는도다

4. 103편 8절: 여호와는 긍휼이 많으시고 은혜로우시며 노하기를 더디 하시고 인자하심이 풍부하시도다

5. (1) 1, 4 (2) 5, 8 (3) 9, 13 (4) 14, 18 (5) 19, 24 (6) 25, 28 (7) 29, 30

6. (1) 내가 가나안 땅을 네게 주어 너희에게 할당된 소유가 되게 하리라

(2) 종으로 팔렸고 그 발이 차꼬에 상하며 그 몸이 쇠사슬에 매였으나 여호와의 말씀이 응하여 애굽의 주관자가 되었다.

(3) 그들이 그들의 백성 중에서 여호와의 표적을 보이고 함의 땅에서 징조들을 행하여 자기 백성을 애굽에서 구하여 냈다.

제22과 106~107편

1. (1) 복 있는 사람 (2) 조상들이 (3) 모세와 아론을 질투 (4) 호렙 (5) 므리바 물 (6) 이방 나라들과 섞여서 우상을 섬겨 (7) 가나안 사신 우상에게 (8) 자기 죄악으로 (9) 여호와 (10) 이스라엘의 하나님

2. (1) ○ (2) × (3) ○ (4) ○ (5) × (6) ○ (7) ○

제23과 108~113편

1. (1) 새벽 (2) 진실, 궁창 (3) 영광, 땅 (4) 유다, 목욕통 (5) 대적 (6) 사랑, 대적, 기도 (7) 짧게, 직분 (8) 궁핍, 마음, 핍박 (9) 저주, 자기 (10) 석양, 그림자, 메뚜기 (11) 나, 머리 (12) 저주, 주, 복
2. (1) 예수님 (2) 은혜로우시고 자비하심 (3) 양식 (4) 여호와를 경외함 (5) 여호와를 경외하며 그의 계명을 크게 즐거워하는 자 (6) 은혜를 베풀며 남에게 꾸어 주는 사람 (7) 그는 가난한 자와 나누어 가지고 그의 의가 영구하고 그의 뿔이 영광 중에 들림을 보고 (8) 해 돋는 데서부터 해 지는 데에까지 (9) 주님의 영광 (10) 한 집에서 떳떳하게 살게 하시며 많은 아이들을 거느리는 즐거운 어머니가 되게 하시는도다

제24과 114~118편

1. (1) 성소 (2) 영토 (3) 도망 (4) 물러갔으며 (5) 숫양같이 뛰놀며 (6) 어린 양같이 뛰고 (7) 떨지어다 (8) 못물이 되게 (9) 샘물
2. (1) ○ (2) △ (3) ○ (4) △ (5) ○ (6) △ (7) △ (8) △ (9) △ (10) ○ (11) △ (12) ○ (13) △ (14) ○ (15) △
3. 4, 3, 6, 1, 5, 2, 8, 7
4. 1, 5, 9, 2, 7, 4, 12, 3, 11, 8, 6, 10

제25과 119~120편

1. (1) 법, 행 (2) 여호와, 구
2. 주, 말씀, 지킬
3. 주, 법, 기이
4. 주, 규례, 항상
5. 교만한 자, 주의 계명들에서 떠나는 자
6. 즐거움과 충고자
7. 마음, 계명
8. 항상, 영영, 끝
9. 주, 법도
10. 의, 성실
11. 눈, 말씀, 피곤
12. 주, 규례들, 종

13. 주의 의로운 규례들로 말미암아
14. 주의 입의 법
15. 주의 계명이 항상 나와 함께하므로
16. 주의 말씀
17. 두 마음 품는 자들, 주의 법
18. 주의 계명
19. 내가 주의 계명들을 사모하므로
20. 주의 법을 지키지 아니하므로
21. 주의 계명
22. 주의 말씀을 묵상하려고
23. 주의 말씀을 지키지 아니하는 거짓된 자들을 보고
24. 큰 평안이 있다
25. 주의 말씀은 내 발에 등이요 내 길에 빛이니이다
26. 장사의 날카로운 화살과 로뎀 나무 숯불

제26과 121~130편

1. (1) 3) (2) 1) (3) 1) (4) 4)
2. (1) 여호와께서 그의 백성을 지금부터 영원까지 두르시리로다
   (2) 선대하소서
   (3) 우리는 꿈꾸는 것 같았도다
   (4) 기쁨으로 거두리로다
   (5) 파수꾼의 깨어 있음이 헛되도다
   (6) 여호와의 기업
   (7) 장사의 수중의 화살 같으니
   (8) 먹을 것이라 네가 복되고 형통하리로다
   (9) 결실한 포도나무 같으며
   (10) 어린 감람나무 같으리로다
   (11) 악인들의 줄을 끊으셨도다
   (12) 자라기 전에 마르는 것이라
   (13) 주여 누가 서리이까
   (14) 내 영혼이 주를 더 기다리나니

제27과 131~140편

1. (1) 131, 2 (2) 132, 5 (3) 132, 8 (4) 132, 10 (5) 132, 17 (6) 132, 18 (7) 133, 1 (8) 133, 2 (9) 134, 3
2. (1) ○ (2) ○ (3) ○ (4) ○ (5) ○ (6) × (7) × (8) × (9) × (10) ○
3. (1) ○ (2) ○ (3) ○ (4) ○ (5) ○ (6) ○
4. (1) 예루살렘을 잊을진대
   (2) 예루살렘을 기억하지 아니하거나 예루살렘을 가장 즐거워하는 것보다 더 즐거워하지 아니할진대
5. (1) 주의 인자하심과 성실하심에 감사, 주의 말씀을 주의 모든 이름보다 높게 하셨음을 감사 (2) 주의 말씀을 들으므로 (3) 여호와의 영광이 크심
6. (1) ○ (2) ○ (3) ○
7. (1) 악인과 강도한 자 (2) 교만한 자 (3) 악담하는 자

제28과 141~150편

1. (1) 분향함과 같이 (2) 저녁 제사같이 (3) 입술의 문을 지키소서 (4) 나만은 온전히 면하게 (5) 주께서 내 길을 아심 (6) 주는 나의 피난처 (7) 주의 이름을 감사하게 (8) 의로운 인생이 하나도 (9) 마른 땅같이 주를 사모 (10) 두려워하나이다
2. (1) 어리다가 장성한 나무들과 같으며
   (2) 궁전의 양식대로 아름답게 다듬은 모퉁잇돌들과 같으며
   (3) 백곡이 가득하며
   (4) 들에서 천천과 만만으로 번성하며
   (5) 무겁게 실었으며
   (6) 슬피 부르짖음이 없다
3. (1) 모든 것을 선대하시며 그 지으신 모든 것에 긍휼을 베푸심
   (2) 모든 넘어지는 자들을 붙드시며 비굴한 자들을 일으키심
   (3) 그 모든 행위에 의로우시며 그 모든 일에 은혜로우시도다
   (4) 여호와께 간구하는 모든 자 곧 진실하게 간구하는 모든 자에게 가까이하신다
   (5) 긍휼이 많으시며 노하기를 더디 하시며 인자하심이 크도다
   (6) 자기를 사랑하는 자들은 다 보호하시고 악인들은 다 멸하신다
4. (1) × (2) ○ (3) ○ (4) × (5) ○ (6) × (7) ○ (8) ○
5. (1) 6 (2) 여호와를 찬양하여라

6. 26

7. 나팔, 비파, 수금, 소고, 현악, 퉁소, 제금

잠언

제1과 1~3장

1. (3)
2. (1) ○ (2) ○ (3) ○ (4) × (5) ○
3. (2)
4. (1)
5. (1) (2)
6. (1) (2) (4)
7. (1)
8. (1) 3 (2) 5 (3) 1 (4) 6 (5) 7 (6) 2 (7) 8 (8) 4

제2과 4~6장

1. (1) 저자(솔로몬) (2) 보호하리라 (3) 지키리라 (4) 지혜 (5) 높이 들리라 (6) 영화롭게 하리라
2. (1) 부모의 말을 듣고 받으면 (2) 훈계 (3) 불의의 떡을 먹으며 강포의 술을 마심 (4) 의인의 길(한낮의 광명) (5) 악인의 길 (6) 부모의 말에 주의하며 말하는 것에 귀를 기울임
3. (1) ○ (2) ○ (3) × (4) ○ (5) ○ (6) ○ (7) ○ (8) ○
4. (1) 가서 겸손히 풀어 달라고 간청하여라. 노루가 사냥꾼의 손에서 벗어나는 것 같이 어서 벗어나서 스스로 구원하라
   (2) 개미는 두령도, 감독자도 없지만 여름 동안 예비하여 추수 때에 양식을 모은다
   (3) 빈궁, 곤핍
   (4) 1) 교만한 눈 2) 거짓된 혀 3) 무죄한 자의 피 흘리는 손 4) 악한 계교를 꾀하는 마음 5) 악한 일을 저지르는 발 6) 거짓을 말하는 망령된 증인 7) 형제 사이를 이간하는 자
   (5) 도둑질해서 들키면 7배를 갚는다.

(6) 여인과 간음하는 자. 수치를 당하며 많은 위자료를 주어도 용서받지 못한다.

제3과 7~9장

1. (1) 계명을 마음속 깊이 간직하여 지켜 살며 여호와의 법을 지키는 것
   (2) 깊은 밤 흑암 중에 기생의 옷을 입고 간교한 마음을 품고 다가서 마구 떠들고 완악하며 집에 머물러 있지 아니하여 거리, 광장, 모퉁이마다 서서 사람을 기다리다가 젊은이를 와락 붙잡고 입을 맞추며 부끄러움을 모르는 얼굴로 그에게 말한다.
   (3) 오늘 내가 서원제를 드렸더니 당신을 만나게 되었군요. 당신을 애타게 찾았어요. 내 침대에는 애굽에서 만든 무늬 있는 이불을 펴 놓았고 몰약, 침향과 계피를 뿌려 두었습니다. 아침까지 사랑하며 즐깁시다. 남편은 돈주머니 가지고 먼 여행을 떠나 집에 없습니다. 보름달이 뜰 때야 집에 돌아올 겁니다.
   (4) 마치 도수장으로 끌려가는 소와 같고 올가미에 채이러 가는 어리석은 사람과 같다. 마치 자기 목숨을 잃는 줄도 모르고 그물 속으로 쏜살같이 날아드는 새 같으니 마침내 화살이 그의 간을 꿰뚫을 것이다.
2. (3)
3. (1) 지혜 없는 자 (2) 거만한 자 (3) 악인 (4) 지혜로운 자 (5) 지혜로운 자 (6) 의로운 자 (7) 거만한 자 (8) 어리석은 자(지각이 모자라는 사람)
4. 여호와를 경외하는 것이 지혜의 근본이요 거룩하신 자를 아는 것이 명철이니라

제4과 10~12장

1. (1) 미련한 아들 (2) 불의의 재물 (3) 손을 게으르게 놀리는 자 (4) 여름에 거두는 자 (5) 추수 때에 자는 자 (6) 악인의 입 (7) 악인의 이름 (8) 바른길로 행하는 자 (9) 의인의 입 (10) 사랑 (11) 부자의 재물 (12) 악인의 소득 (13) 훈계를 지키는 자 (14) 미련한 자 (15) 말이 많은 자 (16) 여호와께서 복을 주심으로 부하게 된 자 (17) 명철한 자 (18) 악인 (19) 여호와의 도
2. (1) 악인 (2) 의인 (3) 의인 (4) 악인 (5) 악인 (6) 악인 (7) 의인 (8) 의인 (9) 악인 (10) 의인 (11) 의인 (12) 악인 (13) 악인 (14) 의인 (15) 의인 (16) 악인

제5과 13~15장

1. (1) 훈계를 들음 (2) 멸망 (3) 풍족함 (4) 아무것도 없는 자 (5) 다툼만 (6) 생명나무 (7) 패망 (8) 사망의 그물에서 벗어나게 (9) 양약 (10) 자식을 미워함 (11) 집을

세움 (12) 소가 없음 (13) 거만한 자 (14) 슬기로운 자

2. (1) 어리석은 자 (2) 어리석은 일을 행함 (3) 불의한 자 (4) 빈곤한 자를 불쌍히 여김 (5) 입술의 말 (6) 마음이 조급함 (7) 시기 (8) 슬기롭게 행하는 자 (9) 유순한 대답 (10) 마음의 즐거움 (11) 여호와를 경외하는 것 (12) 채소를 먹으며 서로 사랑하는 것 (13) 게으른 자의 길 (14) 미련한 자 (15) 교만한 자 (16) 훈계받기를 싫어하는 자

제6과 16~18장

1. (1) 응답은 여호와께 (2) 경영하는 것이 이루어지리라 (3) 악인도 악한 날에 적당하게 (4) 여호와께서 미워하심 (5) 악에서 떠남 (6) 원수라도 화목하게 됨 (7) 여호와의 것
2. (1) 지혜를 얻는 것 (2) 공의를 겸한 적은 소득 (3) 명철을 얻는 것 (4) 겸손한 자와 함께 마음을 낮추는 것 (5) 떡 한 조각의 화목
3. 영화의 면류관이며 공의로운 길에서 얻음
4. 예) 16장 32절: 노하기를 더디 하는 자는 용사보다 낫고 자기의 마음을 다스리는 자는 성을 빼앗는 자보다 나으니라
5. 여호와께 있음
6. (1) 17, 2 (2) 17, 3 (3) 17, 5 (4) 17, 8 (5) 17, 12 (6) 17, 20 (7) 17, 21 (8) 17, 28 (9) 18, 2 (10) 18, 4 (11) 18, 8 (12) 18, 12 (13) 18, 19 (14) 18, 21 (15) 18, 22

제7과 19~21장

1. (1) ○ (2) × (3) ○ (4) ○ (5) ○ (6) × (7) ○ (8) × (9) ○ (10) ○ (11) ○ (12) ○ (13) × (14) ×
2. (1) 여호와의 인도로 (2) 공의와 정의를 행하는 것 (3) 구부러짐 (4) 움막에서 혼자 사는 것이 (5) 없다 (6) 즐거움 (7) 가난 (8) 생명과 공의와 영광 (9) 가증 (10) 삼가 (11) 여호와

제8과 22~24장

1. (1) 재물, 금, 은총 (2) 재물, 영광, 생명 (3) 다툼, 싸움, 수욕 (4) 친구 (5) 입, 함정 (6) 의뢰 (7) 탈취, 압제 (8) 왕 (9) 지혜 (10) 옮, 밭 (11) 죽 (12) 형통, 여호와
2. (1) 악인의 형통함 (2) 지혜, 지식 있는 자 (3) 모사가 많음에 (4) 미약함을 보이는 것 (5) 달고 좋으니라 (6) 소망이 끊어지지 않음 (7) 의인 (8) 꺼질 것 (9) 사귀지 말 것 (10) 재판 때에 낯을 보아주는 것 (11) 악인더러 옳다 하는 자 (12) 빈궁이 강도같이

3. (1) 사귀지 말라 (2) 가난해짐 (3) 어미를 기쁘게 하라 (4) 술에 잠긴 자에게 있고 (5) 너는 보지도 말라 (6) 뱀, 독사같이 물고 쏠 것 (7) 감각이 없도다

제9과 25~27장

1. (1) 술 취한 자가 손에 든 가시나무 (2) 지나가는 자를 고용 (3) 미련을 거듭 행함 (4) 게으른 자의 침상 (5) 개의 귀를 잡는 자 (6) 남의 말 (7) 일곱 가지 가증한 것
2. (1) 1) 솔로몬 2) 유다 왕 히스기야의 신하들
   (2) 악한 자를 제하면 의로 말미암아 견고히 선다
   (3) 1) 남의 은밀한 일은 누설 말라 2) 듣는 자가 꾸짖을 테요 수욕이 네게서 떠나지 아니할까 두렵다
   (4) 충성된 사자
   (5) 오래 참으며 부드러운 혀
   (6) 배고파하거든 식물을 주고 목말라하거든 물을 마시게 하라
   (7) 미련한 자의 영예
   (8) 1) 채찍 2) 재갈 3) 막대기
3. (1) 하루 일을 모름 (2) 미련한 자의 분노 (3) 친구의 권고 (4) 저주같이 여기다 (5) 만족함이 없다 (6) 미련은 벗기지 못함 (7) 넉넉한 음식

제10과 28~31장

1. (1) 의인 (2) 가난한 자를 학대하는 가난한 자 (3) 성실하게 행하는 가난한 자 (4) 음식을 탐하는 자와 사귀는 자 (5) 귀 막고 율법을 듣지 않는 기도 (6) 죄를 자복하고 버리는 자 (7) 마음을 완악하게 하는 자 (8) 가난한 백성을 압제하는 악한 관원 (9) 탐욕을 미워하는 자 (10) 속히 부하고자 하는 자 (11) 사람을 경책하는 자 (12) 가난한 자를 구제하는 자 (13) 책망을 받고도 목이 곧은 자 (14) 뇌물을 억지로 내게 하는 자 (15) 지혜로운 자와 미련한 자가 다투면 (16) 가난한 자를 성실히 신원하면 (17) 묵시가 없으면 (18) 종을 어렸을 때부터 곱게 양육하면 (19) 도둑과 짝하는 자 (20) 정직한 자
2. (1) 헛된 것과 거짓말을 내게서 멀리 (2) 가난하게도 부하게도 마옵소서
3. (1) 아비를 저주함 (2) 스스로 깨끗한 자로 여김 (3) 가난, 궁핍한 자를 삼킴 (4) 눈이 심히 높음
4. (1) 스올 (2) 아이 배지 못한 태 (3) 물로 채울 수 없는 땅 (4) 불

5. (1) 공중에 날아다니는 독수리 (2) 반석 위로 기어다니는 뱀 (3) 바다로 지나다니는 배 (4) 남녀가 함께한 자취(음녀)
6. (1) 종이 임금 된 것 (2) 미련한 자가 배부른 것 (3) 미움받는 여자가 시집간 것 (4) 여종이 주모를 이은 것
7. (1) 개미 (2) 사반 (3) 메뚜기 (4) 도마뱀
8. (1) 사자 (2) 사냥개 (3) 숫염소 (4) 왕
9. (1) 죽게 된 자 (2) 근심하는 자
10. 진주

전도서

제1과 1~3장

1. (1) ○ (2) ○ (3) ○ (4) ○ (5) ○ (6) ○ (7) × (8) ○
2. (1) 헛됨 (2) 헛됨 (3) 헛됨 (4) 헛됨 (5) 헛됨 (6) 헛됨 (7) 헛됨 (8) 헛됨
3. (1) 죽을 때 (2) 뽑을 때 (3) 치료할 때 (4) 세울 때 (5) 웃을 때 (6) 춤출 때 (7) 잃을 때 (8) 꿰맬 때 (9) 미워할 때 (10) 평화할 때
4. (1) ○ (2) ○ (3) ○ (4) × (5) ○
5. (1) 호흡이 있고 죽음이 있다. 흙으로 말미암아 흙으로 돌아간다.
   (2) 인생의 혼은 하늘로 올라가고 짐승의 혼은 땅으로 내려간다.

제2과 4~6장

1. (1) 2 (2) 3 (3) 1
2. (1) 한 손에만 가득하고 평온함 (2) 두 사람 (3) 가난하여도 지혜로운 젊은이
3. (1) 모든 수고와 모든 재주, 이웃에게 시기를 받는 것
   (2) 부요를 눈에 족하게 여기지 아니하면서 나를 위하여는 행복을 누리지 못하게 하는 것
   (3) 왕의 치리를 받는 모든 백성이 그를 기뻐하지 아니하는 것
4. (1) 〈 (2) 〈
5. (1) 빈민을 학대하는 것 (2) 공의를 짓밟는 것
6. (1) 우매 (2) 은, 소득 (3) 잠, 부요함 (4) 아름다운, 몫 (5) 선물 (6) 입, 식욕 (7) 강, 다툴

제3과 7~9장

1. (1) 좋은 이름 (2) 죽는 날 (3) 초상집에 가는 것 (4) 슬픔 (5) 지혜로운 사람의 책망을 듣는 것 (6) 일의 끝 (7) 참는 마음
2. (1) 탐욕 (2) 뇌물
3. (1) 기뻐하라 (2) 되돌아보라
4. (1) ○ (2) ○ (3) ○ (4) ○ (5) × (6) ○ (7) ○ (8) ○ (9) ○ (10) × (11) ○ (12) ○ (13) ○ (14) ○ (15) ○

제4과 10~12장

1. (1) 향 기름을 악취 나게 (2) 지혜와 존귀를 난처하게 (3) 오른쪽에 (4) 왼쪽 (5) 자기가 우매함을 말함 (6) 큰 허물을 용서받게
2. (1) 우매한 자가 크게 높은 지위들을 얻고 부자들이 낮은 지위에 앉는다.
   (2) 종들은 말을 타고 고관들은 종처럼 걸어다닌다.
3. (1) 그곳에 빠진다 (2) 뱀에게 물린다 (3) 그로 말미암아 상할 것이다 (4) 위험을 당한다 (5) 은혜롭다 (6) 자기를 삼킨다 (7) 자신을 피곤하게 할 뿐 성읍에 들어갈 줄도 모른다 (8) 화가 있다 (9) 복이 있다 (10) 서까래가 내려앉는다 (11) 집이 샌다 (12) 범사에 이용된다
4. 왕과 부자를 저주하지 말라 공중의 새가 소리를 전하고 날짐승이 그 일을 전파할 것이다.
5. (1) 땅에 쏟아진다 (2) 그 쓰러진 곳에 그냥 있다 (3) 하나님의 일 (4) 빛 (5) 눈으로 해를 보는 것
6. (1) ○ (2) × (3) ○ (4) ○
7. (1) 지식, 정직, 진리 (2) 채찍들, 못 (3) 책, 피곤
8. 하나님을 경외하고 그의 명령들을 지키는 것

아가서

제1과 1~4장

1. (1) 솔로몬 (2) 사랑 (3) 장막, 솔로몬 (4) 양, 목자, 염소 (5) 땋은, 목 (6) 고벨화 (7) 수선화, 골짜기 (8) 가시, 백합 (9) 깃발 (10) 어여쁜, 함께 (11) 여우 (12) 그

2. (4)
3. (1) 60 (2) 밤 (3) 레바논 (4) 은, 금, 깔개
4. (1) 눈 (2) 머리털 (3) 이 (4) 입술 (5) 뺨 (6) 목 (7) 유방
5. (1) 사랑 (2) 네 기름의 향기 (3) 내 신부 (4) 향기

제2과 5~8장

1. (1) 몰약과 향 재료 (2) 꿀송이와 꿀, 포도주와 우유
2. 나의 누이, 나의 사랑, 나의 비둘기, 나의 완전한 자야 문을 열어 다오 내 머리에는 이슬이, 내 머리털에는 밤이슬이 가득하였다
3. (1) 순찰하는 자들이 쳐서 상하게 하였고 성벽을 파수하는 자들이 겉옷을 벗겨 가져감
   (2) 사랑하는 자를 만나거든 내가 사랑하므로 병이 났다고 하려무나
4. (1) 희고도 붉어 많은 사람 가운데에 뛰어남
   (2) 순금
   (3) 고불고불하고 까마귀같이 검다
   (4) 시냇가의 비둘기 같은데 우유로 씻은 듯하고 아름답게도 박혔음
   (5) 향기로운 꽃밭 같고 풀 언덕과도 같음
   (6) 백합화 같고 몰약의 즙이 뚝뚝 떨어짐
   (7) 황옥을 물린 황금 노리개 같고
   (8) 아로새긴 상아에 청옥을 입힌 듯함
   (9) 순금 받침에 세운 화반석 기둥 같고 생김새는 레바논 같고 백향목처럼 보기 좋음
5. (1) 디르사 같다 (2) 예루살렘 같다 (3) 깃발을 세운 군대 같다 (4) 길르앗 산기슭에 누운 염소 떼 같다 (5) 목욕하고 나오는 암양 떼 곧 새끼 없는 것은 하나도 없이 각각 쌍태를 낳은 양 같다 (6) 석류 한 쪽 같다 (7) 둥글어서 숙련공의 손의 만든 구슬꿰미 같다 (8) 섞은 포도주를 가득히 부은 둥근 잔 같다 (9) 백합화로 두른 밀단 같다 (10) 암사슴의 쌍태 새끼 같다 (11) 상아 망대 같다 (12) 헤스본 바드랍빔 문 곁의 연못 같다 (13) 다메섹을 향한 레바논 망대 같다
6. (1) 포도원 (2) 포도 움이 돋았는지, 꽃술이 퍼졌는지, 석류 꽃이 피었는지 보고 사랑을 주기 위함
7. (1) 도장같이 마음에 품고 도장같이 팔에 두라 했다.
   (2) 죽음같이 강하고 스올같이 잔인하며 불길같이 일어나니 그 기세가 여호와의 불과 같다.

(3) 많은 물도 사랑을 끄지 못하고 홍수라도 삼키지 못하며 온 가산을 다 주고도 바꿀 수 없다.

이사야

제1과 1~3장

1. 웃시야, 요담, 아하스, 히스기야
2. (1) 소는 그 임자를 알고 나귀는 그 주인의 구유를 알건마는 이스라엘은 알지 못하고 나의 백성은 깨닫지 못하는도다
   (2) 온 머리는 병들었고 온 마음은 피곤하였으며 발바닥에서 머리까지 성한 곳이 없이 상한 것과 터진 것과 새로 맞은 흔적뿐이다.
   (3) 숫양의 번제와 살진 짐승의 기름에 배불렀다.
   (4) 헛된 제물과 분향
   (5) 손에 피가 가득함이요 참회가 없는 기도
   (6) 너희의 죄가 주홍 같을지라도 눈과 같이 희어질 것이요 진홍같이 붉을지라도 양털 같이 되리라
   (7) 1) 창기가 되었고 2) 물이 섞였고 3) 패역하여 도둑과 짝하였다.
   (8) 여호와께서 손을 돌려 네 찌꺼기를 녹여 청결하게 하며 혼잡물을 제하여 버리고 재판관들과 모사들을 본래와 같이 회복한 후
   (9) 패역한 자와 죄인은 패망하고 여호와를 버린 자는 멸망함
   (10) 삼오라기
3. (1) 보습, 창, 전쟁 (2) 풍속, 점, 언약 (3) 인생, 코
4. 모든 양식, 모든 물, 용사와 전사, 재판관과 선지자, 복술자, 장로, 오십부장, 귀인, 모사와 정교한 장인, 능란한 요술자
5. 그들의 언어와 행위가 여호와를 거역하여 그의 영광의 눈을 범하였음
6. (1)
7. (1) 늘인 목, 정을 통하는 눈으로 다니고 아기작거려 걸으며, 발로는 쟁쟁한 소리를 냄
   (2) 발목고리, 머리의 망사, 반달 장식, 귀고리, 팔목고리, 얼굴 가리개, 화관, 발목사슬, 띠, 향합, 호신부, 반지, 코고리, 예복, 겉옷, 목도리, 손주머니, 손거울, 세마포 옷, 머리수건과 너울

제2과 4~6장

1. (2)
2. 여호와의 싹이 아름답고 영화로울 것이요 그 땅의 소산은 이스라엘의 피난한 자를 위하여 영화롭고 아름다울 것임
3. 시온에 남아 있는 자, 곧 생존한 자 중 기록된 모든 사람
4. 주께서 심판하는 영과 소멸하는 영으로 시온의 딸들의 더러움을 씻기심
5. 여호와께서 거하시는 온 시온 산과 모든 집회 위에
6. (1) × (2) ○ (3) × (4) × (5) ○
7. (1) 가옥에 가옥을 이으며 전토에 전토를 더하여 빈틈이 없도록 하고 이 땅 가운데에서 홀로 거하려 하는 자들
   (2) 독주를 마시며 밤이 깊도록 포도주에 취하는 자들
   (3) 거짓으로 끈을 삼아 죄악을 끌며 수레 줄로 함 같이 죄악을 끄는 자들
   (4) 악을 선하다, 선을 악하다 하며 흑암으로 광명을 삼으며 광명으로 흑암을 삼으며 쓴 것으로 단 것을, 단 것으로 쓴 것을 삼는 자들
   (5) 스스로 지혜롭다 하며 스스로 명철하다 하는 자들
   (6) 포도주를 마시기에 용감하며 독주를 잘 빚는 자들
8. (1) 웃시야 왕 (2) 6 (3) 거룩하다 거룩하다 거룩하다 만군의 여호와여 그의 영광이 온 땅에 충만하도다 (4) 화로다 나여 망하게 되었도다 (5) 부젓가락으로 제단에서 집은바 핀 숯 (6) 이사야 (7) 너희가 듣기는 들어도 깨닫지 못할 것이요 보기는 보아도 알지 못하리라 (8) 거룩한 씨

제3과 7~9장

1. 아람, 르신, 이스라엘, 베가
2. 아람이 이스라엘과 동맹하였다 하였으므로
3. 아람 왕 르신과 이스라엘 왕 베가
4. (1) 예수 (2) 하나님이 우리와 함께 계시다
5. (1) 애굽 하수에서 먼 곳의 파리와 앗수르 땅의 벌을 불러 거친 골짜기와 바위틈과 가시나무 울타리와 모든 초장에 앉히리라
   (2) 하수 저쪽에서 세내어 온 삭도, 곧 앗수르 왕으로 네 백성의 머리털과 발털을 미실 것이요 수염도 깎으시리라
   (3) 어린 암소와 두 양을 기르리니 그것들이 내는 젖이 많으므로 엉긴 젖을 먹을 것이라

그 땅 가운데에 남아 있는 자는 엉긴 젖과 꿀을 먹으리라

(4) 천 그루에 은 천 개의 가치가 있는 포도나무가 있던 곳마다 찔레와 가시가 날 것이라

6. (1) 스알야숩, 마할살랄하스바스 (2) 실로아 (3) 패망 (4) 이루지, 시행, 함께 (5) 거룩, 두려워, 무서워할 (6) 자녀, 징조 (7) 신접한 자, 마술사 (8) 굶주릴, 저주, 흑암
7. 예수님
8. 예수님
9. (1) 벽돌이 무너졌으나 우리는 다듬은 돌로 쌓고
(2) 뽕나무들이 찍혔으나 우리는 백향목으로 그것을 대신하리라
10. 장로와 존귀한 자, 거짓말을 가르치는 선지자
11. (1) 그들의 장정을 기뻐하지 아니하시며 그들의 고아와 과부를 긍휼히 여기지 아니하시리라
(2) 여호와의 진노가 돌아서지 아니하며 그의 손이 여전히 펴져 있으리라
12. (1)

제4과 10~12장

1. (1) 3 (2) 5 (3) 1 (4) 2 (5) 4
2. (1) ○ (2) × (3) ○
3. (1) 10, 26 (2) 10, 26 (3) 10, 27 (4) 10, 29 (5) 10, 33
4. 메시아 예수
5. (1) 어린 양과 함께 거함 (2) 어린 염소와 함께 누움 (3) 함께 있어 어린아이에게 끌림 (4) 함께 먹으며 그것들의 새끼가 함께 엎드림 (5) 소처럼 풀을 먹음 (6) 독사의 구멍에서 장난함 (7) 세상에 충만할 것임
6. (1) (2) (3) (5)

제5과 11~15장

1. (1) ○ (2) ○ (3) ×
2. (1) 힘이 풀림 (2) 녹을 것임 (3) 황폐하게 함 (4) 멸함 (5) 그 빛을 내지 아니함 (6) 해가 어두우며 달이 그 빛을 비추지 아니함 (7) 그들의 목전에서 메어침을 당함 (8) 노략을 당함 (9) 욕을 당함
3. (2)
4. (2) (3) (5) (7) (8)

5. (1) 야곱 (2) 본토 (3) 노비 (4) 사로잡, 주관
6. (1) 그친다 (2) 여호와께서 꺾으셨신다 (3) 넘어져 있은즉 올라와서 베어 버릴 자가 없다 (4) 너도 우리같이 연약하게 되었느냐
7. (1) 하나님 (2) 진동, 열국, 황무 (3) 시체 (4) 영원히
8. 이스라엘, 앗수르, 블레셋
9. 아하스, 블레셋
10. (1) (2) (4)

제6과 16~18장

1. (1) ○ (2) ○ (3) ○ (4) ○ (5) × (6) ○ (7) ○ (8) ×
2. (1) 무너진 무더기가 될 것임 (2) 놀라게 할 자가 없음 (3) 멸절함 (4) 가장 높은 가지 꼭대기에 과일 두세 개가 남음 같게 (5) 바라보겠으며 (6) 이스라엘의 거룩하신 이를 뵙겠고 (7) 아세라나 태양상을 보지 아니함 (8) 황폐함 (9) 마음에 두지 아니한 까닭이다 (10) 농작물이 없어지리라 (11) 큰물이 몰려옴 같이 그들로 충돌 (12) 산에서 겨가 바람 앞에 흩어짐 같고 (13) 두려움을 당하고 (14) 그들이 없어짐 (15) 보응
3. (1) 땅 (2) 배, 사자 (3) 장대, 준수 (4) 기치, 나팔 (5) 감찰, 일광 (6) 꽃, 포도, 가지, 독수리 (7) 예물, 시온

제7과 19~21장

1. (1) × (2) ○ (3) ○ (4) × (5) ○ (6) ○ (7) × (8) ○ (9) ○ (10) × (11) ○ (12) ○ (13) ○ (14) ○ (15) ○ (16) × (17) ○ (18) × (19) × (20) ○
2. (4)
3. (1) 바벨론(해변 광야) (2) 바벨론(해변 광야) (3) 바벨론(해변 광야) (4) 두마(에돔) (5) 아라비아(게달) (6) 아라비아

제8과 22~24장

1. (3)
2. (1) 엘람 (2) 기르 (3) 다윗 성 (4) 예루살렘(다윗 성)
3. (1) 통곡하며 애곡하며 머리털을 뜯으며 굵은 베를 띠라
   (2) 기뻐하고 즐거워하며 소를 죽이고 양을 잡아 고기를 먹고 포도주를 마시면서 내일 죽으리니 먹고 마시자

4. (1) 셉나 (2) 엘리아김 (3) 셉나 (4) 엘리아김
5. (1)
6. (1) 들어갈 곳도 없음 (2) 부끄러워할지어다 (3) 속박함이 다시는 없으리라 (4) 들짐승이 사는 곳 (5) 기묘한 곡조로 (6) 견고한 성이 파괴
7. (1) ○ (2) ○ (3) ○ (4) ○ (5) × (6) ○ (7) ○ (8) ○ (9) × (10) ○

제9과 25~27장

1. (1) 기사, 성실, 진실 (2) 민족, 포학, 경외 (3) 요새 (4) 연회 (5) 영원 (6) 수치 (7) 구원 (8) 교만, 교활 (9) 견고, 평강 (10) 반석 (11) 의인 (12) 악인, 의 (13) 살아, 시체 (14) 밀실, 문
2. (1) 뱀 리워야단과 용
   (2) 여호와, 이스라엘 자손
   (3) 야곱의 뿌리가 박히며 이스라엘이 움이 돋고 꽃이 피어 그 결실로 지면에 채움
   (4) 제단의 모든 돌을 부서진 횟돌 같게 하며 아세라와 태양상이 다시 서지 못하게 함에 있음
   (5) 적막하고 거처가 황무하며 버림받아 광야와 같은즉 송아지가 거기에서 먹고 누우며 그 나무 가지를 먹어 없이 함
   (6) 그들을 지으신 이가 불쌍히 여기지 아니하시며 그들을 조성하신 이가 은혜를 베풀지 아니하심
   (7) 앗수르 땅에서 멸망하는 자들과 애굽 땅으로 쫓겨났다 돌아온 자들

제10과 28~30장

1. (1) 에브라임(북왕국 이스라엘) (2) 에브라임의 술 취한 자들 (3) 만군의 여호와 (4) 여호와 (5) 유다 사람 (6) 제사장, 선지자 (7) 예루살렘 백성을 치리하는 자 (8) 예수 그리스도 (9) 여호와 (10) 여호와
2. 신접한 자의 목소리
3. 열방의 무리
4. 지혜자의 지혜가 없어지고 명철자의 총명이 가려짐
5. 자기의 계획을 여호와께 깊이 숨기려 하는 자
6. (1) 강포한 자가 소멸됨 (2) 오만한 자가 그침 (3) 죄악의 기회를 엿보던 자가 다 끊어짐
7. 거룩하신 이의 말씀을 업신여기고 압박과 허망을 믿어 그것을 의지한 죄

8. 그러나 여호와께서 기다리시나니 이는 너희에게 은혜를 베풀려 하심이요 일어나시리니 이는 너희를 긍휼히 여기려 하심이라 대저 여호와는 정의의 하나님이심이라 그를 기다리는 자마다 복이 있도다

제11과 31~33장

1. (1) 병거와 마병을 의지 (2) 다함께 멸망 (3) 여호와가 예루살렘을 보호 (4) 돌아오라 (5) 사람의 칼로 말미암음이 아님
2. (1) 악→공의, 편벽→공평 (2) 우박→냇물 (3) 나무→바위 (4) 잃→깨닫, 둔→민첩 (5) 지혜로운→어리석은
3. 존귀한 자는 존귀한 일을 계획하나니 그는 항상 존귀한 일에 서리라
4. (1) 내 목소리를 (2) 내 말에 귀를 (3) 포도 수확이 없음 (4) 떨지어다 (5) 베로 허리를 동일지어다 (6) 가슴을 치게 될 것이니라 (7) 기뻐하는 모든 집에 나리라 (8) 들나귀가 즐기는 곳
5. (1) 아름다운 밭이 되며 (2) 영원한 평안과 안전이라 (3) 하나님의 백성 (4) 복이 있느니라
6. (1) 학대 (2) 팔, 구원 (3) 공의, 시온 (4) 보배 (5) 레바논, 사론, 바산 (6) 공의롭게 행하는 자, 정직히 말하는 자, 토색한 재물을 가증히 여기는 자, 손을 흔들어 뇌물을 받지 아니하는 자, 귀를 막아 피 흘리려는 꾀를 듣지 아니하는 자, 눈을 감아 악을 보지 아니하는 자 (7) 율법, 왕 (8) 사죄함

제12과 34~36장

1. (1) 34, 3 (2) 34, 7 (3) 34, 11 (4) 34, 16 (5) 35, 2 (6) 35, 6 (7) 35, 8 (8) 35, 10 (9) 36, 1 (10) 36, 8
2. (1) 랍사게, 엘리아김, 셉나, 요아 (2) 랍사게, 엘리아김, 셉나, 요아 (3) 랍사게, 엘리아김, 셉나, 요아 (4) 엘리아김, 셉나, 요아, 랍사게 (5) 랍사게, 엘리아김, 셉나, 요아 (6) 랍사게, 엘리아김, 셉나, 요아 (7) 랍사게, 엘리아김, 셉나, 요아 (8) 랍사게, 엘리아김, 셉나, 요아

제13과 37~39장

1. (2) (5)
2. (1) (4)

3. (1) (3)

4. (1) 18만 5천 (2) 니느웨 (3) 아드람멜렉, 사레셀

5. (1) ○ (2) ○ (3) ○ (4) × (5) ×

6. (1) 10 (2) 12 (3) 13 (4) 14 (5) 15 (6) 16 (7) 17 (8) 21

7. (1) 글과 예물
   (2) 보물창고 곧 은금, 향료, 보배로운 기름, 무기고
   (3) 1) 네 집에 있는 모든 소유와 네 조상들이 오늘까지 쌓아 둔 것이 모두 바벨론으로 옮긴 바 되고 2) 네게서 태어날 자손 중에서 몇이 사로잡혀 바벨론 왕궁의 환관이 되리라

제14과 40~42장

1. 세례 요한

2. (1) 풀 (2) 들의 꽃 (3) 풀 (4) 하나님의 말씀

3. (1) 높은 산에 오르라 (2) 힘써 소리를 높여 유다의 성읍들에게 이르기를 너희의 하나님을 보라 하라

4. 장인이 부어 만들었고 장색이 금으로 입혔고 은 사슬을 만든 것임

5. (4)

6. (1) 능력을 (2) 힘을 (3) 새 힘을

7. (1) 싫어하여 버리지 아니하였다 (2) 내가 너와 함께함이라 (3) 나는 네 하나님이 됨이라 (4) 붙들리라

8. (2)

9. (1) 41, 4 (2) 41, 7 (3) 41, 8 (4) 41, 10 (5) 41, 16 (6) 41, 14 (7) 41, 18 (8) 41, 23 (9) 41, 29 (10) 42, 1 (11) 42, 3 (12) 42, 8 (13) 42, 14 (14) 42, 17 (15) 42, 20 (16) 42, 25

제15과 43~45장

1. (1) 이스라엘 (2) 여호와 하나님

2. (1) 함께할 것이라 (2) 타지도 사르지도 (3) 백성들이 네 생명을 대신 (4) 백성을 (5) 여호와 (6) 기억하지도 생각하지도 말라 (7) 광야에 길을 사막에 강을 (8) 이 백성은 (9) 네 죄를 기억하지 아니하리라 (10) 어른들, 야곱, 이스라엘

3. (1) 우상을 부어 만든 자 (2) 신상과 무익한 우상을 부어 만드는 무리들 (3) 대장장이

들과 사람들

4. 눈이 가려서 보지 못하며 마음이 어두워져서 깨닫지 못함

5. (1) 폐한다 (2) 미치게 한다 (3) 물리쳐 그들의 지식을 어리석게 한다 (4) 응하게 한다 (5) 중건된다 (6) 마르게 한다 (7) 기초가 놓인다

6. 여호와가 택한 이스라엘을 위하여

7. (1) 자기를 지으신 이와 더불어 다투는 자
(2) 아버지에게, 어머니에게 무엇을 낳았소, 무엇을 낳으려고 해산의 수고를 하였소 하고 묻는 자

8. (1) 소득 (2) 무역한 것 (3) 장대한 남자들

9. 구원

제16과 46~48장

1. (1) 벨 (2) 느보 (3) 우상들 (4) 야곱(이스라엘)의 집 (5) 우상 (6) 하나님 (7) 바벨론 (8) 갈대아 (9) 갈대아 (10) 사치하고 평안히 지내며 나뿐이라 나 외에 다른 이가 없다 하고 나는 과부로 지내지도, 자녀를 잃지도 않는다고 하는 자 (11) 자기의 악을 의지하고 스스로 이르기를 나를 보는 자가 없다 하는 자 (12) 바벨론

2. (1) 하나님의 이름을 위하여 (2) 여호와의 영광을 위하여

3. 평강이 강과 같았겠고 공의가 바다 물결 같았을 것이며 자손이 모래 같았겠고 그의 이름이 하나님 앞에서 끊어지지도 없어지지도 아니하였을 것이다.

4. 여호와께서 그의 종 야곱을 구속하셨다.

5. (1) 46, 4 (2) 46, 9 (3) 46, 13 (4) 47, 2 (5) 47, 4 (6) 47, 8 (7) 47, 9 (8) 47, 10 (9) 47, 14 (10) 48, 4 (11) 48, 6 (12) 48, 9 (13) 48, 10 (14) 48, 17 (15) 48, 21 (16) 48, 22

제17과 49~51장

1. (1) × (2) ○ (3) ○ (4) ○ (5) ○ (6) × (7) ○ (8) × (9) ○ (10) ○ (11) × (12) ○ (13) × (14) ○

2. (1) 3, 4, 2, 1 (2) 4, 1, 2, 3 (3) 3, 4, 1, 2 (4) 1, 4, 3, 2

제18과 52~54장

1. 2, 3, 4, 1, 6, 7, 5

2. (1) × (2) ○ (3) × (4) ○ (5) × (6) ○ (7) ×

3. 좌우로 퍼지며, 자손은 열방을 얻으며, 황폐한 성읍들을 사람 살 곳이 되게 할 것이므로
4. (1) 만군의 여호와 (2) 구속자 (3) 거룩한 자 (4) 온 땅의 하나님
5. (2)
6. (4)
7. (1) ○ (2) ○ (3) × (4) ○ (5) ○

제19과 55~57장

1. (1) 포도주와 젖을 사라 (2) 은을 달아 줌 (3) 기름진 것으로 즐거움을 얻으리라 (4) 영혼이 살리라 (5) 만민의 인도자로 삼음 (6) 찾으라, 부르라 (7) 용서하시리라 (8) 여호와의 표징 (9) 복이 있다 (10) 영원한 이름을 줌 (11) 만민이 기도하는 집 (12) 파수꾼들
2. 바른길로 가는 자들
3. (1) 음욕을 피움 (2) 자녀를 도살함 (3) 침상을 베풀고 제사드림 (4) 기념표로 '나' 를 배반하고 다른 자를 위하여 벌거벗음
4. (1) 우상을 의뢰하는 자 (2) 하나님을 의뢰하는 자
5. 통회하고 마음이 겸손한 자
6. 하나님이 지으신 영과 혼이 피곤할까 해서
7. 요동하는 바다 같고 평강이 없음

제20과 58~60장

1. (1) 논쟁하며 싸움 (2) 악한 주먹으로 치며 (3) 머리를 숙이고 굵은 베와 재를 폄(형식적인 것)
2. (1) 흉악의 결박을 풀어 주며 (2) 멍에의 줄을 끌러 주며 (3) 자유하게
3. (1) 주린 자에게 양식을 나눠 주고 (2) 유리하는 빈민을 집에 들이며 (3) 헐벗은 자를 입히며 (4) 골육을 피하여 스스로 숨지 않는 것
4. (1) 주린 자에게 심정이 동하며 (2) 괴로워하는 자의 심정을 만족하게 하며 (3) 빛이 흑암 중에서 떠올라 어둠이 낮과 같이 될 것임
5. 오락을 행하지 아니하고 안식일을 일컬어 즐거운 날, 존귀한 날이라 하며 존귀하게 여기고 사사로운 말을 하지 아니하며 거룩히 지킴
6. (1) 갑옷 (2) 투구 (3) 속옷 (4) 겉옷
7. (1) 영광이 네 위에 임하였음 (2) 먼 곳에서 (3) 안기어 (4) 어린 낙타 (5) 무리가, 아

들딸들이 다 네게로 (6) 금과 유향 (7) 네게로 모이고 (8) 네게 공급 (9) 주야로 닫히지 않음 (10) 잣나무, 소나무, 황양목(회양목) (11) 이제는 너를 아름다움과 기쁨 (12) 약한 자가 강국

8. (1) 3) (2) 2)

제21과 61~63장

1. 예수 그리스도
2. (1) 아름다운 소식을 전하게 하려 하심 (2) 자유를 (3) 놓임을 (4) 위로를 (5) 화관을
3. (1) 양떼를 침 (2) 농부와 포도원지기 (3) 제사장
4. 구원의 옷을 입히시고 공의의 겉옷을 더하심이 신랑이 사모를 쓰며 신부가 자기 보석으로 단장함 같게 하셨으므로
5. (1) 헵시바, 여호와께서 기뻐하심, 쁄라, 네 땅이 결혼한 것처럼 될 것임이라
   (2) 1) (3) 1), 2), 3) (4) 1), 2), 3)
6. (1) 여호와 (2) 노함으로 만민 즉 원수들을 짓밟았을 때에 선혈로 (3) 아무도 없다
7. 주의 성령
8. 아버지, 구속자, 주의 종, 주의 기업

제22과 64~66장

1. (1) 64, 5 (2) 64, 8 (3) 64, 11 (4) 65, 1 (5) 65, 3 (6) 65, 7 (7) 65, 9 (8) 65, 10 (9) 65, 11-12 (10) 65, 15
2. (1) × (2) ○ (3) ○ (4) × (5) × (6) ○ (7) ○
3. (1) 마음이 가난하고 심령에 통회하며 주의 말을 듣고 떠는 자
   (2) 1) 소를 잡아 드리는 자 2) 어린 양으로 제사드리는 자 3) 예물과 분향으로 가증한 것을 기뻐하는 자
4. (1) 형제를 미워하던 자
   (2) 여호와의 이름으로 말미암아 성도를 쫓아내던 자
   (3) 여호와로 인한 기쁨을 보여 달라 하던 자들
5. (1) 평강을 강같이 (2) 뭇 나라의 영광을 시내같이
6. 불, 칼
7. 예루살렘을 사랑하는 자들과 뭇 나라와 언어가 다른 민족들
8. 예: 22절. 내가 지을 새 하늘과 새 땅이 내 앞에 항상 있는 것 같이 너희 자손과 너희 이

름이 항상 있으리라 여호와의 말이니라

예레미야

제1과 1~3장

1. (1) × (2) ○ (3) ○ (4) × (5) ○ (6) × (7) ○ (8) ○
2. (1) 인애, 사랑 (2) 이스라엘, 삼키 (3) 불의, 헛된
3. (1) 여호와께서 어디 계시냐 (2) 나를 알지 못하며 (3) 여호와를 반역하며 (4) 바알의 이름으로 예언하고 무익한 것들을 따름
4. (1) 생수의 근원 되시는 여호와를 버린 것
   (2) 물을 가두지 못할 터진 웅덩이를 판 것
5. (1)
6. (1) 죄악 (2) 왕, 족장, 제사장, 선지자들 (3) 선지자들 (4) 죄 없는 가난한 자
7. 음란과 행악으로 이 땅을 더럽혔으므로
8. 여호와
9. 여호와 하나님
10. (1) 2 (2) 9 (3) 13 (4) 14 (5) 22

제2과 4~6장

1. (1) 너희 묵은 땅을 갈고 가시덤불에 파종하지 말라
   (2) 스스로 할례를 행하여 너희 마음 가죽을 베고 여호와께 속하라
2. (3)
3. (1) 여호와를 거역하여 (2) 마음의 악을 씻어 버림으로
4. 지각, 무지
5. (2)
6. (1) 정의를 행하며 진리를 구하는 자 (2) 허물 많고 반역이 심한 자 (3) 이스라엘의 집과 유다의 집 (4) 여호와의 말, 이스라엘 백성 (5) 어리석고 지각이 없는 자 (6) 죄 (7) 속임 (8) 선지자들은 거짓을 예언하며 제사장들은 자기 권력으로 다스리며 백성은 그것을 좋게 여김
7. (1) 악을 드러냄 (2) 듣지 못함 (3) 탐욕을 부림 (4) 거짓을 행함 (5) 얼굴도 붉어지

지 않음 (6) 심령이 평강을 (7) 시온의 딸인 너를 치려 (8) 내버린 은

제3과 7~9장

1. (1) 이웃들 사이에 정의를 행할 것 (2) 이방인과 고아와 과부를 압제하지 말 것 (3) 무죄한 자의 피를 흘리지 말 것 (4) 다른 신들 뒤를 따라 화를 자초하지 말 것
2. 자식들은 나무를 줍고 아버지들은 불을 피우며 부녀들은 가루를 반죽하여 하늘의 여왕을 위하여 과자를 만들며 그들이 또 다른 신들에게 전제를 부음으로 하나님의 노를 일으키므로
3. (1) 도벳 사당을 건축하고 (2) 그들의 자녀들을 불살랐음(제물로)
4. (1) 무덤에서 끌어내어 해와 달과 뭇 별 아래에서 펼쳐짐 (2) 정한 시기를 알고 그들이 올 때를 지킴 (3) 타인에게 내줌 (4) 상처를 가볍게 여기면서 평강하다고 말함 (5) 그들을 물게 됨
5. (1) 죽임을 당한 자기 백성을 위하여 주야로 울기 위해 (2) 간음과 반역한 자기 백성을 떠나기 위해
6. 그들을 녹이고 연단함
7. 하나님의 율법을 버리고 순종하지 아니하며 마음의 완악함을 따라 바알들을 따랐음이다
8. (1) 1) 지혜로운 자는 그의 지혜를 자랑하지 말 것
   2) 용사는 그의 용맹을 자랑하지 말 것
   3) 부자는 그의 부함을 자랑하지 말 것
   (2) 1) 명철하여 여호와를 아는 것
   2) 여호와는 사랑과 정의와 공의를 땅에 행하는 자인 줄 깨닫는 것을
9. (1) 할례(육신의 할례) (2) 마음의 할례

제4과 10~12장

1. (1) 우상 (2) 여호와 (3) 우상 (4) 여호와 (5) 우상 (6) 여호와 (7) 여호와 (8) 우상 (9) 우상 (10) 여호와 (11) 우상 (12) 여호와
2. (1) 나의 고난이라 내가 참아야 하리로다 (2) 양떼는 흩어짐 (3) 유다 성읍들을 황폐하게 (4) 인생의 길 (5) 나를 징계하옵시되
3. (1) 11, 3 (2) 11, 4 (3) 11, 9 (4) 11, 11 (5) 11, 13 (6) 11, 15 (7) 11, 21 (8) 12, 1 (9) 12, 2 (10) 12, 5 (11) 12, 11 (12) 12, 13 (13) 12, 15 (14) 12, 16

제5과 13~15장

1. (1) 허리에 띠고 물에 적시지 말라
   (2) 유브라데로 가서 그것을 바위틈에 감추라
   (3) 띠가 썩어서 쓸 수 없이 됨
   (4) 1) 유다와 이스라엘의 교만을 이같이 썩게 하리라
       2) 하나님 말씀 듣기를 거절하고 다른 신들을 따라 그를 섬기니 띠가 쓸 수 없이 됨
       3) 이스라엘과 유다 온 집으로 여호와의 백성이 되게 하려 하였으나 그들이 듣지 아니함
2. (3)
3. (1) 여호와의 말씀 (2) 하나님께 영광을 돌리라 (3) 울고 통곡하리라 (4) 네 아름다운 양떼는 어디 (5) 선을 행할 수 있으리라
4. (1) 물도 비도 없어서 (2) 풀이 없으므로 (3) 여호와 (4) 그 죄를 벌하시리라 (5) 칼 기근 전염병으로 (6) 거짓 예언 (7) 거짓 선지자들 (8) 여호와의 눈물 (9) 선지자나 제사장 (10) 언약을 기억하시고
5. (1) 산당을 세움 (2) 바알을 위해 단을 쌓음 (3) 아세라 목상을 만듦 (4) 일월성신을 경배 (5) 점치며 사술을 행함
6. (1) 그들의 과부 (2) 모든 재산과 보물 (3) 주의 말씀 (4) 선지자

제6과 16~18장

1. (1) 병으로 죽고 칼과 기근에 망할 것이기 때문이다.
   (2) 주의 평강을 빼앗고 인자와 사랑을 제하기 때문이다.
   (3) 즐거워하는 소리와 신랑 신부의 소리를 끊어지게 하려 함
   (4) 하나님을 버리고 다른 신을 섬겨 법을 지키지 않음
   (5) 북방(바벨론) 땅과 쫓겨났던 땅에서
   (6) 사람을 이끈다, 사람들을
   (7) 유다의 죄
   (8) 사람을 믿는 자, 육신으로 그의 힘을 삼는 자, 여호와에게서 떠난 자
   (9) 여호와를 의지하는 자
   (10) 불의로 치부하는 자
   (11) 안식일에 짐을 지고 예루살렘 문으로 들어오면
2. (1) × (2) ○ (3) ○ (4) ○ (5) × (6) ×

3. (2)

4. (1) 16, 12 (2) 16, 20 (3) 17, 9 (4) 17, 13 (5) 17, 24 (6) 18, 13 (7) 18, 19

제7과 19~21장

1. (1) 하나님을 버리고 부정하게 함 (2) 다른 신들에게 분향함 (3) 무죄한 자의 피로 그 곳에 채움 (4) 바알을 위하여 산당을 건축함 (5) 자기 아들들을 번제로 불살라 드림

2. (1)

3. (4)

4. (1) 제사장 (2) 성전의 총감독 (3) 때리고 나무 고랑으로 채웠다가 놓아줌 (4) 마골밋사빕, 사방으로 두려움이 있으리라 (5) 친구와 가족들이 함께 바벨론에 포로 되어 거기서 죽었다.

5. 마음이 불붙는 것 같아서 골수에 사무치니 답답하여 견딜 수 없어 다시 예언했다.

6. (1)

7. 왕이 패하고 백성이 다 멸망할 것이라 함

8. 사는 길: 바벨론 군대에 항복, 죽는 길: 성에 거주하는 일

9. 하나님

10. (1) 19, 13 (2) 20, 2 (3) 20, 7 (4) 20, 10 (5) 20, 12 (6) 21, 6 (7) 21, 12

제8과 22~24장

1. (1) 정의와 공의를 행하여 탈취당한 자를 압박하는 자의 손에서 건지고
   (2) 이방인과 고아와 과부를 압제하거나 학대하지 말며
   (3) 무죄한 피를 흘리지 말라

2. (1) 1) 잡혀 간 자를 위하여 슬피 울라
   5) 포로 되어 돌아오지 못하고 죽을 것이라
   (2) 2) 나귀같이 매장함을 당하리라
   3) 그는 끌려 예루살렘 문 밖에 던져지고
   7) 무리가 그를 위하여 통곡하지 아니할 것이며
   (3) 4) 바벨론에 포로 되어 거기서 죽고
   6) 레바논에 올라 외치라
   8) 나의 오른손이 인장반지라 할지라도
   9) 사모하는 땅에 돌아오지 못하리라

10) 다윗의 왕위에 앉아 다스릴 사람이 없을 것이라

3. (1) × (2) × (3) ○ (4) ○

4. (1) 참 (2) 거짓 (3) 거짓 (4) 거짓 (5) 참 (6) 참 (7) 거짓 (8) 참 (9) 거짓 (10) 거짓

5. (1) 무화과 두 광주리, 포로로 잡혀 간 후의 일
   (2) 갈대아로 간 유다 포로, 다시 이 땅으로 인도
   (3) 시드기야, 고관, 애굽에 사는 자, 조롱과 저주, 멸절

제9과 25~27장

1. (1) 칠십 년 동안 (2) 여호야김 사 년(느부갓네살 원년) (3) 칠십 년 후에는 (4) 이십삼 년 동안

2. (1) (2) (3) (4) (5) (7) (8) (9) (10) (11) (12)

3. (1) × (2) ○ (3) × (4) ○

4. (1) ○ (2) ○ (3) × (4) ○ (5) × (6) ○ (7) ○ (8) ○ (9) × (10) ○

제10과 28~30장

1. (1) 하나님 (2) 하나님 (3) 하나님 (4) 예레미야 (5) 예레미야 (6) 예레미야 (7) 하나님 (8) 예레미야 (9) 예레미야 (10) 하나님

2. (5)

3. (1) ○ (2) ○ (3) × (4) × (5) ○ (6) ○ (7) ○ (8) ○

4. (1) 아합, 시드기야, 스마야
   (2) 1) 아합과 시드기야: 간음하게 하고 하나님이 명령하지 않은 거짓을 말함
   2) 스마야: 하나님이 보내지 않았고 거짓을 믿게 함

5. (1) 조상들의 땅으로 돌아옴 (2) 다시는 이방인을 섬기지 않으리라 (3) 하나님 (4) 폐허가 된 언덕 위에 건축 (5) 그들 중에서 나옴

제11과 31~33장

1. (1) 3 (2) 6 (3) 8 (4) 12 (5) 15 (6) 19 (7) 21 (8) 22 (9) 25 (10) 30 (11) 33 (12) 34 (13) 35 (14) 40

2. (1) 유다 왕 시드기야 열째 해, 느부갓네살 열여덟째 해
   (2) 유다 왕의 궁중에 있는 시위대 뜰에

(3) 여호와의 말씀을 예언, 유다가 멸망하고 시드기야 왕이 바벨론에 잡혀 감. 갈대아인과 싸워도 승리 못 할 것이다.

(4) 숙부의 아들 하나멜의 아나돗에 있는 밭을 사다(산 증서를 인봉함).

(5) 1) 힌놈의 아들의 골짜기에 바알의 산당을 건축

2) 자녀를 몰렉 앞으로 지나게 함

3) 성전에 가증한 물건들을 세워 더럽힘

(6) 허락한 모든 복

(7) 너는 내게 부르짖으라 내가 네게 응답하겠고 네가 알지 못하는 크고 은밀한 일을 네게 보이리라

(8) 죄악에서 정하게 하며 사할 것이라

(9) 즐거워하는 소리, 기뻐하는 소리, 신랑 신부의 소리, 만군의 여호와께 감사제를 드리는 소리

(10) 변화: 1) 정의와 공의를 실행할 것이며

2) 그날에 유다가 구원을 받겠고

3) 예루살렘이 안전히 살 것이며 그 성은 여호와는 우리의 의라는 이름을 얻으리라

의로운 가지: 다윗의 자손 예수 그리스도, 메시아

제12과 34~36장

1. (1) ○ (2) ○ (3) ○ (4) ×
2. (1) ○ (2) ○ (3) × (4) ○
3. (1) 선조 요나답의 명령에 순종하므로

(2) 각기 악한 길에서 돌이켜 행위를 고치고 다른 신을 따라 그를 섬기지 말라

(3) 요나답의 자손은 그의 선조가 그들에게 명령한 그 명령을 지켜 행하나 이 백성은 내게 순종하지 아니하도다

(4) 여호와를 섬길 후손이 영원히 끊어지지 않을 것이다.

4. (3)
5. (1) 붙잡혔으므로 (2) 네리야의 아들 바룩 (3) 회개하며 금식 (4) 모든 고관 (5) 네리야의 아들 바룩 (6) 여호야김 (7) 엘라단, 들라야, 그마랴 (8) 다시 다른 두루마리를 가지고 불사른 첫 두루마리의 모든 말을 기록함

제13과 37~39장

1. (1) 바벨론 왕이 (2) 애굽 군대가 나오매 (3) 다시 쳐들어 온다 (4) 분깃을 받으려 (5) 시위대 뜰에 가두었다 (6) 항복하면 산다 (7) 진흙 (8) 헝겊과 낡은 옷줄 (9) 구스 (10) 항복한 유다인이
2. (1) 시위대 (2) 포위 공격, 예루살렘 (3) 여리고, 심문 (4) 그의 아들들, 귀족, 시드기야의 눈, 결박 (5) 바벨론, 빈민 (6) 선대 (7) 목숨

제14과 40~42장

1. (1) 느 (2) 예 (3) 느 (4) 느 (5) 예 (6) 그 (7) 그 (8) 그 (9) 그 (10) 그
2. (1) 지휘관 (2) 갈대아 군사 (3) 70명 (4) 암몬 자손들 (5) 요하난 (6) 이스마엘이 바벨론 왕이 그 땅을 위임한 아히감의 아들 그다랴를 죽였으므로
3. (1) 백성 (2) 백성 (3) 예 (4) 백성
4. (1) ○ (2) × (3) ○ (4) × (5) ○ (6) ○ (7) ○

제15과 43~45장

1. (3)
2. (1) (2) (3) (4) (6)
3. (1) ○ (2) × (3) ○ (4) ○ (5) ×
4. 다른 신들에게 나아가 분향하여 섬겨서 여호와의 노여움을 일으킨 악행 때문에
5. 멸망하여 애굽 땅에서 엎드러질 것이며 칼과 기근으로 망함. 가증함과 놀람과 조롱과 수치의 대상이 됨
6. (1) 선조들이 하던 것 같이 하늘의 여왕에게 분향하고 그 앞에 전제드리는 것을 실행하지 않아서
   (2) 여호와께서 그들의 악행과 가증한 행위를 더 참으실 수 없었으므로
7. 칼과 기근에 망하여 멸절된다
8. (1) 여호야김 넷째 해 (2) 네가 너를 위하여 큰일을 찾지 말라 (3) 그가 가는 모든 곳에서 생명 얻기를 노략물을 얻는 것 같이 하신다.

제16과 46~48장

1. (1) 애굽 (2) 애굽 (3) 애굽 (4) 애굽 (5) 애굽 (6) 애굽 (7) 이스라엘 (8) 이스라엘 (9) 블레셋 (10) 블레셋 (11) 모압 (12) 모압 (13) 모압 (14) 모압 (15) 모압 (16)

모압 (17) 모압 (18) 모압 (19) 모압 (20) 모압 (21) 모압 (22) 모압 (23) 모압 (24) 모압 (25) 모압 (26) 모압 (27) 모압 (28) 모압 (29) 모압 (30) 모압 (31) 모압 (32) 모압 (33) 모압

제17과 49~51장

1. (1) 암몬 (2) 에돔 (3) 암몬 (4) 암몬 (5) 에돔 (6) 에돔
2. (1) 다메섹 (2) 하솔 (3) 엘람 (4) 바벨론 (5) 내 백성 (6) 바벨론 (7) 이스라엘 (8) 바벨론 (9) 교만 (10) 구속자
3. (1) 취하게 하는 금잔 (2) 바벨론을 멸하기로 (3) 그의 이름은 여호와 (4) 주민에게 갚으리라 (5) 여인같이 되며 (6) 영원히 잠들어 (7) 지나가는 사람이 없다 (8) 소문을 두려워하지 말라 (9) 예루살렘을 마음에 (10) 멸망시킬 자가 내게로부터 (11) 보응하심 (12) 이같이 몰락하여
4. (1) 어리석게 된다 (2) 놀란다 (3) 여인들같이 된다 (4) 약탈된다
5. 활과 투창을 가져서 잔인하여 불쌍히 여기지 아니하며 목소리는 바다가 설렘 같다.

제18과 52장

1. (1) 21 (2) 11 (3) 악 (4) 진노 (5) 바벨론 (6) 9, 10, 11, 4, 1, 6 (7) 여리고 (8) 죽, 고관 (9) 눈, 놋 사슬, 바벨론, 옥 (10) 느부갓네살, 느부사라단, 여호와의 성전, 왕궁, 집 (11) 성벽 (12) 가난, 백성, 항복 (13) 포도, 농부 (14) 놋 기둥, 받침들, 놋대야 (15) 놋 (16) 솔로몬, 성전 (17) 810 (18) 스라야, 스바냐, 지휘관, 7, 하나, 60 (19) 4600, 3023, 18, 832, 745 (20) 37, 친절, 옷, 왕, 정량

예레미야애가

제1과 1~2장

1. (1) 과부 같이 되었고 (2) 원수가 됨 (3) 사람이 없으므로 (4) 사로잡힘
2. 3, 4, 6, 2, 1, 7, 5, 10, 12, 13, 8, 16, 9, 11, 15, 18, 14, 17

제2과 3~5장

1. (1) 고난당한 자는 나로다 (2) 죽은 지 오랜 자 같게 하셨도다 (3) 화살통의 화살들로

내 허리를 맞추셨도다 (4) 재로 나를 덮으셨도다 (5) 여호와의 자비와 긍휼이 무궁하시므로 우리가 진멸되지 아니함이니라 (6) 여호와는 선하시도다 (7) 혹시 소망이 있을지로다 (8) 본심이 아니시로다 (9) 주께서 기쁘게 보시는 것이 아님 (10) 어찌 원망하랴 (11) 눈물이 시내처럼 흐름 (12) 나를 새와 같이 심히 쫓도다 (13) 두려워하지 말라 (14) 내 생명을 속량 (15) 나를 조롱하여 노래하는 것을 주목하여 보옵소서

2. (1) 과부들 같음 (2) 우리를 지배함 (3) 욕보임을 당함 (4) 매달림 (5) 존경을 받지 못함 (6) 맷돌을 지고 다시 노래하지 못함 (7) 나무를 지다가 엎드러짐

3. (1) 순금과 질항아리 (2) 들개와 타조 (3) 붉은 옷과 거름더미 (4) 산호와 숯 (5) 자비한 부녀와 자녀 (6) 죄와 피 (7) 독수리 (8) 에돔과 잔

에스겔

제1과 1~3장

1. (1) ○ (2) × (3) ○ (4) × (5) ○ (6) × (7) ○ (8) ○ (9) × (10) ○ (11) ○ (12) ×

2. (1) 두루마리 책 (2) 이스라엘 족속 (3) 마음이 굳은 족속 (4) 에스겔 (5) 그발 강가 (6) 여호와 (7) 인자, 즉 모든 성도 (8) 의인이 그의 공의에서 돌이켜 악을 행할 때 (9) 들 (10) 말 못 하는 자

제2과 4~6장

1. (1) 390, 이스라엘 (2) 40, 유다, 일, 일 (3) 예루살렘, 예언, 이리저리

2. (1) × (2) ○ (3) × (4) ○ (5) ○ (6) × (7) ○ (8) ×

3. (3)

4. (1) 성읍 안에서 불사르고 (2) 성읍 사방에서 칼로 치고 (3) 바람에 흩으라

5. (1)

6. (3)

7. (1) (3) (4) (6)

8. (1) 전염병에 죽고 (2) 칼에 엎드러지고 (3) 기근에 죽으리라

제3과 7~9장

1. (1) × (2) ○ (3) ○ (4) ○ (5) × (6) ○ (7) × (8) ○ (9) × (10) × (11) ○
2. 2, 4, 1, 6, 3, 5
3. (1) 가증한 일로 탄식하고 우는 자의 이마에 (2) 성소에서 (3) 땅에 피가 가득, 성읍에 불법이 찼나니
4. (1) 3 (2) 4 (3) 1 (4) 5 (5) 2

제4과 10~12장

1. (1) 숯불, 성읍 (2) 전능, 음성 (3) 4, 황옥, 넷, 바퀴 (4) 눈 (5) 첫째, 사람, 사자, 독수리 (6) 그룹 (7) 그발
2. (1) 4 (2) 1 (3) 7 (4) 9 (5) 8 (6) 3 (7) 2 (8) 12 (9) 11 (10) 6 (11) 5 (12) 10

제5과 13~15장

1. (1) 3, 1, 2, 4, 5 (2) 2, 4, 1, 6, 3, 5, 8, 7
2. (1) × (2) ○ (3) ○ (4) ○
3. (1)
4. (1) (4) (6) (8)
5. (5)
6. (1) × (2) ○ (3) ○ (4) ○

제6과 16~18장

1. 3, 4, 6, 1, 8, 2, 5, 12, 7, 13, 9, 15, 18, 11, 10, 14, 16, 17, 20, 19
2. (2)
3. (1) × (2) ○ (3) × (4) ○ (5) ○ (6) ×

제7과 19~21장

1. (1) 여호아하스 왕 (2) 여호야긴 왕 (3) 시드기야 왕
2. (1) 장로 두어 사람
   (2) 내게 묻기를 용납하지 아니하리라
   (3) 조상들의 가증한 일
   (4) 나는 여호와 너의 하나님
   (5) 젖과 꿀이 흐르고 땅 중의 아름다운 곳

(6) 가증한 것과 애굽의 우상들
(7) 여호와의 이름을 이방인의 눈앞에서 더럽히지 아니하려고
(8) 우상을 좇고 규례와 율례를 준행하지 않고 안식일을 더럽혔기 때문
(9) 율례, 규례, 안식일을 거룩히 지키는 것
(10) 산과 나무에 제사, 제물, 분향, 전제
(11) 여러 나라 중에서 모아 광야에서 심판
(12) 반역한 자 범죄한 자들
(13) 거룩한 산 곧 이스라엘의 높은 산
(14) 모든 푸른 나무와 마른 나무들

3. (1) ○ (2) ○ (3) × (4) ○ (5) × (6) ○ (7) ○ (8) ○ (9) ○ (10) ○

제8과 22~24장

1. (1) 가증 (2) 이름, 조롱 (3) 부모, 학대, 고아, 과부 (4) 아내, 토색, 여호와 (5) 까닭, 수치, 나 (6) 은, 너희 (7) 선지자 (8) 율법, 안식일, 더럽힘 (9) 고관들 (10) 포악, 강탈, 궁핍
2. (1) 오홀라 (2) 오홀리바
3. (1) 앗수르, 애굽 (2) 앗수르, 바벨론, 애굽
4. 바벨론, 갈대아, 앗수르
5. (1) ○ (2) ○ (3) ○ (4) × (5) ○ (6) ○ (7) ○
6. (1) 2) (2) 3)
7. (1)

제9과 25~27장

1. (1) 암몬 (2) 암몬 (3) 암몬 (4) 모압 (5) 모압 (6) 에돔 (7) 에돔 (8) 에돔 (9) 블레셋 (10) 블레셋
2. (1) 아하 만민의 문이 깨어져서 내게로 돌아왔도다 (2) 바벨론 왕 느부갓네살 (3) 망대를 찍고 (4) 모든 거리를 밟으며 (5) 백성을 죽임 (6) 두로가 멸망당함을 인하여 떨며 놀라서 (7) 두로
3. (1) 판자 (2) 돛대 (3) 노 (4) 상아로 꾸며 갑판을 만듦 (5) 돛 (6) 차일 (7) 사공 (8) 선장 (9) 배의 틈을 막는 자
4. (1) ○ (2) × (3) ○ (4) ○ (5) × (6) ○

5. (1) 은, 철, 주석과 납 등 각종 보화 (2) 사람과 놋그릇 (3) 말과 군마와 노새 (4) 상아와 박달나무 (5) 남보석, 자색 베, 수놓은 것, 산호, 홍보석 (6) 밀, 과자, 꿀, 기름과 유향 (7) 포도주, 흰 양털 (8) 어린 양, 숫양, 염소 (9) 각종 극상품 향 재료, 보석과 황금 (10) 청색 옷, 수놓은 물품, 빛난 옷

제10과 28~30장

1. (1) 나는 신이라 내가 하나님의 자리 곧 바다 가운데에 앉아 있다.
 (2) 다니엘보다 지혜로워서 은밀한 것을 깨닫지 못하는 것이 없다.
 (3) 나의 지혜와 총명으로 재물 얻어 금과 은을 곳간에 저축하였다.
2. 여러 나라가 두로를 칠 것이다. 지혜와 영화를 더럽히며 바다 가운데서 죽임을 당한 자와 같이 된다.
3. (1) 완전 (2) 지혜, 충족 (3) 온전
4. (1) 소고, 비파 (2) 하나님, 성산, 불타는 돌들 (3) 불의 (4) 풍성, 강포, 범죄 (5) 교만 (6) 지혜 (7) 불
5. (3)
6. (2)
7. (4)
8. (1)
9. (3)
10. (1) 구름의 날 여러 나라의 때 (2) 함께 칼에 엎드러짐 (3) 엎드러질 것이요 (4) 낮아질 것 (5) 구스 사람을 두렵게 (6) 애굽의 무리들을 끊음 (7) 없애고 부숨 (8) 날이 어둡고 (9) 말씀이 임함 (10) 칼이 떨어지게 (11) 들어 주고 (12) 떨어뜨림

제11과 31~33장

1. (1) 31, 3 (2) 31, 4 (3) 31, 6 (4) 31, 8 (5) 31, 10 (6) 31, 12 (7) 31, 14 (8) 31, 16 (9) 31, 18 (10) 32, 2 (11) 32, 6 (12) 32, 9 (13) 32, 11 (14) 32, 16
2. (1) (3) (4) (7) (8) (11) (12)
3. (1) × (2) × (3) × (4) ○ (5) × (6) ○
4. (1) 예루살렘에서 포로 된 지 12년 10월 5일째 된 날 (2) 아브라함
5. (1) 칼에 엎드러뜨림 (2) 들짐승이 먹게 함 (3) 전염병에 죽게 됨 (4) 마음은 이욕을 좇음 (5) 선지자인 줄 알게 됨

제12과 34~36장

1. (1) (3) (4)

2. (3)

3. (1) (2) (3)

4. (1) 다윗 (2) 세일 산 (3) 칼의 위력에 넘김 (4) 피 (5) 에돔

5. (1) ○ (2) × (3) ○ (4) ○ (5) ○ (6) × (7) × (8) ○ (9) ○ (10) ○ (11) ○ (12) ○

제13과 37~39장

1. (1) 마른 뼈 (2) 여호와의 말씀을 (3) 주께서 아시나이다 (4) 생기를, 살아나리라 (5) 1, 4, 5, 2, 6, 3 (6) 지극히 큰 군대 (7) 이스라엘 (8) 무덤을 열고

2. (1) 하나 (2) 유다와 그 짝 애굽 (3) 요셉과 그 짝 베냐민 (4) 넷 (5) 두 나라 (6) 모세

3. (1) 에스겔과 함께하는 이스라엘 백성들
   (2) 북쪽의 말타기에 능한 곡의 군대
   (3) 곡이 이스라엘을 치러 오면
   (4) 고기, 새, 짐승, 벌레, 모든 사람
   (5) 폭우, 우박 덩이, 불과 유황
   (6) 곡과 함께한 모든 백성
   (7) 병기들: 방패, 활, 살, 몽둥이, 창
   (8) 곡과 그 군대들
   (9) 각종 새, 들의 짐승들
   (10) 야곱과 이스라엘 족속
   (11) 이스라엘 족속

4. 바벨론, 유다, 이스라엘, 애굽, 에돔, 모압

5. 8절

제14과 40~42장

1. 열넷째 해 첫째 달 열째 날

2. 줄과 측량하는 장대

3. 이스라엘

4. 담

5. 창
6. 일곱
7. 남문 동쪽 문 북문
8. 성전을 지키는 제사장들, 제단을 지키는 제사장들
9. 지성소
10. 골방
11. 골방
12. 사람과 사자의 얼굴
13. 툇마루
14. 북쪽 남쪽에
15. 제사장의 의복
16. 거룩한 것과 속된 것을 구별

제15과 43~45장

1. (1) 4 (2) 5 (3) 6 (4) 1 (5) 2 (6) 9 (7) 3 (8) 12 (9) 7 (10) 8 (11) 10 (12) 11
2. (1) 백성을 위하여 하나님께 수종 들어 이스라엘 족속이 회개하게 했으므로
   (2) 엘리의 자손 제사장들
3. (1) (3) (4) (5) (6)
4. 하나님
5. 스스로 죽은 것이나 찢겨서 죽은 것
6. 한 구역을 여호와께
7. 압제하지 않는다
8. (1) 흠 없는 수송아지로 성소를 정결 (2) 과실범과 모르고 범죄한 자를 위해 성소 정결 (3) 유월절을 지키며 누룩 없는 떡을 먹음

제16과 46~48장

1. (1) 성소와 성 (2) 사독 자손 중 구별한 제사장 (3) 레위 사람의 분깃 (4) 구별할 땅과 기지에 남은 땅 (5) 르우벤, 유다, 레위 (6) 요셉, 베냐민, 단 (7) 시므온, 잇사갈, 스불론 (8) 갓, 아셀, 납달리 (9) 여호와 삼마 (10) 여호와께서 거기에 계시다
2. (1) 3) (2) 4) (3) 2) (4) 1) (5) 3) (6) 4) (7) 3) (8) 2) (9) 3) (10) 1)

다니엘

제1과 1~3장

1. (1) 예루살렘 포위 (2) 환관장 (3) 벨드사살 (4) 사드락 (5) 메삭 (6) 아벳느고
2. (1) ○ (2) × (3) × (4) ○ (5) ○
3. (1) 단 (2) 환 (3) 환 (4) 단
4. (1) 학문, 지혜, 환상, 꿈 (2) 박수, 술객, 10배 (3) 2, 꿈 (4) 꿈, 해석, 꿈 (5) 지혜자, 다니엘 (6) 지혜자들 (7) 하나님 (8) 하늘, 하나님
5. (1) (3) (4)
6. (1) 순금, 느부갓네살 왕 (2) 은, 왕만 못한 나라 (3) 놋, 셋째 나라 (4) 철, 강한 나라 (5) 철과 진흙, 다른 민족과 섞임
7. 27
8. (3)
9. (3)
10. (2)

제2과 4~6장

1. (1) × (2) ○ (3) ○ (4) × (5) ○ (6) ○ (7) × (8) ○ (9) ○ (10) × (11) ○ (12) ○
2. (1) 아들 (2) 성소의 금은 그릇 (3) 그들이 만든 신들 (4) 하나님, 번민 (5) 못 읽었다 (6) 왕비 (7) 셋째 통치자로 (8) 교만, 신상들, 하나님 (9) 끝났다, 부족 (10) 벨사살, 다리오
3. (1) 3) (2) 4) (3) 2) (4) 3) (5) 1)
4. (1) 벨사살 (2) 다리오 (3) 고레스

제3과 7~9장

1. (1) 날개가 뽑힘, 사람의 마음 (2) 세 갈빗대, 많은 고기를 먹으라 (3) 네 개의 날개와 머리, 권세 (4) 열 뿔, 큰 말을 함
2. (1) 희기가 눈 같음 (2) 깨끗한 양의 털 (3) 불꽃 (4) 타오르는 불 (5) 천천과 만만 (6) 책
3. (1)

4. 3, 1, 2

5. (1) 벨사살 왕 제삼 년에 을래 강변
   (2) 두 뿔 가진 숫양과 두 눈 사이에 뿔이 난 숫염소
   (3) 이천삼백 주야
   (4) 가브리엘
   (5) 메대와 바사의 두 왕, 헬라 왕, 네 나라로
   (6) 사람의 손으로 말미암지 않고
   (7) 여러 날 앓다가 일어남

6. (1) 갈대아, 아하수에로 (2) 원년, 70년, 예레미야 (3) 베옷을 입고, 재를 무릅쓰고 (4) 가브리엘, 지혜와 총명 (5) 70주간, 기름 부음 (6) 기름 부음을 받은 자, 전쟁이

제4과 10~12장

1. (1) 10, 1 (2) 10, 6 (3) 10, 8 (4) 10, 11 (5) 10, 12 (6) 10, 14 (7) 10, 16 (8) 10, 19 (9) 10, 21 (10) 11, 2 (11) 11, 4 (12) 11, 6 (13) 11, 7 (14) 11, 12 (15) 11, 17

2. (1) 3, 2, 4, 1 (2) 4, 1, 3, 2 (3) 2, 1, 4, 3

3. (1) 미가엘 (2) 책에 기록된 모든 자 (3) 간수하고 봉하라 (4) 깨닫지 못하고 깨닫는데 (5) 마지막까지 기다리는 자

4. 3절: 지혜 있는 자는 궁창의 빛과 같이 빛날 것이요 많은 사람을 옳은 데로 돌아오게 한 자는 별과 같이 영원토록 빛나리라

호세아

제1과 1~3장

1. (1) 유 (2) 이 (3) 유 (4) 이 (5) 유 (6) 유

2. (2)

3. (2)

4. (1) 첫아들, 그의 피를 예후의 집에 갚음
   (2) 둘째 아들, 내 백성이 아니라
   (3) 첫딸, 긍휼히 여김을 받지 못하는 자
   (4) 형제, 내 백성이라

(5) 자매, 긍휼히 여김을 받을 자

5. (1)

6. (1)

7. (2)

8. (3)

9. (4)

10. (2)

제2과 4~6장

1. (1) ○ (2) × (3) ○ (4) ○ (5) × (6) ○

2. (1) 쇠잔, 고기 (2) 지식 (3) 자녀 (4) 영화 (5) 배부르지, 수효 (6) 음행, 묵은 포도주, 포도주 (7) 나무를 (8) 제사 (9) 딸, 며느리 (10) 망 (11) 길갈, 벧아웬 (12) 암소 (13) 부끄러운

3. (1) 들으라 (2) 깨달으라 (3) 귀를 기울이라 (4) 올무 (5) 그물

4. (1) 5, 3 (2) 5, 4 (3) 5, 5 (4) 5, 7 (5) 5, 10 (6) 5, 15 (7) 6, 1 (8) 6, 6

5. (1) 여호와, 찢으, 싸매어 (2) 새벽빛, 비, 임 (3) 구름, 이슬 (4) 언약, 길르앗 (5) 무리, 살인, 사악

제3과 7~9장

1. (1) 도둑질하고 (2) 노략질하며 (3) 악으로 (4) 거짓말로 (5) 술의 뜨거움으로 병이 나며 (6) 재판장들을 삼키며, 왕들을 다 엎드러지게 하며 (7) 뒤집지 않은 전병 (8) 알지 못하는도다 (9) 이스라엘의 교만 (10) 지혜가 없어서 애굽을 향하여 부르짖으며 앗수르로 감 (11) 곡식과 새 포도주로 말미암아 (12) (그 혀의 거친 말로 말미암아) 지도자들

2. (1) 독수리, 언약, 율법 (2) 선, 그 (3) 은금, 파괴 (4) 송아지 (5) 바람, 광풍 (6) 들나귀 (7) 죄, 제단 (8) 그, 율법, 만 (9) 제사, 여호와 (10) 왕궁, 성읍

3. (1) 음행하여 네 하나님을 떠나고 (2) 더러운 것을 먹을 것이니라 (3) 애곡하는 자의 떡과 같아서 (4) 찔레가 덮을 것이요 (5) 가시덩굴이 (6) 새 잡는 자의 그물과 같고

4. (1) ○ (2) × (3) × (4) ○ (5) ○

제4과 10~12장

1. (1) 포도 (2) 마음, 별 (3) 10, 4 (4) 사마리아 (5) 10, 8 (6) 암소 (7) 여호와 (8) 땅, 기경 (9) 어머니, 자식 (10) 11, 2 (11) 사람, 사랑 (12) 11, 7 (13) 에브라임 (14) 새, 앗수르 (15) 에브라임, 속임수, 유다, 정함
2. (1) 에브라임 (2) 유다 (3) 야곱 (4) 벧엘 (5) 에브라임의 말 (6) 길르앗 (7) 길갈 (8) 아람 (9) 선지자 (10) 피와 수치

제5과 13~14장

1. (1) 전쟁으로→바알로 (2) 집→우상, 집→우상 (3) 소나기→이슬, 갈매기→쭉정이, 아궁이→굴뚝 (4) 앗수르→애굽 (5) 겸손→교만, 찾았다→잊었다 (6) 비둘기→표범 (7) 애굽→나(하나님) (8) 백성들→나(하나님) (9) 즐거움→어려움 (10) 앗수르→나(하나님) (11) 잘 보존→약탈 (12) 니느웨→사마리아
2. (1) 4) (2) 6) (3) 5) (4) 1) (5) 3) (6) 7) (7) 8) (8) 10) (9) 2) (10) 9)

요엘

제1과 1~3장

1. (1) 요엘 (2) 들을지어다 (3) 귀를 기울일지어다 (4) 자녀에게 말하고 (5) 후세대에 말할 것이니라 (6) 메뚜기 (7) 황충 (8) 깨어 울지어다 (9) 울지어다 (10) 입에서 끊어짐
2. (1) 바벨론 (2) 가족을 빼앗겨서 (3) 지도자들 (4) 왕 (5) 제사장
3. (1) ○ (2) × (3) ○ (4) ○ (5) ○
4. 2, 4, 1, 6, 3, 8, 5, 7
5. (1) 7) (2) 2) (3) 1) (4) 3) (5) 6) (6) 9) (7) 8) (8) 10) (9) 4) (10) 5)

아모스

제1과 1~3장

1. (1) 지진 (2) 드고아, 목자, 이스라엘 (3) 길르앗 (4) 사로잡혀 (5) 에돔 (6) 규 (7) 멸망 (8) 형제, 에돔 (9) 칼, 끝없이 (10) 아이 밴 여인 (11) 뼈 (12) 멸하며, 죽이리

라 (13) 불, 사르리라 (14) 지키지 아니하고, 거짓

2. (1) 은을 받고 의인을 팔며 (2) 신 한 켤레를 받고 가난한 자를 팔며 (3) 힘없는 자의 머리를 티끌 먼지 속에 발로 밟고 (4) 연약한 자의 길을 굽게 하며 (6) 모든 제단 옆에서 전당 잡은 옷 위에 누우며 (7) 그들의 신전에서 벌금으로 얻은 포도주를 마심

3. (1)

4. (3)

5. (3)

6. (1) 어찌 동행하겠으며 (2) 새가 어찌 거기 치이겠으며 (3) 재앙이 어찌 성읍에 임하겠느냐 (4) 바른 일 행할 줄을 모르느니라 (5) 파괴되며 무너지리라

제2과 4~6장

1. (1) 힘없는 자를 학대하며 (2) 가난한 자를 압제 (3) 가장에게 이르기를 술을 가져다가 우리로 마시게 하라

2. (1)

3. (1) 각 처소에서 양식이 떨어지게 함

   (3) 곡식을 마르게 하는 재앙과 깜부기 재앙으로. 팥중이로 포도원과 무화과나무와 감람나무를 다 먹게 함

   (4) 전염병을 보내고 청년들을 죽였고 말들을 노략당하게 하고 진영의 악취로 코를 찌르게 함

   (5) 성읍을 소돔과 고모라 같이 무너뜨리고 불들 가운데서 빼낸 나뭇조각 같이 되어도

4. (1) ○ (2) × (3) ○

5. (3) (5) (7) (11)

6. (1) 1 (2) 4 (3) 6 (4) 5 (5) 2 (6) 3 (7) 8 (8) 9 (9) 11 (10) 14

제3과 7~9장

1. (1) 왕이 풀을 벤 후 다시 움 돋기 시작할 때에 메뚜기가 풀을 다 먹음

   (2) 불이 큰 바다를 삼키고 육지까지 먹으려 함

   (3) 다림줄

2. 벧엘의 제사장 아마샤

3. (1) 아마샤 (2) 아모스 (3) 아마샤 (4) 아모스 (5) 아모스 (6) 아모스

4. (2)

5. (1) ○ (2) × (3) ○ (4) × (5) ○
6. (1) 대낮에 지어 백주에 땅을 캄캄하게 (2) 애곡으로 변함 (3) 굵은 베로 허리를 동이게 함 (4) 대머리가 되게 함
7. (1) 여호와의 말씀을 듣지 못해서 (2) 여호와의 말씀 (3) 여호와의 말씀을 얻지 못하므로
8. (1) 하나님의 손이 음부에서 붙잡아 냄 (2) 찾아내심 (3) 바다에서 뱀을 명령하여 물게 하심 (4) 칼을 명령하여 죽이게 하심
9. (1) ○ (2) ×

오바댜

제1과 1장

1. (1) ○ (2) × (3) ○ (4) ○ (5) ○ (6) ○ (7) × (8) ○ (9) ○ (10) ○
2. (1) 1 (2) 3 (3) 4 (4) 5 (5) 6 (6) 7 (7) 12 (8) 15 (9) 18 (10) 21
3. (1) 에돔이 (2) 지혜와 지각 있는 자 (3) 외국인 (4) 내 백성이 환난을 당하는 날에

요나

제1과 1~4장

1. (1) 아밋대 (2) 큰, 악독 (3) 니느웨, 다시스 (4) 잠을 자고 (5) 히브리 (6) 제비 (7) 나를, 나 (8) 곧 그쳤다 (9) 여호와 (10) 큰 물고기, 삼 일 (11) 기도 (12) 들으셨다 (13) 주의 성전 (14) 여호와, 주의 성전 (15) 육지 (16) 두 번째, 니느웨 (17) 사흘, 하루 동안 (18) 하나님 (19) 벗고, 재 (20) 돌이키셨다
2. (2)
3. (1) 요나 (2) 하나님 (3) 요나 (4) 하나님 (5) 하나님 (6) 요나 (7) 요나 (8) 하나님

미가

제1과 1~4장

1. (1) 미가 (2) 사마리아와 예루살렘 (3) 고칠 수 없는 상처가 미쳐 (4) 재앙 (5) 라기스 (6) 악십
2. (1) 2, 2 (2) 2, 3 (3) 2, 4 (4) 2, 5 (5) 2, 7 (6) 2, 9 (7) 2, 10 (8) 2, 12 (9) 2, 13 (10) 3, 3 (11) 3, 5 (12) 3, 8 (13) 3, 9 (14) 3, 11
3. (1) 민족들이 그리로 (2) 말씀이 예루살렘에서 (3) 창을 쳐서 낫을 (4) 두렵게 할 자가 없어 (5) 우리는 여호와로 영원히 (6) 남은 백성으로 강한 나라 (7) 여호와의 뜻과 계획을 모름

제2과 5~7장

1. 메시아, 예수 그리스도
2. (1)
3. (1) 여호와께로부터 내리는 이슬 (2) 풀 위에 내리는 단비 (3) 수풀의 짐승들 중의 사자 (4) 양떼 중의 젊은 사자
4. (1) ○ (2) ○ (3) × (4) ○ (5) × (6) ○
5. (1) 애굽, 속량, 모세, 아론, 미리암 (2) 기름, 정의, 겸손 (3) 매, 순종 (4) 배부르, 추수, 포도 (5) 무화과 (6) 선, 정직한 자 (7) 선, 찔레 (8) 여인, 문 (9) 원수 (10) 광명, 공의 (11) 주민, 열매 (12) 애굽, 이적 (13) 불쌍, 죄악, 발, 죄, 바다 (14) 조상들, 야곱, 아브라함

나훔

제1과 1~3장

1. (1) × (2) ○ (3) × (4) × (5) ○ (6) ○ (7) ○ (8) ○ (9) ○ (10) ×
2. (1) 2, 1 (2) 2, 3 (3) 2, 4 (4) 2, 6 (5) 2, 7 (6) 2, 10 (7) 2, 13
3. (1) ○ (2) × (3) ○ (4) ○ (5) × (6) ○
4. 마술에 능숙한 미모의 음녀가 많은 음행을 함을 인함이다.
5. (3)
6. (1) 길 모퉁이에 메어침을 당하여 부서짐 (2) 제비 뽑혀 나뉨 (3) 사슬에 결박됨 (4) 무화과나무의 처음 익은 열매가 흔들기만 하면 떨어짐과 같음 (5) 여인같이 됨

7. 모든 열방이 앗수르의 악행으로 고통을 당했기 때문에

하박국

제1과 1~3장

1. (1) ○ (2) × (3) ○ (4) ○ (5) ○
2. (1)
3. (1) ○ (2) ○ (3) ○ (4) ○ (5) × (6) ○
4. (1) 성루 (2) 판에 새기되 달려가면서도 읽을 수 있게 (3) 묵시 (4) 믿음
5. (1) 자기 소유 아닌 것을 모으는 자
   (2) 재앙을 피하기 위해 높은 데 깃들려 하며 자기 집을 위하여 부당한 이익을 취하는 자
   (3) 피로 성읍을 건설하며 불의로 성을 건축하는 자
   (4) 이웃에게 술을 마시게 하고 그에게 취하게 하여 하체를 드러내려 하는 자
   (5) 나무와 돌더러 깨어 일어나라 하는 자
6. (1) ○ (2) × (3) ○ (4) ○

스바냐

제1과 1~3장

1. (1) 사람과 짐승 (2) 새, 고기, 거치게 하는 것과 악인들 (3) 남아 있는 바알 (4) 그마림과 그 제사장들 (5) 여호와를 구하지 않고 우상을 섬긴 자
2. (1) 방백들과 왕자들과 이방인의 옷을 입은 자들
   (2) 문턱을 뛰어넘어 포악과 거짓을 자기 주인의 집에 채운 자들
   (3) 마음속에 여호와는 복도 화도 내리지 아니하리라 하는 자들
3. (1) ○ (2) ○ (3) ○ (4) × (5) × (6) ○
4. (1) 모이기를 힘쓰고 (2) 여호와를 찾으며 공의와 겸손을 구하라
5. (1) 버림을 당하며 (2) 주민이 없게 (3) 소돔 (4) 고모라 (5) 죽임을 당하리라 (6) 당아와 고슴도치가
6. 그들이 하나님의 백성을 비방하고 자기들의 경계에 대하여 교만함

7. (1) 패역하고 더럽고 포악한 성읍 (2) 명령을 듣지 않고 (3) 교훈을 받지 아니하며 (4) 여호와를 의뢰하지 아니하며 (5) 하나님께 가까이 나아가지 아니함
8. (1) 부르짖는 사자 (2) 저녁 이리(이튿날까지 남겨 두는 것이 없는) (3) 경솔하고 간사한 자들 (4) 성소를 더럽히고 율법을 범함
9. 곤고하고 가난한 백성이 남아 여호와의 이름을 의탁하여 보호를 받게 됨
10. (1) 악을 행하지 아니하며 (2) 거짓을 말하지 아니하며 (3) 입에 거짓된 혀가 없고 (4) 먹고 누울지라도 그들을 두렵게 할 자가 없다(주의 보호를 받아)
11. (1) 기쁨을 이기지 못해하며 (2) 잠잠히 사랑하시며 (3) 즐거이 부르며 기뻐하신다
12. (1) 벌하고 (2) 구원하고 (3) 모으며 (4) 칭찬과 명성을 얻게 함

학개

제1과 1~2장

1. (1) 여호와 (2) 여호와의 전 (3) 자기의 행위가 악해서 (4) 여호와를 경외하매 (5) 스룹바벨 여호수아와 모든 백성 (6) 여호와의 전
2. (1) 2) (2) 7) (3) 9) (4) 10) (5) 6) (6) 4) (7) 11) (8) 3) (9) 5) (10) 14) (11) 13) (12) 12) (13) 1) (14) 8)
3. 산, 나무, 성전, 내, 기뻐, 영광

스가랴

제1과 1~3장

1. (1) ○ (2) ○ (3) × (4) ○ (5) × (6) ○ (7) × (8) × (9) ○ (10) ○ (11) ○ (12) ○ (13) × (14) ○ (15) ○
2. (1)
3. (3)
4. (1)

제2과 4~8장

1. (1) 순금 등잔대, 두 감람 (2) 주의 영 (3) 눈 (4) 기름 부음 받은 자 (5) 저주 (6) 도둑, 망령되이 (7) 악 (8) 구리, 바람 (9) 순 (10) 여호와의 전
2. (1) 벧엘 사람이 보낸 사레셀과 레겜멜렉과 그의 부하들
   (2) 자기 자신을 위하여 했다.
   (3) 선지자들이 외친 말씀을 청종할 때
   (4) 1) 진실한 재판을 행하며 2) 서로 인애와 긍휼을 베풀며 3) 과부, 고아, 나그네, 궁핍한 자를 압제하지 말며 4) 서로 해하려고 마음에 도모하지 말라
   (5) 여호와의 말씀 듣기를 싫어하여 귀를 막으며 마음을 금강석(강퍅) 같게 하여 불러도 듣지 않았다.
   (6) 진리의 성읍이라 일컫겠고 만군의 여호와의 산은 성산이라고 일컫게 될 것이다.
   (7) 늙은 남자들과 늙은 여자들이 지팡이를 잡고 앉을 것이며, 성읍 거리에는 소년과 소녀들이 가득하여 뛰놀리라고 했다.
   (8) 여호와의 전 지대를 쌓던 날에 선지자들의 말을 들을 때
   (9) 1) 이웃과 더불어 진실을 말하며 2) 진실하고 화평한 재판을 베풀고 3) 마음에 서로 해하기를 도모하지 말며 4) 거짓 맹세를 좋아하지 말라
   (10) 하나님이 함께하시므로 그와 동행하기 위하여

제3과 9~11장

1. (1) 여호와를 우러러봄이라 (2) 매우 지혜로움 (3) 소망이 수치가 됨 (4) 임금이 끊기고 (5) 하나님께로 돌아와 (6) 잡족이 거주
2. (1) 기뻐하고 즐거워하라 (2) 요한복음 12장 15절 (3) 화평을 (4) 땅 끝까지 (5) 돌아올지니라 (6) 헬라 자식들을 치게 (7) 보석같이 빛남 (8) 곡식과 포도주로 강건
3. (1) 소낙비를 내려 (2) 허탄과 거짓 꿈을 (3) 전쟁의 준마와 같게 (4) 내버린 일이 없었음 같이 (5) 여호와로 말미암아 즐거워함 (6) 번성하리라 (7) 낮아지고 없어짐
4. (1) 곡, 백향 (2) 곡, 사자 (3) 죄, 찬송 (4) 은총, 연락 (5) 은총, 백성, 언약 (6) 연합, 유다, 이스라엘 (7) 3, 10 (8) 화, 양, 목자, 칼, 눈

제4과 12~14장

1. (1) 하늘, 터, 심령 (2) 돌 (3) 예루살렘, 험 (4) 다윗, 다윗, 사자 (5) 은총, 간구 (6) 예수 그리스도
2. 3, 4, 2, 6, 1, 5

3. (1) 약탈되어 나누임 (2) 절반이나 사로잡혀 감 (3) 성읍에서 끊어지지 아니함 (4) 감람산에서 섬 (5) 낮도 밤도 아니고 어두워 갈 때 빛이 있음 (6) 생수 (7) 다시는 저주가 있지 않음 (8) 섰을 때 그 살과 눈과 혀가 썩음 (9) 여호와께 경배하러 예루살렘에 올라오지 않는 자 (10) 여호와께 성결

말라기

제1과 1~2장

1. (1) 3) (2) 1)
2. (1) ○ (2) ○ (3) ○ (4) × (5) × (6) ○ (7) ○ (8) ○
3. (2)
4. (1)
5. (1) 레위 (2) 제사장 (3) 레위 (4) 레위 (5) 제사장 (6) 제사장
6. (1) 하나님 (2) 유다 (3) 눈물과 울음과 탄식 (4) 어려서 맞이한 아내 사이에 준 여호와께서 증인이 되신 것을 거역함 (5) 경건한 자손을 얻고자 (6) 1) 이혼하는 자 2) 옷으로 학대를 가리는 자

제2과 3~4장

1. 요한
2. (1) (2) (5) (6) (7) (8)
3. 십일조와 헌물을 드리지 않아
4. 온전한 십일조를 창고에 들여
5. (1) 하나님을 섬기는 것이 헛되니 명령을 지키며 슬프게 행하는 것이 무엇이 유익하리요
   (2) 교만한 자가 복되다
   (3) 악을 행하는 자가 번성한다
   (4) 하나님을 시험하는 자가 화를 면한다
6. (1) 여호와를 경외하는 자 (2) 그 이름을 존중히 여기는 자
7. (1) 여호와의 소유를 삼고 (2) 아들같이 아낄 것이라
8. (1) 의인과 악인 (2) 하나님을 섬기는 자와 섬기지 아니하는 자
9. (1) 교만한 자와 악을 행하는 자 (2) 여호와를 경외하는 자

10. 세례 요한

11. 4, 2